虚拟经济与实体经济

FICTITIOUS ECONOMY AND REAL ECONOMY

刘晓欣 著

本书获得国家社会科学基金重大项目
"我国实体经济发展战略——基于虚拟经济与实体经济数量关系的视角"
（13&ZD018）和"深度开放下外部金融冲击应急系统研究"（20ZDA101）的支持

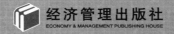

经济管理出版社
ECONOMY & MANAGEMENT PUBLISHING HOUSE

图书在版编目（CIP）数据

虚拟经济与实体经济 / 刘晓欣著. -- 北京 ：经济
管理出版社，2024. -- ISBN 978-7-5096-9796-2

Ⅰ．F124

中国国家版本馆 CIP 数据核字第 2024M9D072 号

组稿编辑：任爱清
责任编辑：任爱清
责任印制：许　艳
责任校对：张晓燕

出版发行：经济管理出版社
　　　　　（北京市海淀区北蜂窝 8 号中雅大厦 A 座 11 层　100038）
网　　址：www. E-mp. com. cn
电　　话：（010）51915602
印　　刷：北京晨旭印刷厂
经　　销：新华书店
开　　本：787mm×1092mm/16
印　　张：27
字　　数：657 千字
版　　次：2024 年 9 月第 1 版　　2024 年 9 月第 1 次印刷
书　　号：ISBN 978-7-5096-9796-2
定　　价：168.00 元

前　言

一

近年来，人们关于经济发展趋势的认识发生了明显转变，通过"后工业化——去工业化"和"金融深化——金融化"两组词的比对可以说明。一是早期人们用"后工业化"描述发达国家经济 20 世纪 70~80 年代以来工业比例萎缩、服务业比例增大趋势；到 2008 年国际金融危机后则普遍用"去工业化"描述这一趋势。从对服务业扩张的赞扬，到对去工业化的担忧，再到制定"再工业化"政策目标的变化。二是从"金融深化"到"金融化"认知转变，用贬义词"金融化"替代了褒义词"金融深化"。"金融深化"是指过去在缓解金融压抑过程中金融业扩张的大趋势。"金融化"则反映了从体制机制、企业追求和日常领域均崇尚一种不通过实际生产过程，利用金融独立获取收益的投机风气。实际上，"金融化"和"去工业化"的本质是经济虚拟化，即价值增殖相对脱离物质生产过程的独立化发展趋势。

以美国等西方国家为代表的自由市场经济发展至今最重大的变化是经济虚拟化，这一变化的理论逻辑与现实逻辑来自于市场经济的本质。它在不断地削弱美国的国际地位，改变着世界的经济格局，并成为当代世界一切经济、政治和军事格局变化的重要背景。同时，世界的另一个重大变化是中国经济的迅速崛起。这一衰一盛，改变了世界历史的进程，也改变了我们对经济学的认识。美国经验教训值得深刻反思，传统经济学受到了挑战。马克思虚拟资本理论基础上的虚拟经济研究切中了当代世界经济的主动脉，成为 21 世纪最为重要的经济学研究命题之一，也是世界和中国经济纠正"脱实向虚"不良倾向需要解决的现实问题。

虚拟经济与实体经济是辩证统一的关系。一方面，实体经济是虚拟经济的基础，虚拟经济产生于服务实体经济的内在需要；另一方面，虚拟经济具有脱离实体经济自我循环、自行增殖的内在逻辑，虚拟经济与实体经济失衡将引发金融危机。这里的虚拟经济（Fictitious Economy）是指虚拟资本（Fictitious Capital）以金融平台为主要依托的证券、期货、期权交易等各种活动。以金融、房地产投机活动为主，包括大宗商品贸易、收藏业、无形资产交易等众多定价复杂且可以容纳泡沫持续存在的各种经济活动和各类投机活动。现代以"信息技术"为代表的新兴经济活动，如数字经济、网络经济和可视化经济等属于实体经济的范畴。数字经济作为"信息技术"可以被应用于银行交易系统、零售支付系统、证券交易系统等，但与虚拟资本本身进行独立的价值增殖活动是存在明显区别的，只有当这些生产活动是以金融平台为依托"用钱生钱"、脱离实际生产、价值增殖独立化时，才属于虚拟经济中的投机活动。实体经济是一国经济的立身之本，是财富创造的根本源泉。经济社会由生产力和生产关系构筑而成，实体经济发展的实质正是生产力水平提高的重要内容与主要表现，是保证社会财富长期高质量可持续发展的实际基础，是满足人类不断增长的全面需要的必要条件，是实现人类自由而全面发展的坚实保障。

"实体经济与虚拟经济"研究架构是马克思"生产力—生产关系"理论逻辑的历史延伸。马克思在《资本论（第二卷）》中指出资本运动的起点和终点都是货币形式的资本。资本运动的第一形式是货币资本的流动，带动资源流动从而实现资源配置。马克思主义话语体系下资源配置过程是与经济增长同步、与微观和宏观经济协调、与生产力和生产关系互动的过程。资源配置理论既包括微观经济学中的价格形成理论、资源配置和收入分配理论，又包括经济增长中货币和信用制度的推动作用。而这恰恰是西方经济学从微观资源配置机制到宏观经济增长理论所忽视的。微观经济学没有货币和债务，宏观经济学坚持货币中性说。否则，西方经济学的整座理论大厦就会倾覆。[①]

西方主流经济学的观点，尤其是新古典经济学理论大都是在西方国家工业化背景下提出的，适应于经济结构以实体经济为主的情况，但在当前经济虚拟化日趋严重的情况下，其理论对经济现实的解释能力减弱，具体表现在其并未能够准确预测近些年来经济危机、金融危机的发生。西方微观经济学至今依然将经济的本质看作是一个没有货币金融的物质过程。不区分生产力与生产关系，不区分价值形成过程和物质生产过程，因此无法认识市场经济的本质。例如，价格不仅由供求关系决定，也由资本逐利行为决定。产品市场上的价格由价值决定，受供求关系影响，但金融市场上金融产品的价格则由资本逐利行为决定，这不符合西方主流经济学的供求相等决定均衡价格的观点，相反现实中"追涨杀跌"现象更为常见。这一观点是在比较西方主流经济学与马克思主义政治经济学中得出的重要结论，对认识市场经济的运行规律及其发展趋势、建立中国自主经济学体系有基础性意义。在西方主流经济学的理论体系中，几乎找不到可以正面解释中国经济成功的理论。因此，我们需突破传统西方经济学理论的"思想禁锢"，以新理论、新定理来理解经济现象，对经济学根本问题做出更深层次的回答。

二

本书内容大体分为五个部分，下面介绍主要观点：

第一部分主要观点有六个：①"实体经济与虚拟经济"关系是生产力和生产关系分析方法具象化的表现。虚拟经济代表着生产关系的新发展，金融系统是市场经济社会生产关系的集中体现与具象化载体。货币金融体系与其他度量衡一样是"公器"，是衡量社会价值的标准，是在商品交易中维护等价交换原则的工具，要回归其基本功能。②虚拟经济自我循环规律揭示了20世纪70~80年代以来美国等西方国家去工业化背后的经济学逻辑，即价值增殖脱离实际生产过程，本质是经济虚拟化，它在引导利润创造方式转化的同时导致了去工业化，并频繁引发金融危机。虚拟经济的自我循环规律为中国治理"脱实向虚"不良倾向提供了学理依据，中国未来吸取一些西方国家的教训，不断壮大实体经济。③反思以效用价值论为经济学基础的统计核算制度的不足。虚拟经济统计核算有将金融风险上

升记为 GDP，且扩大风险核算范围的趋势。货币量越是增加、交易越活跃，虚拟经济活动创造的货币收入就越多，金融产品重复交易、影子银行扩张、资产价格膨胀、金融杠杆叠加等经济活动，均可直接创造实际 GDP。所以，不能一味追求 GDP 增长，停留在表面的泡沫繁荣，要重新审视经济增长的性质。④虚拟经济虽然有许多在金融领域以合法或非法方式存在，但核心不是是否投机的行为问题，也不仅仅是资源最佳配置范畴的问题，而是整个经济发展方向和道路的问题。特殊社会心理因素"贪婪和恐惧"以及货币进入退出的加持，通过货币创造"实际财富"的全球方式，决定着虚拟经济的兴衰，并与科学技术进步和资源投入无关，却与金融技术创新关系密切。当虚拟经济成为经济支柱时，小国和局部地区尚可以其为生存之道，但这绝非大国的强国富民之本。⑤应用历史逻辑、理论逻辑与现实逻辑相统一的方法，创新研究全球主要国家虚拟经济与实体经济的关联性。其中，国民经济活动的创新分类区别于传统三次产业的分类，具体分为虚拟经济、实体经济 I 类和实体经济 II 类三大部分。构建"虚拟经济—实体经济"投入产出模型，通过纯产品原则剥离和测度"虚拟经济自我循环"与"虚拟经济服务实体经济"两种经济活动，拓展投入产出方法的应用范围，弥补了虚实两者量化分析及测度的空白。⑥从虚拟经济及其与实体经济关系视角重新认识宏观经济运行规律得出诸多新的政策含义，其前瞻性理论与开创性实践的相关综述及其启示，为中国工业化后期坚持发展实体经济发展战略，不走西方"脱实向虚"道路提供了参考。

第二部分主要观点有五个：①反思金融"有效市场理论"对风险的认识。有效市场理论是现代金融学的经济学基础，只要经济充分自由化，市场便可自动达到均衡状态，市场是有效的，意味着大家会管理好自己的风险，当事人在自己的风险和收益之间达到均衡时，系统的风险一定是最小的。但 2008 年国际金融危机爆发，"高超"的风险管理技术并没有让大多数金融机构和个人躲过风险，自由化也没有使人们远离金融危机，以回避风险为己任的金融活动在帮助人们回避个别风险的同时却在积累着系统风险，直至引爆金融危机，"有效市场理论"遭到强烈的质疑。②探讨系统风险核心问题、形成机制以及中国特色化解方案，为中国如何认识金融风险与有效处置化解及避免金融危机提出理论、实践和方法创新。系统风险核心问题在于虚拟经济领域不良资产不断积累；系统风险形成机制源于个别风险系统化；中国在没有金融危机情况下保持 40 多年经济持续增长的事实背后蕴藏着与西方"市场经济规则"不同的中国特色。其中以国有金融机构为主的金融体系制度定位是中国免于金融危机的重要保障。中国建立不良资产"随生随治"机制，无论是有效需求不足引发的经济危机，还是债务过度膨胀引起的金融危机，均能够被有效化解。③西方主流经济学无法预测金融危机的原因。现行 GDP 核算以效月价值论为基础，实体经济生产（制造业生产）、虚拟经济服务实体经济（银行为制造业融资）和虚拟经济自我循环（金融市场投机）三种经济活动均被还原为一个数字，并记录为 GDP 的增加，但在马克思的逻辑下，却具有完全不同的价值增殖形式，分别是产业资本循环、虚拟资本参与产业资本价值创造和虚拟资本自行增殖，结构分解分析法（Structural Decomposition Analysis，SDA）可测度虚拟经济自我循环创造 GDP 的能力，以及其带动实体经济增长创造 GDP 的能力。④构建"动态全项资金流量存量及金融风险实时监测系统"学理依据。"资金流量存量核算与金融风险"综述梳理了自 1947 年以来国内外关于资金流量存量与金融风险方面的一百多篇重要文献和著作，现行资金流量存量统计核算制度不仅难以实现对风险的精准刻画，还掩盖甚至在一定程度上助长了金融风险的积聚，无法为控制金融风险和调控宏观经济提供依据。因此，应构建"动态全项资金流量存量及金融风险实时监测系统"，实现对金融风险的有效控制。⑤经济虚拟化背景下抵御外部金融冲击的路径和方案。主动有效地应对外部金融冲击是国家治理体系和能力现代化的重要体现。外部金融冲击包括信息冲击、跨境支付系统冲击与汇率波动冲击等。当下国内国际宏观经济环境的不确定性上升，外部冲击风险加剧，防范金融风险的理念思路及与之配套的模型、方法工具等也应与时俱进。

第三部分主要观点有四个：①基于虚拟经济视角提出一个反对土地私有化论的经济学解释，认为在土地集体所有制环境下的农业经济已出现虚拟化萌芽，如果实行土地私有化制度，将引发农业经济的虚拟化浪潮并且冲击和危害农村经济。农业现代化是中国经济现代化一个不可分割的重要组成部分，这将为"全过程人民民主"与平等奠定坚实的经济基础。如何处理好坚持农村土地集体所有制与土地资源市场化配置的关系是中国农业现代化发展面临的重要问题，基于此，提出规范集体土地用益物权的权能机制，以防止集体土地产权被过度稀释；强化集体土地所有权人的能力建设，以完善集体建设用地入市机制；优化集体土地入市收益分配制度，以保证征地补偿制度的基本公平。②实体经济"账期"问题严重侵蚀企业利润，导致实体经济企业资金链紧张，出现企业因资金链断裂倒闭，阻碍实体经济发展。中国从计划配置资源向市场配置资源为主的转化过程，与经济高增长是同一个过程，但与完全市场化或全盘西化有重大区别。目前国有企业和民营企业、制造业各行业的"账期"特点及产生原因不同，且民营企业比国有企业严重、制造业行业比其他行业严重。中国经过40多年改革，目前所有制多元化的企业群体是以市场配置资源为主的经济运行主体。未来应加大民营企业、制造业行业的政策扶持力度，健全涉企收费长效监管和拖欠企业账款清偿法律法规体系，有的放矢更好地解决阻碍实体经济发展的"毒瘤"，促进实体经济发展。③金融能跨期安排我们未来的生活吗？为什么在金融危机时失业率不断走高，养老保险等保障也越来越困难。人们在最需要保障时，它却给不了你基本保障。因为这种保障是以社会生产力提高、社会物质产品丰富、基本生存为主的生活水平提高作为前提的。金融出现使这种保障通过货币资金来实现，而金融又不直接生产物质产品和提供劳务，凭借一种制度将生产出来的产品和劳务在人们之间进行分配，体现了一种再分配关系。实际上，人们总是消费当代有劳动能力的人生产的产品和服务。所以，中国应建立以实体经济为基础的社会保障模式，规划好社保基金中政府保障与市场化增殖两部分比例，更好地发挥社会保障功能和作用。④充分认识市场经济下房地产的"稳定器"功能，防范化解房地产风险，既要坚持抑制过度投机需求，又要满足合理住房需求维护市场企稳发展，"市场+保障"住房供应体系是房地产发展模式新趋势。房地产价格是资产价格，物价指数是以实体经济为主设计编制的指数。物价指数中不包括房地产价格因素，容易出现实体经济的物价不涨，但虚拟资产的房价飞涨。房地产价格变动对物价的影响不大，建议未来应构建包括资产价格在内的指数，以引导房地产经济发展走向和识别风险。

第四部分主要观点有四个：①经济全球化的本质是虚拟经济全球化。随着金融全球化和金融自由化，一种新的、与传统资本积累相对应的价值化积累方式正在形成，其积累内容为价值形式表现的虚拟资本，资本积聚与增殖的形式特征是"以钱生钱"。当代发达国家和发展中国家的贫富差距较之过去愈加明显，贫富差距扩大的主要原因是发达国家"价值化"的财富积累方式、攻击性的金融投机等。②资本原始积累时期资本积累来源于海外的掠夺性贸易，工业化时期来源于大规模雇佣劳动的剩余价值生产，而去工业化和经济虚拟化时期则来源于掠夺性金融交易。金融自由化发展出更便捷的获取剩余价值的方式，并促进了以货币金融霸主地位为基础的掠夺性国际经济关系。资本主义国家资本积累从掠夺性贸易到工业化再到掠夺性金融交易，掠夺性金融交易并非为全球实体经济服务，只是资本主义获得剩余价值的不同阶段。在我国金融高水平开放背景下，重新认识当代资本积累特征，应对外部金融风险具有重要的理论和实践意义。③资本化定价方式的泛化是市场经济发展的必然趋势。虚拟经济运行的行为基础是资本化定价，与传统意义上的实物产品定价有着本质区别，资本化定价方式使虚拟经济波动性远大于实体经济。当代资本化定价方式迅速地深入到各个领域，资本化定价方式泛化即价值增殖的虚拟化及其泛化，发展虚拟经济应趋利避害。④西方主要国家金融风险聚集趋势加剧，或将再次引爆金融危机。2008年后西方主要国家虚拟经济脱离实体经济的自我循环（空转）趋势仍未完全逆转，美国等西方9个典型经济体虚拟经济自我循环规模不仅没有缩小反而持续扩张，对实体经济关联度也明显下降。尤其是美国虚拟经济自我循环规模和扩张速度远远高于其他国家；与实体经济关联度下降幅度也远大于其他国家。且这一趋势欲罢不能，加之通货膨胀频繁显现，两难困境下或将再次引爆金融危机危及全球。

第五部分主要观点有四个：①数字经济背景下虚拟经济与实体经济的关系如何？随着数字技术赋能出现了各类金融形态和虚拟资产，在服务实体经济的同时容易成为金融风险滋生的领域。辨析数字经济与虚拟经济、实体经济的内涵，揭示各种数字货币的本质特征有重要意义。国际货币更迭历史表明：数字人民币是人民币国际化可遵循的客观规律与发展必然趋势。基于数字金融服务实体经济的机制与路径，中国可从多个方面入手，推动虚拟经济与实体经济的良性互动。②国际货币体系是国际资源配置的核心机制，各国国内资源配置离不开国际资本流动的影响。国际货币体系也是"国际货币利益格局的固化模式"，在现行世界经济格局下，美国国内经济结构变化、中国经济快速崛起这两个因素起着关键性的重大作用。目前绿色产业已经成为未来世界经济增长的重要赛道，绿色产业及贸易格局的变化必然引起绿色产品的贸易规则、国际组织和原有惯例发生变化，以及国际货币体系的相应变化。中国在增强国际经济实力的同时，要以绿色金融与绿色产业为突破口，积极融合和引领国际相关规则体系制定与逐步完善。③反思利润最大化和效用最大化的金融效率衡量标准。西方古典经济学将金融功能看作是储蓄转化为投资，即金融为产业资本服务。当现代金融违背初衷成为实际 GDP 增长的支柱产业时，"金融为实体经济服务"为金融"守正"重新划定原则。反思西方经济学推崇的金融效率的利润最大化和效用最大化的微观衡量标准，保持微观与宏观效率的一致性，首先是推动经济增长和正常的资源配置，其次是化解和防范风险，两者都应是金融系统效率高低的衡量标准。随着金融领域持续深化改革，更好处理虚拟经济和实体经济关系，成为建设金融强国和支持实体经济高质量发展的重要命题。④充分认识房地产的虚拟特性，世界上130多次金融危机中与房地产相关的高达100多次。应防范化解房地产"灰犀牛"风险，尤其避免其和金融风险、地方债务风险交织发生系统风险。马克思认为土地没有价值，但有价格，因此房地产价格就是货币现象，所以促进房地产业平稳发展的最有效约束是进入房地产资金的多寡。中国稳定经济增长和拉动就业，需要稳定房价和稳定房地产服务业的发展，构建适时的政策调控和长效的监管机制。

三

"虚拟经济"是源于金融自由化下对各类金融创新活动性质、功能及其影响的研究，反思西方经济学与现实相矛盾的问题，在运用与西方经济学分析框架相区别的独特基本分类和逻辑基础上，构建中国哲学社会科学自主知识体系。经济学家成思危先生和刘骏民教授是虚拟经济研究的创始人。2000年10月在成思危先生的支持和帮助下，"南开大学虚拟经济与管理研究中心"正式挂牌，并自2000年以来每两年举办一届全国虚拟经济研讨会，至今已经成功举办了十二届。二十多年来，该研讨会是虚拟经济前沿理论成果展示的重要平台，是引领虚拟经济研究纵深发展的一面旗帜，为繁荣中国学术、发展中国理论、传播中国思想贡献了绵薄之力。这一阶段既是中国崛起的重要时期，也是整个世界发生重大变化和动荡的时期，更是经济理论经受检验的时期，虚拟经济理论也不例外，经济运行的历史与现实、数次局部与全球性金融危机以及未来世界经济形势检验了虚拟经济理论的价值所在，历史印证了这一切。2008年国际金融危机后，美国等发达国家提出"再工业化"目标，反映出西方一些精英也意识到：放任资本自由发展将掏空美国的工业经济，必须由政府引导实体经济回归。在马克思主义基本理论基础上创立的虚拟经济研究已经获得众多学者的认可，"不能走脱实向虚道路"的理念已经体现在国家相关经济政策之中。从2002年党的十六大报告提出"正确处理发展高新技术产业和传统产业、资金技术密集型产业和劳动密集型产业、虚拟经济和实体经济的关系"，到新时代提倡"金融为实体经济服务""房住不炒"和"中国式现代化不能走脱实向虚的道路"，虚拟经济研究顺应实践发展，突出问题导向，在"守正创新"中推进理论创新、实践创新、制度创新与文化创新，为中国工业化后期经济发展与稳定重大问题的解决提供基础性、前瞻性、战略性的科学理论依据。

正值党的二十届三中全会《中共中央关于进一步全面深化改革　推进中国式现代化的决定》全文发布之际，我开始为《虚拟经济与实体经济》一书撰写前言。党的十八大以来，中国特色社会主义在抑制自由化、抑制经济"脱实向虚"的不懈努力下，才得以开创"守正创新"的新局面，并为中国金融发展指明了方向和道路。新征程上不迷失方向，把握时代，引领时代。当前世界面临百年未有之大变局，"黑天鹅"和"灰犀牛"事件随时可能发生。中国在危机中育新机、于变局中开新局。国内加快制定《中华人民共和国金融稳定法》，将所有金融活动纳入监管，继续开启房地产"保障+市场"发展新模式，坚持金融为实体经济服务的宗旨，积极推动科技创新、产业创新和发展新质生产力。金融系统要打造成既可以高效配置市场资源，又可以有效管控系统风险的中国特色市场机制。中国经济运行犹如一艘巨轮，而经济转型正如巨轮转向，只有激活生产力和社会活力，循序渐进，脚踏实地，方可行稳致远。中国有着强大的实体经济基础，不断激发世界经济的活力和为世界经济发展输入稳定因素。中国既是世界经济增长的重要动力，也是世界经济金融秩序的建设者。中国坚持改革开放方向与促进世界经济增长、防范金融危机、完善全球经济金融体系的趋势是完全一致的，未来中国将引领世界从危机应对向长效治理机制转型，继续为世界经济发展与安全贡献智慧与力量。

本书是国家社科基金重大项目"我国实体经济发展战略、制度与政策研究——基于实体经济与虚拟经济数量关系的视角"和"深度开放下外部金融冲击的应急系统研究"、国家社会基金一般项目"投入产出模型在资本市场的应用研究"、教育部重点项目"现代信用经济与虚拟经济研究"、天津市政府项目"资金直达实体经济的自动机制——基本构架、方案与相关政策"、深圳市政府项目"深圳市工业生产总值核算研究"、中国航空工业集团项目"虚拟经济理论与实践"等课题为依托和资助完成的成果。在此，真诚感谢社会各界朋友长期的支持与鼓励及厚爱。

　　本书是中国原创性经济学命题"虚拟经济"研究的成果集结。全书源自《中国社会科学》《政治经济学评论》等刊载的论文，以及被《新华文摘》《中国社会科学文摘》等转载的论文，时间跨度为 2002~2024 年，共 36 篇，主要由我为独立作者及少部分第一作者身份完成的研究成果。另，还有诸多观点不俗的研究由于篇幅所限未能收录，例如，数字经济视角下虚拟资产与数据资产的研究等，待时机成熟再出续集，以飨读者。岁月如歌，时光荏苒，感怀有缘相聚而倾心合作、潜心研究、仁爱与赤诚的莘莘学子。本书是对中国经济学自主知识体系构建的探索，阐述的理论及观点有诸多不成熟，由于笔者水平所限也存在缺点甚至错误，敬请广大读者批评指正。

　　"虚拟经济"的概念深刻揭示了西方"去工业化"的本质，这也充分显示了成思危先生与南开大学学者们研究虚拟经济的重大意义。几十年来，南开大学虚拟经济与管理研究中心研究团队及志同道合者，秉持"蚂蚁爬山、寸寸在前"的精神，砥砺深耕，履践致远，风雨同舟，传承创新。伴随着虚拟经济理论逐渐完善和成熟，年轻学者也从青葱岁月成长为国家栋梁，一路繁花似锦。犹记得，成思危先生临终前特邀我和刘骏民教授到其病榻前，嘱托我们："一定要把虚拟经济研究大旗扛下去。"激励在此，天行健，君子以自强不息；地势坤，君子以厚德载物。承蒙先生信任，我深感荣幸与责任，毕生定履行承诺，不负重托。

刘晓欣

2024 年 7 月 20 日于南开园

目　　录

一

虚拟经济的运行方式、本质及其理论的政策含义
　　——马克思逻辑的历史延伸 ·· 3
虚拟经济与实体经济的关联性
　　——主要资本主义国家比较研究 ·· 22
虚拟经济的自我循环及其与实体经济关联的理论分析和实证检验
　　——基于美国1947~2015年投入产出数据视角 ······················ 43
中国经济从"脱实向虚"到"脱虚向实"
　　——基于马克思主义政治经济学的分析视角 ··························· 60
从虚拟经济视角看GDP创造的逻辑、路径及隐患 ······················· 74
重新认识当代宏观经济运行的基本规律
　　——实体经济与虚拟经济视角 ··· 86
实体经济、虚拟经济及关系研究述评 ······································· 102
虚拟经济研究八个前沿问题 ·· 120

二

个别风险系统化与金融危机
　　——来自虚拟经济学的解释 ··· 137
系统风险核心问题、形成机制及中国特色化解方案
　　——实体经济与虚拟经济视角 ·· 150
中国特色不良资产处置与化解金融风险长效机制
　　——虚拟经济理论的视角 ·· 176
不良资产处置的理论逻辑与中国的实践创新 ····························· 195
资金流量存量核算与金融风险的文献综述
　　——基于虚拟经济的视角 ·· 208
外部金融冲击传导与中国应对之术
　　——一个基于虚拟经济视角的文献综述 ································ 224
实体经济、虚拟经济互动与经济系统稳定的理论模拟 ················· 237

三

农村土地的产权制度及其要素资源的市场化配置
　　——虚拟经济视角下土地产权私有化辨析 ···························· 257

中国区域经济增长的空间分布与空间关联
　　——基于实体经济与虚拟经济的视角 ·················· 264
中国实体经济"账期"问题及对策 ························· 284
社会保障体系的根基在实体经济
　　——高价值化积累率重创美国养老基金体系的思考 ·········· 299
房地产业价格变动对物价的影响
　　——国际比较及启示 ···························· 310

四

虚拟经济与价值化积累
　　——从虚拟经济角度认识当代资本积累 ·············· 325
基于虚拟经济视角的资本积累与金融监管 ·················· 333
解析当代经济"倒金字塔"之谜
　　——对 20 世纪 80 年代以来虚拟资产日益膨胀现象的思考 ······ 340
从虚拟经济角度看国际贫富差距的原因 ··················· 348
当代经济全球化的本质
　　——虚拟经济全球化 ···························· 354
虚拟经济运行的行为基础
　　——资本化定价 ····························· 361

五

认识房地产虚拟特性　有效防范系统性风险 ················· 369
中国为什么能创造没有爆发过金融危机的奇迹 ··············· 374
虚拟经济自我循环的理论逻辑与测度方法 ·················· 377
数字人民币的主要特征及影响分析 ····················· 381
全球法定数字货币现状、发展趋势及监管政策 ··············· 390
NFT（异质代币）的发展逻辑、风险挑战与监管 ·············· 397
从数字大国走向数字强国的关键 ······················ 406
人民币国际化"破冰" ··························· 412
为何虚拟经济的收益高于实体经济 ····················· 415
为实体经济服务：金融效率评价的核心标准 ················· 418

虚拟经济的运行方式、本质及其理论的政策含义

——马克思逻辑的历史延伸

摘要：本文在梳理实体经济与非实体经济争议的基础上，概括了马克思主义经济学与西方经济学对于实体经济与非实体经济的基本共识，并归纳了马克思虚拟资本概念下虚拟经济内涵的争议与共识。虚拟经济具有三大市场特征：强调心理预期的资本化定价、追逐货币利润的最大化、独特"单一非对称性"的运行方式。由此构建虚拟经济的三大理论模型包括虚拟经济自我膨胀和收缩机制模型、货币与实体经济和虚拟经济互动关系模型、货币中性与非中性共存经济模型。"实体经济与虚拟经济"分析框架是马克思生产力和生产关系基本逻辑的延伸，是生产力和生产关系分析方法具象化的表现。在此分析框架下，揭示了自 20 世纪 70 年代以来美国经济结构量变所带来的质变，并提供一些新的政策措施。

关键词：马克思主义；虚拟经济；实体经济；价值增殖的独立化

引　言

"脱实向虚"被看成是积聚金融风险、抑制实体经济发展、扭曲经济未来发展方向的一个不良倾向。从 2008 年美国爆发的金融危机和随后欧洲爆发的债务危机中，都可以看到"脱实向虚"倾向下系统性风险长期孕育、积聚直到引爆的过程。本文的目的是从理论和实践两个方面认清虚拟经济的本质，理解其运行方式，并沿着马克思主义逻辑建立一个新的经济分析框架，研究那些传统分析框架下被忽略的经济现象及其背后的规律，以便为制定更有效的政策提供新的理论基础，以纠正经济"脱实向虚"的不良趋向，坚持实体经济可持续发展战略。

一、　实体经济和虚拟经济内涵辨析

建立识别实体经济的标准，是古今中外许多经济学家进行经济分析的一个重要出发点，也是界定虚拟经济的重要前提之一。历史上针对什么是实体经济的争论始于对真实财富的不同认识。只有理解关于实体经济的问题上最根本的差异，才能更好理解当代虚拟经济研究的历史渊源，从而理解虚拟经济研究在今天的重大意义。

（一）实体经济与非实体经济的争议与共识

早期关于实体经济的争议集中在货币是不是真实财富，贸易、金融领域是不是创造价值的问题上。例如，重农主义认为，粮食、布匹以及相关生产资料才是真实财富，与它们相比，货币（当时是金银等贵金属）不是真实财富。重农主义理论的政策含义是：农业强

则民富国强。重商主义则认为一个国家的富裕程度与其持有的货币量成正比。贸易会带来货币，货币又带来更多的商品，贸易繁荣就是经济繁荣。重商主义理论的政策含义是：繁荣贸易并维持出超是强国之本（托马斯，1983）[1]。

直到 20 世纪 60 年代，西方经济学界爆发的"剑桥资本争论"才触及了问题的根本①，即资本主义市场经济在本质上是一个由生产技术表现的物质系统，还是一个由货币表现的价值系统。这个争议至今仍未定论。马克思主义经济学与西方经济学依然存在着对立的观点。马克思强调资本主义市场经济本质上是一个价值系统，表现为价格的价值和利润的剩余价值引领整个经济的走向；而西方经济学则坚持市场经济本质是一个物质的或由技术决定的物质系统，那些由价格或货币表现出来的价值只是名义的经济变量，剔除价格变动和货币变动因素才是真正的经济。由此，西方主流经济学坚持货币中性理论，依然认为货币不是财富，它本身也不会创造财富。凯恩斯通过利息率与投资的关系突破了货币中性理论，但没有动摇其经典的基础理论——微观经济学。微观经济学强调的是生产函数基础上的生产以及物质消费基础上需求，价格并非货币表现的价格，而是摆脱了货币幻象的相对价格（物量之间的比例关系）；宏观经济学则以经济增长为核心，而经济增长的本质是总产出增长，只有生产要素投入（土地、劳动、资本）增加，才可以直接导致经济增长，货币增加只会增加价格、制度等其他因素变化，也只有通过提高要素效率或促进技术进步才能引起经济增长。

因此，西方主流经济学的实体经济（Real Economy）范畴源自实际变量，与其相对应的范畴是名义变量。两者的差别主要在于是否包括物价变动，是否受到货币总量的影响。人们所熟知的实际价格和名义价格、实际 GDP 和名义 GDP 等概念范畴的对应，都是以是否包括货币价格波动为核心的。在这方面围绕货币中性与否的讨论，是宏观经济学、货币经济学和金融学的核心论题。相应地，在西方经济学理论体系中，实体经济与名义经济（Nominal Economy）、符号经济（Symbol Economy）、货币经济（Monetary Economy）以及金融经济（Financial Economy）相对应，实体经济和这些经济形态的区分往往是以是否计入 GDP 作为衡量标准。

从 2008 年国际金融危机开始，国内外学者、业界人士和政府机构开始频繁地使用"实体经济"这一概念。例如，美联储原主席耶伦表示"支持通胀的代价是高昂的，虽然适度的通胀有助于防范名义工资刚性，但短期货币政策应该致力于稳定实体经济增长"（Yellen，2007）[2] 等。美联储定义的实体经济是指除去房产市场和金融市场之外的部分经济活动。在实践操作中，从美国经济数据构成来看，包括制造业、进出口以及零售销售等在内的被美联储概括为"实体经济"。可见，美联储是将房地产和金融业界定为"非实体经济"，而除此之外的则被统称为实体经济。金融时报辞典（Financial Times Lexicon）的实体经济定义为：实际生产商品和服务的经济活动，而与另一部分只在金融市场上进行买卖行为的经济活动相对应的则是非实体经济（Financial Firms Lexicon，2012）②。经济术语（Economic Glossary）定义的实体经济是指与商品、服务和资源相关的经济活动，这部

---

① "剑桥之争"是在以英国剑桥大学的罗宾逊、卡尔多、斯拉法和帕西内蒂为代表的新剑桥学派和以美国麻省理工学院的萨缪尔森、索洛和莫迪利安尼等为代表的新古典综合派之间进行的，争论的焦点是新古典理论的逻辑一致性问题等。其中包括 GDP 表示的是生产函数，还是一种社会关系，与技术、生产力、科技无关等问题。

② GDP 代表的是生产函数，还是一种社会关系，与技术、生产力、科技无关等问题。

分经济活动通过使用各种资源来生产商品和服务以满足人们的生活需求（Economic Glossary，2023）①。

"实体经济"在三次产业分类中包括第一、第二产业，不包括第三产业。按美国商务部 15 部门大类划分：农林牧、采矿、公共产品、建筑、制造、批发、零售、交通仓储、信息 9 个部门属于实体经济；金融房地产、职业服务业、教育医疗、餐饮娱乐、其他服务业以及政府服务业 6 个部门属于服务业，其中金融房地产属于高端服务业。刘晓欣和张艺鹏（2019）[3] 根据国际标准产业分类 ［International Standard Industrial Classification of All Economic Activities（ISIC），Revision 4］标准以及中国《国民经济行业分类》（GB/T 4754—2017）标准②，突破三次产业分类，将经济活动划分为实体经济和虚拟经济。实体经济的部门分类依据划分实体经济 I 类、II 类的理论依据，生产本身有两种：一是生活资料即食物、衣服、住房以及为此所必需的工具的生产，为实体经济 I 类；二是人自身的生产，为实体经济 II 类。实体经济 I 类是以产业资本循环为主的经济活动，表现为生产过程和流通过程的统一。其中，"食物、衣服、住房和所必需的工具"涉及农业、建筑业和工业等。实体经济 II 类以服务业为主，间接参与产业资本循环，并服务于劳动能力扩大再生产，表现为实际生产过程与劳动力再生产的有机统一。例如，科教文卫等行业，政府、国防等活动是维持人自身再生产的公共秩序安全保障。经济活动服务产业资本循环，提供外部条件和基础环境，生产人必要的精神产品，促进人类自身再生产，是提升劳动能力所必需的经济活动。虚拟经济主要是指第三产业中的金融房地产服务业。这里的实体经济 I 类和实体经济 II 类是扣除金融房地产服务业以外的其他产业，包括第一、第二产业，还有部分第三产业，可定义为广义的实体经济。关于狭义的实体经济，刘晓欣（2005）根据马克思"生产性与非生产性"的分类，借鉴 MPS 中的"物质生产"理念，突出虚拟经济财富的虚拟性和泡沫性，认为在工业化时期，实体经济的核心和主体部分是工业中的制造业，这是经济增长的主要动力。[4]

尽管古今中外学者在对经济本质的认识上有所不同，定义实体经济与非实体经济的内涵也不同，但对于一些基本事实依然存在着一致的认识。首先，无论马克思主义经济学还是西方经济学，都将"通货膨胀"看作是货币现象，由于货币增加所引起的物价普遍上涨不是真实财富的增加，这可以看作关于虚拟经济的最基本"共识"。其次，资产价格膨胀或资产泡沫不是真实财富，也是绝大多数经济学家的共识：一是货币推动的"货币现象"，二是实际资本和资产的第二重存在，是经济学家可以接受的"非实体经济"的两个基本特征。最后，马克思和自由主义代表人物哈耶克（1995）都使用"虚拟资本"的概念来概括股票的性质，用以区别实际生产产品的资本与其股权代表的不同，而且也都认可股权定价是收入流的资本化[5]。现代西方主流经济学特别强调真实投资与金融投资的区别，认为只有当储蓄转化为投资时，才能促使固定资本的形成，而购买债券、股票等的金融投资，依然属于储蓄的范畴。西方经济学家认为，将股票、金融投资与实际经济活动进行区分是必要的，而对应"实际"的"虚拟"一词应是最恰当的表述。

---

① Economic Glossary：https://glossary.econguru.com/economic-term/real+economy.
② 依据中国《国民经济行业分类》（GB/T 4754—2017）标准，并参照国际（ISIC，Revision 4）标准进行分类；另外，美联储主要依据北美产业分类体系（North American Industry Classification System，NAICS）进行分类，两者有一些区别。

（二） 马克思虚拟资本基础上虚拟经济内涵延伸的争议与共识

目前虚拟经济有三个英文词：①"Fictitious Economy"是指"虚拟资本"以金融平台为主要依托的证券、期货、期权等各种活动；②"Virtual Economy"是指以"信息技术"为工具所进行的经济活动，包括数字经济和网络经济等；③"Visual Economy"是指用"计算机模拟"的可视化经济活动，是一种可视化经济。本文研究的虚拟经济是第一类Fictitious Economy，与马克思《资本论》中的虚拟资本（Fictitious Capital）概念一脉相承，这一翻译比较符合虚拟经济的内涵和本质。Virtual Economy 和 Visual Economy 是以"信息技术"为代表的数字经济①和网络经济等新兴经济活动，反映的是社会分工不断深入、产业分类更加细化、生产要素和生产技术变化下的实际商品和服务呈现出的不同形式，我们将这些新兴经济活动视为实体经济的范畴（第Ⅱ类实体经济）。数字经济作为"信息技术"可以被应用于虚拟经济部门，如银行交易系统、零售支付系统、证券交易系统等，但是，其与虚拟资本（Fictitious Economy）本身进行独立的价值增殖活动是存在明显区别的。也就是说，只有当这些生产活动是以金融平台为依托"用钱生钱"脱离实际生产价值增殖独立化时，才属于虚拟经济中的投机活动。这些新经济形态的投机活动可通过相关核算技术将其剥离出来归类为虚拟经济。所以，将 Virtual Economy 和 Visual Economy 翻译为虚拟经济，容易混淆虚拟经济（Fictitious Economy）的本质，特别是数字经济、网络经济这样的新兴经济活动与虚拟经济的关系。

马克思（1894）和希法亭（1910）对虚拟资本这一概念的分析则涉及借入资本的不同形式、金融所有权的市场价值的重要性及它们与劳动所创造价值的关系[6]。马克思在谈到虚拟资本时，认为价值由劳动创造的生产资本表现为不同的形式，用来支付工资和购买资本品。这种货币资本是属于资本家的，但可以由银行家贷给企业家，利息是要付的，但是从总利润中得到的金融收益没有"自然"的属性。G-G′（借贷资本的循环）表现为"资本看起来就像梨树结出梨子一样产生货币，与生产过程和榨取劳动相分离"。这样，虚拟资本提出了一个与劳动价值论为基础的原则相反的评价原则：虚拟资本的形成被叫作资本化。"人们把每一个有规则的会反复取得的收入按平均利息率来计算，把它算作是按这个利息率贷出的资本会提供的收入，这样就把这个收入资本化了。"[7] 资本化的公式为：C=R/r。例如，年收入 C = 100 镑，利息率 r = 5% 时，100 镑就是 2000 镑的年利息，这 2000 镑现在就看成是每年有权取得 100 镑的法律证书的资本价值 R。对这个所有权证书的买者来说，这 100 镑年收入实际代表他所投资本的 5% 的利息。所以，通过资本化而形成的虚拟资本一出现，原来存在的资本与其现实增殖过程的一切联系就被彻底消灭干净了。资本可以自行增殖的概念就被树立起来了，似乎与实际资本脱离了，虚拟资本本身就可以带来价值增殖。将马克思虚拟资本的逻辑延伸到资本主义生产的发展，虚拟经济是以资本化定价为基础的一种经济运行方式，虚拟经济的本质是价值增殖过程的相对独立化。既包括完全脱离物质生产过程的价值增殖，也包括部分脱离物质生产过程的价值增殖活

---

① 中国在 2016 年发布的《二十国集团数字经济发展与合作倡议》中指出："数字经济是指以使用数字化的知识和信息作为关键生产要素、以现代信息网络作为重要载体、以信息通信技术的有效使用作为效率提升和经济结构优化的重要推动力的一系列经济活动。"

动。一般来说，从短期来看，虚拟经济的典型现象是以资产价格上涨为主的泡沫经济；从长期来看，则是以资产数量扩张以及资产规模扩张为主的经济虚拟化。以资本化定价为基础的虚拟经济相对应实体经济也是一种经济运行方式，它以成本定价为基础，以成本加成为定价方式，价格可以调整供求达到稳定均衡状态。如果说一般均衡理论是以生产函数（物质生产过程）为基础的分析框架，那么虚拟经济与实体经济的划分，是将整个经济看作价值系统并用货币统一起来的一个可以涵盖实体经济的货币经济的分析框架。

从马克思虚拟资本基础上延伸的"虚拟经济"，其主要活动包括"金融业、房地产业"服务业（不包括建筑业），这是虚拟经济研究的一个"共识"。虽然如此，但虚拟经济是否仅限于某一行业还是有争议的，主要体现在以下两个方面：刘晓欣（2005）认为，不仅包括金融业、房地产业，只要存在投机活动就属于虚拟经济，当代资本化定价方式泛化，投机活动频繁，除了金融业、房地产业外，类似如小宗农产品等也进入投机炒作的行列，凡是涉及投机活动均属于虚拟经济研究范畴[8][9]。刘晓欣和张艺鹏（2019）运用投入产出核算的纯产品原则剥离实体经济中的虚拟经济和虚拟经济中的实体经济，将实体经济和虚拟经济分别归类[3]。林左鸣（2010）则认为，虚拟经济不仅包括金融业、房地产业、企业商誉和品牌、体育和娱乐等，也是虚拟经济扩展了虚拟经济研究范围，被称为广义虚拟经济[10]。由于在金融和房地产领域投机和炒作盛行，"用钱生钱"最具典型特征，是常态化的。而像炒作大蒜等农产品在实体经济中只会偶然发生，属非常态化，企业商誉和品牌等在正常估值状态下也不存在非理性行为。因此无论是以投机炒作活动定义的虚拟经济领域还是广义虚拟经济均包含金融业与房地产业。虚拟经济主要包括金融和房地产领域成为中外研究者们求同存异下"共识"的结果。在此基础上，相对应金融与房地产领域以外的其他为实体经济，这与美联储等中外学者将金融与房地产领域归为非实体经济（虚拟经济）、其他为实体经济的分类是基本相吻合的。

（三）从"金融深化"到"金融化"认知转变的实质意义

近年来，美国学界对美国经济发展趋势认识的明显转变表明多数学者已经开始意识到虚拟经济带来的不良影响。有两组概念鲜明地显示出这种变化：早期西方学界用"后工业化"来描述美国经济自20世纪80年代以来工业比例萎缩、服务业比例增大的趋势。自2008年国际金融危机前后则普遍接受了用"去工业化"这个词来描述这一趋势。人们从对服务业扩张的赞扬到对"去工业化"的担忧，再到制定"再工业化"政策目标的变化过程，反映了美国学界、商界和政府对美国经济大趋势认识的转变。与此同时，用贬义词"经济金融化"①来替代褒义词"金融深化"，以概括这段时期金融业过度扩张的大趋势。

经济金融化和去工业化是不良倾向，需要纠正。之所以需要纠正，是因为去工业化和经济金融化的本质就是经济虚拟化，即价值增殖相对脱离物质生产过程的独立化发展趋势。在资本主义发展演化的历史过程中，一方面，资本主义生产过程在不断发展，物质生产要素扩展到太阳能、新材料、网络信息等，材料、能源和生产技术都发生了巨大变化；另一方面，价值增殖的社会形式也在发展，最初是货币，而后出现股票、债券和其他有价证券及其衍生品等，价值增殖的独立性也大大增加。实际上，资本主义自始至终不曾放弃

---

① 从体制机制、企业追求和日常领域均崇尚一种不通过实际生产过程而利用金融独立来获取收益的投机风气。

的梦想是直接"用钱生钱"——价值增殖的独立化,在当代资本不再选择进入实体经济发挥生产职能作用,资金"脱实向虚"的趋势更加明显。

"虚拟经济"的理论源于马克思主义经济学,特别是有关虚拟资本理论;虚拟经济的实践源于在金融自由化趋势下,对各类金融创新活动的性质、功能及其影响的研究。1997年的亚洲金融危机凸显了虚拟经济研究的重大现实意义。2008年爆发的国际金融危机进一步验证了虚拟经济研究的学术价值和现实意义。在美国再工业化和欧洲摆脱债务危机的同时,中国也在纠正"脱实向虚"的倾向。习近平总书记多次强调纠正"脱实向虚"重要性,在徐工集团考察时强调中国这么大,必须始终高度重视发展壮大实体经济,不能走单一发展、脱实向虚的路子。[①] "从大国到强国,实体经济发展至关重要,任何时候都不能脱实向虚。"[②] 习近平总书记于2019年1月16日至18日在京津冀考察并主持召开京津冀协同发展座谈会时强调,"实体经济是大国的根基,经济不能脱实向虚。"虚拟经济研究切中了当代世界经济的主动脉,成为21世纪最为重要的经济学研究命题之一,也是世界和中国经济纠正"脱实向虚"不良倾向需要解决的现实问题。

二、虚拟经济独特行为基础与理论机制

虚拟经济作为市场经济的产物,它是以货币为基本动力,以单一利润最大化行为、心理预期影响正反馈效应、价格失去自动调节供求稳定状态为特征,从而具有内在不稳定性的特殊运行方式。虚拟经济同时也是一种受货币的推动,相对脱离了实体经济,通过资产价格上涨、金融资产数量膨胀、重复交易额膨胀等,以及与各类债务相关的创造货币财富和货币收入的货币现象。与实体经济相比,虚拟经济的重要特征包括社会心理因素、货币利润最大化、单一非对称市场波动性等。在此基础上,虚拟经济呈现自我膨胀与收缩、货币与实体经济和虚拟经济关系互动、货币中性与货币非中性共存经济运行三大理论机制。

(一)虚拟经济的独特行为基础

1. 虚拟经济社会心理的行为基础

由于虚拟经济与实体经济在定价机制上不同,社会心理对虚拟经济运行方式影响尤其不一样。实体经济是指那些以成本为基础定价的产品和服务,无论消费品本身价格多高,都是用来满足消费者需要的,对消费者来说也都是消耗品,这里,消费本身并不创造货币收入,消费者只是在消费过程中需求能得到满足。虚拟经济的资本化定价是预期收入定价的资产,就是对盈利能力的估价,买股票、房地产和某些可交易收藏品等资产是为了获得收入流或在未来卖了赚钱,它是根据未来收入的预期来决定是否买卖。所以,未来的预期和相关宏观景气状况、政治及其他各种因素对社会心理的影响就成为其价格的决定性因素。

这种定价方式使虚拟资产价格脱离了它们所代表的实际资产的总价值量,任何商品如果购买者不是为消费,而是为获利,它们就是资产而不是消费品,从而沦为虚拟经济的运

---

① 2017年12月12日习近平在徐工集团考察时的讲话。
② 2018年10月23日习近平在广东考察时的讲话。

行方式。虚拟经济与一般消费的重大区别在于：一般消费都有"饱和点"，因此有边际消费递减的心理规律可循。而虚拟经济中群体经济行为的社会心理基础是贪欲和贪婪，且没有心理饱和点。当越来越多的人的贪欲心理被唤醒的时候就会产生大规模投机行为，正反馈效应将替代边际效用递减规律，预期的上升或下跌通过群体行为，成为事实上的上升或下跌，而事实又加剧了人们预期继续上升或下跌，这是虚拟经济运行的特性，也是资本的本性特质。例如，预期某一股票将大涨，形成群体的抢购行为，它就会真的涨起来。比特币炒家们曾总结出一个"炒币"真理——"共识价值"，只要持币和潜在持币的"傻瓜"们都认为某一虚拟货币具有价值，愿意用真实货币去购买，它就真有价值了。可见心理可以直接创造财富，其唯一条件是买者是否有足够多的资金来实现被炒标的物的"价值"。虽然股票和债券等资产价值受多种因素影响，但预期等心理因素容易形成社会心理和从众心理，从而形成货币数量支撑的群体行为，所以，心理因素是虚拟经济运行最具影响力的特征。

2. 虚拟经济货币利润最大化的行为基础

与实体经济相比，虚拟经济的行为并非追求效用最大化，而是追求单一货币利润最大化（刘晓欣，2005）[8]。虚拟经济中购买债券、炒作股票等，这类买卖双方也存在供求双方，却与实体经济的供求双方有本质区别。在实体经济中，供求双方"消费与生产"对称的基础是其供求的平衡，而均衡的基本含义是稳定。例如，苹果电脑产品的供求双方一个是消费者，另一个是生产者，这种对称角色是基本对应和固定的，苹果产品的消费可以用效用最大化和边际效用递减规律来描述；虚拟经济的消费与买苹果产品的消费完全不同，因为其目的不是消费，而是为了赚钱，追求货币利润的最大化。债券、股票的"消费"数量与其带来的效用之间并不存在边际效用递减的规律，买方行为也不存在效用最大化行为。类似股票、房地产、外汇、期货等众多交易中都存在着这种状况，所以，这些行为不是消费行为，它是追求货币利润最大化行为。

在微观经济学中，价格形成及其资源配置的描述是不受货币和通货膨胀的干扰，删去了货币直接阐述相对价格的形成及其与资源配置的关系，这体现了货币非中性的思想。但是，市场经济的任何交易都不能摆脱货币的介入，且所有交易都是按现价进行的。将名义经济作为最基本的经济活动去考察，才更能强调实际变量与名义变量的差别，从而更接近现实经济内在的规律。从虚拟经济视角来看，应将经济学中的利润最大化行为还原为"货币利润的最大化"行为，用产量最大化替代厂商货币利润最大化的真实目标。这是揭示虚拟经济行为规律的重要出发点。

3. 虚拟经济单一非对称市场的行为基础

西方微观经济学将市场经济运行最基本的机制描述为价格调节下的供求自动均衡。在完全竞争下，短期是由需求决定价格，如瞬间价格决定可以假定供给不变，于是价格完全由需求决定。长期是由供给决定价格，均衡价格等于长期成本曲线最低点的值。新古典经济学实际上是研究实际经济领域与成本支撑的价格体系，在这个体系中，价格随着技术进步而呈下降趋势，边际收益递减是一个普遍规律，价格的走势是收敛的，最终趋于均衡。

在虚拟经济运行中，虽然股票、债券的买卖双方也存在供求双方，但却与实体经济的供求双方有本质的区别；在实体经济中，供求双方"消费与生产"对称的基础是供求的平衡，均衡的基本含义是稳定。正如上述的电脑商品，供求双方是生产者与消费者，两者对称或均衡固定，效用最大化和收益递减是其规律。

虚拟经济运行的基本特征是其波动性和不稳定性。炒股票中的买卖有可能是同一群人的不同选择，例如，股民心理预期股票价格会"由跌转涨"时，会有越来越多的卖者瞬间转为买者，导致供求关系发生巨大而迅速的转化，其中虽然存在买卖行为对冲，但供求均衡却失去了稳定含义和稳定性质，当买者和卖者的区分类似博彩中临时起意"押大押小"选择时，供求相等与均衡分析的本意可能消失。所以，在虚拟经济中，价格波动过程中通常有边际收益递增或正反馈的效应，它使价格波动不断加剧，以至于出现暴涨暴跌的现象。在虚拟经济中失去了效用最大化，就形成以"单一利润最大化行为"为基础的市场，它天生缺乏稳定性。

与上述虚拟经济独特行为基础相对应，本文将创新性构建虚拟经济运行的三大理论机制：自我膨胀与收缩机制、货币和实体经济与虚拟经济互动机制、货币中性与货币非中性经济共存机制。

（二）虚拟经济运行的三大理论机制

1. 虚拟经济自我膨胀与收缩机制

虚拟经济自我膨胀和收缩机制理论模型是在认识货币内生机制的基础上，强调货币与资产价格之间的互动关系，反映货币数量与名义 GDP 之间互动的宏观模型。在当代，各国的货币数量都是由其中央银行控制的。如果在已知央行机制（如存款创造）之外发现货币数量自行变动，就意味着货币具有内生性。

货币产生影响的因素是货币数量 M 和货币流通速度 V，两者共同作用于经济，假如货币流通速度 V 是一个易变的量，货币流通速度 V 与货币数量 M 将同样重要。货币流通速度 V 是由货币媒介的交易速度决定的，在实体经济中的交易速度是因物质生产周期的基本固定而不易变化的，所以通常不会发生剧烈变动，但在股市、债市、汇市以及其他资产市场上，交易速度的可变性较强，这样会导致货币总量 MV 出现很大的内生性。当债务增加导致流入虚拟经济的货币（MV）增加时，无论是推动资产价格上升还是推动资产数量上升（如新发行的债券、股票、新投入市场的土地等），资产的名义价值量都会增加。这会导致可抵押的资产规模扩张，于是交易活跃，交易平均速度上升，货币量 MV 增加，更多资金进入虚拟经济领域，导致资产价格和交易额进一步上涨，同时也推动虚拟经济创造的GDP 增加。但随着债务增加，金融杠杆率会提高，现金和自有资金的比例会逐渐减小，直到银行和金融机构为防范风险开始紧缩信用，将发生完全相反的作用过程。

这种资产价格与货币的互动关系是虚拟经济周期性经济波动的重要机制，其核心就是资产价格与货币数量如何互动以推动经济自我膨胀和收缩的机制，也是虚拟经济自我膨胀的基本机制。这一模型的重要意义在于强调货币的内生性，强调货币与资产价格之间的互动关系，反映了货币数量与名义 GDP 之间互动的宏观模型（柳欣，2006）[11]，这一模型思路是南开大学柳欣教授提出的，我们总结归纳称为"柳欣机制"①。

---

① "柳欣机制"与"明斯基时刻"不同：明斯基的分析仅仅集中在单纯的"金融市场"，没有涉及经济和金融之间的关系以及长期发展趋势的理论。例如，明斯基主张的类似 20 世纪 30 年代那样的债务型通货紧缩将不会再次发生、"明斯基时刻"只是短期的周期性现象等观点，均难以解释当代金融大崩溃和大萧条的本质原因。其金融不稳定假设被主流理论家们所接受，认为经济会在政府的轻推下迅速反弹也不符合现实。

2. 货币和实体经济与虚拟经济互动机制

　　本文创新性构建一个理论模型说明货币与虚拟经济、实体经济之间的基本关系。经典的货币数量公式即费雪公式建立了货币数量与物价之间的关系：$MV = PQ$，其中，Q 表示产量，P 表示价格总水平，M 表示货币数量，V 表示货币流通速度。费雪公式反映了货币数量与物价水平的相关关系，因为产量受实际资源投入约束，需求受消费（及生产消费）约束，这里货币只能作用于反映实体经济的价格。

　　但 20 世纪 80 年代随着金融自由化，发达国家金融和房地产规模不断扩张，当代货币与金融资产的关系相比于其与一般物价（CPI、PPI）水平之间的关系更为密切和互动性更强，费雪公式表达的货币与经济之间的关系难以适应经济现实。例如，2008 年国际金融危机美联储量化宽松政策在 2008~2017 年持续近十年，美联储资产扩张幅度已经是原来的 4 倍，但物价仍在低水平，而房地产服务业恢复快，股市和其他金融业大幅度扩张。而且在虚拟经济中，货币不仅与资产价格相关，也与虚拟经济创造的纯收入（新价值）相关，例如，重复交易，包括股票、债券二级市场以及汇市等重复交易额与货币增加等而倍增，导致中介服务创造的实际 GDP 增加。所以，本文试图通过构建一个新的理论模型来表达当代货币与经济之间的基本关系。

　　在实体经济与虚拟经济分类的基础上，货币如何在实体经济与虚拟经济之间互动平衡，本文借鉴费雪公式，重新构建货币数量、实体经济和虚拟经济之间的基本关系以及货币增量与虚拟经济之间的关系。在虚拟经济中不区分产出与价格，用 S 表示全部虚拟经济活动的净价值，为了一致性，实体经济也采用 Q 一并代表，并将它们理解为净值或实际值可以剔除货币数量对实体经济的影响。所以，本文假定实体经济为 Q，虚拟经济为 S，Q 和 S 可以理解为交易总额或 GDP 净值。货币数量由两部分组成：一是货币当局根据实体经济增长率变动控制的货币量 MV，MV 为模型外生变量；二是货币增量 ΔMV，ΔMV 为模型内生的货币量，由此货币数量、实体经济、虚拟经济三者的关系为：

$$MV + \Delta MV = Q + S \tag{1}$$

　　假定内生货币数量 ΔMV 是虚拟经济 S 的函数关系，设 β 为虚拟经济影响内生货币量的系数：

$$\beta = \frac{\Delta MV}{S}$$

$$\Delta MV = \beta \cdot S \tag{2}$$

　　由于正弦波函数 $S = \sin X$ 是一个周期函数，具有以下性质：定义域为常数 R；值域为 $\{-1, 1\}$；周期性为 2π，对应为横坐标 360°；按照最小正周期 2π 测算，王弦曲线一般有五个基本点：最低点（0，0）、最高点（$\pi/2$，1）、中点（π，0）、最低点（$3\pi/2$，-1）和终点（2π，0）。依据赋值的不同，正弦波函数曲线包括单调递增函数、单调递减函数，由此呈现曲线上升和下降趋势，反映周期波动弧度的变化。正弦波函数的特性可以较好地反映虚拟经济波动性特征，反映虚拟经济周期在上升和下降中不断变化的关系；由于虚拟经济自身的货币内生性对货币量（MV）增减有重要影响，从而反映货币内生性变化引发货币总量及虚拟经济规模变化的趋势。所以，本文假设虚拟经济 S 符合正弦波函数（见图 1）。虚拟经济波动周期为 360°，可分为四个阶段：0°~90°、90°~180°、180°~270°、270°~360°，正弦波的波幅在大于-1 与小于 1 之间波动，虚拟经济影响内生货币量 ΔMV

的参数可以设定为：

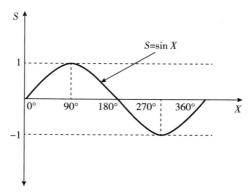

图 1　虚拟经济的正弦周期

$$\beta = A(\sin X) \quad (-1 \le \beta \le 1 、 A \le 1 \text{ 或 } A = 0.5) \tag{3}$$

式中，A 为小于 1 的正数，以保证 β 的绝对值小于 1。也可以假定 A 为 0.5，从而因虚拟经济变化而变化的内生货币量 ΔMV 至多不超过虚拟经济总值的一半。

于是，式（1）可以写为：

$$MV + \beta \cdot S = Q + S$$

$$MV + A(\sin X) = Q + S \tag{4}$$

第一阶段，当虚拟经济处于上升段，即 $0° \sim 90°$ 时，随着时间的推移，β 将从 0 向 1 变动，这时 ΔMV 为正值，货币总量增大，这会导致等式的右边等额扩张。假定实体经济 Q 是一个受资源和技术等物质内容约束的常数，增加的货币就会推动虚拟经济扩张。

第二阶段，随着周期进入 $90° \sim 180°$，$0 \le \beta < 1$，ΔMV 开始下降，直到 $\beta = 0$，内生货币量 ΔMV 等于 0，虚拟经济对货币的正反馈效应消失。

第三阶段，随后进入第三个周期段（$180° \sim 270°$），$0 \ge \beta > -1$，ΔMV 转为负值，货币总量 $MV + \Delta MV$ 减少，虚拟经济紧缩并负反馈予货币总量。

第四阶段，直到进入第四个周期段（$270° \sim 360°$），β 值开始上升，到 $360°$ 时，$\beta = 0$，然后再进入下一个上升周期。

式（4）可以写为：

$$S = MV + \Delta MV - Q = MV + A(\sin X) - Q \tag{5}$$

虚拟经济的大小取决于进入虚拟经济的货币量 $MV + \Delta MV - Q$。

由于 MV 为外生变量，该式对周期度 X 求导：

$$\frac{\mathrm{d}S}{\mathrm{d}X} = \frac{\mathrm{d}\Delta MV}{\mathrm{d}X} = A(\cos X)S + \sin X \frac{\mathrm{d}S}{\mathrm{d}X} \tag{6}$$

式（6）表示，虚拟经济的变化量取决于内生货币量随周期度 X 变化而发生的变化。根据式（2）、式（3）有：

$$\Delta MV = \beta \cdot S = A(\sin X)S$$

对周期度求导：

$$\frac{\mathrm{d}\Delta MV}{\mathrm{d}X} = A \cdot S(\cos X) + \sin X \frac{\mathrm{d}S}{\mathrm{d}X} \tag{7}$$

式（7）表示，内生货币量的变化取决于周期度 X 的变动值以及虚拟经济总量及其变化量。货币与虚拟经济、实体经济之间关系模型的经济学意义，主要体现在以下三个方面：

第一，在货币具有较强内生性的情况下，如果虚拟经济活动是建立在实体经济股权、债券基础上的，企业的业绩自然构成与其相关活动的约束，例如，推动虚拟经济活动的货币资金来自农民的收入，那么农业收成就成了股市能有多少资金流入的关键。但当代流入虚拟经济活动的资金有很大部分来自债务，而不是实体经济的收入。例如，金融机构贷款给房地产企业，或商业银行为证券公司提供服务等。这一类的利息与服务的收入和利润无须通过实体经济的生产过程实现，可依靠房地产和证券等资产价格的上涨、股票和债券等信用票据重复交易规模的扩张，或纯粹炒作资产的差价等来实现。再加上货币数量与资产价格之间存在某种相互加强的机制，货币的内生性将会加剧虚拟经济脱离实体经济的程度，此时，实体经济将不存在像供求自动均衡类似的机制来约束虚拟经济规模。

第二，货币在实体经济中可以维持中性，但在虚拟经济中，货币是非中性的，且具有较强的内生性，货币内生性源于其与虚拟经济的互动关系，货币内生性的强弱取决于虚拟经济在整个经济中的比例，所以货币内生性在一定程度上成为决定虚拟经济兴衰的重要因素。

第三，市场经济是一个用货币流通统一在一起的价值系统，分为两部分：虚拟经济和实体经济。这一系统既包括受物质生产过程约束的价值增殖过程，又包括纯粹货币现象的价值增殖过程。但虚拟经济活动可以大幅度偏离实体经济，实体经济对虚拟经济并不存在有效的自动约束。如果一国拥有高度国际化的金融系统，将更加容易提高虚拟经济脱离实体经济的程度，形成长期去工业化和经济虚拟化的趋势，因此，加强政府对实体经济与虚拟经济关系的调控，不能任由市场自发调节工业化经济的结构，否则必然会导致经济虚拟化，容易引发危机。

3. 货币中性与货币非中性经济共存机制

我们进一步探讨"货币中性与货币非中性共存经济"的理论模型，模型的核心含义反映了虚拟经济对货币数量的直接依赖，强调了政府干预的必要性，特别是货币政策对虚拟经济的调控。

我们将式（1）$MV+\Delta MV=Q+S$ 写为：

$$MV+\Delta MV=Q \cdot P+S \tag{8}$$

式（8）表明货币数量依然由两部分组成：一是货币当局根据实体经济控制的货币量 MV，二是货币增量 ΔMV，MV 与 ΔMV 分别表示模型的外生货币变量和内生货币量，Q 表示实体经济，S 表示虚拟经济。假定 Q 表示实体经济的产量，P 表示其物价总水平。

既然 Q 是物量，其生产取决于生产函数中的资源投入和技术进步。如柯布—道格拉斯生产函数所示：$Q=A(L^{\alpha} \cdot K^{\beta})$，这里，产量 Q 与货币无关，实体经济中的货币是中性的。这样，式（8）中的 Q 就可以假定为一个常数。可见，实体经济中的物价总水平与流入实体经济的货币数量有直接相关关系：

$$P=\frac{MV+\Delta MV-S}{Q} \tag{9}$$

由于虚拟经济影响内生货币量的系数 β 为：

$$\beta = \frac{\Delta MV}{S}$$

$$\Delta MV = \beta \cdot S \tag{10}$$

由于内生货币数量 ΔMV 是虚拟经济 S 的函数，且 S 符合正弦波函数，因此式（8）可以写为：

$$MV + \beta \cdot S = Q \cdot P + S$$

$$MV + A(\sin X)S = Q \cdot P + S \tag{11}$$

式（9）可以写为：

$$P = \frac{MV + A(\sin X)S - S}{Q} \tag{12}$$

对虚拟经济的周期度 X 求导：

$$\frac{\mathrm{d}P}{\mathrm{d}X} = \left[\frac{\mathrm{d}MV}{\mathrm{d}X} + AS(\cos X) + A\sin X \frac{\mathrm{d}S}{\mathrm{d}X} - \frac{\mathrm{d}S}{\mathrm{d}X} \right] \frac{1}{Q} \tag{13}$$

式（8）也可以写为：

$$S = MV + \Delta MV - Q \cdot P \tag{14}$$

对虚拟经济的周期度求导：

$$\frac{\mathrm{d}S}{\mathrm{d}X} = \frac{\mathrm{d}MV}{\mathrm{d}X} + \frac{\mathrm{d}\Delta MV}{\mathrm{d}X} - \frac{\mathrm{d}P}{\mathrm{d}X}Q \tag{15}$$

货币中性与非中性共存经济模型的经济学意义主要体现在以下四个方面：

第一，实体经济的价格总水平（通货膨胀）是由进入实体经济的货币量决定的，货币量除以总产量即实体经济单位产品的货币数量（现金及其流通速度）。但由于实体经济的货币数量包括内生货币数量和外生货币数量，所以，需要扣除虚拟经济活动分离出去的货币数量，这样实体经济通货膨胀率的高低与虚拟经济规模的大小有密切关系①，在实体经济中通货膨胀是唯一纯粹的货币现象。

第二，货币数量对实体经济价格总水平（通货膨胀）的冲击力是随着虚拟经济的扩张而减弱，甚至完全消失。因为虚拟经济具有较强蓄水池的功能和作用，会吸纳大量的货币资金。正因为如此，随着经济虚拟化的不断加深，传统的货币与物价之间的关系有所改变，20 世纪 70 年代，由中央银行货币政策调控的"MV 与通货膨胀"之间的关系将弱化甚至消失。

第三，实体经济的物价总水平的变化，一方面，依赖于由货币当局控制的外生货币供应量 MV 的增减；另一方面，依赖于虚拟经济周期度 X 的取值，$A\sin X$ 大于零还是小于零，依赖于虚拟经济总量随其周期度的变化率。

所以，虚拟经济的变动与货币总量变动呈正相关，与实体经济的物价水平变动呈负相关，与央行货币政策控制的货币数量以及周期性虚拟经济交易活跃速度引发的内生性货币数量呈正相关，货币对虚拟经济资产膨胀的推动力强于对实体经济价格的推动力。

第四，虚拟经济可以靠资产价格上涨盈利并还款付息，且虚拟经济的资金周转不受物

---

① 通货膨胀率与货币的直接关系中嵌入了虚拟经济，这也曾是凯恩斯将货币需求分为交易货币需求和投机货币需求，后由萨缪尔森改为资产的货币需求之后，经济学界逐渐意识到的重大问题。

质生产周期约束，理论上可以无限提高交易速度，从而提高盈利率，并吸引更多资金进入。例如，比较房地产及股权和汽车：房价不断上涨，无论是抵押房产获得贷款，还是卖掉房子得到全额现金，都可以按照市场正常的运作规则还掉到期的债务并盈利，但汽车或其他消费贷款则不可能通过二手车涨价和消费一般商品的过程创造出货币收入；同样，股权等一些金融资产不仅有价格上升盈利的机制，还有提高交易频率增加收入的机制，但汽车等实际产品的二手交易速度会受消费周期限制，缺乏自我膨胀的机制。所以，由于虚拟经济与实体经济运行的不同特性，货币数量增加对房地产和金融资产的推动力要大于对一般物价的推动力，虚拟经济膨胀对货币数量依赖较强，政府加强货币政策对虚拟经济的干预具有现实意义。

三、"实体经济—虚拟经济"分析框架下的新理论及政策含义

实体经济与虚拟经济的划分是经济学中一个新的分类，其基本逻辑也有别于其他经济分析框架。新的分类和新的逻辑就构成一个新的经济学分析框架，将这个框架用于实践，就可以看到其他分析框架下无法揭示的规律和得到的新结论。

（一）基本分类与逻辑不同的经济分析框架

西方经济学从亚当·斯密至今经过 200 多年的发展，将经济活动的微观行为简化分为两类：消费和生产。由此经济结构也被相应地分为家庭和厂商两个部门。经济活动与经济结构之间的基本逻辑就是价格调节下的供求均衡，消费和生产的分类与供求均衡的逻辑构成的主流经济学的一般均衡分析框架。自凯恩斯提出收入—支出模型以后，西方经济学增加了一个总需求结构的分析框架，其假定一年内技术不变，于是每年的经济增长状态就取决于需求，需求分为四部分，其间的消长决定整个经济的宏观均衡状态。因此，凯恩斯的需求结构被视为短期分析框架。从魁奈的经济表到马克思两大部类，再到列昂惕夫的投入产出表则是强调供给侧经济结构的分析框架，是属于长期的分析框架。在这些框架内，所有的需求都是由收入决定的，而收入就是供给，所以在长期分析框架中供给决定着需求。这些供给侧结构基础上的分析框架更适合长期经济规划和基础经济关系的调整。

马克思在经济分析框架上与西方经济学最根本的区别就是其独有的基本分类和基本逻辑。他将经济分为生产力与生产关系两大类，将所有经济活动的物质属性与其社会属性进行了区分。并明确指出，推动社会发展演化的恰恰是蕴藏于同一经济活动中的两种不同属性之间的互动。生产力不是经济学的研究对象，生产关系才是需要揭示的经济本质。马克思认为，随着商品经济的发展，商品内在的使用价值和价值的矛盾"外化"为商品界与货币的对立统一。社会财富的物质内容由数量众多的商品表现，而其社会形式——价值——则是由独立存在的货币来表现（货币是商品价值的独立化表现形式）。社会财富的表现形式有两种：商品表现的物质形式和货币表现的价值形式。作为货币社会关系的本质是货币支配社会权利的关系，马克思指出：货币"意识到自己是一种社会权利，每个资本家都按照他在社会关系中占有的份额而分享这种权利"[12]，离开了社会关系它就什么都不是，甚

至什么都没有。它们是社会存在，不是自然的客观存在。马克思写道：资本主义"生产的动机就是赚钱，生产过程只是为了赚钱，而不可缺少的中间环节，只是为了赚钱而必须干的倒霉事。因此，一切资本主义生产方式的国家，都周期性地患上一种狂想病，企图不用生产过程作媒介而赚到钱"。[13] 马克思从生产的二重性揭示了资本主义生产的本质就是价值增殖。从货币产生到资本主义生息资本（G-G′）的发展都不过是追求剩余价值的结果，追求货币表现的价值形式。马克思早就意识到摆脱物质过程的价值增殖是资本的梦想和追求，而虚拟经济的发展正是资本长期追求货币利润最大化的必然结果。虚拟经济的本质是脱离物质生产过程的价值增殖相对独立化，价值增殖是生产过程的本质属性，因此，虚拟经济代表着生产关系的新发展，虚拟经济与实体经济的划分研究成为马克思基本分类和基本逻辑的历史延伸。

（二）新分析框架下美国经济结构的量变到质变的启示

以美国为例，将农林、采矿、公用、建筑、制造、运输、信息设为实体经济（即工业经济），金融业与房地产服务业为虚拟经济，其余为一般服务业（不包括政府服务）。根据美国经济分析局网提供的统计数据，20 世纪 70 年代以前，以制造业为核心的实体经济对美国 GDP 的贡献率为 40%~51%，其中制造业为 20%~27%，虚拟经济对 GDP 的贡献率为 11.5%~16%，一般服务业对 GDP 的贡献率为 26.7%~30.3%。制造业是 GDP 最重要的支柱产业。但是到了 2016 年实体经济的 GDP 贡献率已经下降到 27.8%，其中制造业的贡献率仅为 11.7%。虚拟经济的贡献率则上升到 20.9%，成为美国 GDP 的支柱产业。教育医疗、娱乐餐饮、批发、零售、商业服务业以及其他服务业（一般服务业）加在一起对 GDP 的贡献率为 38.5%。美国经济结构长期发生的量变引起了美国经济的质变，从而改变了美国经济运行的四种方式：一是经济危机的次序被颠倒；二是货币与通货膨胀的传统关系被改变；三是就业与 GDP 增长之间的关系被扭曲；四是国际收支状况的历史性改变，完全取决于国内经济结构。

1. 经济危机的次序被颠倒

工业化经济与去工业化（或经济虚拟化）的经济运行方式具有完全不同的特性。在工业化时期，无论是 20 世纪 30 年代还是 70 年代，都是首先出现有效需求不足的经济危机；其次是企业倒闭引起不良资产激增，流动性不足导致挤兑和金融危机。经济危机的直接原因是有效需求不足，有效需求不足表现为生产过剩，市场需求的扩张赶不上生产的扩张。正因如此，凯恩斯《就业、利息和货币通论》提出需求决定论，创立了有效需求的调节政策来解决经济危机问题。凯恩斯关于需求结构的宏观经济分析框架——消费、投资、出口、政府支出四部分，依然是各类宏观分析框架结构的底色。新古典综合派经济学家萨缪尔森曾经认为，解决了有效需求问题，"经济危机"的字眼从此可以从经济学词典中删除了。自由主义和新自由主义经济学则认为只要完全自由化，供求自动均衡就不会有经济危机。因此，早期经济危机先于金融危机是基本共识。20 世纪 70 年代美国经济发生了转折，这个转折有三个决定性因素：一是美元与黄金脱钩，它使美元和美元资产的国际化溢出数量摆脱了黄金储备的约束；二是资本逐利的本性，导致了美国、英国经济的去工业化，它也是一切转变的微观基础；三是自由化导向之下的放松管制，它是金融业长期"脱实向虚"的加速器。虚拟经济背离实体经济，过度膨胀最终引发金融危机。第二次世界大战后美国经济的去工业化和虚拟化改变了美国经济运行方式，包括经济增长方式和对外经济交流方式，也由此改变了世界经济秩序。所以，2008 年国际金融危机并非有效需求不足引起的，而直接是由于房价下跌，次贷大规模违约，金融杠杆断裂，导致银行倒闭，爆发金融危机，然后才出现收入下降、失业率上升，发生经济危机。

2. 货币与通货膨胀的传统关系被改变

虚拟经济的资金主要是靠债务提供的，随着虚拟经济活跃，交易速度大幅度提高，同量现金可以支撑的债务会增加。虚拟经济与内生货币是同向增减的，因此，少量外生货币进入虚拟经济会引起虚拟经济更大规模的膨胀。而膨胀起来的虚拟经济需要不断注入资金来维持其继续扩张，因此它对资金的吸收能力十分强大。例如，1997 年东南亚金融危机导致 1 万多亿美元突然流向美国，但美国经济的反应不是物价暴涨，而是股市、房地产等资产价格上升。美国发达的虚拟经济已经形成隔在外部流动性冲击和本国实体经济之间的缓冲器。金融危机是由不良资产引起的，但金融危机也是不良资产的清道夫。任由金融危机自然发展，大批金融机构倒闭，整个金融体系就会崩溃。例如，2008 年美国采取前所未有的干预行动，大规模向金融系统注资，持续近十年未见通货膨胀。因为这种大规模流动性注入资金其实是用现金填补因虚拟经济大幅度萎缩引起交易速度下降导致的流动性短缺。可见，20 世纪 70 年代美国物价与央行货币扩张之间的直接关系已经发生根本改变，只因为其中嵌入了虚拟经济及其自我膨胀的机制。

3. 就业与 GDP 增长之间的关系被扭曲

经验性的"奥肯定律"认为 GDP 增长就是就业增长，两者之间的联系基本是直接和同步的，但比较 20 世纪五六十年代和 2016 年 GDP 结构数据与就业结构数据，这个定律完全颠覆了。据统计，美国从 20 世纪五六十年代制造业就业占总就业的比例为 25%～27%，制造业 GDP 占美国 GDP 的比例也是 25%～27%。2016 年制造业 GDP 比例下降到 11.7%，就业比例则下降到了 8.3%，这意味着 GDP 增长就是就业增长已经在制造业打了大约 7 折。美国 GDP 的支柱产业金融和房地产业，其 GDP 占比为 20% 以上，而就业占比仅为 5.6%。同 20 世纪 70 年代以前的制造业相比，就业占比仅为其 GDP 占比的 1/4 多。现在美国就业贡献率超过 10% 的有政府服务、医疗教育、商业服务业、零售业、餐饮娱乐业五个行业，就业贡献率达到了总就业的 66.8%，服务业已经成为就业的支柱。但这五个就业支柱产业加在一起的 GDP 贡献率为 43.3%，大大低于其就业贡献率。GDP 的支柱产业与就业支柱产业并不是同一些产业，这大大弱化了就业与 GDP 创造之间的直接关联度。GDP 支柱产业的恢复能否带动就业，还要看 GDP 支柱产业与就业支柱产业之间的关联机制及其时滞。

美国经济结构长期发生的量变，引发改变了美国经济运行方式的第四个方面：美国国际收支状况的历史性改变。

（三）经济结构与国际收支关联机制

成思危利用实体经济与虚拟经济的分析框架，提供了一个从国内经济结构视角阐述国际收支状态的理论，是新分析框架下的经典分析范例之一（刘骏民，2015）[14]。

美国工业化时期与经济虚拟化时期内部结构引起了国际收支的根本性变化（见表 1）。从第二次世界大战后到 20 世纪 70 年代，美国工业化经济时期其内部结构与国际收支之间关系的逻辑是：美国通过金融项目逆差向欧洲和其他国家提供美元贷款和援助，这些国家拿到美元后向美国购买设备和技术，这一方面直接造成美国持续经常项目国际收支顺差，另一方面也会刺激美国实体经济的扩张。越是通过金融项目逆差输出美元，美元就越是会造成经常项目国际收支顺差，并带动本国实体经济扩张。从日本、德国长期维持工业化经济结构的经验也可看出，工业化经济与贸易顺差之间是互相促进的。整个 20 世纪 70 年代是个关键的转折期，美国经济出现滞胀，经常项目与金融项目各五年逆差和顺差。从 1982 年起，美国经常项目国际收支开始了持续逆差的时期，除 1991 年有些许顺差之外，其经常项目国际收支一直都是逆差至今，而金融项目的国际收支则转变为持续顺差至今。在虚拟经济替代工业化经济的同时，经常项目国际收支的持续逆差替代了持续顺差，金融项目国际收支持续顺差替代了持续逆差。

表 1　1960~2019 年美国国际收支状况　　　　　　　　　　　单位：百万美元

年份	经常项目	金融项目	年份	经常项目	金融项目	年份	经常项目	金融项目
1960	2825	−1805	1980	2318	−24932	2000	−403450	478392
1961	3821	−2833	1981	5029	−28463	2001	−389689	402037
1962	3387	−2262	1982	−5537	−32825	2002	−450797	502673
1963	4414	−4053	1983	−38691	21025	2003	−518744	540586
1964	6823	−5917	1984	−94344	75673	2004	−631591	542226
1965	5430	−4974	1985	−118155	99480	2005	−745234	714073
1966	3031	−3660	1986	−147176	116602	2006	−805964	825583
1967	2584	−2378	1987	−160655	167805	2007	−711035	632850
1968	611	−1049	1988	−121153	138261	2008	−681389	747069
1969	399	1118	1989	−99487	47394	2009	−372521	239386
1970	2331	−2110	1990	−78969	58124	2010	−430698	446411
1971	−1433	11213	1991	2897	43833	2011	−444589	525636
1972	−5796	7674	1992	−51613	93943	2012	−426198	448857
1973	7140	−4486	1993	−84805	79208	2013	−349543	403979
1974	1961	483	1994	−121612	124237	2014	−373800	326836
1975	18117	−22833	1995	−113567	82838	2015	−434598	333155
1976	4296	−13429	1996	−124764	134479	2016	−451685	377685
1977	−14336	17985	1997	−99487	47394	2017	−466246	349191
1978	−15143	5145	1998	−215062	66965	2018	−488472	519556
1979	−285	−25360	1999	−288365	238603	2019	−480226	395549

资料来源：美国经济分析局网站。

　　这样，我们可以得到一条基本定理：无论是持续贸易顺差还是逆差都是由国内虚拟经济与实体经济相对结构决定的。实体经济（以制造业为核心的工业经济）的发展与经常项目国际收支顺差呈正相关，与金融项目国际收支顺差呈负相关；虚拟经济（以金融房地产为核心）的发展与经常项目逆差呈正相关，与金融项目国际收支逆差呈负相关。这个国内经济结构变化与国际收支状态变化之间互动的逻辑是成思危最早提出的，成思危将虚拟经济的"介稳性"延伸到经济内部结构与对外经济关系的研究，得到了这个重要认识。我们将虚拟经济与国际收支逆差的互动逻辑称为"成思危定理"。

　　成思危定理的意义在于将国际收支的决定性因素归于经济内部的供给侧结构，这为国际贸易和国际经济学理论的发展开启了新的研究方向。定理给我们的重要启示是：美国除非改变其经济的内部结构，否则无论是关税还是挑起其他对外经济摩擦都不会改变美国经常项目逆差的状态。当去工业化与经济虚拟化已成大势时，"再工业化"就成了逆势而为；与美国相比，日本当年的泡沫经济还限于资产价格泡沫的浅层次，并未引起去工业化和深度的经济虚拟化，因此至今仍能保持工业化的基本经济结构，其经验值得中国高度重视。

（四）政策调控虚拟经济的关键性目标——房地产与债务

在经济活动分类为实体经济与虚拟经济的分析框架下，实体经济与虚拟经济关系的良性互动是经济稳定发展的基础，对房地产以及债务等调控管理是虚拟经济调控的关键目标，也是支持实体经济发展、纠正"脱实向虚"不良趋向的有力保障。

1. 房地产在市场经济中的特殊属性及重要社会功能

按照马克思的理论，房地产与其他商品一样有使用价值和价值二重属性，其使用价值就是居住，这是房地产的物质属性，其价值就是它的社会属性，也是其本质属性。房地产在市场经济中之所以特殊，就在于其社会属性承载的社会功能。房地产在市场经济中最主要的社会功能就是它是各类债务中最主要的抵押资产，占抵押资产的约70%。而房地产通常以其价值60%的折扣撑起巨额债务，而这些债务又通过金融杠杆，托起企业以少量自有资本经营的巨额营运资本。在现代市场经济中多数企业要依靠债务才能正常运转，而企业又是经济增长的主体。作为抵押资产的房地产就像中国经济"杆秤"的秤砣，它以自身的名义价值托起杆秤另一头的巨额债务，而债务又通过金融杠杆托起全部经济。一旦房地产价格暴跌就像秤砣突然失重坠落一样，引起金融杠杆断裂，爆发连锁性违约，引起银行紧缩，流动性短缺，引爆金融危机。金融危机的爆发几乎均源自房地产泡沫的破裂，各市场经济国家大都出现过这个过程，其损害为所有经历过的人们所忌惮。当代房地产金融化也是不争的事实，房地产作为资金密集型产业，支撑债务、金融杠杆，成为整个经济"杆秤上的秤砣"，房地产过度投机炒作是金融稳定、经济稳定的风险隐患。

2. 房地产的价值创造与就业对国民经济影响较大

从虚拟经济与实体经济的就业和价值创造 GDP 来看，房地产开发涉及众多产业和吸纳较多就业，房地产作为主要抵押资产也为地方政府的基建筹资做出过突出贡献，它对整个经济的增长有不可忽视的带动作用。一方面，过度依赖房地产发展经济会使 GDP 财富创造中的货币因素增多，虚拟性增大，债务增加，风险增大；另一方面，房地产以其高收入引诱实体经济资金流入虚拟经济，增加低端制造业的实际成本和机会成本，会导致"脱实向虚"，长此以往就会导致去工业化和经济虚拟化，增加整个经济的不稳定性。政府解决低收入者"居者有其屋"问题，可采取建造廉租房及调整收入分配政策等措施，而非单纯依靠房地产市场机制，因为作为金融杠杆支点和债务平衡秤砣的房价，其暴涨暴跌关乎整个经济安危。为稳定经济增长和拉动就业，需要稳定房价和稳定房地产服务业的发展，构建适时的政策调控和长效的监管机制。坚持"房住不炒"是抑制虚拟经济过度膨胀的正确政策主张。

3. 推动中国债券市场的国际化发展，防范债务累积风险

近年来，政府融资平台风险、地方政府债务危机给我们敲响了警钟。我们要吸取地方政府债务膨胀的经验教训，严格防止企业借新债还旧债行为引起的庞氏债务膨胀。积极发展中国债券市场，同时中国债券市场发展需要将稳定放在第一位，在此基础上提出发展和完善中国金融体系的政策建议，即以"金边债券"国债为重心引导和推动债券市场的国际

化发展，使人民币资产在国际上成为稳定、可靠的避险资产。中国经济正在大踏步国际化，高度国际化的经济必然需要人民币相适应的国际化。而人民币国际化的重要标志之一是成为主要的国际储备资产。因此，人民币债券市场的国际化发展将会不可回避地提上日程。所以，深入改革和完善中国金融体系，构建一个稳定的适应工业化经济结构融资需要、适应中国经济深度国际化需要的金融系统是中国可持续增长的基本保证。

4. 纠正"脱实向虚"不良倾向，保持工业系统的完整性，坚持实体经济发展战略

虚拟经济有为实体经济服务积极的一面，也有自我循环、自我膨胀危害的一面，如果任由市场自发解决实体经济与虚拟经济的结构，资本逐利本质属性必然使经济"脱实向虚"，导致经济虚拟化。因此，政府有必要用干预和引导性政策来维持工业化经济的合理结构。虚拟经济与实体经济的合适比例是一个经验性问题，依赖于各国国情下的实践，也是经济学理论的适应性发展的问题。一般来说，虚拟经济的规模越大，如果出问题对整个经济的影响就越大。但并不是虚拟经济规模小就不会出问题，中国 20 世纪 90 年代末海南的房地产泡沫、过早开放的国债期货引发的巨额亏损等事件都造成过波及整体经济的后果。而美国和英国高度虚拟化和去工业化的经济则在较长时期维持了基本稳定，但这种长期经济虚拟化产生的影响主要表现在经济运行方式以及整个经济的兴衰。所以，纠正"脱实向虚"关键需要保持工业化经济的基本结构，维持工业产业结构的完整。长期抑制虚拟经济的过度膨胀，不使其成为获得收入和推动经济增长的主要推动力，中国经济就能够长期避免大规模金融危机，从而持续稳定增长。

参考文献

[1] [英] 托马斯·孟. 英国得自对外贸易的财富 [M]. 袁南宇，译. 北京：商务印书馆，1983：4.

[2] Yellen J. L. Implications of Behavioral Economics for Monetary Policy [A]. Presentation at the Federal Reserve Bank of Boston Conference, Boston, September 28, 2007.

[3] 刘晓欣，张艺鹏. 中国经济"脱实向虚"倾向的理论与实证研究——基于虚拟经济与实体经济产业关联的视角 [J]. 上海经济研究，2019 (2)：33-45.

[4] 刘晓欣. 从虚拟经济角度认识经济"倒金字塔"现象 [J]. 经济与管理研究，2005 (9)：23-26.

[5] 马克思恩格斯选集（第二卷）[M]. 北京：人民出版社，1995：562.

[6] [美] 苏珊娜·西蒙娜·德布·吕诺夫. 虚拟资本//新帕尔格雷夫货币金融大词典（第 2 卷）[M]. 北京：经济科学出版社，2000：23.

[7] 马克思恩格斯选集（第二卷）[M]. 北京：人民出版社，1995：560.

[8] 刘晓欣. 虚拟经济与价值化积累——经济虚拟化的历史与逻辑 [M]. 天津：南开大学出版社，2005.

[9] 刘晓欣，梁志杰. "蒜你狠""姜你军"现象频现 投机资金为什么热衷炒作小宗农产品 [J]. 人民论坛，2017 (2)：86-87.

[10] 林左鸣. 广义虚拟经济：二元价值容介态的经济 [M]. 北京：人民出版社，2010：39-41.

[11] 柳欣. 经济学与中国经济 [M]. 北京：人民出版社，2006：20-25.

［12］马克思恩格斯选集（第二卷）［M］．北京：人民出版社，1995：481.

［13］马克思恩格斯全集（第四十五卷）［M］．北京：人民出版社，2003：67.

［14］刘骏民．成思危的虚拟经济理论［N］．光明日报，2015-07-15.

本文转摘自《学术月刊》2020年第12期，有删改。

虚拟经济与实体经济的关联性

——主要资本主义国家比较研究

摘要：虚拟经济脱离实体经济独立运行，已致当今全球经济频发金融危机。马克思虚拟资本理论揭示了这种现象背后的资本主义经济规律。构建"虚拟经济—实体经济"投入产出模型，测度虚拟经济对实体经济前向与后向关联度，解析虚拟经济自我循环对 GDP 构成的影响，实证分析总体表明，2001~2016 年主要资本主义国家虚拟经济自我循环的规模仍在扩张，须对国际金融风险保持高度警惕。

关键词：马克思；虚拟经济；实体经济；自我循环；投入产出；金融风险

引 言

为揭示资本主义生产方式的经济运动规律，马克思以毕生的最大精力，创立了剩余价值理论学说。在市场经济条件下，作为整个社会发展的物质基础，社会总产品以生产资料和生活资料两大部类相互联系的总资本再生产，要求所有单个资本的循环及周转都能够在实物和价值上按比例地实现补偿。但是作为生产、分配、交换和消费对立统一有机体，上述实体经济大循环受到资本主义生产方式基本矛盾，即生产社会性与生产资料资本主义私人占有的根本制约，使社会总资本再生产需要的比例关系经常遭到破坏，集中表现为周期性的生产相对过剩危机。马克思指出："资本的总流通过程或总再生产过程是资本的生产阶段和资本的流通阶段的统一，是把上述两个过程作为自身的不同阶段来经历的过程。""现实危机只能从资本主义的现实运动、竞争和信用中来说明。"[1] 作为对私人资本消极扬弃的社会资本，银行信用制度的发展，一方面，具有防范潜在危机变为现实危机的功能，是国家宏观调控的重要工具；另一方面，银行信用制度推动了虚拟资本迅速发展，为爆发更加猛烈的金融危机和经济危机创造了条件。虚拟资本是以有价证券形式存在，并能给持有者带来一定收入的资本，它们脱离生产过程的自我循环构成虚拟经济，虚拟经济为实体经济服务，就是为产业资本良性循环的扩大再生产服务。21 世纪以来尤其是 2008 年爆发的国际金融危机说明，在马克思揭示的经济运动规律作用下，将产业链中劳动密集环节大规模地分包至第三世界新兴经济体，发达资本主义国家因实体经济空心化而加剧的金融化大变动，成为世界经济风暴绵延不断的震源。对主要资本主义国家虚拟资本的量变分析，是 21 世纪马克思主义发展的时代要求。① 本文试图从马克思主义政治经济学视角，量化分析虚拟经济自我循环及其脱离实体经济的规律性发展趋势，剖析虚拟经济自我循环对 GDP 构成的影响。

---

① 马克思在 1873 年 5 月 31 日致恩格斯的信中写道："你知道那些统计表，在表上，价格、贴现率等在一年内的变动等情况是以上升和下降的曲线来表示的。为了分析危机，我不止一次地想计算出这些作为不规则曲线的升和降，并想用数学方式从中得出危机的主要规律（而且现在我还认为，如有足够的经过整理的材料，这是可能的）。""穆尔认为这个问题暂时不能解决，我也就决定暂且把它搁下……"（马克思恩格斯文集（第十卷）［M］. 北京：人民出版社，2009：389-390.）

一、文献综述

现有国内外文献对马克思经济危机理论中有关银行信用制度、金融资本和虚拟资本理论的研究有待深入（大卫·哈维，2016）[2-7]。银行信用制度是单个资本得以通过部门内和部门间竞争进行积聚和集中的主要货币杠杆，使市场价值得以经利润平均化转化为生产价格，资产阶级作为一个整体因而占据经济统治地位，否则，资本积累的连续性和经济社会的稳定性就无从谈起。马克思指出，"正是信用促使每个生产领域不是按照这个领域的资本家自有资本的数额，而是按照他们生产的需要，去支配整个资本家阶级的资本"，"这种信用既是资本主义生产的结果，又是资本主义生产的条件，这样就从资本的竞争巧妙地过渡到作为信用的资本"。① 基于银行和资本市场的信用资本，以其社会资本形式执行实体经济中职能资本的功能，是产业资本三种形态中货币资本的独立化形式，如同由商品资本独立化的商业资本不创造价值，但能缩短流通时间、提高流通效率一样（王晓东和谢莉娟，2020）[8]，信用资本的实体经济职能也起着同样作用，畅通社会总资本大流通必须大力发展信用资本。信用资本不仅来自流通中暂时闲置的货币资本，也不仅来自资本流通所主宰和包含的简单商品流通中，货币作为有时间期限的支付手段职能，还来自其中货币以收入储蓄等形式存在的储藏手段职能。信用组织随着资本生产领域的扩大而发展，"使（银行家）能够把积蓄的每一文钱都集中在自己手里"。② 因此，"生息资本在信用上取得了资本主义生产所特有的并与它相适应的形式"。③ 马克思说："产业资本是在资产阶级社会占统治地位的资本主义关系的基本形式"，它在产生过程中必须把比自己古老的生息资本或商人资本"这些形式从属于自己，并把它们转化为自己的派生的或特殊的职能"。对生息资本使用国家行政权力，强行降低利率，"是资本主义生产一些最不发达的阶段所特有的形式"，"使生息资本从属于自己而使用的真正方式，是创造一种产业资本所特有的形式——信用制度"。"信用制度是它自己的创造，信用制度本身是产业资本的一种形式。"④ 但是一度被驯服的生息资本，会在信用扩张的金融化过程中做大，形成食利者阶层，摆脱产业资本的控制。利息是生息资本分割产业资本利润余额的再分配形式，当利润独立化为利息和企业主收入，而食利者阶层攫取的利息在量上日益大于企业主收入，并在质上逐渐控制企业主的经济行为时，必然造成产业资本循环及其资本积累因被控制而停滞直至爆发危机。马克思指出：在生息资本贷放"货币的这两种形式，即作为获得商品以供消费的购买手段和作为偿还债务的支付手段的形式上，利息完全同'让渡利润'一样，表现为这样一种形式：它虽然是在资本主义生产中再生产出来，却不依赖资本主义生产，属于更早的生产方式"⑤。"在再生产的联系都是以信用为基础的生产制度中，只要信用突然停止，只有现金支付才有效，危机显然就会发生"；由无产阶级相对和绝对贫困化导致的虚假繁荣，因信用扩张直接引发的"这种现实买卖的扩大远远超过社会需要的限度这一事实，归根到底是整个危机的基础"。⑥ 马克思在驳斥庸俗经济学认为剩余价值的生产与其价值实现之间只存在统一，无所谓"惊险的跳跃"时总结道："危机就是以暴力方式恢复

---

① 剩余价值理论（第2册）[M]. 北京：人民出版社，1975：233-234.
②③④⑤⑥ 剩余价值理论（第3册）[M]. 北京：人民出版社，1975：495，518-519，540，555.

已经独立化的因素之间的统一，并且是以暴力方式使实质上统一的因素独立化。"① 在关于虚拟经济与实体经济的关联性研究中，包括金融危机和经济危机的关系，马克思的以上政治经济学理论有待深入发掘和阐述。

具体到产业分类层面，实体经济是生产和价值增殖的统一，一般将最终以使用价值满足人们物质生活需要和物质生产供应链上中下游部门，归划为实体经济；虚拟经济以虚拟资本运动的经济活动为主，主要集中在金融和房地产业，在银行信用制度下兼有服务实体经济与自我循环的二重性，其在资本主义发展中的作用应做历史的辩证分析（黄群慧，2017）[9]。

关于虚拟经济具有服务实体经济一定功能的研究。代表性文献从不对称信息、交易成本、金融结构等角度，探讨金融促进实体经济增长的作用机制（何玉长，2016）[10]。说到资本二级市场依赖信用贷款进行有价证券买卖的功能时，马克思认为，"信用使积累资本可以不用在把它生产出来的领域，而用在它的价值增殖的机会最多的地方"，"如果他把资本投在别的部门，他就成了货币资本家，得不到利润，只得到利息，或者他不得不去进行投机"（雷蒙德·W. 戈德史密斯，1996）[11]。关于虚拟经济脱离实体经济发展的内在趋势，主要在 2008 年金融危机爆发后开始进入西方主流的金融经济周期理论[12]，重点探讨经济金融化趋势下银行信贷、金融摩擦等因素对实体经济的抑制作用（陈昆亭和周炎，2020）[13]，但掩盖了虚拟资本在收入分配中金融贵族寡头的寄生性，难以揭示资本运动的长期规律。马克思主义政治经济学现有文献已认知，虚拟经济与实体经济关系的本质是虚拟资本与产业资本的关系（刘骏民，2020）[14]。虚拟资本的投机性和垄断性使其逐渐主导产业资本循环（成思危，2005）[15]，致使利润主要来源于金融渠道而非贸易和商品生产（Krippner，2005）[16]，大量资本在虚拟经济中自我循环（郭树清，2020）[17]，基于不平等国际分工的资本全球化，加剧了全球实体经济与虚拟经济的对立（叶祥松和晏宗新，2012）[18]。但相关研究对虚拟经济背离实体经济内在逻辑的认识有差异，基于垄断资本视角学派或结构凯恩斯学派，将其归因于周期性现象或新自由主义，忽视资本积累生产方式的长期演变规律（Palley，2007）[19]。

关于虚拟经济与实体经济的测度方法。学者一般利用有关金融指数作为虚拟经济的代理变量，如金融相关率 FIR、货币化率马歇尔 K 值等；利用 GDP 和实际产出等作为实体经济的代理变量（苏治等，2017）[20]，但指标法仅能反映虚拟经济与实体经济关联的某一方面，某些指标忽略了虚拟经济与实体经济的同口径标准，如金融资产/GDP 未能区分存量与流量。同时，通常使用的增加值方法难以精确刻画虚拟经济与实体经济。主要体现在以下两个方面：①GDP 包括虚拟经济自我循环的经济活动，即投机产生的金融中介服务费，无法完全代表实体经济。②金融业增加值由虚拟经济自我循环及其服务实体经济的双重功能共同创造，将其作为虚拟经济自我膨胀的代理变量有失准确性。

关于虚拟经济过度膨胀对 GDP 影响的研究。"二战"后国际统计标准逐渐将金融行业核算纳入 GDP。但自国民经济账户体系 SNA（1993）将金融中介服务纳入 GDP 核算以来，金融、保险和房地产（Finance、Insurance and Real Estate，FIRE）在 GDP 构成中迅速崛起，SNA（2008）的修订又进一步提高了 FIRE 对 GDP 的相对贡献。在现行核算体系下，

---

① 马克思恩格斯文集（第八卷）[M]. 北京：人民出版社，2009：252.

实体经济生产性投资与虚拟经济投机活动所创造的 GDP 被等同视之（张宇燕和方建春，2020）[21]，削弱了 GDP 反映实际生产活动的功能。从最终需求及行业关联视角来看，不能否认虚拟经济对国民经济增长的重要贡献，但应防范虚拟经济过热对实体经济的挤出破坏效应（许宪春等，2015）[22]。基于此，有研究将 FIRE 增加值扣除而形成 NMVA（Basu 和 Foley，2013）[23]，或将 FIRE 产出视为经济活动的总成本给予扣除而形成 FGDP（Assa，2017）[24]，以便剔除虚拟经济过度膨胀对 GDP 构成产生的扭曲影响。

本文以下分四部分阐释：一是虚拟经济与实体经济关联性的理论逻辑及运行机制；二是"虚拟经济—实体经济"投入产出模型；三是虚拟经济自我循环与实体经济关联度的实证分析；四是虚拟经济自我循环与实体经济关联性对 GDP 的影响。

二、虚拟经济与实体经济关联性的理论逻辑及运行机制

实体经济是虚拟经济的运行基础，但虚拟经济具有脱离实体经济独立运行的内在趋势，其过度膨胀破坏实体经济发展，且易于引发金融危机。

（一）虚拟经济自我循环与实体经济关联性的理论分析

1. 虚拟资本增殖方式与虚拟经济自我循环的规律

货币作为一般等价物的产生，将商品价值形式的内在矛盾发展为商品与货币的外在对立。随着劳动力转化为商品成为交换价值普遍化的基础，基于社会分工的商品生产在世界市场全面展开，生产资料发展的突飞猛进，表现为具有自我增殖能力的资本生产力。由资本主义生产方式基本矛盾决定的生产相对过剩危机，周期性地摧毁资本增殖能力。虚拟资本衍生自生息资本，其利用信用制度的充分发展，能暂时延缓危机的爆发。马克思指出，信用制度既是"资本主义生产方式固有的形式"，"又是促使资本主义生产方式发展达到它所能达到的最高和最后形式的动力"。① 资本主义信用制度固有二重性质。一方面，它降低流通费用、促进资本积聚和集中，对利润率平均化起中介作用，加速了生产力发展和世界市场的形成，"整个资本主义生产就是建立在这个基础上的"；② 另一方面，靠信用制度发展起来的社会资本，在扬弃私人资本价值增殖界限的同时，很大部分"为社会资本的非所有者所使用"，他们用别人的钱为自己圈钱，心狠手辣更贪婪，冒险性倍长，使信用制度成为"生产过剩和商业过度投机的主要杠杆"，"发展成为最纯粹最巨大的赌博欺诈制度"，③ 将资本主义生产方式基本矛盾向全球扩展。

不管产业资本家是用自有的还是借入的资本从事经营，"钱能生钱"，利息仿佛成为货币本身的属性，资本的拜物教性质在生息资本的运动上表现最为突出。马克思说，生息资本一般而言"是一切颠倒错乱形式之母"。④ 虚拟资本运动是"代表已积累的对未来生产的索取权或权利证书"⑤ 的连续倒卖，本身不创造任何价值。马克思笔下的虚拟资本包

① 资本论（第 3 卷）［M］．北京：人民出版社，2004：685.
② 资本论（第 3 卷）［M］．北京：人民出版社，2004：493.
③ 资本论（第 3 卷）［M］．北京：人民出版社，2004：500，499，500.
④ 资本论（第 3 卷）［M］．北京：人民出版社，2004：528.
⑤ 资本论（第 3 卷）［M］．北京：人民出版社，2004：531.

括汇票（债权）、国债（已耗费的资本）和股票（对未来收益的支取凭证）以及没有黄金保证的银行卷纸币等；金融自由化以来，又出现了证券化资产等新形态。虚拟资本按资本化定价，"一个幻想资本按现有利息率计算可得的收益"①，在一定程度上，当事人投机的社会心理决定虚拟资本的交易价格。信用制度的二重性质使虚拟资本作为信用资本的运动，具有以下两种增殖方式。

（1）参与产业资本循环，增殖方式为 G-（G-W…P…W'-G'）-G"。G-W…P…W'-G' 为产业资本循环，G" 为利息，G"<G'。流通领域是资本积累扩大再生产的枢纽，各部门间投入产出流通的连续性，是一切社会化生产的必要条件。在资本主义信用和银行制度的支撑下，金融体系成为资本积累和流通领域的关键环节，虚拟资本借助金融体系的社会职能，作用于单个产业资本循环的货币购买生产要素和商品实现两大流通领域，成为实际资本积累连续性的动力与中介。它"不仅是 W-G，而且也是 G-W 和现实生产过程的中介"，降低了资本周转时间、服务于资本扩大再生产，"信用的最大限度，等于产业资本的最充分的运用"②。

（2）自行增殖，循环方式为 G-G'，表现为虚拟资本名义价格膨胀和信用扩张的货币现象，"取得了一个完全表面的和现实运动相分离的形态"③，"生产更多货币的货币，是没有在两极间起中介作用的过程而自行增殖的价值"④。虚拟资本 G-G' 的运动，就是资本在虚拟经济内部的空转现象，信用制度的发展使其资本收益"会增加 1 倍和 2 倍，以致变为纯粹幻想的怪物"⑤，第一列公式 G"<G' 反转为 G">G'。虚拟资本自我循环的本质是脱离生产过程的货币资本增殖独立化。虚拟经济从依附和服务实体经济到独立并主宰实体经济，将给资本主义带来灾难性后果。

2. 虚拟经济自我循环规律的全球扩张

从世界历史进程来看，从自由竞争到垄断，产业资本与虚拟资本的结构关系不断发生重大变化。自由竞争时期，资本积累由产业资本主导，虚拟资本从属于产业资本循环。19世纪与20世纪之交进入垄断资本主义时代，工业资本和银行资本融合而成的金融资本，确立了金融寡头的全球统治，接连爆发两次世界大战。20世纪70年代初美元金汇兑本位制崩溃，宣告战后美国霸权鼎盛期庇护下资本主义发展"黄金时期"终结。自20世纪80年代以来，信息技术革命、新自由主义的全球治理以及以美元纸币为世界货币的国际金融体系（刘骏民，2014）[25]，一起助推了虚拟经济空前的全球扩张。美元主导的国际货币体系垄断全球金融信用创造机制，掌控了金融领域的定价权、支付清算权和规则制定权。资本的国际运动先后以商品输出和资本输出为主，虚拟资本买卖处于从属地位。自金融资本全球交易自由化以来，这种关系发生了重大翻转。马克思指出，资本越发展，就越是"力求用时间去更多地消灭空间"⑥，并"把一切生产卷入它的流通过程"⑦。信用和金融体系

---

① 资本论（第3卷）[M]．北京：人民出版社，2004：530.
② 资本论（第3卷）[M]．北京：人民出版社，2004：546.
③ 资本论（第3卷）[M]．北京：人民出版社，2004：390.
④ 马克思恩格斯文集（第七卷）[M]．北京：人民出版社，2009：440.
⑤ 资本论（第3卷）[M]．北京：人民出版社，2004：535.
⑥ 马克思恩格斯全集（第三十卷）[M]．北京：人民出版社，1995：538.
⑦ 资本论（第2卷）[M]．北京：人民出版社，2004：127.

的发展，大大提高了资本流通速度、缩短了资本流通时间，消除了资本自行增殖的空间限制。电子信息技术加速了货币金融领域的资本流通速度，使全球巨额资本交易不分昼夜地瞬间完成，无论主权货币还是有价证券都沦为纯粹的价值符号。任意跨越民族国家主权管辖的领土疆界，虚拟资本的投机活动史无前例，在更普遍的层面控制产业资本循环的积累，加剧全球虚拟经济与实体经济的对立。以美国为主的发达国家巨型跨国公司，掌控全球金融领域和产业链上下游，将劳动密集型加工环节向发展中国家的新兴经济体发包外移，通过国际布局攫取利润最大化，导致其国内产业空心化。世界体系中无论一国内部还是国际间的贫富差距都在不断扩大。具有高度流动性和投机性的国际热钱游资，随意进出东道国，破坏一国的国际收支平衡。虚拟经济过度膨胀加剧了全球经济的脆弱性，尤其是进入 21 世纪以来，局部或全局性的金融震荡四溢不绝。

（二）虚拟经济自我循环及其与实体经济关联性的运行机制

鉴于资本主义社会化大生产和信用制度的高度发展，最初由产业资本循环独立出来的货币经营资本，"转化为一个实现资本集中的庞大的社会机构"①，发展成现代金融体系，作为流通领域的重要组成部分，上升为引导资本流动、调节资本积累的"中枢神经系统"。② 总体上，资本在虚拟经济与实体经济关联的运动可分为三类：第一类是虚拟经济服务实体经济，第二、第三类为虚拟经济自我循环，进而脱离实体经济，如图 1 所示。

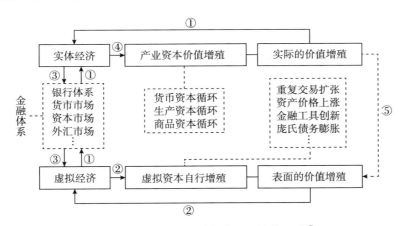

图1　资本在实体经济与虚拟经济的运动③

第一，虚拟经济服务实体经济。如路径①所示，资本通过金融体系进入实体经济领域，参与产业资本循环。主要体现在以下三个方面：①虚拟经济发挥资源配置的核心功能，利用期限转换、信用转换等方式实现资本跨时空配置，通过资本流通和金融交易引导实际经济资源配置。②虚拟经济发挥实现价值的交换功能，作用于流通过程，使各生产部门彼此衔接，维护货币资本、生产资本和商品资本循环的空间并存性和时间继起性，有助

---

① 资本论（第 1 卷）[M]. 北京：人民出版社，2004：722.
② [英] 大卫·哈维：资本的限度 [M]. 张寅译. 北京：中信出版社，2017：429.
③ 路径①~④表示资本运动。路径④表示产业资本循环，部分剩余价值用于扩大再生产；虚线⑤表示虚拟资本自行增殖的利润根源于产业资本创造的剩余价值；虚线框中的内容是对相连接内容的进一步说明。

于生产、分工和交换的不断扩大。③虚拟经济发挥风险管理功能，通过风险转换将单一经济主体风险分散，降低实业企业风险承担，提高实体经济风险防控和化解能力。①

第二，虚拟经济自我循环。如路径②所示，资本不进入实际生产过程，仅在虚拟经济领域空转，成为纯粹投机的社会符号（方军，2020）[26]。资本在金融和房地产市场直接依靠资产价格上涨、反复转手交易和庞氏债务膨胀等方式自我循环。在高杠杆叠加等金融创新下，大量资本流向房地产市场投机，"房炒不住"。同时，大量房地产抵押贷款被证券化为资产支持证券和债务抵押债券，并通过表外渠道衍生出新的金融资产。虽然单纯的金融交易可能降低独立经济个体风险，但虚拟经济信用资本的无序扩张，加剧了经济系统风险存量以及个体风险传染，最终导致金融危机。

第三，实体经济"脱实向虚"。如路径③所示，资本绕过产业资本的形式，通过金融体系进入虚拟经济领域投机。就社会生产而言，任何生产都面临着实际生产条件的制约，周期性生产过剩、有效需求不足以及不断提高的资本最低限额与平均利润率下滑之间的矛盾，加剧剩余价值实现困难，大量资本从生产和流通领域游离出来，投向金融资产和房地产市场，实体经济产业资本循环的内在逻辑，被虚拟资本独立增殖的逻辑所压倒。当代虚拟资本的垄断性和寄生性强化，如对冲基金对企业的干预，使其越来越重视短期投机收益，放弃长期价值创造；同时利用纯粹的金融创新工具对实业企业进行杠杆收购，一旦完全掌控股权就迅速瓜分或转卖，致使实业企业成为虚拟资本逐利的工具和牺牲品，阻断实体经济高质量发展。

三、"虚拟经济—实体经济"投入产出模型

（一）"虚拟经济—实体经济"投入产出表及数据说明

1. 部门分类依据及基本表式

依据马克思生产劳动理论并按国际标准产业分类（ISIC，Rev.4），本文将国民经济活动分为虚拟经济、实体经济Ⅰ和实体经济Ⅱ三大部分。虚拟经济再分为：金融保险（L）和房地产（M）；实体经济Ⅰ再分为：农林牧渔（A），采矿业（B），制造业（C），电气、蒸气等（D），供水、废物管理等（E），建筑业（F），批发零售和修理等（G），运输仓储（H）；实体经济Ⅱ再分为：餐饮住宿（I），信息通信（J），科学技术（M），行政服务（N），公共管理与国防等（O），教育（P），社会工作活动（Q），文娱活动（R），其他服务活动（S），家庭作为雇主活动（T），国际组织活动（U）。

实体经济Ⅰ与实体经济Ⅱ划分依据在于，就人类的物质生产和物质生活而言，"生产本身有两种：一方面是生活资料即食物、衣服、住房以及为此所必需的工具的生产；另一方面是人自身的生产"。② 前一类为实体经济Ⅰ，后一类为实体经济Ⅱ，体现实际生产过程与劳动能力再生产的有机统一。

实体经济Ⅰ是以产业资本循环为主的经济活动，表现为生产过程和流通过程的统一。

---

① 在不同的分析框架下，虚拟经济还具有信息提供和政策激励等其他功能。
② 马克思恩格斯选集（第四卷）[M]. 北京：人民出版社，2012：13.

其中，"食物、衣服、住房和所必需的工具"涉及农业、建筑业和工业等。随着社会分工不断扩大，生产者和消费者之间时空距离扩大，一部分商品资本从产业资本中独立出来，仍然执行产业资本循环中的商品资本职能，直至商品进入生活最终消费领域，现代仓储货运和批发零售业乃直接生产过程在流通中的延伸，因此将它们都纳入实体经济Ⅰ。哈维认为，这些活动构成以产业资本循环为基础的一级循环，以及以营建环境等固定资本积累为主的二级循环。① 实体经济Ⅱ以服务业为主，间接参与产业资本循环，并服务于劳动能力扩大再生产如科教文卫等行业，政府、国防等活动是维持人自身再生产的公共秩序安全保障。哈维认为，以国防、科学技术和劳动力再生产有关的经济活动构成资本的三级循环。② 这些经济活动服务产业资本循环，提供外部条件和基础环境，生产人必要的精神产品（骆耕漠，1985）[27]，促进人类自身再生产，是提升劳动能力所必需的经济活动。

"虚拟经济—实体经济"投入产出表基本表式见表1。第一象限为中间投入（使用）流量矩阵 $N = [x_{ij}]_{3 \times 3}$，其中，$i$ 和 j 为投入产出表中的部门，i、j = 1、2、3，依次表示虚拟经济、实体经济Ⅰ和实体经济Ⅱ。第二象限为最终使用流量，包括最终消费 C_i、资本形成 K_i 和净出口 E_i，三者合计为 Y_i。第三象限为最初投入流量，即增加值 V_j。

表1 "虚拟经济—实体经济"投入产出

投入＼产出		中间使用			最终使用				总产出
		虚拟经济	实体经济Ⅰ	实体经济Ⅱ	最终消费	资本形成	净出口	最终使用合计	
中间投入	虚拟经济	$[x_{ij}]_{3 \times 3}$			C_i	K_i	E_i	Y_i	X_i
	实体经济Ⅰ								
	实体经济Ⅱ								
增加值		V_j							
总投入		X_j							

2. 数据来源及说明

以下数据来自 WIOD 数据库 2001~2014 年投入产出表，并以 2014 年投入产出表为基础，并利用 RAS 推导法编制的 2015~2016 年延长表，以考察金融危机后的发展特征。RAS 法是一种调整直接消耗系数的方法，通过找出一套制造乘数 R 与代替乘数 S，调整投入产出表的行和列，使调整后的中间流量矩阵各元素相加，等于所求年份中间投入的行和与中间使用的列之和。假定直接消耗系数受到两种影响：代替影响系由生产中 p 产品被其他产品代替，或 p 产品代替其他产品的程度测定；制造影响系由产品 q 在其生产中所消耗的中间投入，对总投入比例的变化程度测定（庞皓和向蓉美，1989）[28]。所需数据为 2014~2016 年分行业总产出、增加值和最终使用的合计，源于联合国和欧盟数据库，并按照 2014 年 WIOD 数据进行调整，以保持口径一致。

（二）虚拟经济自我循环规模的测算方法

投入产出技术下，虚拟经济自我循环规模为中间流量矩阵 $N = [x_{ij}]_{3 \times 3}$ 中虚拟经济部门

---

① 关于初级循环和二级循环，参见：D. Harvey. The Urban Process under Capitalism: A Framework for Analysis [J]. International Journal of Urban and Regional Research, 1978, 2 (1-4): 101-131.

② ［英］大卫·哈维. 关于三级循环，马克思与《资本论》[M]. 周大昕译. 北京：中信出版社，2018：232.

内部相互提供产品和服务等中间产品的总和，如证券公司与商业银行的相互服务、房地产业与金融机构的相互服务等。资本通过影子银行膨胀、房地产价格泡沫和庞氏债务膨胀等形式，在虚拟经济内部空转，其相互提供的中间产品也必然增加，虚拟经济自我循环规模扩张。当然，虚拟经济也发挥服务实体经济的功能。投入产出的纯产品原则，为剥离虚拟经济自我循环与其服务的实体经济部分提供了理论依据，是投入产出方法在当代应用的拓展。

根据投入产出表编制的纯产品原理，中间流量矩阵 $N = [x_{ij}]_{3\times3}$ 中元素 x_{ij} 各部门只统计主产品，次要产品被分解到其他部门。[①] 从纵向投入来看，元素 x_{ij} 表示 j 部门消耗 i 部门的中间产品；从横向产出来看，x_{ij} 表示 i 部门分配 j 部门的中间产品。当 $i=j=1$ 时，x_{11} 在投入方向表示虚拟经济消耗自身的产品及服务等中间产品，在产出方向表示虚拟经济分配给自身的产品和服务等的中间产品。因此，x_{11} 表示资本在虚拟经济空转过程中，其内部对自身消耗和分配中间产品的规模。x_{11} 越大，虚拟经济对自身消耗和分配中间产品规模越大，虚拟经济自我循环规模也越大。同理 x_{12} 和 x_{13} 分别为虚拟经济分配给实体经济 I 和 II 产品及服务的中间产品，即虚拟经济服务于实体经济 I 和 II 的规模总量，由此科学分离虚拟经济自我循环及其服务实体经济的部分。

（三）虚拟经济对自身及实体经济关联度的测算方法

1. 虚拟经济对自身及实体经济的后向关联度

后向关联通过消耗系数，考察虚拟经济对自身及实体经济的拉动作用。该系数越大，虚拟经济对自身或实体经济的拉动作用越大；反之，则越小。

直接消耗系数 a_{ij} 反映虚拟经济对自身和实体经济的直接拉动作用：$A = [x_{ij}]_{3\times3} \cdot \hat{X}^{-1}$。$A$ 表示直接消耗系数矩阵，元素 a_{ij} 为 j 部门生产单位产品对 i 部门产品的直接消耗量，$\hat{X}^{-1}$ 为各部门总投入对角矩阵的逆矩阵。当 $j=1$ 时，元素 a_{i1} 表示虚拟经济每产出单位产品对 i 部门产品的直接消耗量。完全消耗系数 b_{ij} 反映虚拟经济对自身和实体经济的综合拉动作用：$B = (I-A)^{-1} - I$。B 表示完全消耗系数矩阵，元素 b_{ij} 为 j 部门每产出单位产品，对 i 部门产品的完全消耗量，I 为单位矩阵。当 $j=1$ 时，元素 b_{i1} 为虚拟经济每产出单位产品对 i 部门产品的完全消耗量。

2. 虚拟经济对自身及实体经济的前向关联度

前向关联通过分配系数，考察虚拟经济对自身及实体经济的支撑作用。该系数越大，虚拟经济对自身或实体经济的支撑作用越大；反之，则越小。

直接分配系数 h_{ij} 反映虚拟经济对自身和实体经济的直接支撑作用：$H = \bar{X}^{-1}[x_{ij}]_{3\times3}$。$H$ 表示直接分配系数矩阵，元素 h_{ij} 为 i 部门每产出单位产品对 j 部门的直接分配量，$\bar{X}^{-1}$ 表示各部门总产出对角矩阵的逆矩阵。当 $i=1$ 时，矩阵 H 的元素 h_{1j} 为虚拟经济每产出单位产品对 j 部门的直接分配量。完全分配系数 w_{ij} 反映虚拟经济对自身和实体经济的综合支撑作用：$W = (I-H)^{-1} - I$。W 表示完全分配系数矩阵，元素 w_{ij} 为 i 部门每产出单位产品对 j 部

---

① 如果 K 部门主要产品是金融服务，次要产品是工业制成品；G 部门主要产品是工业制成品，次要产品金融服务。按照纯产品原则，投入产出表中金融部门应统计 K 部门的主产品和 G 部门的次要产品，工业部门应统计 K 部门的次要产品和 G 部门的主要产品。

门的完全分配量。当 $i=1$ 时，元素 w_{1j} 为虚拟经济每产出单位产品，对 j 部门的完全分配量。

最后，当 $i=j=1$ 时，在直接消耗系数矩阵 A 和直接分配系数矩阵 H 中，有 $a_{11}=h_{11}$，虚拟经济对自身的直接消耗系数和直接分配系数相等。即虚拟经济每产出单位产品，直接消耗自身的中间产品，等于其生产一单位产品直接分配给自身的中间产品，分别反映虚拟经济对自身的直接拉动和支撑作用，以测度虚拟经济对自身的关联度。

（四）虚拟经济对自身及实体经济的增加值乘数分解

利用 Round（1985）的结构分解法[29]，将表 1 中的三部门关联机制分解为部门内乘数效应、部门间溢出效应和反馈效应。

表 1 利用投入产出矩阵形式，可表示为：$X=AX+Y=(I-A)^{-1}Y$。其中，X 表示产出向量，元素 X_i 表示部门 i 的总产出；Y 表示最终需求向量，元素 Y_i 表示部门 i 的最终需求；A 表示直接消耗系数矩阵；$(I-A)^{-1}$ 表示列昂惕夫逆矩阵。同理，$VX=V(I-A)^{-1}Y$，V 表示增加值向量，元素 V_j 为 j 部门增加值；变形可得 $V^T=V'^T(I-A)^{-1}Y$，V^T 表示增加值向量的转置，V' 表示增加值系数矩阵，元素 v_j 为 j 部门的增加值系数（单位投入形成的增加值），进而有：

$$
\begin{bmatrix} V_1 \\ V_2 \\ V_3 \end{bmatrix} = \begin{bmatrix} v_1 \\ & v_2 \\ & & v_3 \end{bmatrix} \begin{bmatrix} H_{11} \\ & H_{22} \\ & & H_{33} \end{bmatrix} \begin{bmatrix} I & F_{21} & K_{31} \\ K_{12} & I & F_{32} \\ F_{13} & K_{23} & I \end{bmatrix} \begin{bmatrix} M_{11} \\ & M_{22} \\ & & M_{33} \end{bmatrix} \begin{bmatrix} Y_1 \\ Y_2 \\ Y_3 \end{bmatrix} \tag{1}
$$

式（1）中，$M_{ii}=(I-A_{ii})^{-1}$ 为部门内乘数，表示 i 部门自身对其增加值的拉动作用；$K_{ki}=(D_{ij}D_{jk}+D_{ik})(I-D_{jk}D_{kj})^{-1}$ 和 $F_{ji}=D_{ij}+K_{ki}D_{kj}$ 为部门间溢出效应，表示 i 部门最终需求对 k 和 j 部门增加值的拉动作用，其中 $D_{ij}=(I-A_{jj})^{-1}A_{ij}$；$H_{ii}=[I-D_{ji}D_{ji}-(D_{ij}D_{jk}+D_{ik})(I-D_{jk}D_{kj})^{-1}(D_{kj}D_{ji}+D_{ki})]^{-1}=[I-D_{ij}D_{ji}-K_{ki}(D_{kj}D_{ji}+D_{ki})]^{-1}$ 为部门间反馈效应，表示部门 i 影响 j 和 k 部门反过来对部门 i 增加值的影响。其中，k 表示投入产出表中的部门，与 i、j 的含义和取值相同，且 $i\neq j\neq k$。

进一步地，列昂惕夫逆矩阵 $(I-A)^{-1}$ 可表示为：

$$
(I-A)^{-1}=L=\begin{bmatrix} M_{11} \\ & M_{22} \\ & & M_{33} \end{bmatrix} + \begin{bmatrix} & F_{21}M_{22} & K_{31}M_{33} \\ K_{12}M_{11} & & F_{32}M_{33} \\ F_{13}M_{11} & K_{23}M_{22} & \end{bmatrix} +
$$
$$
\begin{bmatrix} (H_{11}-I)M_{11} & (H_{11}-I)F_{21}M_{22} & (H_{11}-I)K_{31}M_{33} \\ (H_{22}-I)K_{12}M_{11} & (H_{22}-I)M_{22} & (H_{22}-I)F_{32}M_{33} \\ (H_{33}-I)F_{13}M_{11} & (H_{33}-I)K_{23}M_{22} & (H_{33}-I)M_{33} \end{bmatrix} \tag{2}
$$

式（2）为部门内乘数效应、部门间溢出乘数效应和反馈效应的分解结果。其一单位最终需求所产生的增加值乘数为：

$$
[(v_i)^T, (v_j)^T, (v_k)^T][(L_{ii})^T, (L_{ji})^T, (L_{ki})^T]
$$
$$
=(v_i)^T M_{ii}+(v_j)^T K_{ij}M_{ii}+(v_k)^T F_{ik}M_{ii}+[(v_i)^T(H_{ii}-I)M_{ii}+(v_j)^T(H_{jj}-I)K_{ij}M_{ii}+(v_k)^T(H_{kk}-I)F_{ik}M_{ii}] \tag{3}
$$

其中，$(v_i)^T M_{ii}$ 为 i 部门内增加值乘数。当 $i=1$ 时，表示虚拟经济增加一单位最终需求，对自身增加值的影响，该值越大，虚拟经济自我循环形成 GDP 的能力越强；$(v_j)^T K_{ij} M_{ii}$ 为部门 i 对部门 j 的溢出效应，$(v_k)^T F_{ik} M_{ii}$ 为部门 i 对部门 k 的溢出效应。当 $i=1$，j、$k=2$、3，且 $j \neq k$ 时，表示虚拟经济增加一单位最终需求，分别对实体经济 I 和 II 增加值的影响，溢出效应越大，虚拟经济拉动实体经济形成增加值的能力越强。

$[(v_i)^T(H_{ii}-I)M_{ii}+(v_j)^T(H_{jj}-I)K_{ij}M_{ii}+(v_k)^T(H_{kk}-I)F_{ik}M_{ii}]$ 为部门间反馈效应，即 i 部门对 j 和 k 部门产生影响后、部门 j 和 k 又将这种影响反馈到 i 部门，使部门 i 增加值提高。本文重点考察虚拟经济部门内乘数及其对实体经济溢出乘数，此两者反映虚拟经济自我循环及其带动实体经济形成 GDP 的能力；部门间反馈效应表示虚拟经济影响实体经济后，实体经济又反过来影响虚拟经济，这将是未来研究的重要内容。

四、虚拟经济自我循环与实体经济关联度的实证分析[①]

（一）虚拟经济自我循环的测算

首先，基于中间流量矩阵测算虚拟经济自我循环规模，随后测算虚拟经济对自身的关联度。具体机制在虚拟经济对实体经济的关联部分阐释。

表 2 为 2001～2016 年主要国家虚拟经济自我循环规模的测算结果。主要体现在以下四个方面：①美国情景。作为全球金融中心，美国虚拟经济自我循环规模远高于其他国家，增长态势强劲，仅危机期间短暂下滑，2016 年虚拟经济自我循环规模相当于其他 8 个样本国家总和的 2.4 倍。②英国等欧洲国家情景。金融危机爆发前，欧洲主要国家虚拟经济自我循环规模增长迅速。2001～2008 年，英国、爱尔兰、希腊、法国和德国的虚拟经济自我循环规模年均增速分别为 11.8%、27.1%、17.4%、11.4% 和 10.5%，都呈现金融市场投机繁荣、房地产泡沫和债务增长。金融危机后，爱尔兰虚拟经济自我循环规模仍上涨，希腊陷入严重经济停滞、虚拟经济自我循环规模下降，英国、法国和德国未出现大幅波动。③巴西和墨西哥情景。2001～2016 年，巴西和墨西哥虚拟经济自我循环规模分别大幅上涨 374.3% 和 255.1%，主要为金融自由化下国际虚拟资本投机所推动。④日本情景。2001～2008 年，虚拟经济自我循环规模上涨 22.4%，金融危机后有所波动。

表 2　2001～2016 年主要国家虚拟经济自我循环规模测算　　　　单位：亿美元

年份	美国	英国	爱尔兰	希腊	法国	德国	巴西	墨西哥	日本
2001	5538.69	552.07	35.25	10.28	512.06	718.69	94.41	17.67	703.24
2002	5756.04	614.09	49.20	10.91	573.90	787.73	93.54	27.62	723.46
2003	6256.17	646.05	75.37	15.52	672.83	1040.55	90.16	26.87	780.79
2004	7003.74	835.25	87.24	21.54	768.26	1206.20	100.72	26.52	815.06
2005	7593.78	725.73	137.98	21.52	805.58	1205.21	129.85	27.27	834.00
2006	8162.77	1155.02	160.34	20.47	885.57	1231.02	169.22	34.53	817.52

---

① 实证分析样本国的选择考虑以下两个方面：一是涵盖典型工业化国家（日本和德国）、过早去工业化国家（拉美）、长期去工业化和经济虚拟化的国家（美国和英国）；二是能够反映欧洲国家在金融危机和欧债危机后的发展特征（希腊、爱尔兰等）。

年份	美国	英国	爱尔兰	希腊	法国	德国	巴西	墨西哥	日本
2007	8665.34	1573.06	206.01	27.68	1040.98	1330.02	215.35	39.31	803.93
2008	8029.16	1201.94	188.42	31.59	1090.91	1443.90	248.65	45.79	860.45
2009	7256.50	1092.99	169.41	31.96	1183.21	1476.13	252.01	38.86	905.75
2010	6888.57	982.07	160.61	32.40	1240.43	1368.04	322.36	42.61	911.54
2011	6721.90	1057.21	226.95	36.41	1236.10	1450.26	381.04	48.00	946.75
2012	7089.49	975.09	209.78	28.17	1191.82	1318.14	355.57	51.77	1023.77
2013	7706.49	1013.85	159.87	26.65	1277.68	1400.21	353.23	59.76	882.62
2014	8178.03	1166.92	225.42	25.03	1323.05	1409.51	406.31	54.83	821.32
2015	8869.32	1076.64	200.79	20.39	1155.60	1206.51	422.45	59.95	813.39
2016	9647.15	945.03	235.51	20.23	1067.17	1197.59	447.82	62.74	825.16

资料来源：笔者根据 WIOD 数据库计算。

虚拟经济对自身的关联度，由虚拟经济对自身直接消耗系数 a_{11} 和直接分配系数 h_{11} 测度。如前所述，此两者数值相等，表示虚拟经济对自身拉动和支撑作用，以下使用 a_{11} 表述，如表 2 所示。主要从以下四个方面分析：①美国情景。2001~2007 年和 2010~2016 年两个时期，a_{11} 分别上涨 8.3% 和 8.4%，金融危机后仍保持增长态势，虚拟经济单位产出对自身消耗和分配量上升，表明其自身关联度不断增强。②英国等欧洲国家情景。2001~2007 年，英国 a_{11} 上涨 21.2%，危机期间有所下降，2012 年以来保持稳定。2001~2016 年，爱尔兰 a_{11} 大幅上涨 101.0%。法国则与爱尔兰类似。期间希腊 a_{11} 在金融危机前上升，危机后并未大幅波动；德国 a_{11} 波动较小，危机后小幅下降。③巴西和墨西哥情景。2001~2016 年巴西和墨西哥虚拟经济对自身关联度提高，以巴西为例，危机前后的两个时期 a_{11} 分别上涨 3.1% 和 8.1%，金融危机后虚拟经济的自身关联度明显提高。④日本情景。2001~2007 年和 2010~2016 年，a_{11} 分别上涨 4.7% 和 6.3%，虚拟经济的自身关联度增强。

（二）虚拟经济对自身及实体经济的关联度

虚拟经济对实体经济的后向关联度，描述前者对后者的需求关系可利用直接和完全消耗系数，考察虚拟经济对实体经济的直接和综合拉动作用。虚拟经济需要消耗实体经济 I，以提供办公设备、交通运输等产品和服务，还需消耗实体经济 II，以提供法律等专业服务，以及教育、医疗维持劳动能力再生产的服务。

从供给侧考察，虚拟经济对实体经济的前向关联度可利用直接和完全分配系数，考察虚拟经济对实体经济的直接和综合支撑作用。虚拟经济发挥资源配置、交易实现和风险管理等功能，服务于实体经济。实体经济 II 具有轻资产、交易结算频繁等特点，虚拟经济服务于实体经济 II 的具体方式（如融资方式、授信模式），与实体经济 I 有所不同。总体上，虚拟经济可以优化自身结构，创新服务模式，支持不同实体行业发展。

现使用 a_{12} 和 b_{12} 表示虚拟经济对实体经济 I 直接和完全消耗系数，h_{12} 和 w_{12} 表示虚拟经济对实体经济 I 直接和完全分配系数；a_{13} 和 b_{13} 表示虚拟经济对实体经济 II 直接和完全消耗系数，h_{13} 和 w_{13} 表示虚拟经济对实体经济 II 直接和完全分配系数。

美国相关情景如图 2 所示。①虚拟经济对实体经济 I 的关联度。2001~2016 年，a_{12} 和 b_{12} 分别下降 18.4% 和 23.7%，h_{12} 和 w_{12} 分别下降 22.2% 和 22.7%，虚拟经济生产单位

产品对实体经济 Ⅰ 的消耗和分配量下降，对实体经济 Ⅰ 拉动和支撑作用下滑，虚拟经济对实体经济 Ⅰ 的后向与前向关联度减弱。②虚拟经济对实体经济 Ⅱ 的关联度。2001~2016年，虚拟经济对实体经济 Ⅱ 消耗和分配系数整体上升，虚拟经济生产单位产品，消耗和分配给实体经济 Ⅱ 的产品和服务量提高，对实体经济 Ⅱ 的拉动和支撑作用上升，虚拟经济对实体经济 Ⅱ 的后向与前向关联度增强。原因在于，美国是长期去工业化并虚拟化增强的经济体。一方面，金融危机后多轮量化宽松政策，刺激了金融和房地产市场繁荣，虚拟经济自我循环规模及其对自身的关联度提高；以工业为主的实体经济 Ⅰ 长期低迷，再工业化步履维艰，虚拟经济对其的拉动和支撑作用下滑。另一方面，虚拟经济繁荣在一定程度上带动了关联度紧密的实体经济 Ⅱ 发展，并在过度消费信贷的刺激下，教育、医疗等高价服务消费，刺激虚拟经济提供更多服务，虚拟经济对实体经济 Ⅱ 关联度上升。

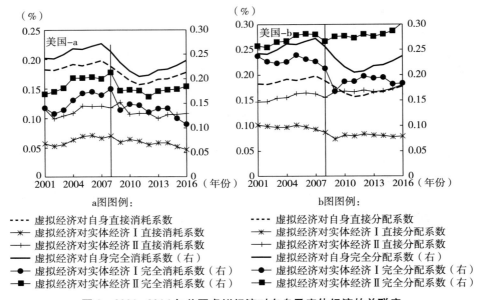

a图图例：
----- 虚拟经济对自身直接消耗系数
—✱— 虚拟经济对实体经济 Ⅰ 直接消耗系数
—+— 虚拟经济对实体经济 Ⅱ 直接消耗系数
—— 虚拟经济对自身完全消耗系数（右）
—●— 虚拟经济对实体经济 Ⅰ 完全消耗系数（右）
—■— 虚拟经济对实体经济 Ⅱ 完全消耗系数（右）

b图图例：
----- 虚拟经济对自身直接分配系数
—✱— 虚拟经济对实体经济 Ⅰ 直接分配系数
—+— 虚拟经济对实体经济 Ⅱ 直接分配系数
—— 虚拟经济对自身完全分配系数（右）
—●— 虚拟经济对实体经济 Ⅰ 完全分配系数（右）
—■— 虚拟经济对实体经济 Ⅱ 完全分配系数（右）

图 2　2001~2016 年美国虚拟经济对自身及实体经济的关联度

英国等欧洲国家的相关情景见图 3。①虚拟经济对实体经济 Ⅰ 的关联度。2001~2016年，欧洲国家虚拟经济对实体经济 Ⅰ 的消耗和分配系数下降，虚拟经济扩张并未伴随消耗实体经济 Ⅰ 更多产品，未带动其发展，对实体经济 Ⅰ 的拉动和支撑作用下滑，虚拟经济对实体经济 Ⅰ 的后向与前向关联度减弱。具体来看，英国、希腊、法国和爱尔兰消耗系数与分配系数均大幅下降。2001~2016 年，英国 a_{12} 和 b_{12} 分别下降 12.5% 和 18.2%，h_{12} 和 w_{12} 分别下降 18.1% 和 20.0%。与上述国家不同，同期德国的 a_{12} 和 b_{12} 总体有所提高，h_{12} 和 w_{12} 分别下降 11.7% 和 14.6%，但下降幅度明显小于其他欧洲国家。②虚拟经济对实体经济 Ⅱ 的关联度。与实体经济 Ⅰ 类似，英国、希腊、爱尔兰和法国虚拟经济对实体经济 Ⅱ 的后向关联度下降。2001~2016 年，英国 a_{13} 和 b_{13} 分别下降 22.6%% 和 22.2%；虚拟经济对实体经济 Ⅱ 的前向关联度也下降，尤其是金融危机后，h_{13} 和 w_{13} 分别下降 16.7% 和 20.7%。而同期德国的 a_{13} 和 b_{13} 保持平稳趋势，h_{13} 和 w_{13} 分别上升 17.7% 和 15.6%，虚拟经济对实体经济 Ⅱ 的关联度提高。

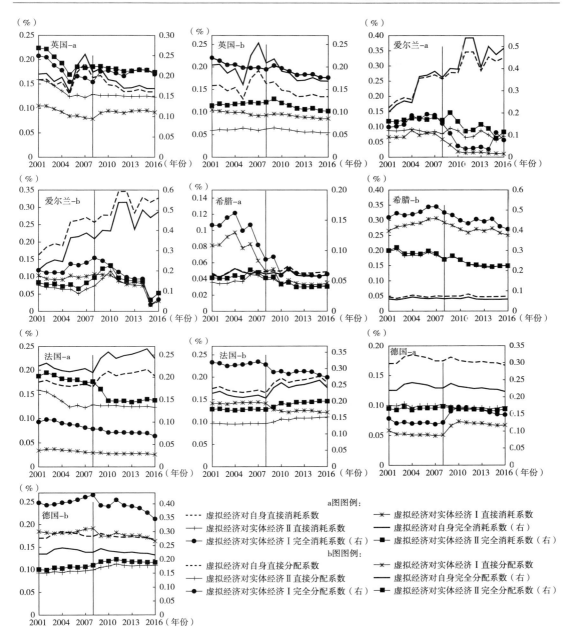

图3　2001~2016年英国等欧洲国家虚拟经济对自身及实体经济的关联度

　　总体来看，欧洲虚拟经济对实体经济的关联度下降，但德国下降幅度明显小于其他国家。20世纪90年代以来，欧盟将传统产业外移，高科技产业又未取得较快发展，希腊、爱尔兰等主要依靠房地产业等虚拟经济带动经济增长，实体经济Ⅰ严重萎缩，实体经济Ⅱ主要依靠旅游业等发展，受金融危机影响较大。欧元货币诞生后，成员国金融业务迅速泛欧洲化和国际化，刺激了政府债务、私人消费信贷和房地产市场繁荣，虚拟经济自我循环规模及自身关联度上升。金融危机后，欧洲经济陷入停滞，复苏乏力，虚拟经济对实体经济关联度下降。德国长期重视实体经济Ⅰ发展，构建了抑制房地产过度投机的监管体系，以及全能银行体系服务于实体经济发展的功能。受欧洲经济整体影响，虚拟经济对德国实体经济Ⅰ的前向关联度有所下降，但以工业为主的结构使其有较强韧性，两者关联度下降幅度明显小于其他国家。

巴西和墨西哥的相关情景如图4所示。①虚拟经济对实体经济Ⅰ的关联度。2001~2016年，虚拟经济对实体经济Ⅰ的消耗和分配系数下降，虚拟经济生产单位产品，对实体经济Ⅰ的消耗和分配量下降，对实体经济的拉动和支撑作用下降，虚拟经济对实体经济后向与前向的关联度减弱。金融危机后尤其明显，巴西的a_{12}和b_{12}分别下降17.9%和19.8%，h_{12}和w_{12}分别下降10.7%和8.1%。②虚拟经济对实体经济Ⅱ的关联度。2001~2016年，虚拟经济对实体经济Ⅱ的消耗和分配系数下降，虚拟经济对实体经济Ⅱ的关联度减弱。主要原因在于，两国尚未完成工业化就急于去工业化，实体经济Ⅰ基础薄弱。20世纪80年代以来，拉美国家经济主要由外资推动，本土通常以高利率应对资本流出和通货膨胀。金融危机后，巴西和墨西哥两国工业未有明显增长，但金融和房地产市场繁荣，成为虚拟资本国际运动掠夺财富的重要猎场，虚拟经济自我循环规模及其自身关联度上升，对实体经济的关联度减弱。

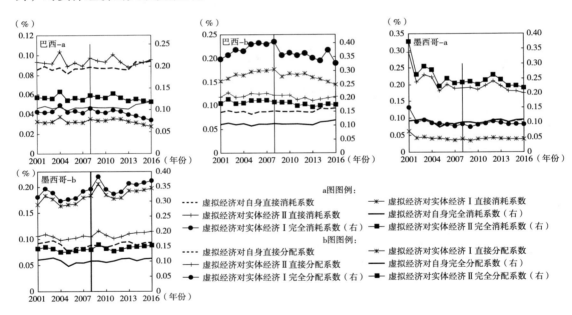

图4　2001~2016年巴西和墨西哥虚拟经济对自身及实体经济的关联度

日本相关情景如图5所示。①虚拟经济对实体经济Ⅰ的关联度。2001~2016年，日本的a_{12}和b_{12}分别上升10.4%和5.0%，虚拟经济生产单位产品，对实体经济Ⅰ的消耗量上升，拉动作用提高；h_{12}和w_{12}分别下降37.4%和40.3%，虚拟经济生产单位产品，对实体经济Ⅰ的分配量下降，支撑作用下滑。②虚拟经济对实体经济Ⅱ的关联度。同期日本的a_{13}和b_{13}分别上升15.7%和14.3%，h_{13}和w_{13}分别下降23.3%和25.4%。日本的特点是，虚拟经济对实体经济拉动作用有所上升，但支撑作用大幅下降。泡沫经济破裂后，日本金融系统惜贷明显，长期推行的宽松货币政策并未促使实际投资增加。同时，债务问题使经济长期负重前行，虚拟经济为实体经济的融资动力不足，对实体经济的支撑作用显著下滑。与德国类似，日本具有较好的工业基础，虚拟经济在一定程度上带动了实体经济发展，对实体经济后向关联度有所上升。近年来，日本实行以新自由主义为导向的经济改革，金融市场投机成风，虚拟经济自身关联度上升。

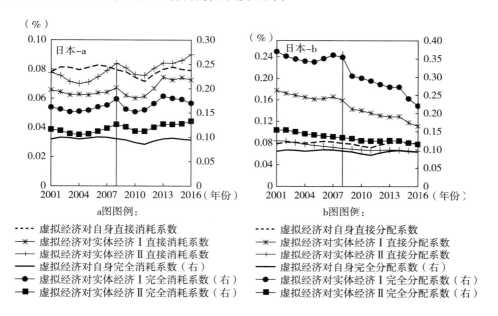

a图图例：
‑ ‑ ‑ 虚拟经济对自身直接消耗系数
—✳— 虚拟经济对实体经济Ⅰ直接消耗系数
—+— 虚拟经济对实体经济Ⅱ直接消耗系数
—— 虚拟经济对自身完全消耗系数（右）
—●— 虚拟经济对实体经济Ⅰ完全消耗系数（右）
—■— 虚拟经济对实体经济Ⅱ完全消耗系数（右）

b图图例：
‑ ‑ ‑ 虚拟经济对自身直接分配系数
—✳— 虚拟经济对实体经济Ⅰ直接分配系数
—+— 虚拟经济对实体经济Ⅱ直接分配系数
—— 虚拟经济对自身完全分配系数（右）
—●— 虚拟经济对实体经济Ⅰ完全分配系数（右）
—■— 虚拟经济对实体经济Ⅱ完全分配系数（右）

图5　2001～2016年日本虚拟经济对自身及实体经济的关联度

2008年国际金融危机的爆发，深刻暴露了全球虚拟经济与实体经济的对立。此后，主要资本主义国家虚拟经济脱离实体经济的趋势仍未完全逆转，美欧和拉美等国虚拟经济自我循环规模扩张，对实体经济的关联度下降。德国凭借长期以实体经济Ⅰ为主的结构性优势，虚拟经济与实体经济关联度下降的幅度明显小于他国。当前国际形势波谲云诡，不稳定性不确定性急剧增加，为应对新冠疫情，各国推行强刺激政策，助长杠杆交易和投机行为，使资本继续向虚拟经济集聚，脱实向虚欲罢不能，侵蚀全球经济长远发展的根基，可能再次成为爆发金融危机的导火索。

五、虚拟经济自我循环与实体经济关联性对 GDP 的影响

GDP是反映国民经济运行状况的重要统计工具。随着虚拟经济日益脱离实体经济独立运行，GDP反映实际生产活动的功能在减弱。最新修订的SNA（2008）进一步扩大了金融等行业产出，虚拟资本增殖的经济活动对GDP的贡献相对提高。

虚拟经济自我循环以虚拟资本自行增殖为基础，伴随一整套金融服务产出。按照SNA（2008），金融服务费用以金融服务产出为基础，其以现价度量的经济变量，由价格和交易流量（或存量）共同组成。这意味着，虚拟资本增殖可直接增加金融服务产出，进而创造GDP。即便进行物量核算剔除通货膨胀因素，也无法改变虚拟经济过度膨胀，带来的金融服务产出所创造GDP的增加。现行GDP核算以效用价值论为基础，实体经济生产、虚拟

经济服务于实体经济和虚拟经济自我循环三类活动，均被还原成增加值，记为 GDP 增加。但从马克思理论来看，它们分别是产业资本循环、虚拟资本服务于产业资本和虚拟资本空转，具有完全不同的价值增殖表现形式，现行 GDP 核算隐匿了不同经济活动是否创造价值的根本性质。

为适应金融全球化形势，SNA（2008）对 GDP 核算方法进行修订。最重要的是间接计算的金融中介服务产出（FISIM）核算方法修订，扩大金融中介服务定义，将银行自有资金借贷行为纳入核算范围。这意味着，任何利用自有资金投机所产生的金融中介服务，都可被计入 GDP（Christophers，2011）[30]。修订还使用参考利率法计算 FISIM，使金融业的总产出和增加值相对提高。但 FISIM 中部分是其他行业的中间消耗，使其他所有与金融机构具有存贷关系行业的中间消耗增加、增加值减小，以致 GDP 被高估（许宪春，2020）[31]。参考利率法计算的 FISIM，将金融风险上升记为 GDP 增值。FISIM 采用无风险政策利率，衡量参考利率，当金融风险上升时，金融机构提高利率应对预期损失，导致利息收入被视为产出增长。英格兰银行安德鲁·霍尔丹（2012）认为，2008 年英国金融业 GDP 被高估，正是金融风险上升的结果[32]。因此，SNA（2008）的修订使虚拟经济对 GDP 贡献相对提高，GDP 反映实际生产活动的功能减弱。

本文利用结构分解法，刻画由虚拟经济自我循环及其带动实体经济形成 GDP 的能力（见图6）。①各国虚拟经济增加值的部门内乘数，均高于其对实体经济的增加值溢出乘数，资本通过助长资产价格泡沫和庞氏债务膨胀等方式，在虚拟经济内部空转，虚拟经济自我循环创造 GDP 的能力，高于其带动实体经济形成 GDP 的能力。②美国、除德国外欧洲国家和拉美国家的虚拟经济增加值部门内乘数，整体呈上升趋势，尤其在金融危机后，虚拟经济自我循环创造 GDP 的能力提高，信用资本空转于金融和房地产市场所创造 GDP 的能力上升。同时虚拟经济对实体经济 I 的增加值溢出乘数下降，虚拟经济带动实体经济 I 发展、创造增加值的能力下降。以美国为例，2007～2016 年，虚拟经济自我循环形成增加值的能力提高 5.0%，而其带动实体经济 I 形成 GDP 的能力大幅下降 26.6%。③金融危机后，德国和日本虚拟经济带动实体经济 I 形成增加值的能力有所提高。以德国为例，2009～2016 年虚拟经济带动实体经济 I 形成增加值的能力，相对 2001～2008 年提高了 30.9%。德日两国以工业主导的经济结构优势使其具备较好的长期发展潜力。

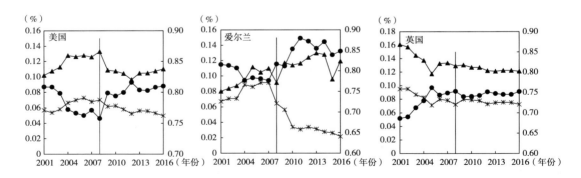

图6 2001～2016 年主要资本主义国家虚拟经济对自身及实体经济增加值的溢出乘数

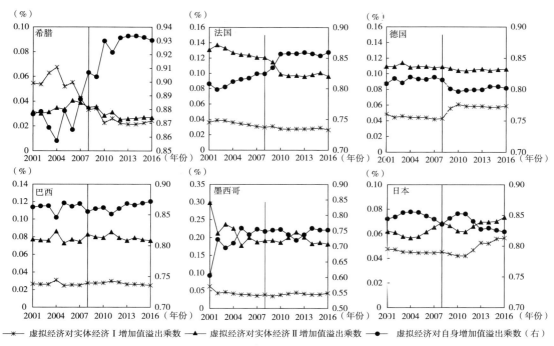

—✳— 虚拟经济对实体经济 I 增加值溢出乘数　—▲— 虚拟经济对实体经济 II 增加值溢出乘数　—●— 虚拟经济对自身增加值溢出乘数（右）

图 6　2001～2016 年主要资本主义国家虚拟经济对自身及实体经济增加值的溢出乘数（续）

在美国等国的 GDP 中，包含越来越多由虚拟经济自我循环创造的增加值成分，由此形成的 GDP 可能因资产价格暴跌，或庞氏债务断裂而蒸发。一国经济究竟由实体经济还是虚拟经济支撑，决定经济增长的质量和可持续性。一味追求 GDP 增长，忽视背后经济活动是否创造价值的异质，往往会掩盖其表面增长催大的经济泡沫，掩盖如美国之类的经济衰退轨迹，长期恋于虚假繁荣而失去警觉。

结　语

需要以系统观点，正确把握虚拟经济与实体经济在经济大循环中相互作用的辩证统一关系。物质资料的社会再生产经生产、交换、分配、消费四个对立环节的统一性，要求保持循环畅通所必要的连续性。资本主义生产方式用经济暴力造成了统一性的分裂，资本无偿占有雇佣劳动创造的剩余价值，社会贫富分化，形成剩余价值生产与剩余价值实现的长期对立，阻碍资本积累的顺利进行。资本主义生产方式基本矛盾的表现之一，是生产为利润最大化而盲目扩大的趋势，与劳动群众有支付能力的市场需求相对缩小的矛盾。信用货币及信用资本通过货币的流通手段职能及支付手段职能，将交换独立化，反过来颠倒地支配生产及总产品再生产，缓解资本主义基本矛盾。信用制度下现实买卖的扩大远远超过实际的社会需要，迫使社会再生产周期性地以经济危机的暴力方式，暂时恢复已独立化因素之间的统一。而周期性走出危机靠的还是正在加深加强的流通功能颠倒式的独立化，特别是金融资本以生息资本形态强化虚拟资本，无节制地用于借贷消费和偿还债务，只顾以钱圈钱，不断提高家庭、企业、金融机构和政府财政的负债率，破坏利息来自实体经济产业资本利润再分配的基础。经济危机潜在于买卖分离造成的流通手段独立化，在此基础上信用资本支付手段的独立化及其泛化，不但催化出现实的经济危机，而且固化出日益强大的生息资本食利者阶层，寄生于虚拟资本的自我循环，将资本积累的内在矛盾提升到更普遍的层面，虚拟经济脱离实体经济的过度自我循环会首先引爆金融危机，反过来导致实体经济物质再生产四环节统一性的周期性分裂。由美元纸币本位取代金本位，破坏了作为世界货币的黄金因其价值与使用价值的两重性，而具有的储藏手段职能及其调节国际收支平衡的功能，该功能原本能够自发地调节流通货币量，现在却是美元霸权主宰下货币流动性的泛滥；同时也破坏了由黄金担保的世界货币，作为价值尺度的确定性和稳定性。虚拟经济的货币符号化，加剧了实体经济再生产四环节分裂的持续性以及通过危机强制统一的频发性。由货币流通手段独立性延伸的以上五种具体的货币职能及其联系，有的消失，有的被跨界滥用，有的被完全颠倒。在资本主义生产方式基本矛盾作用下，导致不可挽回的货币职能蜕变趋势的各种离散因素，只要在一定条件下不同程度地聚合或耦合，就会触发不同分布规模的金融和经济危机。这是当今世界大动荡格局的直接经济成因。以交换为媒介的间接社会化生产，只能如此演化，其交换价值基础的坚实性不断被分解。本文的投入产出分析表明：2001~2016 年，主要资本主义国家虚拟经济自我循环规模扩张，虚拟经济对实体经济的关联性下降，虚拟经济自我循环创造 GDP 的能力增强，GDP 反映实际生产活动的功能减弱。

虚拟经济的适度增长，是实体经济健康发展的重要保障，中国既要优化虚拟经济内部结构，使其更好地服务实体经济，又要利用 14 亿人口实体经济的超大规模市场，积极引领而非被动地应对全球虚拟资本自循环的普遍性冲击。这是中国经济高质量发展的重要标准。必须持续夯实强国的实体经济根基，做优完备的工业体系，强化对虚拟经济盲目扩张的管控。中央政府尤其要利用大数据等现代信息技术，强化金融监管力度，建立完善多层次的金融配置资源的统筹体系，在尊重市场规律的基础上，引导闲置资本有序流向实体经济。

参考文献

［1］中共中央马克思恩格斯列宁斯大林著作编译局．马克思恩格斯文集（第八卷）［M］．北京：人民出版社，2009．

［2］［美］大卫·哈维．资本社会的 17 个矛盾［M］．许瑞宋，译．北京：中信出版社，2016．

［3］［美］大卫·哈维．资本的限度［M］．张寅，译．北京：中信出版社，2017．

［4］［美］迈克尔·赫德森．从马克思到高盛：虚拟资本的幻想和产业的金融化［J］．曹浩瀚，译．国外理论动态，2010（9-10）．

［5］侯为民．生产过剩、信用扩张与资本主义经济危机——马克思的经济危机理论及其现实启示［J］．学术研究，2015（2）：86-91．

［6］周钊宇，宋宪萍．论《资本论》中马克思危机理论的完整性与系统性——"没有马克思的马克思主义"危机理论批判［J］．经济纵横，2020（11）：45-53．

［7］亓为康．《资本论》经济危机理论的整体性透视及其当代价值［J］．天府新论，2021（3）：22-31．

［8］王晓东，谢莉娟．社会再生产中的流通职能与劳动价值论［J］．中国社会科学，

2020（6）：72-93，206.

［9］黄群慧．论新时期中国实体经济的发展［J］．中国工业经济，2017（9）：5-24.

［10］何玉长．善待生产性劳动和优先实体经济［J］．学术月刊，2016，48（9）：73-83.

［11］［美］雷蒙德·W.戈德史密斯．金融结构与金融发展［M］．周朔等，译．上海：上海人民出版社，1996.

［12］［德］卡尔·马克思．剩余价值理论（第2册）［M］．中共中央马克思恩格斯列宁斯大林著作编译局．北京：人民出版社，1975：550.

［13］陈昆亭，周炎．防范化解系统性金融风险——西方金融经济虚期货币理论政策规则分析［J］．中国社会科学，2020（11）：192-203.

［14］刘骏民．从虚拟资本到虚拟经济［M］．北京：知识产权出版社，2020.

［15］成思危．虚拟经济纵览［M］．北京：科学出版社，2016.

［16］G. R. Krippner. The Financialization of the American Economy［J］. Socio-Economic Review，2005，3（2）：173-208.

［17］郭树清．坚定不移打好防范化解金融风险攻坚战［J］．中国保险，2020（9）：4.

［18］叶祥松，晏宗新．当代虚拟经济与实体经济的互动——基于国际产业转移的视角［J］．中国社会科学，2012（9）：63-81，207.

［19］T. I. Palley. Financialization：What it is and Why it Matters［R］. Levy Economics Institute Working Paper，No. 525，2007.

［20］苏治，方彤，尹力博．中国虚拟经济与实体经济的关联性——基于规模和周期视角的实证研究［J］．中国社会科学，2017（8）：87-109，205-206.

［21］张宇燕，方建春．GDP与IWI：核算体系与人类福祉［J］．经济学动态，2020（9）：15-29.

［22］许宪春，贾海，李皎，等．房地产经济对中国国民经济增长的作用研究［J］．中国社会科学，2015（1）：84-101，204.

［23］D. Basu，D. K. Foley. Dynamics of Output and Employment in the US Economy［J］. Cambridge Journal of Economics，2013，37（5）：1077-1106.

［24］J. Assa. The Financialization of GDP：Implications for Economic Theory and Policy［M］. New York：Routledge，2017：132-156.

［25］刘骏民．决定中美经济未来差距的两个基本因素——虚拟经济视角下的大趋势［J］．政治经济学评论，2014，5（1）：52-71.

［26］方军．社会符号论的批判向度与力度——基于唯物史观的一种考察［J］．中国社会科学，2020（7）：4-25，204.

［27］骆耕漠．必须分清"第三产业"的大杂烩性质——发展"第三产业"（服务业）问题之一［J］．经济学动态，1985（8）：3-7.

［28］庞皓，向蓉美．投入产出分析［M］．成都：西南财经大学出版社，1989.

［29］J. I. Round. Decomposing Multipliers for Economic Systems Involving Regional and World Trade［J］. The Economic Journal，1985，95（378）：383-399.

［30］B. Christophers. Making Finance Productive［J］. Economy and Society，2011，

40（1）：112-140.

　　［31］许宪春．中国国民经济核算核心指标的变迁——从 MPS 的国民收入向 SNA 的国内生产总值的转变［J］．中国社会科学，2020（10）：48-70，205.

　　［32］安德鲁·霍尔丹．金融体系的贡献：奇迹还是幻觉？（上）［J］．王胜邦，俞靓，译．银行家，2012（9）：88-92.

　　　　　　　　　　　本文转摘自《中国社会科学》2021 年第 10 期。

虚拟经济的自我循环及其与实体经济关联的理论分析和实证检验

——基于美国 1947~2015 年投入产出数据视角

摘要：本文依据虚拟经济理论，分析虚拟经济自我循环及与实体经济的关联机理，通过构建"虚拟经济—实体经济"三部门投入产出模型，分离了虚拟经济中的实体经济和实体经济中的虚拟经济，在此基础上，测度虚拟经济中自我循环的总量和服务于实体经济的总量；考察了虚拟经济对实体经济的关联性；分析了虚拟经济与实体经济分别对就业、税收和投资等的宏观经济影响。理论分析认为，虚拟经济的基本部门是金融和房地产，其自我循环指在金融和房地产内部以自行增殖为目的的、脱离以实体经济为价值决定的虚拟资本的独立化运行。实证检验发现：美国虚拟经济自我循环规模膨胀显著，对自身的关联性高企，而对以制造业为主的第Ⅰ类实体经济关联性渐弱，对以服务业为主的第Ⅱ类实体经济关联性持稳。虚拟经济对经济总体的影响力和感应度呈反向变化，与之相对，第Ⅰ类实体经济的影响力感应度明显减弱，第Ⅱ类实体经济则相对平稳。另外，基于增加值结构的宏观效应表明，虚拟经济投资引力和税赋压力优于实体经济，但对带动就业的效果有限。

关键词：虚拟经济；实体经济；自我循环；关联性；宏观经济效应

引 言

美国经济过度地虚拟化是 2008 年金融危机爆发的重要原因，虽然当前美国经济呈现复苏态势，但本轮经济复苏的动力并非因"再工业化"转向实体经济，而是仍然依赖金融、房地产行业以及虚拟资本自行增殖产生的扩张效应。美国经济分析局（BEA）统计数据显示，以金融和房地产等为核心的虚拟经济创造的 GDP 从 1947 年占经济总量的 13.8%上升至 2007 年金融危机爆发前的 31.3%，与此同时，制造业 GDP 占经济总量的比重则由 25.6%降至 12.8%。2008 年金融危机后，美国"去工业化"和"经济虚拟化"的趋势并无明显改变，数据表现甚至更差，制造业 GDP 占经济总量的比重从 2008 年的 12.3%收缩到 2017 年的 11.6%，创下自 1947 年以来的最低值。而同期虚拟经济占比则从 31%持续上升至 33%，其中金融部门 2017 年 GDP 占比已恢复至危机爆发前的水平。制造业的大幅萎缩，本质上反映了美国实体经济的衰落，虚拟经济规模的持续扩张则代表着美国经济运行方式已经发生了重大转变。虚拟经济凭借远高于实体经济的利润率，不断从产业资本中吸纳剩余，压缩实体经济利润空间，同时集聚大量资本在金融和房地产内循环、空转。1987年美国股市泡沫和 2008 年国际金融危机等国际经验表明，当虚拟经济脱离实体经济自我循环时，一国将面临经济运行方式的虚拟化和经济结构的脆弱化，对经济的可持续高质量增长造成严重冲击。目前对于中国经济存在的"脱实向虚"倾向，习近平总书记在 2016年中央经济工作会议的讲话中指出，我国经济运行面临的突出矛盾和问题的根源主要表现为三大失衡："一是实体经济结构性供需失衡"；"二是金融和实体经济失衡……因为缺乏回报，增加的货币资金很多没有进入实体经济领域，而是在金融系统自我循环"；"三是房地产和实体经济失衡……大量资金涌入房地产市场，房地产高收益进一步使资金脱实向虚"。[1] 因此，有必要通过探求虚拟经济的自我循环内在机理，以及与实体经济的关联性，揭示未来美国经济的增长阻力和潜在危机，这对于中国经济的平衡充分发展具有重要借鉴意义。

虚拟经济自我循环的理论基础源于马克思对虚拟资本自行增殖性质的认识，马克思认为，虚拟资本在"资本关系取得了最表面、最富有拜物教性质的形式。在这里，我们看到的是 G-G′，是生产更多货币的货币，是没有在两极间起中介作用的过程而自行增殖的价值"，"它作为资本的占统治地位的形式，把资本完全排除于生产本身之外"。[2][3] 国内学者结合当代资本主义经济运行方式表现出的新特征，进一步延伸了虚拟资本理论，认为相对于劳动过程而言，虚拟资本的自行增殖本质上就是脱离了物质生产过程的价值增殖过程的独立化，即虚拟资本的运动隐藏了生产过程，似乎货币资本本身就具有价值增殖能力，在其价值增殖的外衣下找不到它们与生产过程有什么联系。[4][5] 国外学者更多地延伸至经济的金融化，认为自行增殖的价值体系是资本主义的重要特征，具体表现为资本的价值增殖转向金融市场，导致了"生产性"和"金融性"增殖形式的混淆。[6][7] 金融不再仅仅作为经济增长的助推器发挥作用，而是形成了一种金融资本占主导地位的货币型积累制度，虽然这一制度有利于货币资本增殖和取得剩余价值，但却建立在股市内的自行增殖上，而与美国的或世界的现实经济条件没有丝毫联系[8][9]。

有关虚拟经济规模以及与实体经济关联度的测算方面，国内关于虚拟经济与实体经济关联性的研究多参照国外研究模式，着重探讨金融经济与实体经济增长的关系。因此，对虚拟经济估算的方法总体上不外乎两种：一是利用已有的金融指数（如金融相关率 FIR、马歇尔 K 值）或能够反映金融市场（包括货币市场、资本市场、金融衍生品市场、外汇市场、保险市场、黄金市场等）的某个指标作为虚拟经济的代理变量。二是通过综合上述范围内多个指标，形成虚拟经济指数来刻画虚拟经济。[10][11][12] 随着房地产市场在虚拟经济中的重要作用越来越受到关注，近期研究围绕虚拟经济的本质属性，将房地产业的相关指标也纳入虚拟经济的研究范畴[13][14]。在此基础上运用协整理论和格兰杰（Granger）因果检验、脉冲响应函数以及灰色关联度等方法，测度虚拟经济与实体经济的关联性[15][16]。

部分研究认为虚拟经济与实体经济存在着稳定的关联，即虚拟经济运行往往呈现出远离均衡点，但又在一定范围内保持相对稳定的状态，偏离均衡比例的虚拟经济资本存量与实体经济资本存量组合，会对实体经济增长造成损害，但在稳定增长状态下，虚拟经济在提高社会资本配置的优化效率、引导资金流向并调整产业结构以及提高未来的生产增长率等方面，均能表现出与实体经济相辅相成的关联性[17][18][19][20]。更多的研究结果集中在了美国虚拟经济与实体经济关联度趋弱的背离式发展，认为虚拟经济与实体经济关联度趋弱现象成为了典型的"背离假说"模式，虚拟经济部门辅助实体经济发展的模式发生了颠倒，实体经济不得不适应虚拟经济的运行规律，导致在 20 世纪 80 年代后期，美国虚拟经济逐渐表现出与实体经济相对独立的特征，对实体经济增长的促进作用减弱，甚至抑制了实体经济增长[19][20][21][22]。另有研究从结构上指出，虚拟经济中房地产业表现出资产属性时与金融部门的关联较强，而与实体经济的关联度较弱。[23]

虚实两大经济体的关联度之所以趋弱，一方面是由于经济体结构的非对称性，导致虚拟经济相比于实体经济的内部波动程度大、循环效率高，资产创造与金融杠杆及货币利用效率提高的各种金融技术的结合，产生了超出任何实体经济行业的财富创造能力，正是这个能力使虚拟经济可以脱离实体经济自行膨胀，并取得高度的独立性，凌驾于实体生产体系之上，资本家也日益依赖金融部门的增长来获取利润和扩大货币资本。[13][4][24] 另一方面是虚拟经济过度膨胀又吸引大量实体经济的资金涌入虚拟经济，降低实体经济企业的投资率，导致企业利润没有对实体经济发展起到促进作用。[25] 另外，发达国家产业转移导致国际资本流动，加速货币金融虚拟化，导致虚拟经济膨胀，同时能源金融化吸引大量金融资本，对实体经济造成双重挤压，从而表现为虚拟经济与实体经济间关联性趋弱甚至消失。[26]

有关虚拟经济规模估算及其与实体经济关系的研究成果日益丰富，但是在准确理解虚拟经济的本质以及与实体经济的关联性上，还存在以下三点不足：一是对核算范畴界定不清，单纯以金融或房地产宏观经济指标代表虚拟经济，在指标的甄别选择上缺乏理论依据，无法完整反映虚拟经济的全部特征；二是虚拟经济理论内涵和运行机制认识不足，虚拟资产的价值存量或交易流量总和并不等于虚拟经济自我循环的规模总量，因而测算结果往往与虚拟经济的真实规模不符，导致实证结论有偏于现实；三是现有研究多基于数值模拟，但由于模型构建和参数设定存在较强主观性，加之对虚拟经济规模测算存在偏误，因此缺乏稳健性。有鉴于此，本文提供了一种分析虚拟经济和实体经济关联性的新视角，运用投入产出分析框架，测算虚拟经济自我循环的总量规模，并从多个角度探讨虚拟经济和实体经济的关联特征。

一、虚拟经济自我循环以及与实体经济关联的机制

（一）虚拟经济—实体经济三部门投入产出表的编制

1. 数据来源

本文涉及美国 1947~2015 年投入产出数据均来源于美国经济分析局。需要说明的是，美国经济分析局公布的投入产出表中的部门数量存有差别，其中 1947 年、1963 年和 1967 年的投入产出表包含 86 个部门；1958 年包含 87 个部门；1972 年、1977 年、1982 年包含 85 部门；1987 年和 1992 年包含 94 个部门；1997 年包含 131 个部门；2002 年、2007~2013 年包含 65 个部门；2015 年包括 71 个部门。此外，公布的投入产出表种类也存在差异，1947 年、1958 年、1963 年和 1967 年的为直接的投入产出流量表，其他时点的投入产出表均为 SNA（国民经济账户体系）中的产业使用表（U 表）和产品供给表（V 表）。

2. 编制方法

依据马克思物质生产理论，依据联合国统计处 MPS（物质生产平衡表体系）中对物质和非物质部门的划分标准，综合国际标准产业分类（ISIC，Rev. 4）和北美产业分类体系标准（NAICS. 2002），将美国的所有国民经济活动分为包括金融和房地产业的虚拟经济、以制造业为主的第 I 类实体经济和以服务业为主的第 II 类实体经济（见表 1）；利用"U-V 推导法"编制了 1947~2015 年 69 个时点的虚拟经济与实体经济（3×3）投入产出纯表，其中选择 17 年的时点数据进行实证分析，投入产出基本表式如表 2 所示，例表如

表 3 所示。

表1　虚拟经济、第 I 类和第 II 类实体经济行业细分说明

分类	包括部门及 NAICS 代码
虚拟经济	金融（52）、房地产（53）
第 I 类实体经济	农林牧渔（11）、采矿业（21）、公用工程（22）、建筑业（23）、制造业（31-33）、批发（42）、零售（44-45）、运输仓储（48-49）、餐饮（722*）
第 II 类实体经济	信息产业（51）、教育医疗救助（62）、艺术娱乐（71）、旅馆住宿（721*）、其他服务（81）和政府服务（92）

注：＊表示行业细分代码的后三位。

这种分类方法的优点在于以下两个方面：一方面，根据"是否创造剩余价值"，将自身不创造剩余价值的虚拟经济与自身创造剩余价值的实体经济区分开来；另一方面，避免了效用价值论框架下的 SNA 核算体系，对各产业部门产生的"效用价值"与财富的实质不加以区分的弊端，例如，SNA 把由虚拟资本产生的"效用价值"也纳入核算范围，但实际上这种增殖与实际财富的增加有着本质区别。

表2　"虚拟经济—实体经济"投入产出表基本表式

产出 投入		中间使用			最终使用				总产出
		虚拟经济	第 I 类实体经济	第 II 类实体经济	最终消费	资本形成	净出口	最终使用合计	
中间投入	虚拟经济								
	第 I 类实体经济	$(x_{ij})_{3×3}$			C_i	K_i	E_i	Y_i	X_i
	第 II 类实体经济								
增加值	劳动者报酬	W_j							
	生产税净额	T_j							
	营业盈余	S_j							
	增加值合计	V_j							
总投入		X_j							

（二）虚拟经济自我循环的存在性及机制探讨

1. 美国虚拟经济自我循环的存在性判断

对于美国经济结构而言，如果遵循虚拟经济的职能是服务实体经济这一假定，那么理论上在实体经济创造的 GDP 减少的同时，虚拟经济的 GDP 也应该随之下降，但是我们看到虚拟经济不仅没有降低，反而持续上升。图1数据显示：美国第 I 类实体经济增加值占GDP 比重从 1947 年的 62.9% 下降到 2016 年的 34.8%，下降了 44.7%，虚拟经济占 GDP 比重从 13.8% 上升到 33%，增长了 139.1%，第 II 类实体经济占比变化较小，从 23.8% 上升到 32.1%，增幅仅为虚拟经济增幅的 1/4。（见图 1）在第 I 类实体经济占比不断下降的同时，虚拟经济占比增长 139.1% 的大幅度上升无法用第 II 类实体经济占比上升 34.8% 的小幅增长来解释，由此可以初步判断美国的虚拟经济存在自我循环的性质。

2. 虚拟经济的自我循环机理

从理论上来讲，虚拟经济的自我循环是指在金融和房地产部门内部以自行增殖为目的的、脱离以实体经济为价值决定的虚拟资本的独立化运行，其外在表现形式是虚拟经济各部门之间相互服务费用的自我补偿。

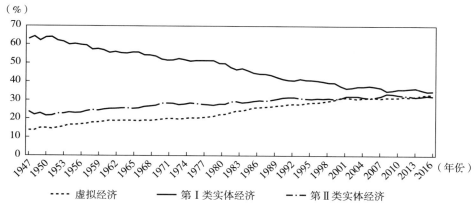

图1　1947~2016年美国虚拟经济与实体经济增加值占GDP比重变动趋势

一方面，虚拟资本的循环隐藏了生产过程，正如虚拟经济、实体经济运行环流图（见图2）所示，虚拟经济部门的主要收入来源主要通过为自身和实体经济提供资本和服务，并按交易量或标的价格比例收取相应的利息、红利、佣金或中介费用。对于支付这些利息和费用的利润来源有两个渠道：一个是路径①中虚拟经济将资本和服务提供给实体经济部门，通过产业资本的循环、周转和全部生产过程的最终实现，带来一定的价值增殖并转化为利润；另一个是路径②中虚拟经济将资本和服务提供给虚拟经济本身，例如，美国的金融机构贷款给房地产企业，或商业银行为证券公司提供服务等。支付这一类的利息和服务费用的利润，无须再通过实体经济的生产过程实现，而是直接依靠房地产和证券等资产价格的上涨、股票和债券等信用票据重复交易规模的扩张，甚至通过纯粹炒作资产的差价来

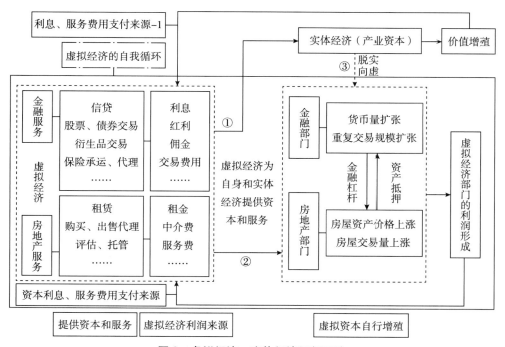

图2　虚拟经济、实体经济运行环流

实现，① 也就是说，虚拟经济的利润本质上仍源于虚拟经济。但是这种利润形成脱离了实体经济，价值增殖脱离了实际生产过程，这种增殖会随着交易量的骤减和资产价格的暴跌而瞬间蒸发，具有非常强的虚拟性质。由此，不能增加任何实物产品的金融资本便在虚拟经济内部形成了一个完整的、自行增殖的循环系统。

另一方面，资本周转时间的任何缩短都意味着资本的游离。虚拟经济的自我循环实际上是一个零和博弈，因此，使虚拟经济各部门总利润增长的唯一途径就是依靠货币数量的扩张。如路径③所示，实体经济资本有机构成的提高缩短了产业资本的周转时间，产生大量游离资本，由于"以钱生钱"要比实体经济靠生产产品赚钱更快更多，因此这些游离资本不再选择进入实体经济发挥生产职能，相反，美国几乎所有的行业都参与了金融投资活动，这恰恰为虚拟资本规模扩张提供了充足的追加货币渠道。另外，虚拟经济交易手段的发展加快了虚拟资本周转速度，自我循环规模以超过实体经济增长的速度增长，形成虚拟经济的自我膨胀。值得注意的是，因技术资源和产品需求等客观限制，实体经济的增长能力有限，但虚拟经济不同，虚拟资本的重复交易量、脱离贵金属束缚的货币发行量以及资产价格泡沫理论上均没有上限，因此，失去了内部约束的虚拟经济可以无限制的自我膨胀。

3. 投入产出测度虚拟经济自我循环的原理

通过上述论证可知，虚拟经济的自我循环规模，就是虚拟经济为虚拟经济自身提供产品的总价值量，或者说虚拟经济为由虚拟经济提供的产品所投入的费用总额。由于虚拟经济同时也为实体经济提供同样的产品，因此很难根据金融或房地产市场的相关指标测算虚拟经济产品的投入构成与分配流向。但是投入产出为我们提供了测算虚拟经济自我循环的新方法。如前所述，本文使用的投入产出表均为由"U-V 推导法"得出的投入产出纯表，满足投入产出的"纯产品"核算原则。也就是说，投入产出中的"部门"只统计其主要产品，次要产品则被分解到其他所属部门。假设美国福特公司主要生产制造业产品，次要产品是金融服务；而摩根集团主产品是金融服务，次要产品是制造业产品，"纯产品"统计原则下的"金融部门"应包含摩根集团主要产品和福特公司的次要产品，"制造业"则将福特公司的主要产品和摩根集团的次要产品合并统计。因此，投入产出表中的每个部门只对应一种产品。这样一来，在"虚拟经济—实体经济"投入产出纯表中，虚拟经济部门不再包含实体经济的产品，实体经济中含有虚拟经济的产品也相应地被剥离了。延续这个思路，投入产出表第一象限是反映各部门相互消耗产品的投入产出技术关系，其对角线上的元素就是该部门对自身产品的中间使用量或中间投入量。如表 2 所示的投入产出表中，第一象限元素 $x_{ij}(i=1、2、3；j=1、2、3)$ 是指 j 部门消耗（投入）的 i 部门产品或服务的总量，或者说是 i 部门提供（产出）产品或劳务给 j 部门使用的总量。1、2、3 分别表示虚拟经济、第 Ⅰ 类实体经济和第 Ⅱ 类实体经济。当 $i=j=1$ 时，x_{11} 表示虚拟经济为自身提供的产品和服务的总价值量，这部分价值量即为美国虚拟经济自我循环的总规模。相应地，当 $i=1，j=2、3$ 时，x_{12} 和 x_{13} 即为虚拟经济服务于实体经济的规模。这样便有效地分离出了虚拟经济中自我循环的规模和真正服务于实体经济的规模。

① 关于重复交易、资产价格上涨如何直接创造货币财富，参见：刘骏民，刘晓欣. 经济增长理论创新及其对中国经济的实践意义——兼论如何重开中国经济高增长之门 [J]. 政治经济学评论，2016（6）：78-81.

（三）虚拟经济与实体经济关联机制及测算

在虚拟经济自我循环和自我膨胀的同时，虚拟经济本应为实体经济提供的资本和服务大规模地转向虚拟经济自身。而流入实体经济的一部分货币资本，也没有以职能资本的形式从生产中获取剩余价值，而是以非职能资本的形式进入虚拟经济的运行方式。资本的价值增殖逐渐脱离实际生产过程，弱化了虚拟经济和实体经济之间的关联性。所谓关联性，其实质就是部门之间相互需求和供给的关系以及技术依赖和相互促进的关系。投入产出模型恰恰可以很好地揭示这种关联关系，即在分离虚拟经济自我循环规模和服务实体经济规模的基础上，运用后向关联度、前向关联度、影响力、感应度等系数，以两者互相提供产品或服务的多寡为基础，衡量虚实经济体间的关联性强弱。

1. 虚拟经济与实体经济的后向关联性

后向关联是从投入角度考虑虚拟经济与实体经济的关联影响，反映虚拟经济发展对自身和实体经济的拉动和带动作用。后向关联指标包括直接消耗系数和完全消耗系数，其中通过直接消耗系数反映虚拟经济对自身和实体经济的直接拉动和带动作用，计算公式为：$A = [x_{ij}]_{3 \times 3} \cdot \hat{X}^{-1}$，$A$ 为直接消耗系数矩阵，$[x_{ij}]_{3 \times 3}$ 为中间投入流量矩阵，$\hat{X}^{-1}$ 表示各部门总投入对角矩阵的逆矩阵。当 $j = 1$ 时，x_{i1} 即虚拟经济消耗 i 部门（虚拟经济、第 Ⅰ 类和第 Ⅱ 类实体经济）产品或服务的总量，矩阵 A 的元素 a_{i1} 为虚拟经济每生产一个单位的产品或服务需直接消耗 i 部门的产品或服务。完全消耗系数反映虚拟经济对自身和实体经济的直接和间接的拉动和带动程度，系数矩阵计算公式为：$B = (I - A)^{-1} - I$。同理，当 $j = 1$ 时，矩阵 B 的元素 b_{i1} 即为虚拟经济每生产一单位产品对 i 部门产品的完全消耗量。

2. 虚拟经济与实体经济的前向关联性

前向关联是从产出分配去向的角度分析虚拟经济对自身和实体经济的支撑和促进作用。前向关联指标包括直接分配系数和完全分配系数。直接分配系数反映虚拟经济对自身和实体经济的直接支撑和促进作用，计算公式为：$H = \bar{X}^{-1} [x_{ij}]_{3 \times 3}$，$H$ 为直接分配系数矩阵，$[x_{ij}]_{3 \times 3}$ 为中间产品流量矩阵，$\bar{X}^{-1}$ 为各部门总产出对角矩阵的逆矩阵。当 $i = 1$ 时，x_{1j} 表示虚拟经济提供给 j 部门（虚拟经济、第 Ⅰ 类和第 Ⅱ 类实体经济）的最终产品总量，矩阵 H 的元素 h_{1j} 表示虚拟经济每生产一单位的产品对 j 部门的分配量。完全分配系数反映了虚拟经济对自身和实体经济的直接和间接的全部促进程度，系数矩阵计算公式为：$W = (I - H)^{-1} - I$。同理，当 $i = 1$ 时，矩阵 W 的元素 w_{1j} 即为虚拟经济每生产一单位的产品对 j 部门的完全分配量。

3. 虚拟经济与实体经济的综合关联性：影响力和感应度

影响力、感应度和综合关联度是从虚拟经济和实体经济最终产品变动对整个经济总产出影响的角度来刻画两者的关联性，这里既包括虚拟经济最终产品的变动对自身总产出的影响，也包括对实体经济总产出的影响。以虚拟经济为例，其影响力是指虚拟经济最终产品的单位变动影响整个国民经济总产出变动的能力，衡量虚拟经济对国民经济发展的推动能力，影响力系数则是虚拟经济的推动能力与所有部门平均值的比，即 $\delta_j = \sum_i l_{ij} /$

$\frac{1}{3} \sum_j \sum_i l_{ij} = l_{0j} / s (i, j = 1, 2, 3)$，其中 l_{ij} 为列昂惕夫（Leontief）逆矩阵 $(I - A)^{-1}$ 的各个

对应元素，l_{0j} 为 j 部门对所有部门的影响力之和，$s=\dfrac{1}{3}\sum\limits_{i}\sum\limits_{j}l_{ij}=\dfrac{1}{3}\sum\limits_{i}l_{i0}$ 为虚拟经济和实体经济的算术平均影响力。感应度则是实体经济、虚拟经济各部门最终需求均发生单位变动时，对虚拟经济总产出变动的影响能力，衡量国民经济发展对虚拟经济的带动作用，感应度系数即虚拟经济受到的带动作用与所有部门平均值的比，即 $\varphi_i=\sum\limits_{j}l_{ij}/$

$\dfrac{1}{3}\sum\limits_{i}\sum\limits_{j}l_{ij}=l_{i0}/s$（$i$，$j=1$，2，3），$l_{i0}$ 为 i 部门对所有部门的感应度之和，$s=$

$\dfrac{1}{3}\sum\limits_{i}\sum\limits_{j}l_{ij}=\dfrac{1}{3}\sum\limits_{i}l_{i0}$ 为所有部门的算术平均感应度。

4. 宏观经济效应分析

在测度虚拟经济与实体经济关联性变化路径的基础上，通过计算投入产出表中的增加值（收入法核算的 GDP）构成系数，劳动报酬系数、生产税净额系数和营业盈余系数，从就业、税收和投资三个方面分析虚拟经济和实体经济对经济增长这一宏观经济效应的结构性影响：①使用劳动报酬系数衡量美国虚拟经济和实体经济的就业效应。劳动报酬系数是单位总产出所支付的劳动报酬量。影响该系数大小的一个因素是部门消耗劳动量的多寡，部门消耗的劳动量越多系数越大，反之越小，由于这个因素取决于技术结构，而技术结构在短期内变化较小，因此这个因素决定了劳动报酬系数的长期趋势；另一个因素主要取决于工资政策，能够较好地测定该系数的短期波动。因此在工资水平一定的情况下，可以用该系数来分析某一部门对劳动力的吸纳能力。②税收效应通过直接生产税净额系数表示，即单位总产出所要支付的生产税净额。该系数既可以反映国家税收来源的部门构成，又可以揭示政府对经济社会各个部门发展的支持程度或约束力度。该系数越小说明政府对该部门的税收政策越为宽松，对该部门发展的支持力度越大，反之越小。③投资效应用来反映部门对投资的吸引力和促进作用，这里用直接盈余系数衡量部门的投资效应，即部门营业盈余与该部门总投入的比重。该系数一方面可以说明部门内部现有的投资收益状况，另一方面可以反映部门对潜在投资的吸引力。系数越大表明该部门盈利能力和投资引力越强，反之越弱。将直接消耗系数公式 $A=[x_{ij}]_{3\times3}\cdot\hat{X}^{-1}$ 中的 x_{ij} 定义为劳动者报酬、生产税净额和营业盈余时，可得到相应系数。

二、虚拟经济的自我循环规模以及与实体经济关联的实证分析

（一）虚拟经济自我循环总规模

以表 3 所示 2015 年投入产出表为例，从列方向来看，在美国虚拟经济 90946.8 亿美元的总投入中，有 20623.4 亿美元由虚拟经济部门自身支付（对应投入产出表元素 x_{11}），或者从行方向来说，虚拟经济提供的 20623.4 亿美元服务又重新进入虚拟经济，而没有流向实体经济。根据虚拟经济自我循环的测算原理，这 20623.4 亿美元即为 2015 年美国虚拟经济的自我循环的总规模。

表3　2015年美国虚拟经济—实体经济（3×3）投入产出　　　单位：十亿美元

投入 \ 产出		中间使用				最终使用				总产出
		虚拟经济	实体经济 I	实体经济 II	中间使用合计	最终消费	资本形成	净出口	最终使用合计	
中间投入	虚拟经济	2062.34	1363.66	1538.99	4964.99	3272.66	673.79	183.23	4129.69	9094.68
	实体经济 I	622.14	4570.67	1354.31	6547.11	4770.94	2187.43	-755.24	6203.14	12750.25
	实体经济 II	546.53	433.61	868.13	1848.28	7458.39	195.40	50.04	7703.83	9552.10
	中间投入合计	3231.01	6367.94	3761.42	13360.37	15502.00	3056.62	-521.97	18036.65	31397.02
增加值	劳动者报酬	2461.91	3075.97	4166.20	9704.08					
	生产税净额	360.76	653.56	166.68	1181.00					
	营业盈余	3041.00	2652.77	1457.79	7151.56					
	增加值合计	5863.67	6382.30	5790.67	18036.65					
总投入		9094.68	12750.25	9552.10	31397.02					

资料来源：根据美国经济分析局（BEA）2015年投入产出资料整理。

图3①和图4②分别显示了1947～2015年美国虚拟经济自我循环规模以及对实体经济消耗和提供产品总量。计算发现，1947～2015年，虚拟经济自我循环规模从46.4亿美元增加至20623.4亿美元，膨胀了443倍。相比较而言，虚拟经济为实体经济服务的功能受去工业化和经济虚拟化的双重影响而弱化，1947～2015年，虚拟经济膨胀了443倍的同时，对第Ⅰ类和第Ⅱ类实体经济产品投入量仅分别增长了49.3倍和198.8倍（见图3）；图4的分配结构表明，1947～2015年虚拟经济为第Ⅰ类和第Ⅱ类实体经济提供的服务量仅增加了78.5倍和296.5倍，虚拟经济对自身和对实体经济的关联性呈现出明显的背离式发展。这不仅充分说明了虚拟经济规模的扩张在很大程度上不依赖于实体经济，也进一步印证了美国虚拟经济自我循环的存在性。

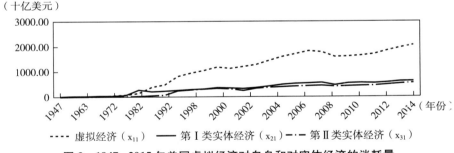

图3　1947～2015年美国虚拟经济对自身和对实体经济的消耗量

从趋势上来看，自20世纪70年代美国金融自由化发端以来，虚拟经济自我循环规模迅速扩张，从1982年的1494.3亿美元到2015年的20623.4亿美元，涨幅高达957.9%，并且形成四个明显的快速膨胀阶段：第一阶段是1982～1987年，此时正值美国金融自由化的全面兴起，虚拟经济自我循环规模从1494.3亿美元上升到3896.5亿美元，上升了160.8%；第二阶段是1987～2000年，美国实行以低利率为主的宽松货币政策以及20世纪90年代信息技术领域的空前繁荣，促进了美国新经济的发展，但由此带来的生产效率的提

---

① 图中虚拟经济、第Ⅰ类实体经济和第Ⅱ类实体经济分别对应投入产出表第Ⅰ象限元素 x_{11}、x_{21} 和 x_{31}。

② 图中虚拟经济、第Ⅰ类实体经济和第Ⅱ类实体经济分别对应投入产出表第Ⅰ象限元素 x_{11}、x_{12} 和 x_{13}。

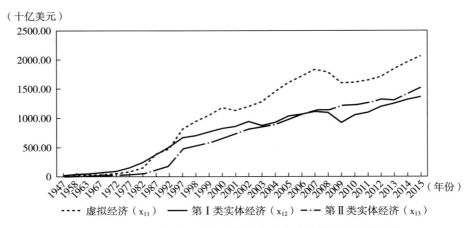

图4　1947~2015 年美国虚拟经济为自身和为实体经济的分配量

高却在资本市场上被过度使用，催生了虚拟经济自我循环规模的膨胀，从 3896.5 亿美元增长到 11804 亿美元，涨幅达到 202.9%，2000 年互联网泡沫的破灭，结束了美国新经济时期的超长繁荣；第三阶段是 2001~2007 年，美联储继续通过低利率甚至负实际利率的货币政策摆脱衰退困局，大量的流动性刺激了资产价格暴涨、资本市场繁荣，虚拟经济自我循环规模从 11314.8 亿美元膨胀到 18314.2 亿美元，扩张了 61.9%，最终"次贷危机"爆发；第四阶段是 2009 年至今，美国先后采用了低利率和量化宽松（QE）的货币政策，通过充足的流动性释放刺激金融和房地产带动经济的全面复苏，使更多资本流入虚拟经济部门获得增殖，致使虚拟经济自我循环规模从 2009 年的 15998 亿美元膨胀至 2015 年的 20623.4 亿美元。虽然此阶段的涨幅因美国金融和房地产市场遭受重创下降到 28.9%，但这并没有改变其经济增长对虚拟经济自我膨胀深度依赖的事实。

（二）美国虚拟经济与实体经济的关联性分析

1. 虚拟经济对实体经济后向关联性

表4[①] 显示了虚拟经济对自身和实体经济的直接和完全消耗系数。从总体上来看，1947~2015 年，美国虚拟经济与实体经济的关联性呈现明显的此消彼长的特征：虚拟经济对第 I 类实体经济的直接消耗系数和完全消耗系数整体呈下降趋势，而对自身产品直接消耗和完全消耗系数整体呈上升趋势，对第 II 类实体经济消耗系数总体保持稳定。

表4　1947~2015 年美国虚拟经济对实体经济后向关联性测算结果

年份	虚拟经济		第 I 类实体经济		第 II 类实体经济	
	直接消耗系数 a_{11}	完全消耗系数 b_{11}	直接消耗系数 a_{21}	完全消耗系数 b_{21}	直接消耗系数 a_{31}	完全消耗系数 b_{31}
1947	0.096	0.139	0.254	0.569	0.056	0.085
1958	0.127	0.184	0.221	0.503	0.057	0.096
1963	0.129	0.181	0.175	0.400	0.062	0.097

---

① 表4 的消耗系数根据投入产出表中第一列（即虚拟经济部门）数据计算所得，因此表中"虚拟经济"一栏表示虚拟经济对虚拟经济自身的消耗系数，"第 I 类实体经济"和"第 II 类实体经济"两栏分别表示虚拟经济对第 I 类实体经济和虚拟经济对第 II 类实体经济的消耗系数。

续表

年份	虚拟经济		第Ⅰ类实体经济		第Ⅱ类实体经济	
	直接消耗系数 a_{11}	完全消耗系数 b_{11}	直接消耗系数 a_{21}	完全消耗系数 b_{21}	直接消耗系数 a_{31}	完全消耗系数 b_{31}
1967	0.138	0.197	0.175	0.391	0.056	0.091
1972	0.148	0.196	0.117	0.260	0.034	0.047
1977	0.139	0.183	0.116	0.268	0.027	0.038
1982	0.176	0.241	0.115	0.266	0.028	0.042
1987	0.212	0.300	0.114	0.264	0.030	0.047
1992	0.190	0.261	0.093	0.210	0.029	0.043
1997	0.194	0.273	0.070	0.162	0.040	0.061
2002	0.232	0.340	0.064	0.152	0.048	0.078
2007	0.275	0.422	0.061	0.164	0.050	0.083
2008	0.268	0.407	0.059	0.161	0.049	0.081
2009	0.271	0.410	0.052	0.131	0.047	0.077
2011	0.219	0.321	0.074	0.185	0.059	0.091
2013	0.219	0.320	0.070	0.173	0.057	0.089
2015	0.227	0.336	0.068	0.163	0.060	0.094

资料来源：笔者根据1947~2015年投入产出表数据计算得出。

从消耗规模上来看，20世纪70年代是虚拟经济对实体经济消耗系数变化的重要节点，此前无论是直接消耗系数还是完全消耗系数，虚拟经济对第Ⅰ类实体经济的消耗最大，对自身的消耗系数次之：1947年美国虚拟经济每产出1000美元总产品，需要第Ⅰ类实体经济产品直接投入254美元，完全投入569美元，对自身产品的直接和完全投入量分别只需要96美元和139美元。可以看出，此时虚拟经济部门的增长是以实体经济的增长为基础，资本的价值增殖与实际生产过程存在较强的一致性与关联性。但1972年后，上述性质发生了转变，美国政府放松了对资本市场的监管力度，资本逐渐摆脱生产过程对其价值增殖的束缚，虚拟经济对自身产品的直接消耗量迅速增长，并超过了对第Ⅰ类实体经济产品的直接消耗量，1987年后，虚拟经济对自身产品的完全消耗量也超过了第Ⅰ类实体经济。到2015年，虚拟经济同量的总产出对自身产品的直接和间接投入量则增加到227美元和336美元，只需要第Ⅰ类实体经济直接投入68美元、完全投入163美元的产品，虚拟经济对第Ⅰ类实体经济的直接和综合拉动作用分别下降了73.2%和71.3%。其中2007~2009年虚拟经济对自身的消耗系数要明显高于其他年份，这一特征更加清楚地反映了经济危机期间美国虚拟经济过度膨胀现象。

2. 虚拟经济对实体经济前向关联性

表5①显示了虚拟经济对自身和实体经济的直接和完全分配系数，从虚拟经济产品和服务分配去向角度分析两者的关联性。从总体上来看，1947~2015年，虚拟经济对第Ⅰ类实体经济直接分配系数和完全分配系数减小，对第Ⅱ类实体经济和自身分配系数高企。说明虚拟经济对第Ⅰ类实体经济贡献能力渐弱，而提高了对自身和第Ⅱ类实体经济的贡献作用。

---

① 表5的分配系数根据投入产出表中第一行（即虚拟经济部门）数据计算所得，因此表中"虚拟经济"一栏表示虚拟经济对虚拟经济自身的分配系数，"第Ⅰ类实体经济"和"第Ⅱ类实体经济"两栏分别表示虚拟经济对第Ⅰ类实体经济和虚拟经济对第Ⅱ类实体经济的分配系数。

表5　1947~2015 年美国虚拟经济对实体经济前向关联性测算结果①

年份	虚拟经济		第Ⅰ类实体经济		第Ⅱ类实体经济	
	直接分配系数 h_{11}	完全分配系数 w_{11}	直接分配系数 h_{12}	完全分配系数 w_{12}	直接分配系数 h_{13}	完全分配系数 w_{13}
1947	0.096	0.139	0.353	0.781	0.046	0.075
1958	0.127	0.184	0.303	0.684	0.041	0.073
1963	0.129	0.181	0.297	0.668	0.049	0.082
1967	0.138	0.197	0.308	0.684	0.050	0.084
1972	0.148	0.196	0.261	0.569	0.054	0.081
1977	0.139	0.183	0.260	0.595	0.053	0.082
1982	0.176	0.241	0.233	0.532	0.058	0.094
1987	0.212	0.300	0.206	0.469	0.063	0.106
1992	0.190	0.261	0.201	0.449	0.079	0.124
1997	0.194	0.273	0.246	0.546	0.092	0.155
2002	0.232	0.340	0.182	0.413	0.158	0.275
2007	0.275	0.422	0.168	0.420	0.155	0.281
2008	0.268	0.407	0.163	0.419	0.164	0.294
2009	0.271	0.410	0.147	0.346	0.176	0.309
2011	0.219	0.321	0.146	0.340	0.169	0.286
2013	0.219	0.320	0.154	0.353	0.171	0.290
2015	0.227	0.336	0.150	0.333	0.169	0.287

资料来源：笔者根据 1947~2015 年投入产出表数据计算得出。

从虚拟经济的贡献水平上来看，2000 年以前，美国虚拟经济对第Ⅰ类实体经济的直接和完全分配系数最大，对虚拟经济自身次之，对第Ⅱ类实体经济的分配系数最小，此时美国实体经济仍处于经济发展的中心地位，虚拟经济扮演着辅助实体经济发展的角色，对其支撑和贡献作用较强。而在 2000 年后，直接分配系数的排序变化为对虚拟经济最大、对第Ⅱ类实体经济次之、对第Ⅰ类实体经济最小。三个部门的完全分配系数收敛到了相近水平。具体来看，1947 年虚拟经济每产出 1000 美元总产品，给第Ⅰ类实体经济直接和完全分配量分别为 353 美元和 781 美元，对自身的直接和完全分配量只有 96 美元和 139 美元。到 2015 年，虚拟经济同量总产出中给第Ⅰ类实体经济直接和完全分配量分别下降到 150 美元和 333 美元，为自身的分配量则分别增至 227 美元和 336 美元。69 年间，虚拟经济对第Ⅰ类实体经济的直接和综合贡献度分别下降了 57.5% 和 57.4%。

与消耗系数不同，虚拟经济对第Ⅱ类实体经济分配系数在 1997~2000 年发生了一次阶跃，直接和完全分配系数分别大幅增长了 47.8% 和 58.7%，其他时段仅有小幅波动。主要原因在于，20 世纪 90 年代美国互联网的兴起，给信息技术及其相关产业带来了高速发展和丰厚利润，大规模的资本从虚拟经济部门流入信息技术领域，引发了互联网投资狂潮。1999 年，美国投资于互联网相关行业的金额达到 287 亿美元，是 1995 年的近 10 倍，约占当年风险投资总金额的 52%（杜传忠和郭美晨，2017）。[27] 根据投入产出数据，4 年间虚拟经济为信息产业提供的产品和服务量增长了 76.7%，远远超过了全行业 41.1% 的平均增速，从而导致虚拟经济对第Ⅱ类实体经济的分配系数有了一次明显的蛙跳式跃升。

综上所述，无论是投入消耗构成还是产出分配去向，虚拟经济对自身和第Ⅱ类实体经济的关联性不断增强，对第Ⅰ类实体经济的关联减弱。一方面，由于美国金融市场的去监

① 虚拟经济对自身的分配系数与消耗系数相同。

管化以及国内宽松的货币供给政策，国内信贷规模扩张，高杠杆带来的资产泡沫又吸引大量国际游资回流，为虚拟经济提供了充足的长期货币供给，导致虚拟经济对实体经济货币供给依赖度下降。另一方面，与经济虚拟化相伴生的去工业化，将美国大量中低端制造业转移至发展中国家，试图将发展中国家纳入美元控制的资本主义生产体系，通过掠夺性积累实现财富源源不断地回流。但是，长期的去工业化使美国失去了完整的工业体系，降低了国内实体经济的增长速度和生产剩余的能力，因此实体经济必定不会成为大部分回流资本的首选，而是选择虚拟经济实现增殖。正如家庭把房价上涨当作实际财富增加一样，很多实体经济企业的账面利润也大多来自虚拟经济的膨胀。这种价值增殖和实际生产过程的背离，最终表现为虚拟经济与实体经济的关联性日趋减弱。

3. 虚拟经济与实体经济的综合关联性：影响力与感应度

由表6可知，从20世纪80年代初开始，美国虚拟经济的影响力系数接近1，90年代中后期超过1。在2008年经济危机时期达到峰值1.13，经小幅回落后，2015年其影响力系数回升至1.068，相比于1947年的0.73增加了1.5倍。虚拟经济通过自我膨胀，表现出了对经济整体的影响逐步加强并高于社会平均水平的"泡沫式繁荣"。影响力系数则整体呈现下降趋势，1997年后降至第Ⅱ类实体经济以下，从系数经济含义来说，全社会各部门均增加单位产出时，虚拟经济为其提供的产品和服务越来越少，服务实体经济的能力减弱。

表6　1947~2015年美国虚拟经济、实体经济的影响力、感应度测算结果

年份	影响力系数 δ			感应度系数 φ		
	虚拟经济 δ1	第Ⅰ类实体经济 δ2	第Ⅱ类实体经济 δ3	虚拟经济 φ1	第Ⅰ类实体经济 φ2	第Ⅱ类实体经济 φ3
1947	0.727	1.597	0.676	0.991	1.164	0.845
1958	0.771	1.522	0.707	0.983	1.174	0.843
1963	0.797	1.476	0.727	0.956	1.200	0.844
1967	0.825	1.441	0.734	0.965	1.199	0.837
1972	0.880	1.423	0.697	0.932	1.241	0.827
1977	0.845	1.482	0.673	0.894	1.268	0.838
1982	0.900	1.951	0.486	0.813	1.216	0.971
1987	0.956	1.352	0.692	0.953	1.161	0.886
1992	0.967	1.332	0.701	0.920	1.208	0.873
1997	1.023	1.250	0.727	0.884	1.231	0.885
2002	1.071	1.180	0.749	0.903	1.125	0.972
2007	1.101	1.196	0.703	0.920	1.127	0.953
2008	1.082	1.220	0.698	0.901	1.144	0.955
2009	1.134	1.140	0.726	0.926	1.102	0.972
2011	1.018	1.252	0.730	0.906	1.130	0.965
2013	1.034	1.231	0.735	0.901	1.128	0.971
2015	1.068	1.181	0.751	0.921	1.107	0.972

资料来源：笔者根据1947~2015年投入产出表数据计算得出。

对于实体经济来说，美国去工业化的完成，使第Ⅰ类实体经济对世界其他国家原材料供给产生深度依赖，充分拉动了供应国实体经济增长的同时，反而弱化了对国内各经济部门的影响力，影响力系数由1947年的1.6下降到2015年的1.18。虽然感应度系数也有所下降，但幅度较小，且远高于其他两部门。其原因在于，无论是制造业还是服务业，其再

生产过程的顺利实现都必须以物质生产过程为基础，实体经济部门单位产出的提高，在很大程度上都依赖于对第Ⅰ类实体经济提供的原材料或产成品等中间使用量增加，而无法虚拟经济那样不依赖任何物质基础就可以自我膨胀。这从另一角度印证了第Ⅰ类实体经济是物质财富积累和价值增殖的重要源泉。对于第Ⅱ类实体经济，其影响力感应度系数波动较小，且由于其原材料加工业的性质较弱，大部分产品的服务直接形成最终产品，因此影响力系数小于1，对经济总体的带动作用低于虚拟经济和第Ⅰ类实体经济。

三、虚拟经济与实体经济的宏观经济效应

（一）就业带动效应

表7的结果显示，虚拟经济的劳动报酬系数总体低于实体经济，虽然1967~1987年上升了41.1%，但此后的波动较小，到2015年增长了9.7%。这是由于虚拟经济的人均劳动报酬量和劳动力数量增幅下滑所致，根据美国劳工部（United States Department of Labor）数据，1967~1987年，美国金融和房地产部门人均劳动报酬上涨198.4%，从业人数上涨106.7%，但1987~2015年，人均劳动报酬和从业人数分别仅上涨了51.8%和21.4%，加之虚拟经济的迅速膨胀，导致虚拟经济总报酬量的增速和占总投入比重也均出现下滑。从行业总体角度看，虚拟经济就业人数仅占全行业就业总人数的19.1%，但创造了全行业增加值的33%，说明虚拟经济本质上仍属于高价值创造和低就业贡献的经济体。

表7　1967~2015年美国虚拟经济、实体经济的就业、税收和投资效应测算结果[①]

年份	劳动报酬系数			税收系数			营业盈余系数		
	虚拟经济	实体经济		虚拟经济	实体经济		虚拟经济	实体经济	
		实体经济Ⅰ	实体经济Ⅱ		实体经济Ⅰ	实体经济Ⅱ		实体经济Ⅰ	实体经济Ⅱ
1967	0.175	0.277	0.607	0.089	0.043	0.017	0.367	0.131	0.129
1972	0.217	0.294	0.684	0.102	0.048	0.022	0.387	0.132	0.098
1977	0.212	0.270	0.651	0.096	0.040	0.017	0.410	0.136	0.113
1982	0.202	0.187	0.183	0.072	0.027	0.008	0.340	0.089	0.038
1987	0.247	0.280	0.621	0.074	0.042	0.016	0.320	0.165	0.075
1992	0.255	0.282	0.587	0.079	0.045	0.014	0.352	0.145	0.140
1997	0.265	0.248	0.514	0.057	0.047	0.019	0.370	0.134	0.174
2002	0.265	0.284	0.447	0.041	0.050	0.016	0.351	0.149	0.139
2007	0.257	0.252	0.446	0.040	0.049	0.016	0.317	0.164	0.138
2008	0.260	0.248	0.444	0.041	0.049	0.014	0.325	0.154	0.134
2009	0.250	0.272	0.451	0.042	0.056	0.014	0.339	0.170	0.134
2011	0.267	0.225	0.436	0.042	0.050	0.017	0.339	0.204	0.153
2013	0.268	0.224	0.430	0.041	0.049	0.017	0.347	0.207	0.153
2015	0.271	0.241	0.436	0.040	0.051	0.017	0.334	0.208	0.153

资料来源：笔者根据1967~2015年投入产出表数据计算得出。

与虚拟经济相比，1967年第Ⅰ类实体经济劳动报酬系数为0.277，第Ⅱ类实体经济为0.607，此时实体经济的就业效果要明显优于虚拟经济。尤其是第Ⅱ类实体经济对美国就

---

① 1947年、1958年和1963年投入产出表未公布增加值结构数据。

业岗位增长的贡献最大，始终是美国创造就业岗位的支柱。但在经济虚拟化和去工业化双重压力下，实体经济吸纳就业的能力越发有限，导致第Ⅰ类和第Ⅱ类实体经济的直接劳动报酬系数在1967~2015年分别下降13%和28.2%，其中第Ⅱ类实体经济的降幅在互联网泡沫破裂时期尤为明显。

（二）税收效应和投资效应

虚拟经济的税收效应总体呈现阶梯形下降趋势，生产税净额在总投入中的比重在1967~2015年下降了55.1%，税赋压力不断减轻；第Ⅱ类实体经济几乎没有变动，而第Ⅰ类实体经济的生产税净额比重则上升了18.6%，使本来盈利条件堪忧的实体产业税收负担进一步加重。虽然从20世纪80年代起，美国政府连续实施了逾30年的减税政策，但从长期来看上述情况并无改善甚至表现更差，1982~2015年，第Ⅰ类实体经济在总投入增长率125.3%的情况下，生产税净额增长则达到322.3%。与此相反，虚拟经济的总投入增长了660.8%，而生产税净额只增长了321.9%，成为减税政策的受益者。税收成本的相对降低，提高了虚拟经济营业盈余系数，特别是金融自由化后出现明显的跃升，1977年达到实体经济营业盈余系数的4倍，到1982年增长到8倍。2008年金融危机前仍高达4~5倍。就像马克思对1857年危机爆发前夕所描述的那样，"在崩溃一下子到来之前，营业总是非常稳定，特别兴旺"。[28] 美国虚拟经济在这一过程中表现出了强势的投资效应，成为了资本获取利润的重要渠道。但同时，过剩的资本加剧着美国经济虚拟化进程和系统性风险的积累。

四、结论与讨论

本文关注去工业化背景下的美国虚拟经济发展问题，从理论和实证两方面讨论了虚拟经济的自我循环规模、与实体经济的关联性以及对宏观经济的影响。理论分析表明，相对于劳动过程而言，虚拟经济自我循环的本质是价值增殖过程的独立化，其运行方式是，虚拟经济以货币量的增加、虚拟资本重复交易规模的扩张和资产名义价格的上涨为利润来源，实现对虚拟经济内部服务费用的自我补偿。但这种带有严重虚拟性质的价值增殖脱离了实际生产过程，最终表现为虚拟经济与实体经济关联性的逐渐弱化。使用1947~2015年美国投入产出数据对上述理论进行验证，发现美国虚拟经济在自我循环规模在样本期内扩张了443倍，远高于对实体经济投入量和分配量的增长倍数，且虚拟经济对自身的关联性不断增强，对第Ⅰ类实体经济的关联性逐渐弱化，上述特征在20世纪80年代变后更为明显，实体经济和虚拟经济的支配关系也由此发生颠倒。对虚拟经济和实体经济的综合关联性分析表明，虚拟经济的自我膨胀，一方面提高了自身影响力并形成高于社会平均水平的"泡沫式繁荣"，另一方面则导致感应度有所下降，服务实体经济能力减弱。宏观效应分析表明：①虚拟经济本质上仍属于高价值创造但低就业贡献的经济体；②虚拟经济的税赋压力持续减轻，实体经济则承压较重；③虚拟经济投资效应远高于实体经济，实体经济利润空间进一步萎缩。

通过上述分析我们认为，一方面，虚拟经济的过度发展不仅没有对美国经济增长产生实质性的贡献，反而使实体经济的发展受到严重阻碍，以"制造业复兴计划"为核心的

"再工业化"也将困难重重。可见，美国的经济增长路径不仅是不可持续的，反而还会进一步加深其经济虚拟化和资本积累价值化的程度。另一方面，在布雷顿森林体系崩溃和去工业化的过程中，美元相继失去其价值基础和物质保证，唯有通过金融霸权从全球产业链中吸取剩余和美元资产规模的扩张来维持其币值的稳定。因此，在金融领域开放过程中，中国经济的平衡充分发展所面临的首要问题就是与美国在货币体系和金融领域的博弈，这就需要中国把握好虚拟经济与实体经济的辩证关系，既要意识到虚拟经济规模的扩张是经济发展的必然规律，又要增强其内部稳定性，防止系统性金融风险的集聚。通过金融创新和供给侧改革，提高虚拟经济和实体经济关联性，降低虚拟经济发展对实体经济的挤出效应。特别地，完整的工业体系既是经济发展的基本前提，也是吸纳就业的重要保障，中国在大力发展高端制造业的同时，对低端制造业不可有所偏废。

参考文献

［1］中共中央文献研究室编．习近平关于社会主义经济建设论述摘编［M］．北京：中央文献出版社，2017：113-114.

［2］马克思．资本论（第3卷）［M］．北京：人民出版社，2004：440-441.

［3］马克思恩格斯全集（第三十五卷）［M］．北京：人民出版社，2013：322.

［4］刘骏民，刘晓欣．经济增长理论创新及其对中国经济的实践意义——兼论如何重开中国经济高增长之门［J］．政治经济学评论，2016（6）：74-112.

［5］刘骏民．从虚拟资本到虚拟经济［M］．济南：山东人民出版社，1998：54.

［6］Foster J. B. Ecology Against Capitalism［M］. New York：Monthly Review Press，2001.

［7］Duchrow U. The Economic State We're In：Can the Economy Work for Everyone?［J］. Studies in Christian Ethics，2002，15（2）：25-44.

［8］［法］弗朗索瓦·沙奈．金融全球化［M］．齐建华，胡振良，译．北京：中央编译出版社，2001：9.

［9］［法］弗朗索瓦·沙奈．突破金融危机［M］．齐建华，胡振良，译．北京：中央编译出版社，2009：14.

［10］刘金全．虚拟经济与实体经济之间关联性的计量检验［J］．中国社会科学，2004（4）：80-90，207.

［11］刘骏民，伍超明．虚拟经济与实体经济关系模型——对我国当前股市与实体经济关系的一种解释［J］．经济研究，2004（4）：60-69.

［12］袁国敏，王亚鸽，王阿楠．中国虚拟经济与实体经济发展的协调度分析［J］．当代经济管理，2008（3）：12-15.

［13］苏治，方彤，尹力博．中国虚拟经济与实体经济的关联性——基于规模和周期视角的实证研究［J］．中国社会科学，2017（8）：87-109，205-206.

［14］张前程．虚拟经济对实体经济的非线性影响："相生"抑或"相克"［J］．上海经济研究，2018（8）：86-97.

［15］曹源芳．我国实体经济与虚拟经济的背离关系——基于1998-2008年数据的实证研究［J］．经济社会体制比较，2008（6）：57-62.

［16］刘传哲，周莹莹，迟晨．虚拟经济与实体经济协调发展研究——以江苏省为例

[J]．经济与管理，2010（6）：14-19.

[17] 刘骏民，张国庆．虚拟经济介稳性与全球金融危机 [J]．江西社会科学，2009（7）：79-85.

[18] 王爱俭．虚拟经济对实体经济作用机制研究 [A] //第三届中国金融论坛论文集 [C]．成都：西南财经大学中国金融研究中心，2004：9.

[19] 刘骏民，王兴．货币政策冲击的非对称影响——虚拟经济直接创造 GDP 的验证 [J]．经济学动态，2014（9）：24-32.

[20] Fama E. F. Stock Returns, Expected Returns, and Real Activity [J]. Journal of Finance, 1990, 45（4）：1089-1108.

[21] Menkhoff L, Tolksdorf N. Financial Market Drift：Decoupling of the Financial Sector from the Real Economy？[M]. Springer Science & Business Media, 2000.

[22] 胡晓．虚拟经济发展对实体经济的影响：增长抑或结构调整 [J]．财经科学，2015（2）：52-62.

[23] 贾庆英．房地产产业关联的国际比较——基于非竞争型投入产出表 [J]．现代管理科学，2014（9）：87-89.

[24] Sweezy P. Economic Reminiscences [J]. Monthly Review：An Independent Socialist Magazine, 1995, 47（1）：1.

[25] 罗来军，蒋承，王亚章．融资歧视、市场扭曲与利润迷失——兼议虚拟经济对实体经济的影响 [J]．经济研究，2016（4）：74-88.

[26] 叶祥松，晏宗新．当代虚拟经济与实体经济的互动——基于国际产业转移的视角 [J]．中国社会科学，2012（9）：63-81，207.

[27] 杜传忠，郭美晨．20 世纪末美国互联网泡沫及其对中国互联网产业发展的启示 [J]．河北学刊，2017（6）：147-153.

[28] 马克思．资本论（第 3 卷）[M]．北京：人民出版社，2004：549.

本文转摘自《政治经济学评论》2018 年第 6 期。

中国经济从"脱实向虚"到"脱虚向实"

——基于马克思主义政治经济学的分析视角

摘要：文章基于马克思主义政治经济学视角，探讨经济从"脱实向虚"到"脱虚向实"转化的理论与实践问题。文章阐释"脱实向虚"和"脱虚向实"的含义后指出，近年来中国经济在一定程度上"脱实向虚"的特征事实是存在产业资本虚拟化和虚拟资本垄断化，从马克思主义政治经济学视角来看，由"脱实向虚"到"脱虚向实"的转变机制在于缩小实体经济与虚拟经济利润率的差异。据此，文章提出了纠正"脱实向虚"不良倾向、从"脱实向虚"到"脱虚向实"的转化路径。

关键词：脱实向虚；脱虚向实；虚拟资本；马克思主义；利润率

一、问题的提出与文献综述

2008 年国际金融危机是虚拟经济过度膨胀、实体经济与虚拟经济严重背离的必然结果。时至今日，全球经济仍然没有摆脱"脱实向虚"的困扰，它被看作是积聚金融风险、抑制实体经济发展，甚至扭曲经济未来发展方向的不良倾向。美国经济分析局数据显示，金融危机后美国经济的复苏并非是"再工业化"，而是"再虚拟化"，制造业对 GDP 贡献率持续走低，而 FIRE（金融、保险、房地产部门）对 GDP 的贡献率未降反升，由 2008 年的 18.8% 上升至 2018 年的 20.7%，这意味着美国 GDP 的 1/5 源于虚拟经济。美国实体经济与虚拟经济关系的过度失衡，形成了长期去工业化和虚拟化的趋势，失去了工业体系的完备性，无益于本国实体经济的发展。危机后的中国经济同样表现出了"脱实向虚"的迹象，工业对 GDP 的贡献率由 2008 年的 41.2% 大幅下降至 2018 年的 33.9%；而金融房地产部门对 GDP 的贡献率则由 2008 年的 10.3% 上升至 2018 年的 14.3%。未来相当长时期内，纠正"脱实向虚"不良倾向，防范系统性风险，推动经济"脱虚向实"，协调实体经济与虚拟经济关系，保障实体经济的可持续发展是我国工业化后期的重要发展战略。

"脱实向虚"和"脱虚向实"中的"实"是指实体经济，"虚"是指虚拟经济。在进行深入探讨之前，有必要界定"实体经济"与"虚拟经济"的内涵，以防混淆不同的经济运行方式和新兴的经济形态。2008 年金融危机后国内外学者、业界人士和政府机构开始频繁地使用"实体经济"这一概念。学界观点大多认为实体经济是与商品、服务和资源相关的经济活动，是通过使用各种资源来生产商品和服务以满足人们的生活需求。而在产业统计层面上，美联储将制造业、进出口、经常账户、零售销售等笼统地概括为实体经济，除此之外的金融业、房地产业则被归为虚拟经济的统计范畴。之后有学者细分实体经济，如黄群慧（2017）将实体经济划分为 R0、R1 和 R2 三个层面[1]①；刘晓欣和张艺鹏

---

① R0 层次的实体经济为制造业，R1 层次的实体经济为制造业（R0）、农业、建筑业和其他所有工业，R2 层次的实体经济为 R0、R1 的实体经济和除了金融业、房地产业之外的服务业。

（2018）根据马克思物质生产理论，并结合 MPS、ISIC 和 NAICS 的产业分类标准，将实体经济分为第Ⅰ类实体经济和第Ⅱ类实体经济。[2]①

虚拟经济源于马克思主义经济学，特别是其关于虚拟资本的理论。马克思在《资本论》中对虚拟资本进行了详细的分析，主要内容可归纳为：虚拟资本在借贷资本（生息资本）和银行信用制度的基础上产生，包括债权（汇票）、国家证券（它代表过去的资本）和股票（对未来收益的支取凭证）等；虚拟资本本身没有价值，但是可以通过循环运动产生利润，获取某种形式的剩余价值。实际上，恰恰是由虚拟资本的运动过程延伸出了虚拟经济最基本的运行方式。我们认为，虚拟经济的内涵就是以马克思的虚拟资本为逻辑起点，价值增殖过程相对独立化的经济活动。②

需要说明的是，关于"虚拟经济"的英译主要有三种：①Fictitious Economy 是指虚拟资本以重复交易、投机炒作获利的各种活动；②Virtual Economy 是指以信息技术为工具进行的经济活动，包括网络经济和数字经济等；③ ③Visual Economy 是指用计算机模拟的可视化经济活动，是一种可视化经济。其中，容易混淆的就是数字经济、网络经济这样的新兴经济活动与虚拟经济的关系。可以从英译明确区分其中的差别，数字经济作为信息技术可以被应用于虚拟经济部门，如银行交易系统、零售支付系统、证券交易系统等，但是与虚拟资本本身进行独立的价值增殖活动是存在明显区别的。本文研究的虚拟经济是 Fictitious Economy，与马克思提出的虚拟资本 Fictitious Capital 概念一脉相承，这一翻译更符合虚拟经济本质。将 Virtual Economy 和 Visual Economy 翻译为虚拟经济，容易混淆与实体经济对应的虚拟经济的本质。

在产业统计层面，虚拟经济的统计范畴大多是金融业、房地产业（不包括建筑业），这是虚拟经济研究的一个"共识"（刘骏民，1998）[3]。利用现行的统计资料会在一定程度上漏掉"炒大蒜""炒郁金香"等虚拟经济活动，也会将一些与实体经济高度相关的经济活动统计为虚拟经济，但这些不会影响对实体经济与虚拟经济基本格局的分析和判断。在此基础上，将金融、房地产以外的其他经济活动称为实体经济，这也与国内外学者观点一致。

据此，"脱实向虚"可以理解为实体经济与虚拟经济结构性失衡，实体经济脱离生产的主责主业，大量资金滞留于虚拟经济部门"空转"，投机获利；而"脱虚向实"则是促进实体经济与虚拟经济关系良性互动，扼制虚拟经济过度自我循环、自我膨胀现象，使其回归服务实体经济的本源。

关于"脱实向虚"原因，有学者认为传统生产性行业的利润率下降是诱发实业企业从事金融业务的主要原因（Krippner，2008）[4]；上市公司职业经理人"股东价值最大化"的管理目标，使公司管理层更加注重短期收益[5]，而非进行资金周转期较长的实际生产投

---

① 第Ⅰ类实体经济为农林牧渔、采矿业、公用工程、建筑业、制造业、批发、零售、运输仓储、餐饮；第Ⅱ类实体经济为信息产业、教育医疗救助、艺术娱乐、旅馆住宿、其他服务和政府服务。
② 这也与党的十六大报告中关于虚拟经济的表述、多次中央经济工作会议关于实体经济与虚拟经济关系的表述、习近平总书记多次重要讲话中的虚拟经济的内涵一致。
③ 2016 年《二十国集团数字经济发展与合作倡议》中指出："数字经济是指以使用数字化的知识和信息作为关键生产要素、以现代信息网络作为重要载体、以信息通信技术的有效使用作为效率提升和经济结构优化的重要推动力的一系列经济活动。"

资，使上市公司的资产配置模式由"生产—留存—投资"转变为"留存—投机"甚至是"借款—投机"。Lu 等（2012）以民营、中小微企业为代表的"高风险"企业，难以获得银行贷款[6]，Du 等（2017）认为只能将资金需求诉诸影子银行，推高了影子银行的收益率[7]。彭俞超等（2018）研究发现掌握大量信贷资源和资金的上市公司、央企和国企将资金提供给影子银行，获得虚拟经济领域的收益[8]。另外，Landier（2009）等发现我国滞后的监管法律体系无法跟上迅速崛起的互联网金融、影子银行等金融创新业态和创新工具的步伐，导致金融市场无序竞争，滋生大量投机行为[9]。

关于"脱实向虚"对经济高质量发展的多重负面影响，Demir（2009）认为在微观层面，"脱实向虚"的"投资替代"效应降低了企业实际投资[10]；黄泽清（2017）研究发现资金"空转"推高了资产价格，导致企业用地成本、融资成本增加。在宏观层面，"脱实向虚"加剧了财富分配不均[11]；何青等（2018）发现种种"金融乱象"使生产部门萎缩、投机盛行，金融杠杆增加，引发金融系统风险[12]。

关于协调实体经济与虚拟经济关系，构建实体经济与虚拟经济理论模型研究方面，刘骏民和伍超明（2004）基于费雪的货币数量方程，构建了货币流动与实体经济、虚拟经济规模变动的关系模型，发现资产收益率是金融市场和实体经济部门背离的主要原因[13]。张沁悦（2014）基于马克思主义视角构建了实体经济、虚拟经济两部门资本循环的数理模型，考察了虚拟经济部门自膨胀性的机理[14]。刘晓欣等（2019）构建了实体经济—虚拟经济二元经济系统理论模型，并分析了两部门的互动机制及对经济系统稳定状态的影响。研究表明，虚拟经济部门的投机性冲击增强有助于促进两部门价值的增加，但也导致整个经济系统的波动性增大，如果超过一定的临界值，将会引发系统风险[15]。

现有研究从实体经济与金融发展水平差异、社会资金流向以及虚拟经济脱离实体经济运行等方面探讨了中国经济"脱实向虚"的问题，主要集中于原因和效应的实证分析，但还不能揭示"脱实向虚"这一重大经济问题在经济学理论上的深刻内涵；在实体经济与虚拟经济理论模型的构建方面也缺少基于马克思政治经济学的研究。同时，鲜有文献关注"脱实向虚"到"脱虚向实"转化的理论逻辑、机制以及相关策略。

本文的研究重点在于以下三个方面：一是从马克思虚拟资本理论视角，以虚拟经济与实体经济不同的行为基础和运行规律为重点，从"脱实向虚"以及"脱虚向实"角度，揭示其背后的理论根源和经济学含义。二是在宏观环境和经济运行方式上，探讨实体经济与虚拟经济利润率存在差异的原因，梳理经济"脱实向虚"的核心机制和内在逻辑；为"脱实向虚"向"脱虚向实"转换路径和政策提供实践启示。三是基于马克思主义政治经济学视角，构建基于利润率视角的实体经济—虚拟经济分析框架，并将货币流入和金融杠杆因素考虑在内，探讨其对虚拟经济利润率及规模膨胀的影响，为从"脱实向虚"向"脱虚向实"转换提供理论支撑。

二、中国经济"脱实向虚"的特征事实

从马克思主义理论视角来看，经济"脱实向虚"问题涉及产业资本和虚拟资本的关系问题，具体表现为以下两个典型特征：产业资本虚拟化和虚拟资本垄断化。2009~2017 年中国经济运行在一定程度上表现出"脱实向虚"的不良倾向，在宏观总量与结构层面，大量资本

退出实体经济部门转而流向虚拟经济部门，大量资本在虚拟经济部门内部自我循环，虚拟经济自我膨胀；在微观企业行为层面，实业企业"舍本逐末"，追逐虚拟经济的货币利润，金融、房地产企业脱离服务实体经济的本位，"自娱自乐"，热衷于虚拟经济的投机获利。

（一）产业资本虚拟化：实业企业脱离主责主业

产业资本虚拟化，即由于实体经济与虚拟经济利润率的差异，因此大量本应用于生产性积累的资本绕过产业资本形式，转向虚拟资本进行独立增殖。

第一，在资本性质层面，由于虚拟经济高收益率的吸引以及社会投机心理的推动，产业资本脱离生产性积累，转向虚拟经济领域从事投机炒作的非生产性活动。这使实业企业的决策行为偏向于追逐货币利润，沦为了"披着物质生产外衣"的"追逐货币利润的机器"，大卫·哈维（2017）指出"许多金融运作都被内化到了公司当中，看上去与生产统一，变成了一个不可分割的整体，这种表面上的统一是欺骗性的"[16]。由于实业企业将实际生产经营的资金转化为投向股市、房市、汇市的炒作资金，也为虚拟经济部门注入了大量投机"原料"——货币。"生产过程只是为了赚钱而不可缺少的中间环节，只是为了赚钱而必须干的一件倒霉事。"[17]

表1为2009~2017年中国制造业上市公司资产结构与利润质量。截至2017年末，分别有78.84%和40.54%的制造业上市公司持有金融资产和投资性房地产。从账面总额来看，制造业上市公司持有金融资产的账面总额由2009年的2592.02亿元上升至2017年的11493.53亿元，规模扩张了4.4倍；持有投资性房地产的账面总额由2009年的283.9亿元上升至2017年的996.41亿元，规模扩张了3.5倍。从金融资产和投资性房地产规模的增长率来看，2009~2017年中国制造业上市企业持有固定资产规模的增长率几乎始终低于金融资产和投资性房地产的增长率，并处于下降趋势。而"（金融资产+投资性房地产）/固定资产"比率由2009年的17.61%上升至2017年的27.62%。这表明实业企业中用于投机获利的资产相对于进行实际生产的固定资产的比例上升，实业企业将大量用于生产的资金投入虚拟经济部门。

表1　2009~2017年中国制造业上市公司资产结构与利润质量　单位：亿元，%

年份	资产结构					利润质量	
	金融资产		投资性房地产		（金融资产+投资性房地产）/固定资产	经营活动净收益/利润总额	价值变动净收益/利润总额
	持有金融资产的制造业上市公司数量/制造业上市公司总数	账面总额	持有投资性房地产的制造业上市公司数量/制造业上市公司总数	账面总额			
2009	62.05	2592.02	24.24	283.9	17.61	58.97	22.57
2010	63.34	2937.79	25.88	319.75	17.15	51.55	22.27
2011	59.02	3431.21	24.16	384.05	17.16	58.25	27.30
2012	57.64	4470.12	24.83	472.51	19.53	27.25	22.21
2013	60.81	4934.96	26.85	525.19	18.73	43.48	29.85
2014	62.74	6018.32	30.73	591.31	19.98	41.49	26.36
2015	69.63	7820.13	33.88	663.63	22.97	32.88	29.90
2016	74.56	9209.98	36.71	826.77	23.98	33.88	34.24
2017	78.84	11493.53	40.54	996.41	27.62	35.81	34.65

资料来源：Wind 数据库。

第二，在利润质量层面，产业资本虚拟化导致了实业企业的利润越来越依赖于虚拟经济的投机收益，由实际生产性经营创造的利润占比呈萎缩趋势，利润质量下滑。如表1所示，实业企业沉迷于虚拟经济"以钱生钱"的投机活动，其利润构成发生了变化：由实际生产性经营带来的"经营活动净收益"在利润总额中的占比逐渐减小，"经营活动净收益/利润总额"的平均值由2009年的58.97%下降至2016年的33.88%；将资金甚至举债投入虚拟经济领域投机带来的"价值变动净收益"在利润总额中占比逐渐增大，"价值变动净收益/利润总额"的平均值由2009年的22.57%上升至2017年的34.65%，制造业上市企业"脱实向虚"倾向凸显。从资金的流向和使用来看，这部分资金本该投入实体经济产业，用于购置生产资料、提供产品与劳务、支持制造业产业升级，实际上却没有进入实体经济的生产环节，而是进入虚拟经济领域内投机获利。这表明，资本通过实体经济创造剩余相对于资本通过虚拟经济再分配剩余价值的重要性在下降（高峰，2011）[18]，资本积累的方式由实体经济的生产性积累转向虚拟经济的价值化积累。

因此，金融危机后的2009~2017年，我国实业企业的生产模式由实际生产转向虚拟经济投机，导致了制造业企业的资产结构和利润质量发生重大变化。而信贷宽松、货币数量以及资产价格的上升使虚拟经济利润率继续上升，不仅原有实业企业会加大投机的资金规模，更多的实业企业也会加入虚拟经济投机的队伍。这些非生产性的投机不仅可以为业绩好的公司"锦上添花"，更成为业绩差的公司的"救命稻草"。实业企业脱离主业经营趋势严重，这不但侵蚀了实体经济的根基，也助长了经济的"脱实向虚"，加剧了经济虚拟化。

（二）虚拟资本垄断化：虚拟经济自我循环

虚拟资本垄断化即虚拟资本控制产业资本的生产过程，并掠夺产业资本创造的剩余价值。虚拟经济自我循环具体是指资产和资金在虚拟经济内部的空转行为。无论创新了多么复杂的金融工具，其本质都是金融杠杆的延长，交易链条每延长一次，虚拟经济内部就会多一个获利者。主要体现在以下两个方面：

第一，虚拟资本控制产业资本。当代虚拟资本控制了企业的生存和发展，产业资本仰仗虚拟资本融资"输血"，实现生存经营，虚拟资本在为产业资本融资时具有很大的选择性，虚拟资本主导和控制产业资本的能力加强，虚拟资本的"战略性地位"变为"现实权力的基础"。

第二，虚拟资本主导剩余价值的分配过程。主要有两个原因：一是虚拟资本通过自我循环的方式直接获取货币利润。"投机的输赢仅仅产生于当时对利息证书估价的差别。它们不是利润，不是剩余价值的份额，而仅仅产生于由企业落入股票占有者手中的剩余价值份额的估价波动中。"（鲁道夫·希法亭，1997）[19] 因此，对虚拟资本的投机仅仅是在社会"赚钱心理"推动下纯粹的货币现象。以股指期货为例，投机者关心的不是产业资本生产利润的高低，更不是产业资本的生产过程，而是利润的变动以及对这种变动的预期，他们同样可以因为产业资本创造利润的下降而获利，只要预期足够准确。因此，产业资本进行生产性积累的逻辑已经被虚拟资本独立增殖的逻辑压倒。二是在为产业资本服务的环节中，虚拟资本主导利润分割过程。虚拟资本在产业资本进行实际生产之前，已经获得利润。随着虚拟资本垄断地位的增强，虚拟资本快速获利，银行资本通过巨额存贷利差实现利润，保险资本通过保费收入和赔付之差获取利润，证券资本通过证券市场交易服务直接获利，利用土地、房地产价格波动的投机行为也能获取巨额收益。此外，虚拟资本也改变了现代社会的消费方式、生活方式，渗透到社会经济的各个方面，在为产业资本服务的环节中，虚拟资本通过利息、股息和分红等资本所有权的形式分割产业资本创造的剩余价值。

表 2 显示，金融业上市公司持有金融资产和投资性房地产的规模总额由 2009 年的 153761.13 亿元上升为 2017 年的 468647.43 亿元，扩张了 3 倍；房地产业上市公司持有金融资产和投资性房地产的规模总额由 2009 年的 982.44 亿元上升至 2017 年的 9112.84 亿元，扩张了 9.28 倍。虽然房地产企业持有金融资产的规模总量与金融企业不是同一个数量等级，但其上升速度令人侧目，危机后金融、房地产业的虚拟资产迅速扩张，虚拟经济规模快速膨胀。从利润构成来看，金融上市公司的"投机收益/净利润"由 2009 年的 38.73%迅速攀升至 2017 年的 91.95%；房地产上市公司的"投资净收益/净利润"由 2009 年的 33.01%攀升至 2017 年的 86.23%。[①] 因此，危机后金融、房地产上市企业的经营更偏重于金融资产和房地产的投机炒作，追逐高额的投机收益，脱离了服务实体经济的本质要求，大量资金在虚拟经济内部自我循环，实体经济严重"干旱""缺血"。

表 2 2009~2017 年中国金融业、房地产业上市公司金融资产、
投资性房地产规模和投资收益占净利润比重 单位：亿元，%

年份	金融业			房地产业		
	金融资产规模	投资性房地产规模	投机收益/净利润	金融资产规模	投资性房地产规模	投机收益/净利润
2009	153465.36	295.77	38.73	473.05	509.39	33.01
2010	182111.55	309.76	43.43	563.08	710.73	46.57
2011	191372.13	361.34	45.50	685.71	871.51	26.16
2012	231729.45	455.79	82.92	788.56	1178.29	39.00
2013	263435.63	548.20	81.72	928.54	1402.82	43.61
2014	288001.42	702.83	76.10	1270.73	1825.65	44.23
2015	352313.81	847.72	80.65	2026.36	2556.23	52.60
2016	416198.37	1132.90	131.08	3701.60	3356.88	45.71
2017	467411.98	1235.45	91.95	5008.46	4104.38	86.23

资料来源：Wind 数据库。

值得注意的是，虚拟经济部门实现的净利润越多，就意味着更多资金脱离实际生产过程，进入虚拟经济投机获利。虚拟经济服务于实体经济资金循环和周转的职能已逐渐被弱化，更多的是在其内部自我循环，并与实体经济争夺资金，进一步导致实体经济投资动力和利润空间被压缩。

为具体测度虚拟经济自我循环的规模，参考相关文献（刘晓欣和张艺鹏，2019）[20]，本文将 2000~2015 年 42 部门投入产出表合并为"实体经济"虚拟经济#三部门投入产出

表。首先，$X_{nn}=\begin{bmatrix} x_{11} & x_{12} & \cdots & x_{1n} \\ x_{21} & x_{22} & \cdots & x_{2n} \\ \vdots & \vdots & \ddots & \vdots \\ x_{n1} & x_{n2} & \cdots & x_{nn} \end{bmatrix}$ 为原始投入产出表第一象限的矩阵形式，其次，将 x_{nn}

---

① 根据 Arrighi 的研究，并参考 2018 年中国会计准则的最新变化，将"投资净收益+公允价值变动净收益+汇兑净收益"定义为由虚拟经济渠道获得的利润，本文称作"投机收益"。

纵向合并为三部门的中间投入矩阵，$X_{nn} = \begin{bmatrix} \hat{x}_{11} & \hat{x}_{12} & \hat{x}_{13} & \cdots \\ \hat{x}_{21} & \hat{x}_{22} & \hat{x}_{23} & \cdots \\ \hat{x}_{31} & \hat{x}_{32} & \hat{x}_{33} & \cdots \end{bmatrix}$，最后，将 x_{nn} 横向合并为

三部门的中间产出矩阵，$\tilde{x}_{33} = \begin{bmatrix} \tilde{x}_{11} & \tilde{x}_{12} & \tilde{x}_{13} \\ \tilde{x}_{21} & \tilde{x}_{22} & \tilde{x}_{23} \\ \tilde{x}_{31} & \tilde{x}_{32} & \tilde{x}_{33} \end{bmatrix}$，其中，第 1 ~ 第 3 列分别为虚拟经济、第 I

类实体经济、第 II 类实体经济。依据"纯产品原则"，x_{33} 对角线上的元素即表示该部门对自身产品的中间使用或中间投入的价值量。因此，x_{11} 表示虚拟经济为自身提供的产品和服务的价值量，即虚拟经济内部进行自我循环的总规模。根据上述方法，本文测算了 2000 ~ 2015 年中国虚拟经济自我循环的总规模和增速，如图 1 所示。

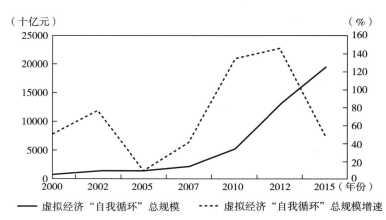

图 1　2000 ~ 2015 年中国虚拟经济自我循环规模及增速

资料来源：2000 ~ 2015 年《中国投入产出表》。

　　我国虚拟经济自我循环规模可分为两个阶段：2000 ~ 2007 年和 2008 ~ 2015 年。在第一阶段，虚拟经济自我循环总规模由 2000 年的 8191.8 亿元上升至 2007 年的 22635.9 亿元，7 年内扩张了 2.76 倍；2000 ~ 2007 年的平均增速为 44.78%。在第二阶段，虚拟经济自我循环总规模由 2007 年的 22635.9 亿元上升至 2015 年的 195958.7 亿元，8 年内扩张了 8.65 倍；2007 ~ 2015 年平均增速为 93.14%。危机后我国虚拟经济自我循环的总规模和增速与 2000 ~ 2007 年相比大幅提高，表现出明显的"脱实向虚"迹象。随着金融监管部门监管政策的密集出台，虚拟经济自我循环的增速下降，但其总体规模仍呈上升态势。

　　因此，2009 ~ 2017 年以金融、房地产业为核心的虚拟经济部门快速发展，虽然期间有金融监管政策的出台，但每次新监管政策都是金融创新的"新动力"，规避监管政策的新业务模式都是金融套利的"及时雨"。伴随着 2008 年底 4 万亿元总量刺激和"宽信贷"政策环境，城投平台背靠政府隐性担保如雨后春笋般涌现，但发展至今实际上已经沦为"金融中介"，债务负担沉重；银信合作、通道业务等融资模式规避重重监管，为房地产企业、城投融资，助长了这些部门的低效率膨胀；金融机构"乱搞同业、乱加杠杆、乱做表外"的现象层出不穷；互联网金融、P2P 无序膨胀并频繁"爆雷"，虚拟经济自我循环趋势凸显，严重脱离服务实体经济的本源。

三、"脱实向虚"与"脱虚向实"的转变机制

马克思主义政治经济学关于宏观经济波动的理论中,最关键的变量是利润率。一个部门的利润率决定了该部门的资金吸引力,而资金进入量的多少往往决定部门生产效率和竞争力的高低。同时,不同部门利润率的差异也反映了一个时期内经济系统最主要的增长动力和面临的主要矛盾。

(一)资本逐利的运动与结果

"资本只有一种生活本能,这就是增殖自身,创造剩余价值。"[21] 资本追求增殖的固有本性和天然动机决定了资本的运动逻辑,也驱动社会经济增长和经济结构的变化。① 利润率决定着资本积累,两种经济利润率的差别决定着一国主要积累方式是以实体经济为主的生产性积累还是以虚拟经济为主的价值化积累,进一步地在很大程度上决定着一国经济选择"工业化"的高质量发展模式还是"虚拟化"的单一发展模式。金融危机后,我国虚拟经济的利润率明显高于实体经济,实体经济与虚拟经济利润率的差异可以从以下三个视角探析:

1. 在宏观经济环境层面

一是由于要素成本上升、部分行业产能过剩、技术创新匮乏、国内外需求减弱和外部形势不稳定等因素,导致以传统行业为代表的工业企业利润率下滑。二是在我国以间接融资为主和"融资歧视"并存的情况下,掌握大量信贷资源和资金的上市公司、央企和国企将资金提供给影子银行,以民营、中小微企业为代表的"高风险"企业只能将资金需要诉诸影子银行,推高了影子银行的收益率。三是地方政府过度土地财政的背景下,抬高了房地产价格,吹捧了房地产的利润率。四是我国滞后的监管法律体系无法跟上迅速崛起的互联网金融、影子银行等金融创新业态和创新工具的步伐,加上一段时期以来过度宽裕的流动性,导致金融市场无序竞争,滋生大量投机行为。

2. 在经济运行方式层面

虚拟经济独特的运行方式使其利润率在短期内容易高于实体经济,并频繁波动。主要体现在以下三个方面:一是实体经济的定价方式以生产成本为基础,而虚拟经济是资本化定价,以心理预期为基础,理论上预期收益除以利息率就是资产的价格。这使市场上某个利好消息能迅速抬高资产价格,投机者"抢"的不仅是钱,还有赚钱的"次序"和"空间"。二是按照马克思的观点,实体经济是实际生产过程和价值增殖过程的统一,货币在实体经济中仅仅是交易媒介,是中性的。实体经济中的货币不会无缘无故形成新的货币收入,需要购买原材料等生产要素,经过生产和交换取得剩余价值。虚拟经济的核心是在货币数量推动下的资产价格波动及其相关经济活动兴衰的过程,它基本不受任何物质生产过程的影响,只要有货币注入,就可以在短时间内进行多次交易和炒作,获取由资产价格上涨和重复交易等带来的货币收入。即便虚拟经济使用同笔数额资金的收益率可能低于实体经济,但虚拟经济可以在一定时期内将货币资金进行多次交易,如"高频交易"可以利用发

---

① 资本逐利的本性并非在所有情况下都是贬义。在金融资本服务于产业资本物质生产过程的情况下,金融资本逐利就可以成为有效配置资源的手段,此时金融资本的积累也表现为"生产性积累"。

达的计算机系统和复杂的编程语言，在以毫秒级别的时间单位里进行金融资产的买卖，赚取投机利润。三是金融杠杆在虚拟经济中的大量使用，使其比实体经济容易获得货币收入。以制造业为核心的实体经济依靠"科技创新"来获得生产利润，而以金融、房地产为核心的虚拟经济则依靠"金融创新"来增加货币利润。无论是靠债务扩张进入虚拟经济领域炒房地产和金融资产，还是将收入流证券化，都可以撬动巨大的资产和现金流。因此，虚拟经济可以通过金融创新延长金融杠杆，创造货币利润，而不必像实体经济一样将"储蓄转化为投资"。

从马克思主义政治经济学视角来看，"脱实向虚"的实质是价值增殖独立化的过程，实际上反映了产业资本与虚拟资本的关系。在资本追求自身增殖的逻辑下，由于实体经济与虚拟经济利润率的差异，大量资本绕过产业资本的形式转向金融资本、虚拟资本，走向了"脱实向虚"的道路。从经济运行方式来看，虚拟资本发展和过度投机使金融等虚拟经济部门获得了较高的独立性，加剧了虚拟经济领域非生产性的"赌场"性质，社会资源越来越多地投向于"远离实际商品生产和服务""无益于社会生产力发展"的金融、房地产领域，虚拟经济部门高高凌驾于实体生产体系之上，"生产性"向"金融性""非生产性"增殖（Engelen 等，2003）[22]。

3. 不可持续的高利润率层面

如前所述，虚拟经济的核心是货币数量及其使用效率推动下的资产价格波动和相关经济活动兴衰的过程。当货币源源不断地流入虚拟经济部门时，在羊群效应和正反馈的强化作用下，资产价格上涨，名义价格下的利润率被放大，并进一步引起资产价格和数量的扩张。从理论上来讲，只要实体经济的利润率低于虚拟经济，原有产业资本和新增投资都会退出生产性部门，转向虚拟资本投机。在此情况下，虚拟经济部门的扩张是以实体经济的萎缩为代价的。伴随着债务规模的增加和金融杠杆的延长，金融机构为防范风险，紧缩信用使流动性短缺，或突发事件使预期逆转，恐惧会替代贪婪成为社会心理，迅速引发相反的过程，直到引爆金融危机。金融危机的实质就是虚拟资本和产业资本关系异化、实体经济和虚拟经济结构性失衡的"清道夫"，这也说明社会经济发展是以实体经济为根本的。这种资产价值与流动性的互动关系是虚拟经济周期性波动的重要机制之一，在逆转的过程中，虚拟经济在名义价格下的利润率便呈断崖式下跌，可以为零甚至为负，因此长期内虚拟经济利润率高于实体经济不可持续。

驱动实体经济利润率提高的是技术创新，驱动虚拟经济利润率提高的是货币量。正因如此，虚拟经济利润率的"修复机制"似乎比实体经济快得多，不必经过长时间科学技术研发的实验，仅通过放松管制和注入货币便可在短期内抬高虚拟经济的利润率。从短期来看，虚拟经济的典型现象是以资产价格上涨为主的泡沫经济；从长期来看，则是以资产数量扩张及资产规模扩张为主的经济虚拟化。因此，"脱虚向实"就是重塑实体经济与虚拟经济的良性互动关系，扼制虚拟经济过度自我循环、自我膨胀型发展模式，使其回归服务实体经济的本源。从马克思主义政治经济学视角看，经济"脱实向虚"与"脱虚向实"的转变机制在于缩小实体经济与虚拟经济的利润率差异，这就有必要通过政府干预和引导性政策来提高实体经济的利润率，同时严格监管虚拟经济的违规套利行为。

（二）实体经济与虚拟经济利润率变动的理论模型

综上所述，我们建立基于实体经济与虚拟经济部门利润率变动的理论模型，并在此基础上引入货币供应量和金融杠杆对虚拟经济部门利润率变动和规模膨胀的作用。

首先，实体经济部门进行生产性积累的资本循环为：G-W⋯W′-G′，虚拟经济部门中虚拟资本的循环方式为F-F′；其次，假设实体经济和虚拟经济的预期收益率等于上一年的实际收益率；最后，由于虚拟资本可以凭借其资本所有权参与实体经济部门剩余价值的分配，为使分析方便，延续张沁悦假定剩余价值在实体经济与虚拟经济部门的分割比例外给定，为 x（$1-x$）。实体经济部门的利润率为：

$$P_R = \frac{m}{c+v}x \tag{1}$$

其中，m 表示实体经济当年创造的剩余价值，c 表示实体经济部门的不变资本，v 表示实体经济部门的可变资本。

虚拟经济部门的利润率由两部分组成：一是虚拟资本名义价格的差异；二是实体经济部门转让的剩余价值，可表示为：

$$P_F = \frac{\sigma F + m(1-x)}{F} \tag{2}$$

其中，σ 表示虚拟经济名义价格的变动，F 表示虚拟资本的规模。

情形一：均衡状态。假设在 T_0 初期，实体经济和虚拟经济部门自发调整至均衡状态，即两部门的利润率相等，则此时有：

$$\frac{m_0}{c_0+v_0}x_0 = \frac{m_0(1-x_0)}{F_0} \tag{3}$$

进一步得出：

$$\frac{c_0+v_0}{F_0} = \frac{x_0}{1-x_0} \tag{4}$$

这表明，当实体经济部门和虚拟经济部门的利润率相等时，实体经济与虚拟经济的规模比例等于剩余价值在这两个部门之间的分割比率。

情形二：货币流入虚拟经济部门。

第一，为方便分析，假设第 T_1 期初（T_0 期末）新增的货币量 M 全部进入虚拟经济部门，虚拟经济规模扩大为原来的（$1+\delta_{0\sim1}$）倍，$\delta_{0\sim1}>0$，虚拟经济的利润率变为：

$$P_{0\sim1}^F = \frac{\delta_{0\sim1}F_0 + m(1-x)}{F_0} \tag{5}$$

$(5)-(1) = \delta_{0\sim1}>0$

第二，在第 T_t 期，虚拟经济不仅会分割当年实体经济部门创造的剩余价值，还会分割前期实体经济部门创造的剩余价值。例如，实业企业将数年物质生产创造的剩余价值投向虚拟经济部门进行投机，虚拟经济部门将会以利息、分红、服务费等方式分割这些数年积累的剩余价值。

假设在第 T_t 期，货币量 M 进入虚拟经济部门使虚拟资本的名义规模变为（$1+\delta_{(t-1)\sim t}$），$\delta_{(t-1)\sim t}>0$。同时令 ϕ 表示虚拟经济部门在第 $0\sim t$ 期分割实体经济创造剩会价值的比例，$0<\phi<1$。则第 T_t 期虚拟经济部门的收益率为：

$$P_{(t-1)\sim t}^F = \frac{\delta_{(t-1)\sim t} + F_{t-1}\phi \sum_{t=0}^{t} m_t(1-x_t)}{F_{t-1}} \tag{6}$$

$(6)-(1) \geqslant 0$

这表明，货币量的增加使虚拟经济部门的利润率提高，实体经济部门的货币将会流入虚拟经济部门，虚拟经济部门规模增加。

情形三：金融杠杆在虚拟经济部门叠加使用。为方便分析，假设只有虚拟经济部门叠加使用金融杠杆。设财务杠杆率为 β，加杠杆后虚拟经济可用资金规模为 $F/1-\beta$，变为原来的 $1/1-\beta$ 倍，$0<\beta<1$，且杠杆率越高，可用资金量越大。

第一，第 T_1 期初（T_0 期末），虚拟经济的利润率为：

$$P_{0~1}^F = \frac{\dfrac{\beta}{1-\beta}F_0 + m(1-x)}{F_0} \tag{7}$$

$(7)-(1) = \beta/1-\beta > 0$

第二，第 T_t 期，虚拟经济的利润率可以表示为：

$$P_{(t-1)~t}^F = \frac{\dfrac{\beta_{(t-1)~t}}{1-\beta_{(t-1)~t}}F_{t-1} + \phi \sum_{t=0}^{t} m_t(1-x_t)}{F_{t-1}} \tag{8}$$

$(8)-(1) \geqslant 0$

这表明，金融杠杆在虚拟经济部门叠加使用后，将进一步扩大实体经济部门与虚拟经济部门利润率差异，使资本放弃产业资本的职能，转化为虚拟资本，虚拟经济部门规模持续扩张。

以上分析表明，实体经济与虚拟经济两部门利润率的差别决定着资金流向，由于货币流入、金融杠杆、运行方式和宏观环境等因素，在短期内虚拟经济收益率容易高于实体经济，使实业企业脱离主责主业，虚拟经济自我循环、自我膨胀。因此，从马克思主义政治经济学视角来看，由"脱实向虚"到"脱虚向实"的转变机制在于缩小实体经济与虚拟经济利润率的差异。

四、从"脱实向虚"到"脱虚向实"的政策启示与实践路径

（一）中美经济"脱实向虚"工业背景差异的启示

20 世纪七八十年代，美国经济表现出明显的"去工业化"现象，在新自由主义的政策引领下，美国经济表现出长期的虚拟化趋势。观之美国此时期的工业背景，从第二次世界大战起，美国制造业的技术水平与生产能力就已经全球领先，20 世纪 50 年代美国制造业的生产能力是英国的 8 倍，最高峰时期美国制造业的产值占全世界的 1/4。而 2008 年我国经济"脱实向虚"的工业背景是制造业全球竞争力水平偏低，以制造业为核心的实体经济"大而不强"。在全球经济以发达国家为主导、凭借技术研发等核心优势占据价值链高端环节的背景下，我国制造业主要承担资源密集型或劳动密集型生产活动，被"锁定"在附加值较低的价值链低端环节，企业的关键核心技术和高端装备尚不具备充足的竞争优势。因此，从中美两国工业化进程来看，美国 20 世纪 80 年代初的"脱实向虚"是一种已

经攀升至当时技术水平最高生产环节，并且实现了全体系积累之后的资本选择；而金融危机后我国经济的"脱实向虚"则处于制造业"大而不强"之际，也凸显了遏制这一不良倾向的紧迫性。

美国对虚拟经济的过度发展不加约束，也毫不干预"去工业化"的趋势，美国政府相信这是市场的理性选择。长期金融自由化的政策，加上可以通过美国金融项目国际收支顺差和经常项目国际收支逆差之间的平衡来维持美元稳定，导致美国虚拟经济的膨胀，久而久之，美国整体经济结构将产生不可逆的变化。如果本国存在高度国际化的金融系统，那么会更加提高虚拟经济脱离实体经济的程度，形成长期"去工业化"和经济虚拟化的趋势。美国的"再工业化"战略就是利用低端制造业来增加就业率，维持经济的稳定。但任由市场自发解决实体经济与虚拟经济的结构问题，长期必然会导致经济虚拟化，因此，有必要维持实体经济与虚拟经济的合理结构。

（二）推进"脱虚向实"的实践路径

1. 正确认识"脱虚向实"与经济高质量发展的关系

虚拟经济的规模扩张是社会经济发展的必然规律，也是实体经济能够顺利运行的重要保障，虚拟经济发展不充分反而会抑制经济增长。因此，既要适度扩充虚拟经济总量和优化内部结构以更好地服务实体经济，又要抑制虚拟经济自我循环规模及其对实体经济的"挤出效应"。2008年以来，中国"脱实向虚"趋势明显但在可控范围内，从多项经济指标可以看出，我国对"脱实向虚"的治理工作初见成效。但应当认识到，经济"脱实向虚"会损害工业化的进程，降低经济抗风险能力。纠正"脱实向虚"的不良倾向是我国经济实现高质量发展的必经之路。在进一步推进"脱虚向实"的进程中，应着力缩小实体经济与虚拟经济的利润率差异，一方面，要求宏观政策将资金引导至实体经济，提高实体经济的盈利能力，使其保持利润发展空间，避免经济过度虚拟化；另一方面，对于金融资本和社会资本的流向，在尊重市场经济客观规律的前提下，加强政府对资本市场的审慎监管，防止资本脱离实体经济部门过度流向虚拟经济部门，防范系统性风险。

2. 实体经济的发展重点

第一，保证完备的工业体系，把握转移低端制造业的力度。完整的工业体系是维护一个国家经济安全和独立的重要保障，尤其不可忽视低端制造业对国家制造业升级和整体经济发展的作用，一味追求产业升级而将低端制造业过早地转移至海外，不利于经济安全、制造业升级和就业稳定。当前，应规范低端制造业的发展问题，消除恶性竞争和治理污染，在低端制造环节做精、做优，提高低端制造业的品质和效率。

第二，以"大数据+实业企业""互联网+实业企业"的生产模式推动以制造业为核心的实体经济转型升级，充分利用信息化和智能化实现传统产业的新发展，利用互联网技术精准获取潜在的、多层次的市场需求和生产资源，加速高端产品的供给。借助新生产模式，促进信息通信、云计算、物联网、智能制造等新兴产业嵌入实业企业的生产过程，扩大原有市场空间，精准满足消费者需求，促进"中国制造"向"中国智造"的升级转变，提高实体经济整体的利润率水平和我国制造业在全球价值链的地位。

第三，中美两国在高端制造业的交锋由来已久，除了要加大关键领域科技创新的投入外，还应强化研发机构和实业企业之间的联系，利用我国完整的产业链条、巨大的市场空间，加快推动创新成果的市场化和产业化，提高实体经济的利润率和社会资金吸附能力。要依据现有的资源优势形成高端制造业的先进产业集群，降低企业生产成本，形成规模经济，提升高端制造业的国际竞争力。

3. 虚拟经济的发展重点

第一，利用大数据、"互联网+"等新技术提高金融监管的力度和精确性。借助最新技术，细化金融监管体系的框架，同时加强金融业的立法监管，重新引导社会资金流向实体经济部门，降低过度"资金空转"性质的利润率。区分企业配置金融资产和投资性房地产的目的，限制企业以过度套利为目的的持有金融资产和利用信贷资金的投机行为，切实发挥金融资产配置在企业回归主责主业方面的积极作用。

第二，坚持"房住不炒"是约束虚拟经济过度膨胀的关键政策主张。房地产在市场经济中之所以特殊，就在于其社会属性承载功能，房地产是各类债务中最主要的抵押资产，就像杆秤的秤砣，它以自身的名义价值托起秤杆另一头的巨额债务，而债务又通过金融杠杆托起企业以少量自有资本经营的巨额运营资本乃至全部经济活动。因此，房地产服务业的稳定健康发展，需要长期的监管和适时的政策调控。

第三，优化虚拟经济内部结构，增强精准服务实体经济的能力。例如，要深入研究我国资本市场的现状，找到资本市场发展不健全的根源，改革不合理的制度，重新厘清资本市场和实体经济的关系，并对资本市场进行精准定位，提高资本市场金融资源配置的效率，完善治理体系，构建服务实体经济的多层次资本市场，推进服务中小微企业的多层次资本市场建设，降低社会融资成本，提高直接融资比例。

综上所述，"脱实向虚"主要源于实体经济与虚拟经济不同的经济运行方式以及其他因素所致的虚拟经济利润率高于实体经济，具体表现为产业资本虚拟化和虚拟资本垄断化。当前国内外形势错综复杂，国内产业结构调整和对外金融深度开放是我国未来经济发展的主要方向，防范"脱实向虚"可能引发的系统性风险，促进"脱虚向实"、保障经济高质量发展是顺利实现以上目标的重要保障。因此，要把握好虚拟经济与实体经济发展的客观规律和辩证关系，促进两者协调发展，严控虚拟经济自我循环的资金空转，有效发挥虚拟经济作为经济增长"助推器"的作用，从供给侧保障虚拟经济提供的产品和服务上满足实体经济的发展需求，促进经济从"脱实向虚"到"脱虚向实"的转变。

参考文献

[1] 黄群慧. 论新时期中国实体经济的发展 [J]. 中国工业经济, 2017 (9): 5-24.

[2] 刘晓欣, 张艺鹏. 虚拟经济的自我循环及其与实体经济的关联的理论分析和实证检验——基于美国 1947-2015 年投入产出数据 [J]. 政治经济学评论, 2018, 9 (6): 158-180.

[3] 刘骏民. 从虚拟资本到虚拟经济 [M]. 济南: 山东人民出版社, 1998: 57.

[4] Greta R. Krippner. The Financialization of the American Economy [J]. Socio-Economic Review, 2008, 3 (2): 173-208.

[5] 王红建, 曹瑜强, 杨庆, 杨筝. 实体企业金融化促进还是抑制了企业创新——基于中国制造业上市公司的经验研究 [J]. 南开管理评论, 2017, 20 (1): 155-166.

[6] Zhengfei Lu, Jigao Zhu, Weining Zhang. Bank Discrimination, Holding Bank Owner-

ship, and Economic Consequences：Evidence from China ［J］. Journal of Banking & Finance, 2012, 36（2）：341-354.

［7］Julan Du, Chang Li, Yongqin Wang. A Comparative Study of Shadow Banking Activities of Non-financial Firms in Transition Economies ［J］. China Economic Review, 2017（46）：S35-S49.

［8］彭俞超，韩珣，李建军. 经济政策不确定性与企业金融化 ［J］. 中国工业经济, 2018（1）：137-155.

［9］Augustin Landier, David Sraer, David Thesmar. Financial Risk Management：When Does Independence Fail？［J］. American Economic Review, 2009, 99（2）：454-458.

［10］Firat Demir. Financial Liberalization, Private Investment and Portfolio Choice：Financialization of Real Sectors in Emerging Markets ［J］. Journal of Development Economics, 2009, 88（2）：314-324.

［11］黄泽清. 金融化对收入分配影响的理论分析 ［J］. 政治经济学评论, 2017, 8（1）：162-185.

［12］何青，钱宗鑫，刘伟. 中国系统性金融风险的度量——基于实体经济的视角 ［J］. 金融研究, 2018（4）：53-70.

［13］刘骏民，伍超明. 虚拟经济与实体经济关系模型——对我国当前股市与实体经济关系的一种解释 ［J］. 经济研究, 2004（4）：60-69.

［14］张沁悦. 马克思虚拟资本自膨性的数理分析——兼论中国房地产调控政策 ［J］. 马克思主义研究, 2014（3）：86-94.

［15］刘晓欣，宋立义，姚鹏. 实体经济、虚拟经济互动与经济系统稳定的理论模拟 ［J］. 社会科学战线, 2019（10）：56-70.

［16］［英］大卫·哈维. 资本的限度 ［M］. 张寅, 译. 北京：中信出版集团, 2017：496.

［17］马克思恩格斯文集（第六卷）［M］. 北京：人民出版社, 2009：67.

［18］高峰. 金融化全球化的垄断资本主义与全球性金融——经济危机 ［J］. 国外理论动态, 2011（12）：39-45.

［19］［德］鲁道夫·希法亭. 金融资本：资本主义最新发展的研究 ［M］. 福民等, 译. 北京：商务印书馆, 1997：141.

［20］刘晓欣，张艺鹏. 中国经济"脱实向虚"倾向的理论与实证研究——基于虚拟经济与实体经济产业关联的视角 ［J］. 上海经济研究, 2019（2）：33-45.

［21］马克思恩格斯文集（第五卷）［M］. 北京：人民出版社, 2009：269.

［22］Engelen R. A. B., Geers M. G. D., Baaijens F. P. T. Nonlocal Implicit Gradient-enhanced Elasto-plasticity for the Modelling of Softening Behavior ［J］. International Journal of Plasticity, 2003, 19（4）：403-433.

本文转摘自《社会科学战线》2020 年第 8 期。

从虚拟经济视角看 GDP 创造的
逻辑、路径及隐患

摘要：新冠疫情后，美国 GDP 的增长明显背离了其实体经济的发展状况，是依靠金融和房地产等虚拟经济的推动。有鉴于此，本文基于马克思政治经济学的视角，利用主要国家的数据考察了虚拟经济创造 GDP 的逻辑、路径和隐患，研究发现：虚拟经济有着不同于实体经济的财富创造机制，虚拟经济创造 GDP 的路径包括为实体经济服务创造 GDP 和自我循环创造 GDP。前者属于真实经济价值，后者属于借贷性、投机性收益，蕴含着引爆金融危机的隐患。对此，本文提出要坚定不移地做大做强实体经济，防止经济脱实向虚，同时应改良 GDP 核算方法，使之更为客观地反映真实的经济增长。

关键词：GDP；虚拟经济；实体经济；自我循环

引 言

在新冠疫情中，世界主要国家都遭遇了前所未有的巨大冲击，GDP 增长大幅放缓，经济甚至陷入停滞和衰退。然而，美国 GDP 却取得了出人意料的成绩。相关数据显示，2001~2019 年，美国 GDP 增长率始终低于 4%。然而，2020 年第四季度，在新冠疫情冲击下，尽管从事生产活动的实业企业停工停摆、工人失业飙升、社会暴乱频发，实体经济对 GDP 的贡献显著下滑，但美国 GDP 增长率却上升到了 4.3%，高于 2001~2019 年的 GDP 增长水平①。事实上，美国 GDP "抢眼" 的表现主要依靠其虚拟经济的繁荣：在金融和房地产领域，不仅巴菲特指标创下历史新高，而且房价也以前所未有的速度飙升，2020 年第四季度同比上涨 10.8%，为 2010 年以来的最高涨幅。事实上，这一现象并非首次出现，在 2008 年国际金融危机中，霍尔丹发现，2008 年第四季度英国金融业以前所未有的速度发展，在整个经济中的占比上升至 9%，而后在 2009 年又提高到了 10.4%（安德鲁·霍尔丹，2012）[1]。美联储前主席格林斯潘指出，战后金融业在美国 GDP 中的份额大大提升。1947~2008 年，美国金融业占比从 2.4% 上升到了 7.4%，此后在 2009 年甚至达到了 7.9% 的更高比例②。

这种在重大经济金融危机下，金融业对 GDP 贡献的大幅增长引发了学术界对 GDP 是否正确统计了金融业的普遍质疑，学者们的观点主要分为以下三类：①现有统计核算可能高估了金融业对 GDP 的贡献。在美国，1997~2007 年商业银行的服务产出至少高估了 21%，由此造成 GDP 被高估 0.3%（Basu 等，2008）[2]。在欧元区，经过银行风险承担调整后，金融业的产出降低了 25%~40%，依据这一做法，英国 2008 年金融业对 GDP 的贡

---

① 资料来源：美国经济分析局，https：//www.bea.gov/data/gdp/gross-domestic-product。

② 资料来源：2011 年 3 月 29 日《金融时报》，https：//www.ft.com/content/14662fd8 - 5a28 - 11e0 - 86d3 - 00144feab49a。

献也会下降 2.5%~3% (Colangelo 和 Inklaar，2010)[3]。②现有 GDP 核算体系没有区分真实经济价值和借贷性、投机性收益，导致 GDP 成为一个有欺骗性的衡量经济的尺度（张宇燕和方建春，2020)[4]。当下的 GDP 核算，没有区分依靠真实收入产生的居民消费和政府投资与依靠借债产生的居民消费和政府投资，没有区分金融市场上为生产进行的融资与为盈利进行的投机炒作。如果 GDP 来自债务拉动，那么国家表面经济增长的背后可能是不断加剧的债务风险。事实上，GDP 之父库兹涅茨在 GDP 设计之初是反对将金融交易中所得的投机性收益列入国民收入中的。③SNA[①] 体系误将金融风险当作金融业实际产出计入了 GDP。由于 1993 年版 SNA 中引入了 FISIM，在 2008 年的金融危机中，面对违约风险和流动性风险上升，银行通过提高利率来应对预期损失的增加，但由此引发的利息收入在 FISIM 框架下被核算为金融业的实际产出，导致风险的积聚被计为 GDP 的增长（黛安娜·科伊尔，2017)[5]。

由此可见，现有研究从 GDP 对金融业的高估、没区分真实经济价值与借贷性和投机性收益及由此而来的债务风险、将金融风险记为 GDP 增长等方面探讨了金融业在创造 GDP 时存在的问题，但还存在以下三个不足：①缺乏对金融统计测度演变过程及 GDP 膨胀逻辑的梳理，没有分析虚拟经济和实体经济财富创造的不同机制；②对于虚拟经济创造 GDP 的路径及方式尚不明确，未对金融、房地产等虚拟经济创造的真实经济价值与借贷性、投机性收益的性质作出区分；③对中国及主要发达国家虚拟经济创造 GDP 的特征及经济虚拟化可能产生的影响缺乏了解。有鉴于此，本文将从以下三个方面展开研究：①基于统计制度视角梳理金融统计测度的演变及 GDP 膨胀的逻辑，分析虚拟经济与实体经济创造财富的不同机制；②基于马克思政治经济学视角考察虚拟经济创造 GDP 的路径与方式，区分虚拟经济产生的真实经济价值与借贷性、投机性收益；③分析主要国家虚拟经济与实体经济的结构特征，发掘经济虚拟化可能产生的隐患。

一、虚拟经济创造 GDP 的逻辑与机制

（一）金融统计测度的演变与 GDP 膨胀逻辑

GDP 对金融的统计测度经历了一个从无到有的漫长演变过程。GDP 在诞生之初是为了衡量一个国家发动战争的经济能力，此时并不包含对金融的统计测度。1664~1667 年的第二次英荷战争促发了对国家经济进行系统性测量的需求。1665 年，统计学的创始人威廉·配第为帮助英国在与荷兰的战争中取得胜利，对英国的土地[②]和收支等经济状况进行了测算，以此评估了英国储备资源资助战争的能力。虽然第二次英荷战争以英国战败而告终，但并未阻止配第继续从国家经济层面对英国的军事防务能力进一步地测算。在接下来的第三次英荷战争期间，配第完成《政治算术》一书，对英国与荷兰等其他国家的经济发展状况进行了比较，估了英国战胜的概率。除威廉·配第外，查尔斯·戴维南特也指出国民经济核算的目的在于支持战争。20 世纪三四十年代，在"二战"的威胁下，英国和

---

① 国民经济账户体系（System of National Accounts，SNA）。
② 威廉·配第此处统计的土地是农民从事农业种植，进而提供粮食、棉被等军事保障的来源，属于实体经济范畴。

美国迫切需要评估自身参战所能支配的经济资源，因此，凯恩斯和库兹涅茨也开展了同样的统计工作。1942年，库兹涅茨进入美国战争生产委员会并首次公布GDP的统计数据。1944年，布雷顿森林会议正式决定将GDP作为测度国家经济总量的重要指标并依托于马歇尔计划的实施在"二战"后的欧洲各国迅速推广开来。由此可见，GDP在发明之初是对国家动员所有资源来生产飞机大炮、导弹坦克、干粮被服等军需物资，从而赢得对外战争的一国实体经济发展水平的衡量。此时，金融业作为各行业的中间投入被排除在GDP的测度范围之外。但在"二战"结束后，GDP开始纳入且逐渐深化对金融的统计测度。首先，投资银行对政治党派的捐助游说促使1968年版SNA将金融业纳入了GDP；其次，1993年版SNA引入"间接计算的银行中介服务产出"的概念，即FISIM，金融业对GDP的贡献得到提升；最后，2008年版SNA针对金融业的重大修订使由金融投机行为产生的财富被完全纳入GDP核算，最终成为衡量经济增长的主要动力之一。

除狭义上的金融业外，房地产也有类似金融业的运行方式。马克思主义学者大卫·哈维在构建城市地租理论时将土地看作是"纯粹的金融资产"，认为其与股票、债券等一样，属于虚拟资本的一种形式。大卫·哈维指出，20世纪以来发达资本主义经济的历次主要危机如1929~1933年大萧条、1973~1974年石油危机乃至2008年金融危机中，都最先出现了房地产市场的崩溃（孟捷和龚剑，2014）[6]。近年来，我国房地产市场出现了相似的情况，房地产金融化、泡沫化倾向较强，许多人购买房屋不是为了居住，而是为了投资甚至投机，房地产泡沫已经成为威胁金融安全的最大"灰犀牛"（郭树清，2020）[7]。从统计制度上来看，房地产的分类有别于建筑业。在SNA产业分类中，建筑业是"门类F"，指普通和专用建筑工程及土木工程的建造。而房地产业是"门类L"，指房地产买卖、租赁、估价、契约管理服务等活动。我国行业分类体系和NAICS（北美产业分类体系）都将房地产业与建筑业进行了单独划分，国际上比较权威的产业分类体系GICS（由标准普尔与摩根斯坦利公司推行）、GCS（由伦敦金融时报推行）等也将房地产业纳入金融业的行业范畴。有鉴于此，参考刘晓欣和张艺鹏（2018）的做法，本文将国民经济活动分为以金融和房地产为核心的虚拟经济、以制造业为核心的第I类实体经济和以服务业为核心的第II类实体经济三大类①[8]。

事实上，GDP的膨胀来自GDP统计核算制度的变化，而统计核算制度的变化源于支撑它的经济学理论发生了变化：国民经济核算理论依据从劳动价值论转变为了效用价值论。马克思②从生产力和生产关系两个不同的角度把劳动区分为生产性劳动和非生产性劳动，因此有了MPS的核算及其发展。20世纪80年代正是西方国家金融自由化、经济虚拟化兴起之时，SNA在加速扩展，与此同时注重生产性劳动核算的MPS却在退出。效用价值论认为，对人有效用的任何事物都有价值。无论是满足生理需要还是心理需要，无论是

---

① 第I类实体经济包括农林牧渔、采矿业、公用工程、建筑业、制造业、批发、零售、运输仓储和餐饮等，第II类实体经济包括信息产业、教育医疗救助、艺术娱乐、旅馆住宿、其他服务和政府服务等。

② 物质产品平衡表体系（The System of Material Product Balance，MPS）反映了生产活动的经济理论。该理论由亚当·斯密（Adam Smith）在200多年以前创立的。在他的《国富论》中，斯密限制了生产劳动的范围，认为价值是由物质生产部门的劳动创造的。众所周知，亚当·斯密之后的一个多世纪，即19世纪后半叶到20世纪前半叶，在发展的世界中，物质生产理论是国民收入概念和估计的理论基础。许多杰出的经济学家接受国民收入的理论基础，并将这一理论原封不动地纳入他们的著作之中。国民收入的基础概念来源于斯密劳动创造价值理论，马克思在此基础上进一步发展形成劳动价值论，为MPS核算提供了理论基础。

有形产品还是无形的服务，无论是人类生产的还是大自然赐予的，效用就是价值。一方面他们继承了古典经济学"土地、劳动、资本共同创造价值的理念"；另一方面又将心理因素引进了价值创造过程。效用论中的效用概念与马克思使用价值概念有本质区别，效用具有主观性，它本质上不是物的性质而是人的感觉。效用价值论用人对某物效用或用处大小的判定来解释价值及其形成过程，被广泛用于研究人与物之间的经济关系。当支撑 GDP 统计核算制度的经济学理论从劳动价值论转变为效用价值论后，GDP 统计核算制度也发生了相应的变化，许多非生产性、具有破坏性的活动也被计入 GDP，以及由实体经济扩张至金融、房地产等虚拟经济中空转及自我循环的危害活动。

（二）虚拟经济与实体经济财富创造的机制区别

GDP 反映了人们当年从事经济活动创造的财富，而虚拟经济在定价机制、创新驱动、运行约束条件、生产周期及货币交易速度等方面的财富创造机制上都与实体经济存在显著的区别，使其往往具备更大的财富创造能力。主要体现在以下四个方面：

第一，定价机制的区别。实体经济采取的是以生产成本为基础的成本加成的定价方式，实体经济中需求方的目的在于消费，因此产品价格受到供需关系的调节，除出现极少数恶劣的自然灾害外，产品价格基本不会暴涨。因为在正常情况下，一旦产品价格上涨，需求方便会转而消费其他价格低廉的替代品，于是该种产品需求下降，供给大于需求的情况下价格回落，刺激需求上升，直至重新达到供求均衡的状态。这意味着，实体经济中价格的上涨幅度是有限的，由此带来的收益也是有限的。但与实体经济不同，虚拟经济采取的是以心理预期为基础的资本化定价方式，心理预期在虚拟经济的价格决定中占据了核心地位。而虚拟经济中需求方的目的在于获利，这就意味着，不同于实体经济的价格上涨导致需求下降，虚拟经济的价格上涨反而会刺激需求上升，因为需求方会将当下的价格上涨看作市场发出的积极信号，以此预期未来还将上涨。于是，为了实现在未来低买高卖中的套利，需求方会进一步增加对产品的需求，推动价格继续上涨。此外，市场上狂热的情绪还会吸引越来越多的人加入需求方的队伍，最终虚拟经济中投机行为的泛滥会使虚拟经济在名义价格下的收益不断地被人为放大，从而产生高于实体经济的财富。

第二，创新驱动的区别。实体经济中要想提高生产效率，获得更高的生产利润，需要依靠科技创新。而科技创新涉及高精尖科研人才的培养、关键核心技术的攻关等。因此，实体经济中企业想要通过科技创新来赚取生产利润往往需要耗费大量的人力资源和财力，付出高昂的研发成本。相比之下，虚拟经济只需通过金融创新便可获取更高的货币利润，而金融创新在实质上并不涉及"卡脖子"关键核心技术的突破，只是对金融杠杆的叠加应用，将贷款通过层层打包便可创新为期货合同、期权合同、MBS、CDO、CDS 等种类繁多但本质不变的新型金融产品。在此过程中，不需要投入大量资金进行技术研发，因而虚拟经济付出的技术成本远低于实体经济，也就为其创造了更大的利润空间。

第三，运行约束条件的区别。实体经济的运行过程烦琐而复杂，通常需要企业家将货币作为交易媒介先购买企业生产经营所需的原材料、劳动力、机器设备等，然后再投入生产。其间涉及研发、管理、库存、运输、销售等多个环节，最后经过"惊险的一跳"才能获得货币收入[9]，在此之前任何一个环节的疏漏都可能导致功亏一篑。相比之下，虚拟经济的价值增殖完全或部分地脱离了物质生产过程，呈现相对独立化态势。虚拟经济只需要投入货币，在短时间内实施多次交易和炒作，无须从事实体经济中企业所需要经历的购买原材料、劳动力、机器设备投入生产以及研发、管理、库存、运输、销售等"为了赚钱而必须干的倒霉事"[10]，就能轻松获取由重复交易和资产价格上涨等带来的货币收入，进而获得更多的财富。

第四，生产周期及货币交易速度的区别。实体经济的货币交易速度受其生产周期的约束，企业常常需要在经历完整而漫长的研发、采购、生产、加工、运输等环节之后才能进行商品的交易，导致产业资本从投入生产到获取利润往往需要较长的时间。相比之下，虚拟经济的货币交易速度不受生产周期约束，理论上能够无限制地提高货币交易速度，从而增加收益，吸引更多的资金进入。除首次交易外，实体经济生产出来的产品的二次交易，如二手车等在二手市场上的流通交易速度也大大低于虚拟经济中股票、债券的二次交易速度。虚拟经济中的股票、债券等产品只需要利用发达的计算机系统和复杂的编程语言，便能在毫秒级别的时间单位里进行金融资产的"高频交易"，从而比实体经济更快地创造出财富。

二、虚拟经济创造 GDP 的路径与方式

（一）虚拟经济创造 GDP 的路径

由于虚拟资本主要有两种增殖方式（见图 1），虚拟经济创造 GDP 的路径有两个：一是为实体经济服务创造 GDP；二是自我循环创造 GDP。如路径一所示，当虚拟经济为实体经济服务创造 GDP 时，虚拟资本参与产业资本循环，增殖方式为 G-（G-W…P…W'-G'）-G'，其中，G-W…P…W'-G'为产业资本循环。马克思认为，产业资本循环需要经过购买、生产和销售三个阶段，在此过程中，产业资本相应地采取货币资本（G）、生产资本（P）和商品资本（W）三种形式。在产业资本循环过程中，资本家首先在市场上购买劳动力和生产资料等生产要素，此时，产业资本由货币资本向生产资本转变：G-W…P。其次，资本家将买入的生产资料投入生产过程，实现由生产资本向商品资本的转化：P…W'。其中，W'表示包含剩余价值的商品资本。最后，资本家将生产得到的包含剩余价值的商品卖出，完成由商品资本向货币资本的转变：W'-G'。其中，G'表示包含着剩余价值的货币。因此当虚拟经济为实体经济服务创造 GDP 时，虚拟资本的增殖是实体经济中购买、生产、售卖三个阶段的统一，是实体经济中物质生产过程与流通过程的统一。马克思和恩格斯指出，"当这些证券的积累表示铁路、矿山、汽船等积累时，它们也表示现

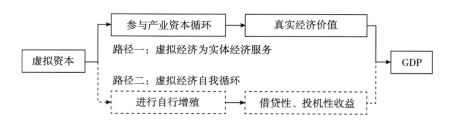

图 1　虚拟经济为实体经济服务和自我循环创造 GDP 的路径

实再生产过程的扩大"[11]。在此过程中，虚拟资本作为实际资本积累的中介，全程服务于实体经济企业生产的各个阶段，提高了社会生产力，产生了真实经济价值、创造出真实财富计入 GDP。

当虚拟经济自我循环创造 GDP（如路径二）时，其理论基础来自马克思对虚拟资本自行增殖 G–G' 的分析。虚拟资本的自行增殖是脱离了实际生产过程的独立的价值增殖过程，表现为资本在虚拟经济内部的空转。马克思指出，追求价值增殖是资本的固有本性。在虚拟资本参与产业资本循环过程中，从货币资本到生产资本再到商品资本等的转化不过都是资本追求价值增殖的结果，而虚拟资本在自行增殖时，则可以跳过那些"为了赚钱而必须干的倒霉事"，绕过产业资本直接追逐货币利润。因此，虚拟经济自我循环创造 GDP 正是虚拟资本长期追求价值增殖的必然结果，但在此过程中，产生的只是借贷性、投机性收益，而非真实的经济价值。

（二）虚拟经济创造 GDP 的方式

虚拟资本追求价值增殖的必然结果是虚拟经济从为实体经济服务创造 GDP 逐渐发展为独立和凌驾于实体经济之上，经由自我循环直接创造出 GDP。此时，虚拟经济的自我循环不再依赖和服务于实体经济的生产过程，而是仅仅在金融和房地产等领域，以投机炒作的社会心理因素为驱动，以单一货币利润最大化为目标，以金融平台为依托，以股票、债券、外汇、房地产、金融衍生品为工具，以重复交易、金融技术、货币投入、资产价格炒作、庞氏债务膨胀等为方式，进行完全或部分脱离实体经济物质生产过程的独立的价值化积累。主要体现在以下五个方面：

第一，虚拟经济可经由重复交易这一自我循环方式创造 GDP。资本市场上一定数量的股票或债券，在它们最初为了实体经济融资而发行和交易的过程中，证券公司和证券交易所收取的印花税、证管费、经手费、过户费、交易佣金等属于为实体经济服务创造的 GDP。然而，欧美等发达国家资本市场中的股票、债券、外汇等成交金额之大已经超过为实体经济融资的范畴，是出自纯粹想要通过低买高卖来实现套利的重复交易。此时重复交易的次数越多，产生的中介费用越多，这些费用被当作金融服务产出计入 GDP，虚拟经济自我循环创造的 GDP 就越大。直观地，现假定炒股等投机性重复交易中各项收费的费率之和为交易额的 0.03%，股市日均交易额为 6250 亿元。其中，为实体经济服务的交易额占比 20%，意在投机套利的重复交易占比 80%。一年 250 个交易日，那么只是在股票市场上，每年仅由重复交易而创造出的 GDP 就高达 375 亿元。如果重复交易创造的 GDP 是真实财富，那么倘若交易频率足够高，几个人之间反复交易同样的股票就可以创造出一个国家的 GDP。

第二，虚拟经济可经由金融技术这一自我循环方式创造 GDP。金融技术的一大代表是资产证券化。资产证券化最早出现在 20 世纪 70 年代的美国住房抵押贷款市场，而后经历了快速的发展。但在 2008 年，由于对这一金融创新的监管缺失，引发了波及全球的次贷危机。在资产证券化过程中，参与机构如发起机构、受托机构、主承销商、资金保管机构、评级机构、会计师事务所、律师事务所等收取的服务费以金融部门和非金融部门产出的形式计入了 GDP。当资产证券化是为了实体经济融资而发起时，这些 GDP 属于真实经济价值。但倘若资产证券化并非为了服务实体经济，而仅仅在虚拟经济领域内自我循环时，其创造的 GDP 就只是借贷性、投机性收益。例如，深房理实施的房屋证券化。现假设深房理等机构按 2% 的利息率将一个年净收入 1000 万元的收入流证券化，那么可得到一个 5 亿元的金融资产，假定在此过程中主承销商等中介按资产价格的 1‰ 收取费用，那么这项资产证券化在不需要为实体经济提供资金的情况下，仅凭在虚拟经济内部的自我循环，就创造出了 50 万元的 GDP。

第三，虚拟经济可经由货币投入这一自我循环方式创造 GDP。自由主义经济学坚持货币中性理论，认为货币增加不会带来真实的经济增长，只能带来物价及资产价格上涨。然而，不同于实体经济中企业需使用货币购买原材料投入生产创造产出，虚拟经济中货币的投入可通过间接测算的金融中介服务（FISIM）的形式直接创造 GDP。SNA 中将提供与存贷款利息费用相关的金融服务称为 FISIM，即金融机构从事存款活动从存款者获得的间接收入与金融机构从事贷款活动从借款者获得的间接收入之和。SNA2008 推荐使用参考利率法核算 FISIM，其计算公式为：FISIM = 贷款额 ×（贷款利率 – 参考利率）+ 存款额 ×（参考利率 – 存款利率）。当存款者因参与实体经济生产活动使其收入上升，导致存款增加和贷款者为实体经济生产活动融资而借入资金，导致贷款增加时，由此产生的 FISIM 是虚拟经济为实体经济服务创造的 GDP，属于真实的经济价值。但是如果存贷款数额的增加纯粹是由于货币投入量增加而导致的，与实体经济中企业的生产经营毫无关联，那么由此核算出的 FISIM 增加即为虚拟经济自我循环创造的 GDP。

第四，虚拟经济可经由资产价格炒作这一自我循环方式创造 GDP。资产价格炒作是虚拟经济中一种常见的投机行为，如炒股、炒房、炒币等。虽然资产价格的上涨本身不计入 GDP，但是针对一定资产价格收取的交易服务费用却可以创造出 GDP。买卖双方针对资产真实价格支付的一系列中介服务费用如信息咨询费、价格评估费、买卖代理费等作为金融服务产出的一部分，是虚拟经济为实体经济服务创造的 GDP。但是近年来，房地产等价格炒作频频发生，在投机者哄抬房价而后倒卖获利的过程中，由虚高的那一部分资产价格产生的交易服务费用不是真实经济价值，而是投机性收益，属于虚拟经济自我循环创造的 GDP。假设一套住宅在炒作下价格上涨了 100 万元，而在此过程中各类中介服务费率之和约为 6%，那么除了基于住宅真实价格收取的 6% 的服务费外，基于 100 万元的泡沫价格收取的 6 万元的服务费就属于虚拟经济自我循环创造的 GDP。假设市场上有 500 万套相同的住宅出售，凭空创造出的 GDP 就可高达 3000 亿元。

第五，虚拟经济可经由庞氏债务膨胀这一自我循环方式创造 GDP。在现实中，规模越大的集团和金融控股公司越容易卷入庞氏债务膨胀的旋涡。这些大型集团的分公司和子公司众多，股权和债权关系复杂，因此往往可以在较长时间内掩盖其真实财务状况，伪装出对 GDP 的积极贡献。在债务的借贷过程中，各大金融机构收取的手续费将直接计为 GDP，倘若借贷资金用于投资实体经济，那么此时的虚拟经济通过为实体经济服务创造 GDP，但倘若借贷资金并不进入实体经济，而是投资于虚拟经济赚取收益，那么此时的 GDP 就是由虚拟经济自我循环创造出来的。直观地，现在假定一家大型煤炭企业通过借新债还旧债的方式运营，在市场上发行新债券融资 10 亿元，其中 5 亿元用于向投资者支付老债券的本息，并将剩余 5 亿元投资于金融和房地产市场，年投资收益率按 10% 计，则一年后该煤炭企业的公允价值变动收益为 5000 万元，将直接以企业利润的形式创造 GDP。如果煤炭行业有 100 家类似的企业，那么这些煤炭企业仅仅通过借新债还旧债，并投资于资本市场，无须从事煤炭开采和加工业务就能创造出 50 亿元的 GDP。

三、虚拟经济与实体经济的结构特征及其风险隐患

（一）主要国家虚拟经济与实体经济 GDP 的结构特征

从表 1 可以看到，1997~2018 年，在中国、美国、英国、德国和日本五个国家中，英国金融、房地产等虚拟经济创造 GDP 的份额排名第一，美国仅次于英国，但中国虚拟经济创造 GDP 的份额增长最快。英国虚拟经济占 GDP 的比重在大多数年份均高于 20%，经济虚拟化和去工业化情况最为严重。美国虚拟经济创造 GDP 的份额在 2018 年达到了19.1%，为 1997 年以来的最高水平，高于中国、德国和日本。历史上英国曾是近代世界工业化的发源国，率先完成工业革命使英国坐上资本主义工业强国的头把交椅，称霸世界达半个世纪之久。然而，后来英国却开始推行去工业化的战略，压缩传统工业，重点发展金融等服务业，金融、房地产等虚拟经济成为经济增长的主要来源之一，美国随即取代英国成为了世界工厂。1997~2018 年，在英美德日四国中，美国虚拟经济占 GDP 的比重仅次于英国，但其涨幅却排名第一，从 1997 年的 15.7%上升到了 2018 年的 19.1%，提高了3.4 个百分点。相比之下，英国和德国分别下降了 0.5 个和 1.6 个百分点，日本仅仅增加了 0.3 个百分点。美国虚拟经济从依附和服务于实体经济逐渐演变为独立和凌驾于实体经济之上，挤压实体经济的生存空间。在此背景下，中国继而接过了世界工厂的接力棒。当下中国制造业规模在全球排名第一，占比将近 30%，是美国、日本和德国之和，同时中国还是全世界唯一拥有联合国产业分类中全部工业门类的国家。但值得注意的是，虽然在过去二十多年里中国虚拟经济占 GDP 比重总体低于美国、英国、德国和日本等发达国家，但却从 1997 年的 8.9%上升到了 2018 年的 14.7%，提高了 5.8 个百分点，增幅达到了美国的将近两倍。从虚拟经济创造 GDP 的规模来看，中国与主要发达国家相比并不突出，但从虚拟经济创造 GDP 的速度来看，中国已远高于美国、英国、德国和日本。中国现阶段尚处于发展中国家行列，未来将向发达国家迈进。考察英美等发达国家中金融、房地产等虚拟经济创造 GDP 的占比，发现普遍高于中国现有水平。因此，倘若我们不能发挥中国特色体制的优势，加强金融监管，及时扼制经济"脱实向虚"的倾向，在成为发达国家的道路上虚拟经济创造 GDP 的占比可能还会上涨。

表 1　1997~2018 年中国与美国、英国、德国、日本的虚拟经济占 GDP 比重　单位：%

年份	中	美	英	德	日	年份	中	美	英	德	日
1997	8.9	15.7	20.8	15.9	15.6	2009	11.7	18.0	20.9	17.0	17.6
2000	9.0	16.8	19.6	15.3	15.8	2012	12.3	17.3	20.7	15.9	17.1
2003	8.9	17.7	19.5	16.4	17.1	2015	14.4	18.5	20.6	15.4	16.4
2006	9.3	18.0	20.5	16.4	17.1	2018	14.7	19.1	20.3	14.3	15.9

资料来源：CEIC 数据库。

在虚拟经济与实体经济创造 GDP 的结构变化上，一个突出的例子来自美国。"二战"结束后，美国取代英国坐上了世界头把交椅，GDP 总量位居全球第一迄今已有 100 多年。然而，在此过程中美国政府在推行金融自由化方面的一系列举措，使得美国 GDP 的结构

在"二战"以来发生了巨大转变。由表2可知,"二战"结束之初,1947年美国金融和房地产占GDP比重仅为2.4%和5.3%,制造业占GDP比重为39.2%,一般服务业占GDP比重为18.8%,此时的美国经济中制造业占据了较大的份额。但随着时间的推移,美国GDP中金融和房地产的占比逐渐上升。1971年,尼克松政府宣布美元与黄金脱钩,终结了布雷顿森林体系,美元开启了货币虚拟化进程(成思危,2016)[12]。而后里根政府开启了一系列的金融自由化改革。1980年,联邦政府颁布了《储蓄机构放松管制与货币控制法案》,解除了存贷款利率上限。1982年,里根又颁布了《加恩-圣杰曼吸收存款机构法》,扩大了银行机构的业务权限。这些法案的相继出台使美国金融和房地产在GDP中的占比迅速上升。1999年,克林顿政府再次推出《格雷姆-里奇-比利雷法案》,废除了主张严格监管的《格拉斯-斯蒂格尔法案》,结束了美国长达66年之久的金融分业经营的历史,开启了银行业、证券业以及保险业之间跨业经营的新纪元,此后美国金融、房地产等虚拟经济迅猛发展,扩张幅度显著大于其所服务的实体经济,最终在2008年引发了席卷全球的金融危机。然而,即便在金融危机后,美国金融和房地产占GDP份额也仅仅是短暂地出现了一个较小的下降,而后又开始了持续扩张。2020年,美国金融和房地产占GDP的比重分别上升至8.9%和11.5%,与"二战"后相比分别提高了6.5个和6.2个百分点。与此同时,制造业占GDP份额却从39.2%下降至16.1%,减少了一半以上,从一般服务业占比的两倍以上下降到不足一般服务业的1/2。总的来看,1947~2020年,美国金融业和房地产占GDP份额从"二战"结束之初不到制造业在GDP中占比的1/5,上涨至高于制造业占GDP的比重。因此,从GDP总量上来看,尽管美国经济仍然位居全球第一,但从GDP构成来看,制造业等实体经济对美国GDP的贡献日渐式微,美国表面繁荣的经济增长缺乏实质支撑,而这一现象在拜登政府下可能仍将继续。众所周知,拜登上台后致力于出台经济刺激政策:2021年1月提出了1.9万亿美元的经济救助计划;3月宣布了超2万亿美元的基建投资计划。而2020年美国的财政赤字就达到了创纪录的3.13万亿美元,公共债务为21万亿美元,相当于GDP的102%,创下了第二次世界大战结束后迄今的最高水平。在此背景下美国多次推出量化宽松,采取了包括将基准利率维持在近0的水平、每月购买包括国债在内的1200亿美元的资产等举措。美联储主席鲍威尔表示,量化宽松将持续至2024年。可以预见,在未来几年内美国的资金仍将大幅流向股票市场、房地产市场等,GDP中由金融和房地产等虚拟经济创造的份额还将继续上升。"二战"之后,美国凭借在汽车、钢铁、飞机等领域的绝对优势成为世界制造业霸主,一跃成为世界第一经济大国并维持地位至今。然而,在美国政府现行的政策下,虚拟经济接下来可能还将继续膨胀,从而导致其制造业等实体经济进一步萎缩。

表2　1947~2020年美国金融业、房地产、制造业及一般服务业占GDP比重　　单位:%

年份	金融业占比	房地产占比	制造业占比	一般服务业占比	年份	金融业占比	房地产占比	制造业占比	一般服务业占比
1947	2.4	5.3	39.2	18.8	1995	6.1	9.1	25.9	31.3
1965	3.7	6.7	36.6	22.4	2005	7.4	10.6	20.4	33.3
1975	4.4	7.0	33.6	25.0	2015	8.0	10.6	17.7	35.7
1985	5.8	8.0	28.7	27.4	2020	8.9	11.5	16.1	35.5

资料来源:BRP。

（二）经济虚拟化的金融危机隐患

虚拟经济的过度发展和实体经济的日益萎缩即为经济虚拟化，其蕴含着爆发金融危机的隐患。虚拟经济遵循基于心理预期的资本化定价，因此内在不稳定性较大。根据资本化定价公式：$C=R/r$，其中，r 为利息率，C 为资产价值，R 为心理预期的收入流。假设利息率保持不变，受投机、炒作等社会心理因素影响，投资者预期未来的收入流会增加，由资本化定价公式可知，资产价值将会上升，而资产价值的上升会使投资者对未来收入流增加的预期得到验证和加强，因而又会上调预期，带动资产价值的又一轮上涨。如此循环往复，在投资者贪得无厌的心理因素驱动下，资产价格会不断攀升，造成风险的积聚，这种价格的飙升之所以蕴含风险的原因在于开弓没有回头箭。随着越来越多的投资者通过借贷、加杠杆等方式参与进来，一旦外界有任何风吹草动，如利空的政策打破了投资者看涨的心理预期，导致资产价格下跌，那么这种下跌同样也会在正反馈效应下得到放大，造成持有资产的迅速贬值。如果在此过程中投资者仅以自有资金进行投资，那么损失可能只仅限于个人。然而，大多数情况下，投资者都是以借贷、加杠杆等方式参与，此时损失将会向金融借贷机构等扩散，而市场上无数个投资者都是如此时，极易引爆金融危机。2008 年美国金融危机就是一个典型例子。早年美国房价上涨吸引了大批中低收入人群借贷买房，而当房价下跌后，次级贷款者们纷纷弃房停供，房贷违约比比皆是，银行、房贷公司等收回的房屋资不抵债，次贷危机全面爆发，美国金融市场上哀鸿遍野，房利美、房地美、住房抵押贷款公司、新世纪金融公司、国际集团、美林公司、雷曼兄弟、华盛顿互惠银行等金融机构无一幸免。此后，尽管美国政府出台了高达 7000 亿美元的金融救市方案，并联合美联储等颁布了一系列财政政策和货币政策来刺激经济，但此后数年美国经济仍深陷衰退。

四、结论及启示

首先，本文基于统计制度视角梳理了金融统计测度的演变，分析了 GDP 膨胀逻辑以及虚拟经济与实体经济创造财富的不同机制；其次，基于马克思政治经济学视角考察了虚拟经济创造 GDP 的路径与方式；最后，利用主要国家数据分析了虚拟经济与实体经济的结构特征以及经济虚拟化的风险隐患，得到以下三个结论：①GDP 在诞生之初并不包含对金融的统计测度，在"二战"之后金融才被逐步纳入 GDP。金融、房地产等虚拟经济被纳入 GDP 从而导致 GDP 膨胀的原因在于国民经济核算理论依据从劳动价值论转变为了效用价值论，而由于财富创造机制的不同，虚拟经济往往能够产生更多财富。②虚拟经济创造 GDP 的路径包括为实体经济服务创造 GDP 和自我循环创造 GDP，前者产生了真实的经济价值，而后者带来的只是借贷性、投机性收益。其中，为实体经济服务创造 GDP 的理论基础是虚拟资本参与产业资本循环来实现增殖，而自我循环创造 GDP 的理论基础是虚拟资本的自行增殖。虚拟经济自我循环创造 GDP 的方式可分为重复交易、金融技术、货币投入、资产价格炒作和庞氏债务膨胀五种。③在英美德日四个发达国家中，美国虚拟经济在 GDP 中占比涨幅最大。"二战"之后至今，美国制造业占 GDP 比例下降了一半以上，金融和房地产在 GDP 中占比从不到制造业的 1/5 上涨至高于制造业在 GDP 中占比。对此，本文指出经济虚拟化蕴含着金融危机的隐患。

有鉴于此，本文得到以下两个启示：

第一，应当坚持实体经济为一国之本。习近平总书记多次强调"中国不能走单一发展、脱实向虚的路子""实体经济是大国的根基，经济不能脱实向虚"。现阶段我国经济已出现脱实向虚倾向，考察发达国家 GDP 中虚拟经济占比发现，它们普遍高于我国当前水平，然而，西方发达经济体经济虚拟化后综合国力的衰落已是不争的事实。因此，我国在由发展中国家向发达国家过渡的过程中，必须坚持发挥中国特色体制优势，矢志不渝地践行金融为公的理念，加强金融监管，防止重蹈英美等发达国家的覆辙。事实上，实体经济是一国经济社会长期发展的根本。一国 GDP 主要是由实体经济还是由虚拟经济支撑，决定了这个国家经济增长的质量和可持续性。GDP 增长固然重要，但一味追求 GDP 总量的增长而忽视形成 GDP 背后的经济活动的性质，往往会掩盖一个国家经济最根本的增长方式，同时会掩盖诸如美国等国家的衰退轨迹，停留在表面的繁荣。一旦资产价格下跌或爆发金融风险，虚拟财富就会瞬间蒸发、化作乌有，对金融稳定和经济安全具有严重的破坏性质。例如，作为高度虚拟化和去工业化的国家，2020 年新冠疫情在美国暴发的结果，在一定程度上揭示了其经济承受能力的问题，这些均不是短期可以解决的，可能导致美国经济因此而衰落。因此，我国未来 GDP 增长应继续依靠实体经济而非金融和房地产等虚拟经济。一方面，通过加快关键核心技术攻关，集中解决一批"卡脖子"问题，推动制造业实现转型升级；另一方面，深化教育、医疗等领域的改革，发挥市场在资源配置中的决定性作用，进一步释放中国经济增长潜力。

第二，应当完善优化 GDP 核算方法。即便现有核算体系试图对价格变化使用 CPI 进行剔除，对物量变化使用产出指标法、平减法（例如，使用 PPI 指数、GDP 平减指数等）和综合法等进行平减，仍然无法改变虚拟经济过度膨胀带来的金融服务产出的增加。即使未来在不变价核算方面采用滚动链式指标方法核算，但其依据仍是物价平减指数的概念。如果使用"金融服务价格指数"从资产价格视角进行平减，而非使用不包括资产的物价指数进行平减核算，理论上可以消除价格变化的影响，但现实中这一指数很难计算或者并不存在。在当前中央部署的三大重要核算中，GDP 核算是重中之重。国内学者正试图从间接测算的金融中介服务产出的分摊、非寿险产出服务的核算、雇员股票期权的核算、居民自有住房服务价值、中央银行服务产出价值等方面，逐步完善 GDP 中虚拟经济增加值核算。在中国质疑 GDP 导向作用的实践走在前列的是天津等市。2017 年，天津市政府针对 2010~2016 年天津金融和房地产在 GDP 中占比逐年上升的情况，主动去除 GDP 泡沫，提倡高质量经济发展战略。2021 年，深圳市发布了全国首个 GEP 核算制度体系，迈入不唯 GDP、强调绿色价值的 GEP 时代。在未来，改良 GDP 的工作仍需继续。

参考文献

［1］安德鲁·霍尔丹，王胜邦，俞靓. 金融体系的贡献：奇迹还是幻觉？（上）［J］. 银行家，2012（9）：88-92.

［2］Basu S., Inklaar R., Wang J. C. The Value of Risk：Measuring the Service Output of U. S. Commercial Banks［J］. Research Review, 2008, 49（1）：226-245.

［3］Colangelo A., Inklaar R. Banking Sector Output Measurement in the Euro Area-A

Modified Approach ［R］. Working Paper Series, 2010.

［4］张宇燕，方建春．GDP 与 IWI：核算体系与人类福祉 ［J］. 经济学动态，2020 (9)：15-29.

［5］［英］黛安娜·科伊尔．极简 GDP 史 ［M］. 邵信芳，译．杭州：浙江人民出版社，2017.

［6］孟捷，龚剑．金融资本与"阶级-垄断地租"——哈维对资本主义都市化的制度分析 ［J］. 中国社会科学，2014 (8)：91-108.

［7］郭树清．坚定不移打好防范化解金融风险攻坚战 ［J］. 求是，2020 (16)：25.

［8］刘晓欣，张艺鹏．虚拟经济的自我循环及其与实体经济的关联的理论分析和实证检验——基于美国 1947～2015 年投入产出数据 ［J］. 政治经济学评论，2018，9 (6)：158-180.

［9］马克思．政治经济学批判 ［M］. 北京：人民出版社，1957.

［10］马克思恩格斯全集（第四十五卷）［M］. 北京：人民出版社，2003.

［11］马克思恩格斯全集（第二十五卷）［M］. 北京：人民出版社，2013.

［12］成思危．虚拟经济概览 ［M］. 北京：科学出版社，2016.

本文转摘自《经济学家》2021 年第 9 期。

重新认识当代宏观经济运行的基本规律

——实体经济与虚拟经济视角

摘要：本文依据虚拟经济理论，构建产业资本与虚拟资本运动逻辑为支撑的"实体经济—虚拟经济"分析框架，考察当代宏观经济运行的基本规律。研究发现：虚拟资本参与产业资本循环与自我循环均创造GDP，前者是真实经济价值，后者是借贷性、投机性收益，会引致经济增长与社会财富创造的背离；虚拟经济就业吸纳能力弱于实体经济，经济虚拟化导致物质生产、价值增殖与就业创造相对独立，就业增长与经济增长呈现非同步性；虚拟经济发展使通货膨胀分化为商品型与资产型，经济价格体系由物价系统与资产价格系统构成；虚拟经济全球化促使国际经济关系由商品贸易主导的物质关系转向虚拟资产交易主导的价值关系，国际收支状态取决于国内实体经济与虚拟经济的生产。

关键词：实体经济；虚拟经济；虚拟资本；自我循环

引 言

虚拟经济的本质是脱离物质生产过程的价值增殖相对独立化，代表着生产关系的新发展。20世纪80年代以来，服务于产业资本循环与商业资本循环的虚拟资本形成自我循环的独立运行机制，虚拟资本运动扬弃实体经济领域职能资本之间的形态转化，在资本本身范畴内实现自我增殖。随着工业化阶段的产业资本、金融资本等资本形态日益向虚拟资本演变，资本增殖服从于产业规律颠倒为虚拟资本支配与主导物质生产体系。虚拟经济在宏观经济层面成为独立的经济形态，并以自身发展的内在逻辑影响着实体经济。

现代宏观经济学始于经济大萧条。凯恩斯开创宏观经济的总量分析方法，形成解释总体经济现象一致、系统的理论框架，指明现代宏观经济学的基本研究方向。然而，凯恩斯主义经济学超脱微观基础的研究范式导致宏微观经济学的隔离，使新古典宏观经济学以经济滞胀为契机，实现古典经济学向主流经济学地位的复归。新古典宏观经济学以典型微观主体为基本分析单位，从经济人假设与理性预期假设出发，在瓦尔拉斯一般均衡理论框架中实现微观与宏观的一体，为现代宏观经济学奠定坚实的微观基础。宏观经济理论作为经济现实的简化，与其形成时期的经济发展状况、经济制度与宏观经济结构密切相关。当代资本主义由工业资本主义迈向金融垄断资本主义（Michael，2021），[1] 在资本积累方式转变下，虚拟经济已经上升为实现资本集中、引导资本配置与调节资本积累的"中枢神经系统"，主导当代资本主义经济运行。虚拟经济形态的产生导致宏观经济结构的变革，削弱形成于工业资本主义阶段的现有经济理论对经济现象与经济问题的解释力，以及经济理论支撑的宏观经济政策的有效性。基于此，本文依据虚拟经济理论，立足当代资本主义的经济实践，构建"实体经济—虚拟经济"二元宏观分析框架，重新认识当代宏观经济在经济增长、就业、通货膨胀与国际收支四个方面的基本运行规律。

本文分为四个部分：第一部分论述经济学分析框架的基本分类；第二部分阐释虚拟资本向虚拟经济跃迁的理论基础，构建"实体经济—虚拟经济"分析框架；第三部分揭示"实体经济—虚拟经济"分析框架下当代宏观经济运行的基本规律，并以美国作为典型资本主义国家代表，阐释宏观经济结构变革下美国的经济运行特征；第四部分是研究结论与政策建议。

一、经济学分析框架的基本分类

现代宏观经济学演化至今，西方主流经济学形成新古典自由主义的一般均衡分析框架与凯恩斯国家干预主义的总需求结构分析框架（刘晓欣和刘骏民，2020）。[2] 由于西方主流经济学局限于现象形态的经济运行规律研究进路，使分析框架持续强化理论的逻辑一致性，却缺乏资本主义动态变化中经济事实的预测、解释能力，在重大经济事件面前频遭范式危机。马克思主义政治经济学提出生产力与生产关系的分析框架，将社会经济运行视为生产力与生产关系矛盾运动的产物（胡磊和赵学清，2018）。[3] 马克思主义政治经济学在唯物史观与唯物辩证法的指导下，基本原理与经济实践的结合持续推动理论创新，揭示不同历史阶段经济运行的一般规律。

经济大萧条期间，新古典经济学的一般均衡分析框架无法解释实际产出与就业的急剧下降，商品市场与要素市场的供给与需求并未在市场机制的相对价格调节下自动趋向均衡。凯恩斯在驳斥充分就业均衡、萨伊定律与货币数量论等新古典理论观点的基础上，提出以有效需求不足原理为硬核的总需求结构分析框架，否定资本主义市场经济自我纠正机制的存在，认为总需求管理政策可以推动产出与就业快速恢复均衡。20世纪70年代经济滞胀产生后，高通胀与高失业率并存的经济现实证明菲利普斯曲线不存在，凯恩斯主义经济学陷入理论与政策的双重危机。新古典宏观经济学引入理性预期假设，广泛采用数学的公理化论证方法，形成微观行为基础与宏观经济关系彻底统一的动态一般均衡分析框架。然而，逻辑一致性持续强化的一般均衡理论，却无法与经济事实保持一致。2008年金融危机爆发后，新古典宏观经济学因遵循市场经济具有自我稳定能力的信念，而否定危机的经济系统内生性，不能预测与解释金融危机的生成机理，且反对政府干预的制度安排。后凯恩斯学派沿袭凯恩斯的不确定性原理与非均衡分析方法，提出以明斯基"金融不稳定性假说"为代表的内生经济周期理论，从内在机制与外部条件两方面给予危机生成逻辑一致的解释，引发宏观经济政策领域凯恩斯国家干预主义的回归。然而，虽然资本主义国家的强力救市政策避免金融体系的崩溃，但未能实现实体经济增长与就业的复苏，危机十年后世界经济仍处于经济衰退中（王璐，2020）。[4] 面对金融危机，维护资本主义制度的西方主流经济学仅具备理论逻辑一致性，却无法与经济事实保持一致，因而不能构成指导经济政策制定的基础。

在马克思主义政治经济学视角下，金融危机源自资本主义国家虚拟经济的过度发展。20世纪80年代以来，在自由放任经济政策、信息技术革命以及美元主导国际货币体系的社会历史条件下，资本日益采取虚拟资本形态体现价值增殖本性，扬弃产业资本主导资本积累阶段资本增殖限制因素的同时，虚拟资本的投机性、寄生性与风险性致使经济动荡频发。虚拟资本行为规律不同于产业资本，工业资本主义时期虚拟资本参与产业资本循环、积累与扩大再生产获取剩余价值，价值增殖与物质生产相统一。金融垄断资本主义阶段，虚拟资本形成独立于产业资本运动的自我循环与自我膨胀机制，以反复转手交易、资产价格通胀、金融技术创新、庞氏债务膨胀等路径实现自行增殖。虚拟资本增长对等债务积累，背离实体经济的债务扩张缺乏实际资本积累基础。信用膨胀至投机性债务与庞氏债务主导宏观债务结构时（陈彦斌等，2018），[5] 经济以金融危机方式强制出清违约债务与恢复虚拟经济介稳状态。本质上，金融危机是虚拟资本回归价值基础的暴力形式。虚拟经济利润获取来源于产业资本实际价值创造活动，虚拟财富价值超过社会已有财富存量与新增财富流量时，虚拟资本增殖空间便因丧失劳动产品与剩余价值支撑而达到上限。信用制度与银行制度无限制满足虚拟经济货币需求，引致信用制度与货币基础、资本积累与价值基础的双重背离，最终以金融危机形式重建虚拟资本运动与虚拟经济财富创造的劳动价值基础。

马克思主义政治经济学与西方主流经济学在经济分析框架上的根本区别，在于独有的经济分类（刘晓欣和刘骏民，2020）。[2] 马克思基于"生产力与生产关系相互作用"的范式硬核，将社会经济活动视为生产力与生产关系的有机统一，生产力与生产关系的矛盾运动推动社会生产方式的变化。马克思明确区分社会经济活动的物质属性及其社会属性，认为正是同一社会经济活动中两种属性之间的相互作用，引起社会经济形态发展与社会经济结构变革。生产力仅是生产方式的物质条件，生产关系才是生产方式的本质（张俊山，2009），[6] "经济范畴只不过是生产的社会关系的理论表现，即其抽象"。[7] 资本主义生产方式具有物质生产与剩余价值生产的二重性，其本质属性是价值增殖过程，"生产的动机就是赚钱，生产过程只是为了赚钱而不可缺少的中间环节"。[8] 因此，资本形态演进方向必然响应资本无限自我增殖的内在逻辑要求。随着商品经济的发展，商品使用价值与价值的内在矛盾外化为商品界与货币的对立统一。社会财富的物质内容由商品表现，而其社会形式由货币表现。货币的产生赋予商品价值独立存在的社会表现形式，使资本脱离物质生产过程进行独立化价值增殖成为可能，资本积累形成现实积累与虚拟积累的双重积累体制。20世纪80年代以来，金融自由化背景下资本主义信用制度高度发展，极大强化虚拟积累的独立性，资本形态演变推动资本积累逐步突破物质生产过程的限制。虚拟资本摆脱物质生产过程的束缚，将一切收入流经资本化囊括进资本范畴，使资本达到在本身范畴内完成价值增殖的最高形态，引发实体经济与虚拟经济的对立。资本主义生产是物质生产过程与价值增殖过程的统一，虚拟经济是价值增殖过程相对脱离物质生产过程的表现形式，代表资本主义生产关系发展的新变化与新阶段。

马克思生产力与生产关系分析框架形成于工业资本主义时期，根植于产业资本主导的大机器生产与工厂制度体系。虚拟经济膨胀导致当代资本主义国家经济结构的变革，由产业资本与虚拟资本运动逻辑支撑的"实体经济—虚拟经济"分析框架，可揭示不同于已有经济分析框架逻辑空间的新经济运行规律。

二、虚拟经济的理论基础与分析框架

（一）虚拟资本向虚拟经济的跃迁

1. 虚拟资本的缘起与扩张

现代生息资本是虚拟资本的起点。生息资本运动的物质前提是产业资本循环，其价值增殖形式为 $G-（G-W\cdots P\cdots W'-G'）-G''$，$G''$ 为 G 与利息的和。借贷资本作为生息资本的直接形式，经由商品生产、流通过程，转化为服务剩余价值生产与实现的职能资本。正是货币转化为资本商品后具有生产平均利润的使用价值，才使货币资本家取得独立于职能资本家的地位，将利润量分割为生产过程外的利息与生产过程内的企业主收入。然而，"在G-G′上，我们看到了资本没有概念的形式"，[9] "是生产更多货币的货币"。[9] 生息资本的运动形式掩盖职能资本的中介作用，资本自行增殖的价值表象造成虚拟资本观念，将"每一个确定的和有规则的货币收入都表现为一个资本的利息，而不论这种收入是不是由一个资本生出"。[9] 生息资本与资本市场的结合派生出虚拟资本的各种形式。在生息资本的场合，资本商品交易中未发生资本所有权的转移，借贷资本家让渡货币资本的支配权并始终持有资本的所有权证书。生息资本的形式颠倒本金与利息的生成次序，利息成为相应资本产生的先决条件，"这总是一种纯粹幻想的观念"。[9] 但资本市场赋予资本所有权证书转移的现实条件，引起虚拟的资本价值的独立运动，形成"代表已积累的对于未来生产的索取权或权利证书"的虚拟资本。[9]

信用和银行制度加速虚拟资本扩张。在资本积累过程中，信用制度既是"资本主义生产方式固有的形式"，"又是促使资本主义生产方式发展到它所能达到的最高和最后形式的动力"。[9] 信用制度的作用存在二重性，一方面，它促进社会资本的积聚与集中分配、节约流通货币与加快资本形态变化、媒介利润率平均化过程、强化再生产过程的弹性，进而使私人资本突破自身的价值增殖界限。另一方面，信用制度仅在资本主义限度内对资本与雇佣劳动的对抗性进行消极扬弃，在缓解资本主义生产方式基本矛盾的同时，"加速了这种矛盾的暴力的爆发，即危机"，[9] 成为"引起危机和欺诈行为的一种最有效工具"。[9] 银行信用制度作为资本积累的主要货币杠杆，畅通社会总资本扩大再生产的同时，推动虚拟资本迅速发展。银行集中流通中闲置的货币资本与一切阶级的收入储蓄形成信用资本，并转化为汇票（债权）、国债（代表过去的资本）、股票（对未来收益的支取凭证）、银行券（没有黄金或准备金保证）等虚拟资本形式，极大地增强了虚拟资本的积累。此外，信用制度使私人资本具有支配社会资本的权利，社会资本的使用者很大部分并非社会资本的所有者，因此虚拟资本的投资者格外贪婪，"越来越具有纯粹冒险家的忙质"，[9] 导致虚拟资本的过度扩张。

2. 货币虚拟化与虚拟经济的形成

货币虚拟化不断增强虚拟资本运动的独立性。货币将商品价值形式的内在对立转化为商品与货币的外在对立，商品的价值在货币上取得独立的社会形式，并衍生货币的社会属性与个别使用价值的矛盾。资本主义商品交易规模和交易范围的日益扩大持续激化货币内在矛盾，货币开启摆脱物质基础与个别使用价值束缚的虚拟化进程。黄金非货币化后货币完全虚拟化，货币的价值不再以货币材料本身的使用价值为基础，完全沦为由社会关系赋予价值的符号。货币价值脱离货币材料本身使用价值的虚拟化过程，是具备抽象性与社会性的商品价值脱离使用价值的过程的延续，造成资本主义生产形成现实积累与虚拟积累的双重积累体制。货币作为资本贷放的前提，是"货币实际上会当作资本使用，实际上会流回到它的起点"，[9] 借贷资本参与现实资本循环运动实现价值增殖。然而，货币资本的贷出与偿还"都表现为任意的、以法律上的交易为中介的运动，它们发生在资本现实运动的前面和后面，同这个现实运动本身无关"，[9] 是法律交易的结果。借贷货币资本的运动具有独立性，不必然参与现实资本运动创造实际价值，借入者可进行消费或纯粹的投机活动。虚拟资本的积累不等于现实资本的积累，"作为纸质副本，这些证券只是幻想的，它们的价值额的涨落，和它们有权代表的现实资本的价值变动完全无关"。[9]

虚拟资本自我循环与自我膨胀构成虚拟经济。资本具有摆脱物质生产过程实现自由逐利的内在逻辑，"生产过程只是为了赚钱而不可缺少的中间环节，只是为了赚钱而必须干的倒霉事"。[8] 虚拟经济的发展正是资本长期追求货币利润最大化的必然结果。虚拟资本是同现实资本相分离的各种凭证，本身无内在价值却有价格。股票、债券等传统虚拟资本具有双重存在，代表现实资本的同时表现为现实资本的所有权证书。由于虚拟资本不代表对执行职能的资本的要求权，仅是"这个资本所实现的剩余价值的一个相应部分的所有权证书"，[9] 因而现实资本的名义价值与虚拟资本的市场价值具有不同的决定方式。虚拟资本的重复交易不改变其所代表的现实资本的价值与用途，虚拟资本的价值"不代表任何资本，或者完全不决定于它们所代表的现实资本的价值"，[9] 具有相对独立的运动形式。金融衍生品的出现使虚拟资本取得双重以上存在，虚拟资本的价格彻底割断与个别现实资本的联系，完全由社会心理预期决定。生息资本沿着借贷资本、股票与债券、金融衍生品等形式的演变，是资本主义生产社会化与价值增殖虚拟化的结果。"随着生息资本和信用制度的发展，一切资本好像都会增加一倍，有时甚至增加两倍"，[9] 同一资本借助虚拟经济活动取得多重存在形式，虚拟资本的快速扩张形成独立于现实资本运动的虚拟经济。资本主义生产方式是物质生产过程与价值增殖过程的统一，虚拟经济是价值增殖过程脱离物质生产过程独立化的社会表现形式。

3. 虚拟经济与实体经济的关联机制

经济虚拟化改变虚拟经济与实体经济的关系。产业资本主导的资本运动中，生息资本与信用制度的发展受到生产过程的约束，其最大限度"等于产业资本的最充分的运用，也就是等于产业资本的再生产能力不顾消费界限而达到极度紧张"，[9] 此时，信用扩张与生产力发展相一致，再生产过程畅通条件下的资本顺利回流是信用持续性扩张的基础。贵金属货币废除后，货币彻底摆脱货币材料本身使用价值的束缚，沦为纯粹的价值符号。货币虚拟化极大增强虚拟资本运动的独立性，金融自由化与金融创新推动虚拟资本的规模与交易量快速膨胀，资本积累日益采取货币与虚拟资本的形式。正是虚拟资本的快速扩张，使虚拟经济取得与实体经济相对独立的地位。根据虚拟资本与产业资本的行为规律，以资本运动方向为参照的虚拟经济与实体经济的关联机制可分为两类：虚拟经济服务实体经济与虚拟经济背离实体经济（刘晓欣和田恒，2021）。[10]

虚拟经济服务实体经济是指虚拟资本通过参与现实资本积累或产业资本循环实现价值增殖。首先，虚拟经济具有资源配置功能。为适应资本主义生产力的发展，信用制度推动金融体系成为现代经济中实现资本集中、引导资本流动与调节资本积累的枢纽。资本通过金融体系进入实体经济，使"每一个工厂主或商人个人无须握有巨额的准备资本，也不必依赖现实的资本回流"，[9] 就可以突破私人资本的价值增殖界限与加快再生产过程。其次，虚拟经济具有价值实现的交换功能。货币与商业票据、支票、汇票等虚拟资本介入商品流通领域与价值的实现、分配过程，加速产业资本循环与压缩产业资本流通时间，有助于生产、分工与交换的不断扩大。最后，虚拟经济具有风险管理功能。金融工具为实体企业提供风险对冲、风险转移甚至风险消除的风险管控机制，极大增强单一经济主体应对不确定性与风险的能力。

虚拟经济背离实体经济是指虚拟资本不参与实际生产过程与独立于现实资本积累进行价值增殖，具体有三种表现形式：①虚拟经济自我循环。资本在金融、房地产等虚拟经济领域内部运作，利用资产价格涨落、反复转手交易、资产证券化、庞氏债务膨胀、投机炒作等方式自我循环，进行不以实体经济为价值决定的自行增殖。虚拟资产价格上涨使资本在观念上实现价值增殖，且资本观念上的获利可转化为货币形态。虚拟经济自我循环产生的利润或货币收入，仅表现为"生产更多货币的货币，是没有在两极间起中介作用的过程而自行增殖的价值"，[9] 不是实体经济扩大再生产与现实资本积累的标志。②实体经济"脱实向虚"。相较于虚拟经济摆脱物质生产的价值增殖方式，实体经济产业资本循环面临着资本主义基本矛盾的制约。一方面，生产相对过剩与有效需求不足引发的经济危机，周期性破坏社会总资本再生产的比例关系；另一方面，资本有机构成的提高促使资本最低限额上升与平均利润率下降，加剧产业资本价值创造与价值实现的困难。因此，大量资本主动游离出生产过程与流通过程，进入虚拟经济领域谋求货币财富。③资本化定价方式泛化。逐利本性驱动下，资本进入流通领域对具有局部稀缺性、潜在垄断性等特征的普通商品进行投机，[11] 利用货币推动商品价格上涨与转让商品所有权获利，将普通商品购买由消费行为转化为追求货币利润最大化行为。普通商品被动进入虚拟经济的运行方式，价格形成机制由成本加成定价与供求决定转为资本化定价与货币数量决定，极大增强商品市场的价格波动性，破坏价格对社会再生产过程的调节功能。

（二）"实体经济—虚拟经济"二元宏观分析框架

虚拟资本演变是逐步脱离现实资本积累的过程。虚拟经济的发展历经闲置货币资本化、生息资本社会化、有价证券市场化、金融市场国际化与国际金融集成化等阶段（成思危，2005），[12] 已成为资本谋求价值增殖的主要领域。实体经济与虚拟经济的宏观经济结构划分，是马克思生产力与生产关系分析框架的历史延伸，是对 20 世纪 80 年代以来资本主义演变的经济实践中，资本呈现的特性与行为规律的抽象总结。产业资本与虚拟资本的运动逻辑与关联机制，内在支撑"实体经济—虚拟经济"的宏观经济分析框架，两类资本形态运行机制的差异导致实体经济与虚拟经济在定价方式、增长动力与约束、货币效能等方面存在显著区别。

第一，定价方式的区别。虚拟经济与实体经济构成的经济系统有两种定价机制，前者采取资本化定价，虚拟资本的价格等于未来预期收入的折现值，后者采取成本加成定价，物质产品与服务的价格以生产成本为基础。差异化定价方式使两类经济子系统中价格具有不同的属性。实体经济中商品交换是经济行为，买方以货币形式的价值交换商品的使用价值，且通过消费商品的物质内容满足需求。因此，实体经济运行表现出供需关系决定与调节商品价格、商品消费遵循边际效用递减规律、商品价格波动存在限值等特性。虚拟经济中虚拟资产交易是逐利行为，买方的行为目的是通过虚拟资产的低买高卖获取货币利润，表现为"买者和卖者之间的一种特有的法律契约的结果"，而非"由生产过程决定的结果"。[9] 因此，虚拟资产价格在社会心理预期的主导下具有正反馈效应，价格波动在群体预期行为中被放大。资本所有权证书的反复交易独立于现实资本运动，虚拟资本价格会脱离其代表的现实资本的价值量，价格机制丧失调节供求关系自动趋向均衡的作用，引致虚拟经济运行的内在不稳定性。

第二，增长动力与约束的区别。实体经济增长依靠于劳动、资本等生产要素投入与技术进步，通过产业资本良性循环进行剩余价值的生产与实现。实体企业必须经过生产要素购买、商品生产、商品销售三个阶段，劳动过程创造的新价值才能以货币资本形式回流至起点。因此，实体企业利润来源受到资本主义生产方式与生产条件的制约，生产周期长、技术创新难度高、一般利润率下降规律、生产社会化与生产资料私人占有的基本矛盾等因素加剧现实资本积累的困难。虚拟经济价值化积累的财富创造方式使货币成为虚拟经济增长的唯一要素，货币是虚拟资本价值增殖的主要动力（刘骏民和刘晓欣，2016）。[13] 虚拟经济自我循环技术的本质是推动货币资金存量与流量膨胀，重复交易、资产炒作、债务膨胀等能够助推货币数量扩张，金融创新能够创造巨额金融资产吸纳与黏滞货币资金，且其简单金融杠杆叠加的创新路径使同一资本取得多重存在形态，极大提升货币要素利用效率。脱离物质生产过程的虚拟经济不受生产成本与资源禀赋的束缚，且金融创新不具有技术创新高研发成本、长研发周期等特点，是以虚拟经济运行的约束条件较少。

第三，货币效能的区别。实体经济中货币维持中性，生产函数因表现为由劳动、资本与技术决定的物质技术过程而存在稳定的生产周期，进而货币交易速度的波动性较弱，货币供给扩张仅会普遍提升物价水平。虚拟经济中货币是非中性的，一方面，虚拟资产不具备相对价格调节供需关系趋向均衡的自动机制。虚拟资产价格上涨会提振社会心理预期与提高可抵押资产名义价值，刺激虚拟资产市场需求的上升，引发货币扩张与资产价格上涨的正反馈循环，产生资本收益。另一方面，虚拟经济中货币直接推动经济增长。如宽松货币政策引发资产价格膨胀与套利交易频率增加，证券机构收取的证管费、过户费、交易佣金等中介费用，以及信用评级机构、会计师事务所、资产评估机构等证券服务机构收取的信息咨询费、价格评估费、买卖代理费等服务费用均会增加，并作为金融服务产出计入当年国内生产总值（GDP）。然而，基于虚拟经济自我循环实现的虚拟资本价值增殖与相关经济活动收入，属于纯粹货币现象的价值化积累，是借贷性、投机性收益而非真实财富创造（刘晓欣和熊丽，2021）。[14]

三、"实体经济—虚拟经济"框架下当代宏观经济运行的基本规律

新古典经济学的研究对象本质上是成本与技术支撑的产品、服务价格体系，忽略以社会心理预期为基础的资本化定价的资产价格体系。实体经济与虚拟经济的理论划分构成新的经济分析框架，可揭示主要资本主义国家经济虚拟化以来，当代宏观经济运行中经济增长、就业、通货膨胀与国际收支等宏观经济议题的内涵变迁。

（一）经济增长的虚拟化

虚拟资本具有分割产业资本剩余价值实现价值增殖的特性。对应至国民经济核算的国民账户体系（SNA）中，GDP核算将虚拟经济活动纳入生产范围，虚拟经济转移实体经济创造的社会已有财富与社会新增财富均被核算为虚拟经济的增加值（赵文和张车伟，2022），[15] 夸大核算期内国家财富增量。虚拟经济服务实体经济的前提下，虚拟经济分割实体经济的货币收入具有物质产品的支撑，属于产业资本循环形成的真实经济价值的组成部分。虚拟经济背离实体经济的背景下，虚拟经济绕过物质生产过程进行自我循环，利用资产价格涨落、反复转手交易、资产证券化、庞氏债务膨胀、投机炒作等方式形成的货币

利润属于借贷性、投机性收益，是不具有实际资本积累支撑的虚拟财富。虚拟经济增加值的产生与 GDP 统计核算制度及其依据的经济理论基础的演变有关。国民经济核算源自国家战争规划的物质生产能力测度需求，早期 GDP 的核算内容是粮食、钢铁、煤炭等物质产品。新古典宏观经济学主导宏观经济理论后，金融自由化加速经济虚拟化，国民经济核算体系的理论支撑由劳动价值论向效用价值论转换。效用价值论认为效用就是价值，效用的主观性将心理因素引入价值创造过程，导致 GDP 统计核算制度在生产性劳动核算基础上，逐步纳入金融、保险、房地产等非生产性的虚拟经济活动。市场经济作为货币表现的价值系统，其认可纯粹以价值形态存在的虚拟资本的财富地位，虚拟资本参与产业资本循环转移的真实经济价值与自我循环产生的借贷性、投机性收益均创造 GDP。然而，虚拟经济自我循环产生的增加值不对应任何物质财富，单纯提升货币供给量即可实现市场经济承认的价值产出与统计意义上的 GDP 增长。虚拟经济脱离物质生产过程的增长模式下，虚拟财富的增加促使 GDP 核算内容逐步偏离社会新增财富，GDP 成为衡量财富创造的欺骗性尺度（张宇燕和方建春，2020）。[16]

美国经济虚拟化使其经济增长由实物资产积累转向虚拟资产积累。布雷顿森林体系崩溃前，美国实体经济 GDP 贡献率维持在 40%~51%，虚拟经济 GDP 贡献率维持在 14%~20%，一般服务业 GDP 贡献率维持在 20%~23%，政府部门 GDP 贡献率维持在 11%~17%（见图 1）。此阶段美国以制造业为核心的实体经济主导经济增长。金融自由化后，美国实体经济 GDP 贡献率由 1980 年的 40.4%下降至 2022 年的 28.4%，下降了 12 个百分点；虚拟经济 GDP 贡献率由 1980 年的 21.8%上升至 2022 年的 33.3%，上升了近 12 个百分点；同期一般服务业 GDP 贡献率维持在 23%~27%、政府部门 GDP 贡献率维持在 11%~15%（见图 1）。美国经济发展呈现实体经济持续萎缩与虚拟经济日益膨胀的背离趋势，虚拟经济已取代实体经济成为后工业化时期美国的核心经济。"二战"后，美国借助制造业成为全球生产中心与利润中心，强大的工业生产能力奠定经济繁荣的物质基础，经济增长内容

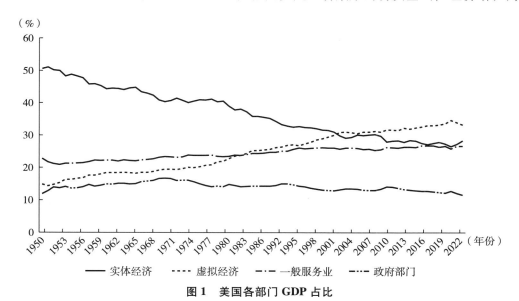

图 1　美国各部门 GDP 占比

资料来源：美国国家经济分析局，https：//www.bea.gov/。

是汽车、飞机、钢铁等促进国民生存发展与代表国家国际政治经济竞争实力的实物产出。不同于实体经济，虚拟经济增加值集中于金融、保险、房地产等领域，由证券和房地产交易的中介费用、银行与证券机构的投资收益、金融和资本交易的税金等构成（赵文和张车伟，2022），[15] 且包括围绕虚拟资产交易的资产评估、会计、信用评级、法律等职业服务业的服务费用。美国金融资产规模从 1980 年的 16 万亿美元增长至 2022 年的 322 万亿美元，同期金融资产规模占 GDP 比重由 5.57 倍上升至 12.63 倍。①随着虚拟经济占 GDP 比重的上升，美国经济增长表现为股票、债券、国债、金融衍生品等虚拟资产的膨胀。现行 GDP 核算制度掩盖美国经济增长脱离实际经济基础的性质，其评估美国经济规模与真实财富创造能力的准确性在下降。

（二）就业陷入"奥肯困局"

虚拟经济与实体经济的就业吸纳能力取决于虚拟资本与产业资本的价值增殖方式。实体经济产业资本循环是物质生产过程与价值增殖过程的统一，具有极强的就业创造效应。劳动者不仅是物质生产中起主导作用的生产要素，更是劳动过程中价值创造的唯一来源。正是劳动力转化为商品成为交换价值普遍化的基础，商品生产才在世界市场全面展开，推动社会生产力快速发展。同时，基于交换与分工协作的社会化大生产中，维系产业资本三种形态的空间并存性与时间继起性是资本积累扩大再生产的先决条件。因此，产业资本的一次周转代表多个生产部门与流通部门若干资本的循环运动，使以现实资本积累为核心的实体经济增长与就业增长基本同步（刘骏民，2011）。[17] 然而，资本雇佣工人阶级进行生产"只是为了赚钱而必须干的倒霉事"，[8] 虚拟经济作为资本摆脱物质生产过程企图无限增殖的产物，具有较弱的就业创造效应。主要体现在以下两个方面：①不同于实体经济增长依赖于劳动力等生产要素投入与技术进步，虚拟经济增长以货币为基础动力，金融创新的目的是提升虚拟经济领域的货币资金规模与货币利用效率，通过资产价格上涨获取货币收入。②虚拟经济扩张过程具有排斥劳动者的倾向，一方面，虚拟资本自我循环服务于货币利润最大化的资本增殖目标，而非生产力发展与就业增长的经济目标，虚拟经济活动脱离真实价值创造会减少经济活动对劳动者的需求；另一方面，虚拟经济是生产社会化转向资本社会化的结果，为掩盖资本剥夺劳动的资本主义经济制度的本质，虚拟资本通过远离劳动过程占有社会劳动创造的价值。当金融自由化后，虚拟经济的投机性、垄断性与寄生性不断加强，对生产过程中活劳动创造的新价值的分割比例持续上升，导致劳动收入份额的下降与金融业利润的攀升，极大削弱经济增长的就业创造能力。

美国去工业化且经济虚拟化扭曲经济增长与就业创造之间稳定的正向关系。2000~2021 年，美国实体经济、一般服务业与政府部门 GDP 增长率与就业增长率保持强同步性，在整体上表现同向增减特征；虚拟经济 GDP 增长率与就业增长率呈现弱相关性，如2007~2010 年虚拟经济就业持续负向增长，而虚拟经济 GDP 仅在 2008 年负向增长，2009年先于实体经济实现强劲复苏（见图2）。正是虚拟经济与实体经济的结构失衡，导致新古典经济增长理论中经济增长与就业增长一致的推论失效。2008 年金融危机后，美国经济出现"无就业经济增长"，甚至"失业型经济增长"。原因在于，美国多轮量化宽松政策释放的货币资金进入虚拟经济领域，推动虚拟资产规模膨胀与交易活跃，促使虚拟经济快速恢复至危机前的水平。与虚拟经济相反，美国制造业利润率并未获得实质性恢复，实体经济持续低迷。因此，危机后美国经济增长的复苏由虚拟经济增长主导，引致宏观经济回暖背景下就业无增长的"奥肯困局"现象（张晨和冯志轩，2016）。[18] 在新冠疫情冲击下，美国 2021 年 GDP 增长率达 5.9%，远高于 2000 年以来经济平均增长率，但美国就业规模较 2019 年同比下降 3%。

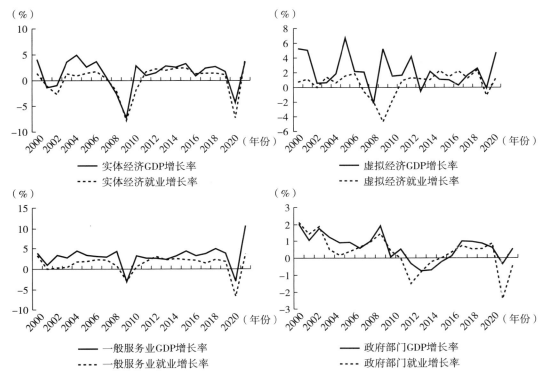

图 2 美国各部门 GDP 增长率与就业增长率

资料来源：美国国家经济分析局，https：//www.bea.gov/。

宏观经济结构变革使美国经济增长与就业增长不具有同步性的原因在于，实体经济、虚拟经济与一般服务业经济增长贡献能力与就业吸纳能力的不对称性。2000~2021 年，美国实体经济就业创造占比由 25.21% 下降至 20.63%，虚拟经济就业创造占比由 17.86% 上升至 19.92%，一般服务业就业创造占比稳定在 44% 上下浮动，政府部门就业创造占比稳定在 17% 上下浮动（见图 3）。同期，美国实体经济就业者人均 GDP 创造由 9.35 万美元上升至 20.27 万美元，虚拟经济就业者人均 GDP 创造由 13.45 万美元上升至 26.14 万美元，一般服务业就业者人均 GDP 创造由 4.83 万美元上升至 9.41 万美元，政府部门就业者人均 GDP 创造由 5.73 万美元上升至 11.55 万美元（见图 4）。在美国经济部门中，虚拟经济属于低就业创造、高价值创造（GDP）部门，一般服务业属于高就业创造、低价值创造（GDP）部门，实体经济的价值创造（GDP）能力与就业贡献度分别低于虚拟经济与一般服务业。美国长期去工业化的经济结构转型，形成虚拟经济支撑经济增长与一般服务业支撑就业增长的经济运行模式，实体经济不再是经济增长与就业增长的首要部门。可见，虚拟经济脱离物质生产过程直接追求货币资本增殖的方式，使物质生产、价值增殖与就业创造之间相对独立，造成"奥肯定律"失效。

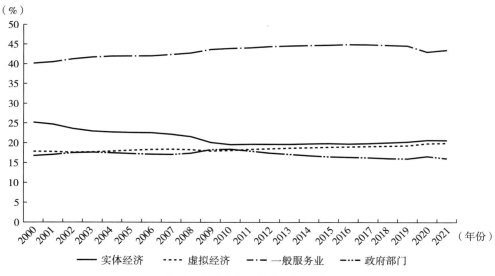

图3 美国各部门就业创造占比

资料来源：美国国家经济分析局，https：//www.bea.gov/。

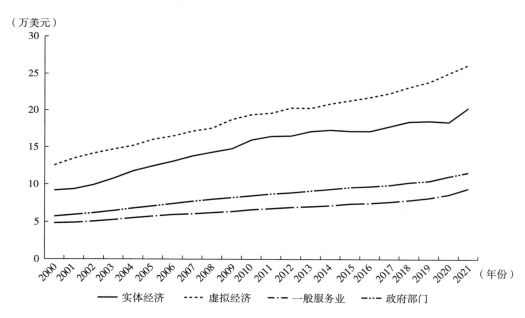

图4 美国各部门就业者人均GDP创造

资料来源：美国国家经济分析局，https：//www.bea.gov/。

（三）通货膨胀的结构性运行

宏观经济结构分化引致通货膨胀呈现结构性特征。资本主义实际资本积累陷入停滞与生产率下行，催生虚拟经济扩张与食利者阶层复兴（李连波，2020），[19] 虚拟经济成为过剩货币资本的吸收渠道，大量货币与货币资本采取虚拟资本形态进行增殖，推动股票、债券、金融衍生品等虚拟资产的规模膨胀。虚拟经济运行的约束条件远少于实体经济，在虚拟经济自我循环机制下，虚拟资产供给规模远高于实体经济的真实产出供给规模，导致经济体系价格运行表现为商品供求决定的物价系统与社会心理预期决定的资产价格系统。货币数量论形成于工业资本主义时期，研究对象是实体经济中货币与商品、劳务价格的互动关系，通货膨胀界定为一般物价普遍持续上涨的货币现象，且由消费物价指数（CPI）映射实体经济价格水平。虚拟经济成为独立经济形态后，媒介虚拟资产交易与持有虚拟资产的货币需求分流货币供给，虚拟资产交易速度、交易规模与交易价格的上升均会增强虚拟经济的货币需求。货币在虚拟经济与实体经济两大部门的配置，使货币交易方程式中货币供给与产出价格的总量对应演变为货币供给与产出价格和资产价格的结构关联。基于通货膨胀作为货币供给超经济增长的货币现象的视角，在现代经济体系中，通货膨胀内涵演变为商品交易领域的商品型通货膨胀与虚拟资产交易领域的资产型通货膨胀（程恩富和方兴起，2014）。[20] CPI 作为一篮子商品、服务价格变化分类编制的传统通货膨胀的锚定指标，不能测度资产价格偏离基础价值大幅上涨的资产型通货膨胀。

美国虚拟经济膨胀扰乱货币供给与物价的传统关系。1980~2007 年，美国广义货币供给量（M2）年均增长 6%，金融资产总量年均增长 9.23%，股指年均增长 10.27%，房价年均增长 4.93%，CPI 年均涨幅仅 3.11%，经济价格体系呈现物价低位稳定运行与资产价格高位波动的结构性格局（见图 5，下同）。虚拟资产的规模扩张与价格膨胀极大提升虚拟经济交易货币需求与储存货币需求，推动其分流货币总供给与虹吸实体经济货币资金（罗富政等，2019），[21] 隔断货币总供给与 CPI 度量的商品型通货膨胀的直接关系。虚拟经济的货币分流与 CPI 对通货膨胀的统计度量，在美国物价长期低通胀稳定运行的宏观经济背景下，掩盖资产价格高度偏离基础价值的资产型通货膨胀的形成，导致金融危机的爆发。2008 年美国资产价格泡沫破灭后，实施多轮量化宽松政策刺激经济增长。2008~2014年，美国 M2 年均增长 6.64%，CPI 年均涨幅仅 1.91%，实体经济短期通货紧缩后物价企稳回升且低位运行。原因在于新增货币供给大量流入虚拟经济，使其先于实体经济复苏，虚拟资产规模与价格快速恢复至危机前水平。2009~2014 年，金融资产总量年均增长 5.73%，

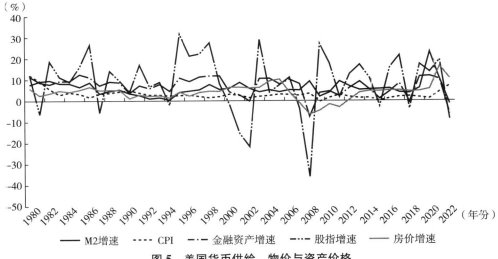

图 5　美国货币供给、物价与资产价格

资料来源：美联储，https：//www.federalreserve.gov/。

股指年均增长 16.15%，房价年均下降 0.05%。然而，虚拟经济削弱货币总供给对商品型通货膨胀冲击的同时，在虚拟经济内生货币创造机制下，虚拟资产规模与价格下行会推动虚拟经济流动性向实体经济的反向溢出。新冠疫情期间美国无限宽松货币，2020 年狭义货币供给量 M1 增长 343.79%，CPI 仅为 1.2%，金融资产规模与价格大幅上涨。2022 年美国退出量化宽松政策，大幅提升利率与缓慢缩减央行资产负债表显著冲击金融市场，金融资产总量、股票价格依次下降 6.84%、9.72%，虚拟经济流动性溢出加大实体经济通胀压力，使 CPI 攀升至 8%。

（四）经济结构决定国际收支

宏观经济体系中实体经济与虚拟经济的相对结构决定国际收支状况。新古典自由主义将一般均衡分析范式向国际经济领域延伸，认为汇率作为货币的外部价格，汇率自由浮动将使国际贸易自动趋于均衡。然而，经济发展实践与理论逻辑结论不一致，金融自由化以来全球经济失衡与贸易失衡持续扩大，汇率丧失国际收支的调节能力。国际经济交往是国内经济活动的空间延伸，国内生产决定国际交换的对象及其规模。工业资本主义时期，实体经济生产力快速发展使商品过剩取代商品供给缺乏，对外净输出商品成为工业化国家化解生产过剩与延缓经济危机的必然选择。资本主义进入金融垄断阶段后，虚拟经济背离实体经济过度膨胀，虚拟资产规模远大于物质产品规模。虚拟经济全球化促使国际经济关系由商品贸易主导的物质关系转向虚拟资产交易主导的价值关系。国际市场中资本流动不再服务于商品流动，国际贸易表现为实体经济具体生产过程决定的国际间商品与服务交换，国际金融表现为虚拟经济虚拟资本增殖过程决定的国际间价值创造与分配，且国际资本流动支配国际商品流动。

经济虚拟化国家实体经济生产力不足引发需求性缺口，须利用全球实体经济资本积累与循环运动中生产的商品、服务与资源满足本国物质需求，必然导致国际贸易逆差。同时，经济虚拟化国家虚拟经济扩张使虚拟资产不断膨胀，可交易与可供出口金融资产规模持续上升。货币是市场经济价值关系的载体，虚拟资产的境外需求高度依赖主权货币的国际地位。主权货币是世界货币的国家，可以借助本币在国内市场与世界市场之间的自由流通，一方面，输出本币与本币计价金融资产，满足非国际货币发行国国际贸易计价结算、资产计价结算与央行外汇储备的货币需求，交换国际资本流入以维持虚拟经济稳定；另一方面，将虚拟经济的货币收入转化为商品与服务的国际购买，填补境内实体经济萎缩造成的物质产品供给不足，以及维持币值稳定与国内物价稳定。

美国去工业化且经济虚拟化导致国际收支长期失衡。1960~1970 年，美国国际收支格局为经常项目顺差与金融项目逆差；1971 年布雷顿森林体系崩溃后，美国对外经济交往在 70 年代出现经常项目与金融项目各五年顺差与五年逆差，且经常项目于 1982 年进入持续逆差、金融项目于 1983 年进入持续顺差（见图 6）。美国国内核心资本积累形式由现实资本积累转向虚拟资本积累，促使美国产业空心化程度不断加深。1950~1970 年，美国实体经济增加值规模占 GDP 的比重为 41%~51%，制造业增加值规模占 GDP 的比重为 23%~27%，2021 年两者降低至 27%、11%。美国境内消费品工业与资本品工业生产能力减弱，消费品与资本品的需求性缺口均依赖境外供给（乔晓楠和杨成林，2013）。[22] 同时，美元霸权赋予美国垄断国际货币金融体系中信用创造的权力，美元与美元金融资产可以向世界市场大量输出，满足国际间贸易、投资与债务支付的货币需求。美国形成"商品—美元—虚拟资产"的货币国际循环机制，通过经常项目逆差输出美元与金融项目顺差引入美元，同时获取全球实体经济大循环中产生的物质产品与剩余价值。美元霸权是美国失去国际生产中心地位后，依然维持国际资本积累与价值分配中心地位的原因，且利用国际资本的自由流动使虚拟经济系统在自组织作用下达到相对稳定。但虚拟资本的内在不稳定性决定虚拟经济易为外部冲击所扰动，产生金融危机或通货膨胀。

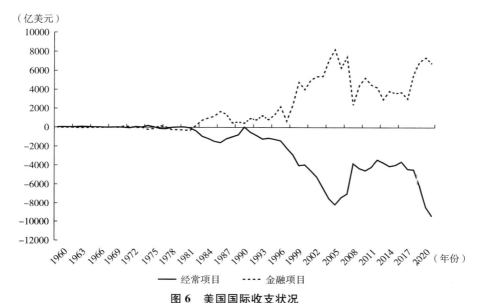

图6　美国国际收支状况

资料来源：美国国家经济分析局，https：//www.bea.gov/。

四、研究结论与政策建议

　　本文依据虚拟经济理论，构建产业资本与虚拟资本运动为逻辑支撑的"实体经济—虚拟经济"分析框架，考察当代宏观经济运行的基本规律。研究发现以下四个问题：①经济增长与社会财富创造相背离，虚拟经济自我循环产生的借贷性、投机性收益削弱GDP的真实财富衡量能力，经济增长内容趋向虚拟财富。②就业增长与经济增长非同步，虚拟经济就业吸纳能力弱于实体经济，经济虚拟化导致物质生产、价值增殖与就业创造相对独立。③通货膨胀结构化运行，经济价格体系由商品供求决定的物价系统与社会心理预期决定的资产价格系统构成，通货膨胀分化为商品型与资产型。④国内经济结构决定国际收支，虚拟经济全球化促使国际经济关系由商品贸易主导的物质关系转向虚拟资产交易主导的价值关系，国际交换的对象及其规模取决于国内实体经济与虚拟经济的生产。基于研究结论，本文针对中国宏观经济调控提出以下四条建议。

　　第一，国家财富积累以实体经济为根本源泉。市场经济作为货币表现的价值系统，其认可纯粹以价值形态存在的虚拟资本的财富地位，虚拟经济直接创造GDP。然而，虚拟经济自我循环的财富创造偏离真实财富增长，物质基础的缺失使虚拟财富具有高风险性、不稳定性与不可持续性，背离实体经济的虚拟财富创造蕴含经济金融危机的隐患。实体经济作为国民经济的根基,对于经济高质量增长、现代产业体系构建与科学技术创新具有载体地位。因此,政府应有效干预实体经济与虚拟经济的结构,维护实体经济的主导性、工业系统的完整性与制造业比重的稳定性,保持以实体经济为核心的经济增长模式,使经济增长与社会财富创造相一致。

第二,协调实体经济与虚拟经济的二元关系,构建就业增长的"双引擎"。实体经济以劳动为核心生产要素,实体经济增长与就业增长具有联动效应。政府应强化虚拟经济对实体经济的服务功能,提升实体经济的就业吸纳能力。宏观视角下,虚拟经济应增加长期资本供给,助力实体经济培育战略性新兴支柱产业与提升制造业供给体系质量,以产业创新与产业结构更新推动就业增长。微观视角下,虚拟经济应满足实体企业资金融通、风险管理、支付清算等需求,尤其是中小企业与个体户,以企业发展带动就业扩张。同时,金融、房地产等虚拟经济产业及其相关的法律、会计、资产评估等职业服务业具有一定的就业吸纳能力,应在更好地服务实体经济的基础上,增加虚拟经济的就业岗位。此外,政府应缩小实体经济与虚拟经济的部门收益率差距与薪酬差距,引导高素质劳动力流入生产性、创造性的实体经济部门,优化两部门间的就业结构。

第三,货币政策锚定物价与资产价格,将资产价格纳入通货膨胀范畴。货币供给由实体经济与虚拟经济吸收,实体经济的货币量分为媒介商品交易与银行储蓄两部分,虚拟经济的货币量分为媒介虚拟资产交易与虚拟资产两部分。货币的超经济发行在实体经济领域表现为物价的普遍持续上涨,在虚拟经济领域表现为资产价格泡沫的生成与扩大,两者均是货币现象且影响币值稳定与价格稳定。因此,通货膨胀的概念界定与指标度量应囊括股票、房地产、债券等虚拟资产,同时测算物价通胀率与资产价格通胀率,实现经济价格体系的整体稳定。同时,央行应监测与管控经济系统的货币流向,构建以货币流向划分的货币分层体系。依据同质货币的经济系统内部异质流向划分货币层次,可以在货币流量存量核算的基础上,实现货币政策对物价水平与资产价格的有效调控。

第四,坚持人民币汇率的自主性与可控性。在虚拟经济全球化的背景下,国际市场中虚拟经济的资本流动规模已经远超实体经济的商品流动规模,主权货币的国际供给与需求由商品价格决定扩展到商品价格与资产价格共同决定。在影响汇率水平变动的因素中,虚拟资产的价格波动与投资者的心理预期高于商品的价格波动,国际投机资本极大削弱汇率对国际贸易的平衡能力。美国国际贸易巨额逆差与国内实体经济就业岗位流失的根本原因是宏观经济结构的虚拟化,指控中国汇率操纵不具备经济理论依据与经济实践支持。目前,中美战略博弈持续激化,汇率作为应对外部金融冲击的核心机制,人民币汇率形成机制的演进应结合市场导向与金融安全、国家安全。在人民币汇率制度迈向自由浮动的进程中,中国应采取监控跨境资本流动、适当外汇干预与合理资本账户管制等措施,始终保持人民币汇率的自主性与可控性。最优汇率制度选择是中国的主权,不能受到美国的裹挟。

参考文献

[1] Michael H. Finance Capitalism Versus Industrial Capitalism: The Rentier Resurgence and Takeover [J]. Review of Radical Political Economics,2021,53(4):557-573.

[2] 刘晓欣,刘骏民. 虚拟经济的运行方式、本质及其理论的政策含义——马克思逻辑的历史延伸 [J]. 学术月刊,2020,52(12):42-56.

［3］胡磊，赵学清．马克思主义政治经济学的根本方法和具体方法——纪念马克思诞辰 200 周年［J］．经济学家，2018，237（9）：12-21.

［4］王璐．危机的理论与理论的危机：马克思经济学的视角［J］．南开经济研究，2020（4）：3-23.

［5］陈彦斌，刘哲希，陈伟泽．经济增速放缓下的资产泡沫研究——基于含有高债务特征的动态一般均衡模型［J］．经济研究，2018，53（10）：16-32.

［6］张俊山．对经济学中"资源稀缺性"假设的思考——兼论资源配置问题与政治经济学研究对象的关系［J］．甘肃社会科学，2009，179（2）：40-46.

［7］马克思恩格斯文集（第一卷）［M］．北京：人民出版社，2009.

［8］马克思．资本论（第 2 卷）［M］．北京：人民出版社，2004.

［9］马克思．资本论（第 3 卷）［M］．北京：人民出版社，2004.

［10］刘晓欣，田恒．虚拟经济与实体经济的关联性——主要资本主义国家比较研究［J］．中国社会科学，2021，310（10）：61-82，205.

［11］张成思．普通商品金融化的形成逻辑［J］．中国人民大学学报，2021，35（4）：74-85.

［12］成思危．虚拟经济探微［J］．管理评论，2005（1）：3-8.

［13］刘骏民，刘晓欣．经济增长理论创新及其对中国经济的实践意义——兼论如何重开中国经济高增长之门［J］．政治经济学评论，2016，7（6）：74-112.

［14］刘晓欣，熊丽．从虚拟经济视角看 GDP 创造的逻辑、路径及隐患［J］．经济学家，2021，273（9）：31-40.

［15］赵文，张车伟．中国虚拟经济及其增加值测算——基于国民收入来源的视角［J］．中国社会科学，2022，320（8）：124-142，207.

［16］张宇燕，方建春．GDP 与 IWI：核算体系与人类福祉［J］．经济学动态，2020，715（9）：15-29.

［17］刘骏民．经济增长、货币中性与资源配置理论的困惑——虚拟经济研究的基础理论框架［J］．政治经济学评论，2011，2（4）：43-63.

［18］张晨，冯志轩．再工业化，还是再金融化？——危机后美国经济复苏的实质与前景［J］．政治经济学评论，2016，7（6）：171-189.

［19］李连波．虚拟经济背离与回归实体经济的政治经济学分析［J］．马克思主义研究，2020，237（3）：87-95.

［20］程恩富，方兴起．基于席勒资产价格分析重新界定通货膨胀［J］．福建论坛（人文社会科学版），2014，260（1）：26-31.

［21］罗富政，罗能生，侯志鹏．货币供给与通货膨胀的背离——基于虚拟经济虹吸效应的解释［J］．经济学动态，2019，699（5）：57-72.

［22］乔晓楠，杨成林．去工业化的发生机制与经济绩效：一个分类比较研究［J］．中国工业经济，2013，303（6）：5-17.

本文转摘自《当代经济研究》2024 年第 4 期。

实体经济、虚拟经济及关系研究述评

摘要：文章阐述了实体经济、虚拟经济研究中具有代表性的概念，梳理了实体经济与虚拟经济关系"稳定论"和"背离论"两种观点的描述；归纳了虚拟经济与实体经济的基本统计核算方法与测度指标；揭示了引发美国金融危机和欧洲债务的根本原因是虚拟经济与实体经济的失衡；在此基础上，对研究观点进行了述评，并得出了如何理解和处理实体经济与虚拟经济两者关系的启示以及未来研究展望。

关键词：实体经济；虚拟经济；稳定论；背离论；统计测度；金融危机

引 言

美国次贷危机给美国经济造成重大打击，历经 8 年，至今仍难以恢复，很多美国学者都意识到这与美国金融业长期过度繁荣有关，美国金融危机和欧洲债务危机也严重冲击了我国以制造业为基础的实体经济，使我国制造业出口困难，不少制造业资本转向金融和房地产市场，造成"虚拟经济火爆，实体经济艰难"的情况。实际上，无论是将金融危机归咎于"金融监管缺失"还是"衍生品交易过度"，或是"长期金融自由化"导致"虚拟经济过度发展"等等，都是希望从理论上寻求实体经济与虚拟经济的某种良性互动关系。区分实体经济和虚拟经济并非区分"真经济"和"假经济"，而是区分两种不同的经济运行方式和经济模式。如果以实体经济和虚拟经济运行方式进行经济模式分类的话，中国和德国等是以实体经济为主的国家，美国和英国等则是以虚拟经济为主的国家。深入理解市场经济条件下实体经济与虚拟经济之间的逻辑关系，了解实体经济和虚拟经济范畴及两者关系的研究，对制定中国实体经济和虚拟经济良性互动条件下的经济稳定增长的战略、政策及制度具有重要意义。

一、实体经济与虚拟经济的含义

（一）实体经济含义

2008 年金融危机后国内外学者、业界人士和政府机构均频繁地使用"实体经济"这一概念，但实体经济的含义是什么？包含哪些部门？则众说纷纭，莫衷一是。

美联储在次贷危机后，频繁地使用"实体经济"这一经济学词汇。美联储定义的实体经济是指除去房产市场和金融市场之外的部分就是实体经济。从美国经济数据构成来看，包括制造业、进出口以及零售销售等在内的部分被美联储笼统地概括为"实体经济"，可见，美国是将房地产和金融业界定为"非实体经济"，而除此之外的则被统称为实体经济。如果用二分法将整体经济划分为实体经济和虚拟经济两个部分，那么美国就是将房地产和金融业划归到所谓的虚拟经济，这一划分与国内学者所界定的虚拟经济主要包括金融和房地产的含义是基本吻合的。金融时报辞典（Financial Times Lexicon）将实体经济定义为：实际生产商品和服务的经济活动，而与另一部分只在金融市场上进行买卖行为经济活动相对应的则是非实体经济。经济术语（Economic Glossary）认为，实体经济是指与商品、服务和资源相关的经济活动，这部分经济活动是通过使用各种资源来生产商品和服务以满足人们的生活需求。

在西方经济学中实体经济（Real Economy）范畴源自实际变量，与其相对应的范畴是名义变量。两者的差别主要在于是否包括物价变动，是否受到货币总量的影响。人们所熟知的实际价格和名义价格、实际 GDP 和名义 GDP 等概念范畴的对立，都是以是否包括货币价格波动为核心的。在这方面，围绕着货币中性与否的讨论，是宏观经济学、货币经济学和金融学的核心论题。在西方经济学理论体系中，实体经济（Real Economy）也与名义经济（Nominal Economy）、符号经济（Symbol Economy）、货币经济（Monetary Economy）以及金融经济（Financial Economy）相对应，实体经济和这些经济形态的区分往往是以是否计入 GDP 作为衡量标准。

在国际通行的 SNA 核算系统中，"实体经济"（Real Economy）包括第一、第二产业，按美国商务部的 15 部门大类划分：农林牧、采矿、公共产品、建筑、制造、批发、零售、交通仓储 8 个部门属于实体经济；金融房地产、职业服务业、信息、教育医疗、餐饮娱乐、其他服务业以及政府服务业 7 个部门属于服务业。金碚（2012）指出，广义的实体经济包括第一产业、第二产业和第三产业中直接服务业和工业化服务业[3]。在工业化时期，实体经济的核心和主体部分是第二产业特别是制造业。吴秀生和林左鸣（2006）认为，实体经济仅仅包括物质生产，连某些基本的服务也不算实体经济，服务业属于广义虚拟经济[4]。宋超英和王宁（2010）认为，实体经济是指物质资料的生产、销售及直接为此提供劳务所形成的经济活动，与资金循环与周转等经济现象密切相关，主要包括农业、工业、商业、建筑业及交通运输业等产业部门[5]。刘晓欣（2011）根据马克思的"物质生产与非物质生产分类"，借鉴 MPS 中的"物质生产"理念来界定狭义的实体经济范围，其目的是强调实体经济财富的物质特性，突出虚拟经济财富的虚拟性和泡沫性，实体经济包括工业、农业、建筑业、运输业和商业以及相关的物质生产活动[6]。在工业化时期，实体经济核心和主体部分是工业中的制造业，这是经济增长的主要动力；广义实体经济是指扣除虚拟经济（金融房地产和职业服务业）外的其他产业，包括第一、第二产业，还有部分第三产业。

成思危（2003）认为，从物质生产角度定义实体经济[2]。马克思论述资本循环过程：首先用货币资本通过交换去雇用工人，购买原料、机器，建厂房，其次通过生产变成产品，产品通过流通变成商品，商品经过交换才能再变成货币。这一过程就是实体经济（Real Economy）。总而言之，实体经济就是与具体的产品生产及为增加产品价值的经济活动。刘骏民（2003）不主张从行业区分的角度来定义实体经济[1]，认为实体经济是以成本和技术支撑的价格体系，而虚拟经济则是以观念支撑的定价方式。实体经济领域内的货币收入是通过实物产品及其服务的生产和流通来实现的，实物产品成本的稳定性决定了其价格的相对稳定；而虚拟经济领域内的货币收入是通过虚拟资产的衍生和交易实现的。虚拟经济与实体经济两个子系统彼此独立运行而又统一在一起。

虚拟经济与实体经济

（二）虚拟经济含义

"虚拟经济"一词是从马克思的虚拟资本延伸而来的，在国外的类似提法有"Fictitious Economy""Virtual Economy"等，虚拟经济的研究提出了美国和英国正在经历"经济虚拟化"的观点。在国外类似的研究有美国经济学家麦金农的"美国正在经历去工业化"的提法，以及关于发达经济正在经历"金融化"的提法。虚拟经济概念的提出及理论架构的建立，是中国学者一项重要的经济学理论创新，但虚拟经济的含义众说纷纭、莫衷一是。目前权威性观点有：成思危（2003）认为，虚拟经济是指与虚拟资本以金融系统为主要依托的循环运动有关的经济活动，简单地说就是直接"以钱生钱"的活动[2]。关于"循环运动"，虚拟经济的循环就是在金融市场上，先通过交换，把钱换为借据、股票、债券；然后在适当时，再通过交换把借据、股票、债券再变回钱，直接以钱生钱。虚拟资本以金融平台为主要依托所进行的循环运动有关的经济活动，以及其中所产生的各种关系的综合。刘骏民（1998，2000，2003，2008）认为，狭义虚拟经济是指与虚拟资本运动有关的金融活动[1][10][11][12]。虚拟经济不仅包括金融，还包括房地产、无形资产、某些高技术产品和信息产品以及其他可能长期或短期进入这种特殊运行方式的有形产品和劳务。经济系统是一个价值体系，由虚拟经济和实体经济组成，虚拟经济是心理支撑的价格系统，实体经济是成本支撑的价格系统。虚拟经济与实体经济是两种不同的运行模式，不同国家根据自己特点在实体经济与虚拟经济两种模型共存基础上，侧重于选择不同经济运行模式，例如，美国选择经济运行模式主要是虚拟经济。中国更偏重实体经济模式。林左鸣（2010）认为，广义虚拟经济不仅包括金融、证券、期货等由实体经济衍射而成的经济活动，而且也包括基于价值细分的现代服务经济、品牌经济、创意经济、知识经济、体验经济等，其基本特点是从内涵和外延两方面立足于全方位地研究和满足人们的心理需求[13]。林左鸣指出，广义虚拟经济实际是一种二元容介态的价值形态，同时关注人们的物质需求和心理需求两方面，并认为此次金融危机，归根到底是人类面临财富标志不确定和供应不足的问题。刘晓欣（2011）为虚拟经济寻找了一个类似货币"M1、M2"一样的操作层面的定义。像定义货币一样，货币是交易媒介、是贮藏手段等，同时还有操作所用的定义，M1、M2等是为货币政策操作所做的准备[6]。应用国际核算体系，结合 SNA 与 MPS 的特点，将金融房地产服务业（不包括建筑业）纳入其虚拟经济的范围，界定了虚拟经济的核算范围，提出了虚拟经济及实体经济可同度量的基础指标，为虚拟经济与实体经济的量化关系提供了一个一般性的研究方法。田国强（2014）认为，虚拟经济的定义有两种：一是指与虚拟资本有关、以金融系统为主要依托的经济循环系统也就是所谓的以钱生钱的活动；二是在信用制度的膨胀下，金融活动与实体经济（人类生产、服务、流动和消费活动）相偏离的那一部分形态[7]。刘志彪（2015）认为，区分实体经济与虚拟经济，要以参与资本循环的媒介特征来进行，当媒介特征是以当作使用价值的商品和服务时，这种增值性活动才是实体经济，否则就是虚拟经济[9]。

综上所述，实体经济是相对于虚拟经济而言的，与"实体经济"相对应的两个主要提法有"虚拟经济"和"金融经济"，也有"高端服务业"和"现代服务业"等一些其他提法。但是，无论哪种提法都与近年来金融业和房地产服务业与金融危机的密切关系相关。金融危机后世界范围内主要资本主义国家"再工业化"的呼声一浪高过一浪，以避免去工业化或经济虚拟化，防范金融危机，这已经成为大家的共识。所以，平衡和协调实体经济与虚拟经济关系，单独提出重视发展"实体经济"有重要意义。如何从理论上寻求实体经济与虚拟经济的良性互动关系，阐述这种良性互动关系内在逻辑和发展规律理论，就是提出研究实体经济问题的一个重要前提。实体经济始终是人类社会赖以生存和发展的基础，反映了经济的基本面，是一国市场稳定运行的最广泛基础，"实体经济"指标的偏差往往反映到社会生活的各个领域，并直接与民生疾苦和企业生存联系在一起，而美联储把近年来出现泡沫的房产市场和快速变化的金融市场排除在"实体经济"之外，由此也可以看出，美联储维护"实体经济"的良苦用心。而单纯考虑促进工业发展的命题，例如，"工业化发展战略""产业升级战略"等难以从理论和现实上深入揭示实体经济与虚拟经济的良性互动关系，重视这一点是制定出中国切实可行的"实体经济发展战略"的关键。

"虚拟经济"一词是从马克思的"虚拟资本"延伸而来的，虽然绝大多数虚拟经济的研究都源于马克思的虚拟资本概念，但是，提出虚拟经济的研究命题最主要的原因还是面对实践中遇到的新现象和新问题。虚拟经济概念的提出是在 1997 年金融危机前后，2008 年金融危机后虚拟经济研究又一次成为关注的热点，人们运用虚拟经济理论解释金融危机的原因及根源，可以说虚拟经济的理论研究完全是由实践中的新现象新问题推动的，其从一开始就有鲜明的实践性。尽管虚拟经济定义差异较大，但将金融、房地产服务业（不包括建筑业）以及相关的职业服务业纳入虚拟经济的范围则是绝大多数虚拟经济研究者的一个"共识"。因此，金融、房地产业以及相关的职业服务业可以作为虚拟经济统计刻画中的基础部门看待。在差别化的虚拟经济理论定义中寻求虚拟经济的共识，符合经济现实，同时也规范虚拟经济核算范围，保证了虚拟经济与实体经济一样具有最为基本的核算指标创造 GDP 和就业。

二、虚拟经济与实体经济关系的稳定论与背离论

（一）虚拟经济与实体经济关系的稳定论

在金融理论研究中，戈登公式即 f_i，P_t 表示 t 期的股票价格，D_t（$1+g$）表示 $t+1$ 期的公司股利，r 表示公司股本投资的必要收益率，g 表示公司股利增长率，这一公式的实质是股票价格由未来股利的折现值决定，如果将这一模型从微观的单个公司推向整体经济，那么意味着资本市场资产价格是由实体经济发展决定的，同时也是对实体经济未来变动的反映。许多学者从实证角度去分析和验证股市和实体经济的关系，Fama（1990）对美国 1953~1987 年的股票回报率进行统计分析，结果显示股票回报率对未来的实体经济活动具有显著的解释力，月度、季度和年度回报率与未来的生产增长率之间存在较高的相关性[14]。Schwert（1990）也得出了相似的结果。[15] 刘骏民和张国庆（2009）对虚拟经济的介稳性与金融危机的关系进行了理论探讨，研究指出虚拟经济运行往往呈现出远离均衡点，但又在一定范围和区域内与实体经济保持相对稳定状态的介稳态[16]。要维持虚拟经济的介稳状态，虚拟经济系统就必须与外界不断进行货币和能量的交换，这种交换一旦中断，虚拟经济运行的介稳态就会被打破，金融危机就是对虚拟经济介稳态的一种强制性调

整。他们对虚拟经济介稳态的产生机制进行了进一步分析，指出资本化定价、货币虚拟化、正反馈机制、国际金融投机活动及金融创新的深化等因素都对促进虚拟经济的介稳性有重要影响。在两者发展的协调关系上，郭琨等（2012）采用金融物理学中的热最优路径法，研究我国股指与 GDP 之间的动态领先之后关系，研究表明，在 2002 年之前，上证指数与 GDP 之间不存在显著的领先滞后关系，而在 2002 年之后，上证指数领先于 GDP 的关系日渐显现，大约领先两个季度，2006 年以后，上证指数领先于 GDP 的关系更加明显，说明我国股市已初现经济晴雨表的作用[17]。王爱俭和张全旺（2004）通过建立虚拟经济与实体经济总量关系模型，得出两者之间存在稳态均衡关系[18]。偏离均衡比例的虚拟经济资本存量与实体经济资本存量组合，均会对经济增长造成损害或使实际产出低于稳定增长状态下的最优产出。只有虚拟经济发展适度，与实体经济发展规模和速度相匹配，才能使经济增长达到最优增长状态。针对我国虚拟经济与实体经济的关系，一些学者也进行了实证分析。袁国敏等（2008）采用灰色关联度模型，对我国近年来的虚拟经济与实体经济的协调性进行定性与定量的研究，并指出总体上我国虚拟经济对实体经济属于关联度中等，我国虚拟经济与实体经济之间的作用性不是很强[19]。具体来看，虚拟经济中的股票和债券与实体经济的关联度最大。另外，实体经济中的服务业不能很快地发展起来，就会制约虚拟经济的发展。同时，从时序角度，通过分析耦合度的变化来揭示出虚拟经济与实体经济发展作用的阶段特性，与我国虚拟经济的发展是吻合的、相协调的。吴晓求（2006）认为，资产价格变动是由实体经济状况决定的，观点为"股市是国民经济的晴雨表"[20]。何宜庆等（2006）通过对中国在 1978～2004 年虚拟经济与实体经济互动发展的边际溢出效应进行实证分析，得到中国虚拟经济部门产出对实体经济部门产出的边际溢出效应大于实体经济部门对虚拟经济部门的边际溢出效应，证明了 1978～2004 年中国虚拟经济与实体经济互动发展基本上处于"供给引导型"阶段，呈现比较符合中国现实均衡状态[21]。胡晓（2015）通过理论模型推导和美国数据的实证研究发现，虚拟经济发展对实体经济的影响方式及其程度与其发展水平密切相关，适度发展虚拟经济对经济转型升级具有积极的促进作用[22]。随着虚拟经济的不断发展，它对实体经济产业结构的影响越来越强，而对实体经济增长的促进作用越来越小，超过一定水平后，甚至会抑制实体经济增长。张戈等（2014）使用分区域的房地产价格指数建立面板回归模型，发现房地产价格是房地产股票的风险报酬因素，对房地产股票收益有正向影响[23]。其中，业务范围集中在一线城市的房地产股票收益对房地产价格的敏感度高于二线城市。对零售行业股票建立面板数据回归模型得到类似结论，为我国资本市场具有实体经济的"晴雨表"作用提供了证据。何其春和邹恒甫（2015）将银行信用引入到生产函数中，说明银行系统能通过信用膨胀带来收益（等同于铸币税收益），这种收益会吸引更多的劳动力资源进入银行这一虚拟经济部门，这会侵蚀企业家的创新回报[24]。但是，如果该收益是通过借贷给企业家来实现的，那么一部分收益就会流向企业家，从而促进创新和经济增长，信用膨胀是否促进增长要看这种收益有多大的比例流向企业家。虚拟经济与实体经济关系稳定的关键在于两者是否能够形成利益分摊机制。

（二）虚拟经济与实体经济关系的背离论

虚拟经济与实体经济发展经常是背离的，认为虚拟经济与实体经济相背离的学者分别从不同的角度对两者之间背离进行解释。从非理性角度出发，Shiller（2003）认为，资本市场容易受到非理性行为的诱导，从而呈现出投机性增长过程，资产价格会不断偏离经济运行的基本面而出现持续攀升现象即形成资产价格泡沫，一旦投资者预期发生改变，对资产的需求就会大大降低，泡沫随之崩溃，从而产生危机[25]。从"资金分离"角度解释两者分离的原因，Tobin（1965）提出，货币资金可以用于实物资产的投资，也可以用于金融资产的投资，当金融资产的回报率高于实体经济时，资金会从实体经济部门转向虚拟经济部门，而用于实体经济部门的资金会减少，这将引发实体经济的负乘数效应，从而造成虚拟经济与实体经济相背离[26]。从金融脆弱性假说的角度分析，Minsky（1986）认为，预期是不稳定的，资产价格长期收益的预期与实体经济发展状况的背离导致资产价格变动脱离实体经济[27]。

卢卡斯·克霍夫（2005）根据金融市场与实体经济分离现象构建了典型的"背离假说"模式，并辨别了三种分离假说[28]。第一种为"分离必然论"，认为由于金融市场具有内在不稳定性及独立的信用扩张能力，金融部门与实体经济的分离是金融部门发展过程中必然的问题；第二种为"分离破坏论"，认为金融部门应该服务于实体经济，金融与实体经济的分离趋势对于实体经济来说具有根本的破坏作用；第三种为分离必然论与分离破坏论的综合，认为金融与实体经济的分离是金融发展过程中的一种伴生现象，而这种伴生现象具有一定程度的破坏性，但破坏性的程度取决于政府的政策选择。卢卡斯·克霍夫（2005）认为，过去实体经济处于经济发展中的中心地位，虚拟经济部门扮演辅助实体经济发展的角色，但现在这种支配地位发生了颠倒，金融市场依据自身的逻辑和规律运行，实体经济不得不适应虚拟经济发展的运行规律[28]。吴晓求（2006）通过股市与GDP关系分析虚拟经济与实体经济之间的关系，认为美国、英国、法国从1985年开始出现"剪刀差"，两者呈背离状态发展，但对中国的虚拟经济与实体经济的研究发现，两者之间呈无规则的反复波动，这或许是由于中国资本市场是不完全的，具有非市场的特征[20]。刘骏民和伍超明（2004）从虚拟经济与实体经济偏离这一现象入手，利用货币数量论的修正模型框架，分析了虚拟经济与实体经济相互偏离的关系[29]。邓利方（2004）虚拟经济是实体经济发展到一定阶段的产物，但它自身又是一个相对独立的经济活动领域。虚拟资本的数量越来越大，品种也越来越多，其发展的速度和规模已经远远偏离了实体经济，并且虚拟经济在定价、运行周期、风险表现等诸多方面又表现出与实体经济不同的运行特征，虚拟经济已经偏离实体经济成为现代经济运行中一道新的独特的风景线。并且过度的虚拟经济会对实体经济产生"挤出效应"[30]。刘晓欣（2013）利用美国1947~2012年的投入产出模型计算得出：虚拟经济对实体经济消耗系数逐步下降，下降了近80%，而对自身的消耗呈现上升趋势，提高了170%[31]。金融危机前情况更加明显。虚拟经济拉动实体经济作用的逐渐减弱，而对自身拉动作用的逐步增强，实体经济反方向和虚拟经济正方向发展，一正一反差额的逐渐扩大，说明虚拟经济发展较快，实体经济相对萎缩，两者呈背离趋势。刘志彪（2015）指出，"股灾"的基本经济背景是我国经济运行中存在日趋严重的资产泡沫[32]。我国现阶段已经由商品短缺和资本短缺的"双短缺"转化为商品过剩和资本过剩的"双过剩"形态，这个阶段很容易出现资产短缺和泡沫经济的现象，很容易出现虚拟经济与实体经济之间的发展失衡。文春晖和任国良（2015）从上市公司层面分析，终极控股主体因其虚拟经济和实体经济属性不同，其对上市公司的掏空力度和投资效益也就不同，进而反映在中国虚拟经济和实体经济主体之间收益率的差异，从而在微观层面导致了实体经济和虚拟经济的分离[33]。刘晓欣等（2015）构建了由实体经济和虚拟经济组成的二元经济系统的理论模型，探讨两者之间的互动强度对整个经济系统稳定性的影响、对两个部门的价值影响效果。通过数值模拟发现：实体经济和虚拟经济互动增强，有助于促进两部门的价值增长，同时也增大了经济系统的波动；如果虚拟经济的投机性冲击增加，两部门的价值将增加，但整个经济体的波动越大，超过一定临界值，将引发危机；经济虚拟化程度提高推动实体经济的增长，但整个经济系统稳定性却降低。

综上所述，实体经济与虚拟经济反映了经济运行的两种不同模式，前者是以成本为基础的价格系统，后者则是以资本化定价为基础的价格系统，两者相互关联、相互作用，却又具备独立特征。实体经济与虚拟经济关系的稳定论与背离论，说明两者之间有一个均衡的临界点，虚拟经济发展超过一定的量，导致两者不协调，关系从稳定性向不稳定性发展，出现危机和风险。

实际上虚拟经济与实体经济协调发展不仅取决于两者的总量关系，也取决于两者的内部结构，尤其与虚拟经济的内部结构密切相关。本文借助耦合协调度模型，测算了美国和中国虚拟经济与实体经济间的耦合协调度，并将耦合协调度与虚拟经济实体经济总量比率指标进行比较，结果发现，在美国虚拟经济与实体经济的协调程度与虚拟经济实体经济的总量比率之间呈现明显的负相关关系，虚拟经济规模越膨胀，两者的协调性越差；而中国由于虚拟经济发展相对滞后，虚拟经济与实体经济的协调性与虚拟经济实体经济总量比率之间没有表现出负相关关系，在某些时期还表现出了正相关关系。如果将虚拟经济模式概括为银行主导型和市场主导型，银行主导型虚拟经济发展模式适用于一个国家（或地区）经济发展的初级阶段或者在技术条件成熟情况下的产业扩张或经济赶超阶段，而市场主导型虚拟经济发展模式的优势主要体现在对新技术或者新兴产业的支持上。在对实体经济稳定的影响上，银行主导型虚拟经济发展模式有助于跨期风险的平滑，而市场主导型虚拟经济发展模式则在横向风险的规避方面更具优势。经济的全球化背景下，中国实体经济与虚拟经济的协调发展取决于两个子循环：一是实体经济与虚拟经济的循环，二是中国经济与世界经济的良性循环。中国经济目前正在经历避免"脱实向虚"的关键阶段，特别是与世界经济进一步融合过程中，中国虚拟经济与实体经济的良性循环显得非常突出和重要。

三、实体经济与虚拟经济关系的测度及指标

（一）实体经济与虚拟经济的统计核算

刘骏民和肖红叶（2005）借鉴 SNA 体系中的资金流量核算，设计了全像资金流量系统研究虚拟经济与实体经济之间的关系，以及虚拟经济的资金流量与交易量、资金流量与价格水平及价值存量与增量之间的关系，并观察整个经济过程[34]。肖红叶和孙森（2009）认为，虚拟经济核算的核心问题是如何按照虚拟经济和实体经济的理论划分经济部门[35]。可参照 SNA 的思路：将经济活动的核算主体及分类归为机构部门和产业部门两种分类。甘维（2010）认为，虚拟经济核算项目分类主要以 MFSM2000（《货币与金融统计手

册》）作为指导，核算金融资产为主[36]。但是为了虚拟经济与实体经济的核算口径相同，核算原则主要以 SNA 作为指导。同时虚拟经济核算在核算项目、核算方法上与 MFS、SNA 大致相同。刘晓欣（2005，2006）认为，须树立虚拟经济的核算理念，即将地产、股票、债券、期货等各种与实际生产过程没有直接联系，但又对实际经济产生重大影响的各类经济活动，通过投入产出技术揭示各部门间的相互依存关系，将投机活动作为基本行为来研究，将经常发生投机活动的领域看作一个整体，这是虚拟经济研究的特点[37][38]。罗良清和龚颖安（2010）认为，从国民经济核算角度来看，虚拟经济为实体经济提供的市场流动性、优化资源配置和产业结构等都只是虚拟经济的间接产出[39]。在现代经济中，虚拟经济的直接产出只是交易中所产生的税收与市场交易中介机构所获取的中介收入。尽管虚拟经济能够直接创造 GDP，但会造成 GDP 的虚增现象。Engelen（2003）则通过判断金融化的独立性得出结论，金融化开始在更大程度上转向自身的增长而不是仅仅作为经济增长的助推器发挥作用，金融发展对实体经济的中性作用或者经济虚拟化的独立性趋势明显[40]。杨昌斌（2012）从 GDP 核算分析实体经济与虚拟经济，指出 SNA 是围绕社会财富生产来设计的，其核心指标 GDP 就反映了社会财富生产成果总量，反映了实体经济生产，但从理论上讲，任何经济活动及其产品都有可能转化为金融产品，成为虚拟经济[41]。虚拟经济对 GDP 生产的影响主要体现在融资及虚拟经济发展带动第三产业发展，从而增加 GDP；虚拟经济对 GDP 分配的影响主要是参与初次分配、再分配和转移收支。袁国敏（2008）借鉴现有的货币与金融统计（MFS）、国民账户体系（SNA）等国民经济统计核算体系，根据虚拟经济的特点和对虚拟经济宏观管理的要求，建立了虚拟经济的统计核算体系，对虚拟经济的统计核算方法进行了设计，指出虚拟经济统计核算侧重于虚拟资本的交易量，主要工具是资金流量核算[42]。刘晓欣（2006）结合 MPS 理念，在 SNA 的框架下定义和规范虚拟经济和实体经济核算范围，将整个经济活动划分为"实体经济、虚拟经济和一般服务业"三大类；实证分析在新产业分类下的投入产出模型，为虚拟经济与实体经济数量关系提供了分析方法[38]。贾庆英（2014）利用实体经济、虚拟经济和一般服务业的分类论证了中国房地产价格变化的影响以及国家比较给我们的启示[43]。李正辉和王红云（2013）从虚拟经济和实体经济的关联程度出发选用社会融资总额、广义货币供应量、金融资产总量三个指标来测度虚拟经济规模的总量指标，并采用灰色关联度的方法对实体经济和虚拟经济的关联度进行测算后，认为社会融资总额更适合成为测度虚拟经济总量的指标[44]。许涤龙和薛美荣（2014）选用了金融机构贷款总额、股票市值、房地产增加值、债券交易额等 11 个指标，这些指标囊括了虚拟经济主要组成部分中的货币市场、资本市场、金融衍生品市场和房地产市场的发展状况，采用熵值权重法构建虚拟经济发展指数来测度虚拟经济的发展[45]。

（二）实体经济与虚拟经济的统计指标

测度虚拟经济与实体经济指标主要有：金融相关率（FIR）、马歇尔 K 值系数、股份指数收益率与 GDP 增长率、虚拟经济宏观杠杆率和宏观金融杠杆率、价值化积累率、GDP 创造与就业的同度量指标等。

1. 金融相关率（FIR）

美国经济学家雷蒙得·W. 戈德史密斯（Raymond W. Goldsmith）通过对长达百年的全

球金融发展史即当代几十个国家的金融结构现状和金融发展进行了初步的比较研究，提出了金融相关率的概念，即"某一时点上现存的全部金融资产总额与国民财富——实物（有形）资产总额的比率称为金融相关率"。用公式表示为：FIR = FT/WT。其中，FT 表示一定时期内一国金融活动总量，WT 表示一定时期内一国经济活动总量。一般情况下，人们将这一系数简化为金融资产总量与 GDP 的比值，以此来衡量一个国家的经济金融深化程度。一些实证文章采用 GDP 表示国民财富，用 X 表示金融资产总额。许多学者通过分析金融相关率，来反映一国经济的虚拟化程度，虚拟经济与实体经济偏离的程度。

2. 马歇尔 K 值系数

罗纳德·I. 麦金农（1988）在衡量金融深化程度时，使用了货币化定义（即广义货币 M2 与 GDP 的比重）[46]。"货币负债对国民生产总值的比率——向政府和私人部门提供银行资金的镜子——看来是经济中货币体系的重要性和'实际规模'的最简单标尺。"马歇尔 K 值系数即货币化程度，表明货币在整个社会财富中的比重，表达式为：K = M/PY。在实践过程中，常常用 GDP 来代替 PY，系数则为 K = M/GDP。马歇尔系数作为衡量虚拟经济与实体经济的一个重要指标，从另一个侧面说明了虚拟经济与实体经济的偏离度。K 值越大，虚拟经济与实体经济偏离的程度也就越大，超过一定限度，泡沫经济出现的概率就越高。

3. 股价指数收益率与 GDP 增长率

刘骏民和伍超明（2004）在文中利用股价指数收益率和 GDP 增长率之间的关系来说明虚拟经济独立化的发展趋势、虚拟经济和实体经济之间的背离关系[29]。文中构建货币、虚拟经济和实体经济间关系的模型，分析发现，虚拟经济与实体经济相背离是一种常态，虚拟资产收益率和实物资产收益率的差异是股实背离的主要原因，而收益率差异又根源于股市结构和实体经济结构的非对称性，而这种非对称性背后的根本原因在于资本市场体制改革的滞后，导致虚拟经济发展动态偏离和虚拟资本定价偏离以及错误。

4. 虚拟经济宏观杠杆率（或资本化杠杆率、虚拟化度）和宏观金融杠杆率

南开大学虚拟经济与管理研究中心（2010）用这两个指标来描述虚拟经济发展情况。

（1）虚拟经济宏观杠杆率。宏观杠杆率将整个国家或地区看作一只"股票"，将虚拟资产的总市值视为这只"股票"的"市值"，将名义 GDP 视为支撑这只股票的"收入流"，虚拟资产的总市值与名义 GDP 两者的比值就可以被看作是这只"股票"的杠杆率，即宏观杠杆率，由此对一个国家或地区虚拟经济相对于实体经济的发展情况进行衡量；宏观杠杆率的指标公式为 $f_T = \dfrac{F_T}{GDP_T}$，其中，f_T 表示 T 时期内的宏观杠杆率；F_T 表示 T 时期内的虚拟经济规模总量；GDP_T 表示 T 时期内的名义国内生产总值。另外，从交易活动角度的宏观杠杆率指标是将名义 GDP 视为一国在一定时期内实体经济交易的总和，利用虚拟经济交易额与名义 GDP 的比值来反映虚拟经济相对于实体经济的市场活跃程度。

（2）宏观金融杠杆率。宏观金融杠杆率是以 M1 作为从事金融资产交易的自有资本，以所有金融资产的交易额作为自有资本所撬动的资本，两者的比值就可以被看作宏观金融杠杆率，并以此对一个国家或地区金融市场的活跃程度进行衡量。公式为 $q_T = \dfrac{M_T}{Y_T}$，其中，q_T 表示 T 时期内的宏观金融杠杆率；M_T 表示 T 时期内的 M1 总量；Y_T 表示 T 时期内的金

融资产交易额。

5. 价值化积累率

刘晓欣和马笛（2009）认为，随着虚拟经济的发展，购买股票、债券、基金、期货、衍生品等逐渐成为储蓄的重要形式和组成部分，由此相对于传统的实物积累，成为一种新的积累方式——价值化积累[47]。价值化积累率指标是指每年净发行的虚拟资产价值量与当年国民收入（或 GDP）之比。价值化积累的程度与传统的储蓄率相比可以反映虚拟经济的发展程度及虚拟经济发达国家的重要积累途径和方式。

6. 虚拟经济与实体经济的就业和 GDP 创造

刘晓欣（2005）认为，在虚拟经济的研究文献中，虚拟经济数量化描述中许多是以金融资产的存量价值或交易额来表示[37]。这与实体经济的量纲往往不同，缺乏可比性。要与实体经济一样的量纲，虚拟经济统计刻画应与实体经济一样要以财富创造和就业为基础进行衡量和测度。

综上所述，虚拟经济是现代经济风险的集中载体，无论是金融、房地产还是会计、投资咨询都潜在着巨大风险，实体经济的风险也集中在虚拟经济系统之中，因此这个特殊的经济活动需要一些反映其特殊性的刻画指标和方法。在已有的虚拟经济研究中有不少学者创立了一些特殊指标来标识虚拟经济中的这类问题，包括上文阐述的一些指标，这些指标反映虚拟经济的特殊性，对防范和控制虚拟经济风险具有重要意义。但是，虚拟经济与实体经济统计核算与刻画必须有相同的"量纲"。早期虚拟经济的研究中，所用"金融资产存量总额/GDP""外汇交易总额/贸易总额"等指标来反映实体经济与虚拟经济的关系，其中的重复交易问题、存量与流量直接比较等问题使得虚拟经济研究的争议因统计指标使用不规范而变得更加复杂。这表明虚拟经济的研究迫切需要一个规范的统计刻画。

国民经济统计是对经济活动及其成果的描述，虚拟经济与实体经济同属人们的经济活动，必须用统一指标来刻画。"GDP 创造和就业"两个指标可以使虚拟经济与实体经济直接进行比较。利用 SNA 体系的 GDP 和就业指标，一方面，可以描述虚拟经济在 GDP 创造与就业岗位创造上的绝对值、贡献率、增长率，并直接与实体经济在 GDP 创造和就业岗位创造的绝对值、贡献率，增长率进行比较；另一方面，也可以对虚拟经济与实体经济的人均 GDP（即财富创造效率）与单位 GDP 所能带动的就业岗位数（即就业岗位创造效率）进行比较，从而分行业计算出各行业 GDP 增长可以带动就业的数量，以及就业岗位创造的效率等。"GDP 创造和就业"是国民经济的主要活动，是统计描述中最为重要的基础指标，也是虚拟经济与实体经济关系统计描述的有相同量纲的最为主要的指标。

美国将房地产和金融业划归到"非实体经济"，其他产业为实体经济，这一划分与国内学者所界定"虚拟经济"内涵是吻合的，与将整个经济系统划分为"虚拟经济和实体经济"的"二分法"是吻合的，这表明虚拟经济理论与实践研究与美国等发达国家学者及业界对当今现实问题的认识产生了共鸣，达成了一定的共识。所以，在 SNA 核算体系产业分类标志与特点基础上进行的统计刻画，可以使虚拟经济与实体经济具有相同的量纲，进行同度量比较，这将进一步使虚拟经济刻画与国际通用 SNA 核算准则接轨，也是非常科学的选择。

四、虚拟经济与实体经济失衡是金融危机的根源

（一）美国金融危机的根源是虚拟经济与实体经济失衡

诺贝尔经济学奖获得者 James Tobin（1984）指出，"资源被越来越多地投向那些远离实际商品生产和服务的金融业，投向那些与无益于社会生产力发展却能够带来较高私人收益的业务领域[48]。我怀疑'虚拟资本'正日益滥用计算机和通信技术的强大力量，其活动目的不是更便捷地从事金融交易，而是推动金融交易的数量以及种类的膨胀"。Stockhammer E.（2004）指出，近几十年来，金融资产的投资出现了增长，而同时实际资产积累的速度放慢了，经济虚拟化了[49]。吴友群和管德华（2010）认为，美国金融危机产生的原因之一是美国经济的去工业化和虚拟化[50]。他认为虚拟经济与实体经济是对立统一的关系，首先从两者的产生、发展、运行方面论述了虚拟经济产生的基础是实体经济，其次从资源配置、金融衍生工具和就业的角度论证，适度发展虚拟经济可以促进实体经济的发展，最后从金融泡沫和投机的角度论证，过度发展虚拟经济可以引发金融危机甚至是经济危机。刘金全（2004）认为，实体经济对虚拟经济有正的溢出效应，而虚拟经济对实体经济也有显著的反馈效应[51]。祁斌（2010）认为，次贷危机更深层次的原因之一是虚拟经济的发展必须服务于实体经济的发展，虚拟经济一旦背离实体经济的发展，其后果是灾难性的[52]。朱民（2010）认为，结构失衡是导致金融危机的根本原因，包括全球实体经济与虚拟经济失衡、全球贸易格局失衡和主要经济体内部经济结构失衡等[53]。逄锦聚（2009）则认为，应对金融危机的影响，要妥善处理好实体经济与虚拟经济的关系[54]。应根据实体经济发展状况来积极发展虚拟经济，使两者相互适应、相互促进，而不能相互脱节。洪银兴（2009）从马克思的货币理论分析认为现代金融危机产生于虚拟经济，过去的经济危机基本上是实体经济领域的危机，表现为生产过剩的危机，而 20 世纪 90 年代以来，在资本主义世界发生的危机基本上都表现为金融危机[55]。刘骏民（2008）认为，随着美国经济的虚拟化和去工业化，美国经济对外交流方式从 80 年代起转变为经常项目的国际收支持续逆差，金融项目的国际收支持续顺差，这种状况一直持续至今近 30 年[12]。现在的美国不再是对世界提供大量产品和技术装备的净出口国，而是对世界大量输出各种债券和金融资产的净出口国；随之而来的是从世界的债权国变为世界的债务国，并导致虚拟经济发展迅速，由此产生金融危机的根源。Reinhart C. M. 和 Rogoff K. S.（2008）用比较分析法，对战后工业化国家出现的 18 次危机进行了比较研究。他们发现，次贷危机与以往危机有众多不同之处，美国政府债务低于以往危机的平均水平，通货膨胀水平也低于以往危机前的通货膨胀水平，但是，美国的经常账户赤字水平要比以往危机严重得多。结论是美国经常账户的巨额赤字导致了危机的发生[56]。Lim Mah-Hui M.（2008）也将美国次贷危机归罪于全球经济失衡背景下的美国经常账户长期的巨额赤字。高建昆和程恩富（2016）认为，虚拟经济与实体经济之间的矛盾是当代资本主义基本矛盾在经济结构领域的具体表现[57][58]。如果虚拟经济发展滞后于实体经济，就会阻碍实体经济的发展；如果虚拟经济发展过度超前于实体经济，就会使经济运行风险不断积累。2008 年爆发的西方国家金融与经济危机，就是金融自由化条件下虚拟经济严重脱离实体经济的必然结果。卢继

传（2016）认为，目前世界虚拟经济和实体经济失衡，其主要特征、表象、严重后果说明该失衡是西方发达国家量化宽松政策造成的，它严重破坏了世界经济秩序，这是当前国际金融危机持续、世界经济陷入长期低迷的根本原因[59]。

（二）经济虚拟化与实体经济产业空心化是欧洲债务危机主要原因

刘骏民（2011）认为，欧元的诞生促进了欧洲经济的虚拟化[60]。许多欧盟国家以欧元发行的国债要比发行原货币的国债更容易被接受，特别是被境外接受，这在一定程度上也刺激了这些国家财政赤字的增长以及国债和外债的增长。欧元国际债券的发行以超过美国数倍的速度疯狂扩张，国际收支朝着逆差方向发展。所以，欧元区实体经济与虚拟经济失衡与主权债务危机关系密切。很多学者认为欧元区主权债务危机与欧元区国家的经济生产性下降、结构失衡有很大的相关性。Kindleberger C. P.（2012）强调了一个国家的经济要具有"生产性"的重要性[61]。在历史的发展中，经济霸权大多是从"生产性"到"非生产性"的发展历程，霸权国家因此就具有了生命周期性，也就无法逃脱由兴盛到衰败的宿命。Gianviti F. 等（2010）认为，欧盟成员国的主权债务危机有着自身、历史和体制的原因，这些国家的经济失去"生产性"是其中最根本的原因[62]。De Grauwe P.（2010）指出，由于缺乏政府的宏观指导，导致欧元区许多成员国的经济结构存在较大问题，大量的周期性产业，在国际金融危机爆发的时候，不可避免地受到较大的冲击和影响[63]。文学和郝君富（2012）指出，希腊经济发展非常畸形，实体经济的支撑作用很低，房地产泡沫相当严重[64]。孙海泳（2011）认为，欧元区债务危机的主要原因是实体经济衰落，爱尔兰、西班牙曾放任国内经济泡沫，泡沫破灭后又举债填补[65]。曹原（2012）认为，欧债危机爆发的根源之一在于危机国实体经济的核心竞争力不强[66]。张明（2011）认为，发生债务危机的国家都面临着传统主导产业竞争力下降的问题[67]。廖泽芳和雷达（2012）认为，各国争夺世界货币地位导致了经济的虚拟化程度加深，是导致欧债危机的主要原因[68]。景维民和杨恒（2012）认为，欧债危机，是因为发达国家逐渐将一些产业转移到更具比较优势的新兴国，造成国内产业空心化，失业率上升，大量制造业外迁导致实体经济"空心化"[69]。张士铨（2012）认为，在国民经济中起决定作用的是传统产业，缺乏现代化的支柱产业，高科技产业对经济的贡献很小[70]。欧元区"问题国家"的问题就在于经济生产性的下降，引发这些国家的经济竞争力下降。创造并保持有特色的"生产性"是立身之本。陈华和高艳兰（2013）认为，以欧洲为代表的发达经济体虚拟经济过度膨胀，导致大量资金从实体经济领域流向金融市场和房地产等领域，严重影响生产资源的合理配置，使实体经济领域生产和投资资金供给不足，经济增长乏力。当虚拟经济崩溃，经济遭遇去杠杆化，必然影响到实体经济的发展。[71]对此，欧洲各国需调整产业结构，解决虚拟经济过大的问题。周茂华（2014）认为，欧洲"去工业化"下导致资源错配，造成成员国间的产业结构失衡，边缘国竞争力持续下降，对外围经济依赖程度严重是欧债危机爆发的重要原因[72]。韩永辉和邹建华（2016）认为，欧元区成立于制度设计、全球金融危机的外生冲击，更多只能表现为外因和导火线[73]。张凡（2013）基于新视角，理论分析了产业空心化通过劳动力扭曲、实体经济停滞、资产价格膨胀和对外依存度恶化四条路径引发欧债危机。实证结果表明，虽然欧债国家各自的传导路径不同，但是产业空心化才是债务危机的根源[74]。何自力（2015）认为，发达经济体此轮通货紧缩主要源自产业空心化、经济高度服务化、虚拟经济与实体经济相脱节、紧缩财政政策以及技术创新乏力等因素[75]。对于这些问题，依赖量化宽松货币政策不但难以缓解，反而是饮鸩止渴，可能引发新一轮全球金融危机。

综上所述，系统风险是个别风险社会化、系统化积聚、积累的结果，系统风险的积累则是金融危机爆发的前提；而系统风险的积聚和扩散，与美国"虚拟经济"的独特运行方式、"资本价值化积累"的特殊方式密切相关。这些方式为美国金融资产的膨胀、流动性膨胀以及投机活动的猖獗铺平了道路，监管的放松既是这种经济运行方式改变的必然结果，也是促使系统风险不断积聚的催化剂。这是本文为金融危机提供的"虚拟经济学"的解释，它揭示美国金融危机与系统风险的内在联系，特别是个别风险与系统风险的内在联系。

对于美国等发达国家独特的经济运行方式累积的风险及实体经济与虚拟经济数量关系状况，采用了一种独特的方式进行测算，即采用 MPS 统计核算系统（计划经济时期的核算体系，只核算物质生产部门的产品，以此代表实体经济）核算美国的经济总量，并与现行的 SNA 系统（包括金融房地产等高端服务业的产值）中 GDP 等经济总量的数据进行比较。例如，美国 1947～2014 年数据比较发现，1947 年实体经济占比为 81%，到 2012 年下降为 42%，降低了近 40 个百分点。这表明，60 年前，美国价值创造与物质创造之间的差距只有不到 20%；但是 60 年后，其价值创造与物质创造之间的差距已经扩大到了近 60%，其物质创造只有 42%，而中国经济的这个比例却一直持续在 90% 以上。按照虚拟经济和实体经济的新产业分类，通过 MPS 和 SNA 两大核算体系总量指标的对比，研究欧洲债务危机与欧洲实体经济发展水平之间的关系，以及欧元区每个国家虚拟经济与实体经济的关系。发现欧元区大部分国家的虚拟经济与实体经济的发展呈现出不平衡的特点，具体的表现是大部分国家存在实体经济不断萎缩、虚拟经济不断膨胀的特点。

五、启示与研究展望

（1）"虚拟经济"提出的意义在于它不限于金融业的描述，而是涵盖了以金融为主，包括房地产、大宗商品、收藏业、无形资产等众多定价复杂，可以容纳泡沫持续存在的各种经济活动和各类投机活动。金融房地产服务是货币、金融杠杆以及重复交易和资产价格等创造财富最为集中的行业。货币、金融资产、土地的名义价格本身都不是真实财富，但为这些资产的融资、交易、评估、分析等服务被看作是有价值的，会被计入当年的实际GDP。这些与货币和资产价格直接相关的服务及其收入寄生于货币数量和资产价格水平，随其上升而上升，随其下降而下降。"用钱生钱"创造的 GDP 却带有强烈的虚拟性质，它们会随资产价值蒸发殆尽而陷入严重的经济危机。"虚拟经济"的概念有利于区别人类赖以生存的经济活动（实体经济）与其附属活动（虚拟经济）之间的主从关系。

（2）虚拟经济学派认为经济系统划分为实体经济和虚拟经济两部分，这是从供给方面认识经济结构的经济理论。主流经济学对经济结构的理解限于需求方面，总需求被分为消费、投资、出口、政府开支，供给方面只是从一般均衡角度构建经济增长模型及据此判断经济兴衰。经济结构的划分从来就有供给和需求两个方面，例如，重农学派、马克思的《资本论》、斯拉法的新剑桥学派等均从供给角度对经济进行分类。经济系统由实体经济和虚拟经济两部分组成，其意义在于以下两个方面：一是将金融活动和各种其他高风险活动纳入其基本经济模型奠定了基础，只有基本经济模型中包括了金融投机等活动，才可能建立包括金融危机在内的经济理论框架；二是用虚拟经济的理念和性质分析经济基本结构，可以从一国经济的内部结构探求贸易失衡原因，而不是从外部来寻求贸易失衡的逻辑关系，避免发达国家将中外贸易失衡恶意归罪于中国。从供给方面完善虚拟经济与实体经济的经济结构理论是未来研究的重要方向之一。

（3）实体经济与虚拟经济发展应呈现为一种良性互动关系。实体经济是虚拟经济存在和发展的基础，虚拟经济来源于实体经济，虚拟经济依赖于实体经济，对虚拟经济产生决定性的影响作用；虚拟经济也对实体经济的运行产生积极的影响，为实体经济的发展提供了条件和动力，有助于提高实体经济的质量和效益。但虚拟经济对实体经济发展具有正负两方面的影响，如果过度发展虚拟经济将导致风险，引发金融危机，阻碍实体经济发展。所以，实体经济与虚拟经济应良性互动，才可共同促进发展。笔者认为，虚拟经济与实体经济研究的核心问题有五个：①定义实体经济与虚拟经济并进行统计刻画；②探讨实体经济与虚拟经济的运行机制，虚拟经济脱离实体经济自我繁殖的机制和趋势；③从主要国家的纵向和横向比较中确定实体经济与虚拟经济两者的经验数量关系；④建立理论模型描述随着经济增长，虚拟经济会逐步膨胀，实体经济会逐渐下降，在此基础上建立一个最佳虚拟经济与实体经济数量关系计算方法，考虑虚拟经济发展是否过度与不足；⑤研究实体经济与虚拟经济相互作用的机制、虚拟经济支持实体经济发展的战略、制度和政策等。

（4）实体经济与虚拟经济的失衡是美国金融危机的根源，而金融危机后量化宽松的货币政策大行其道，到底其对经济复苏有多大的作用。量化宽松本质上仍是一种货币现象，在虚拟经济与实体经济严重背离的形势下，货币规模及流动性难以真正意义上左右经济增长，反而会进一步加剧实体经济和虚拟经济的背离。近年来我国货币供应量增长较快，股市的火爆、债券市场的疯狂以及房地产价格的暴涨，但经济增速却不断下降。是否采取货币刺激和信用扩张的举措？大量的货币是否会进入实体经济应特别关注。我国在实体经济普遍存在的产能过剩压力、劳动生产力持续低下的境况，大量资金容易流入虚拟经济领域，以谋求更高的回报，本该进入实体经济的资金停滞在虚拟经济内部，容易形成虚拟经济"自我循环"的模式，最终导致资金链条的断裂，更加严重威胁着实体经济健康、可持续的增长，这需要加强有效监管，避免系统风险及危机。同时，注意疏通资金通向中小企业、民营企业以及其他需要资金的实体经济行业，改善融资通道阻塞状况。

（5）实体经济与虚拟经济的统计刻画研究意义重大，只有对实体经济与虚拟经济的数量关系进行计量刻画，才能为实体经济与虚拟经济在经济活动的份额进行精确定位，才能将实体经济的发展战略以及将虚拟经济为实体经济服务战略落到实处。实体经济与虚拟经济将 GDP 创造和就业创造作为两个最为基础的衡量指标，这一具有可比性的同度量分析框架，为实体经济与虚拟经济的量化关系提供了一个一般性的研究方法。但未来研究还需要进一步细化虚拟经济的测度，将虚拟经济中为实体经济服务部分与自我炒作部分、重复交易的部分区分出来，更加准确地刻画纯粹的"虚拟经济"，系统地描述虚拟经济与实体经济定量关系，为决策提供更为精准的数量依据。我国是以实体经济为主的国家，为我国实体经济发展战略提供科学定位显得尤为重要。

参考文献

［1］刘骏民．虚拟经济的理论框架及其命题［J］．南开学报（哲学社会科学版），2003（2）：34-40.

［2］成思危．虚拟经济探微［J］．南开学报（哲学社会科学版），2003（2）：23-28.

［3］金碚．全球竞争新格局与中国产业发展趋势［J］．中国工业经济，2012（5）：5-17.

［4］吴秀生，林左鸣．以广义虚拟经济的视角定位"新"经济［J］．经济体制改革，2006（2）：12-16.

［5］宋超英，王宁．论虚拟经济与实体经济的关系——由冰岛破产与迪拜债务危机引发的思考［J］．金融经济，2010（6）：12-14.

［6］刘晓欣．个别风险系统化与金融危机——来自虚拟经济学的解释［J］．政治经济学评论，2011（4）：5.

［7］田国强．互联网金融创新与中国经济发展驱动切换［J］．探索与争鸣，2014（12）：17-19.

［8］田国强．治理转型中虚拟经济的财富效应［J］．国家治理，2015（19）：12-18.

［9］刘志彪．实体经济与虚拟经济互动关系的再思考［J］．学习与探索，2015（9）：82-89.

［10］刘骏民．从虚拟资本到虚拟经济［M］．济南：山东人民出版社，1998.

［11］刘骏民．虚拟经济与当前的通货紧缩［J］．南开经济研究，2000（5）：3-10.

［12］刘骏民．虚拟经济的经济学［J］．开放导报，2008（6）：5-11.

［13］林左鸣．广义虚拟经济——二元价值容介态的经济［M］．北京：人民出版社，2010.

［14］Fama E. F. Stock Returns, Expected Returns, and Real Activity［J］. The Journal of Finance, 1990, 45（4）：1089-1108.

［15］Schwert G. W. Stock Returns and Real Activity：A Century of Evidence［J］. The Journal of Finance, 1990, 45（4）：1237-1257.

［16］刘骏民，张国庆．虚拟经济介稳性与全球金融危机［J］．江西社会科学，2009（7）：79-85.

［17］郭琨，周炜星，成思危．中国股市的经济晴雨表作用——基于热最优路径法的动态分析［J］．管理科学学报，2012，15（1）：1-10.

［18］王爱俭，张全旺．虚拟经济对实体经济作用机制研究［C］．第三届中国金融论坛论文集，2004.

［19］袁国敏，王亚鸽，王阿楠．中国虚拟经济与实体经济发展的协调度分析［J］．当代经济管理，2008，30（3）：12-15.

［20］吴晓求．实体经济与资产价格变动的相关性分析［J］．中国社会科学，2006（6）：55-64.

［21］何宜庆，韦媛辉，曾斌．虚拟经济与实体经济互动发展的边际溢出效应分析［J］．南昌大学学报（理科版），2007，30（5）：430-433.

［22］胡晓．虚拟经济发展对实体经济的影响：增长抑或结构调整［J］．财经科学，2015（2）：52-62.

［23］张戈，郭琨，王珏，汪寿阳．房地产价格对我国房地产股票超额收益的影响研究［J］．管理评论，2014（3）：11-18.

［24］何其春，邹恒甫．信用膨胀、虚拟经济、资源配置与经济增长［J］．经济研究，2015（4）：36-49.

［25］Shiller R. J. From Efficient Markets Theory to Behavioral Finance［J］. Journal of Economic Perspectives, 2003, 17（17）：83-104.

［26］Tobin J. Money and Economic Growth［J］. Econometrica：Journal of the Econometric Society, 1965, 33（4）：671-684.

［27］［美］Minsky H. P. 稳定与不稳定经济：对工业、金融和政府的教训［J］．世界经济与企业战略，1991，25（3）：739-763.

［28］［美］卢卡斯·门克霍夫等．金融市场的变迁：金融部门与实体经济分离了吗？［M］．刘力，贾春新．译．北京：中国人民大学出版社，2005.

［29］刘骏民，伍超明．虚拟经济与实体经济关系模型——对我国当前股市与实体经济关系的一种解释［J］．经济研究，2004（4）：60-69.

［30］邓利方．国际产业转移与广东承接对策［J］．南方经济，2004（12）：62-64.

［31］刘晓欣．美国经济虚拟化与投入产出关联系数的重大变化——美国投入产出表（1947-2010）数据的经验研究［R］．第七届虚拟经济研讨会主题报告，2013.

［32］刘志彪．"股灾"反思和虚实经济协调发展的思考［J］．东南学术，2015（6）：4-11，274.

［33］文春晖，任国良．虚拟经济与实体经济分离发展研究——来自中国上市公司2006~2013年的证据［J］．中国工业经济，2015（12）：115-129.

［34］刘骏民，肖红叶．以虚拟经济稳定性为核心的研究——全象资金流量观测系统设计［J］．经济学动态，2005（3）：7.

［35］肖红叶，孙森．虚拟经济核算：问题与解决方案——基于统计技术层面的研究大纲［J］．开放导报，2009（2）：37-42.

［36］甘维．我国虚拟经济核算现状及发展动态浅议［J］．东方企业文化，2010（7）.

［37］刘晓欣．虚拟经济与价值化积累——经济虚拟化的历史与逻辑［M］．天津：南开大学出版社，2005.

［38］刘晓欣．虚拟经济与价值化积累——从虚拟经济角度认识当代资本积累［J］．当代财经，2006（12）：10-13.

［39］罗良清，龚颖安．从国民核算视角再认识虚拟经济［J］．统计与决策，2010（11）：35-37.

［40］Engelen R. A. , Geers M. G. , Baaijens F. Nonlocal Implicit Gradient-enhanced Elasto-plasticity for the Modelling of Softening Behaviour［J］. International Journal of Plasticity, 2003, 19（4）：403-433.

［41］杨昌斌．从 GDP 核算看实体经济与虚拟经济［J］．开放导报，2012（2）：

35-38.

　　［42］袁国敏．虚拟经济统计核算体系的构建［J］．统计与决策，2008（12）：4-6.

　　［43］贾庆英．房地产产业关联的国际比较——基于非竞争型投入产出表［J］．现代管理科学，2014（9）：87-89.

　　［44］李正辉，王红云．虚拟经济规模总量测度指标的适应性研究［J］．统计与决策，2013（9）：31-34.

　　［45］许涤龙，薛美荣．虚拟经济发展评价指标体系的构建及测度效果检验［J］．统计与信息论坛，2014（12）：3-7.

　　［46］［美］罗纳德·I.麦金农．经济发展中的货币与资本［M］．卢骢，译．上海：上海三联书店，1988.

　　［47］刘晓欣，马笛．基于虚拟经济视角的资本积累与金融监管［J］．经济与管理研究，2009（6）：38-43.

　　［48］Tobin J. On the Efficiency of the Financial System［J］. Lloyds Bank Annual Review, 1984, 11（153）：1-15.

　　［49］Stockhammer E. Financialisation and the Slowdown of Accumulation［J］. Cambridge Journal of Economics, 2004, 28（5）：719-741.

　　［50］吴友群，管德华．浅议美国金融危机产生的原因——基于实体经济与虚拟经济关系的理论与实证分析［J］．工业技术经济，2010（1）：9-11.

　　［51］刘金全．虚拟经济与实体经济之间关联性的计量检验［J］．中国社会科学，2004（4）：80-90.

　　［52］祁斌．资本市场发展的环境分析［J］．今日财富（金融发展与监管），2010（3）：5.

　　［53］朱民．危机后的全球金融格局十大变化［J］．国际金融研究，2010（1）：16-22.

　　［54］逄锦聚．世界金融危机与我国的改革开放、经济发展［J］．当代世界与社会主义，2009（3）：4-8.

　　［55］洪银兴．虚拟经济及其引发金融危机的政治经济学分析［J］．经济学家，2009（11）：5-12.

　　［56］Reinhart C. M., Rogoff K. S. This Time Is Different：A Panoramic View of Eight Centuries of Financial Crises［M］. New York：National Bureau of Economic Research, 2008.

　　［57］Lim M. M. Old wine in a New Bottle：Subprime Mortgage Crisis-Causes and Consequences［M］. New York：The Levy Economics Institute of Bard College, 2008.

　　［58］高建昆，程恩富．当代西方国家金融与经济危机中的四大矛盾分析［J］．河北经贸大学学报，2016, 37（2）：1-7.

　　［59］卢继传．关于西方发达国家虚拟经济疯狂膨胀的评述［J］．商业文化，2016（7）：9-20.

　　［60］刘骏民．双本位国际货币体系的形成及其历史趋势——三大趋势如何冲破固化的世界经济格局［J］．开放导报，2011（2）：41-56.

　　［61］Kindleberger C. P. The Price Level and Monetary Policy［J］. PSL Quarterly Review,

2012, 55（3）：54-62.

［62］Gianviti F., Krueger A. O., Pisani-Ferry J., et al. A European Mechanism for Sovereign Debt Crisis Resolution：A Proposal ［R］. Bruegel：Bruegel Blueprint Series, 2010.

［63］De G. P. The Financial Crisis and the Future of the Eurozone ［J］. European Economic Studies Department, 2010, 10（5）：45-67.

［64］文学，郝君富. 从经济学与政治学双重视角看欧债危机的起因 ［J］. 新金融，2012（1）：23-26.

［65］孙海泳. 欧债危机：黑云压城城欲摧 ［J］. 国际融资，2011（11）：9.

［66］曹原. 欧债危机爆发的原因、救助及对我国的启示 ［J］. 金融与经济，2012（12）：36-38.

［67］张明. 新一轮欧债危机的演进与应对 ［J］. 中国金融，2011（17）：41-43.

［68］廖泽芳，雷达. 欧债危机背后的货币博弈 ［J］. 国际金融研究，2012（11）：40-46.

［69］景维民，杨恒. 欧债危机对中国经济转型与发展的影响及启示 ［J］. 河北经贸大学学报，2012, 33（4）：11-14.

［70］张士铨. 欧债危机性质和前景分析 ［J］. 国际关系学院学报，2012（1）：77-83.

［71］陈华，高艳兰. 西方主流经济学：演化，面临的危机及其革命 ［J］. 经济学家，2013（3）：100-104.

［72］周茂华. 欧债危机的现状、根源、演变趋势及其对发展中国家的影响 ［J］. 经济学动态，2014（3）：138-153.

［73］韩永辉，邹建华. 产业空心化与地区债务危机——再探欧债危机根源 ［J］. 国际经贸探索，2016, 32（2）：91-102.

［74］张凡. 欧元区虚拟经济与实体经济关系研究：理论分析与实证测算 ［D］. 南开大学，2013.

［75］何自力. 去工业化、去周期化与经济停滞常态化——一个认识当代资本主义的新视角 ［J］. 华南师范大学学报（社会科学版），2015（4）：33-38, 191.

本文转摘自《现代财径》2016 年第 7 期。

虚拟经济研究八个前沿问题

摘要： 本文阐述了亚洲金融危机以来，中国学者从马克思虚拟资本理论出发创立的经济学命题"虚拟经济研究"的最新进展，分析了从实践中提出的虚拟经济理论观点，以及从虚拟经济视角思考的热点问题。其中包括虚拟经济与实体经济关系、虚拟经济核算理念与方法、虚拟经济货币利润来源与动力、财富与风险的积累、人民币国际化、银行呆坏账的处置、房地产资金聚集效应和虚拟经济流动性储备池功能八大前沿问题探讨。

关键词： 虚拟经济；金融危机；实体经济

虚拟经济研究一开始就与金融危机有着不解之缘。1997 年金融危机爆发后，为了探讨金融危机发生的更深层次原因，国内以成思危为代表的一批学者提出了虚拟经济概念，希望从马克思虚拟资本理论中发展出一套更深刻、更贴近实际的理论和研究方法，不仅可以解释金融危机的深层次原因，还有利于我们对市场经济进行更深刻的分析，以便帮助我们更好地把握市场规律，认清市场风险，为中国特色的市场经济发展提供分析工具和必要的理论参考。此后，虚拟经济研究开始在理论和实践两个方面逐渐展开。党的十六大报告提出"正确处理发展虚拟经济与实体经济关系"的方针，肯定了虚拟经济的研究。在此次由美国次贷危机引发的金融危机向实体经济领域扩张之际，时任总书记胡锦涛于 2008 年 11 月 15 日与俄罗斯总统梅德韦杰夫、英国首相布朗会谈时指出："当前这场国际金融危机涉及的范围之广、造成的影响之深、冲击的程度之大，几十年来罕见。"[①] "危机从局部向全局蔓延，从发达国家向发展中国家蔓延，从虚拟经济向实体经济蔓延，已经对各国经济发展和人民生活带来了严重影响。"[②] 时任总理温家宝 2008 年 10 月 25 日在亚欧首脑会议闭幕式的演讲中指出："我们要认真吸取金融危机的教训，处理好三个关系：一是金融创新与金融监管的关系。要根据需要和可能，稳步推进金融创新，同时加强金融监管。二是虚拟经济与实体经济的关系。要始终重视实体经济的发展，使经济建立在坚实可靠的基础上。虚拟经济要与实体经济相协调，更好地为实体经济服务。三是储蓄与消费的关系，要使消费与储蓄相协调。"[③] 可见，金融危机一个深层次的原因就在于实体经济与虚拟经济的失衡。梳理近年来虚拟经济研究的前沿问题，对我们深入了解现代经济中的一些基本规律有重要意义。

一、虚拟经济与实体经济的关系

虚拟经济的研究最初是针对金融危机的，它引发了人们对实体经济与虚拟经济关系的

---

① 资料来源：中国政府网，https：//www.gov.cn/jrzg/2008-11-24/content_1157228.htm。

② 资料来源：中华人民共和国外交部，https：//www.fmprc.gov.cn/web/gjhdq_676201/gj_676203/oz_678770/1206_679906/xgxw_679912/200811/t20081116_9353157.shtml。

③ 资料来源：中国政府网，https：//www.gov.cn/ldhd/2008-10/25/content_1131315.htm。

极大关注。刘骏民在1998年出版的《从虚拟资本到虚拟经济》一书中指出："金融深化与金融市场的自由化和国际化结合在一起，为世界性的金融危机频繁爆发埋下了祸根。""几乎每次局部的金融危机都会迅速蔓延到其他国家而迅速形成世界性金融风暴。国内银行和其他金融机构的坏账、呆账，汇率剧烈波动，使得一些国际性大银行和金融机构瞬间倒闭，也使某些国家积累了十几年的外汇储备在几天和几周内损失殆尽。"

关于虚拟经济与实体经济的关系，成思危（2003）[1]认为，如果将实体经济系统看成是经济系统中的硬件，则可认为虚拟经济系统是经济系统中的软件。我国虚拟经济发展目前还仅仅处于初级阶段，与发达国家相比还有很大差距，非常欠缺驾驭虚拟经济的经验。刘骏民和伍超明（2004）[2]在货币数量关系修正模型的基础上，以β值反映虚拟经济与实体经济的背离走向，计算企业资金利润率与股票指数利润率，通过比较得出结论：当虚拟资产收益率大于实物资产收益率时，β值上升，相反就下降，并且虚拟经济的波动性不论正面还是负面都远大于实体经济。刘骏民和肖红叶（1996）认为，虚拟经济同样会产生货币需求，将费雪交易方程式变形为$MV=PQ+SQ\times SP$，其中，PQ表示实体经济，$SQ\times SP$表示虚拟经济。[3]它们之间的关系是由货币为纽带联系到一起，存在着此消彼长的关系。袁国敏等（2008）采用灰色关联度模型，对我国近年来虚拟经济与实体经济的协调性进行定性与定量研究，发现虚拟经济对实体经济属于关联度中等，虚拟经济与实体经济之间的作用性不是很强。[4]具体来看，虚拟经济中的股票和债券与实体经济的关联度最大。实体经济中的服务业不能很快发展起来，就会制约虚拟经济的发展。

何宜庆和韦媛辉（2006）对中国在1978~2004年虚拟经济与实体经济互动发展的边际溢出效应进行实证分析，得到虚拟经济部门产出对实体经济部门产出的边际溢出效应大于实体经济部门对虚拟经济部门的边际溢出效应，证明1978~2004年中国虚拟经济与实体经济互动发展基本上是处于"供给引导型"阶段。[5]白钦先（2003）认为，通过财富分配机制、产业结构机制、股权变动机制、债务结清机制、信息传递机制和风险累积机制，虚拟经济对实体经济能够产生促进和抑制作用，具有明显的"双刃剑"特征。[6]

刘骏民（2003）认为，虚拟经济与实体经济的长期失衡意味着经济运行方式的变化。[7]同20世纪70年代以前美国持续经常项目顺差相反，美国从80年代至今，经常项目持续逆差，金融项目则持续顺差，这意味着美国用美元现金购买其他国家的产品和劳务，而其他国家则用出口换来的美元再去购买美国的金融资产，于是美元现金透过经常项目逆差流出，通过资本项目顺差流入。他认为，经常项目逆差刺激本国虚拟经济的发展却压抑本国实体经济的发展。于是美国经济开始由制造业为主的实体经济支撑转向了虚拟化。美国金融和房地产的利润占全部企业利润的40%以上，美国从20世纪80年代中期以后出现了明显的去工业化趋势。这使美国经济运行不再是靠美国能生产什么，而是依靠美元能购买什么。应当认为，虚拟经济的发展不能成为"去工业化趋势"的动力和对实体经济发展的一种抑制力量，实体经济的发展不能与虚拟经济的发展背道而驰。

虽然虚拟经济与实体经济关系至今没有一个数量上可靠的定论，一些大致的关系还是不断有学者提出。例如，成思危提到虚拟经济的"介稳性"和"寄生性"。提出一个虚拟经济与实体经济关系的更复杂的模型。因为虚拟经济越强，对外部实体经济的依赖就越重。像中国香港、英国、西班牙、意大利等都不再以生产低价低利润的制造业产品为主，居民生活一方面依赖于虚拟经济活动中"用钱生钱"的活动，以保证不断增加的货币收入流；另一方面也依赖于本经济体与外部的交换，包括用货币收入购买境外提供的各种生活必需品和境外用现金购买本国或本地区的金融产品和债券。从单个经济体来看，虚拟经济越强，其介稳性和寄生性就越明显。这就意味着在当代，虚拟经济与实体经济的相互依存关系已经超出了国界，不仅是国内经济平衡的基本问题，而且也是世界经济平衡的基本关系问题。

尽管虚拟经济与实体经济关系的研究，产生了许多重要的启示，但离问题的基本解决还差得较远。研究中涉及的虚拟经济的运行特征、虚拟经济的性质等一系列问题，需要进行量的界定，于是，如何度量虚拟经济的统计核算问题就被提了出来。

二、虚拟经济核算理念与核算方法

虚拟经济的概念至今没有统一的认识，较权威的观点是将虚拟经济看作一种经济的运行方式和运行模式。例如，成思危（2003）认为，虚拟经济是与实体经济相对应的一种经济活动模式，是指与虚拟资本以金融系统为主要依托的循环运动有关的经济活动，货币资本不经过实体经济循环就可以取得盈利[8]。简单地说，就是直接以钱生钱的活动。刘骏民（1996，2003，2008）认为，狭义虚拟经济是指与虚拟资本运动有关的金融活动；经济系统是一个价值体系，由虚拟经济和实体经济组成，虚拟经济是心理支撑的价格系统，实体经济是成本支撑的价格系统；虚拟经济与实体经济是两种不同的运行模式，不同的国家根据自己的特点在实体经济与虚拟经济两种模式共存的基础上，侧重于选择不同经济运行模式[9][10][11]。

研究虚拟经济非常需要规范虚拟经济的内涵，界定统计范围。目前国际上通行的统计核算体系是 SNA 体系，虚拟经济统计核算体系的构建应与国际统计核算体系保持一致，遵循国际统计核算的基本原则，考虑与 SNA 的衔接。袁国敏（2008）根据 SNA 相关规定，认为虚拟经济统计核算的范围包括货币市场、资本市场、外汇市场、黄金市场、衍生品市场、保险市场、房地产市场。同时包括货币黄金和特别提款权、通货与存款、股票以外的证券、贷款、股票和其他权益、保险专门准备金、金融衍生工具、其他应收/应付账款和房地产。[12] 虚拟经济统计核算方法包括：按交易者分类的交易主体，可分为非金融企业、金融机构、政府、住户和国外五个部门；按交易分类的股票、债券、票据、外汇、基金、同业拆借资金等交易情况；测度指标包括反映虚拟经济总量，虚拟资产交易市场上不同分类的交易情况，交易工具的价格及虚拟经济的其他情况。

由于虚拟经济反映的是价值系统，应是统计货币流、资本流，从虚拟经济视角来看，货币不仅是一种资产，更重要的是一种能量；货币流、资金流在金融全球化下是配置资源的主要力量，同时资金从一国到另一国，可能产生风险，所以需要观测资金流引起的风险。例如，刘骏民和肖红叶（2004）提出的"全象资金流量观测系统"，是从整个经济系统的本质是价值系统的认识出发，将盈利作为市场经济所有经济活动的"游戏规则"，其主要目的是监测国民经济的整个运行过程，以交易量而不是资金流量净值作为其观测的核心变量，反映各部门之间资金流动与其价格和总价值存量增量之间的关系。[13] 该观测系统将虚拟经济和实体经济活动都纳入观测的视野，强调过程而不是强调结果，核算和观测虚拟经济和实体经济资金使用的真实过程，以达到监控经济安全的目的。在此思路的基础上，肖红叶和孙森（2006）进行了虚拟经济核算以资金流量为主要测度变量，与 SNA 体系相适应的研究。[14] 他们认为统计技术层面的这种安排对虚拟经济的核算是完全可以实现的，但最大的困难在于获取各个部门资金交易流量的数据，该数据可以从各方面搜集，最主要是从商业银行的交易记录中获取。如果做出适当的制度安排，这一目标可以实现。他们制定了国民经济各部门交易流量数据获取的三个解决方案：一是增加商业银行数据录入的内容。商业银行的会计凭证中，记录有详细的交易内容。如果对录入内容做统一的规范，就能获取相关数据。二是商业银行有会计核算和企业账户管理信息系统，其中信息有利于国民经济交易流量数据的获取。通过编写相应的软件程序，将商业银行的会计核算系统与账户管理系统连接起来，获取会计核算系统中的交易企业账号、账户管理信息。三是制定商业银行标准化数据规范，统一商业银行的计算机信息系统主要数据的标准，如企业代码、资金用途等。

虚拟经济将投机活动领域作为一个整体来研究，资金交易量反映了投机是否活跃、投机者获利多寡以及对实体经济影响等多种信息，尤其当代资金全球流动关系到国家经济安全，而传统的以资金流量净值为核心变量所观测的经济预警作用较小，所以，建立与 SNA 体系相协调的虚拟经济统计核算体系具有重要的意义。应用交易量进行核算，突出了虚拟经济特点。资金流量是衡量投机活动的一个重要指标，尤其以交易额（量）最为突出。可以将地产、股票、债券、期货等各种与实际生产过程没有直接联系，但又对实际经济产生重大影响的经济活动，通过投入产出技术揭示虚拟经济各部门间的相互依存关系，而不仅仅是局限在"地产与股市""债市与外汇"等双边关系的研究。将投机活动与其他金融投资活动的领域看作一个整体。树立全局、整体与动态的核算理念和监管理念，有利于我国资本市场在对外开放条件下的风险控制。

三、货币利润的来源与虚拟经济的动力

虚拟经济是否创造利润？西方主流经济学的财富概念是历史沿革下来的"物质或效用"的概念。"实际财富"作为一个物质概念，成为主流经济学财富概念的本质。因此，主流经济学将整个经济学的核心问题看作是资源的配置，且主要是自然资源的配置。这种观念对于计划经济是基本适合的，对于工业化时期的市场经济也有一定的解释力，但随着市场经济的发展和经济的虚拟化，它就越来越缺乏解释力了。马克思早就指出，资本主义财富的细胞是商品，使用价值是其物质属性，价值是其社会属性，也就是其本质属性，马克思从商品价值推导出货币，指出，货币不过是价值的独立化表现形式。对于资本主义的生产过程，马克思则认为它是"物质生产过程与价值增殖过程的统一"，价值增殖过程是资本主义生产的本质属性。马克思认为在资本主义经济中，追求利润是一切生产的目的，也就是追求价值增殖是一切生产的目标。不是为社会提供产品，为的是赚钱。本来财富的物质形态和物质生产过程是人类生存的根本，资本主义却一定要变成生产价值和追求价值增值，货币及其表现的货币资金本不是财富，实际财富是它们购买到的物质产品和资源，但资本主义却将货币及货币资本看作真正的资本，所以马克思指出资本主义市场经济是"头脚倒置"的。财富有社会形式和物质内容两个方面，物质内容是财富永恒的基础，而货币财富是财富的社会形式发展的产物。虚拟财富则是在此基础上进一步衍生出的"财

富"，它们由于物质内容的空洞而不具有实际效用，社会不能靠这些虚拟财富生存。但在市场经济中，特别是在发达的市场经济中，财富的本质属性是有价值的，虚拟财富被看作是真实财富。人们追求虚幻的价值增殖，才会导致过度膨胀的虚拟经济。巨额的资产、令人羡慕的货币收入，它们越来越脱离实际的物质生产过程的根本原因就在于市场经济将价值增殖看作本质。

只有在危机到来时人们才会意识到虚拟经济创造的财富基本上是"不存在"的。这里需要讨论两个问题：一是虚拟经济是否"零和交易"问题；二是"以钱生钱"创造的货币收入和由此资本化出来的巨大资产价值有没有实际产品对应的问题。搞清楚这两个问题，才能解释为何虚拟经济远离实体经济而独立运行。

成思危（2003）认为，虚拟经济具有寄生性质。[1] 虚拟经济运行周期大体上取决于实体经济的运行周期，但短期的背离是可能发生的。实体经济系统中产生的风险，都会传递到虚拟经济系统中，虚拟经济系统中的风险，也会对实体经济造成严重的影响。虚拟经济必须靠外界资金交换才能维持相对稳定。其根本原因是虚拟资本内在的不稳定性，这主要来自其本身的虚拟性，也来自货币的虚拟化，还来自虚拟经济系统中存在的正反馈作用。既远离平衡状态，还能保持相对稳定的系统。

刘骏民（1996）谈到，虚拟经济独立运行创造货币利润的两个循环过程，即虚拟经济体与外部交换物质产品及外部与虚拟经济体交换"国际货币"，打破了零和交易的格局。[3] 虚拟经济体是货币利润的一个重要来源，它可以通过借贷活动直接创造出来，即通过货币发行可以创造虚拟经济的盈利，但要维持这种货币利润，必须具备三个条件：

①只要有不断增加的货币资金输入，虚拟经济体就有货币利润；②经济体通过与外部的非虚拟经济体交换获得生活资料，而非虚拟经济体则要用虚拟经济体支付的货币购买其"金融资产"；③经济体必须可以发行非虚拟经济体认可的"国际货币"。

虚拟经济为什么可以扩张到实际 GDP 的十数倍甚至数十倍呢？刘骏民（2008）借用弗里德曼用来说明"经济存量和流量关系"的公式，来解释为什么一个小的货币收入流可以"幻化出"大量的虚拟资产的逻辑。[15] 用 Y 表示货币收入流量，r 表示利息率，A 表示资本存量。有关系式成立：

$$A = Y/r \tag{1}$$

式（1）中，A 为资本存量，在一定时期内生产出收入流，r 是利润率或利息率。A 狭义上是指机器设备，广义上包括生产出 Y 所需的技术、人力资本等其他条件。当股市出现之后，资本化开始盛行，它变成了货币收入流资本化的公式。A 生产出收入 Y，并将以这个收入流为依据让企业到股票市场去上市，于是股市创造出一个新的资产，代表 A 的所有权的股票资产 A'。A' 是 A 在股市上的影子，但它的价格波动却独立于现实资本 A，是一笔资产的双重存在。

从衍生出 A'，于是也就衍生出资本化公式：

$$A' = Y/r \tag{2}$$

A' 的存在以及其价格高低不是取决于 A 的存在，而是取决于收入流 Y。只要有收入，就可以被资本化。式（2）是"经济虚拟化关系式"，它也解释了实体经济为什么可以"幻化出"巨大的金融资产，导致了虚拟经济的膨胀。

四、财富与风险的积累

——价值化积累

"价值化积累"研究是虚拟经济与实体经济关系命题的延伸，是积累与经济增长动态关系的理论探讨。经济增长是以积累为基本动力的，当积累逐渐价值化时，经济的虚拟化程度就必然加深。积累如何实现，如何发生相应的转变是经济虚拟化过程中经济如何运行的一个关键问题，价值化积累是以价值表现的广义的储蓄，包括股票、债券及地产等虚拟资产形式财富的集聚与增长。价值化积累的同时也在积累着风险，虚拟经济与实体经济应有一个动态发展的比例。

马克思主义理论认为，资本积累实质是剩余价值不断转化为资本，这个过程一方面是物质生产能力不断增长的过程，另一方面也是价值增殖能力不断扩张的过程。从人类生存的客观依据来看，积累应该是"生产能力"的积累，因此，从马克思主义演化而来的计划经济的理论，就是在"固定资本形成"的判断标准下考察消费与积累的关系或者储蓄与投资的关系。在市场经济以前的经济形态中（封建社会以及原始部落等），积累、储蓄这些在现代充满价值意味和货币形式的概念，是粮食的存储、生产工具的储备和改进等。其目的是要使再生产可以继续并使生产力水平不断提高，储蓄不是价值的是物质的。但是，市场经济以后，积累就逐渐采取了"货币化"的方式，一方面是货币收入的储蓄，另一方面则是实际生产投资，使得生产能力不断增强。社会不再是直接扩大生产能力，而是通过一套价值运作体系来完成实际资本积累，资本积累的形式变化了。实际积累过程，也就是扩大再生产的过程，本来是一个机器设备不断增多、技术不断提高、产出不断增加的过程，但却要受到价值形式的制约。要先有储蓄，也就是货币积累，无论是自己的货币储蓄还是别人的储蓄。然后通过货币资金的媒介（可以是自有资金，也可以是借款）来完成实际投资和扩大再生产。显然，价值积累在市场经济中变成了实际积累的前提。首先要通过货币储蓄的阶段，其次是货币资金媒介才可以完成实际积累过程，这就是价值化积累最初的起因。没有货币形式的积累或储蓄，就无法形成固定资本（刘晓欣，2005）[16]。

随着市场经济的发展，股份制企业与股票发展起来了，股票的一级市场为企业提供资金，企业为其提供收入。股票的股息收入显示出股票收入与生产企业的密切关系，股票的收入是生产资本利润的一部分，二级市场的发展在融资与生产之外又增加了一个新的虚拟价值增殖的形式，即通过股票价格波动而获得的收入。虽然这个价值增殖形式与生产资本有关，但是同股息收入相比则是一个新的形式，其来源也与股票代表的企业关系更小。此时，股票本身的独立意义已经存在，即它本身作为财富的性质被市场所推崇，只要持有股票就等于持有企业。不但可以分得企业利润，还可以获得股票增值的收入。股票就是资本，就是带来剩余价值的价值，上市公司增加，股市不断扩大，即使企业还是原来的那些企业，上市活动也在不断增加着可以用货币衡量的价值，可以从会计报表上看到价值的增殖。

随着股市的发展，债市和金融衍生物市场发展起来了，房地产市场也迅速成为经济中一个举足轻重的组成部分。于是价值增殖的形式多样化了，不再是仅仅依靠物质生产过程，GDP 中的成分开始包括服务业，体育、娱乐业、金融业的服务收入也被计入 GDP，还有中介机构，包括理财咨询、房地产中介机构的服务等。这些 GDP 的内容与传统的对生产的理解不同。它们变得更不确定，其收入大小与经济环境的关系更大，而与企业成本关系相对于制造业更小。这些变化为积累增加了新的内涵，一些相对脱离于实际生产过程的价值增殖成为积累的一个重要组成部分，尤其以资本化定价为特征的虚拟资产近 20 年来逐渐成为人们财富的主要代表之一。

随着金融全球化，价值的积累量迅速扩大并超过使用价值形式的积累，表现在社会总财富中以货币形式储藏的财富比例远远高于实物形态的财富比例。所以，"当股票等有价证券出现以后，社会财富越来越多地以证券形式出现，即出现财富的证券化趋势。在这种情况下，人们的财富概念，不再是看得见摸得着的物质财富，而是以货币符号和各种'剩余索取权的纸制复本'代表的虚拟财富"。同时，价值化积累使与实体经济无关的纯粹货币交易迅猛增长，在早期经济国际化条件下，货币还主要是作为商品劳务出口的媒介，是生产资本和商品资本流动的附庸。在当代经济全球化条件下，虚拟的货币资本直接可以在流通领域中价值增殖，与商品资本和生产资本无关。大量的外汇已经不是服务于国际贸易结算，而是与实体经济没有关系的纯粹的货币交易。金融衍生品完全摆脱了实体经济束缚飞速发展，它建立在高度杠杆基础之上，无节制地繁殖。金融衍生品是一种完全的虚拟价值增殖运动，它既不代表企业所有权，也不代表对企业的债权；投资者既不持有任何一种实际的证券，也不持有这些证券的代表物。金融衍生品是一种避险的工具，但却把风险带到整个金融活动中来，使它在世界范围内扩张、渗透。所以，"实物资产与虚拟资产积累的非对称性"和"实体经济与虚拟经济发展的非对称性"，使虚拟经济与实体经济已经表现出严重脱节，为金融危机埋下了种子，价值化积累在积累财富的同时，也积累大量的风险。当遇到外部冲击时，"倒金字塔"倒塌，财富便化为灰烬。

五、虚拟经济与人民币国际化

索罗斯曾说，世界必须抛弃美元，建立新的国际货币体系，否则将面临金融动荡、以邻为壑政策，导致世界范围内的大萧条甚至战争。此次金融危机折射出国际货币体系的种种问题，也验证了"金融大鳄"对国际投资环境的敏感。从虚拟经济视角可以看到，人民币国际化不仅是一种趋势，而且是强国富国的重要标志。

成思危（2007）认为，货币的虚拟化使得汇率成为各国之间政策博弈的工具，因为汇率代表国际购买力，并不代表国内购买力，汇率只要不买进口商品，对国内汇率是没有影响的。所以，各国的汇率没有一个客观的标准，升值和贬值往往根据自身利益来考虑。[17]

吴晓灵（2008）认为，当前爆发的金融海啸，从深层次来看，是国际储备货币发行国经济失衡，将其危机向全球传导的过程。不改革现有的国际货币体系，其他国家只能被动地承受这个过程。从长远来看，应该让世界有多种选择。中国的人民币有可能成为国际储备货币之一，但要从经济结构和金融体制上做好准备。有三个条件：一是提高中国产品在产业链中的位势；二是顺应国际贸易的需求，用人民币做国际贸易结算货币；三是扩展人民币金融市场的广度和深度，加快人民币可兑换进程。[18] 想要不因为持有大量美元而被动地接受损失，就应该"做强做大"人民币。稳步推进人民币市场发展，既是经济增长方式转变的需要，也是改变中国在国际金融体系中被动局面的需要。

刘骏民等（2006）、张云和刘骏民（2008）认为，在境外建立人民币离岸中心、建立"人民币官方协议兑换制度"和国内设立"金融风险试验区"是实现人民币国际化的三条重要途径。[19][20]

第一，在境外选择纽约、东京、法兰克福等三四个金融中心城市设立人民币离岸中心，派驻代表性的大银行和金融机构，专门从事境外的人民币业务。交易对象为该地区所辖各国的商业银行、投资银行和其他金融机构，交易工具为中国境内提供的金融资产和人民币现汇、现钞。中国人民银行应在人民币离岸中心设立代表机构，从事该金融中心所辐射的周边国家的官方人民币兑换业务①。

第二，人民币汇率制度梯次实现"可自由兑换"人民币资本账户不宜一次开放到位，应根据局部、梯次的原则在风险可控的条件下放开，最后达到完全可兑换。这可以有三个步骤：一是实行"人民币官方协议兑换制度"。与主要国家货币当局签订官方货币兑换协议②。中国政府承诺对有协议国家官方的人民币自由兑换。世界任何地方都可以有人民币和人民币资产的交易，但可以与中国对接的"接口"是有选择的大国官方。民间个人和金融机构可以经中国有关部门批准，在中国设立的"金融风险控制实验区"和中国境外设立的"人民币离岸中心"参与人民币及人民币资产的交易。二是控制人民币交易规模。境外人民币交易的总"盘子"可以通过与主要国家签订"人民币及资产交易协定"，来确定规模、调整的原则及办法。"人民币及其资产交易"在协议国家双方政府的监管之下进行，金融风险的可控性大大加强。三是实行人民币完全自由兑换。在"人民币官方协议兑换制度"取得经验后，逐步增加参与人民币协议兑换的国家，放松协议中的有关监管。最后适时实现人民币完全放开的自由兑换。

第三，中国应设置"金融风险试验区"，尝试资本项目完全开放。借鉴深圳经济特区和高新技术开发区的经验，在上海、天津或深圳选择一两个城市，建立"金融风险控制实验区"，在可控条件下，梯次放开一切金融项目。具体措施有四个：①经允许的境外银行、金融机构进入，与中国指定的银行、证券公司以及其他相关机构如会计师事务所、律师事务所等之间从事所有非人民币金融业务，并在综合监管部门的监管之下，从事人民币业务。②选择我国主要银行和金融机构进驻"金融风险控制实验区"，经营对外出售人民币资产业务，发行和买卖人民币债券，经营人民币的境外贷款和人民币现货、期货交易。③设立综合监管机构，对进出"实验区"的所有国内资金进行分类监督。监管机构有权在发生资金或价格异动时，采取措施干预，以控制风险。④外汇管理局和中央银行派驻机构，并授权在人民币汇率有较大变动的时候，实行入市干预。

据悉，2008年12月中国已经与周边8个国家签署了自主选择双边货币的结算协议，与韩国签署了货币互换协议，为实现人民币国际化迈出了重要一步。目前，国内应尽快做

---

① 温家宝于2008年12月24日主持召开国务院常务会议，提出"对广东和长江三角洲地区与港澳地区、广西和云南与东盟的货物贸易进行人民币结算试点"。对广东和长江三角洲地区、港澳地区、广西和云南与东盟的货物贸易，进行人民币结算试点的措施，无疑将使人民币在国际贸易结算中正式进入东盟，是实现人民币国际化的重要一步。

② 2008年12月12日中国与韩国签署了货币互换协议，人民币首次以官方的姿态走出国门，开启了国际化的破冰之旅。中国人民银行与韩国中央银行签署了规模为1800亿元人民币（38万韩元）的中韩本币互换协议。2000年亚洲地区国家开始进行货币互换探索，并由东盟十国与中、日、韩在泰国签署"清迈协议"，但货币互换以美元为主，而此次中、日、韩签署的货币协议以本币为主。

好人民币市场开放后风险的对接，随着人民币金融市场向广度和深度发展，加强金融风险的防范与控制。

六、虚拟经济与银行呆坏账处置

金融危机的核心问题实际是呆坏账的大量出现（刘骏民和张云 2008）[21]。虚拟经济的快速发展，导致虚拟经济与实体经济失衡，呆坏账不断扩散，反过来又影响银行系统的稳定性。认识呆坏账的产生和消除是一个重要的理论与现实命题。从虚拟经济视角认识呆坏账处理将对宏观经济政策制定带来一定的启示。

高经济增长率与银行业高呆坏账率并存现象，使我们思考一个问题：中国会不会发生金融危机？在处置银行呆坏账的问题上，发达国家一般多采取市场手段。银行呆坏账率超过某一水平时，即发生大批企业倒闭，银行破产，并引发金融危机。我国处置银行呆坏账是成立资产管理公司，剥离呆坏账，虽然呆坏账率很高，但金融系统运行仍比较稳定，并未出现金融危机等问题。这种不同于发达国家的传统处理方法，更能够保证银行系统和金融体系的稳定。目前美国等国在此次金融危机中也采取了类似的方式来处理出现危机的银行，这从侧面印证了这一处置方式的有效性。

关于呆坏账的创造过程和机制，刘骏民（2008）认为，呆坏账创造过程和机制使银行的存款与呆坏账同时增加。[21] 例如，某人经营亏损不能偿还贷款，形成呆坏账。从宏观角度来看，呆坏账这笔资金并没有消失。因为此人获得的贷款会通过开支变为其他人的收入，最终原始的贷款会成为存款存入银行，它可能是这个交易链条中某一个交易环节中多余货币累积而成的存款，也可能是最终得到收入的人不再买任何商品而存入银行。在每天的交易过后，大部分资金都会以存款方式回到各交易者的账户上。结果是最初的贷款被交易过程重新配置，成为新增收入存入银行，货币并没有损失，只是银行多了呆坏账和由其造成的新增存款。从实物角度看存在损失，一旦企业倒闭，这些厂房和设备会在清产核资过程中被拍卖或转让，最后，通过重新配置，发挥其物理功能生产出市场需要的产品，物质的损失是失败的企业家贷款购买设备、租用厂房会暂时闲置等，工人会暂时失业。但是，总需求不会因此而减少，总就业不会下降，只要贷款在增加，总需求就会增加。所以，不管呆坏账率多高，就业仍会增加。从宏观角度来看，如果呆坏账不引起银行倒闭和信用紧缩，就不会引起金融危机，其造成的物质损失微不足道，对就业也没有负面影响。所以，在呆坏账创造过程中，资金没有减少，总需求没有减少，就业总量也没有减少，社会基本没有什么损失，那么呆坏账不过是银行账面上的数字罢了。据此，刘骏民（2008）认为，中国处置呆坏账的办法具有一般意义上的经济学理论价值，是自凯恩斯主义需求管理的宏观政策之后最重要的宏观措施，中国剥离呆坏账的宏观经济政策取向是正确有效的，是市场经济摆脱危机困扰的一个根本性转折。[22]

目前，美国救市计划模仿了中国创造的"剥离呆坏账"法，此举意义非凡。

因为在资本主义早期，金融危机通常是有效需求不足引起的经济危机的伴生物。当工商企业出现销售困难和财务危机从而开始成批倒闭的时候，引起大面积的银行呆坏账，从而引起信用紧缩并使得经济衰退得以持续。这使经济不断重复"繁荣、危机、萧条、复苏然后再繁荣"的循环。这种规律性的周期一直困扰着西方成熟的市场经济。凯恩斯主义就是针对传统经济危机的，其干预政策核心是干预有效需求，这是经济政策的第一个里程碑。20 世纪 80 年代以后，经济衰退不再主要是对制造业等实体经济的需求不足而引起的了，金融危机也不再是经济危机的伴生物，它通常率先发生。引起呆坏账的不再主要是制造业和其他实体经济部门，而是因为股市、债市、房地产等虚拟经济领域的泡沫破灭造成的。金融危机正在成为经济危机的罪魁祸首。股市和房地产价格下跌，引起高度杠杆化的美国经济产生大量呆坏账，导致银行和金融机构的倒闭风潮，即金融危机。金融危机导致银根紧缩，需求下降，经济衰退。现在的金融危机不是传统的有效需求不足引起的，相反是金融危机引起了有效需求的不足。正因为如此，对呆坏账的干预具有与需求管理政策同等重要的意义。因为经济的虚拟化将金融危机提到了经济危机的前面，而金融危机的核心问题就是呆坏账，处理好呆坏账，就可以有效地缓解甚至避免金融危机和由此引起的经济衰退。

但刘骏民（2008）认为，美国的救市中的呆坏账处置与中国呆坏账的处理有本质的不同。[22] 主要体现在以下三个方面：

（1）中国呆坏账基本是制造业经营不力造成的，美国的呆坏账是由于炒房地产失败，或炒股票、债券失败等金融杠杆的经营失败导致，这使美国潜在的呆坏账规模远远高于中国，其呆坏账的连锁作用也远远高于中国，可控难度大。

（2）目前人民币的呆坏账还仅限于国内金融机构。以实体经济为主的中国可以继续采用"剥离呆坏账"的方法，作为防范金融系统性风险的最后一道防线。美国次贷危机的基础是发达的虚拟经济，经济的虚拟化使个别风险汇集在虚拟经济系统之中，个别企业再大也无法与其抗衡，需要政府干预，改变以往的市场经济的游戏规则。

（3）美国能否救市不在于国内，而在于境外对美元的信用。虽然中美两国有区别，但处理呆坏账的原则是一样的，用政府信用来支持银行信用。在中国的经济转型过程中，人们对政府的信任没有减弱，对市场经济的风险意识却迟迟难以建立。"稳定第一"原则是人们对官方机构的信任，也是公众的信心。这是中国高呆坏账率不会引起金融危机的另一个重要因素（更深刻的原因还在于银行性质没有企业化）。美元资产的国际性特征，其信心源于人们对美元的信用，用政府信用来支持银行信用将会有许多后患。

七、虚拟经济与房地产资金聚集效应

房地产行业是资金密集型行业，房地产行业在带来大量资金的同时，对当地的 GDP 增长做出了很大的贡献。许多地方政府也将房地产作为 GDP 增长的重点行业，与中央政府进行博弈，削弱了中央对房地产的调控效果。由于地方政府的支持，房地产行业迅速膨胀，房地产资金聚集效益不断增强，同时带来了房地产过热和房地产泡沫的风险，应引起我们的重视。房地产的重要性在于它既是住宅又是投资品，也是金融业最主要抵押品。因此对经济的作用就超出了一般商品和一般金融资产。

王千（2006）认为，房地产具有虚拟经济和实体经济的二重属性，虚拟性是指房地产是一种虚拟资产，其特性介于普通商品和金融资产之间。[23] 房地产的虚拟资产特性使其成为联系实体经济和虚拟经济的纽带。房地产不仅对经济起扰动作用，更重要的是能起到稳定经济的作用：一方面，与金融资产相比，房地产价格具有相对的稳定性，这使其成为商业银行发放贷款中的重要抵押品；另一方面，房地产价格的长期稳定增长对货币发行量的稳定增长有重要影响。郭金兴（2004）认为，在现代经济中，房地产是一种重要的虚拟资产，并且随着虚拟经济的发展，其虚拟性也在不断增强，这在成熟的市场经济国家体现得尤为明显。[24] 经验表明，房地产市场波动并不一定会对实体经济造成破坏性影响。实际上，一个发达而完善的房地产市场有可能在经济发展和经济增长中起到稳定作用。

刘骏民和张云（2008）认为，房地产资金聚集效应是指随着房地产扩张导致抵押贷款增加以致超过本地储蓄而导致的资金聚集的过程。它的作用基础是抵押贷款乘数。[25] 资金对任何一个局部城市或地区来说，其潜在供应量不受本地累计存款的限制，因此，当一个地区存款总额大于本地贷款总额时，就意味着本地区的资金在流出。当这个城市或地区的贷款总额大于其存款总额的时候，就意味着有大量资金流入。当一个地区或城市的房地产抵押贷款乘数大于 1 的时候，就会导致这种情况发生。而房地产信贷动态扩张的乘数公式可以表示为，$K_T = [cs_1s_2(1+d)]^T K_0$，其中 $[cs_1s_2(1+d)]$ 是乘数，s_1 是最初的市政贷款转换为当地居民可支配收入的比例，s_2 是居民可支配收入中变为居民的住房支出的比例，d 是房价首付与收入之比，c 是住房贷款与首付之比，K_0 是地方政府在期初投入进入市政中的房地产建设的贷款额。根据假设，乘数在很多情况下大于 1，于是房地产信贷按照几何级数在增加，显示出了很强的贷款资金聚集效应，能够有效地拉动地方经济增长。房地产与其他投资不同的是，它不仅有一般投资的收入乘数效应，而且由于其能够作为银行信用的抵押资产，还有贷款乘数效应。正是这种双重作用使得房地产成为最具拉动力的行业。

在现代发达的市场经济中，房地产作为主要的金融抵押品实际上起着整个经济的秤砣的功能，而房地产抵押信贷则将金融杠杆深深植入不断虚拟化的市场经济，房地产经济的支点取决于首付资金和整个贷款之间的比例，而这个杠杆被泛化为所有用房地产抵押的贷款，于是，随着首付比例的下降，杠杆越来越长，房地产作为秤砣，其本身的重量（即其价值）就日益成为整个经济能否持续的决定性力量。这就是说现代市场经济越发达，经济越是虚拟化，其对金融杠杆的依赖就越重，房地产作为秤砣的作用也就越重要，当"秤砣"因房地产价格下跌变轻，金融杠杆就要不断加长，无论是现代经济的秤砣出问题，还是撬起经济的杠杆出了问题，经济都会迅速崩塌，这也是经济虚拟化越强金融危机就越具有突然性的原因。下跌的房地产价格导致整个经济的秤砣迅速变轻，于是经济开始下滑，杠杆翘起，秤砣迅速向下滑动，这就是去杠杆化，它导致杠杆迅速缩短。缩短的杠杆和不断减轻的秤砣意味着整个经济将会大幅度缩水，也就是衰退。

八、中国经济虚拟度和流动性储备量的测算

中国经济平稳较快的增长，为虚拟经济发展提供了一个良好的平台。随着中国与世界经济的相互依赖性越来越密切，虚拟经济在经济发展中的功能和影响力也将日益凸显，了解我国经济的虚拟化程度和虚拟资产的储备量，有利于开放的中国保持经济和金融稳定。

南开大学虚拟经济与管理研究中心（2006）将虚拟经济发展规模与实体经济发展规模之比定义为经济虚拟度。经济虚拟度指标可以集中表现一个国家虚拟经济相对于实体经济发展的规模。虚拟经济活动中，虚拟资产交易最重要的特征是重复交易，因此，虚拟资产

的交易额集中反映了虚拟经济的发展状况①，国内生产总值包括农业、工业、建筑业及第三产业的产值，大体上涵盖了实体经济的内容②。用 f_T 表示 T 时期内经济虚拟化度；F_T 表示 T 时期内虚拟经济规模总量；GDP_T 表示 T 时期内名义国内生产总值，反映经济虚拟度的指标是：$f_T = F_T / GDP_T$。测算显示，中国经济虚拟度在 20 世纪 90 年代曾出现了较大程度的波动，原因是虚拟经济部门发展不完善、不平衡，尤其是期货市场中期货合约的品种重复、设计不合理、运作不规范。2000 年以后，中国虚拟经济进入了稳步发展阶段，经济虚拟度较平稳地上升，2001 年中国虚拟经济发展规模开始超过 GDP，2003 年以后经济虚拟度都在 2 以上，2006 年达到 3.36，2007 年由于股票市场的高额交易额竟使其达到 6.19。进入 21 世纪后，中国虚拟经济的发展速度超过了实体经济的发展速度，与企业的实物资产或生产的实际产品相比，股票市场、债券市场、大宗商品期货市场、房地产市场以及外汇市场中交易的重要性显著提高，由此引起了中国经济虚拟化程度的上升。尤其是进入 2000 年以来，中国的名义 GDP 的增长率大体上维持在 10%～18%，而虚拟经济的增长率除 2004 年外，均高于名义 GDP 的增长率。由此可见，2000 年以来中国经济的发展过程是一个经济虚拟化程度不断加深的过程。随着我国经济虚拟化程度的逐步提高，虚拟经济部门对 GDP 增长的影响逐年增大，虚拟经济产业占 GDP 的比重趋于稳定；容纳的就业人员逐年增多；虚拟资产在家庭财富中的比重有逐年增大的趋向。

随着经济虚拟度的提高，经济中出现了"货币失踪""金融窖藏"等现象，传统理论对此难以解释。虚拟经济从一种资产转化为现金与支付手段的难易程度或资产的变现能力角度来测量和统计这种流动性，称为"流动性储备池"。一般将流动性视为广义货币供应量（M2）。

虚拟经济运行与发展需要大量货币资金支撑，货币资金流入流出能够给虚拟经济部门带来多大的冲击力，给整个经济体系带来多大的影响力，需要考察虚拟经济部门口流动性储备的静态表现与动态特征。流动性储备量考察的是货币供应量进入虚拟经济部门的比重。从静态视角来看，是指滞留在虚拟经济各个部门中货币的数量，即有多少货币已经进入市场可以从事或正在从事虚拟资产相关的交易活动。从动态视角来看，就是指在虚拟经济各个部门中货币数量的变动情况。这些变动情况通过虚拟资产的交易额或虚拟资产的价格变动体现出来，应当成为监控虚拟经济运行的关注点。

南开大学虚拟经济与管理研究中心在 2008 年中国虚拟经济发展报告口已测算了中国流动性储备池的量，分别测算了股票市场、银行间货币市场、期货市场、黄金现货市场、房地产市场和其他市场货币资金量。测算数据显示，2007 年虚拟经济流动性储备总量达到 58543.60 亿元。房地产市场流动性储备占到整个虚拟经济的 3/4，2005～2006 年，股票市场流动性增长率分别为 11.10% 和 63.20%；期货市场分别为 52.46% 和 69.61%；黄金现货市场分别为 85.26% 和 159.49%。全国银行间债券市场交易活跃，两年内分别达到了 67.71% 和 91.76% 的增长率。

刘骏民（2000，2007）[26][27] 认为，虚拟经济成为整个经济系统的流动性储备池，是

---

① 虚拟经济规模衡量为股票市场、债券市场、期货市场的交易额及房地产成交额的加总。虚拟经济研究着眼于股票市场、债券市场、外汇市场、房地产市场以及石油等大宗商品期货市场等市场中资金流动的联系。

② 在 GDP 的核算中，虚拟经济部门的相关内容（如印花税、金融业和房地产业的一些资产交易服务的收入等）已经在 GDP 中占有相当的比重，并且随着经济虚拟化程度不断加深，虚拟经济部门创造的产值将会越来越大。

相对于实体经济部门来说的。经济的虚拟化过程使现实的经济体不再是单一的实体经济，虚拟经济的发展和运行已经源源不断地将更多的货币纳入进来，货币供应量的增加不只是流入到实体经济领域中，甚至是更多地进入虚拟经济领域。在这种情况下，有时就会出现"货币失踪之谜"，即货币供应量增加时，实体经济没有增长，且无通货膨胀，相反甚至可能出现持续性的通货紧缩。虚拟经济作为流动性储备池的功能提供了强有力的解释：当新增的货币供应量直接流入虚拟经济，甚至带动更大的货币量进入虚拟经济领域时，并没有影响实体经济甚至将实体经济中的部分货币也吸引进来，所以物价水平并未有较大上升，甚至不升反降，但此时就出现了资产价格的不断膨胀的现象。

随着经济市场化和虚拟化的程度不断加深，股票市场、债券市场、外汇市场、房地产市场以及石油等大宗商品期货市场中，越来越多地滞留了用于投机活动的巨额货币资金，这些货币根据资产收益率的大小在这些市场之间迅速转移。每天都有大量的虚拟资产，主体包括各类金融资产和房地产，在进行着大量的、频繁的交易，其交易额已经远远大于GDP。虚拟经济活动所占用的货币数量将是相当可观的，有很大数量的货币甚至并不进入实体经济活动中。虚拟经济部门开始起着调节货币流的作用，虚拟经济领域内的流动性变动对整个经济的运行形成了重大影响。虚拟经济的迅速膨胀改变着整个经济的运行方式，虚拟经济部门开始起着调节货币流的作用，而那些根据传统理念只考虑货币数量与实体经济关系的货币当局进一步失去了对货币供给的控制能力。控制货币从而对宏观经济施加影响必须考虑对虚拟经济的控制和影响。显然，虚拟经济的发展和运行情况不但与企业、居民的经济生活息息相关，而且也是政策制定者不可忽视的领域。

虚拟经济研究八个前沿问题中的虚拟经济与实体经济关系、虚拟经济核算理念与方法、虚拟经济货币利润来源与动力、财富与风险的积累这四个问题更多的是理论上的探讨，而后面的四个问题：人民币国际化、银行呆坏账的处置、房地产资金聚集效应和虚拟经济流动性储备池功能的探讨则是站在虚拟经济与实体经济关系的视角上，对实践中提出的问题进行分析，并且更倾向于对实际操作层面提出政策建议。目前，像人民币国际化中的货币互换协议、建立人民币结算中心等建议已在中国经济的实际层面进行实践尝试。所以，希望虚拟经济研究成果能启发我们更进一步的理论思考与实践探索。

参考文献

［1］成思危. 虚拟经济论丛［M］. 北京：民主与建设出版社，2003.

［2］刘骏民，伍超明. 虚拟经济与实体经济关系模型——对我国当前股市与实体经济关系的一种解释［J］. 经济研究，2004（4）：60-69.

［3］刘骏民. 虚拟价值增值与实际经济运动［J］. 南开经济研究，1996（6）：38-43.

［4］袁国敏，王亚鸽，王阿楠. 中国虚拟经济与实体经济发展的协调度分析［J］. 当代经济管理，2008（3）：12-15.

［5］何宜庆，韦媛辉，曾斌. 虚拟经济与实体经济互动发展的边际溢出效应分析［J］. 南昌大学学报，2006（5）：430-433.

［6］白钦先. 论以金融资源学说为基础的金融可持续发展理论与战略——兼论传统金融观到现代金融观的变迁［J］. 广东商学院学报，2003（5）：5-10.

［7］刘骏民. 虚拟经济的理论框架及其命题［J］. 南开学报，2003（2）：34-40.

［8］成思危．虚拟经济与金融危机［J］．管理评论，2003（1）：4-8，53-63.

［9］刘骏民．虚拟价值增值与实际经济运动［J］．南开经济研究，1996（6）：38-43.

［10］刘骏民．虚拟经济的理论框架及其命题［J］．南开学报，2003（2）：34-40.

［11］张云，刘骏民．全球流动性膨胀的原因及其后果——兼论美元与国际货币体系的危机［J］．社会科学战线，2008（8）：54-64.

［12］袁国敏．虚拟经济统计核算体系的构建［J］．统计与决策，2008（12）：4-6.

［13］刘骏民，肖红叶．全像资金流量观测系统——以虚拟经济稳定性为核心的研究［J］．经济学动态，2004（4）：21-22.

［14］肖红叶，孙森．虚拟经济核算：问题与解决方案——基于统计技术层面的研究大纲［J］．开放导报，2009（2）：37-42，85.

［15］刘骏民．虚拟经济的经济学［J］．开放导报，2008（6）：5-11.

［16］刘晓欣．虚拟经济与价值化积累——经济虚拟化的历史与逻辑［M］．天津：南开大学出版社，2005.

［17］成思危．中国金融改革发展［R］.2007中国金融形势分析、预测与展望专家年会暨第三届中国金融专家年会，2007.

［18］吴晓灵．人民币可能成为储备货币［J］．财经年刊—2009：预测与战略，2008-12-22.

［19］刘骏民，刘惠杰，王洋．如何看待人民币国际化中汇率升值与热钱冲击［J］．开放导报，2006（5）：80-82，88.

［20］张云，刘骏民．流动性膨胀下的中国困境与解决方案——基于虚拟经济的视角［J］．财经理论与实践，2008（4）：14-19.

［21］刘骏民，张云．虚拟经济视野的流动性膨胀困境与应对［J］．改革，2008（1）：85-91.

［22］刘骏民．呆坏账处理是否蕴含着制度创新［J］．开放导报，2008（5）：20-23，29.

［23］王千．房地产的虚拟性与宏观经济稳定［J］．中国工业经济，2006（12）：13-20.

［24］郭金兴．房地产的虚拟资产性质及其中外比较［J］．上海财经大学学报，2004（2）：45-52.

［25］张云，刘骏民．房地产市场功能与低收入群体住房问题解决途径探析［J］．理论学刊，2008（9）：43-46.

［26］刘骏民．虚拟经济与当前的通货紧缩［J］．南开经济研究，2000（5）：3-10.

［27］刘骏民，李曙军．全球流动性膨胀与经济虚拟化［J］．开放导报，2007（2）：65-68.

本文转摘自《开放导报》2008年第12期。

个别风险系统化与金融危机

——来自虚拟经济学的解释

摘要：本文试图为金融危机提供一个"虚拟经济学"的解释，这个解释既包括系统风险与金融危机的内在联系，也包括个别风险与系统风险的内在联系。系统风险是个别风险社会化、系统化积聚和积累的结果，系统风险的积累则是金融危机爆发的前提；系统风险的积聚和扩散不仅与放松金融监管直接相关，而且也与虚拟经济的独特运行方式以及资本积累的特殊方式密切相关。正是美国的核心经济从制造业转变为金融与房地产服务业导致美国经济运行方式的改变，而价值化积累则为金融资产的膨胀、流动性膨胀以及投机活动的猖獗铺平了道路，监管的放松既是这种经济运行方式改变的必然结果，也是促使系统风险不断积聚的催化剂。

关键词：系统风险；金融杠杆；金融危机；虚拟经济

有效市场理论是现代金融学的经济学基础，它源于从瓦尔拉斯到阿罗—德布鲁的均衡理论体系。现代金融学的基础理论认为，只要经济充分自由化，市场就一定是有效的；有效市场一定是自动达到均衡状态，均衡意味着大家会管理好自己的风险；当所有当事人在自己的风险和收益之间达到均衡时，系统的风险一定是最小的。但 2008 年随着雷曼兄弟公司的倒闭，次级贷款引发的金融危机震惊了全世界。人们开始疑惑：高超的风险管理技术并没有让大多数金融机构和个人躲过风险，自由化也没有使人们远离金融危机，"有效市场理论"遭到强烈的质疑。人们看到，以回避风险为己任的金融活动在帮助人们回避个别风险的同时却在积累着系统风险，直至引爆金融危机。

一、系统风险辨析

现代风险管理的研究是从微观层面和投资者角度展开的，最初，风险研究还主要局限于投资人遭受损失的可能性。系统风险还主要是从投资人角度被定义为"不可以回避的市场风险"，人们还没有将其与金融危机联系在一起。在金融危机频繁爆发的 20 世纪 90 年代，人们越来越意识到系统风险对金融系统的整体意义，一个事件引起的链式反应被作为系统风险的核心问题。2008 年美国引爆的世界金融危机则使人们更加关注系统风险内含的宏观风险，越来越多的人意识到系统风险与金融危机有某些必然的联系。当系统风险的研究越来越与金融危机挂钩时，系统风险的研究便成了理论经济学的一个重要命题。因此，将金融危机看作是资本主义制度内生的，还是由外部因素偶然引发的，就会成为"系统风险"研究路径产生差异的一个分水岭。我认为，纯粹偶然的小概率事件引发金融危机只是表面现象，导致系统风险产生、扩大、扩散、积聚与爆发背后的规律才是我们要寻找的金融危机的根源。

（一）系统风险

目前，国内对于"系统风险"和"系统性风险"并无严格的区分，国外也大致如此，存在着两个并无严格区分的英文词汇（Systematic risk）和（Systemic risk）。1964 年，美国斯坦福大学的威廉·夏普（William Sharpe）将系统性风险定义为：证券市场中不能通过分散投资加以消除的风险，也称市场风险、不可分散风险或剩余风险，例如经济衰退、战争、利率变动等（Sharpe，1964）[1]。这是最早被广泛接受的定义。另一个近年来被广泛引用的定义是 1995 年由 G. 卡夫曼（G. Kaufman）提出的，他将系统风险定义为"一个事件在一连串的机构和市场构成的系统中引起一系列连续损失的可能性"。[2] 国际清算银行（1994 年）则将系统风险定义为"在金融系统中的一个参与者不能履约引起其他参与者违约，由此引发的连环反应从而导致广泛的金融困境"。[3] 这三个定义基本上涵盖了当代对系统风险的研究内涵。

第一个定义从投资者角度指出系统性风险不可以通过个别风险对冲行为加以回避的性质，系统性风险属于单个风险管理者无法回避的市场风险（Bartram 等，2007）[4]；第二个和第三个定义则强调个别事件导致系统风险的传染机制，其中，第三个定义中的"导致广泛的金融困境"不仅涵盖投资者损失的可能性，还涵盖从宏观角度衡量的金融系统整体遭受困难的"社会损失"。除去这三个广为引用的定义之外，其他定义也都关注到"系统性风险"中涵盖的外部性问题。投资者担心自己的损失，而政府和广大公众则关心"这些金融困境"引起金融危机的可能性和带给社会其他无辜大众损害的可能性。

无论是从投资者的损失角度还是从社会损失的宏观角度来看，金融危机都是系统性风险的爆发状态。由于金融危机会带给整个社会巨大的损害，包括投资者、投机者和大量无辜的人，因此我们研究系统性风险的目的主要是研究"金融危机发生"的可能性，而不仅局限于投资者可能的损失。为了强调这种宏观视角，我们用系统风险（Systemic risk）一词来区别主要从投资者的角度定义的"系统性风险"（Systematic risk）。我们将系统风险定义为：由一个事件或一系列共同发生的事件引发大批银行和金融机构倒闭或金融系统被迫全面紧缩，从而危及整个金融系统正常运转，引爆金融危机的可能性。严格区分系统风险和系统性风险并没有必要，这一定义只是为了强调"系统"本身的重要性。在后面论述中我们将一直使用"系统风险"而不是"系统性风险"的概念。

（二）基本规律与小概率"事件"

早期对金融危机的研究更多地属于理论经济学范畴，而非现代金融学的"风险管理"的范畴，也非"系统风险"理念下的命题（成思危，2003）[5]。因为风险管理是从投资者的角度兴起的，它最初并不涉及理论经济学，纯粹是一个技术性问题，个别风险处理甚至被列在系统工程学的研究领域之内，它本身不需要单独建立经济理论，而是直接在概率论等数学理论与方法的支撑下发展。当涉及无法回避的系统风险时，才考虑引起市场风险的各种原因及其测度指标与描述方法。当系统风险对整个经济的影响越来越大时，单纯由数学理论和方法支撑的研究就不够了，它需要经济理论对"个别风险与系统风险的关系"和"系统风险与经济危机的关系"提供解释，它已经成为一个重要的理论经济学的命题（刘晓欣，2008）[6]。于是，风险研究的经济理论背景，特别是对系统风险与危机关系有过研究的经济理论便自然会成为理论经济学关注的焦点。

马克思和凯恩斯的经济危机理论都认为，有效需求不足会引起经济危机。不同的是，马克思认为，是资本与劳动的对立引起两极分化导致需求不足；凯恩斯则认为，是三大心理规律导致有效需求不足。他们也都认为金融危机不是单独发生的，它们是经济危机的伴生物，是先有经济危机后有金融危机。他们所描述的经济危机与金融危机的过程是这样的：由于有效需求不足引起产能过剩，导致产品销售困难，企业利润下降，还款能力下降，直至企业倒闭，引起银行业呆坏账增加，信用紧缩，某些银行挤兑并出现连锁反应，引起金融危机。但是，2008年爆发的金融危机却与马克思和凯恩斯的危机理论大相径庭。这次金融危机不仅不是有效需求不足引起的，而且是在美国人过度消费的情况下爆发的（刘晓欣，2010）[7]。危机既然不是有效需求不足引起的，它就与马克思危机理论不是一回事，也与凯恩斯的三大心理规律导致有效需求不足从而引起经济危机的理论不是一回事。虽然直接从他们的理论中寻求当代金融危机的答案已经不可能，但他们的理论却给我们一个完全不同于主流经济学的思路。金融危机是制度内生的，有必然性。

自由主义经济学家否认市场经济自身存在周期性衰退或危机的内在机制（Hyun，2009）[8]。货币学派在对20世纪30年代的大危机进行研究后得出结论：30年代大危机是美联储错误政策的结果，是股市暴跌引起金融危机，然后货币政策错误引起通货紧缩导致严重的经济危机。所以，新自由主义反对政府干预经济，特别是反对限制经济自由化的各类政府干预。他们用噪声交易、信息不对称等理论来解释并没有呈现严格周期性的金融危机，这样，金融危机就是偶然的小概率事件，不是"有效市场"内生的。他们的理论有两个基点：一是充分自由化的经济不会有严重的失衡，特别是有效市场不会出现严重的失衡；二是市场的自我修复能力极强，没有市场不可以修复的失衡，不需要政府干预，任由市场去解决一切，结果总是会接近最优状态。法玛的"有效市场"理论就是建立在这两个基点之上的，它是现代金融学的基础。根据这个理论，本不会爆发金融危机的，但是，2008年严重的金融危机还是在美国"强有效"的金融市场上爆发了。许多学者不止一次地用复杂、严谨的计量方法证明美国金融市场是强有效的，但危机将这一切都抛到了九霄云外。将如此重大的金融危机看作是偶然的无法预测的小概率事件显然过于勉强。

无论将金融危机看作是市场内生的，还是将金融危机看作是市场外生的和纯属偶然的，最后的结果都需要落实在金融危机发生的具体过程上。而这个过程实际上是系统风险从产生到扩散、积聚直到危机爆发的全过程。金融危机是系统风险长期积累、跨金融机构、跨行业扩散，最后积聚在某一时点、某一类金融机构上，最终被引爆的状态。简单来说，金融危机实际是系统风险的爆发状态。虚拟经济理论认为，系统风险有规律可循，金融危机也有其内在的规律性。解释导致系统风险产生、扩大、扩散和积聚直到金融危机爆发背后那些关键事件之间的因果关系，揭示其背后规律性，是虚拟经济理论研究的重要方向之一。

二、监管理念与个别风险的系统化

对金融危机原因最多的解释就是金融监管的缺失，而监管理念则是由理论支撑的（刘晓欣和马笛，2009）[9]。新自由主义的理论认为，监管是市场自由的保证，两者并不矛盾。但是，历史上却不断出现两者相悖的情况。1929～1933年的大危机和随后的长期萧条，导致美国《格拉斯—斯蒂格尔法案》的出台，并在战后保持 30 多年对金融市场的严格监管。20 世纪 70 年代中期到 80 年代初期，严格的金融监管越来越阻碍着金融创新和资本市场的发展，而这正是黄金非货币化之后美国维持美元和美国金融霸权的关键时期。在金融自由化的旗帜下，通过对旧有监管制度的不断冲击，1999 年终于废除《格拉斯—斯蒂格尔法案》，为全面金融自由化铺平了道路，也为 10 年后的金融危机敞开了大门。2008 年的金融危机重新将自由化与监管之间的关系问题提上了美国国会，2010 年 7 月通过新的监管法案《多德—弗兰克华尔街改革与消费者保护法案》，美国金融业又被戴上了"笼头"。因为美国人发现，当华尔街捅出娄子时，无论"救"与"不救"，美国都会有许多无辜的民众要因此受到损害。在美国历史上，自由化与监管之间关系的演变似乎是美国不断上演金融危机的重要原因，那么为什么美国人不接受教训，每隔一段时间监管就会缺失呢？

（一）监管的理论依据——"外部性"还是经济的社会化

对金融业的监管，包括对银行、保险公司、公共基金等的监管是因为它们都是吸收公众储蓄进行经营的，其经营好坏涉及大众利益，而私募基金等以个人资金为基础的金融活动则不在监管范围。因此，最初监管的目的是防止欺诈、内幕交易以及少数人谋取私利而损害公众利益的行为，监管理念是"公开、公正、公平"。但是，损害他人利益的行为不一定都是故意的，当人们意识到金融活动的外部性会对无辜者造成损害之后，便有了针对金融业的特殊监管，例如，"分业经营"的监管，因为混业经营的活动本身并不违背"三公"原则，最多是会鼓励投机，造成更容易违规的环境，这意味着监管并不完全是针对违背"三公"行为的，它涉及对市场规则的设计。

由于金融业吸收公众储蓄代为经营的性质，因此，要对银行的自有资金比率进行监管，要对其流动性进行监管（如法定准备金比例），等等。这些措施，特别是中央银行制度和存款保险制度的建立，已经超出对金融活动的外部性进行监管的范畴，它意味着对整个金融业的监管和控制体系已经成为金融市场的一个组成部分。这种"监管"的潜意识在于承认金融业的外部性不是偶然发生的小概率事件，它们广泛、频繁地发生，在金融业普遍存在，需要时刻加以监控。当它们集中爆发时，往往还需要在正常监管之外及时进行干预。从对违规行为的监管到对宏观货币环境的控制，再到必要的危机干预的实际监管过程及其必要的延伸，无法再用与制造业"污染"类似的"外部性"来解释。

金融活动带给社会的巨大好处并不意味着它们谋利目标有任何改变，也不是这些"银行家"有什么非凡的"聪明才智"或"奉献精神"，而仅仅是他们所处的位置是货币经济的顶端，银行是"公器"。因为银行配置全社会的资金，从而影响资源配置和收入分配，这就是金融活动的社会化性质，金融活动越是涉及社会的各个角落，它的社会性就越强，金融机构也就越具有"公器"的性质。"公器私用"就必须监管。这才是对"自有资金比率"、对"准备金比率"以及各类金融行为及其条件等进行监管和调控的真正原因。

（二）监管理念所涉及的个别风险与系统风险的关系

目前，对于金融风险管理有两个层面：一是金融企业为盈利而进行的风险管理，其目的是回避个别风险；二是行业、交易所以及政府专业监管部门维持市场规则的自律性监管和带有干预性质的政府监管。前者主要是个别风险的管理，后者主要是系统风险的监管和宏观调节。目前，在探讨 2008 年全球性金融危机原因的众多文献中，监管层面的问题集中在三个方面：一是在企业风险管理层面上，表外业务过大是导致银行和金融机构风险失控的主要原因；二是在市场层面上，场外交易过大是造成市场风险失控的主要原因；三是在宏观经济层面上，资金充裕、投机过多则是对市场风险增大的一个宏观主导因素。这样，无论是次级贷款出问题，还是"融衍生物投机过度"出问题，都可能引发巨大的金融危机。[①] 在金融危机原因的探讨中，监管方面的问题是的确存在的，也是引发金融危机的直接原因。但是在这三方面的原因中，隐含着一个重要的关系，就是系统风险与个别风险的关系问题。

目前"公平、公正、公开"的监管理念的核心是规范金融从业者的行为，一方面督促其管好自己的风险，另一方面防止其损人利己的败德行为。在这样的监管理念背后，隐含着系统风险与个别风险的一致性的假定，即个别风险的大小与系统风险是正相关的，个别风险减小意味着系统风险减小，个别风险增大也意味着系统风险增大。这是目前监管理念所包含的个别风险与系统风险之间的关系。

虚拟经济理论则认为，个别风险与系统风险基本上是不一致的，个别风险的减小并不意味着系统风险一定减小，它们之间并不具有完全的一致性。造成个别风险与系统风险不一致的原因有两个：一是个别风险的回避往往仅仅是对投资者减少了风险，对系统却增大了风险；二是由于制度、规则和市场发展趋势等非个别行为引起的系统风险增减与个别行为无关，这样，即使做到"公平、公正、公开"，做到消除违规行为的监管目标，系统风险还是会增大，甚至引发金融危机。当然，这个论点并不否认这次金融危机与监管缺失有密切关系，而仅仅是要强调在监管层面之外还有更深层次的原因需要我们挖掘。

（三）个别风险的系统化

个别风险的消除与回避是完全不同的概念，当一笔银行的坏账因企业重组或其他原因导致经营状况好转而可以还款时，这表明坏账的风险消除了。当企业依然面临倒闭威胁，坏账仅仅是由于事先曾有其他金融机构担保或做了某种"对冲"操作而可以收回款项时，则是表明风险回避。前者消除了个别风险，后者则仅仅是回避了个别风险，将它转移给为其担保的金融机构，风险还在金融系统中，只是被转给了有更大承受风险能力的金融机构。所以，个别风险的回避并不消除风险，仅仅是转移了这个风险。

回避个别风险的活动往往也是风险扩散的活动，将风险转移也就是将风险扩散到其他成员身上，于是本来是 A 的风险现在也牵涉到 B 和 C（D……）了，个别风险随着交易的扩散影响的人越来越多，其引起损失的风险越来越小，但影响的范围越来越大，隐藏的危害也越来越大，这就是个别风险的系统化。

承担风险的一方往往被视为冒险者，当它们处理的个别风险不止一个而是许多个时，它们就成为职业处理风险的金融机构，风险就会在它们那里汇集，而它们寻求"再担保"和回避风险的行为又会继续使个别风险向更广、更多的投资者扩散，风险的汇集和扩散一

---

① 2010 年 9 月 13 日王春峰在"第六届全国虚拟经济研讨会"上的演讲观点。次贷危机的核心是场外衍生产品的不良微观结构和交易机制及监管不力。由于衍生品场外市场存在微观结构的定价方式无法逐日盯市、信息不对称、双边交易的链式清算机制以及交易流动性天然不充足等方面的缺陷，导致流动性非常脆弱，很小的冲击就能引起流动性旋涡，出现"流动性危机"和"信贷危机"，导致流动性的迅速消失；由于微观结构问题导致监管缺失，投机迅速膨胀，最终引发了此次危机。

起导致了个别风险的系统化。例如，当"两房"为许多 MBS 债券担保时，虽然对于付保费的金融机构来说，个别风险不存在了，但风险却被转移和集中在两房系统网络的某个"节点"上，形成系统风险。

自 20 世纪 90 年代以来将资产打包出售是广泛应用的一种风险对冲技术。打包的资产风险大小不一，新资产组合了不同风险，因此对投资于这些资产的投资者来说，这种组合证券的抗个别风险的能力增加，但并不消除个别风险。资产打包技术在将新资产的抗风险能力提高到坏资产以上的同时，则将优良资产的抗风险能力降低了。于是在某些严重事件发生时，如果资产没打包，只是风险大的坏资产会崩盘，资产打包之后会将优良资产也牵扯进来。因此，资产打包的对冲交易活动也是将个别风险转化为系统风险的一种。

如果没有资产打包技术和对冲技术，个别风险会不断爆发，导致个别资产贬值，成为垃圾资产直到消失，随着这些有毒资产的消失，系统会被清理，重新修复。个别细胞死亡本来是系统生存的一种方式，如果坏细胞一直存活，只好将疾病积累起来直到系统毁掉。应该充分肯定的是，由于专业风险承担者的存在，使经济整体抗风险能力有所提高，但这也将通过小风险不断爆发化解其系统化的机制破坏了，失去了随时消除小风险的机制，优胜劣不汰就会为大风险的爆发埋下祸根。

（四）系统风险的扩散与集聚

个别风险的回避方式实际上是转移了这些风险，当风险被分散时，实际上意味着风险不仅仍然存在于系统之中，而且被扩散到系统的各个角落。销售风险资产的过程也是一种将个别风险扩散的系统化过程。对于购买资产的投资人来说，由广大投资者持有某种风险资产比未证券化之前将风险集中在少数金融机构中的风险更分散，也更小，而作为债务人（借入资金的一方）却风险依旧，只是他一旦违约，影响被分散到更多的人身上，对众多的投资人来说，这点儿风险几乎可以忽略不计。这意味着更多的人在承担风险，风险承担能力随着系统的扩散而不断增强。于是扩散继续进行，直到越来越多的收入流和资产被证券化，越来越多的人被扯进了风险对冲的游戏。随着风险资产的膨胀，系统中就会存在越来越多的风险。一方面通过金融系统投资于风险资产的投资主体越来越大，另一方面通过金融系统创造风险资产的积极性也越来越大，这就是个别风险系统化过程中的风险扩散。

系统风险是个别风险的网络化，而网络由两大类节点构成：一是"空间节点"；二是"时间节点"。这样，系统风险就既是空间意义上的网络，也是时间意义上的网络。这就要研究两大问题：一是系统风险集聚在网络的哪些空间节点上；二是系统风险爆发时间节点的先后顺序，及其爆发的阶段性和持续的时间长度。从 2008 年以雷曼兄弟公司倒闭为标志的金融危机爆发的情况来看，系统风险在空间维度和时间维度的集聚大致可以概括为以下三点：

第一，在空间维度上，金融系统风险经过长期积累会集聚在支付系统和担保系统的空间节点上，而引爆性的节点则与基础货币的供应有关，因为银行间市场决定着基础货币，基础货币决定着系统中的流动性（Tobias 和 Hyun，2008）[10]。例如，雷曼兄弟公司就是银行间市场的做市商，其共同基金业务占比已经达到了总业务的一半以上，属于对系统具有决定性影响的空间节点，它的倒闭会在瞬间引起流动性短缺，当然会引爆系统风险。另一个聚集点是金融担保机构，如两房和 AIG，它们为大量抵押贷款进行担保，因此，汇集各方风险于这类机构。它们之所以有极强的传染性，就是因为它们是个别风险被系统化之后汇集的网络节点。商业银行由于与投资银行和这些风险资产集散点有密切关系，是仅次于风险资产做市商和担保机构的系统风险聚集点。最后是保险基金和其他较长期持有各类资产的金融机构，它们依次为更深的风险汇集点，当危机深化时，这些长期资产的投资者会受到更沉重的打击。

第二，在时间维度上，第一批引爆的系统风险是在一线经营次贷的抵押贷款机构，如美国第二大次级抵押贷款公司——新世纪金融公司（New Century Financial Corp）、美国住房抵押贷款投资公司以及美国住房抵押贷款公司等。这个过程是逐渐引发逐渐加速的过程，从 2007 年 2 月新世纪金融公司倒闭到雷曼兄弟公司倒闭之前的 2008 年 7 月，这个时期倒闭事件引发了人们对次级贷款证券及其衍生物的恐惧；紧随其后的是主流金融机构的相继引爆，包括投资银行、担保机构以及受次贷和投资银行等机构影响的大型商业银行。如被收购的贝尔斯登公司和美林公司、倒闭的雷曼兄弟公司，此后不久宣布改为商业银行的高盛公司和摩根斯坦利公司，以及为这些高风险资产担保的美国国际集团（AIG）和两房（房利美、房地美），稍后是花旗这个商业银行中的巨无霸（次贷引起的问题影响到了消费信贷的违约率上升）。第三波应该在保险公司和各类基金中发作，它们的问题由于美国新会计准则的终止和政府的高调救助措施而得到缓解。美国对金融业的巨额注资挽救了危机进一步发展，如果不救，美国系统风险将全面引爆，金融系统将全面崩盘。花旗银行的倒闭危机和政府对其的巨额注资就标志着危机的全面爆发的严重程度以及刻不容缓的紧迫程度。

第三，系统风险网络中的高风险节点多点引爆导致流动性急剧短缺，导致金融危机全面爆发。在金融危机初期阶段，人们尚没有意识到流动性会有什么问题，但是在雷曼兄弟公司倒闭时，其流动性问题突然暴露，这表示流动性的突然短缺与交易机制的设计无关，也与场内交易与场外交易的结构无关，而是与系统风险网络的高风险节点同时被引爆从而引起恐慌有关。流动性最终是联邦储备提供的，而系统风险的多点引爆意味着交易系统瘫痪，正常的流动性供应不足以应对，必须由央行额外提供流动性。

其实，美国庞大的金融资产存量与媒介交易的流动性之间不但有交易机制问题，更有一个金融杠杆的长期发展趋势问题，因为金融杠杆可以用少量资金撬动巨大的交易，也可以将收入的涓涓细流资本化为巨额资产，因此金融杠杆越长，同样金额的金融资产对应的流动性就可以越少。无论从微观来看还是从宏观来看都是如此。

三、金融杠杆率、价值化积累[①]与经济运行方式

在风险对冲工具被广泛应用、个别风险不停顿地转移过程中，每种金融工具、每家金融机构为了逐利，大量使用金融杠杆，在收入放大的同时风险也在放大。

---

① "价值化积累"研究是虚拟经济与实体经济关系命题的延伸，是积累与经济增长动态关系的理论探讨。经济增长是以积累为基本动力的，当积累逐渐价值化时，经济的虚拟化程度就必然加深。积累如何实现、如何发生相应的转变，是经济虚拟化过程中经济如何运行的一个关键问题。价值化积累在积累财富的同时也在积累着风险，虚拟经济与实体经济应有一个动态发展的比例。实际积累的内容是固定资本形成，财富的积累还有另一种形式就是货币财富的积累，即金融财富的积累。将一个国家的金融资产的净增量与储蓄的净增量加总，可以衡量其"价值化积累"的水平。用每年新发行的股票和新增债券价值总额来表示不断积累的货币财富，并除以 GDP 来衡量货币财富积累的状况，即"价值化积累率"。

金融杠杆有两大类：一类是指自有资金与资产之间的比例关系，如银行自有资金比率、保证金比率等资产交易时使用的金融杠杆；另一类是指证券化中流量转化为存量所使用的杠杆率，例如，一个稳定收入流可以被资本化为一笔数十倍的金融资产，其中的收入流只是从一个人手中转让到另一个人手中，收入流的总量不变，但资产却要凭空增加一大笔。这两类金融杠杆是经营活动中常用的金融杠杆，可以用法规给予严格限制。但是金融杠杆可以叠加在一起，也可以被交叉使用从而被延长。衡量这类非法定的真实金融杠杆率是困难的，但却十分必要。这类叠加金融杠杆有两个衡量角度：一是从投资者角度衡量，二是从宏观经济的角度衡量。在上述两类金融杠杆率的基础上还要增加两类理论上需要衡量的金融杠杆率：第三类是复合金融杠杆率，它涵盖了前两类金融杠杆及它们的叠加和交叉性的延长（温博慧，2010）[11]。例如，银行业经营高杠杆率的金融资产交易，就是一种符合杠杆的应用，自有资金比率和经营高杠杆率资产交易的复合风险。这个概念需要考虑高关联性金融机构和高关联性资产交易的金融杠杆率的叠加、交叉和链接。当我们不是从投资者的角度来考虑杠杆的应用而是从宏观角度考虑总资产与总收入的关系，或者金融交易额与自有资金比例等指标时，就是在衡量第四类价格杠杆率——宏观金融杠杆率。显然，无论是从微观还是从宏观角度来看，金融杠杆与系统风险有着密切的关系。

（一）交易杠杆率与表外业务

一个金融机构或银行可以用其自有资金来衡量它承担风险的能力。自有资金比例越大，其承担风险的能力越强。《巴塞尔协议》就是典型的对自有资金对资产比例的限制。从表1中可以看出这一监管逐渐严格的过程。在1999年以前自有资金比例很低，自有资金（自有资金/资产）比率从2.6%~4.4%迅速提高到21世纪的10%以上，到2006年甚至达到12%以上。自有资金比率的上升意味着银行业的杠杆率的下降（自有资金比率上升），它反映从21世纪开始监管就越来越严了。特别是1999年《巴塞尔协议》提出了以三大支柱——资本充足率、监管部门监督检查和市场纪律为主要特点的新资本监管框架，表中数据显示，似乎监管效果很明显，杠杆率趋于下降趋势，风险均在可控范围内，金融体系呈现稳健状态，但危机还是爆发了。

表 1　美国商业银行的总资产、总负债与杠杆率　　　　单位：10亿美元，%

年份	银行资产	资产增长率	银行负债	负债增长率	银行资本	自有资金率	杠杆率（倍）
1970	517.20	9.72	485.40	9.99	31.80	6.1	16.3
1980	1481.70	9.33	1411.30	9.31	70.40	4.8	21.0
1990	3337.80	3.20	3250.40	3.20	87.40	2.6	38.2
1995	4498.50	8.06	4299.30	6.86	199.20	4.4	22.6
2000	6708.60	11.84	6032.00	5.99	676.60	10.1	9.9
2001	7123.50	6.18	6396.80	6.05	726.70	10.2	9.8
2002	7683.20	7.86	6960.70	8.82	722.50	9.4	10.6
2003	8229.70	7.11	7382.10	6.05	847.60	10.3	9.7
2004	9057.80	10.06	8099.30	9.72	958.50	10.6	9.4
2005	9843.70	8.68	8689.20	7.28	1154.50	11.7	8.5
2006	10821.00	9.93	9467.50	8.96	1353.50	12.5	8.0
2007	11809.50	9.14	10401.50	9.87	1408.00	11.9	8.4
2008	14004.80	18.59	12131.20	16.63	1873.60	13.4	7.5

资料来源：1970~2008年美联储资金流量表 L.109。

对于金融机构的交易杠杆率，不能只计算其自有资金与资产的比例，还要看其从事"赚钱游戏"中的杠杆率有多大，种类有多少。对于银行业和其他金融机构的自有资金来说，其风险杠杆不仅仅是自有资金与资产之比，而是其从事所有赚钱游戏的杠杆与其自有资金之比，即金融机构自有资金与资产之间的杠杆加上各类金融交易的杠杆。从20世纪90年代起，银行业表外业务就不断扩张，表外业务的风险往往更大，危机前主要国家金融机构的表外业务几乎占了其正常业务的一半，而美国最大的五家商业银行其表外业务涉及的资产总和是表内业务的3倍。

我们无法概括银行业从事的表外业务的杠杆率，但是从证券商的杠杆率可以看出一些端倪。美国证券交易商和经纪商的自有资金与资产形成的金融杠杆反映了在21世纪这个杠杆率是不断上升的（见表2）。特别是1999年克林顿彻底废除《格拉斯—斯蒂格尔法案》以后，混业经营重新开启，银行与证券业的所有限制均被取消。证券业金融杠杆率的迅速提高显然是银行业大规模参与证券业的证据之一。在混业状况下，证券商的风险增大，意味着带给银行业的风险也在增大。

表2　美国证券交易商和经纪商总资产、总负债与杠杆率　单位：10亿美元，%

年份	总资产	资产增长率	总负债	负债增长率	本金	杠杆率（倍）
1970	16.2	5.19	15.5	6.16	0.7	23.14
1980	45.4	38.84	39.1	37.19	6.3	7.21
1990	262.1	10.78	239.2	12.20	22.9	11.45
1995	568.1	24.94	541.8	26.26	26.3	21.60
2000	1221.4	22.02	1185.3	23.40	36.1	33.83
2005	2127.1	15.30	2052.6	15.46	74.5	28.55
2006	2741.7	28.89	2669.1	30.04	72.6	37.76
2007	3092.0	12.78	3025.9	13.37	66.1	46.78
2008	2217.2	-28.29	2165.9	-28.42	51.3	43.22

资料来源：1970~2008年美联储资金流量表 L.129。

交易杠杆率还不是金融杠杆的全部，它所带来的风险也还是系统风险的一个较小的部分。问题在于资本化的金融杠杆率，这个杠杆率决定着可以将收入流放大为金融资产的倍数。此外，资本化杠杆率也是金融创新活动中一个至关重要的机制。金融创新最主要的功能就是创造资产。当一笔收入被放大为十几倍、几十倍的资产时，金融创新还可以再次创造出资产。这些资产的创造不一定依赖于制造业等实体经济的收入，它们还可以将金融业的收入流资本化，而这些收入流中已经包含对金融杠杆的使用。资产膨胀显然是我们从这个过程中可以捕捉到的一个可以大致计量的现象。

（二）金融财富的积累与价值化积累率

系统风险的积累至少与各类金融资产存量的积累有关。实际积累的内容就是实际投资（也包括存货增加），也就是固定资本形成。但是，财富的积累还有另一种形式，就是货币财富的积累，也就是金融财富的积累，存款就属于这种积累形式。将一个国家的金融资产的净增量与储蓄的净增量加在一起，便可以用来衡量其"价值化积累"的水平（刘晓欣，2005）[12]。

表3列出了美国、德国、日本三国消费占GDP的比率、储蓄率（大致等于投资占

GDP 的比率）和价值化积累率。自 20 世纪 90 年代以来，美国的价值化积累率在波动中呈现明显的上升趋势，以 2007 年为例，美国消费率近 70%，储蓄率与投资率相等，为 14.32%，而价值化积累率则达到了 43.08%。与同期的日本和德国相比，美国的消费率要高出日本和德国的 23%～25%，储蓄率（投资率）则要低于日本大约 68%，低于德国大约 28%；而美国的价值化积累率则是日本的 12.3 倍，是德国的近 11 倍。

表 3 美国、日本和德国消费率、储蓄率与价值化积累率比较　　　　单位：%

年份	美国			日本			德国		
	消费率	储蓄率	价值化积累率	消费率	储蓄率	价值化积累率	消费率	储蓄率	价值化积累率
1990	66.12	15.82	19.05	52.91	32.70	3.88			
1992	66.80	14.70	33.08	53.67	30.74	3.31	57.49	23.39	10.00
1994	67.05	15.45	24.72	55.82	28.25	5.83	57.90	22.47	8.59
1996	67.28	17.15	28.48	56.12	29.41	6.62	58.18	21.11	7.43
1998	67.31	18.81	39.98	57.08	27.40	7.91	57.88	21.61	9.80
2000	68.64	18.09	27.31	56.81	26.72	9.63	58.87	21.78	8.65
2002	69.90	14.67	50.59	57.84	24.29	13.16	58.95	17.27	6.59
2004	69.81	14.53	46.42	57.08	23.04	17.62	58.94	17.14	8.02
2006	69.58	16.23	44.13	57.08	23.79	1.27	58.33	17.64	5.96
2007	69.74	14.32	43.08	56.34	24.11	3.49	56.64	18.35	3.98
2008	70.32	12.42	34.58	57.04	22.66	0.72	56.48	19.18	5.24

注：①日本 2006 年、2008 年价值化积累率未包括股票。②德国于 1991 年统一，1998 年前，德国股票、债券等的发行额以德国马克计价，GDP 以欧元计价，计算价值化积累率时，以 1.95583 德国马克兑 1 欧元比率进行换算。

资料来源：根据美国经济分析局（BEA）、美国普查局、日本统计局、德国统计局和德意志联邦银行数据整理。

我们用每年新发行的股票和新增债券价值总额来表示不断积累的货币财富，除以 GDP 来衡量货币财富积累的状况，称为"价值化积累率"：

价值化积累率＝新增证券价值总额/GDP

正是积累内容和形式的改变导致了美国金融资产的逐年膨胀。美国固定资本形成已经远远小于金融资产的形成，也就是以价值积累的方式积累的货币财富远远大于以物质生产能力积累的物质财富。这种积累方式在积累货币财富的同时也积累着风险，它导致了宏观杠杆率的增大。

（三）宏观资本化杠杆率

我们将股票市场市值、债券余额等加在一起作为美国全部金融资产的总价值额，这是一个存量值，用其除以表示美国当年生产的全部新价值的 GDP，可以表示美国的国民收入流（理论上国民收入＝国内生产总值）被资本化的程度，它称为宏观资本化杠杆率。

宏观资本化杠杆率＝金融资产总值/GDP

从表 4 中发现，20 世纪 50～80 年代以前，宏观资本化杠杆率在 5 倍以下；80 年代证券化之后开始攀升，90 年代加速，从 1990 年的 6 倍增到 2000 年的 9 倍多；2000 年后这个趋势还在继续，2007 年最高，达到了近 11 倍的水平。宏观资本化杠杆率的上升趋势与美国经济虚拟化加速发展完全同步，它佐证了美国资产膨胀的历程，佐证了美国复合金融杠杆率的提高，也就证实了系统风险的增大与金融杠杆率提高之间的密切关系。

表4　美国GDP、金融资产市值与宏观资本化杠杆率　　单位：10亿美元，%

年份	GDP	金融资产总值	债券余额	股票市值	其他金融资产	宏观资本化杠杆率（倍）
1950	293.7	1298.7	40.9	142.7	1115.1	4.4
1960	526.4	2376.6	91.8	420.3	1864.5	4.5
1970	1038.3	4761.0	204.3	831.2	3725.5	4.6
1980	2788.1	13886.1	502.1	1494.9	11889.1	5.0
1990	5800.5	35843.8	1732.8	3531.3	30579.7	6.2
1995	7414.7	53484.2	2929.0	8481.3	42073.9	7.2
2000	9951.5	89868.0	4827.2	17571.2	67469.6	9.0
2005	12638.4	123106.3	8694.6	20636.1	93775.6	9.7
2006	13398.9	137412.8	9982.2	24339.3	103091.3	10.3
2007	14061.8	149379.0	11426.1	25576.5	112376.4	10.6
2008	14369.1	141512.3	11158.8	15780.8	114572.7	9.8
2009	14119.0	145317.0	11482.1	20227.6	113607.3	10.3

资料来源：根据美国经济分析局（BEA）、美联储数据整理。

（四）系统风险的生长环境与美国经济运行的新方式

宏观金融杠杆率的不断增大，是金融资产不断扩张的结果，它反映了系统风险的扩散过程和积累过程。金融资产的增速超过了GDP的增速和增幅，其背后绝不仅是监管出了问题，而是其经济运行方式发生了重大改变。

美国制造业总产值在战后初期占美国GDP的27%，到2008年已下降到12%以下，这标志着美国实体经济不断萎缩的趋势，美国人称为"去工业化"，美国往日"世界工厂"的美名早已被抛到了九霄云外。在美国，金融、房地产服务业和由此衍生出的高端服务业的净产值已经占美国GDP的1/3。金融、房地产及高端服务业可以称为虚拟经济，虚拟经济越来越大的趋势可以称为经济虚拟化。这个趋势表明，金融业已经不是为实体经济服务了，它不仅独立创造GDP，而且占比越来越大。如果金融业仅仅是为实体经济服务的，那么制造业在GDP中的占比从近30%跌到12%时，虚拟经济创造的GDP份额就不会大幅度增加（刘骏民，2008）[13]。

虚拟经济在美国经济中不但所占比重最大，而且也是人均GDP最高的领域。金融、房地产和投资咨询，信用评估、会计服务等高端服务业的收入远远超过制造业和一般服务业的收入。由于制造业和其他实体经济的机会成本提高，大批制造业转移到境外，虚拟经济的高收入成为淘汰低收入产业特别是淘汰低端制造业的有力武器，它导致美国的"去工业化"。

在美国，一方面，虚拟经济提供的是纯粹的金融资产，既不能消费，也不能直接用于制造业生产，它仅仅代表一定的购买力；另一方面，美国的制造业只剩下11.4%的GDP占比（2010年），在美国虚拟经济和实体经济就业的美国人却都需要消费，消费占GDP的70%，这样，美国人的生活必需品（通常是美国不再生产的低价产品）就必须依靠进口，美国虚拟经济生产的金融资产就必须出口。这才是美国经常项目国际收支长期逆差、金融项目国际收支长期顺差的根本原因，也是美国资产膨胀、系统风险扩张到整个经济并不断积累的根本原因。此外，这种特殊的经济运行方式也导致美国经济对外循环的特殊方式，进口消费品和各种物质资源和能源，出口金融产品。这不仅将贸易失衡带给了世界，也将系统风险散布到世界及与其金融有密切联系的国家，当美国发生金融危机时，世界很快就会被波及，因为美国对世界的影响不再是产品制造，而是资金配置和风险配置。

四、结论

第一，在以制造业为核心的市场经济中，金融危机还主要是经济危机的伴生物，有效需求不足还是经济危机的主要原因。而在高度虚拟化了的经济中，金融危机是先于经济危机爆发的，引起金融危机的因素不再附属于经济危机和有效需求不足，而是相对独立的金融系统中金融杠杆断裂，导致系统风险网络的高风险节点全面爆发，导致金融机构大批倒闭，引爆金融危机，金融危机打断正常经济秩序，使收入下降、失业上升，从而引起全面经济危机。现在的发达市场经济国家是金融危机在先，经济危机在后。发达市场经济的这种变化来自经济虚拟化过程中引起系统性风险长期积累和集聚的新机制，这个新机制与长期的价值化积累方式有关，与依靠虚拟经济的 GDP 增长方式有关。

第二，系统风险积累的新机制就是个别风险被大规模系统化的机制以及这个过程中风险扩散集聚和重新配置的机制。

第三，在高度虚拟化的经济中，系统风险不但来源于企业不可回避的偶然事件，也来源于针对个别风险的避险活动，它使个别风险被系统化。个别风险的回避活动导致金融机构所用金融杠杆的延长和叠加形成的网络化的系统风险。

第四，系统风险的网络化使系统风险会在时间点和空间点上聚集，形成系统风险网络上的高风险节点。这些系统风险的网络节点是金融危机爆发的导火索。

第五，防范金融风险的长期措施在于控制好虚拟经济与实体经济的关系，短期则要监控系统风险网络在时间和空间上的高风险节点。

系统风险理论不能仅限于对传染机制的研究，有必要以系统风险与个别风险关系为基础建立系统风险理论，不是仅仅将风险管理的重点放在回避风险的技术上，而是在深刻揭示系统风险产生的原因和机制的基础上寻求长期控制和短期监控的措施。

参考文献

［1］Sharpe, William F. Capital Asset Prices: A Theory of Market Equilibrium under Conditions of Risk ［J］. The Journal of Finance, 1964, 19 (3): 425-442.

［2］Kaufman, George G. Comment on Systemic Risk ［A］//Research in Financial Services: Banking, Financial Markets, and Systemic Risk ［M］. JAI Press, 1995.

［3］Bank for International Settlements. 64th Annual Report ［R］. Basel: BIS, 1994.

［4］Bartram Söhnke M., Brown Gregory W., and Hund John E. Estimating Systemic Risk in the International Financial System ［J］. Journal of Financial Economics, 2007, 86 (12): 835-869.

［5］成思危. 虚拟经济探微 ［M］. 天津：南开大学出版社，2003.

［6］刘晓欣. 虚拟经济研究的八个前沿问题 ［J］. 开放导报，2008 (6): 12-17.

［7］刘晓欣. 社会保障体系的根基在实体经济——高价值化积累率重创美国养老基金体系的思考 ［J］. 开放导报，2010 (1): 37-43.

［8］Hyun, Song Shin. Discussion of "the Leverage Cycle" by John Geanakoplos ［R］.

NBER Working Papers，2009.

　　［9］刘晓欣，马笛．基于虚拟经济视角的资本积累与金融监管［J］．经济与管理研究，2009（6）：38-43.

　　［10］Tobias，Adrian，and Hyun Song Shin．Liquidity and Financial Cycles［R］．BIS Working Papers，2008.

　　［11］温博慧．系统性金融风险测度方法研究综述［J］．金融发展研究，2010（1）：24-27.

　　［12］刘晓欣．虚拟经济与价值化积累——经济虚拟化的历史与逻辑［M］．天津：南开大学出版社，2005.

　　［13］刘骏民．虚拟经济的经济学［J］．开放导报，2008（6）：5-11.

本文转摘自《政治经济学评论》2011 年第 2 期。

系统风险核心问题、形成机制及
中国特色化解方案

——实体经济与虚拟经济视角

摘要： 走中国特色金融发展之路，防范化解金融风险，是中国经济稳健高质量发展的保障。本文基于实体经济与虚拟经济视角探讨系统风险核心问题、形成机制以及中国特色化解方案，以期完善金融风险防范和处置机制。研究发现：首先，系统风险的核心问题在于虚拟经济领域不良资产不断积累。借贷资本在实体经济与虚拟经济之间运行具有不同规律，虚拟经济领域自我循环引发的庞氏债务膨胀及其违约成为系统风险更加重要的风险源。其次，系统风险的形成机制源于个别风险系统化。个别风险系统化从金融风险管理视角揭示因微观主体采用金融创新工具对冲或回避个别风险等行为，而导致风险在系统中寄存和持续积累的过程，其加速债务违约泛化引发危机。最后，中国金融风险处置和化解实践彰显中国特色社会主义制度优势，未来导向应宏观上坚持金融"公器"性质，微观上避免风险对冲的创新技术泛化，风险处置目标坚持风险化解与经济增长同步，风险化解手段强调政策性与市场化相结合。

关键词： 系统风险；不良资产；实体经济；虚拟经济；中国方案

引 言

"党的十八大以来，我们着力防范和化解金融风险，克服经济脱实向虚的倾向，重点解决不良资产风险、泡沫风险等"（习近平，2022）[1]，防范化解重大金融风险取得重要成果。未来，国内外经济金融环境复杂多变，金融风险诱因和形态愈加复杂。需求收缩、供给冲击和预期转弱三重压力可能引发资产价格杠杆断裂，导致前期积累的债务资本无法退出而面临严重违约风险，不良资产和系统风险隐患增加。所以，正确认识和把握系统风险核心问题和形成机制，"强化金融稳定保障体系"①，完善金融风险处置机制，有利于守住不发生系统性风险底线。

本文涉及的风险主要分为三类：个别风险、系统性风险和系统风险，其中个别风险是所有企业都可能存在的个体性风险，一般不会对系统造成损害；系统性风险是指牵扯到系统安危的重大个别风险及其关联风险，主要包括具有关键节点作用的大型金融机构风险，一般对系统造成损害或破坏但不足以导致系统崩溃；系统风险是整个系统崩溃和爆发巨大危机的风险，其形成过程可能来自一系列重要节点叠加爆发的系统性风险，也可能来自系统中意外的因素，例如，外部冲击、监管政策、政治冲击等。换言之，当整个系统出现问题时，系统性风险一定爆发，但系统性风险出现问题时，整个系统不一定崩溃。另外，个

---

① 2022年10月16日，习近平总书记在中国共产党第二十次全国代表大会上的报告《高举中国特色社会主义伟大旗帜，为全面建设社会主义现代化国家而团结奋斗》。

别风险、系统性风险和系统风险这三者之间的联系主要体现在本文所述的个别风险系统化机制中，个别风险系统化过程分为两步：第一步是个别风险经过关联机制引发系统性风险，第二步是系统性风险持续加大，从而导致系统崩溃。所以，系统风险是个别风险社会化、系统化积累和系统性风险实现的结果，是金融危机爆发的前提。

历史经验表明，系统风险往往伴随着大规模债务违约和不良资产风险加剧。不良资产涉及经济兴衰与国计民生，是任何经济体都无法回避的一个重大问题。不良资产针对会计科目里的坏账科目，主要但不限于包括银行金融机构、证券保险等非银行金融机构、企业以及政府机构的不良资产。[①] 当分布在各个行业的贷款违约形成不良资产并逐渐累积时，不良资产风险最终将通过借贷关系网在金融系统聚集。从西方发达国家经验来看，金融系统风险全面爆发就是金融危机。一旦爆发金融危机，生产力将遭到巨大破坏，经济增长停滞或负增长。虚拟经济理论将经济系统区分为实体经济和虚拟经济，资本（借贷资本）在实体经济与虚拟经济之间运行具有不同规律，由此生成不良资产并引发系统风险的形成机制也不尽相同。在实体经济和虚拟经济分析框架下，系统风险的核心问题是什么，资本（借贷资本）在实体经济和虚拟经济领域运行规律及其违约生成不良资产的后果有何差异，如何导致系统风险形成，中国不良资产和问题金融机构处置实践如何体现了中国特色？这些问题目前尚未有明确答案，有待进一步深入研究。

本文立足于实体经济与虚拟经济关联视角，探讨系统风险的核心问题及其形成机制，同时结合金融风险处置经验提炼中国特色理论机制，并在此基础上提出中国防范化解系统风险的未来方案。本文的边际贡献包括以下三个：①在厘清资本在实体经济与虚拟经济领域之间运行的三种分类基础上，以借贷资本在实体经济和虚拟经济的宏观运行为核心，揭示实体经济和虚拟经济两个不同领域不良资产积累诱发系统风险的差异性，结果发现系统风险的核心问题在于虚拟经济领域借贷资本循环和不良资产积累。②阐释从工业化时期"经济危机率先爆发"到经济虚拟化时期"金融危机率先爆发"的现实背景，探讨了经济虚拟化背景下系统风险的形成机制——个别风险系统化，即在虚拟经济借贷循环促进债务扩张以及虚拟资产价格触发临界状态引发债务违约前提下，金融创新工具对冲和规避个别风险使风险持续转移至系统中从而整个系统崩溃风险陡升。③梳理中国金融风险处置历史实践并总结中国特色所在，从风险防范和风险处置两个角度提出化解风险未来导向，在风险防范方面，在宏观上坚持金融"公器"原则，在微观上避免微观主体风险对冲行为泛化；在风险处置方面，处置目标强调支持经济增长而非过度逐利，处置方式突出政府作用与市场作用有机结合。

一、文献综述

本文主要涉及以下三个方面的文献：一是实体经济和虚拟经济的产业划分与运行规律；二是系统性风险的诱因、传染和经济后果；三是不良资产积累与金融危机关系及其

---

① 其中非金融机构不良资产主要是"企业尚未处理的资产净损失和潜亏（资金）挂账，以及按财务会计制度规定应提未提资产减值准备的各类有问题资产预计损失金额"；银行不良资产最主要的是不良贷款，包括"正常""关注""次级""可疑""损失"五级贷款分类的后三类。

处置的国际经验。

（一） 实体经济和虚拟经济的产业划分与运行规律

"虚拟经济"是中国学者提出的原创性经济学命题，其理论逻辑源于马克思虚拟资本理论。按照马克思的逻辑，实体经济（Real Economy）是实际生产过程和价值增殖过程的统一，虚拟经济（Fictitious Economy）的内涵源于马克思虚拟资本理论，其本质是相对脱离实际生产过程的价值增殖的独立化。在产业划分层面，一般来说，金融和房地产业（不包括建筑业）领域的投机炒作盛行且常态化①，虚拟资本"以钱生钱"G-G′的自行增殖运动最为典型，所以将以上两个行业归为虚拟经济，实体经济的基本功能是通过商品、服务和资源有关的经济活动满足人的生活需求，一般将除金融和房地产以外的行业作为实体经济部门。这样的划分方式被学界广泛接受，如黄群慧（2017）、刘晓欣和刘骏民（2020）、刘晓欣和田恒（2021）等。[2][3][4] 此外，国外关于经济金融化研究中，也将"金融、保险和房地产业"（Finance Insurance and Real Estate）合并为 FIRE（广义金融部门）。

实体经济是虚拟经济的运行基础，虚拟经济产生于服务实体经济的内在需要；但虚拟经济具有独立于实体经济自我循环的运行逻辑，包括 Self-Generated（自我产生）、Self-Expansion（自我扩张）和 Self-Reinforcement（自我强化）（Hudson，2010；Harvey，2018）等；[5][6] 虚拟经济自我循环的膨胀对实体经济将产生实质破坏（刘晓欣和田恒，2021）。[4] 李扬（2017）认为，"金融之所以被称为虚拟，就是因为它的这种'自我实现'和'自我强化'的运动特征……'脱实向虚'乃至'以虚生虚'成为常态"。[7] "证券市场投机和房地产市场金融化，资金在虚拟经济体系内部不断自我循环扩张"，"虚拟经济在自我循环中走向泡沫化"（黄群慧，2017），[2] 而"资金空转、脱实入虚等问题严峻，使金融稳健发展的基础丧失"（何德旭和王朝阳，2017）[8]。金融资产盲目扩张、房地产价格泡沫、影子银行膨胀和庞氏债务等行为容易引发经济系统债务规模扩张、债务链条错综复杂，金融风险长期累积。与此同时，大量社会资金在虚拟经济内部自我循环膨胀，挤占实体经济信贷资源，抬高实体企业融资成本，进而抑制实体经济投资和增长（Arcand等，2015）。[9] 换言之，虚拟经济膨胀会对实体经济投资产生挤出效应，使系统性风险长期积累（苏治等，2017；张晓晶和刘磊，2020）。[10][11] 所以，"全面强化金融服务实体经济能力，坚决遏制脱实向虚"（郭树清，2022），[12] 精准有效处置虚拟经济领域的风险至关重要。

（二） 系统性风险的诱因、传染和经济后果

已有文献从概念、冲击诱因、传染机制和宏观损失角度对系统性风险做了大量研究。关于系统性风险的概念众说纷纭，莫衷一是，Billio 等（2012）、Cummins 和 Weiss（2014）分别从公众对金融系统信心受损和实体经济遭受冲击角度定义系统性风险，[13][14] Laeven 和 Valencia（2008）、Reinhart 和 Rogoff（2011）则是通过银行挤兑、系统性金融机构倒闭以及债务大规模违约等标志性事件进行定义和识别。[15][16] 刘晓欣（2011）强调从宏观角

---

① 小宗农产品等偶尔也属于投机炒作的对象，例如，炒作大蒜等农产品，但是这些在实体经济中的投机炒作并非常态化存在，因此它们并不属于虚拟经济研究范畴。

度衡量金融系统整体遭受困难的"社会损失"，将其定义为由一个事件或一系列共同发生的事件引发大批银行和金融机构倒闭或金融系统被迫全面紧缩，从而危及整个金融系统正常运转引爆金融危机。[17]

在风险诱因方面，现有文献分别从资产价格泡沫、风险管理约束以及外部负向冲击等视角剖析宏观经济因素与系统性风险的影响机制。主要体现在以下三个方面：①宏观经济形势趋好背景下抵押物价值上涨、信贷扩张，导致资产价格泡沫推高，然而当经济形势恶化时，资金回撤使资产价格泡沫失去货币支撑从而产生破裂，引发系统性风险（Brunnermeier 等，2020）。[18] ②在风险管理约束下，过度去杠杆等措施放大金融市场顺周期性风险，诱发银行挤兑产生系统性风险（Adrian 和 Shin，2014）。[19] ③负向冲击被认为是系统性风险生成的重要诱因（杨子晖和周颖刚，2018），[20] 国际金融危机、新冠疫情等负向冲击恶化金融经营环境和实体经济生存环境，经济不确定性持续攀升。

在风险传染方面，风险的传染放大机制是系统性风险爆发的关键。银行之间的关联性会放大外部冲击，从而将个体性风险转化为系统性风险（方意和荆中博，2022）。[21] 目前关于银行关联性研究主要聚焦于直接关联性和间接关联性，前者是金融机构通过同业拆借市场相互持有对方债权而形成的直接关联网络，其原因在于经济形势趋好和信贷宽松导致银行存在信贷缺口，进而导致银行间债权债务关系上升，Upper（2011）对直接关联网络模型在主要国家的应用做了总结，[22] 杨子晖和李东承（2018）等利用该网络模型研究了中国银行性系统性风险；[23] 后者是金融机构通过持有共同资产而形成的间接关联网络，其原因在于金融资产上涨预期以追求盈利以及持有相似金融资产以"抱团取暖"加大了不同金融机构持有共同金融资产规模，这类网络模型由 Greenwood 等（2015）提出并被广泛应用于银行业系统性风险度量。[24]

在风险损失方面，系统性风险的极致爆发状态是金融危机（刘晓欣，2011），[17] 宏观经济损失是系统性风险爆发的主要结果。金融危机使生产力遭受巨大破坏，对经济造成的危害往往数年甚至十数年难以恢复。例如，在 2008 年金融危机后的十余年里，50% 的国家产出下降且仍未恢复（熊婉婷和崔晓敏，2019），[25] 美国、英国以及欧洲的产出缺口依旧存在（Barnichon 等，2022）。[26] 相比于正常经济衰退，金融危机后经济衰退通常更大，经济复苏更加缓慢且艰难，Jorda 等（2013）通过识别过去 140 年中 14 个发达国家的 223 个商业周期，将其区分为 173 次正常经济衰退和 50 次金融危机后经济衰退，发现一般经济衰退后人均 GDP 复苏更快。[27]

（三）不良资产积累与金融危机关系及其处置的国际经验

目前已有研究认为不良资产是金融危机的根源（隋聪等，2019；郁芸君等，2021），[28][29] 另外，梳理金融危机史可以发现，金融危机背后的共同特征是存在过度负债和债务大规模违约（Reinhart 和 Rogoff，2009），[30] 而债务违约的直接后果是不良资产形成。由此，不良资产不断飙升意味着金融危机的基础在持续加厚，全面爆发的可能性在显著提高。无论在哪个国家，防控和处置金融系统不良资产都是金融工作的重点（侯亚景和罗玉辉，2017），[31] 银行资产质量监管成为当代各国金融监管的核心之一（张晓朴，2010）。[32] 而不良资产处置是解决银行危机的首要步骤（王一江和田国强，2004），[33] 有效化解不良资产风险能极大地降低流动性风险、外部冲击风险等其他类型金融风险（国务院发展研究中心金融所课题组，2018），[34] 同时有助于遏制经济活动的持续下滑（Barseghyan，2010）。[35]

西方发达国家平时虽然有不少"秃鹫基金"处置不良资产，但其目标不是为整个经济体承担和化解风险，而是为了盈利。它们最为典型的特征有两个：①私人所有，绝大多数服务于大资本家；②唯利是图，自身利益重于泰山，而企业乃至国家的生存和发展则轻于鸿毛。虽然西方国家金融危机时期政府会干预不良资产和问题金融机构处置（周小川，2012），[36] 但临时性政府干预政策并没有将金融危机从经济发展的字典中永久剔除。例如，美国曾两次大规模处置金融机构不良资产，分别是储贷危机时期的信托重组公司模式（高蓓和张明，2018）与次贷危机时期的问题资产救助计划和公私合营投资计划（Camargo等，2013；Hoshi 和 Kashyap，2010）。[37][38][39] 瑞典在北欧银行危机期间分离银行体系内的坏账，形成"好银行与坏银行"不良资产处置模式（朱民和边卫红，2009）。[40] 德国在2008年金融危机期间积极实施金融救市计划（金碚和原磊，2009），[41] 为德国银行间贷款提供担保、建立金融市场稳定基金以及设立"第一清算机构"转移和处置银行不良资产。英国在2008年金融危机期间对不良资产最严重和爆发大规模挤兑危机的北岩银行实施国有化（Shin，2009），[42] 之后成立北岩资产管理公司和英国资产处置有限公司管理和处置不良资产。

西方市场化处置不良资产并不能做到避免金融危机，不良资产风险持续积累，直至爆发金融危机以彻底清除不良资产和不良企业。虽然危机期间主要资本主义国家积极出台救助方案和措施，但是其不良资产处置仅是金融危机爆发后的减损型处置，并未做到事前介入规避危机爆发。换言之，金融危机成为西方市场经济中不良资产和不良金融企业的"清道夫"，成为市场经济过度繁荣时的自动刹车机制。需要强调的是，尽管发达国家金融监管比中国先进，每次金融危机之后监管也都更加严格，但金融危机还是不断发生。与西方相比，中国特色不良资产处置体现社会主义制度优势，在基本原则与最终目标、机构性质与根本底线、双方关系与介入时机等方面都有着本质区别（刘晓欣，2022）。[43] 所以，中国在没有金融危机情况下保持40年经济持续增长，事实背后蕴藏着与西方"市场经济规则"不同的中国特色不良资产处置与风险化解能力。

（四）文献述评

目前既有文献从冲击诱因、传染机制等视角对风险冲击和传染展开研究，又有文献从不良资产视角对风险积累和聚集展开研究。虽然现有文献发现不良资产积累成为金融危机发生的共同特征，但遗憾的是，目前的研究并未进一步区分不良资产形成和积累的来源领域。虚拟经济理论将经济系统划分为实体经济和虚拟经济两类不同价值增殖形式的领域，金融与房地产（不包括建筑业）属于虚拟经济研究范畴。鉴于此，本文基于实体经济和虚拟经济分析框架，从风险积累和聚集视角探究实体经济和虚拟经济两个不同领域借贷资本循环和不良资产积累导致系统风险的差异性。在探讨经济虚拟化背景下系统风险的形成机制时，不同于已有文献的直接和间接风险传染机制，本文从金融风险管理视角揭示微观主体采用金融创新工具对冲个体风险行为导致风险在系统中聚集的过程（即个别风险系统化加速机制）。同时，与西方发达国家间隔性爆发金融危机不同，中国在没有金融危机情况下保持40年经济持续增长这一事实背后必定蕴藏着中国特色风险化解逻辑，但是鲜有文献对其进行总结和梳理，针对于此，本文在中国不良资产处置实践基础上提炼中国防范化解系统风险的特色机制、未来导向及方案。

二、系统风险核心问题与虚拟经济领域不良资产积累

（一）资本在实体经济和虚拟经济运行的理论逻辑

1. 资本在实体经济和虚拟经济领域的三类运行

经济系统是一个价值系统，由实体经济与虚拟经济两部分构成，且两者关系辩证统一。总体上，资本在虚拟经济与实体经济领域的关联运行分为三类：①虚拟经济服务实体经济；②虚拟经济自我循环；③实体经济"脱实向虚"。第①类属于资本参与产业资本循环的增殖方式，创造真实价值；第②、第③类属于资本脱离实际生产过程自行增殖，创造虚拟价值。需要说明的是，虚拟经济自我循环与实体经济"脱实向虚"并不存在时期或阶段上的先后顺序，两者的共性在于都是通过参与虚拟经济（资本化定价）获取价值增殖，而虚拟经济服务实体经济是通过参与实体经济（成本加成定价）获取价值增殖。

资本参与产业资本循环增殖的理论逻辑。资本参与产业资本循环增殖，即资本借助金融体系社会职能进入实际物质生产过程，虚拟经济发挥资源配置、价值实现和风险管理等功能，服务于实体经济发展，其增殖方式表现为：$G-(G-W\cdots P\cdots W'-G')-G''$，其中，$G-W\cdots P\cdots W'-G'$ 为产业资本循环，G'' 为利息。在产业资本循环过程中资本相应地采取货币资本（G）、生产资本（P）和商品资本（W）三种形式，经过购买、生产和销售三个阶段。在资本主义信用和银行制度发展下，金融体系成为资本积累和流通的重要环节，资本通过金融体系作用于产业资本循环的准备阶段和流通领域，成为实际资本积累的动力与中介。实体经济创造财富的过程是产业资本循环的过程，产业资本循环实现物质生产过程与流通过程的统一，产生实际价值增殖。产业资本只有顺利实现货币资本、生产资本和商品资本三种形态的转换，相应地完成购买、生产、售卖三个阶段，资本家最终才能从实体经济中获取收益。这一过程体现虚拟经济服务实体经济发展职能。

资本脱离产业资本循环自行增殖的理论逻辑。资本不再选择参与产业资本循环而是进入虚拟经济领域增殖，其存在两条增殖路径：①是虚拟资本自行增殖。马克思指出虚拟资本是"代表已积累的对于未来生产的索取权或权利证书"，其按资本化定价，"一个幻想的资本按现有利息率计算可得的收益"，[44] 虚拟资本自行增殖方式为 $G-G'$。虚拟资本自行增殖构成虚拟经济自我循环的理论基础，虚拟经济自我循环表现为虚拟经济为自身提供资本和服务。这一路径实现的资本增殖不再经过实际生产过程，而是单纯寄希望于重复交易规模扩张、资产价格上涨、金融工具创新和庞氏债务膨胀等。换言之，资本不进入实际物质生产过程，直接流入虚拟经济领域进行"以钱生钱"的空转游戏。②是产业资本从实体经济生产过程游离至虚拟经济进行增殖。虚拟经济的高利润率吸引产业资本游离实体经济，转向金融资产和房地产市场等虚拟经济领域，进行"低进高出"投机活动，为虚拟经济繁荣和膨胀提供充足的追加货币，外在表现为实体经济"脱实向虚"。在虚拟经济自我循环中，金融创新带来的虚拟经济交易方式的变革和交易速度的极大提升，加快缩短实体

经济资金进入虚拟经济后的增殖周期，加速经济的"脱实向虚"，导致实体经济进一步萎缩，虚拟经济进一步膨胀。

虚拟经济自我循环和实体经济"脱实向虚"本质是资本相对脱离实际生产过程自行增殖的独立化运行，是不经过中介作用而自行增殖的价值。但值得注意的是，虚拟经济自我循环和"脱实向虚"获得的货币收入仅仅表现为表面价值增殖和虚拟财富膨胀，这种价值增殖会随着资产价格骤跌和交易量萎缩而凭空蒸发。马克思认为，"由这种所有权证书的价格变动而造成的盈亏……就其本质来说，越来越成为赌博的结果"。[44] 因此，虚拟经济投机本质上是一种赌博行为和不创造任何真实价值的"零和博弈"，资本在虚拟经济内部形成一个完整但脆弱的、具有极强虚拟性的循环系统。虚拟经济自我循环创造 GDP 的结果是推高金融风险并容易造成不良资产集聚（刘晓欣和熊丽，2021）。[45]

2. 借贷资本、债务违约与风险积累

上述内容讨论了资本在实体经济和虚拟经济之间的三类运行，但是关于资本的来源有待进一步分析。如果资本源自投资者自身财富积累，其投资亏损造成的资产减值损失只是自身财富的缩水，与债务并无较大关联。但是如果资本源自投资者借债，那么其投资盈利或亏损不仅关联自身，还牵涉债权人的资产价值波动以及债务违约。现实中，现代市场经济中多数企业要依靠债务才能正常运转，银行信贷是企业部门重要的融资来源。信贷产生的重要前提是信用制度的出现，信用制度发展条件下形成的现代金融体系是引导资本流动、调节资本积累的"中枢神经系统"（大卫·哈维，2017）。[46] 银行通过借贷关系将从产业资本循环过程中游离出来的闲置货币资本和社会上的闲置资本集聚，再将其贷给需要货币资本的企业，此时的货币资本即借贷资本。借贷资本以货币资本为基本形态，其运动特点是贷放的货币资本按照利息率可定期获得一定的利息收入。①

历史经验表明，信贷增长是金融脆弱的源泉（高旸等，2021），[47] 信贷扩张强度与金融危机爆发概率存在直接关联（Schularick 和 Taylor，2012）。[48] 其中的逻辑在于：借贷资本的放出意味着银行与企业之间存在明确的债权债务关系，借贷资本急剧扩张下企业部门债务规模膨胀，债务违约形成银行金融机构不良资产风险，银行风险通过机构间业务关联、持有共同资产等途径得以扩散。可见，债务及其违约形成的不良资产是金融危机的关键。聚焦不良资产，从微观主体视角来看，不良资产是静态的损失资产，借贷资本表现为从投资者账户中消失。但是从宏观运行视角来看，形成不良资产的借贷资本并未消失，实际已经随着企业部门的支出在市场上流转。进一步，从借贷资本投资去向来看，投资实体经济和虚拟经济形成的债务违约及不良资产导致的系统风险存在显著差异。

（二）实体经济借贷资本循环及不良资产积累

当商业银行贷款给实体企业部门投资者且后者利用贷款投资实体经济造成亏损时，此时借贷资本因"服务实体经济"而形成不良资产。假设系统中存在 1 家商业银行、1 个实体企业部门投资者和 n 家制造业生产者，形成不良资产的借贷资本在经济系统的流转轨迹

---

① 在借贷资本的基础上虚拟资本得以产生，借贷资本产生利息，由此存在这样一种表现，"每一个确定的和有规则的货币收入都表现为一个资本的利息"（马克思，2004），定期货币收入按利息率倒算，便得出一个在现实生产和流通中不存在对应物的资本额，这便是虚拟资本，虚拟资本本质上是收入的资本化。

为：①商业银行为投资者提供借贷资本。②投资者将借贷资本全部用于购买机器和生产设备，机器和生产设备由生产者1（机器和生产设备制造商）提供。③生产者1制造机器和生产设备产生的收入一部分用于原材料投资或消费支出，且原材料由生产者2（原材料制造商）提供；另一部分未投资或消费的收入以储蓄形式形成银行存款。④以此类推，沿着投资或消费链条延伸可获得 n 家生产者的投资消费与储蓄。

假设商业银行为投资者提供100万元用于购买机器和生产设备，但是投资者经营不善使其全部形成不良资产。虽然借贷资本在投资者看来消失殆尽，但其实已经流入市场并以他人收入的形式继续存在。投资者完全损失的100万元成为生产者1的收入。假设生产者1收入中用于投资或消费的比例为 α，$0<\alpha<1$，用于储蓄的部分为 $1-\alpha$。则在第一个交易环节体现的投资支出、收入以及储蓄分别为：

$$Invest_0 = 100 \text{、} Income_1 = 100 \text{ 与 } Deposit_1 = 100(1-\alpha) \tag{1}$$

生产者1收入中用于支出的 100α 万元成为生产者2的收入。为简单起见，假设每个生产者收入中用于投资消费和储蓄比例均与生产者1相同。则在第二个交易环节体现的投资支出、收入及储蓄分别为：

$$Invest_1 = 100\alpha \text{、} Income_2 = 100\alpha \text{ 与 } Deposit_2 = 100\alpha(1-\alpha) \tag{2}$$

以此类推，生产者 $n-1$ 收入中用于支出的 $100\alpha^{n-1}$ 万元成为生产者 n 的收入。则在第 n 个交易环节体现的投资支出、收入及储蓄分别为：

$$Invest_{n-1} = 100\alpha^{n-1} \text{、} Income_n = 100\alpha^{n-1} \text{ 与 } Deposit_n = 100\alpha^{n-1}(1-\alpha) \tag{3}$$

因此，在借贷资本流转过程中，所有交易环节共产生总投资和总收入：

$$\sum_{i=0}^{n-1} Invest_i = \sum_{i=1}^{n} Income_i = 100+100\alpha+\cdots 100\alpha^{n-1} = 100(1+\alpha+\cdots\alpha^{n-1}) = \frac{100(1-\alpha^n)}{1-\alpha} \tag{4}$$

所有交易环节共产生银行储蓄：

$$\sum_{i=1}^{n} Deposit_i = 100(1-\alpha)+100\alpha(1-\alpha)+\cdots 100\alpha^{n-1}(1-\alpha) = 100(1-\alpha)(1+\alpha+\cdots\alpha^{n-1}) \tag{5}$$

当借贷资本流转无数个生产者时，即当 n 趋于无穷大时，有：

$$\lim_{n\to+\infty}\left(\sum_{i=1}^{n} Deposit_i\right) = 100(1-\alpha)\lim_{n\to+\infty}(1+\alpha+\cdots\alpha^{n-1}) = 100(1-\alpha)\lim_{n\to+\infty}\frac{1-\alpha^n}{1-\alpha} \tag{6}$$

由于 $\alpha \in (0, 1)$，所以 $\lim_{n\to+\infty}\frac{1-\alpha^n}{1-\alpha}=\frac{1}{1-\alpha}$，进而

$$\lim_{n\to+\infty}\left(\sum_{i=1}^{n} Deposit_i\right) = 100(1-\alpha)\times\frac{1}{1-\alpha} = 100 \tag{7}$$

从宏观上来看，不考虑存款准备金和现金漏损，100万元银行不良资产最后形成100万元银行储蓄，社会中的总存款没有变化。如果上述循环机制规模不断扩大，那么银行新增存款会与不良资产一起等额增加。图1显示了形成不良资产的借贷资本在经济系统中的循环流动过程。借贷资本在流通领域媒介多次交易，每次交易后被重新分配在不同经济主体之间，最终形成不良资产的借贷资本被交易过程重新配置成为新增收入存入银行。这些新增银行存款可能是每个交易环节除去支出后的货币净剩余，也可能是最后获取收入的经济主体不再消费而形成的货币完全剩余。

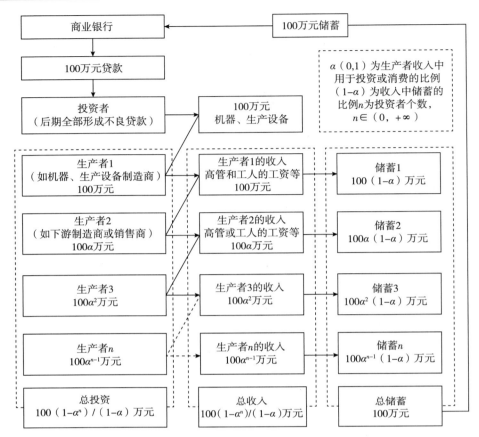

图1 形成不良资产的借贷资本在实体经济路径的循环

(三) 虚拟经济借贷资本循环及不良资产积累

1. 虚拟经济系统投资交易链条的特性

相较于实体经济系统,资本在虚拟经济系统的投资交易链条中具有不同特性。

(1) 交易链条的收益高。虚拟经济与实体经济两者收益悬殊差异较大,前者收益远远高于后者。[①] 金融产品、房地产等虚拟资产价格在很大程度上取决于人们"炒作"欲望与贪欲高低,市场上某个利好消息就能迅速抬高资产价格,当越来越多人的贪欲心理被唤醒时就会形成大规模投机行为,投机行为泛滥使虚拟资本交易额、资产价格和资产数量进一步膨胀,贪欲的社会心理愈加增强。预期的上升或下跌通过群体行为,成为事实上的上升或下跌,而事实又加剧了人们预期继续上升或下跌,这种"正反馈机制"不断强化虚拟资产价格继续上涨的预期,最终虚拟经济在名义价格下的收益率不断地被人为放大。

---

① 虚拟经济收益高于实体经济,其原因在于虚拟经济与实体经济定价机制不同,实体经济是成本加成的定价方式,以生产成本为基础;虚拟经济是资本化定价方式,以"心理预期"为基础。"心理预期"在虚拟经济的价格决定中处于核心地位,其不仅包括交易双方的心理预期,还包括宏观经济环境、政治等其他因素的社会心理预期。比特币炒家们曾总结出一个"炒币"真理——"共识价值",即只要持币和潜在持币者心理上认为其具有价值且愿意用真实货币购买,则便能在虚拟货币交易中创造财富。

（2）交易链条流转速度快。货币总量由货币数量和流通速度共同决定，货币数量论假定货币流通速度不变，单纯强调货币数量变动的作用，但现实中货币流通速度并非完全固定，其取决于货币流通的媒介。当货币在实体经济领域流通时，货币流通速度因实际物质生产周期基本固定而没有较大波动，此时可视为固定不变。当货币在虚拟经济领域流通时，货币交易速度因虚拟经济基本没有生产周期所限定的交易周期而可变性较强，虚拟经济的资金周转不受物质生产周期约束，理论上可以无限提高交易速度，从而提高盈利率。

（3）链条上借贷杠杆的泛化。由于所有虚拟经济活动都是货币资金推动的，而大规模虚拟经济活动的主要资金来源不是自己的现金收入，而是债务。因此，持续扩张的虚拟经济活动最终必然导致庞氏债务膨胀[①]，反过来庞氏债务又会推动重复交易额膨胀和资产价格上升。例如，依靠抵押资产增加的债务资金可以用于购买房地产，从而推动房地产价格膨胀并增加其创造的货币收入。房地产价格的提高反过来又会提高房地产开发商的贷款能力，增加流入房地产开发的资金。于是房地产价格与相关债务相互促进共同膨胀，引起借贷杠杆的泛化。

（4）交易链条的增长。资金在实体经济与虚拟经济领域中流转的交易链条长度有所差异，在实体经济领域流转时借贷关系较为清晰，资金从银行到实体企业链条长度较短（假设为1），但是在虚拟经济系统里，由于银行会作为资金提供方给非银持牌贷款机构等其他金融机构提供部分资金，由后者满足下沉客户群的金融贷款需求，或银行资金通过庞大且复杂的金融衍生品工具层层嵌套，虚拟经济这个交易链条长度较长（可能是 n）。链条越长就越想向前端要低利率增加杠杆，越想向后端追逐高利润率，从而面对任一环节的不良资产冲击也就越脆弱。

（5）交易对象的泛化。实体经济系统中交易环节的交易对象是有限的、一对一的。但是在虚拟经济系统中，金融市场的任意交易环节的交易对象通过资产价格的黏连是无穷大的，这种交易网络密度的增大是虚拟系统的重要特性。同时，虚拟经济系统中交易对象的供求双方与实体经济存在本质区别，实体经济供求双方"生产与消费"对称的基础行为是供求均衡的基础，即供求双方分别是生产者与消费者，两者对称或均衡固定。但是虚拟经济中并不存在长期均衡固定的供求双方，炒股票的买卖交易可能是同一群人的不同选择，同一个人可能既是买者又是卖者，心理预期冲击下交易对象身份在短期内发生巨大而迅速的转换。

（6）收入分配的马太效应。与实体经济相比，虚拟经济领域内收入分配的马太效应更加显著，贫富差距在虚拟经济领域内得到进一步扩大。虽然股票、债券等金融资产价值受多种客观因素影响，但由信息决定的心理预期等因素容易引发社会心理和从众心理，进而形成货币数量支撑的群体行为。虚拟经济系统成为投资者收入再分配的工具，但是富者掌握更多穷者很难得到的先决信息并进而形成自身可靠的心理预期，从而在虚拟经济领域收获更多财富，与之相反，穷者亏损更加严重。这种极端的贫富差距现象造成虚拟经济领域大量债务资金亏损并形成违约，是虚拟经济领域率先产生不良资产并引发金融危机的重要因素。

---

① 所谓庞氏债务膨胀是指借新债还老债方式造成的债务膨胀。

2. 虚拟经济借贷资本循环及不良资产积累

当商业银行贷款给实体企业部门投资者且后者利用贷款投资金融房地产造成亏损时，此时借贷资本因"脱实向虚"形成不良资产；当商业银行直接贷款给金融房地产投资者而造成亏损时，此时借贷资本因"自我循环"形成不良资产。无论是"脱实向虚"，抑或"自我循环"，商业银行借贷资本都是在金融房地产领域流动和空转。

（1）借贷资本在金融市场中的空转。图 2 路径①表示借贷资本在金融市场中的空转。有价证券的收益性和价值补偿性使其成为借贷资本的重要投资形式，"不仅因为它们保证取得一定的收益，而且因为可以通过它们的出售而能得到它们的资本价值的偿付"，[44] 由此，借贷资本的积累在很大程度上表现为对有价证券的投资。例如，投资者从银行获取 500 万元贷款并投资于期货市场，假如该投资者在期货市场操作失利导致完全亏损，一方面，该投资者亏欠银行的贷款形成银行的坏账，记录在银行账户上；另一方面，从宏观上来看，该笔 500 万元资金并未消失，而是形成其他盈利投资者的收入，在期货市场继续流转中，由于虚拟资产的自行增殖特性，500 万元可能衍生至 1000 万元、2000 万元乃至更多的倍数。如果上述机制规模不断扩大，不良资产越多，进入期货市场的货币越多，资产泡沫也越大。

（2）借贷资本在房地产市场中的空转。图 2 路径②表示借贷资本在房地产市场中的空转。房地产之所以成为借贷资本投机的载体，主要在于房地产具有虚拟资产特性，虚拟特性为借贷资本在房地产市场投机炒作和空转提供了可能。房地产由房产与地产构成，房屋建筑是一般商品，而土地则是虚拟资产（刘晓欣，2003）。[49] 马克思劳动价值论认为土地不是劳动产品，因而不具有价值，土地交易的实质"不过为买者提供索取年租的权利"（马克思，2004）。[44] 地租是土地所有权在经济上的实现，即土地所有者将土地承包给租地者，获得一份与土地所有权相对应的预期报酬，这种由土地所有权产生的预期报酬，与有价证券、借贷资本产生的预期报酬在本质上是相同的。① 大卫·哈维城市地租理论的逻辑起点是将土地看作一项"纯粹的金融资产"，并且是经济"可能十分严重扭曲的根源"（大卫·哈维，2017）。[46] 土地被视为纯粹的金融资产，人们购买和出售的不再是土地，而是以土地为载体的获取租金的权利（即对未来收益的债权），由此，土地变成了虚拟资本的一种形式，土地市场卷入了生息资本的一般流通体系。土地作为虚拟资产，其价格形成遵循资本化定价方式，是地租价值贴现（资本化定价）的结果，土地价格＝地租／一般利息率，所以，土地的资本化定价决定了房地产的虚拟资产特性（南开大学虚拟经济与管理研究中心课题组，2004）。[50]

20 世纪 70 年代后，大卫·哈维逐步构建了马克思主义城市地租理论，其核心是关于"阶级—垄断地租"的理论。哈维强调"阶级—垄断地租"向上流转的等级结构（Harvey，1985），[51] 租户、房东、开发商和金融机构围绕住房问题形成不同的利益阶级，租户缴纳的租金会因房东曾购置这套房屋而转移到开发商手中，开发商进一步用租金偿还金融机构的房地产开发贷款，最终金融位居结构顶端。相应地，现代房地产市场对银行体系的依赖程度较大，借贷资本以开发贷款和按揭贷款形式流入房地产市场，其中房地产按揭贷款，本质上购房者并非唯一的支付者，其中最大的支付者是商业银行。房地产领域借贷资本

---

① 马克思将租地农场主向土地所有者缴纳的地租视为"和货币资本的借入者要支付一定利息完全一样"。

出现债务违约形成不良资产，但实际上，形成不良资产的借贷资本已经进入房地产领域继续流转循环，催生房地产市场虚假繁荣和价格泡沫，这是导致房地产领域爆发危机的根源。

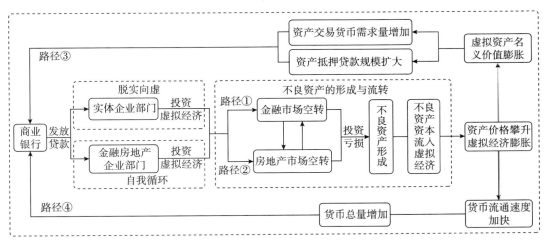

图2　形成不良资产的借贷资本在虚拟经济路径的循环

注：①和②分别表示借贷资本参与金融市场和房地产市场空转；③和④分别表示借贷资本需求和供给扩张。

因此，当借贷资本参与虚拟经济投机时，投机失败持续形成的不良资产相当于为金融房地产等虚拟经济领域注入源源不断的货币。货币资本的持续流入推高资产价格，促进虚拟经济膨胀，由此产生两方面效应：一方面，资产价格高涨使得虚拟资产名义价值膨胀，这意味着需要更多货币媒介资产交易，从而导致投资者参与虚拟经济活动需要动用更多收入、储蓄甚至借款，同时，虚拟资产名义价值膨胀可以使虚拟资产更多地用于抵押贷款以获取银行信用支持，由此带动借贷资本需求扩张，如图2路径③所示；另一方面，虚拟经济投机交易活跃使得虚拟经济领域内货币交易速度可变性较强，货币具有较大内生性[1]，货币总量增加，从而导致借贷资本供给扩张，如图2路径④所示。在借贷资本需求和供给扩张共同作用下，商业银行进一步增强信贷供给的意愿和能力，导致实体企业部门和金融房地产企业部门债务杠杆高企、债务规模扩张，更多借贷资本被吸引至虚拟经济，进一步推升资产价格和交易额，最终形成"借贷资本流入—资产名义价值膨胀—借贷资本再流入"的闭路循环。

（四）实体经济和虚拟经济不良资产积累对系统风险的差异性影响

1. 宏观视角下的实体经济和虚拟经济不良资产循环

银行借贷资本投向实体经济或虚拟经济形成不良资产，从宏观上来看，形成不良资产的借贷资本在循环交易后仍会回流至银行系统，表现为银行不良资产与新增银行存款同时增加，本文称为"存款循环供给"机制[2]，即"存款循环供给"机制存在且无论在实体经

---

[1]　当代各国货币投放权一般被掌握在中央银行手中，货币数量由中央银行通过存款创造机制主动控制和调节，如果在此之外发生货币数量变动，则说明货币存在内生性。

[2]　需要说明的是，这里的"存款循环供给"与存款创造机制不同，前者是指不良资产在宏观运行中最终以新增存款形式回流银行体系的过程；后者体现了货币扩张能力，是指初始存款通过银行信贷机制衍生出数倍于它的存款，货币乘数决定其货币扩张能力。

济还是虚拟经济领域都是存在的。然而，从新增存款回流程度来看，形成不良资产的借贷资本投向实体经济和虚拟经济回流至银行系统的规模有所差异。在实体经济领域循环时，形成不良资产的借贷资本经过实体交易环节后绝大多数仍以货币存款形式回流至银行系统，可能有少数以现金形式或其他方式留存。在虚拟经济领域循环时，由于虚拟经济利润回报率较高，形成不良资产的借贷资本中有相当比例仍会滞留在虚拟经济领域。其中一方面会有部分资金直接继续参与虚拟资产的交易活动以满足日常交易需求，另一方面会有部分资金暂时停止交易而留存在证券账户等非银行机构账户以满足投机需求，尽管证券资金强监管下投资者在证券公司交易结算的资金须由银行进行存管，但其不同于普通的银行存款，不会被银行随意支配以赚取收入进而弥补不良资产损失。因此，形成不良资产的借贷资本在虚拟经济领域循环，最终可能只有部分借贷资本以银行存款形式回流至银行系统。

2. 微观视角下的实体经济和虚拟经济不良资产积累和系统风险

从宏观来看，虽然银行系统不良资产与新增存款都在增加，银行系统不良资产损失经过宏观循环后得到一定的收入弥补，但从微观来看，对于个体银行而言，其不良资产就是自身的资产损失，新增存款并不一定回流至资产损失的同一家个体银行，每家银行资产损失不一定都能通过新增存款进而银行利润得到全面覆盖或核销，也就是说存在"损失—收入"再分配效应。当微观个体银行的不良资产损失与存款收入之间差距逐步增至极限状态，个体银行便会发生资不抵债、流动性不足甚至破产倒闭，引发个体金融风险。

进一步来看，上述"损失—收入"再分配效应在实体经济和虚拟经济之间存在差异。其中实体经济循环下银行资产损失和存款收入缺口较小，且一般逐步增扩。当不良资产风险逐步累积到一定程度时，银行才会从信用风险转化为流动性风险。而虚拟经济循环下银行资产损失与存款收入缺口较大且极易出现爆发式增加，其原因在于，形成不良资产的借贷资本中有相当比例仍在虚拟经济领域投机炒作，这些货币资本支撑甚至推动着虚拟经济的持续繁荣，尤其在通过虚拟经济货币交易速度提高等方式导致的"货币内生性"① 作用下，虚拟经济领域货币总量存在自发增加倾向，虚拟资产价格居高不下，导致以虚拟资产抵押品价值为依托的信贷杠杆泛化及其相关债务持续膨胀。随着债务增加，投机者还债能力会越来越依赖于虚拟资产价格持续上涨，直到借新债还旧债成为唯一的生存途径，等待虚拟资产价格更大上涨成了最后希望。这时，现金流就成了关键，一旦现金流中断，虚拟资产价格下降和市值萎缩使相关抵押债务失去价值掩体，大面积不良资产迅速、集中暴露，引起大量个体银行濒临破产，再加之多米诺骨牌效应，最终引爆金融危机。

总之，微观视角下的个体银行不良资产损失可能无法通过存款收入得以完全弥补从而引发不良资产风险，但是从实体经济和虚拟经济分析框架来看，与实体经济不良资产风险逐步积累状态相比，虚拟经济借贷资本循环引发的是庞氏债务膨胀以及债务大规模违约引发的不良资产大面积集中暴露，其与系统风险联系更加密切。这为抑制金融自我实现、自我循环、自我膨胀和提升金融服务实体经济能力相关政策实施提供了理论逻辑，也为进一步完善"房住不炒"房地产发展政策和稳固发挥房地产抵押功能提供了理论支撑。

---

① 货币内生性机制体现了货币数量与资产价格之间，以及货币数量与名义 GDP 之间的互动关系和逻辑。

三、系统风险形成机制与个别风险系统化

（一）从工业化到经济虚拟化"经济危机和金融危机"爆发次序转变

西方发达经济体先后经历工业化经济时期（以下简称"工业化时期"）和经济虚拟化时期（以下简称"虚拟化时期"），工业化和虚拟化两个时期具有不同特性的危机表现形式。在工业化时期，资本价值运动以商业资本和产业资本为中心，主要表现为爆发于生产领域和商品流通领域的经济危机。经济危机源于有效需求不足，表现为需求扩张低于生产扩张的商品相对过剩现象。20世纪70年代美国经济发生转折，开始步入虚拟化时期，这个转变取决于三种决定因素：①黄金非货币化使得美元发行数量不再拘束于黄金储备，这是美国宏观经济虚拟化的货币环境；②资本逐利本性，这是美国等发达国家宏观经济去工业化和虚拟化的微观基础；③金融自由化浪潮下金融管制放松，这是金融业长期"脱实向虚"的加速器。所以，在虚拟化时期，资本积累的主要方式转向以生息资本和虚拟资本为主的虚拟经济领域（谢富胜和匡晓璐，2019）[52]，金融危机成为危机的重要表现形式。

从工业化到虚拟化时期，危机表现形式发生转变内嵌两层含义：一是引爆危机的不良资产生成主体发生转变；二是"经济危机与金融危机"爆发次序发生转变。工业化时期不良资产生成和危机传导次序分别表现为"实体经济—不良资产"和"经济危机—金融危机"，其中引起不良资产风险的主体部门主要是制造业等实体经济，不良资产是实体企业债务违约的结果，实体经济领域率先爆发经济危机，金融危机只是经济危机的伴生物。具体逻辑见图3。马克思从供求矛盾的角度解释经济危机的根源和表现，指出"危机的基本现象"是生产相对过剩，并且"生产过剩只同有支付能力的需求有关"。[53]生产过剩主要源于固定资本更新、资本周转速度加快、工商业周期以及平均利润率下降等。生产过剩通过两条路径障碍生产者剩余价值实现：一方面，再生产活动中断迫使原有资本遭受实质性破坏，从而使再生产过程创造剩余价值的目标难以实现；另一方面，生产过剩驱使生产者尽可能压低工人工资或减少劳动力雇佣以节约成本，加之再生产活动中断，共同造就工人阶级消费力萎缩，有效需求不足，直接阻碍生产者剩余价值实现。剩余价值无法实现意味着生产者利润无法正常回流，生产者企业债务清偿能力下降，进而企业无法正常经营或关停倒闭、信用链条断裂以及经济危机发生。实体企业经营失败通过债务链条扩散至金融机构，导致金融机构不良资产累积、流动性恶化甚至资不抵债，最终大批金融机构倒闭引爆金融危机。

虚拟化时期不良资产生成和危机传导次序分别表现为"虚拟经济—不良资产"和"金融危机—经济危机"，其中引起不良资产风险的主体部门主要是金融、房地产等虚拟经济，不良资产是金融房地产企业债务违约的结果，虚拟经济领域率先爆发金融危机，金融危机成为经济危机的直接诱因。具体逻辑见图3。虚拟化时期，资本倾向于绕过实体经济直接进入虚拟经济寻求自我增殖。虚拟经济通过重复交易、金融创新、信用扩张、资产价格炒作与庞氏债务膨胀等方式进行完全或部分脱离实体经济物质生产过程的独立价值化积累，从而实现自我循环和自我膨胀。在虚拟经济高位膨胀下，资产价格泡沫破裂的必然性和金融杠杆泛化的现实性，使资产价格暴跌、信用违约剧增和金融杠杆断裂成为可能，不

良资产集中大规模爆发，引起银行金融机构大规模破产倒闭和信用紧缩，爆发金融危机。爆发于虚拟经济领域的危机又会反馈至实体经济领域，金融危机下金融体系信用紧缩，信贷供给断崖式下降，破坏实体经济物质再生产过程的统一性，由此导致实际生产活动骤减、收入下降和消费持续萎缩，最终造成经济大衰退，引发经济危机。

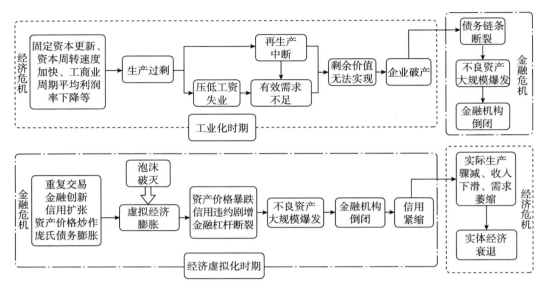

图3　不同时期"经济危机与金融危机"爆发次序的转变逻辑

针对金融危机爆发的内在原因存在两种典型观点：①金融市场因素，如货币市场的不透明性（Gilson 和 Kraakman，2014），[54] 国际货币体系失衡（Holmstrom，2015）等；[55] ②实体经济因素，虽然危机直接产生于金融市场崩溃，但金融危机本质上是实体经济危机（何自力，2014），[56] 爆发基础仍然在于实体经济领域的生产相对过剩和有效需求不足（高峰，2010）。[57] 这两种典型观点中，前者重在分析金融自身因素，后者重在分析实体经济领域内在矛盾。与之不同的是，虚拟经济理论构建"实体经济—虚拟经济"分析框架，并基于资本在实体经济和虚拟经济两种领域的积累和扩张，以及由此产生的"经济危机与金融危机"逻辑关系，从本质上揭示了金融危机爆发的原因，以及当代金融危机首先爆发进而引发经济危机的根源。虚拟经济理论认为，金融危机率先爆发的根源在于：一方面，当代经济虚拟化导致经济运行方式改变。经济虚拟化是虚拟经济不断扩张和深化的过程。当代信用工具的纯粹扩张加速虚拟资本自行增殖运动，过去依附于实体经济发展的虚拟经济逐渐取得独立运行地位，并成为经济运行的主角。另一方面，金融的核心逐渐由投融资转向风险管理。传统上，金融系统的基本功能是投融资，是配置资金。20 世纪 70 年代以后，金融创新和证券化的强势发展，使金融全球化上升到经济全球化的核心位置，金融功能从传统的资金配置优先转化为当代的风险管理优先。

（二）经济虚拟化下系统风险的形成机制——个别风险系统化

1. 虚拟经济借贷资本循环引发债务膨胀

借贷资本在金融房地产领域投机空转形成不良资产，形成不良资产的借贷资本已经流入金融房地产市场并为其注入货币能量，催生金融房地产市场虚假繁荣和价格泡沫，加快货币流通速度。这在因货币内生性而提高虚拟经济内部货币数量的同时，也在不断吸引外部资金流入的数量，特别是其他行业资金和外资流入，使资产价格进一步膨胀，同量资金的使用效率进一步高于实体经济。而随着借贷资本持续进入虚拟经济领域，资产价格不断攀升引发相应的债务不断扩张，投资者现金和自有资金比例不断下降，金融杠杆大幅提高。在经济系统形成"债务杠杆上升—虚拟资产价格上涨—债务杠杆再上升"的闭路循环后，资产价格泡沫等虚假繁荣吸引更多借贷资金进入谋求短期投机收益（Martin 和 Ventura，2012），[58] 债务杠杆与虚拟资产价格相互强化，各部门债务规模不断放大，利息支出负担越发沉重，整个经济体系的经营稳定性水平逐渐降低。

2. 虚拟资产价格触发临界状态引发债务违约

虚拟经济借贷资本循环背景下债务规模加速扩张，而支撑债务高位运行的基础是虚拟资产价格相对稳定。但是当代经济虚拟化下，以资本化定价为基础的虚拟资产价格与投机心理因素密切相关，主要由预期或观念支撑。预期正反馈效应自我强化和自我实现，导致脱离实际价值的虚拟资产价格具有更大的不确定性和不稳定性，资产价格在暴涨与湮灭之间周而复始。在周期性资产价格泡沫中，市场主体随着资产价格变动相应调整自身预期，当资产价格由需求驱动发展为投机驱动时，资产价格上涨速度越来越快，逐步超过理性价值区间。资产价格高位运行的主要力量是预期，但此时预期十分脆弱且短期化（陈雨露和马勇，2012），[59] 预期转向使资产泡沫失去信贷资金支持，超预期的崩溃使得价格暴跌成为可能，前期高价位支撑的巨额债务面临崩盘风险，积累的债务资本无法退出而蒸发，债务违约引发大规模不良资产暴露。

以房地产为例，房地产作为资本密集型产业，其价格高速上涨离不开资本源源不断进入。房地产业与金融业存在密切联系，金融业对房地产业存在投资和销售的双重支持，商业银行同时托起个人按揭贷款和房地产开发贷款。房地产开发商以土地和未竣工的住房作抵押，向商业银行融资用于支付土地出让金和投资建设商品房。购房者在开发商交房拿到房产证前支付预售款，房地产开发商利用预售款从商业银行手中赎回土地和商品房的所有权，再把所有权卖给购房者，使得购房者能以土地和商品房为抵押从商业银行获取个人住房贷款。这里涉及的所有权转换可能在时间上有所差别。房地产是各类债务的主要抵押资产，它就像秤砣，通过长长的杠杆托起秤盘中的巨额债务。一旦房地产价格大跌，房地产名义价值贬值，房地产开发商或购房者亏欠商业银行债务无力偿还或因房产价值下降幅度过大而有意违约，致使商业银行在房地产市场的借贷资金形成不良资产。也就是说，一旦房地产价格触发临界值，作为"秤砣"的房地产硬着陆便打翻"秤盘"中全部债务，债务违约风险波及债权人金融机构。

3. 个别风险系统化促使债务违约泛化和系统集中崩溃

由于大规模虚拟经济活动的主要资金来源不是自己的现金收入而是债务，因此，虚拟经济领域资产价格大幅波动形成的债务违约成为金融机构等债权人的不良资产。随着金融核心由投融资转变为风险管理，以风险管理为核心的金融创新产品和工具应运而生。资产担保和资产打包是金融创新下典型的风险对冲技术，如果不良资产因事先曾有其他金融机构担保而可以正常还款时，此时的不良资产风险处理仅仅是风险回避，这与因债务人自身状况好转而收回正常款项的风险消除不同。除了事前担保外，金融机构也会选择将风险大小不一的债权混合打包成资产组合出售，以此提高风险资产的流动性，但是资产打包的对冲活动本质上也是风险回避，其不仅未能消除风险，反而将优质资产扯进风险源，扩大风险范围。也就是说，风险回避式金融创新导致生成的风险并未真正解决，而是依然在宏观经济系统中存在、扩散和积聚（刘晓欣，2011）。[43]

在交叉持股串联担保和资产打包证券化出售等风险对冲技术下，回避不良资产个别风险产生两方面影响效应：一方面促使不良资产风险的扩散，如图4路径①所示，回避不良资产个别风险的活动往往使风险被转移和扩散到其他成员身上，而他们再寻求风险回避的行为又使得个别风险向更多的投资者扩散，影响范围越来越广，最终风险主体之间构建复杂的系统网络；另一方面促使不良资产风险的汇集，如图4路径②所示，回避个别风险的活动意味着风险还在金融系统中，只是被转给承受能力更大的金融机构，当承担风险的一方处理许多不良资产个别风险时，风险就会在这里聚集。例如，美国房利美（Fannie Mae）和房地美（Freddie Mac）为MBS债券做担保，虽然付保费金融机构个别风险被消除，但是风险却被集中转移汇聚到"两房"，使其成为系统网络里的重要节点。由此，风险的扩散和汇集形成了包含时间和空间节点在内的复杂网络。借贷资本在金融房地产等虚拟经济领域循环而积累的不良资产风险，在风险对冲技术作用下不断汇集在某一处空间节点，直至汇集风险超过高风险节点的承受能力，高风险节点的破产倒闭通过关联网络促使风险溢出并引起多米诺骨牌连锁反应，系统性风险加大，而随着系统性风险持续加大，最终整个系统面临集中崩溃的风险。

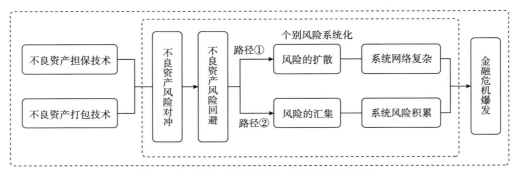

图4 个别风险系统化和与金融危机爆发逻辑

注：①和②分别表示个别风险系统化过程的风险扩散和风险汇集。

4. 个别风险系统化的本质和特点

风险传染机制与本文所述的个别风险系统化机制存在一定差异，风险传染放大机制是指负面冲击被金融体系自身关联特征所放大导致金融体系整体风险倍增，其主要以金融机构的业务关联为实现路径，例如，银行之间相互持有债权的直接关联性、银行持有共同资产的间接关联性等。而本文所述的个别风险系统化本质上是指经济主体利用金融创新工具对个别风险进行对冲或回避，从而导致个别风险寄存和转移至宏观系统中并不断积累。从微观视角来看，虽然金融创新有助于锁定、削减以及转移分散风险，但是在微观层面的风险转移和分散并不是风险消除，只是通过金融创新的复杂嵌套和捆绑效应对个体风险暂时规避，名义上个体风险得以规避和减少，但宏观金融体系却增添了更多脆弱性。也就是说，以回避风险为己任的金融创新活动在帮助微观主体回避个别风险的同时却在宏观系统里不断积累着风险，直至引爆危机。由此，应该全面看待经济虚拟化背景下的金融创新，加强对金融创新的风险评估，偏离实体经济需要、规避监管的"创新"坚决不能搞（郑言实，2019）[60]，不仅无法真正化解风险，反而会带来金融危机。

四、中国化解系统风险的历史经验、特色理论与未来导向

（一）中国化解系统风险的历史经验及其特色

自 1984 年实施"拨改贷"政策以来，国有银行为承担经济增长重任的国家经济部门提供强有力的金融支持，经济改革和发展带来的金融需求使得国有银行信贷机制处于满负荷状态（张杰，2008），[61] 与此同时，国有银行账面积累较大规模的不良资产。为消除不良资产对银行系统的负面冲击，国家通过赎回因国有银行履行政策性贷款责任而造成不良贷款的同时也为其补充资本金，从而将不良资产风险从银行系统中隔离出去，使银行系统健康稳定运行。不同于市场化改革初期的不良资产政策性剥离实践，近些年，中国平稳化解高风险中小金融机构风险①，在问题金融机构和不良资产处置方式方面具有鲜明的新时期特征。其中包商银行于 2019 年 5 月出现严重不良资产风险，在包商银行不良资产风险处置过程中，中国人民银行和中国银行保险监督管理委员会依法对其进行联合接管，并委托中国建设银行托管包商银行经营业务以保证接管期间金融服务的连续性，在维护市场稳定基础上，再采取市场化方式有序处置包商银行不良资产风险。无论是市场化改革初期的不良资产剥离，还是最近几年的中小银行不良资产和问题机构处置，其背后的处置理念和思想都是强调不良资产处置的化解风险功能，区别在于处置方式和手段有所不同，前者采取政策性处置方式，后者在此基础上重视市场化处置的积极作用。

中国不良资产处置实践蕴含了与西方发达国家不同的特色机制，即在中国特色社会主义政治制度和经济制度背景下，坚持稳定经济社会发展大局，一旦出现重大金融风险苗头，快速响应、果断处置，坚决不让区域风险演变成全局风险。具体而言，中国特色不良资产风险处置机制体现在以下三个方面：

（1）政策性与市场化相结合。中国在应对产生不良资产的问题金融机构时，采取政策性与市场化相结合的方式进行风险化解，其逻辑在于，金融业具有准公共品属性，大规模不良资产造成的金融风险必须依靠政府出面进行干预，已经不可能由企业及市场层面自行解决，中国政府对问题金融机构展开及时救助，对稳定金融市场、恢复市场信心和阻止危机蔓延具有重要作用，公众信任的保持给政策制定者处置问题金融机构保留了充足时间，不会出现西方发达国家银行发生危机时的大面积恐慌和挤兑行为，但完全政策性处置会导致政府承担金融机构经营风险的无限责任，产生严重道德风险；而不良资产本质上是由问题金融机构不当经营造成的，不良资产损失风险应由问题金融机构"自负盈亏"，但完全

---

① 2019 年，锦州银行由于内部人控制、同业激进扩张和关联贷款违规等行为导致资产质量恶化和流动性风险上升，后由中国人民银行牵头对其进行不良资产剥离、引进三家战略投资者重组并完善公司治理机制从而处理了危机。同年，恒丰银行因公司治理基础薄弱、内部管理失控和业务激进扩张等致使不良资产高企和资不抵债，后由山东省政府牵头，引入中央汇金公司和山东省金融资产管理股份有限公司两家战略投资者，采用增资扩股、债务重组和更换全部管理层等措施，最终使其成为资产质量较好和资本充足的商业银行。

市场化又无法避免单个金融机构局部风险的扩散，守住不发生系统性风险底线难度加大。因此，中国结合政策性处置和市场化处置优势，在防范道德风险和维护金融稳定之间寻求平衡，一般来说，监管部门发现金融机构面临严重不良资产风险时会介入处置，以国家信用支持机构信用，稳定市场情绪，从宏观上将风险控制在个体范围内，其后采取市场化处置方式引入市场主体共同处置不良资产，最小化处置成本和最大化处置效率。

（2）事前介入处置危机。金融自由化和经济虚拟化导致美国、欧洲等资本主义国家多次经历金融危机，但是美西方采取向金融系统大规模注资等方式处置不良资产是事后处置，是金融危机已经开始，经济下滑已经发生，被迫采取的官方干预手段。美国的处置方式没能较快恢复经济，甚至不能阻止中小银行继续倒闭，只是试图阻止金融危机的进一步恶化，减弱金融危机对经济的损害。在西方发达国家，金融危机起到消除不良资产的"清道夫"功能，但是通过金融危机清理经济发展过程中累积的不良资产将引致巨大的经济损失，经济会长期处于衰退阶段。与之不同，中国不良资产处置属于事前化解危机的常态化机制，而且不良资产的处置活动贯穿整个金融周期。一般在风险出现的早期阶段或尚未对经济造成严重威胁时，就第一时间从源头上消除风险隐患，掐断风险传染的苗头，筑起金融危机的防火墙。不良资产的常态化事前化解机制有效阻止金融风险的外溢，避免个体风险向系统风险演变，同时，相较于风险扩大后的再处置，提前介入可以最小化监管成本和金融损失。也就是说，中国稳妥化解金融风险和处置不良资产，代替了西方金融危机"清道夫"的功能和作用，规避金融危机爆发对社会造成的巨大损失，实现逆周期推动经济增长。

（3）全面监管与"随生随治"并重。中国防范化解不良资产风险和问题机构风险，强化"全面监管"与"随生随治"。"全面监管"是指实施宏观审慎监管与"事前、事中和事后"监管政策，具体而言，一是中国人民银行实施宏观审慎监管政策，强化宏观审慎管理职能，以防范金融危机为主要目标，减缓金融体系跨市场风险扩散。二是事前、事中和事后监管，事前监管突出风险预防，按照"早发现、早处置"原则及时识别不良资产风险，并针对识别和评估结果发布相应警示，做到防患于未然；事中监管强化风险化解，按照责任分工落实处置工作机制，通过渐进式清理方式遏制不良资产强烈的顺周期性，避免不良资产集中暴露转化为金融危机；事后监管增强风险问责，健全风险责任事后追偿制度，强化金融机构主体责任、地方属地责任以及金融监管责任，对重大金融风险严肃追责问责。"随生随治"是指及时解决经济运行中产生的增量不良资产从而切断风险外溢，具体而言，中国坚持实体经济发展战略，不走金融自由化和"脱实向虚"道路，建立不良资产"随生随治"机制，从而及时切断金融机构经营失败时个别风险的区域化甚至系统化进程，不使不良资产个别风险在时间和空间上集聚，形成系统风险引爆金融危机。无论是有效需求不足引发的经济危机，还是债务过度膨胀引起的金融危机，均能够被有效化解。

（二）市场化"自负盈亏"下国有资产管理公司经营偏离主业

早期国有资产管理公司不计盈亏承接巨额不良资产，切实履行金融为公、保护公众利益和防范风险的责任与使命，但是"政策兜底"滋生道德风险。随着市场化改革的推进，国有资产管理公司不再享有国家财政无条件支持与担保，市场规则运营下的自负盈亏以及为股东利益负责，导致其追求自身利润与防控国家金融风险目标之间的矛盾日渐显露，渐渐偏离规范化和法治化准绳，甚至出现损害国家利益、助长金融风险等行为。尤其随着各类金融牌照的悉数到位,作为专业不良资产处置机构的国有资产管理公司逐渐与一般金融机构同质化,金融和投资业务成为公司收入的中流砥柱,偏离不良资产处置主业的趋向越发严重。

以两家上市资产管理公司 X 和 H 为例,其收入按业务门类划分为不良资产经营、投资与资产管理、金融服务三大类别。如表 1 所示,X 公司与 H 公司在 2014~2017 年的收入总额总体表现出不断上升趋势,然而收入规模不断扩大的背后,却是投资与资产管理业务、金融服务业务的疯狂扩张与不良资产经营业务的不断萎缩。其中,X 公司偏离主业的现象较为明显,2014 年 X 公司"不良资产经营收入"占比为 51.47%,而到 2017 年萎缩至 37.16%,与之相对的则是"投资与资产管理业务收入"占比从 2014 年的 19.88%上升至 2017 年的 27.67%,"金融服务收入"占比从 2014 年的 28.65%上升至 2017 年的 35.17%。国有资产管理公司从金融系统中清除不良资产的经营目标被盈利优先所取代,导致不良资产处置主业萎缩,金融投资与服务副业扩张,逐步偏离救助性、稳定器性质的非盈利性金融机构定位,甚至渐渐异化成金融风险制造者。2018 年,在强化金融监管的背景下①,X 公司与 H 公司的收入规模均显著下降,但偏离主业的趋势却得到抑制。尽管如此,从 2018~2021 年各类别收入占比来看,国有资产管理公司依然不能称得上完全专注于主业。推动国有资产管理公司回归主业,要从金融监管角度下手,更要在利益分配角度做文章,让市场化运作的企业目标与社会目标尽可能吻合。

表 1   2014~2021 年 X 公司、H 公司的收入组成   单位:亿元,%

样本	年份 业务门类	2014	2015	2016	2017	2018	2019	2020	2021
X 公司	不良资产经营 收入	314.95	325.52	320.69	452.69	448.06	756.54	801.00	770.90
		51.47	40.29	34.29	37.16	41.01	69.19	69.97	78.60
	投资与资产管理 业务收入	121.67	192.74	273.03	337.08	350.59	——	——	——
		19.88	23.85	29.19	27.67	32.09	——	——	——
	金融服务收入	175.34	289.72	341.65	428.42	293.82	336.84	343.72	209.95
		28.65	35.86	36.53	35.17	26.89	30.81	30.03	21.40
H 公司	不良资产经营收入	286.47	406.48	506.96	689.13	647.71	697.91	603.70	517.48
		55.50	53.40	52.35	52.08	57.39	59.31	74.48	53.04
	投资与资产管理 业务收入	50.50	120.03	217.02	324.80	178.09	143.12	-115.00	143.79
		9.78	15.77	22.41	24.55	15.78	12.16	-14.19	14.74
	金融服务收入	179.15	234.63	244.50	309.31	302.75	335.76	321.86	314.38
		34.71	30.83	25.25	23.38	26.83	28.53	39.71	32.22

注:①X 公司自从 2019 年开始只披露不良资产经营和金融服务两个分部规模和占比;②每类业务的上、下两行数据分别表示绝对规模、规模占比,规模占比计算方式为:某分部收入比重=某分部收入/各分部收入之和。

资料来源:X 公司、H 公司年报。

中国国有资产管理公司承担着为中国金融体系化解不良资产、降低金融系统风险的特殊职能,同时也承担着将经济增长的负面因素部分转化为正能量的职能。所以,未来在金融市场化过程中,资产管理公司应该做到:①必须具有随时应对大规模不良资产集中爆发的充分准备和处置能力,保证其规模和能力足以覆盖金融系统或明或暗的所有不良资产。②专业职能不应定位于一般的盈利性金融机构,而应将配合金融监管机构承担和化解中国

---

① 2017 年 12 月 26 日,银监会印发《金融资产管理公司资本管理办法(试行)》,以引导资产管理公司在经营中回归主业,同时设立资本充足率等监管标准,加强了对资产管理公司金融风险的防控。

不良资产风险定为主要职能，重点关注虚拟经济领域形成的不良资产风险。特别要注意的是：资产管理公司不能形成在盈利时一哄而上，在亏损时一哄而散的局面。③不良资产处置的本质是化解和消除风险，而非转移风险，更不是平添和制造风险，作为专业不良资产处置机构，国有资产管理公司应以遵守市场规则为基本原则，严禁从风险承担和化解者转为风险制造者。

（三）中国防范化解系统风险的未来导向及方案

当下百年变局，国内外经济金融环境复杂多变，中国应发挥中国特色社会主义制度优势，坚定不移走好中国特色金融发展之路，既要重提"化解金融风险"的初衷，发挥国有金融机构金融稳定器功能，又要遵循市场规则，充分发挥市场化、法治化处置平台作用。中国应在实践中建立一套金融风险的长效处置机制，为建立既有高效的资源配置市场机制，又无金融危机的特色社会主义市场制度提供基本保证。对此，本文从宏观和微观两个视角为风险防范提供基本准则，即宏观上坚持金融公器性质，在微观上避免过度风险对冲而忽略风险消除；从处置目标和处置方式两个视角为风险处置提供基本准则，即处置目标强调风险化解和支持经济增长而非过度逐利，处置方式强化政府和市场作用有机结合。

1. 坚持金融"公器"性质，落实服务实体经济宗旨

货币金融是一种"公器"，当代货币金融体系不仅执行着货币职能，还不断发展和深化通过资金配置资源和配置风险的新功能。秉持金融"公器"性质配置货币资金，一方面，要做到"公器不被私用"。资金在市场经济中是一种巨大的经济权力，操纵金融机构和支配货币资金权力为私人谋利、损害大众利益，与金融公器性质不相符。欧美地区银行基本上与企业一样都是盈利机构，金融系统的显著特征是为私人谋利，与之不同，虽然中国非国营银行可以成为私人谋利的工具，但是整个金融系统坚持为公共利益服务。中国金融制度改革鼓励股份制、混合所有制和民营金融机构的发展，但维持国有股份在金融系统中的主体地位，保障"金融公器不被私用"被看作是中国经济社会主义性质的重要标志，也是中国金融体系的特色与避免金融危机的基本制度保证。另一方面，要做到服务实体经济发展，不能过度依赖虚拟经济获利而形成"脱实向虚"甚至"经济虚拟化"趋势。随着当代经济虚拟化程度加深，资本逐利本性使得西方发达国家经济进入"虚拟经济火爆，实体经济低迷"的发展通道，借贷资本在金融房地产等虚拟经济领域空转投机形成不良资产，导致金融体系更加脆弱。对此，管好信贷总闸门是防范化解金融风险的根源，尤其严防资本在虚拟经济领域的无序扩张和野蛮生长，警惕不良资产在虚拟经济领域过度形成和积累。中国未来不良资产处置应重点关注"脱实向虚"和"自我循环"空转积聚的不良资产，进一步促进形成金融和实体经济、金融和房地产、金融体系内部三个方面的良性循环，抑制资本空转和债务膨胀引发金融危机。

2. 防止风险对冲金融创新泛化引致系统风险

在金融功能的把握上，中国更加注重宏观层面的金融服务实体经济，而西方更注重微观层面的风险对冲功能。但是随着金融市场化改革的深入，资产管理公司等微观经济主体在处理不良资产的过程中，不可避免地会用到西方的类似资产证券化等金融创新工具对冲风险。其中不良资产证券化的业务架构较为复杂，其基本流程主要包括确立不良资产并组建资产池→设立特殊目的载体（SPV）→转让资产以实现真实"出售"→信用增级和信用

评级→证券销售→后期服务与管理等。不良资产证券化作为处置不良资产的市场化方式之一，在一定程度上起到化解风险的积极作用，但由于其基础资产是不良资产，现金流回收具有很大的不确定性，往往依靠内部和外部信用增级力度较大，同时不良资产证券化产品定价难度大，一旦发生兑付风险，投资者"羊群效应"心理下将急于清空所持有的证券，导致个别的兑付风险转化为系统风险，所以盲目扩张使用不良资产证券化等金融创新工具可能引致更大的风险扩散。对此，一方面，要客观认识到采用金融创新工具对冲风险的利弊，警惕盲目证券化。具体而言，严格制定基础资产筛选标准，例如，严格控制未达到证券化资格的资产开展证券化，同时避免将证券化产品再度证券化。另一方面，严格监管不良资产证券化等金融创新行为，加强证券化产品的风险管理，例如，严格规定不良资产证券化产品发起人必须持有基础资产足够时间，做到证券化基础资产的破产隔离以确保基础资产的相对安全等，同时完善不良资产证券化相关的信用评级制度及信息披露机制。

3. 设定"恢复和支持经济增长"风险处置目标

西方发达国家只有在金融危机爆发特殊情况下，由官方成立的处置机构才具有短暂为整个经济化解不良资产风险、缓解金融危机损害的功能。虽然西方发达国家平时有不少风险处置机构，但这些机构的处置目的不是为整个经济体承担和化解风险而是追逐盈利。例如秃鹫基金通过做空债券、股票，坐等企业因不良资产问题病入膏肓，接近破产或正在破产的危急时刻介入处置，榨取企业残值以获得赔偿赚取利润。这是一种对困难企业掠夺性的纯粹套利行为，不可能使身处危机的企业大面积起死回生，更不可能避免金融危机爆发。由于企业的风险往往意味着秃鹫基金的机遇，企业风险越高，不良资产越多，秃鹫基金机会就越多，盈利空间就越大。因此，它们无意控制风险，甚至加剧风险引发金融危机，最终造成整个经济停滞或负增长。相较于西方秃鹫基金，中国以协助企业化解风险、提升价值为主，利润方面较为合理公道，而非一味地追求利润最大化。从理论上说，不少经营不善的企业如果能有足够的时间，如果能够在一定时期内得到技术改造、公司治理整顿以及资金注入等提高盈利因素的话，它还可以成为盈利企业。这就是说，那些既无市场又无技术的纯粹僵死企业当然要从市场中淘汰掉，且要及时化解其风险隐患，但是那些通过重组、技术改造、管理规范化等可以重焕生机的企业，要注重其未来发展和长期价值，使它们焕发生机并重新加入中国经济增长的主流。

4. 强化政府作用与市场作用相结合风险处置方式

市场化改革初期金融系统不良资产是国有银行承担财政功能导致的结果，加之不良资产市场并不完善，因而采取财政补贴的集中剥离措施。市场化深入改革后，金融机构在市场化"自负盈亏"经营模式和逐利动机驱使下过度金融创新、监管套利等从而引发不良资产风险，不良资产是金融机构商业化行为的结果，依靠市场力量处置其不良资产成为必然选择。因此，当发生不良资产风险时，问题金融机构应该首先积极开展"自救"，但鉴于金融机构自身风险承担能力的有限性和风险扩散造成损失的无限性之间的矛盾，在其"自救"失败后监管部门应适时介入实施"他救"战略，选择国有大型银行或国有资产管理公司作为"他救"战略的主要载体，为其注入公众信心和保证存款兑付要求，确保问题金融机构的正常经营和金融服务功能不中断，及时切断金融机构经营失败时个别风险的区域化甚至系统化进程。在不良资产损失承担方面，中国政府在积极推进问题金融机构救助和处置不良资产的同时，应建立权责清晰的责任分担机制。在责任分担机制下，问题金融机构股东和实际控制人优先承担不良资产损失，公共资金、存款保险和债权人依法承担剩余损失。这种分担机制在一定程度上能够约束金融机构激进经营行为，从源头上规避不良资产形成，减少政府救助时的财政支出负担。

参考文献

［1］习近平．依法规范和引导我国资本健康发展　发挥资本作为重要生产要素的积极作用［N］．人民日报，2022-05-01.

［2］黄群慧．论新时期中国实体经济的发展［J］．中国工业经济，2017（9）：5-24.

［3］刘晓欣，刘骏民．虚拟经济的运行方式、本质及其理论的政策含义——马克思逻辑的历史延伸［J］．学术月刊，2020，52（12）：42-56.

［4］刘晓欣，田恒．虚拟经济与实体经济的关联性——主要资本主义国家比较研究［J］．中国社会科学，2021（10）：61-82.

［5］Hudson M. From Marx to Goldman Sachs：The Fictions of Fictitious Capital，and the Financialization of Industry［J］．Critique，2010，38（3）：419-444.

［6］Harvey D. The Limits to Capital［M］．London and New York：Verso Books，2018.

［7］李扬．"金融服务实体经济"辨［J］．经济研究，2017，52（6）：4-16.

［8］何德旭，王朝阳．中国金融业高增长：成因与风险［J］．财贸经济，2017，38（7）：16-32.

［9］Arcand J. L.，Berkes E.，Panizza U. Too Much Finance？［J］．Journal of Economic Growth，2015，20（2）：105-148.

［10］苏治，方彤，尹力博．中国虚拟经济与实体经济的关联性——基于规模和周期视角的实证研究［J］．中国社会科学，2017（8）：87-109.

［11］张晓晶，刘磊．宏观分析新范式下的金融风险与经济增长——兼论新型冠状病毒肺炎疫情冲击与在险增长［J］．经济研究，2020，55（6）：4-21.

［12］郭树清．加强和完善现代金融监管［M］//党的二十大报告辅导读本．北京：人民出版社，2022.

［13］Billio M.，Getmansky M.，Lo A. W.，et al. Econometric Measures of Connectedness and Systemic Risk in the Finance and Insurance Sectors［J］．Journal of Financial Economics，2012，104（3）：535-559.

［14］Cummins J. D.，Weiss M. A. Systemic Risk and the U. S. Insurance Sector［J］．Journal of Risk and Insurance，2014，81（3）：489-528.

［15］Laeven L.，Valencia F. Systemic Banking Crises：A New Database［R］．IMF Working Papers，2008.

［16］Reinhart C. M.，Rogoff K. S. From Financial Crash to Debt Crisis［J］．American Economic Review，2011，101（5）：1676-1706.

［17］刘晓欣．个别风险系统化与金融危机——来自虚拟经济学的解释［J］．政治经济学评论，2011，2（4）：64-80.

［18］Brunnermeier M.，Rother S.，Schnabel I. Asset Price Bubbles and Systemic Risk［J］．The Review of Financial Studies，2020，33（9）：4272-4317.

［19］Adrian T. , Shin H. S. Procyclical Leverage and Value-at-Risk ［J］. The Review of Financial Studies, 2014, 27（2）：373-403.

［20］杨子晖，周颖刚. 全球系统性金融风险溢出与外部冲击［J］. 中国社会科学，2018（12）：69-90.

［21］方意，荆中博. 外部冲击下系统性金融风险的生成机制［J］. 管理世界，2022，38（5）：19-35.

［22］Upper C. Simulation Methods to Assess the Danger of Contagion in Interbank Markets ［J］. Journal of Financial Stability, 2011, 7（3）：111-125.

［23］杨子晖，李东承. 我国银行系统性金融风险研究——基于"去一法"的应用分析［J］. 经济研究，2018，53（8）：36-51.

［24］Greenwood R. , Landier A. , Thesmar D. Vulnerable Banks ［J］. Journal of Financial Economics, 2015, 115（3）：471-485.

［25］熊婉婷，崔晓敏. 全球金融危机十周年：教训与挑战——中国社会科学论坛学术研讨会观点综述［J］. 国际经济评论，2019（2）：57-74.

［26］Barnichon R. , Matthes C. , Ziegenbein A. Are the Effects of Financial Market Disruptions Big or Small？［J］. The Review of Economics and Statistics, 2022, 104（3）：557-570.

［27］Jorda O. , Schularick M. , Taylor A. M. When Credit Bites Back ［J］. Journal of Money, Credit and Banking, 2013, 45（s2）：3-28.

［28］隋聪，刘青，宗计川. 不良资产引发系统性风险的计算实验分析与政策模拟［J］. 世界经济，2019，42（1）：95-120.

［29］郁芸君，张一林，彭俞超. 监管规避与隐性金融风险［J］. 经济研究，2021，56（4）：93-109.

［30］Reinhart C. M. , Rogoff K. S. This Time Is Different：Eight Centuries of Financial Folly ［M］. Princeton：Princeton University Press, 2009.

［31］侯亚景，罗玉辉. "供给侧结构性改革"背景下我国金融业不良资产的"处置之道"［J］. 经济学家，2017（1）：16-23.

［32］张晓朴. 系统性金融风险研究：演进、成因与监管［J］. 国际金融研究，2010（7）：58-67.

［33］王一江，田国强. 不良资产处理、股份制改造与外资战略——中日韩银行业经验比较［J］. 经济研究，2004（11）：28-36.

［34］国务院发展研究中心金融所课题组. 不良资产处置与金融风险防控［M］. 北京：中国发展出版社，2018.

［35］Barseghyan L. Non-performing Loans, Prospective Bailouts, and Japan's Slowdown ［J］. Journal of Monetary Economics, 2010, 57（7）：873-890.

［36］周小川. 金融危机中关于救助问题的争论［J］. 金融研究，2012（9）：1-19.

［37］高蓓，张明. 不良资产处置与不良资产证券化：国际经验及中国前景［J］. 国际经济评论，2018（1）：124-142.

［38］Camargo B. , Kim K. , Lester B. Subsidizing Price Discovery ［R］. FRB of Philadelphia Working Paper, 2013.

［39］Hoshi T., Kashyap A. K. Will the U. S. Bank Recapitalization Succeed? Eight Lessons from Japan［J］. Journal of Financial Economics, 2010, 97 (3)：398-417.

［40］朱民，边卫红. 危机挑战政府——全球金融危机中的政府救市措施批判［J］. 国际金融研究, 2009 (2)：4-33.

［41］金碚，原磊. 德国金融危机救援行动的评析及对中国的启示［J］. 中国工业经济, 2009 (7)：26-33.

［42］Shin H. S. Reflections on Northern Rock：The Bank Run That Heralded the Global Financial Crisis［J］. The Journal of Economic Perspectives, 2009, 23 (1)：101-120.

［43］刘晓欣. 中国特色不良资产处置的理论创新与实践［M］. 北京：知识产权出版社, 2022.

［44］马克思. 资本论（第 3 卷）［M］. 北京：人民出版社, 2004.

［45］刘晓欣，熊丽. 从虚拟经济视角看 GDP 创造的逻辑、路径及隐患［J］. 经济学家, 2021 (9)：31-40.

［46］［英］大卫·哈维. 资本的限度［M］. 张寅，译. 北京：中信出版社, 2017.

［47］高旸，莫里茨·舒拉里克，孙靓莹. 金融危机的原因和后果：我们学到了什么？［J］. 国际经济评论, 2021 (4)：75-91.

［48］Schularick M., Taylor A. M. Credit Booms Gone Bust：Monetary Policy, Leverage Cycles, and Financial Crises, 1870-2008［J］. American Economic Review, 2012, 102 (2)：1029-1061.

［49］刘晓欣. 虚拟经济运行的行为基础——资本化定价［J］. 南开经济研究, 2003 (4)：42-45.

［50］南开大学虚拟经济与管理研究中心课题组. 房地产虚拟资产特性研究报告［J］. 南开经济研究, 2004 (1)：24-32.

［51］Harvey D. The Urbanization of Capital［M］. Oxford：Basil Blackwell, 1985.

［52］谢富胜，匡晓璐. 金融部门的利润来源探究［J］. 马克思主义研究, 2019 (6)：58-70.

［53］马克思恩格斯全集（第二十六卷）［M］. 北京：人民出版社, 1973.

［54］Gilson R. J., Kraakman R. Market Efficiency after the Financial Crisis：It's Still a Matter of Information Costs［J］. Virginia Law Review, 2014, 100 (2)：313-375.

［55］Holmstrom B. Understanding the Role of Debt in the Financial System［R］. BIS Working Papers, 2015.

［56］何自力. 论西方资本主义经济停滞的常态化［J］. 政治经济学评论, 2014, 5 (4)：31-45.

［57］高峰. 关于当前全球金融-经济危机的几点看法［J］. 经济学动态, 2010 (2)：22-27.

［58］Martin A., Ventura J. Economic Growth with Bubbles［J］. American Economic Review, 2012, 102 (6)：3033-3058.

［59］陈雨露，马勇. 泡沫、实体经济与金融危机：一个周期分析框架［J］. 金融监

管研究，2012（1）：1-19.

　　［60］郑言实．做好金融工作的指导思想和原则［J］．求是，2019（6）：76-78.

　　［61］张杰．市场化与金融控制的两难困局：解读新一轮国有银行改革的绩效［J］．管理世界，2008（11）：13-31.

　　　　　　　　　　　　　　　本文转摘自《南开经济研究》2024年第5期，有删改。

中国特色不良资产处置与化解
金融风险长效机制

——虚拟经济理论的视角

摘要：解决不良资产风险是防范和化解金融风险的重点。本文揭示不良资产与金融危机的一般规律，指出管控好不良资产率是避免金融危机爆发的关键，西方发达国家频繁爆发金融危机的根源是资本主义制度本身。当代经济虚拟化背景下金融危机首先爆发进而引发实体经济危机，不良资产处置金融活动引发系统性风险呈现不同的特征、路径及危害，只有秉持货币金融"公器"标准才是合理配置市场资源与化解系统性风险的根本。中国在没有金融危机的情况下保持 40 年经济持续增长，以国有金融机构为主的金融体系及其与经济运行相契合彰显了中国特色社会主义的制度优势，不良资产处置"监管+大行"模式坚持金融服务实体经济、政府与市场有机结合是与西方"市场经济规则"不同的实践创新。中国应从国有资产管理公司化解风险职能、不良资产处置与经济增长同步以及金融市场规范化国际化的角度，构建防范化解金融风险的长效机制，保持经济高质量增长，守住不发生系统性金融风险底线。

关键词：不良资产处置；中国特色；金融风险；虚拟经济；长效机制

引 言

党的二十大报告提出："强化金融稳定保障体系，依法将各类金融活动全部纳入监管，守住不发生系统性风险底线。"① 党中央再次突出强调了防范化解重大金融风险的重要性，尤其在不确定难预料因素增多的时期更需牢牢坚持底线思维，做到未雨绸缪，维护金融稳定和促进经济高质量发展。历史经验表明，不良资产是金融危机和系统性金融风险的釜底之薪（郁芸君等，2021；隋聪等，2019）[1][2]，它会不断聚集经济中的负面因素并形成巨大的能量引爆危机。金融危机使生产力遭受巨大破坏，对经济造成的危害往往数年甚至十数年难以恢复。2008 年金融危机源于美国虚拟经济与实体经济的过度背离，最终成为世界经济风暴绵延不断的震源。国际金融危机后，各国大规模流动性刺激政策继续促进虚拟经济繁荣。2020 年新冠疫情以来，美西方发达国家向市场注入大量流动性以稳定经济基本面，中长期内催生新一轮资产泡沫。出现资产价格泡沫后，信贷繁荣便十分危险，信贷扩张强度与金融危机爆发概率（Schularick 和 Taylor，2012）[3] 以及危机后经济衰退严重程度（高旸等，2021）[4] 存在直接关联。其中的逻辑在于信贷扩张导致债务攀升，在资产价格上涨末期，泡沫经济超预期的崩溃引发资产价格泡沫破裂（陈雨露等，2012）[5]，前期积累的债务资本无法退出而蒸发，债务违约导致不良资产积累，为下一轮金融危机爆发埋

---

① 2022 年 10 月 16 日，中国共产党第二十次全国代表大会报告《高举中国特色社会主义伟大旗帜，为全面建设社会主义现代化国家而团结奋斗》。

下隐患。如何处置化解经济系统中积累的不良资产从而避免金融危机爆发，成为世界各国发展面临的一大现实问题。

当代，银行资产质量监管是各国金融监管的核心之一（张晓朴，2010）[6]，防范化解金融业不良资产已成为各国金融工作的重点（侯亚景和罗玉辉，2017）[7]。2021 年较 2011 年中国商业银行不良贷款余额增长近 7 倍①，虽然近年来中国出台一系列政策和措施有效缓解不良贷款风险，但是当下全球经济形势下行压力较大，不良资产风险可能呈现抬头趋势。而不良资产处置是化解金融风险的关键环节，有效化解不良资产风险能极大地降低流动性风险、外部冲击风险等其他类型的金融风险（国务院发展研究中心金融所课题组，2018）。[8] 如果建立一种处置机制，使不良资产维持在一个不会引爆金融危机的水平，那么意味着成功建立一个没有金融危机的市场经济。一个既不发生金融危机，又能保障高效资源配置的市场经济，这对于中国正在建设的社会主义市场经济尤为重要。但我们应思考：中国社会主义市场经济制度是否因市场机制就具有发生金融危机的必然性，还是因社会主义性质对金融危机就具有天生的免疫力，或者我们需要建立新的机制避免金融危机？本文基于中国特色社会主义经济制度与不良资产处置意义的关联高度，构建中国防范化解系统性风险的长效机制，以期稳妥处理"防风险"和"稳增长"关系，从根本上消除引爆金融危机从而阻碍经济高质量增长的风险隐患。

一、不良资产风险、金融危机与金融监管悖论

（一）不良资产与金融危机的逻辑

1. 金融危机重新定义

根据《新帕尔格雷夫经济学大辞典》的定义，金融危机是"全部或部分金融指标——短期利率、资产（证券、房地产、土地）价格、商业破产数和金融机构倒闭数——的急剧、短暂的和超周期的恶化"（伊特韦尔，1996）[9]。然而，上述金融指标之间并无清晰的因果关系。理论学界将金融危机分为四种类型：货币危机、银行危机、外债危机和综合性金融危机，这些金融危机理论模型体现了因果关系。前三类是以不同单一因素为基础演绎因果关系的金融危机模型，如货币危机描述了本币汇率大幅贬值（Frankel 和 Rose，1996；Laeven 和 Valencia，2008）[10][11] 导致的大量资金外流，经济紧缩，不良资产率上升，银行和金融机构倒闭；银行危机描述了不良资产高企（Demirguc 和 Detragiache，1998）[12]、大规模挤兑（王道平，2016）[13] 等导致的大批银行倒闭现象；外债危机与国家间的借贷理论有关，演绎了外债无法偿还（何德旭和张斌彬，2021）[14] 导致的流动性短缺从而大批银行倒闭的逻辑。这三种原因综合在一起引起的危机是第四种类型的综合性金融危机。这些因果关系模型的共同之处在于：不管起因于哪一个金融指标，最严重的结果都是大批银行和金融机构倒闭。因此，本文将大批银行和金融机构倒闭定义为金融危机。如果只有个别银行和金融机构倒闭，而整个金融系统依然可以正常运行则不是金融危机，只是金融系统出现严重问题。以一系列金融指标恶化中最严重的结果重新定义金融危

---

① 数据来源于 Wind 数据库；银行不良资产最主要的是不良贷款。

机，对中国防范金融系统性风险具有极其重要的实践意义。

2. 管控不良资产率是防范金融危机爆发的关键

在西方市场经济国家，金融危机的基本逻辑可以概括为：资产价格下跌—不良资产率大幅上升—避险成为主流行为—银根紧缩—流动性短缺—挤兑、恐慌—银行和金融机构大批倒闭。金融危机使得生产力遭受巨大的破坏，在2008年金融危机后的十余年里，50%的国家产出下降且仍未恢复（熊婉婷和崔晓敏，2019）[15]，美国、英国以及欧洲的产出缺口依旧存在（Barnichon等，2022）[16]。实际上，金融危机是金融系统性风险的全面爆发，包含两个基本条件：一是不良资产积累导致不良资产率的大幅度飙升；二是某些看似偶然的突发事件引发恐慌、挤兑以及流动性严重短缺。金融恐慌说的代表人物金德尔伯格在描述金融危机时提及"疯狂、恐慌和崩溃"（Kindleberger等，2005）[17]；前美联储主席伯南克也指出，2008年金融危机有两个最明显的原因：一个是次级贷款泛滥，另一个是房地产价格暴跌，但最重要的还是市场恐慌（本·伯南克，2016）。[18] 次贷危机和房地产价格暴跌不过是引起不良资产率大幅度上升的导火索，而恐慌则把这一切放大若干倍，造成挤兑和流动性短缺。所以，对流动性的及时有效管控，或者说，对流动性短缺做出及时反应能控制金融系统性风险不至于全面爆发。但是，金融系统性风险全面爆发的关键是不良资产，管控好不良资产才是金融风险防范的根本。在不良资产率较低时不良资产通过短期货币政策等方式比较容易处置，但当不良资产率不断飙升时，这意味着系统性风险的基础在加厚，系统性风险全面爆发的概率在提高。

（二）西方自由化背景下金融监管的悖论

关于金融危机爆发原因解释较多的是金融监管缺失，监管理念背后存在着理论支撑。西方新自由主义理论认为，监管是市场自由的保证，两者并不矛盾。但是纵观美国金融监管史，可以发现其呈现"金融危机—强化监管—金融自由化—放松监管—金融危机"螺旋式发展（胡滨，2020）[19]，自由化与监管之间的演变关系似乎成为美国不断上演金融危机的重要原因。例如，1929～1933年大危机后的《格拉斯—斯蒂格尔法案》对金融市场严格监管数十年，到20世纪70年代中期至80年代初，金融自由化浪潮不断冲击旧有监管制度，因此，《金融服务现代化法案》于1999年正式出台并取而代之，这也为10年后的金融危机敞开了大门。2008年金融危机后，美国重新将自由化与监管之间的关系问题提上议程，旨在加强监管的新法案《多德—弗兰克华尔街改革与消费者保护法案》于2010年7月通过，基本上推翻了《金融服务现代化法案》（饶波等，2009）[20]，美国金融业又被戴上了"笼头"。但特朗普政府为金融自由化大开绿灯，2018年5月签署的《经济增长、放松监管与消费者保护法案》，放松了2010年《多德—弗兰克法案》的诸多监管要求（郭敏和方梦然，2018）[21]，美国金融市场迎来利好，股市更加膨胀。拜登政府上台后对特朗普政府行为进行矫正（高波和张晓通，2022）[22]，强化政府作用，倾向于加强金融监管，但为应对新冠疫情和经济衰退，美联储实施货币政策不再完全盯着物价水平（Powell，2020）[23]，疫情期间的大规模流动性推动虚拟经济市场繁荣，也意味着一场全球性的金融危机正在酝酿。

为什么美国人不接受教训，会间隔性出现监管缺失呢？金融危机与监管缺失存在密切关系。自由主义经济学家总是试图否定危机和周期性衰退与资本主义经济制度的内在联系（吴易风，2009）[24]，认为市场经济只要监管到位就不会发生金融危机。他们反对政府干预经济，特别是反对限制经济自由化的各类政府干预，认为金融危机就是偶然的小概率事件，不是"有效市场"内生的。他们的理论有两个基点：一是充分自由化的经济不存在严重的失衡，尤其是有效市场不会出现严重的失衡；二是市场的自我修复能力极强，任由市场去解决一切失衡，结果总是会接近最优状态。因此，金融危机后西方发达国家改革方案主要目的在于弥补监管漏洞，纠正市场过度自由的失衡状态，而非严格限制市场自由，市场主导和市场自由发展仍是金融体系的运行基础（中国社会科学院金融所课题组，2009）。[25] 但是现实中，市场内在扭曲导致的市场失灵很难通过市场自发调节和修复，往往需要借助适度的政府干预政策予以纠正（张晓晶等，2018）。[26] 马克思三义理论认为经济危机根植于资本主义制度，它必然会周期性发生，金融危机作为经济危机的一种方式，也源自资本主义制度内生性，并伴随资本主义经济周期不断发生。

不管金融危机源自制度内生性，还是来自外生性和纯粹偶然，金融危机发生的实际过程均表现为系统风险从产生到长期积累、广泛扩散直到大规模危机爆发。尽管发达国家每次金融危机之后监管更加趋于严格，但金融危机还是不断发生。在金融危机中，经营不善的企业、银行和金融机构倒闭，大量不良资产被核销。从这个意义上说，金融危机也是西方市场经济中不良资产和不良金融企业的"清道夫"，是市场经济过度繁荣时的自动刹车机制。

二、处置化解不良资产风险的理论机制
——虚拟经济视角

（一）当代金融危机与经济危机顺序改变的背景

不良资产是引发金融危机的重要诱因，金融危机是银行等金融机构大规模破产倒闭的经济现象。在工业化和经济虚拟化时期，不良资产的生成主体以及与金融危机的内在逻辑呈现显著差异。在工业化时期，实体经济是经济运行的主角，资本价值运动以商业资本和产业资本为中心，不良资产主要是实体经济部门经营失败、债务违约的结果，危机主要表现为爆发于生产领域和商品流通领域的经济危机。马克思从供求矛盾的角度解释经济危机的发生，指出"危机的基本现象"是生产相对过剩[27]，并且"生产过剩只同有支付能力的需求有关"[28]。经济危机本质上是资本主义制度内在矛盾的外在表现，其内在矛盾体现在资本主义生产方式下社会化生产与生产资料私有制之间的冲突。"资产阶级思想家一向竭力掩饰资本主义社会的矛盾，但按期发生的生产过剩经济危机却是这个经济制度固有缺陷的最有力证据。"（别尔丘克，1987）[29] 生产相对过剩导致资本主义销售过程中商品资本无法转化为货币资本，再生产创造剩余价值的活动被迫中断，剩余价值难以实现。剩余价值无法实现意味着实体企业利润无法正常回流，企业债务清偿能力下降，信用链条断裂，商业银行等金融机构因企业债务违约而持续形成不良资产。不良资产累积致使商业银行资产连续减值，经营风险陡升，金融恐慌引发挤兑危机，大批金融机构因缺乏流动性而破产倒闭，最终爆发金融危机。因此，在工业化时期，金融危机是经济危机的伴生物，是实体经济领域不良资产过度积累的经济后果。

布雷顿森林体系崩溃之后，美元与黄金脱钩使美元和美元资产发行数量摆脱黄金储备的物质束缚。美国利用美元国际货币地位和美元资金循环，在全球范围内赚取"美元特

权"收益（王晋斌和厉妍彤，2022）[30]。由此，美国等发达国家经济发展模式发生转变，虚拟经济膨胀，实体经济萎缩，经济虚拟化程度不断加深（胡晓和过新伟，2015）[31]。在经济虚拟化时期，虚拟经济是经济运行的主角，资本积累方式转向以生息资本和虚拟资本为主（谢富胜和匡晓璐，2019）[32]，不良资产主要是金融房地产等虚拟经济部门债务违约的结果，危机主要表现为爆发于金融和房地产领域的金融危机。马克思指出信用制度固有二重性质，虚拟资本作为信用制度充分发展的必然产物，也具有两种价值增殖方式：参与产业资本循环和自行增殖（刘晓欣和田恒，2021）[33]。由此，资本在虚拟经济和实体经济领域的运行可分为三类：虚拟经济服务实体经济、虚拟经济自我循环和实体经济"脱实向虚"。后两类本质上属于虚拟经济自我循环，"资金在虚拟经济体系内部不断自我循环扩张"（黄群慧，2017）[34]，"资金空转、脱实向虚等问题，使金融稳健发展的基础丧失"（何德旭和王朝阳，2017）[35]。源源不断的资本流入虚拟经济，一方面降低企业的实业投资率（张成思和张步昙，2016）[36]，抑制实体经济高质量增长（Arcand 等，2015）[37]；另一方面为虚拟经济带来巨大的货币能量，资产价格泡沫等虚假繁荣吸引更多借贷资金进入谋求短期投机收益（Martin 和 Ventura，2012）[38]，加速虚拟资本独立增殖运动，导致当代虚拟经济不断扩张和深化。值得注意的是，虚拟经济有着不同于实体经济的定价机制和运行特征：实体经济是成本加成定价方式，而虚拟经济以资本化定价为基础，资本化定价方式下虚拟资产价格多由心理预期和观念支撑（刘晓欣和刘骏民，2020）[39]。这种投机心理往往具有正反馈效应，资产预期价格上升或下跌通过正反馈效应自我强化和自我实现（Krippner，2011）[40]，拓宽资产价格运动区间的上下限，资产价格在生成与湮灭之间大幅波动极易生成不良资产。不良资产通过债务关联引起商业银行破产倒闭和金融危机爆发，并进而通过金融体系信用紧缩等途径造成实体经济大衰退。因此，在经济虚拟化时期，金融危机是经济危机爆发的直接诱因，是虚拟经济领域不良资产过度积累的经济后果。

（二）处置不良资产导致个别风险系统化的特征、路径及危害

经济"脱实向虚"和虚拟经济自我循环倾向下虚拟经济投机活跃，不仅吸引更多当年收入流向金融市场，还会吸引投资者动用储蓄甚至借款，导致债务支付投机活动的证券买卖繁荣（刘骏民，2019）[41]，从而债务规模扩张、债务杠杆高企。此时一旦遭受某些极端条件，如负面信息引起的群体行为、外部金融冲击等，虚拟资产价格便会迅速下跌，实体经济流动性迅速收紧，债务违约事件大幅增加，不良资产爆发性膨胀，如图1路径①所示。因此，不良资产持续积累和短期内大幅度飙升取决于债务膨胀和债务违约，当包括潜在不良资产在内的债务不断膨胀时，债务违约和不良资产集中形成的概率显著提高。作为金融中介机构，商业银行担负着资金融通和产业结构调整的重任，信贷资金的大量沉淀不仅威胁银行自身生存和发展，还对城乡居民生活和国民经济产生巨大不良影响（李志辉，2018）[42]。因此，不良资产成为金融机构日常活动中严加防范的关键风险。

随着金融核心职能由投融资转变为风险管理，以风险管理为核心的金融创新工具和产品层出不穷。从微观视角来看，金融创新可以锁定、削减、转移分散风险，例如期权、期货等金融工具锁定风险，套利工具削弱风险，信贷风险转移工具转移分散风险（郑联盛，2014）[43]。但是，金融创新的宏观影响并未得到足够重视（Tufano，2003）[44]，事实上，在微观层面的风险转移和分散并不是风险消除，只是通过金融创新的复杂嵌套和捆绑效应

对个体风险暂时规避，名义上独立经济个体风险降低，但却给宏观金融体系增添了更多脆弱性，最后可能酿造金融危机。以 2008 年金融危机为例，金融创新将房地产市场风险升级到房地产抵押贷款市场进而到信用市场，最终发生严重的次贷危机（Reinhart 和 Rogoff，2008）。[45] 金融创新掩盖了信用衍生品的风险，基础资产的违约风险在金融创新放大器作用下迅速冲击了整个宏观市场。换言之，追求风险回避的金融创新和风险管理分别属于伪创新行为和风险空转，其在减少微观层面风险的同时，却增大了系统风险爆发的概率。

资产担保和资产打包出售是金融创新下广泛应用的风险对冲技术，见图 1 路径②，这两种风险对冲本质上属于风险回避，与风险消除截然不同。当商业银行一笔不良资产由于事先曾有其他金融机构担保而可以正常收回款项时，或者当金融机构将不良资产"坏资产"和优良资产"好资产"组合成新资产包销售时，这样的不良资产风险处置其实是风险回避，只有当债务企业因重组或其他原因导致经营状况好转而可以正常还款时才是风险消除。不良资产风险消除从根源上解决金融系统和经济社会的风险隐患，不良资产风险回避则是金融创新下个别风险社会化和系统化的过程（刘晓欣，2011）。[46]

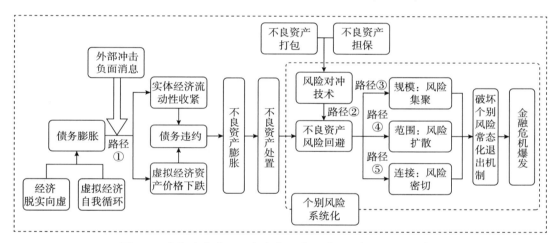

图 1　不良资产生成、不良资产风险回避以及个别风险系统化

注：路径①表示经济"脱实向虚"和虚拟经济自我循环倾向下的不良资产生成机制；路径②表示风险对冲技术下的不良资产风险回避机制；路径③④⑤表示个别风险系统化引发金融危机的三条途径。

当金融机构普遍采取金融创新手段对冲或规避不良资产风险时，个别风险转移到金融系统中，最终形成错综复杂的风险关联网络（杨子晖等，2021）[47]。首先，不良资产风险回避导致风险集聚规模庞大，如图 1 路径③所示。回避个体机构不良资产风险的金融活动将个别风险由小到大汇集成更大的潜在隐患，形成存量风险不断累积的趋势。例如，资产担保技术将不良资产风险从风险生成机构转移至更高承担能力的担保机构，个别风险转移并汇集至少数高风险节点，一旦风险超过担保机构最高承受度，不良资产不仅爆发且其危害程度更加深远。其次，不良资产风险回避导致风险波及范围扩大，如图 1 路径④所示。资产损失风险由单个机构承担向众多金融机构、投资者分散，个体风险承担能力提高的同时，随着金融资产的膨胀和投资主体的增加，由单一冲击演化为系统性金融风险的现实基础也在增强。例如，资产打包技术将不良资产与优良资产混合打包出售，一旦投资崩溃的危机时刻发生，与不良资产绑定的优质资产也丧失买主并崩盘形成不良资产，最终不良资产损失面扩大。最后，不良资产风险回避导致风险主体连接密切，如图1路径⑤所示。以资产证券化为例，证券化资产的主要购买者是商业银行、基金公司、保险公司等机构投资者，众多金融机构因持有大量相似资产而产生共同的风险敞口，彼此之间形成广泛且密切的连接，底层基础资产债务违约预期或实际违约会引发资产降价抛售，进而影响其他机构资产负债表中同类资产的市值，并可能进入资产抛售和资产减值的循环，最终导致流动性风险持续扩散以及金融危机爆发。

不良资产风险回避通过影响风险的规模、范围和连接强度破坏了个别风险渐进式暴露化解的处置机制，致使大范围高强度的金融危机爆发成为可能。银行信贷资产在经济运行中会因债务违约而常态化形成不良资产，如果不存在风险对冲技术，这些资产会逐渐贬值成为损失类资产直至被核销而退出资产负债表，这意味着个别风险会不断爆发并被消除。但是，如果因某些金融创新手段使得不良资产风险暂时寄存他处或隐匿在金融系统中，那么这些风险不仅得不到及时处置和清除，反而可能积少成多，牵扯甚广，为大风险的爆发埋下祸根。所以，个别风险回避破坏了不良资产渐进式暴露化解的处置机制，其后果是小风险得以隐藏并积累，潜在大规模不良资产集中爆发成为可能。中国特色不良资产处置通过采取风险消除而非风险回避措施，逐步消除金融系统中的区域性、局部性风险，有效避免个别风险系统化以及金融危机爆发。

（三）秉持货币金融"公器"标准配置市场资源与化解金融风险

当代货币金融体系包括银行、证券、保险以及一切定价、价值评估、风险评测、资产处置等活动，它们不仅执行着货币职能，还不断发展和深化通过资金配置资源和配置风险的新功能，这些基本职能和功能使得货币金融成为"公器"。一方面，货币是一种基础的社会化工具。货币最基本的社会职能是价值尺度，其可以衡量商品价格、维持等价交换的公平和秩序，此外，货币还具有支付手段职能和价值储藏职能，在这三种基本职能上演化出的"计价、核算和估价系统""支付和结算系统"以及"价值储藏系统"三大系统共同构成当代货币体系，成为维持市场经济秩序的基本工具。因此，货币是"公器"，"公器"本质上是一种价值标准。另一方面，金融是经营配置货币资金的社会经济活动。当代资源配置的市场机制越来越依靠货币资金流动来实现，"物跟钱走"成为新的资源配置机制（李扬等，2018）[48]，价格系统初次分配的地位逐步被资金配置机制所占据。于是，货币资金成为市场经济中一种重要的经济资源。金融机构掌握着配置资金进而配置资源和风险的权力，因此，经营货币的金融体系也逐步成为"公器"。货币金融"公器"是市场经济社会化发展的产物，所有盈利活动都离不开这一"公器"，货币金融成为市场经济生产关系和社会制度的基础以及社会共同的价值标准（刘晓欣，2022）。[49]

从货币供求之间的平衡机制来看货币金融"公器"，货币金融的供求平衡经历了从完全自动调节到完全丧失自动调节的过程，主要分为贵金属直接流通、兑换贵金属的信用货币流通和法币流通三个阶段（成思危和刘骏民，2015）[50]：①贵金属作为货币的阶段。货币数量的供求平衡依靠贵金属自身价值实现，当贵金属货币自身价值普遍低于其在交易中媒介的商品价值时，贵金属自动进入流通领域，反之则退出流通领域被窖藏。此时货币数量依靠价值规律自动调节。②发行可兑换贵金属的"信用货币"阶段。从事货币存贷业务的金融机构通过发行信用货币获取中介收益，金融机构以少量贵金属货币支撑高额度信用货币的同时，失信和挤兑风险也被一并带入市场经济，这是货币公器的首次"私用"。此时信用货币供求之间主要的自动均衡机制是"挤兑"。③法币阶段。法币的出现使得流通领域中的货币不再具有自动进入和退出机制，货币的超额发行必然引发通货膨胀，损害公众利益。所以，法币制度下的货币数量以及货币供求平衡需要中央集权来调节，现代中央银行制度就是通过中央集权来维护货币"公器"标准，以保护公众利益为基础调控货币供求关系，从而保持货币稳定性。

货币金融是一种"公器"，秉持"公器"标准存在两个基本要求：一是在配置资源过程中应为公共利益服务而不能为少数人牟取私利，保证"公器不被私用"；二是坚持正确的金融政策取向，金融体系配置货币资金的基本目的是服务实体经济发展，避免"脱实向虚"。如果货币金融被用来服务于某个人或某集团群体，那么其偏离"公器"标准而成为盘剥大众的利益工具。如果货币被金融体系全部配置在"以钱生钱"的虚拟经济活动，用于满足公众货币收入增长最大化的需要，而生产周期较长的实体经济逐步萎缩甚至消亡，那么尽管货币金融满足为公共利益服务的要求，但"脱实向虚"政策导向偏误却催生虚拟经济过度膨胀并抑制实体经济生存发展，最终丧失经济高质量发展的物质基础。因此，货币金融"公器"标准的两个基本要求缺一不可，一旦"公器"私用或政策失误，货币金融就成了损害公众利益的利器。

不良资产处置的金融活动同理，不良资产是经济运行中产生的劣质资产，不良资产处置活动是为消除不良资产对金融系统造成的信用抑制和恢复金融支持经济增长的积极作用而实施的化解不良资产存量和遏制不良资产增量的经济活动。在不良资产处置过程中，根据市场需要合理适度开展与企业结构调整相关的金融业务不可避免，但是这些不良资产处置的金融活动同样需要秉持"公器"标准，服务实体经济发展，维护大众公共利益。如果不良资产处置的金融活动脱离不良资产处置实际，成为一种过度逐利的金融手段，那么金融系统中积累的不良资产风险不仅得不到化解，反而可能平添许多新风险。此时不良资产处置的金融活动从化解风险转变为制造风险，从服务实体经济参与产业资本循环并分享剩余价值转变为背离实体经济进行自我循环并盲目增殖逐利，完全丧失货币金融"公器"标准。因此，中国特色不良资产处置应秉持金融"公器"标准配置市场资源，遵循金融服务实体经济原则，做到不良资产项目与不良资产企业救助并重，全面化解或明或暗的不良资产风险，防止不良资产风险演化成系统性风险甚至金融危机。

三、中国特色不良资产处置的理论逻辑与实践逻辑

（一）中国特色不良资产处置的理论逻辑

1. 以国有金融机构为主的金融体系制度定位

金融危机作为经济危机的一种方式，伴随着资本主义经济周期不断发生，那是否意味着危机的发生与经济制度有关。20 世纪 80~90 年代，国际上主流观点认为计划经济应向市场经济转型，把政府对市场的各种干预扭曲一次性取消掉。当时的社会主义和非社会主义国家几乎都遵循新自由主义理论，按照"华盛顿共识"推行"休克疗法"，从政府主导发展方式转向市场经济（彭明生和范从来，2020）[51]，一次性消除各种政府干预扭曲，建

设所谓完善的市场经济体系。但是大多数国家根据金融深化理论推行的金融自由化改革成效不及预期[52]，按照这一方式转型的国家均遭遇经济崩溃或停滞，危机不断，而中国"摸着石头过河"，采用双轨制的改革模式（余静文，2013；蔡昉，2018）[53][54]，并取得了举世瞩目的成就。

如果说西方国家引起金融危机最直接、最主要的原因是不良资产率大幅度上升的话，那么在中国这两者之间并无必然的联系。改革初期，中国大规模的不良资产与经济体制改革的各项措施密切相关，"利改税"和"拨改贷"导致国有银行不良资产率高达35%～42%，但如此之高的不良资产率并没有引发金融危机，且其与中国经济高增长长期并存。相同情况如果发生在欧美国家，银行会大批倒闭，金融体系必将崩溃。与西方国家相比，虽然中国有过超高的不良资产率，但是"人们并没有特别在意国有银行账面上这些数据的变化以及它们到底意味着什么"（张杰，2008）[55]，也没有出现过西方普遍的金融恐慌，更没有出现大批银行倒闭的金融危机。当遭遇金融风险时，公众愿意相信以国家信用为担保的国有银行和金融机构，这是公众在危急时刻的最佳选择，同时也是中国不良资产处置的终极力量。在没有发生金融恐慌的前提下，中国通过剥离大规模不良资产使金融系统重新回归健康状态，并继续执行配置资源和推动经济增长的功能，这是中国在经济市场化过程中第一次全面化解系统性金融风险，但这是中国金融业市场化过程中的暂时现象，还是可持续的中国独有的社会主义经济特征？

中国经济与西方经济的最大区别在于社会主义的性质，社会主义走共同富裕的道路，国家重要资源和经济权力是为全体人民谋福利的公器。金融是资源配置的主要机制，关系国家命脉。在马克思主义经济学中，具有公共权力的银行机构必须实行国有化，"实行这一措施就能按照全体人民的利益来调节信用事业，从而破坏大金融资本家的统治"[56]。列宁在建立苏维埃之初就明确提出银行国有化主张，银行国有化对全体人民好处非常大，"银行是现代经济生活的中心，是整个资本主义国民经济体系的神经中枢"[57]，银行国有化"使国家知道几百万以至几十亿卢布流动的来去方向、流动的方式和时间。"[58] 习近平指出"金融是国家重要的核心竞争力，金融安全是国家安全的重要组成部分，金融制度是经济社会发展中重要的基础性制度"（习近平，2019）[59]，同时"国有企业是中国特色社会主义的重要物质基础和政治基础，是党执政兴国的重要支柱和依靠力量"（本报评论员，2020）[60]。国有银行和非银行金融机构是国有企业的重要组成部分，中国金融系统坚持以国有金融机构为基础，是由社会主义经济制度的性质决定的。虽然金融改革鼓励股份制、混合所有制和民营银行及金融机构的发展，但维持国有股份在金融系统中的主体地位依然被看作是中国经济社会主义性质的重要标志和基本保证之一，以国有金融机构为主的社会主义制度是免于金融危机的重要保障。

2. 制度定位与经济运行相契合兼容公平与效率

金融系统在整个经济中的定位还应该由经济运行需要来决定，制度上的定位与经济运行的需要之间越是相互兼容，就越能够更好地解决公平与效率的兼顾问题。传统上，金融系统的基本功能是配置资金的投融资，20世纪80年代以来的金融自由化浪潮，使金融核心逐渐由投融资转向了风险管理。金融功能已经从主要是资金配置转化为主要是以风险配置为主考虑资产配置和资金配置了。"稳定和低风险运行"成为金融系统效率高低最基本的衡量指标。银行作为整个经济中支付系统的中枢，所有支付结算都在这个系统中进行，商业银行系统就是流动性的"管、网"。对于越来越复杂的金融活动以及动荡不断加剧的国际金融环境，以国有为主体的金融系统是及时调控流动性、防止突发性金融冲击的有力保证。从这个角度来看，中国维持国有银行为主体的金融系统有利于对系统性风险的防范，这也是中国社会主义市场经济运行的需要。

当代，各国都认识到大规模不良资产造成的金融风险，已经不可能由企业及市场层面自行解决，需要政府出手清除不良资产或注资，西方国家金融危机时期政府会干预不良资产和问题金融机构处置（周小川，2012）[61]，缓解金融危机对经济的进一步损害。从经济运行的角度来看，在经济危机的非常时期，绝大多数资本主义国家也多半要暂时将银行国有化或者向银行注入大量资金以避免危机进一步扩展和深化（中国社会科学院国际金融危机与经济学理论反思课题组，2009）[62]。无论是暂时国有化还是注资都不是民营商业银行或私营金融机构所能做到的，这些都属于市场外力量的干预。虽然西方发达国家平时有不少"秃鹫基金"处置不良资产，但其目标不是为整个经济体承担风险和化解风险，而是为了盈利。"秃鹫基金"最为典型的特征有两个：一是私人所有，绝大多数服务于大资本家；二是唯利是图，自身利益重于泰山，而企业乃至国家的生存和发展则轻于鸿毛。"秃鹫基金"专门经营不良资产进行盈利，通过做空债券、股票，等待企业破产倒闭，榨取企业的残值以获得赔偿赚取利润，实际上这是一种对困难企业掠夺性的纯粹套利模式。当大规模不良资产出现时，常规盈利机会几乎完全消失，就必须依靠金融危机来一次性最终解决问题。

实际上，在市场配置资源条件下，市场积聚起来的系统风险都不可能靠金融市场完全自行化解。它们绝大多数虽能减小个别风险，但却会加大系统风险的规模，强化风险爆发的烈度。所以，西方"秃鹫基金"式的市场化处置，通过金融创新化解风险，不可能使困难企业大面积起死回生，更不能避免金融危机的发生。只有非营利的政府及相关机构才有能力和意愿去主动处置系统风险，并较快消除其对经济的拖累。中国曾依靠金融系统国有定位将可能引起金融危机的巨额不良资产与整个金融系统的运行隔离，使其不再成为金融系统的抑制性因素，也不再干扰金融业配置资源及推动经济增长的基本功能，系统性金融风险因此被基本消除。中国金融系统独具特色的定位是由中国经济制度性质和经济运行需要所决定，两者间的相互兼容，能够更好地解决公平与效率问题。

（二）中国特色不良资产处置的实践逻辑

1. 中国不良资产处置发展历程和特征

不良资产处置是解决银行危机的首要步骤，也是非常艰难的一步（王一江和田国强，2004）。[63] 资产管理公司作为收购处置不良资产的专业化金融机构，它是中国特色经济增长模式的开拓者和见证者。四大国有资产管理公司自1999年成立至今已经二十多年，期间主要经历了三个发展阶段。

1999~2009年的第一个十年，是不良资产政策性处置阶段。1998年末四大银行不良资产率为22.3%，有的已高达35%、44%，这是什么概念？2022年底全国商业银行不良贷款率为1.63%，2008年也仅为2.42%。① 通过对比，我们能感受到20世纪90年代末银行系统坏账的严峻性。如果完全依靠商业银行利用利润自行消化这些不良资产，那么不良资产

---

① 数据来源：中国银保监会官网。

既得不到彻底解决又耽误银行技术改造和改制的时间，最终影响经济发展（周兆生，2004）。[64] 于是国家成立四大国有资产管理公司对口剥离处置四大国有商业银行不良资产。同样，2004 年"德隆系"事件，国有资产管理公司依法与德隆公司签署资产委托协议，全面接管"德隆系"金融机构和实业公司，严格执行高风险金融机构的工作程序，最终解决"德隆系"实业企业的生存和发展问题，有效化解金融风险，支持实体经济发展（类金融控股企业集团监管课题组，2008）。[65] 这一阶段国有资产管理公司积极履行化解金融风险、盘活不良资产的历史使命，协助并推动国有企业市场化改革，为中国经济高速增长提供了独特保障。在不良资产政策性处置过程中，银行体系为实体经济配置金融资源的功能正常运行，不仅未引发信贷紧缩，反而通过推动金融体制市场化改革提高了金融体系的资源配置效率。

2010 年第一轮不良资产政策性处置结束后，国有资产管理公司迎来了第二个十年，即商业化转型阶段。自此，国有资产管理公司发展路径日趋明确：在充分发挥救助性金融稳定器功能的同时，盈利能力稳步提高、覆盖范围逐渐拓宽、业务种类不断增加，逐渐从处置不良资产的单一经营模式向市场化、商业化的全牌照金融控股公司的发展方向转变。但是，由于这一阶段国有资产管理公司过度追求利润、盲目扩张、偏离主责主业，导致对实体经济服务能力弱化，行业内部滋生大量债务风险。具体表现在以下三个方面：一是市场主体过度逐利引发"脱实向虚"，四大国有资产管理公司逐步成为全牌照金融控股公司，不良资产经营业务过度集中于房地产等虚拟经济领域，对实体经济关注度过低；二是不良资产结构化转让处置模式成为金融不当创新的典型代表，规避监管、监管套利、资金空转等金融乱象丛生，资产管理公司不进行实质上的不良资产处置，不良资产风险仍在金融内部；三是业务交叉性特征强化银行与同业机构、其他金融机构资产负债的关联性，造成风险跨产品、跨机构和跨市场传染的溢出效应，引发区域性、系统性金融风险。这对中国经济稳定产生严重负面冲击，避免金融危机的最后防线也面临严峻挑战。

党的十九大提出守住不发生系统性风险的底线，这为资产管理公司的扩张模式敲响了警钟，监管要求资产管理公司回归不良资产主业①，强化化解系统性风险、服务实体经济的功能，资产管理公司迎来了转型升级、高质量发展的第三个十年。国家出台多部法律法规以规范资产管理公司发展，并重新确定资产管理公司的现代职能和发展方向。此阶段国有资产管理公司持续聚焦不良资产主业，发挥金融系统"清道夫"作用，在不良资产处置、违约债券处置、问题金融机构风险化解、实体企业危机救助等方面成效显著，金融风险呈现收敛状态，金融服务实体经济的能力得到极大提高。2020~2022 年，推动累计处置不良资产 9.2 万亿元②，不良资产增量风险得到有效遏制，存量风险得到有序化解，银行不良资产率维持在合理范围内。明天系、安邦系、海航集团等金融控股公司和包商银行、锦州银行、恒丰银行等中小银行的重大金融风险得到精准处置和化解③，在维持金融机构

---

① 2017 年 12 月 26 日，中国银监会印发《金融资产管理公司资本管理办法（试行）》，引导国有资产管理公司在经营中回归主业，同时设立资本充足性等监管标准，加强了对国有资产管理公司金融风险的防控。

② 数据来源：中国银保监会。

③ 2022 年 9 月 26 日，中国人民银行金融稳定局发布《防范化解金融风险，健全金融稳定长效机制》并指出，中国人民银行会同有关部门果断处置"明天系""安邦系""华信系"、海航集团等高风险企业集团和包商银行、锦州银行、恒丰银行等高风险金融机构，防范化解金融风险取得重要成果。

支付清算、信贷供给等社会经济功能不中断的前提下，及时阻断金融机构经营失败的风险外溢和传染，系统性风险得以缓释。同时，不良资产处置注重实体企业价值提升，资产管理公司综合运用市场化债转股、资产证券化、破产重整、资产重组等方式纾困实体企业，帮助企业缓解流动性压力、提升资产价值和修复企业信用，化解实体经济债务风险，支持实体经济高质量发展。从实践上说，不良资产处置承担着为中国金融体系化解不良资产，降低金融系统性风险的特殊职能，同时也承担着将经济增长的负面因素部分转化为正能量的职能。

2. 与西方"市场经济规则"不同的实践逻辑

不良资产处置"监管＋大行"创新模式是中国不良资产处置的实践特色，其中"监管"是指中国人民银行实施宏观审慎监管，以防范金融危机为主要目标，减缓金融体系的跨市场风险传染对金融稳定和实体经济造成的负面冲击；同时是事前监管，当金融机构触发资产质量持续恶化、流动性严重不足、资本严重不足等临界条件时，监管部门提前介入，防止个体风险的恶化和传染。"大行"是指将金融系统中规模巨大或关联甚广的商业银行等金融机构作为重点监督对象，同时，当中小银行出现流动性危机、偿债危机或支付危机等问题时，选取大型国有银行对其进行全面托管。近年来，中国妥善解决了一些风险突出的金融集团、脆弱且体量较大的城商行的风险，金融体系风险总体收敛。中国特色的不良资产处置与西方"市场经济规则"不同的逻辑体现在"监管＋大行"模式中，主要特征有以下三个：

（1）政府作用与市场作用有机结合。政策性处置阶段金融系统不良资产是国有银行承担财政功能导致的结果，同时因存在不良资产市场缺失的经济发展阶段限制，因而采取财政补贴的集中剥离措施。银行改革后，不良资产是金融机构商业化行为的结果，考虑债务产生背景、银行经营环境以及政府债务负担等因素均与 20 世纪末截然不同，政策性处置的老路难以为继，依靠市场力量处置不良资产成为必然选择（高蓓和张明，2018）。[66] 但微观主体在市场化经营和逐利动机下极易产生过度金融创新、监管套利等行为，偏离防范化解金融风险和服务实体经济的定位。回归主业阶段政府对市场主体进行纠偏和规制，引导不良资产行业回归主业，平衡不良资产处置的短期经济效益和长期社会效益目标。因此，中国不良资产处置是将政府作用和市场作用有机结合，在防范道德风险和维护金融稳定之间寻求平衡。具体而言，中国以国有银行为基础，多种所有制并存的银行和金融机构构成中国金融的实体框架，保证了金融系统的"公器"特征，从根本上维护金融系统稳定；同时重视市场运行规则，各类金融企业一律按市场规则经营业务，基本保证中国金融市场的活力，避免产生道德风险。

（2）服务实体经济与防范化解金融风险。政策性处置阶段的不良资产剥离发挥化解国有银行风险、抵御亚洲金融危机冲击、推动国有银行股份制改革等作用。市场化处置和回归主业阶段的不良资产处置服务于供给侧结构性改革、防范化解重大风险攻坚战、经济结构转型等宏观政策目标，通过为经济金融体制改革化解风险，发挥金融服务实体经济高质量发展的功能。中国特色社会主义市场经济倡导"金融为实体经济服务"的业务导向，坚持房住不炒等原则，坚决不走单纯"以钱生钱"的经济虚拟化道路。在不良资产处置过程中，中国不仅注重对问题金融机构的及时救助，更重要的是关注实体经济的复苏，促进金融与企业、产业的共同再生，坚持为实体经济服务的宗旨，从而有效助力经济长期可持续发展。金融系统被打造成为既可以高效配置市场资源，又能有效管控系统性风险的重要角色，体现了中国特色市场机制。

（3）不良资产"随生随治"机制替代金融危机"清道夫"功能。纵观经济金融史，金融危机是市场经济的"清道夫"，它是最终消除不良资产和不良金融机构的一种自动机制，通过定期清洁经济体以重启经济生态系统。而中国在没有发生金融危机的情况下保持经济持续高速增长，其原因主要是建立了不良资产"随生随治"机制，自1999年财政部提出不良资产处置以来，以四大国有资产管理公司为代表的市场主体不断发挥不良资产风险逆周期化解功能。中国不良资产"随生随治"处置机制在经济金融体系中常态化运行，通过事前阻断不良资产的自我循环和自我累积，不使个别风险在空间和时间上集中与积累，避免不良资产集中暴露以及由此引发的银行等金融机构大规模破产。无论是有效需求不足引发的经济危机，还是债务过度膨胀引起的金融危机，均能够被化解。中国在实践中建立一套相对于金融危机可以大致实现不良资产"随生随治"的有效处置机制，为建立既有高效的资源配置市场机制，又无金融危机的特色社会主义市场制度提供了基本保证。

四、中国防范化解金融风险的长效机制

（一）强化国有资产管理公司化解风险职能

1. 首要职能明确定位于化解系统性风险

国有资产管理公司商业化改革后转向以自有资金和社会融资作为不良资产收购资金的市场化经营，市场化经营下公司自负盈亏，盈利动机使其业务经营逐渐偏离化解风险的初衷和目标。但是由于特殊历史背景以及社会经济发展要求，国有资产管理公司在经营模式和经营目的上不能同市场上其他金融控股机构一样以盈利为先，追逐利润最大化，甚至为此形成"脱实向虚"的不良倾向。国有资产管理公司应该重新思考成立之初"化解金融风险"的特殊职能，明确优先化解不良资产风险的经营目标，最大化发挥防范系统性风险与保证经济平稳运行的功能，并将"不在没有风险的地方创造风险"作为业务经营的基本底线。需要说明的是，重提化解风险职能不是要回到政策性老路，而是寻求一条适应国家发展需要、政策性与市场化相结合的新路。

2. 具备及时应对不良资产大规模集中爆发的能力

美国、日本等发达国家不良资产大规模爆发进而发生金融危机的重要原因，归根到底是房地产泡沫的集中破裂。房地产在市场经济中最主要的社会功能在于它是各类债务中最主要的抵押资产。房地产就像"杆秤"的秤砣，它以自身的名义价值托起秤杆另一头的巨额债务，而债务又通过金融杠杆托起全部经济。当各行业抱有"房地产价格上涨"的极大预期时，大量投机资金进入房地产领域催生价格膨胀从而掩盖潜在不良资产风险。然而，一旦房地产市场行情急转直下，这些失去价格支撑的不良资产将会集中突发暴露，演变为巨大的社会风险隐患。基于这种风险前提，作为中国防范化解系统性风险的专业机构，国有资产管理公司必须具有随时应对不良资产大规模集中爆发的充分准备，处置能力应覆盖或明或暗的所有不良资产风险。

3. 信用评级作为系统性风险发现的重要机制

资产管理公司有效发挥防范化解系统性风险现代职能的重要前提是对经济体的系统性风险，尤其债务风险进行准确的识别和测度，而信用评级是上述风险的重要发现机制之一。资产管理公司应该将信用评级作为处置不良资产的重要环节，对潜在触发系统性风险的问题企业的信用级别动态监控，通过问题企业债务等级的变化为投资者或其他市场提供风险提示，并作为预判系统性风险爆发的重要依据。同时，资产管理公司应设立下属的信用评级监测中心并保持独立性，减少市场评级机构对问题企业评级决策的干扰，在信用评级独立性方面，与国家监管部门统一制定业务标准，加强监管协同和信息共享。由此，资产管理公司既能准确判断企业债务等级，又利于其发挥监测、防范和化解系统性风险的职能。

（二）不良资产处置与经济增长同步，着重助力实体经济恢复发展

不良资产处置可视为经济增长的逆周期因子，在经济增长的下降期，不良资产处置不仅可以缓解经济下降压力，相反，如果能够成为新的盈利点，那么还具有推动经济增长的功能。不良资产处置支持经济增长的作用路径体现在金融系统和实体经济两个层面：

第一，不良资产处置通过消除金融系统信用紧缩而促进经济增长。中国在没有爆发金融危机的情况下成功解决不良资产风险，并使不良资产处置与经济增长同步，其内在逻辑在于：中国通过将不良资产与正常的资源配置系统进行隔离，缓解不良资产对银行信贷供给意愿和能力的自动抑制，使其继续发挥信用制度支持经济增长的积极作用。反过来，持续的经济增长又逐步消化隔离出来的不良资产，最终在不良资产得到妥善处置的同时中国经济也得以持续增长。中国经济发展实践表明，不良资产处置只有做到与经济同步增长才可视为成功的处置，如果不良资产处置不能挽救经济增长乏力或经济衰退，那么说明不良资产处置在一定程度上是不成功的，阻碍经济发展的扰动因子尚未根除。

第二，不良资产处置通过助力实体经济恢复发展而促进经济增长。实体经济是助推产业升级发展、有效拉动经济增长的重要支撑，不良资产的大规模存在会严重抑制实体经济发展进而撼动大国经济根基，因此，不良资产处置应加强实体企业生产经营的恢复和发展。一方面，既无市场又无技术的严重亏损实体企业理应从市场中被自然淘汰，其中对于确实无法持续经营、规模较大的企业，最大限度收回企业残值，尽量减小企业破产对社会和经济的负面冲击和震荡；另一方面，积极救助通过重组、技术改造、管理规范化等方式可以重焕生机的实体企业，帮助其缓解财务困难，提升企业自身经营环境，优化公司治理结构。从理论上说，暂时经营不善的企业如果能有足够时间且在一定时期内得到技术改造、公司治理整顿以及资金注入等提高盈利的手段，则它们还可以成为盈利企业，重新加入中国经济增长的主流。

总之，在不良资产处置过程中，应通过消除金融信用抑制和支持实体经济发展两条路径实现不良资产处置与经济增长同步的目标，尤其需要重点支持实体经济的恢复和发展，减缓增量不良资产，盘活存量不良资产，积极发挥不良资产处置的逆周期因子作用，将经济系统的惰性因素转化为经济增长的新生动力，创造出一个崭新的发展格局。

（三）促进金融市场规范化与国际化发展，抑制投机炒作和无序扩张

在市场化改革中，放开市场是由中央计划配置资源的体制，转变为由企业自主决策、由市场配置资源的体制。市场化改革不仅要重视市场建设需要放开的一面，还需要规范市场发展过程中不利的另一面。不加规范的放开是无序状态，无序状态不是市场化，对公众利益有害无利。因此，市场化改革最核心的工作是规范好市场，建设好法制环境和执行机制。金融市场的规范化也是如此。如果金融市场充斥着利用信息不对称和资金优势，甚至与权力勾结博取少数人或集团利益的行为，那么市场中公平交易丧失，市场化改革不成功。金融市场公平的根本首先在于要确保整个金融系统在资金配置从而收入配置的过程中，不能成为少数人牟利的工具；其次是建立一个公平、规范的交易环境，不给任何人通过不公平交易进行牟利的机会。因此，严格执法是中国特色金融运行机制能否建立和有效运行的必要条件，是金融市场化的长远目标所需，也是当下执行金融为经济增长保驾护航的基本职能所在。

对于大国经济体，金融市场国际化与规范化同等重要。在世界经济格局中，经济体越大，国际贸易份额越大，其本币成为国际货币的需求必定越大。这意味着国际化的大国必须有足够的高等级债券供给，以满足国际上对本币储备资产的需要。中国作为全球举足轻重的经济体，中国金融市场的发展必然要适应中国在世界经济格局中不断壮大的现实，必须保证作为国际储备的人民币资产变现的灵活性，不断提升境外投资者和国际机构投资中国市场的便利性。这就要求中国建立起与世界接轨的规范化金融市场，尤其规范化的债券一级市场和二级市场。金融市场国际化有助于人民币成为国际货币，维持人民币汇率在合理均衡水平上基本平稳，规避外部金融冲击对国内虚拟经济和实体经济的负向冲击。

在金融市场规范化和国际化过程中，需要严格抑制金融投机炒作与资本无序扩张。一方面，当金融为房地产、股票、债券及衍生品炒作融资，为所谓的高科技炒作融资时，金融更多的是在从事投机活动，只是为了获得货币收入。单纯从名义利润和产值角度看，提高"金融效率"是在过度地放任金融，金融投机炒作创造的价值都将成为可瞬间蒸发的虚拟价值，系统性风险极大。如果不良资产处置的金融活动也出现严重投机现象，那么金融系统将面临巨大风险隐患，社会经济秩序将遭到严重破坏，因此应给予高度重视。另一方面，防止资本在关键环节和重点领域的无序扩张。资本是推动经济增长的重要生产要素，资本正常逐利不是无序扩张，但是在逐利过程中资本导向与国家宏观政策相抵触时的扩张是无序扩张。无序扩张与市场自发配置不一致，市场经济秩序的核心是"均衡"的普遍实现，无序扩张则扰乱市场秩序、破坏市场规范性。无论是金融投机炒作还是资本无序扩张，其经济后果都是为经济社会累积潜在不良资产，因此抑制过度炒作和无序扩张也是从根源上防范不良资产风险生成。

参考文献

[1] 郁芸君，张一林，彭俞超．监管规避与隐性金融风险 [J]．经济研究，2021，56（4）：93-109.

[2] 隋聪，刘青，宗计川．不良资产引发系统性风险的计算实验分析与政策模拟 [J]．世界经济，2019，42（1）：95-120.

[3] M. Schularick and A. M. Taylor. Credit Booms Gone Bust：Monetary Policy, Leverage Cycles, and Financial Crises, 1870-2008 [J]. American Economic Review, 2012, 102（2）：

1029-1061.

［4］高旸，莫里茨·舒拉里克，孙靓莹．金融危机的原因和后果：我们学到了什么？［J］．国际经济评论，2021（4）：6，75-91.

［5］陈雨露，马勇．泡沫、实体经济与金融危机：一个周期分析框架［J］．金融监管研究，2012（1）：1-19.

［6］张晓朴．系统性金融风险研究：演进、成因与监管［J］．国际金融研究，2010（7）：58-67.

［7］侯亚景，罗玉辉．"供给侧结构性改革"背景下我国金融业不良资产的"处置之道"［J］．经济学家，2017（1）：16-23.

［8］国务院发展研究中心金融所课题组．不良资产处置与金融风险防控［M］．北京：中国发展出版社，2018：2.

［9］［英］伊特韦尔．新帕尔格雷夫经济学大辞典［M］．北京：经济科学出版社，1996：362.

［10］J. A. Frankel and A. K. Rose. Currency Crashes in Emerging Markets：An Empirical Treatment［J］．Journal of International Economics，1996，41（3-4）：351-366.

［11］L. Laeven and F. Valencia. Systemic Banking Crises：A New Database［R］．IMF Working Papers，2008.

［12］A. Demirguc-Kunt and E. Detragiache. The Determinants of Banking Crises in Developing and Developed Countries［J］．IMF Staff Papers，1998，45（1）：81-109.

［13］王道平．利率市场化、存款保险制度与系统性银行危机防范［J］．金融研究，2016（1）：50-65.

［14］何德旭，张斌彬．全球四次债务浪潮的演进、特征及启示［J］．数量经济技术经济研究，2021，38（3）：43-63.

［15］熊婉婷，崔晓敏．全球金融危机十周年：教训与挑战——中国社会科学论坛学术研讨会观点综述［J］．国际经济评论，2019（2）：5，57-74.

［16］R. Barnichon，C. Matthes and A. Ziegenbein. Are the Effects of Financial Market Disruptions Big Or Small？［J］．The Review of Economics and Statistics，2022，104（3）：557-570.

［17］C. P. Kindleberger and R. Z. Aliber. Manias，Panics and Crashes：A History of Financial Crises［M］．London：Palgrave Macmillan，2005.

［18］［美］本·伯南克．行动的勇气：金融危机及其余波回忆录［M］．蒋宗强，译．北京：中信出版社，2016：148.

［19］胡滨．从强化监管到放松管制的十年轮回——美国金融监管改革及其对中国的影响与启示［J］．国际经济评论，2020（5）：7，102-122.

［20］饶波，郑联盛，何德旭．金融监管改革与金融稳定：美国金融危机的反思［J］．财贸经济，2009（12）：22-30，139-140.

［21］郭敏，方梦然．美国金融监管改革成效及启示［J］．现代国际关系，2018（9）：27-34，63.

［22］高波，张晓通．新冠肺炎疫情下拜登政府调整经济政策范式研究［J］．美国研

究，2022，36（4）：7，95-110.

［23］J. H. Powell. New Economic Challenges and the Fed's Monetary Policy Review. August 27, 2020［EB/OL］. https：//www. federalreserve. gov/newsevents/speech/powell2020 0827a. htm. Accessed October 12, 2022.

［24］吴易风. 马克思主义经济学与西方经济学比较研究（第3卷）［M］. 北京：中国人民大学出版社，2009：1631.

［25］中国社会科学院金融所课题组，李扬，胡滨. 西方金融监管改革的动向、趋势与中国金融监管改革再审视［J］. 经济学动态，2009（11）：22-28.

［26］张晓晶，李成，李育. 扭曲、赶超与可持续增长——对政府与市场关系的重新审视［J］. 经济研究，2018，53（1）：4-20.

［27］马克思恩格斯全集（第二十六卷）［M］. 北京：人民出版社，1973：603.

［28］马克思恩格斯全集（第二十六卷）［M］. 北京：人民出版社，1973：578.

［29］［俄］别尔丘克. 现代资本主义经济危机［M］. 许宏治等，译. 北京：东方出版社，1987：1.

［30］王晋斌，厉妍彤. 全面理解美元货币体系的新框架［J］. 政治经济学评论，2022，13（4）：135-155.

［31］胡晓，过新伟. 美元本位、美国经济虚拟化与国际资本流动：对当今全球经济失衡的新解释［J］. 中央财经大学学报，2015（1）：77-86，91.

［32］谢富胜，匡晓璐. 金融部门的利润来源探究［J］. 马克思主义研究，2019（6）：58-70.

［33］刘晓欣，田恒. 虚拟经济与实体经济的关联性——主要资本主义国家比较研究［J］. 中国社会科学，2021（10）：61-82，205.

［34］黄群慧. 论新时期中国实体经济的发展［J］. 中国工业经济，2017（9）：5-24.

［35］何德旭，王朝阳. 中国金融业高增长：成因与风险［J］. 财贸经济，2017，38（7）：16-32.

［36］张成思，张步昙. 中国实业投资率下降之谜：经济金融化视角［J］. 经济研究，2016，51（12）：32-46.

［37］J. L. Arcand, E. Berkes and U. Panizza. Too Much Finance？［J］. Journal of Economic Growth, 2015, 20（2）：105-148.

［38］A. Martin and J. Ventura. Economic Growth with Bubbles［J］. American Economic Review, 2012, 102（6）：3033-3058.

［39］刘晓欣，刘骏民. 虚拟经济的运行方式、本质及其理论的政策含义——马克思逻辑的历史延伸［J］. 学术月刊，2020，52（12）：42-56.

［40］G. R. Krippner. Capitalizing On Crisis：The Political Origins of the Rise of Finance［M］. Cambridge：Harvard University Press, 2011：4-6.

［41］刘骏民. 从虚拟资本到虚拟经济［M］. 北京：知识产权出版社，2019：123.

［42］李志辉. 中国银行业改革与发展回顾、总结与展望［M］. 上海：格致出版社，2018：109-110.

［43］郑联盛. 金融创新、金融稳定的历史回望与当下风险管控［J］. 改革，2014

（8）：81-89.

　　［44］P. Tufano. Financial Innovation. In：Handbook of the Economics of Finance ［M］. 2003：307-335.

　　［45］C. M. Reinhart and K. S. Rogoff. Is the 2007 US Sub-Prime Financial Crisis so Different? An International Historical Comparison ［J］. American Economic Review, 2008, 98 (2)：339-344.

　　［46］刘晓欣. 个别风险系统化与金融危机——来自虚拟经济学的解释 ［J］. 政治经济学评论, 2011, 2 (4)：64-80.

　　［47］杨子晖, 张平森, 陈雨恬. 风险共振还是风险分散？——基于尾部事件下风险结构的关联研究 ［J］. 经济学（季刊）, 2021, 21 (6)：2127-2152.

　　［48］李扬, 刘世锦, 何德旭等. 改革开放 40 年与中国金融发展 ［J］. 经济学动态, 2018 (11)：4-18.

　　［49］刘晓欣. 中国特色不良资产处置的理论创新与实践 ［M］. 北京：知识产权出版社, 2022：82.

　　［50］成思危, 刘骏民. 国际货币体系的演变逻辑 ［N］. 光明日报, 2015-08-12 (15).

　　［51］彭明生, 范从来. 中国金融改革的实践及其深化改革的方向 ［J］. 学术月刊, 2020, 52 (5)：50-61.

　　［52］余静文. 最优金融条件与经济发展——国际经验与中国案例 ［J］. 经济研究, 2013, 48 (12)：106-119.

　　［53］蔡昉. 中国改革成功经验的逻辑 ［J］. 中国社会科学, 2018 (1)：29-44.

　　［54］刘骏民, 刘晓欣. 经济增长理论创新及其对中国经济的实践意义——兼论如何重开中国经济高增长之门 ［J］. 政治经济学评论, 2016, 7 (6)：74-112.

　　［55］张杰. 市场化与金融控制的两难困局：解读新一轮国有银行改革的绩效 ［J］. 管理世界, 2008 (11)：13-31, 187-188.

　　［56］马克思恩格斯全集（第五卷）［M］. 北京：人民出版社, 1990：4.

　　［57］列宁全集（第 32 卷）［M］. 北京：人民出版社, 1992：189.

　　［58］列宁全集（第 32 卷）［M］. 北京：人民出版社, 1992：191.

　　［59］习近平. 深化金融供给侧结构性改革 增强金融服务实体经济能力 ［N］. 人民日报, 2019-02-24.

　　［60］本报评论员. 为国有企业强"根"铸"魂" ［N］. 人民日报, 2020-01-06 (004).

　　［61］周小川. 金融危机中关于救助问题的争论 ［J］. 金融研究, 2012 (9)：1-19.

　　［62］中国社会科学院国际金融危机与经济学理论反思课题组, 金碚, 刘戒骄. 西方国家应对金融危机的国有化措施分析 ［J］. 经济研究, 2009, 44 (11)：38-46, 54.

　　［63］王一江, 田国强. 不良资产处理、股份制改造与外资战略——中日韩银行业经验比较 ［J］. 经济研究, 2004 (11)：28-36, 68.

　　［64］周兆生. 中国国有商业银行不良资产的处置问题研究 ［J］. 世界经济, 2004 (7)：17-23.

　　［65］类金融控股企业集团监管课题组. 类金融控股企业集团的监管与风险处置——

德隆事件引发的思考［M］. 天津：南开大学出版社，2008：31.

　　［66］高蓓，张明. 不良资产处置与不良资产证券化：国际经验及中国前景［J］. 国际经济评论，2018（1）：7，124-142.

本文转摘自《政治经济学评论》2023 年第 8 期。

不良资产处置的理论逻辑与
中国的实践创新

摘要：本文基于马克思政治经济学视角，认为不良资产处置在社会主义市场经济中具有避免金融危机、优化市场资源配置和稳定经济增长的功能。与西方金融危机期间政府的临时救助和逐利的秃鹫基金相比，中国的不良资产处置始终遵循金融服务实体经济的本质属性，秉持金融"公器"性质，以配置市场资源和防范化解金融风险为首要任务。"监管+大行"模式构成中国不良资产处置长效机制的重要内容。中国经济高增长背后的不良资产处置规律和机制具有重要的价值。

关键词：不良资产处置；金融危机；实体经济；政府与市场；宏观审慎监管

一、引 言

在传统金融发展和经济增长关系的逻辑中，不良资产是金融系统和经济运行的抑制性因素，是形成金融机构信用风险和流动性风险的根源，不良资产累积会使银行资不抵债、流动性挤兑乃至倒闭，破坏金融体系对实体经济的资源配置和风险管理等功能，导致经济增长停滞或负增长。《1998年亚洲金融市场报告》显示，1998年、1999年、2000年国有银行不良资产率分别为33%、35%和30%，远超亚洲金融危机时期印度尼西亚、泰国、韩国不良资产率的最高值20%、25%和22.5%。但是在此期间，中国金融体系正常运行，国有银行通过信贷投放来支持实体经济快速发展，即出现不良资产规模和经济增长率"双高"现象。1999年政府组建四大资产管理公司（Asset Management Company，AMC），即信达、东方、长城和华融，对国有银行不良资产进行政策性处置，在经济平稳运行的条件下通过不良资产剥离和资本重组成功化解了系统性风险，并协助国有银行进行股份制改革。这是中国经济体制改革进程中，首次全面化解金融危机，在有效管控金融风险和维护金融稳定的同时，保持了市场机制对资源的高效配置，展现了中国不良资产处置的重要作用。

学界对不良资产和金融危机的关系广为探讨。金融危机的本质是微观经济主体之间的债务问题，金融危机生成机制的共同特征是存在私人部门债务膨胀且大规模违约现象（龚刚等，2016），[1] 债务是金融体系与实体经济建立联系的核心途径。银行等金融机构通过配置信贷资源来支持实体企业的投资活动（支俊立等，2020），[2] 包括实物资产投资和金融资产投资。当银行信贷增长脱离生产力增长的约束时，信贷过度扩张导致实体经济产能过剩，催生资产价格泡沫，债务违约使金融系统开始积累不良资产（陈雨露等，2012）。[3] 不良资产对金融体系的影响分为两个阶段。在金融系统"平静危机"阶段，金融市场未发生金融恐慌和银行挤兑，不良资产增加损害了银行资本并削弱其作为金融中介的职能（高旸等，2021）。[4] 在资本监管要求和流动性约束下，银行开始减少信贷供给，这加大了经济增长的下行压力，银行业和实体经济进入承压时期。银行信贷顺周期性导致经济繁荣期信贷增长和资产价格上涨，并出现正反馈循环，金融脆弱性随着债务累积和杠杆高企不断上升，直至金融周期下行（理查德·韦格和崔秀梅，2020）。[5] 在此阶段，金融体系因资产价格崩溃和债务违约产生大量不良资产，银行债务违约、银行挤兑和资产减值抛售之间相互强化，大批银行等金融机构因资不抵债或流动性短缺面临挤兑危机和破产风险，从而爆发系统性金融危机（何德旭等，2021）。[6] 危机从金融领域向实体领域传导后，使经济陷入"不良资产累积—银行破产—信用紧缩—经济衰退"的恶性循环。相较于正常经济衰退，系统性危机爆发引致的经济衰退对实体经济的损害程度更大且持续时间更长，需要通过处置不良资产和救助问题机构来恢复金融的基本功能。

不良资产处置是在市场经济国家普遍存在的金融活动，各国均将正确处置金融系统不良资产作为化解金融风险的重点。西方国家经济正常运行时期采用市场机制处置金融业不良资产，如秃鹫基金、私募基金等。但是秃鹫基金的"食利"动机和高风险偏好使其可能通过投机套利和恶意诉讼来加剧系统性风险，导致市场恐慌情绪蔓延，甚至引发主权债务危机（加斯东·安赫尔·瓦雷西和陈文旭，2019）。[7] 事实上，市场经济中金融体系不存在化解系统性风险的内生机制，金融自由化和金融创新不能避免危机的周期性爆发，应对金融危机需要市场外力量的介入。金融危机时期西方国家政府会干预不良资产的处置和问题金融机构的救助，如采取注资、银行国有化、资产担保、资产购买、不良资产收购等措施，提高银行资本质量，稳定投资者信心，缓解市场流动性压力（杨军华，2011）。[8] 然而西方国家政府的作用限定于弥补市场失灵（宋涛和龚金金，2021），[9] 仅在金融危机期间进行事后金融救助，替代市场清理经济运行中累积的不良资产，不能从根本上避免金融危机。

中国金融机构和实体企业的信用风险持续释放，叠加新冠疫情、中美战略博弈、世界经济衰退等外部冲击，使不良资产上行压力不断增大。在此背景下，研究中国特色社会主义金融发展中不良资产处置的实践，对于维护金融安全、稳定经济增长具有重要的意义。鉴于此，本文基于马克思政治经济学视角，深入分析不良资产处置的理论逻辑，对比中国、美国、英国、日本经济金融危机时期不良资产处置的实践，总结中国不良资产处置的基本特征和模式。

二、不良资产处置的理论逻辑

虚拟经济过度发展导致部分国家采用去工业化、虚拟化的经济运行方式，形成虚拟经济主导的经济结构，相较于工业化时期，不良资产生成的逻辑发生改变且系统性金融风险的生成、积聚和爆发更加迅速、猛烈。虚拟经济自行增殖的自我循环弱化了金融媒介进行资源配置的基本功能，同时经济脱实向虚加剧了金融体系的脆弱性和不稳定性，使金融危机频繁爆发，进一步抑制实体经济的健康发展。中国特色社会主义市场经济制度框架下，金融应当回归服务实体经济的本质属性。不良资产处置具有金融活动的性质，应该发挥其服务实体经济和防范化解金融风险的功能。同时，货币金融具有"公器"属性，一方面金融的经营对象是基于信用制度的社会资本，另一方面货币的价值尺度职能要求实现统一性和稳定性，因此在不良资产处置中应实现政府作用和市场作用的有机结合，并兼顾效率和公平。

（一）不良资产和两种经济运行方式下的金融危机

制造业占主导地位的工业化经济运行方式下，不良资产是实体企业债务违约的结果。马克思从供求矛盾的角度解释经济危机的根源和表现，指出危机的基本现象是生产相对过剩，[10] 并且生产过剩只同有支付能力的需求有关。[11] 资本主义生产方式蕴含社会化生产与私人占有生产资料的基本矛盾，资本对剩余价值的追逐使生产无限扩大并超过有支付能力的需求，必然导致普遍性生产过剩的经济危机。有效需求不足导致销售过程中商品资本无法转化为货币资本，实体企业债务清偿能力下降和信用链条断裂，银行等金融机构迅速积累大量不良资产，使银行偿付能力弱化、流动性状况恶化，资不抵债和金融恐慌引发的挤兑最终导致银行等大批金融机构倒闭，爆发金融危机。工业化背景下金融危机是经济危机的伴生物，不良资产是实体企业产能过剩的结果，也是银行等金融机构破产倒闭的原因。

布雷顿森林体系瓦解之后，黄金非货币化导致美元和美元计价金融资产的供给摆脱物质限制，在资本逐利本性和金融自由化的驱动下，美国等经济体的经济运行呈现长期去工业化和经济虚拟化特征（刘晓欣和刘骏民，2020）。[12] 虚拟经济基于心理预期的资本化定价方式、简单叠加应用杠杆的金融创新路径、摆脱物质生产的价值增殖过程和不受生产周期约束的货币交易速度等，使其拥有远高于实体经济的货币财富创造能力（刘晓欣和熊丽，2021）。[13] 因此金融体系聚集的资本不参与产业资本循环，滞留于虚拟经济领域以便进行创造性投机，获取借贷性收益。此外，资本主义基本矛盾的存在使剩余价值的实现更加困难，这促使资本绕过产业资本形式而进入金融、房地产等虚拟经济领域，追求更高的货币利润。虚拟经济自我循环和实体经济脱实向虚必然使虚拟经济背离实体经济并凌驾于其上，导致金融危机的率先爆发。心理预期是虚拟资产定价机制的基础，资产预期的上升或下跌通过正反馈效应自我强化和自我实现，使资产价格脱离实际总价值量，在泡沫形成和破灭间周而复始。货币收益是虚拟经济的基本动力，为增加虚拟经济领域滞留的货币资金，推动金融资产数量膨胀和价格上涨，投资者通过借贷、收入流证券化等方式提高金融杠杆率并延长金融杠杆链条，在提高货币利用效率的同时使经济过度杠杆化。资产价格泡沫破裂的必然性和金融杠杆泛化的现实性，使大量不良资产经由信贷网络导致银行大规模破产倒闭，并进一步通过金融体系信用紧缩引发实体经济衰退。所以，与工业化时期经济危机先于金融危机爆发不同，去工业化或经济虚拟化背景下，金融危机先于经济危机产生，且金融危机爆发得更加频繁、波及范围更广、持续时间更久。房地产、股票、金融衍生品等资产泡沫破灭和金融杠杆断裂是产生不良资产的主要原因，使金融风险具有更高的系统性、复杂性和危害性。

（二）不良资产处置与金融服务实体经济

"信用促使每个生产领域不是按照这个领域的资本家自有资本的数额，而是按照他们生产的需要，去支配整个资本家阶级的资本。"[14] 价值形式对实际资本积累的限制使纯粹的商品货币体系阻碍了资本积累的连续性，资本主义信用制度的形成使产业资本家的生产经营脱离自有资本规模的束缚，推动社会总资本扩大再生产。银行基于信用制度积聚和集中了流通中闲置的货币资本、收入储蓄形成的信用资本，并使其以借贷资本的形式进入实体经济领域，作用于产业资本价值增殖过程，银行则通过剩余价值的分配获得利息。可见，产业资本主导的资本增殖过程中，生息资本源于且服务于产业资本循环周转。银行信用制度作为资本主义社会化大生产过程中聚集单个资本的关键货币杠杆，使现代金融体系成为引导资本流动、配置资源和调节资本积累的核心环节。因此"信用制度是它自己的创造，信用制度本身是产业资本的一种形式"[15]，金融依附且服务于以产业资本循环和生产资本积累为核心的生产领域。

不良资产处置作用于金融资源供给端和需求端，能够恢复和实现金融媒介配置资源的基本功能，提高金融服务实体经济的能力。从金融资源供给端来看，市场经济实行高度发达的信用制度，不良资产会随着金融体系的运行自然产生，并对金融资源供给存在抑制作用。信贷市场是实体企业获取资金的重要渠道，不良资产作为银行主要资产损失，直接侵蚀银行资本且占用银行大量可用资金，削弱银行信贷供给能力。在资本监管要求和流动性约束下，银行风险管理机制也会主动抑制银行信贷规模的扩张，避免资不抵债、陷入流动性困境、受到监管惩罚。不良资产处置通过隔离不良资产与正常的资源配置系统，避免不良资产累积引发银行体系信用紧缩以及影响金融媒介配置资源和推动经济增长功能的实现。从金融资源需求端来看，经济脱实向虚导致金融偏离支持实体经济发展的初衷，虚拟经济高于实体经济的财富创造能力是虚拟经济自我循环的关键，因此引导经济"脱虚向实"的核心机制在于提高实体经济的生产效率和竞争力（刘晓欣和田恒，2020）。[16] 不良资产具有显著周期性特征，具备生存能力和经营能力的实体企业可能因经济金融周期波动而暂时陷入流动性困境或出现偿付危机，形成不良资产。不良资产处置侧重于提升实体企业长期价值，增加实体经济对金融资源的吸引力，可以称为经济增长的"逆周期因子"，如对实体企业进行流动性注入、股权结构调整、技术改造等，可以提升企业资产质量和盈利能力，降低企业债务负担。

（三）不良资产处置与防范化解金融风险

金融监管理念的基础是经济金融理论。有效市场理论衍生于新古典宏观经济学的一般均衡理论，现代金融学理论以其为基础，认为金融放松管制下的全面金融自由化会使金融市场完全有效且自动达到均衡状态。此时，理性经济人个体风险收益的最优化结果表明，金融系统风险同步处于帕累托最优，自由竞争市场中不存在引发金融危机的机制，金融危机外生于市场经济且是小概率事件。2008 年国际金融危机证明该理论仅具有逻辑一致性，其对危机的形成原因、传导机制和驱动因素等缺乏事实解释力（吴遵杰和陈勇，2016）。[17] 马克思认为，现实危机"只能从资本主义生产的现实运动、竞争和信用中引出"[18]，"劳动生产力的发展使利润率的下降成为一个规律，这个规律在某一点上和劳动生产力本身的发展发生最强烈的对抗，因而必须不断地通过危机来克服"[19]，正由于资本运动规律下资本主义基本矛盾的存在，导致经济金融危机根植于资本主义经济制度且周期性爆发。"危机从资本主义生产方式产生的不可避免性"[20] 表明，金融监管制度和金融控制体系需要内嵌于金融发展中来主动防控金融风险和维护金融体系正常运行。虚拟经济理论源于马克思经济学，从金融危机的形成机制出发，认为在现代资本主义进行价值化积累和依赖虚拟经济推动增长的背景下，金融活动的泛化导致个别风险被大规模社会化、系统化，促使系统性危机的生成、扩散、积聚和爆发（刘晓欣，2011）。[21]

金融监管体系的重要目标是防范化解金融风险，通过不良资产渐进式处置和风险资产隔离，阻断个别风险向区域性、系统性金融风险演进的路径。不良资产攀升直接导致个体银行清偿能力下降和流动性风险上升，加剧金融脆弱性。同时，不良资产对银行授信空间和盈利能力的负面影响会进一步阻碍银行资产结构的调整和资本补充，降低银行抵御风险的能力。传染性是系统性风险的核心特征，银行个体风险会沿着金融网络向其他金融机构（金融市场）传导，通过银行间业务、持有共同资产、信息或预期传染等渠道，使银行债务违约、金融恐慌、银行挤兑和资产减值抛售之间相互强化，形成系统性危机。此外，虚拟经济通过投机炒作、重复交易、债务扩张、杠杆叠加延长等方式进行自我循环和空转套利，金融资产规模膨胀和价格上涨提高了金融机构的关联性、金融网络的复杂性和金融风险的传染性。而且个别风险传染速度的提升、传染路径的增多和传染范围的扩大，进一步强化了不良资产处置对防范金融危机和维护经济稳定的核心作用。不良资产的渐进式暴露和早期快速处置，可以避免其自我循环、自我积累和集中爆发。银行等金融机构一方面通过出售不良资产来回收资产价值和改善流动性，增强风险抵御能力；另一方面通过不良资产出售实现不良资产与银行体系风险的隔离，消除生成系统性风险的现实基础。

（四）不良资产处置与政府和市场的作用

不良资产处置的关键在于厘清市场作用和政府作用的边界。市场决定资源配置是一般规律，市场价值规律通过价格信号、供求变动和竞争机制提高经济效率（黄先海和宋学印，2021）。[22] 因此有效市场在不良资产处置中发挥决定性作用，不良资产处置具备完善的市场机制和微观基础时，市场机制调节的灵活性、激励的有效性和信息的灵敏性等特征能增强微观经济主体的活力，形成合理交易价格，防范道德风险，化解不良资产存量，控制增量。但是市场机制存在失灵，金融危机是经济运行过程中不良资产和问题金融机构的自动清理机制。金融危机期间市场失灵导致不良资产无法在短期内出清。随着金融危机向实体经济的蔓延，大批实体企业、银行和金融机构倒闭，债权债务关系消矢，不良资产逐渐被核销。金融危机定期清理经济运行中累积的不良资产和问题机构是长期过程，这种长期性伴随着实体经济衰退和公共利益损失等高昂社会成本。西方发达国家将政府职能定位为弥补市场失灵，因此仅在金融危机期间发挥为经济体系处置不良资产的作用，但是金融救助等宏观经济政策属于事后调控，无法从根本上避免周期性金融危机。在中国特色社会主义经济制度下，政府作用和市场作用是有机统一的整体，政府更兼有宏观调控、维护经济稳定和金融安全的职能，致力于兼顾不良资产处置中的效率和公平。

马克思主张通过银行国有化来强化银行的"公器"属性，"实行这一措施就能按照全体人民的利益来调节信用事业"[23]。列宁指出："现代银行同商业（粮食及其他一切商业）和工业如此密不可分地长合在一起，以致不'插手'银行，就绝对不能做出任何重大的、任何'革命民主的'事情来。"[24] 银行国有化与中国经济体制改革的市场亿方向相左（刘骏民和季益烽，2013），[25] 但是维持国有金融资本在金融系统中的主体地位是政府宏观调控的重要基础，保持金融"公器"属性的显著制度优势可以转化为不良资产处置效能。中国公有制的主体地位在金融领域的集中体现是以国有银行为代表的国有金融部门在金融体系中发挥主导作用，这是政府推行金融发展战略、动用金融资源、施行宏观调控的坚实基础。从不良资产生成的背景来看，虚拟经济自我循环和实体经济脱实向虚是形成资产价格泡沫的重要原因，推动了不良资产存量累积和流量扩张，进一步积累了金融风险。国家实行金融服务实体经济战略，抑制虚拟经济过度膨胀，能从根本上规避资产泡沫破灭和债务杠杆断裂引发的不良资产风险。从金融风险的传染性来看，金融恐慌引发市场流动性短缺和资产减值抛售，导致银行挤兑，这是金融危机产生的基本原因之一。政府可以利用国有金融资本实施金融控制战略（王晋斌和厉妍彤，2021），[26] 一方面阻隔个别风险引发系统性风险的渠道，缓解金融市场上的传染效应；另一方面使投资者的风险化解预期保持稳定，提振市场信心，降低金融市场上的羊群效应。从政府干预不良资产处置的政策调整时间来看，微观视角下不良资产的产生与累积主要损害个体银行信用与公众对部分金融机构的信任，银行需要快速处置风险，避免挤兑危机。国有银行主导的金融体系建立在国家信用之上，能最大限度地避免公众因个体银行不良资产高企而产生的恐慌和对银行体系的挤兑，为监管部门有序处置不良资产和救助问题机构留下充足的时间。

三、中国不良资产处置的实践与国际比较

（一）中国不良资产处置的实践

1999 年中国政府首次提出"不良资产处置"概念，"处置"包含对不良资产的剥离、清算、盘活、管理等内容，建制化的不良资产处置对于深化金融改革、整顿金融秩序和防范金融风险起重要作用。中国不良资产处置主要历经政策性处置、市场化处置和回归主业阶段。

1. 政策性处置阶段（1999~2008 年）

20 世纪 80 年代中国进入经济转轨时期后，国有银行由于承担发展的改革成本导致其不良资产快速增长。1999 年为防范金融风险，政府成立 AMC，对口收购、管理和处置国有银行剥离的 1.39 万亿元不良资产。2001 年中国加入世贸组织，推动银行体系专业化、市场化和国际化就成为中国金融改革的核心，国有独资商业银行开启了股份制改革，向国有控股商业银行方向发展，而不良资产处置成为银行改革的先决条件。因此，2003~2005年 AMC 在政府主导下开启第二轮不良资产政策性处置，基本遏制了银行资产质量持续恶化的趋势，使不良资产比率和规模大幅下降，有效化解了系统性金融风险，成功抵御了亚洲金融危机和次贷危机的外部冲击，使中国经济高速增长过程未被大规模不良资产引发的经济危机或金融危机打断。同时，在消除不良资产风险过程中，银行体系为实体经济配置金融资源的功能保持正常运行，不良资产政策性清理不仅未引发信贷紧缩，反而通过推动金融市场化改革提高了金融体系的资源配置效率。

2. 市场化处置阶段（2009~2017 年）

2008 年农行股改上市标志着国有银行不良资产政策性处置的完成，中国不良资产处置进入市场化阶段。这主要体现在三个方面：一是四大 AMC 由政策性资产处置机构转型为保有政策性功能的商业化资产管理公司，并相继进行股份制改革，经营模式由财政出资转向自负盈亏。二是政府开始培育不良资产市场。不良资产处置参与主体包括四大 AMC、地方 AMC、银行系统金融资产投资公司、民营非持牌 AMC、保险机构、国资管理公司等，整体上呈现多元化市场竞争格局。不良资产处置模式也快速变迁，出现资产证券化、并购

重组、市场化债转股、"互联网+不良资产"等创新模式。三是股份制改革后银行等金融机构市场化程度较高，不良资产是其商业化行为的结果，信贷资源配置较少有行政干预。

基于市场规则的不良资产处置在微观主体充分竞争和盈利目标下，极大提高了不良资产流动性、定价合理性和处置效率，为社会经济稳健运行发挥金融稳定器作用。但是完全市场化使不良资产处置偏离化解风险和服务实体经济的职能定位。主要有以下两个原因：一是市场主体过度逐利引发脱实向虚。四大 AMC 股改上市后逐步成为全牌照金融控股公司，不仅资产营收规模扩张路径依赖金融服务、资产管理和投资业务，且不良资产经营业务过度集中于房地产等虚拟经济行业，对实体经济关注度过低，导致行业内部滋生债务风险，弱化其服务实体经济的能力。二是金融创新未遵循真实消除风险的基本原则，出现规避监管、监管套利、资金空转等金融乱象。不良资产结构化转让处置模式是金融不当创新的典型代表。一方面，银行以 AMC 为通道实现不良资产"假出表"，然后以自有资金、理财资金和同业资金投资，出让不良资产作为基础资产形成的信托计划和资管计划的收益权。不良资产风险仍存在于银行内部，而 AMC 不进行实质上的不良资产处置。另一方面，业务交叉性特征强化了银行与同业机构、其他金融机构的资产负债关联性，极易造成风险跨产品、跨机构和跨市场传染的连锁效应，引发区域性、系统性金融风险。

3. 回归主业阶段（2018 年至今）

2017 年党的十九大之后，监管部门发布一系列推动金融机构回归本源的政策，这标志着中国不良资产处置进入回归主业阶段。《金融资产管理公司资本管理办法（试行）》（2018 年 1 月）要求强化资本监管，引导 AMC 聚焦不良资产收购和经营管理的主业，服务于实体经济提质增效和供给侧结构性改革。《地方资产管理公司监督管理暂行办法》（2021 年 5 月）要求限制地方 AMC 跨区开展不良资产收购业务，防止高风险经营引发的风险传染渠道。《关于规范金融机构资产管理业务的指导意见》（2018 年 4 月）要求通过消除多层嵌套、打破刚性兑付和限制监管套利等方式整治金融乱象。《中国银保监会关于推动银行业和保险业高质量发展的指导意见》（2020 年 1 月）首次将不良资产市场和 AMC 确立为中国多层次银行保险体系的重要组成部分，强化不良资产处置机制作为常设金融稳定器的定位。

此阶段 AMC 持续聚焦不良资产主业，发挥金融系统"清道夫"作用，在处置不良资产和违约债券、化解问题金融机构风险和实体企业危机等方面成效显著，金融风险呈现收敛状态且提高了金融服务实体经济的能力。2018 年、2019 年、2020 年中国银行业不良资产处置规模依次为 2 万亿元、2.3 万亿元和 3.02 万亿元，有效遏制了不良资产增量风险，有序化解了存量风险，使银行不良资产率维持在合理范围内（郭树清，2020）。[27] 金融强监管下集中暴露了债券市场违约风险，监管部门引导 AMC 参与债券收购和债务重组，稳定了投资者信心，缓解了市场恐慌情绪，防范了债券市场重大信用风险的生成和扩散，化解了债券违约风险。中小银行的重大金融风险得到精准处置，在维持金融机构支付清算、信贷供给等社会经济功能不中断的条件下，及时阻断了金融机构经营失败的风险外溢和传染渠道。AMC 综合运用市场化债转股、资产证券化、破产重整、资产重组等方式为实体企业纾困，帮助企业缓解流动性压力、提升资产价值和修复企业信用，化解实体经济债务风险，支持实体经济高质量发展。

（二）不良资产处置的国际实践

美国由虚拟经济主导的经济运行方式具有内在不稳定性，极易产生大量不良资产。2007 年美国的次贷危机迅速在全球蔓延，显著外部金融冲击导致英国银行业陷入危机。日本作为银行业主导金融体系的工业化国家，金融结构与中国具有相似性。在深化金融体制改革的背景下，中国需防控输入性金融风险引发的不良资产累积。因此，本文将美国次贷危机时期、英国银行危机时期和日本泡沫经济时期的不良资产处置实践作为国际比较对象。

1. 美国次贷危机时期不良资产处置特征

2008 年金融危机是美国经济在长期虚拟化趋势下，资产价格膨胀、金融衍生品泛滥、金融监管缺失等因素共同作用的结果。美国政府主要通过问题资产救助计划（Trouble Assets Relieve Program，TARP）和公私合营投资计划（Public-Private Investmenty Program，PPIP）救助问题机构和处置不良资产。TARP 初期计划利用 4500 亿美元收购不良资产，利用 2500 亿美元注资金融机构，但考虑财政成本最小化和道德风险问题，转为注资重点金融机构，主要对象是大中型银行和系统性重要机构，主要措施是流动性注入、国有化、资产担保、资产购买等。PPIP 的目标是通过清理金融系统累积的不良资产，修复银行资产负债表，从根本上化解金融危机。政府和投资者共同成立公私合营投资基金来收购不良资产，不良资产价格采取公平竞争、市场定价的方式，不良资产清理由银行自主决定。

美国次贷危机时期不良资产处置的重点是救助金融机构，通过股权注资向其提供国家信用支持，防止银行等金融机构大批破产。这种政策短期内提高了金融机构的偿付能力和流动性，避免了挤兑危机，抑制了金融恐慌，增强了金融市场稳定性。然而美国金融危机爆发的根本原因在于经济长期虚拟化导致的结构失衡，仅侧重于虚拟经济功能恢复的金融救助无法从根本上解决虚拟经济与实体经济背离的问题。多轮量化宽松政策造成的市场流动性泛滥反而加剧了经济脱实向虚（宋敏，2018），[28] 导致实体经济恢复进程受阻和长期持续性衰退，无法彻底化解不良资产累积的风险。同时，金融资产规模膨胀和价格上涨速度快于实体经济复苏速度为再次生成资产泡沫埋下隐患。

2. 英国银行危机时期不良资产处置特征

2007 年美国次贷危机迅速蔓延至欧洲，英国金融机构由于持有大量相关金融产品敞口且过度依赖债券市场和货币市场融资，面临不良资产剧增产生的资不抵债和流动性风险。英国政府的救市过程分为三个阶段：第一阶段是从危机爆发至北岩银行发生挤兑。在次贷危机全球扩散初期，北岩银行因流动性短缺向英国央行申请紧急援助，监管部门主张采取市场化救助措施，加剧了市场恐慌情绪。第二阶段为救助北岩银行时期。政府采取提供紧急贷款和存款担保的方式，向北岩银行注入流动性。但是由于紧急贷款机制的惩罚性利率较高、存款保险赔付限额偏低，救助计划未消除挤兑压力，最终导致北岩银行被国有化。第三阶段开始全力救助大型金融机构。政府对金融机构采取购买优先股、提供贷款、担保债务、收购不良资产等方式来补充银行资本、缓解市场流动性压力和稳定投资者信心。

英国银行业危机早期，国家经济制度和新自由主义经济政策否认政府干预的合理性，弱化政府金融监管、宏观调控的作用，忽视市场失灵导致的系统性风险以及金融活动的外部负效应。第一阶段政府奉行不干预的市场自动调节原则，不良资产处置的及时性和力度不足，导致北岩银行陷入流动性危机，引发英国银行业自 1866 年以来的首次挤兑。第二阶段英格兰银行仍认为全面金融自由化的市场发生金融危机的概率较小，采取经济正常运行时期的常规救助措施，最终导致北岩银行被国有化和爆发银行业危机，此时政府才开始全面介入不良资产的处置过程，并救助问题机构。

3. 日本泡沫经济时期不良资产处置特征

1985 年"广场协议"后，日本因虚拟经济过度膨胀引发资产泡沫危机，面临严重的不良资产累积问题。日本政府处置不良资产的过程可分为三个阶段：第一阶段（1990～1996 年）政府采取市场自行调节的拖延处理对策，试图通过资产价格回升使金融机构自我消化不良资产。1992 年地价暴跌后，七家住宅金融专门会社首先出现大量不良债权。直至 1996 年，"住专危机"对日本金融机能和信用秩序的破坏性影响才引起政府的重视，由存款保险机构出资成立住宅金融债权管理机构，专门处置住专不良资产。第二阶段（1997～2001 年）众多大型金融机构因不良资产问题而相继破产。政府开始通过购买银行优先股、国有化等措施来救助金融机构，并成立整理回收机构来剥离银行不良资产。第三阶段（2002～2005 年）制订了"金融再生计划"和"产业再生计划"，前者的核心是废除保护式金融行政体制，后者通过信贷支持、债权购买、融资担保等方式援助实体企业。

日本泡沫经济时期政府未认识到不良资产的本质和对金融体系、实体经济的影响，早期错失快速处置的最佳时机，使小规模不良资产和少数金融机构破产演变为系统性金融危机。金融体系积聚大量不良资产导致信用紧缩和实体企业投资下降，这是日本经济发展进入长期衰退的重要原因（杨栋梁，2015）。[29] 第二阶段政府侧重于救助金融机构的政策虽有效降低了不良资产存量，但是实体经济持续性衰退导致不良资产增量和总量呈上升趋势。第三阶段在不良资产处置中恢复金融机能和经济产出，实体经济的复苏抑制了不良资产存量和增量的增长趋势，实现了经济金融的良性循环。

（三）国际比较

与美国、英国和日本相比，中国不良资产处置体现了社会主义制度优势。

第一，中国不良资产处置手段是政府作用与市场作用的有机结合。在政策性处置阶段，金融系统不良资产是国有银行承担财政功能导致的结果，由于不良资产市场的缺失，因此采取财政补贴的集中剥离措施。在银行体系进行金融制度改革后，不良资产是金融机构商业化行为的结果，政府通过培育不良资产市场极大地提高了市场在不良资产处置中的调节作用，因此不良资产进入市场化处置阶段。然而，微观主体在逐利动机下开展过度金融创新、监管套利等行为，导致不良资产处置出现脱实向虚等金融乱象，偏离其防范化解金融风险和服务实体经济的定位。政府对市场主体的经济行为进行规制，通过监管规范、政策引导和制度激励使不良资产行业回归主业，平衡了不良资产处置的短期经济效益目标和长期社会效益目标的冲突。美国、英国和日本在新自由主义经济政策的指导下，否定政府作用和强调自由市场功能，政府干预不良资产处置和救助问题机构的逻辑起点是市场失灵。这一方面使政府仅在金融危机期间发挥为经济运行清理不良资产的功能，政府作用呈现滞后性和被动性；另一方面产生了金融负外部性引发的实体经济冲击和社会福利损失，违背了公平原则。

第二，中国不良资产处置的定位是服务实体经济和防范化解金融风险。在政策性处置阶段，不良资产的剥离能发挥化解国有银行系统性风险、抵御亚洲金融危机的冲击、推动国有银行股份制改革等作用。在市场化处置阶段和回归主业阶段，不良资产处置服务于供给侧结构性改革、防范化解重大风险攻坚战、经济结构转型等宏观政策目标，通过为经济金融体制改革化解风险，发挥金融服务实体经济高质量发展的职能。2008 年金融危机期间美国的金融救助政策是在经济结构失衡导致虚拟经济成为核心经济的背景下，意图通过政府干预激活虚拟经济从而重启经济增长。虚拟经济对实体经济的背离决定了政府的介入短期内可以稳定金融市场，但是长期内实体经济的衰退将导致经济复苏乏力。

第三，中国不良资产处置策略是渐进式暴露和逆周期操作，通过事前干预和快速处置替代金融危机的不良资产"清道夫"功能。中国不良资产处置机制在经济金融体系中常态化运行，自 1999 年财政部提出不良资产处置以来，以四大 AMC 为代表的市场主体持续发挥不良资产风险逆周期化解功能。不良资产的渐进式处置可以阻断不良资产的自我循环和自我累积，避免不良资产集中暴露引发的银行等金融机构大规模破产，预防金融危机。美国、英国和日本的不良资产是引发金融危机的导火索，在金融危机期间，房地产、股票、信贷等资产价格普遍下跌，随着大批实体企业、银行和其他金融机构破产、退出市场，经济繁荣时期累积的债权债务关系大量消失，不良资产逐渐被核销。但是以金融危机作为自动清理机制，使失业增加、收入下降、经济衰退和公共利益受损。

四、中国不良资产处置的创新

中国不良资产处置的本质是将不良资产与金融系统进行风险隔离，恢复金融媒介资源配置和推动经济增长的功能。中国在此过程中不断创新，其模式可以概括为"监管+大行"，"监管"是指运用宏观审慎监管政策，发挥不良资产逆周期调节作用，"大行"是指由国有银行主导金融体系。

（一）宏观审慎监管

（1）监管主体是人民银行。金融周期上行阶段信贷快速扩张生成了资产价格泡沫，累积了金融风险；经济下行阶段不良资产积聚引发银行信用紧缩和市场流动性短缺，经过杠杆机制和金融机构、金融市场间关联机制的放大作用（方意等，2019），[30] 形成系统性金融危机。央行对金融体系、金融周期和经济周期有全局性认知，可以对系统性不良资产进行逆周期处置，定期清理宏观经济运行产生的不良资产和问题金融机构，将不良资产和金融体系进行风险隔离，规避银行信用紧缩，维护公众信心和保持经济增长。

（2）监管目标是防范系统性风险。不良资产本质上是信用链条断裂的产物，金融部门高杠杆经营的特征和金融机构间业务交叉、资产结构类似等特征，使个体银行不良资产高企引发的债务违约沿着银行同业拆借网络、信用关联网络、资产负债表网络等进行传染，并在金融恐慌和羊群效应的驱动下，使银行体系发生流动性挤兑和资产减值抛售，最终引发金融危机。个体银行不良资产的快速剥离和监管部门对问题金融机构的及时救助，可以抑制银行体系的顺周期行为，有效阻断风险跨机构、跨部门、跨市场的传染路径，降低系统性风险爆发的内生性和现实性。

（3）监管对象是系统重要性金融机构。基于微观金融视角，系统重要性机构因资产规模大、资产组合类别丰富和业务链条繁杂等因素而在金融体系内形成复杂的网络关联，且在金融网络中占据核心节点。因此，系统重要性机构风险外溢将通过机构间横向关联机制进行放大，引发具有强破坏力的负外部性风险，需要监管部门进行识别和干预。近年来，人民银行、银保监会等监管部门发布一系列文件，致力于建立系统重要性银行的识别、监管和处置机制，明确大型金融机构监管的政策导向。[①] 不良资产累积的风险经机构间业务关联和共同风险敞口向其他金融机构（市场）和实体经济扩散，引发系统性风险共振效应。针对系统重要性金融机构的不良资产处置可以维护金融体系整体的稳定。

（4）监管时机是事前监管。系统性风险具有较强的隐蔽性、突发性和传染性，事前的宏观审慎监管可在区域性、系统性金融风险爆发前防范和化解不良资产累积的风险。中国通过实行宏观金融体系压力测试、央行金融机构评级、金融机构恢复与处置计划以及评定系统重要性机构、建立存款保险制度、规范最后贷款人等方式来强化事前监管，对不良资产累积的风险进行监测、预警、早期干预与处置。一方面，事前监管按照资本要求、流动性要求、杠杆率、拨备规则等对不良资产进行逆周期管理，约束金融机构的风险承担行为，增强金融机构吸收资产损失的能力和抵御流动性冲击的能力。另一方面，监管部门通过风险指标监测金融系统中的不良资产风险，并通过渐进式不良资产清理的方式，遏制不良资产强烈的顺周期性和避免不良资产集中暴露进而转化为金融危机。同时，在维持金融体系正常运行的条件下进行不良资产处置，可大大降低金融机构经营失败的社会成本。

（5）不良资产处置载体是资产管理公司。不良资产剥离是快速恢复金融系统功能的重要手段，金融资产管理公司作为中国多层次金融体系的重要组成部分，在宏观审慎管理框架中被定位为不良资产逆周期调节机制的高效工具。在长期实践中，AMC 积累了风险处置、专业化管理、市场化运营和多样化创新的丰富经验，具有收购、管理和处置不良资产的专业优势，可以快速"在线修复"银行资产负债表和大规模清理不良资产，实现风险隔离和稳定市场预期，支持监管部门逆周期管理不良资产和防范化解金融风险。在市场化运作原则下，AMC 以处置不良资产和化解问题机构风险为主业，发挥盘活存量资产、优化资源再配置和熨平经济周期性波动的功能，是常设的金融稳定器。

（二）由国有银行主导金融体系

由国有金融资本主导金融体系是中国特色社会主义市场经济避免金融危机的市场制度基础，金融体系保持"公器"属性是中国金融发展的最大特色。银行信用无法抑制金融恐慌和挤兑的原因在于信息不对称下银行偿付能力和流动能力的有限性，因此西方国家在金融危机时期会对金融机构采取注资、资产购买、流动性援助、债务担保等方式进行救助，在本质上属于国家信用支持银行信用。中国金融体系在国有金融部门主导下得到国家信用的支持，可以有效稳定金融市场参与者的预期，提振市场信心，避免不良资产引发的银行债务违约、流动性挤兑与资产降价抛售相互强化的恶性循环。政府信用对羊群效应、动物精神、恐慌等市场非理性行为的抑制作用，为监管部门预留了充足的政策调整时间和市场

---

① 如 2020 年 12 月中国人民银行、中国银行保险监督管理委员会发布《系统重要性银行评估办法》，确立系统重要性银行评估规则体系；2021 年 10 月中国人民银行、银保监会发布《系统重要性银行附加监管规定（试行）》，主要内容包括附加监管指标要求和恢复处置计划要求；2021 年 10 月中国人民银行、中国银行保险监督管理委员会发布中国系统重要性银行名单，并实施附加资本、杠杆率、流动性、损失吸收能力等监管要求和强化宏观审慎管理。

干预空间，后续通过不良资产剥离、问题机构风险隔离等措施阻断个别风险向系统性风险传染演化的路径，维护金融市场平稳运行。此外，金融的本源是服务实体经济，不良资产处置的目的是修复金融系统为经济发展配置资源的功能。国有银行或国有资产管理公司是监管部门实施金融控制战略的载体，可在问题机构恢复或处置期间对其进行市场化托管纾困，在防范化解潜在金融风险的同时确保问题机构的正常经营，使金融的服务功能不中断。随着金融市场化改革的深化，金融体系的效率和竞争力不断提升，但是构建以国有金融资本为主导的金融体系是防范化解系统性风险和保持金融系统"公器"性质的基础。

参考文献

[1] 龚刚，徐文舸，杨光. 债务视角下的经济危机 [J]. 经济研究，2016（6）：4-18.

[2] 支俊立，曾康霖，王宇. 金融周期、经济增长与金融稳定性研究 [J]. 南开经济研究，2020（4）：3-20.

[3] 陈雨露，马勇. 泡沫、实体经济与金融危机：一个周期分析框架 [J]. 金融监管研究，2012（1）：26-41.

[4] 高旸，莫里茨·舒拉里克，孙靓莹. 金融危机的原因和后果：我们学到了什么？[J]. 国际经济评论，2021（4）：103-120.

[5] 理查德·韦格，崔秀梅. 金融危机史和中国的未来 [J]. 国际经济评论，2020（2）：6-25.

[6] 何德旭等. 全球系统性金融风险跨市场传染效应分析 [J]. 经济研究，2021（8）：14-29.

[7] 加斯东·安赫尔·瓦雷西，陈文旭. 作为当代社会分析工具的马克思的四大遗产——拉丁美洲和阿根廷的资本积累和阶级斗争 [J]. 国外理论动态，2019（2）：1-12.

[8] 杨军华. 金融危机中处置有问题银行的政策选择研究 [J]. 金融研究，2011（7）：103-118.

[9] 宋涛，龚金金. 政府的市场角色：基于制度与空间的视角 [J]. 社会科学战线，2021（9）：72-85.

[10] 马克思恩格斯全集（第二十六卷第二册）[M]. 北京：人民出版社，1973：603.

[11] 马克思恩格斯全集（第二十六卷第二册）[M]. 北京：人民出版社，1973：578.

[12] 刘晓欣，刘骏民. 虚拟经济的运行方式、本质及其理论的政策含义——马克思逻辑的历史延伸 [J]. 学术月刊，2020（12）：61-73.

[13] 刘晓欣，熊丽. 从虚拟经济视角看 GDP 创造的逻辑、路径及隐患 [J]. 经济学家，2021（9）：5-14.

[14] 马克思. 剩余价值理论（第 2 册）[M]. 北京：人民出版社，1975：233.

[15] 马克思. 剩余价值理论（第 3 册）[M]. 北京：人民出版社，1975：519.

[16] 刘晓欣，田恒. 中国经济从"脱实向虚"到"脱虚向实"——基于马克思主义政治经济学的分析视角 [J]. 社会科学战线，2020（8）：80-91.

［17］吴遵杰，陈勇．一般均衡理论批判［J］．政治经济学评论，2016（1）：70-88.

［18］马克思恩格斯全集（第二十六卷第二册）［M］．北京：人民出版社，1973：585.

［19］马克思恩格斯全集（第二十五卷）［M］．北京：人民出版社，1974：287-288.

［20］马克思恩格斯全集（第二十卷）［M］．北京：人民出版社，1971：312.

［21］刘晓欣．个别风险系统化与金融危机——来自虚拟经济学的解释［J］．政治经济学评论，2011（4）：121-135.

［22］黄先海，宋学印．赋能型政府——新一代政府和市场关系的理论建构［J］．管理世界，2021（11）：72-87.

［23］马克思恩格斯全集（第五卷）［M］．北京：人民出版社，1994：4.

［24］列宁选集（第3卷）［M］．北京：人民出版社，2012：238.

［25］刘骏民，季益烽．中国经济转型特征与中国经济运行的独特方式——中国经济改革实践中的重大理论问题［J］．政治经济学评论，2013，4（1）：75-95.

［26］王晋斌，厉妍彤．论中国特色社会主义金融发展与经济增长理论——中国金融发展与经济增长关系的政治经济学［J］．政治经济学评论，2021，12（1）：203-219.

［27］郭树清．坚定不移打好防范化解金融风险攻坚战［J］．中国保险，2020（9）:4.

［28］宋敏．全球金融危机十周年反思——基于中美两国比较分析的视角［J］．北京工商大学学报（社会科学版），2018，33（3）：11-19.

［29］杨栋梁．20世纪末日本不良债权问题探析［J］．南开学报（哲学社会科学版），2015（1）：37-47.

［30］方意，王晏如，黄丽灵，等．宏观审慎与货币政策双支柱框架研究——基于系统性风险视角［J］．金融研究，2019（12）：106-124.

本文转摘自《社会科学战线》2022年第10期。

资金流量存量核算与金融风险的文献综述

——基于虚拟经济的视角

摘要：资金流量存量核算与金融风险的关系已受到众多学者关注，但学界对这一问题尚未进行系统性梳理并取得整体认知。本文通过回顾资金流量核算、资金存量核算、间接测算的金融中介服务、存量流量一致性理论模型等分析金融风险的相关文献发现，在现有资金流量存量核算中，存在忽视名义变量和交易量、将金融风险计为 GDP 的增长、对存量流量一致性理论模型的恒等式背后的逻辑关系存在分歧、忽视流量存量瞬间转换中的风险释放、探讨风险传导机制的前提假定偏离现实等问题，因此，现行资金流量存量统计核算制度不仅难以实现对风险的准确刻画，还掩盖甚至在一定程度上助长了金融风险，无法为控制金融风险和调控宏观经济提供依据。为了解决资金流量存量核算在反映金融风险时存在的上述问题，本文基于虚拟经济的视角，提出构建"动态全相资金流量存量及金融风险实时监测系统"以实现对金融风险的有效控制。

关键词：资金流量存量；金融中介服务；存量流量一致性理论模型；金融风险

引 言

2008 年的国际金融危机是自"二战"以来起源于经济领域的一场冲击最大、影响最深、波及最广的重大危机，直接导致全球经济陷入长期衰退，之后各国经济经历了缓慢而艰辛的复苏过程。然而，在这场空前的危机降临之前，西方的国民收入核算体系（SNA 核算体系）却未能通过其各项国民经济统计指标预知金融风险并发出警示，从而错失将金融危机扼杀于萌芽状态的最佳时机。事实上，SNA 核算体系在风险预警上的失灵可追溯至其经济学理论基础。SNA 统计核算建立在西方经济学的效用价值论基础上，效用价值论基于人们对物品效用的主观心理评价来解释价值及其形成过程，认为一切物品的价值都来自它们的效用，而效用大小往往取决于人们的心理因素。基于这一理论，SNA 重视对效用价值的核算，在客观上推动了将心理因素作为定价基础的虚拟经济的日益膨胀和将成本作为定价基础的实体经济的逐渐萎缩，也导致大量资金从实体经济部门涌入虚拟经济部门。因此，在 SNA 的核算中，一方面，虚拟经济贡献的价值占比越来越大；另一方面，虚拟经济中心理因素定价招致的风险缺乏测度。事实上，由于资金是连接整个经济的纽带，投资者追涨杀跌、投机逐利等心理因素极易引发资金流量和存量大规模、高频率的异常变动，进而成为金融危机的导火索。

习近平总书记多次作出指示，强调"防止发生系统性金融风险"，"提高防控能力着力防范化解重大风险"。央行强调"资金要去实体经济，不要玩钱生钱的游戏"。实际上，20 世纪 90 年代后频繁发生的金融危机都与大规模的资金流动密切相关。当前，中国经济在取得巨大成就的同时，正面临着企业和地方政府债务规模较大、银行不良资产较多、宏观经济杠杆率较高、房地产与实体经济发展失衡等风险。特别地，鉴于我国已进入高质量发展阶段，经济增速放缓，国民收入下降，但国内大循环却要求增加消费，提高居民部门的收入分配。未来收入总量下降，居民部门收入上升，政府收入面临下滑。然而政府在基础设施建设、社会保障体系等方面有着刚性支出，政府通过扩张财政赤字、增加卖地收入等渠道获取资金时会在何种程度上引发风险？如何应对人民币国际化进程中可能发生的资本外逃、热钱流入等风险？诸如此类问题的解答都需要基于资金流量存量核算展开分析。因此，从虚拟经济视角出发，理清资金流量存量核算与金融风险的关系，有利于通过资金的流向和配置及时揭示经济系统中的金融风险，理解风险的生成和传导机制，从而为防范化解重大金融风险提供依据。

有鉴于此，本文基于资金流量存量核算在考察金融风险时的不同方法，系统地梳理了自 1947 年资金流量存量核算提出后，国内外资金流量存量核算的发展及其对金融风险的考察，试图探讨资金流量存量核算在揭示金融风险方面的表现，并对未来的研究方向提出建议。

一、资金流量核算与金融风险

资金流量即两个连续时间点间的头寸差额，它包括核算期内机构单位间的交易、重估价和资产负债物量的其他变化（联合国和欧洲中央银行，2018）[1]。虚拟经济理论指出，金融危机爆发的前提是系统风险的积累，而系统风险则是个别风险社会化、系统化的结果。由于个别风险在经济系统中的积聚和扩散往往需要依托资金的运动来实现，因此，资金流量核算成为反映金融风险的重要工具。特别地，不同于一般的金融市场实证分析主要根据利率、股票价格、收益率、证券交易总量等数据孤立地研究金融市场的风险，无法反映金融市场与实体经济之间的关系（Dawson，1996）[2]，资金流量核算的分析方法通过将金融市场与实体经济视为经济系统的组成部门，在经济系统中的各种金融行为之间、在产生收入和支出的金融工具之间引入详细的统计关系（Goldsmith，2009）[3]，从而全面系统地考察金融风险的生成和传导。

准确把握各部门的资金流动和资金关联情况是揭示金融风险的前提。对此，国内外学者在建立完善资金流量表、资金流量矩阵、资金流量表模型等方面开展了大量基础性研究，为资金流量核算对金融风险的考察奠定了坚实的基础。20 世纪中期，资金流量账户概念在美国被首次提出（Copeland，1947）[4]，随后第一张资金流量表被编制出来（Copeland，1952）[5]，标志着资金流量核算的正式建立。在标准式资金流量表的基础上，斯通（Stone，1966）和罗伊（Roe，1966）编制了基于投入产出的 U-V 型资金流量表，并建立资金供需均衡模型，分析了资金的关联效果[6][7]，但是由于缺少含义明确的乘数矩阵，U-V 型资金流量表不能反映部门与部门间的资金关联，因此无法分层次地考察资金流动路径[8]。宝博斯特（Bobst，1969）通过编制美国 1963 年的部门间资金流量矩阵，分析了农业部门与其他部门的资金流量关系[9]。井原哲夫（1969）、辻村和佑和沟下雅子（2002）构建了部门—部门型和项目—项目型的投入产出式资金流量表，直观描绘了部门间或交易项目间的资金往来[10]。辻村（Tsujimura）和沟下（Mizoshita）（2004）则使用资金流量账户数据，编制了资产负债流量矩阵[11]。同样地，我国学者在资金流量表编制和资金流量模型构建等方面进行了一系列探索，尝试厘清经济系统中纵横交错的资金关系。在编制和拓展资金流量表方面，贝多广（1988）最早全面地应用资金流量分析方法，试图建立一种以资金流动理论为核心、账户分析为基本工具的宏观金融理论，并考察了1979~1986年我国资金流动的实际情况[12]。王洋和柳欣（2008）从企业的现金流量表出发，通过加总形成了包含企业、银行、政府、居民四大经济主体的货币循环流转图，即宏观资金流量表[13]。李宝瑜和张帅（2009）先是编制了我国2000年和2005年的"部门×交易"及"交易×部门"资金流量矩阵表，然后基于设定的模型，编制了"部门×部门"矩阵表，解决了常规统计中无法获得部门间金融资金流量数据的问题[14]。在此基础上，胡秋阳（2010）拓展了"部门×部门"矩阵表，设计编制了三种投入产出式资金流量表，分别反映金融交易形成的部门间资金关联关系、实物交易形成的部门间资金关联关系、金融交易和实物交易等各交易项目之间的资金关联关系[8]。在构建资金流量分析模型方面，李宝瑜和周南南（2012）在编制"部门—交易"和"部门—部门"国民收入流量矩阵基础上，设计了国民收入流量组合预测模型、国民收入动态均衡模型及单方程模型进行预测[15]。李原和李宝瑜（2017）在上述研究的基础上进一步开发了功能型资金流量表乘数模型，用于分析金融市场中所有部门间、所有金融产品间及所有部门与产品间资金流量的复杂关系[16]。

在充分掌握资金流量运动状况的基础上，学者们基于资金流量核算考察了金融风险的生成、传导和扩散过程，并探讨了建立金融风险观测系统的可能性。梁（Leung）和赛克里鲁（Secrieru）（2012）通过确定金融系统中各部门之间的关联方式以及负面冲击在金融系统各部门传导的渠道，揭示了负面冲击在金融系统中的传导过程及其对宏观金融系统稳定性的影响[17]。张南（2013）将中国的资金流量表调整为矩阵式资金流量表，应用列昂惕夫逆矩阵建立了部门间金融风险的波及效应模型并展开乘数分析，给出了各项金融交易风险波及的排序，解析了金融风险对中国金融整体的最终波及效应[18]。李宝瑜和李原（2014）建立了包含4个机构部门模型、2个金融产品模型、4个部门与产品交叉模型的资金流量表乘数模型体系，考察了住户储蓄增加和非金融企业投资增加的金融波及效应[19]。李原等（2014）在我国金融资金流量表的基础上，建立了政府债务变动的净资产和净负债乘数模型、部门关联乘数模型、部门对金融产品影响乘数模型，测算了中国政府债务变动对各部门、各金融交易的波及效应[20]。李静萍（2015）基于机构部门资产组合假定，间接编制了中国FWTW资金流量表，发现金融部门资金自循环态势增强，金融部门的资金使用存在与实体经济持续背离的风险[21]。张云等（2018）基于中国投入产出式宏观资金流量表和资金关联模型，定量分析了发生在政府部门的局部债务违约，经由国民经济各账户之间的资金关联关系发生扩散和波及，从而对国民经济各部门的资金筹措和资金运用产生结构性影响[22]。刘晓欣和张艺鹏（2020）首次构建出2000~2017年"部门×金融工具×部门"的三维投入产出式资金流量表，在此基础上检验发现，因不同工具转化为债券而引发的债务扩张推动了经济脱实向虚，加剧了金融风险[23]。同时一些学者意识到，资金流量核算只能反映一年内的平均情况，无法实时反映金融风险。对此，刘骏民和肖红叶（2005）较早提出建立全象资金流量观测系统，直接标示资金流量与交易量、资金流量与价格水平及价值存量增量之间的关系，从而及时发现金融风险[24]。伍超明和韩学红（2006）借鉴成熟的资金流量核算表和投入产出表，设计了一个将整个经济系统按产业联系在一起的国民经济观测系统——新资金流量矩阵，观测虚拟经济和实体经济中资金使用的真实过程，研究金融风险的来源及其生成机理和变化规律[25]。此后，肖红叶和孙森

（2009）基于全象资金流量核算的理论架构，重点关注资金交易流量、重复交易流量和交易数据取得，对实现虚拟经济核算在统计理论与数据技术层面提出了解决方案[26]。许圣道和王千（2007）认为，全象资金流量观测系统有利于监管层掌握经济不稳定和金融风险的根源，从而采取正确的监管措施和政策[27]。

总的来看，资金流量核算在揭示金融风险时存在以下三个问题：①核算重视实际变量，忽视名义变量。名义变量长期仅仅关注通货膨胀，忽视了资产的名义价值膨胀及由此产生的资产泡沫，这往往是金融风险的一大来源。②使用的数据往往是交易量的净值，然而净值只能反映一年内消除过度波动后的平均情况，却不能反映经济波动的实际情况，因此，只有通过交易量而非其净值才能准确刻画各部门、各行业以及市场间的资金变动情况，从中发现潜在的风险点。③在金融风险测算的具体实施方法上，更多地集中在各个部门或金融产品间通过互联矩阵形成网络相互传导的研究范式，但此方法通常基于较为严格的假定，即风险严格按照各部门资金的使用或来源比例进行传导，这与现实存在一定偏差。

二、资金存量核算与金融风险

资金存量核算即某个特定时间点上资产和负债的价值水平。根据虚拟经济理论的观点，金融危机始于个别风险系统化，当个别风险以资金流量为载体，借助资金的流动在经济系统中扩散开来，继而转移和集中到经济网络中的各个节点上，形成系统风险时，这些节点即为存量点，因此，系统风险的积累与资金存量的积累紧密相关。当存量点即系统风险汇聚点多点引爆，导致金融风险急剧增大时，金融危机将会全面爆发（刘晓欣，2011）[28]。例如，2008 年美国新世纪金融公司、美林公司、雷曼兄弟等高风险存量节点相继崩溃，金融危机随之而来。因此，落实资金存量核算、摸清资产负债情况对于防范金融风险具有重要意义。

利用资金存量核算考察金融风险面临的最大问题是资产负债数据的滞后和缺乏。1997年和 2007 年国家统计局先后出版《中国资产负债表编制方法》，2013 年中共十八届三中全会提出编制全国和地方资产负债表，但是至今尚未对外公布中国官方资产负债表及相关数据。对此，我国学者结合中国实际在资产负债表的编制方面进行了一系列探索，为运用资金存量核算分析金融风险提供了基本数据和研究思路。庞皓等（2000）厘清了社会总资金配置结构和渠道，考察了政府、金融、私人及国外部门的资金状况，探究了对社会资金总量的监测与调控，是我国早年在资金存量核算分析领域的代表性成果[29]。李扬等（2012）采取 2008SNA 的基本标准，对每类资产和负债都遵循四式记账原则，经过必要估算后，统一各部门资产负债表与国家总资产负债表，初步编制了 2000~2010 年的中国主权资产负债表[30]。在此基础上，李扬等（2018）改进方法，重新编制了金融部门资产负债表，使其既能反映对实体经济的资金支持，又能反映其内部的债权债务关系[31]。马骏等（2012）用估值法编制了 1998~2010 年中国国家资产负债表总表及中央政府、地方政府、中央银行、商业银行、居民部门和企业部门的资产负债表子表，估算了 2011 年国有企业的资产负债表和政府持有的上市公司的股份市值[32]。杜金富（2018）首先借鉴英国、美国、加拿大、澳大利亚等国的经验，界定了政府资产负债表编制中政府机构及其资产负债的核算范围与分类，明确了政府资产与负债的估价、记账、表式确定、数据收集、整理及填录方法；其次研究了狭义政府、事业单位、政府控制的非营利性组织、国有非金融性企业、国有存款性金融机构、国有非存款性金融机构等政府组成部门及政府总体资产负债表的编制；最后收集数据编制了 2008～2016 年中国政府资产负债表[33-35]。余斌（2015）对比分析上述学者编制的政府资产负债表，统一调整相关数值，得到了更为合理的中国政府资产负债表[36]。杨志勇和张斌（2019）估算并分析了 2010～2017 年中国政府总资产负债表和地方政府资产负债表[37]。殷剑峰（2018）基于存款和信用两类金融工具，建立了自 2007 年以来央行、居民、政府、国外、存款类金融机构、非存款类金融机构、非金融企业等部门的部门—部门季度资金存量表[38]。

国内外学者基于资金存量核算方法，从资产负债表的维度考察了经济整体、银行、居民和政府部门的金融风险状况。主要体现在以下三个方面：

第一，大多数学者将经济系统看作一个整体，分析了金融风险在经济系统中各个部门间的传染。其中，一个重要的方法是欧洲央行提出并倡导的宏观金融网络方法，该方法认为经济中各部门间是相互连接的，某个部门的金融风险会通过资产负债表在金融网络中传染至其他部门并不断循环下去。有鉴于此，卡斯特伦（Castren）和卡沃尼乌斯（Kavonius）（2009）借助资金流量表，构建了部门层面的双边资产负债风险矩阵，研究了欧洲各大部门之间金融风险的暴露与传导过程[39]。贝兹默（Bezemer，2012）从资产负债表的维度分析经济系统中的风险，引入了资金流量模型，考察了经济的复杂行为和突变[40]。借鉴卡斯特伦和卡沃尼乌斯的研究思路，宫小琳和卞江（2010）采用 2007 年国民经济核算中的资金流量表数据，建立了基于流量数据的模拟资产负债表及部门间模拟资产负债表关联网络模型，揭示了负面经济冲击在部门层面循环传导的轨迹，即部门间资产负债表传染机制，同时量化分析了资产负债表传染发生时，各部门在各传染轮次中的损失量[41]。在此基础上，宫晓琳（2012）利用最大熵方法获得按各类金融工具细分的部门—部门资产负债关系矩阵表，使用中国 2000～2008 年系统性宏观金融数据实证分析了各部门风险传导，深入探究了宏观金融脆弱性的演变机制及局部性负面冲击升级演变为系统性危机的轨迹和速度[42]。张培（2015）将金融危机传导机制作为研究重点，通过编制国民经济四大部门的宏观资产负债表，深入剖析了经济全球化和金融自由化下当代金融危机产生、扩散的内在机理[43]。苟文均等（2016）基于 CCA 模型，发现债务杠杆攀升提高了国民经济各部门的风险水平，使风险集中于在网络中心的金融部门，进而显著影响了系统性风险的生成与传递[44]。此外，IMF 经济学家 Frecaut（2017）基于 SNA 中资产负债表提出国民财富方法（NWA），成为传统资产负债表分析方法的进一步发展[45]。国民财富方法认为在资产负债表框架下，一个部门的损失可能是另一个部门的收益，当部门间的损失和收益相互抵消后，最终的损失只来自整体资产负债表的收缩。由此提出，当金融风险上升时，政府和企业不能同时去杠杆，因为这会导致资产负债表更大地收缩。相反地，当企业去杠杆时，政府应该加杠杆，以保证宏观杠杆率的稳定。

第二，由于金融部门中各机构间的资产负债表相互联系，一荣俱荣一损俱损，容易将金融部门的脆弱性带给整个经济，因此，一些学者重点关注了银行等金融部门的风险状况。艾伦（Allen）和盖尔（Gale）（2000）用银行网络表示银行间交叉存款市场，从流动性冲击的角度研究了银行间市场的风险传染[46]。Gai 和 Kapadia（2010）研究了在任意结构的银行资产负债网络中未预期冲击造成的传染[47]。巴罗（Barro）和巴索（Basso）（2010）通过构造相互关联企业网络，对银行贷款投资组合中的信用风险传导进行了研究[48]。陈晓莉（2006）通过构建本币升值经由银行资产负债表渠道引发银行危机的模型，发现在货币升值时，倘若银行存在可被观察到的货币错配现象，那么存款人将会出现挤兑行为，进而造成银行的流动性危机[49]。方意等（2019）通过构建虚拟机构资产负债表，度量了中国影子银行的系统性风险[50]。

第三，部分学者基于资产负债表考察了居民和政府部门的金融风险。刘向耘等（2009）通过估计2004~2007年中国居民的资产负债表，发现居民部门的资产负债表稳健性强，不会因金融危机的冲击而出现风险急剧扩大的情况[51]。沈沛龙和樊欢（2012）结合中国实际首先编制了一个简化的政府可流动性资产负债表，然后分析了1998~2008年我国政府仅考虑直接债务时的政府债务风险，并对2009~2010年的政府债务风险进行了估计[52]。

使用资金存量数据考察金融风险时，面临数据来源缺乏和假设脱离现实等方面的限制。主要体现在以下两个方面：①目前我国尚未公布官方的各个部门资产负债数据，现有研究大多通过已有的流量数据编制模拟的资产负债表，其数据的精确度和由此导致的测度风险的准确性尚有相当大的讨论空间。②除债务存量外，尚未有充分的理由认为，资金的交易往来结构，完全地依赖于资金存量的结构，即因重复交易和资金在金融系统内部自我循环等货币现象引发的风险，更多地反映在资金流量的异常变动，而非各项资产的存量变化上。

三、间接测算的金融中介服务与金融风险

间接测算的金融中介服务即金融机构从事存款活动从存款者获得的间接收入，与金融机构从事贷款活动从借款者获得的间接收入之和。在资金融通过程中，金融中介充当着资金供求双方之间的桥梁，汇集了大量资金流量和存量，间接测算的金融中介服务涉及有关资金流量与存量科目的众多账户与表式（陈梦根，2011）[53]。过去金融机构对存贷款的管理普遍被当作金融服务产出，因此间接测算的金融中介服务作为经济产出的一部分被计入GDP中。虚拟经济理论指出，2008年前后美国GDP中金融、房地产等虚拟经济所占份额大大超过了实体经济，并最终引发了金融危机。间接测算的金融中介服务是否确实为经济中的真实产出，抑或只是一种风险的积聚，厘清这一问题有助于监管部门采取正确的金融管控措施和方案，有效降低经济运行中的风险。

一些学者认为，信贷利息收入是金融中介面向社会提供金融服务而创造的收入，属于生产性收入，应当全部作为经济中的真实产出计入GDP（杨缅昆，1993）[54]，但他们承认在现行的测算中存在风险和波动等非服务因素，并试图对测算方法进行改进。一方面，在金融中介服务产出核算中，学者们不断探索更为优良的参考利率。最初，1953SNA至1993SNA均使用净利息收支差度量产出，不仅难以反映金融中介服务的具体内容（Brown，1949；Rymes，1986）[55-56]，无法在各个部门间准确分摊（Sunga，1988；Bannam和Samanta，2007）[57-58]，且在存贷款数额不等时测度偏差较大（Fixler和Zieschang，1999）[59]。2008SNA首次借鉴资产使用者成本理论（Donovan，1978；Barnett，1978）认为[60-61]，引入参考利

率解决了采取净利息收支差测度金融中介服务产出时存在的问题。2008SNA 要求参考利率不应含有服务因素，且应反映存贷款的风险和期限结构。因此，参考利率的选择成为金融中介服务产出核算的关键（Ahn，2007）[62]。学者们尝试对参考利率进行风险与期限调整。一些学者推荐选取高风险长期限贷款、低风险短期限存款的参考利率，将金融风险管理和流动性转换核算为零（Wang 等，2008；Colangelo 和 Mink，2010；Hagino 和 Sonoda，2010）[63-65]。部分学者使用风险与期限调整存贷款参考利率，将金融风险管理和流动性转换核算为非零（Fixler 等，2007；Zieschang，2012）[66-67]。此外，学者还试图使用中介服务费率计算参考利率、利用央行存贷款利率的加权平均数作为参考利率、转移风险调整参考利率、加权参考利率、风险调整参考利率、均衡缺口期限调整参考利率等方案（杨灿和曹小艳，2009；李佩瑾和徐蔼婷，2016；贾小爱和李云发，2018；杜金柱和杜治秀，2018；李佩瑾和朱启贵，2019）[68-72]。另一方面，在不变价金融中介服务的核算中，学者们丰富完善了产出指标法和平减法。由于金融中介服务产出的变化往往是由价格和数量的变化共同造成的，学者尝试将价格因素从金融中介服务产出中剔除，排除通货膨胀对金融中介服务产出的影响。2008SNA 在核算金融中介服务物量时，推了两种方法：产出指标法、存量缩减法。有学者对工商业贷款、不动产贷款等推荐产出指标法（Inklaar 和 Wang，2011；Boer 和 Choosing，2012）[73-74]。一些学者建议对能够提供恰当指标的存贷款优先使用产出指标法，缺乏恰当指标时使用存量缩减法。但是产出指标法中指标的选取需合理细分存贷款，覆盖所有生产活动，对消费者市场和企业市场采用差异化指标，在实践中难以操作。存量缩减法利用居民消费价格指数与固定资产投资价格指数的加权平均指数进行缩减的前提假设是提供给居民、企业的金融服务的价格指数和居民消费价格指数、固定资产价格指数相等，显然，这一假设与现实相去甚远，专门用于平减的金融服务价格指数有待编制（李文森和李红玲，2008；蒋萍和贾小爱，2012）[75-76]。对此，学者们进行了探索，提出采用单缩减法，基于各种存贷款利率及年度平均存贷款余额构建存贷款服务价格指数，构建由存贷款利率指数、同业拆借利率指数和消费者投资价格指数加权平均而成的货币金融服务价格指数等思路缩减现价 FISIM（杜治秀，2019；徐蔼婷和李佩瑾，2020）[77-78]。

另一些学者指出，金融中介服务对 GDP 的贡献是统计的结果，其对经济的贡献有待商榷，更可能是金融风险的积聚。持这一观点的徐蔼婷和李佩瑾（2020）指出，在最初的统计核算中，国民经济统计专家发现如果银行业金融机构增加值的计算方式与其他公司相同，那么计算出来的增加值和营业盈余将会很低，甚至为负。正是为了避免出现这种情况，1968SNA 肯定了金融中介服务的生产性，并将参考利率引入间接测算的金融中介服务。此后 SNA 核算体系始终将金融中介服务看作是生产性活动，并作为真实产出和财富计入 GDP。但是，2008 年的金融危机促使学界开始反思这一核算方法，学者们对于金融中介服务的生产性产生了质疑，认为将其计入 GDP 助长了泡沫经济，掩盖了潜在的金融风险。例如，当贷款被列为不良贷款时，其利息和相关服务费仍然计入 GDP。霍尔丹等（2012）指出，在间接测算的金融中介服务框架下、金融风险上升时，银行通过提高利率应对预期损失的增加，由此导致的利息收入增加却被当作产出增长，金融风险被 GDP 的表面繁荣所掩盖[79]。科伊尔（2017）认为，管理风险是有价值的，但承担风险没有价值，风险的积聚如果被核算为金融服务业实际产出的增长，将会成为金融危机的诱因[80]。阿萨（Assa，2017）认为，将金融中介服务纳入 GDP 掩盖了商品和服务需求的停滞。他将金融业总产出当作整个经济的成本扣除，构建了新的净产出衡量指标 FGDP，检验发现不同于 GDP 这一指标在 2008 年金融危机中的预测失灵，FGDP 在 2006 年第三季度就已由正转负，更能有效预测经济衰退。因此，将金融中介服务纳入 GDP 极有可能掩盖并助长金融风险[81]。

综上所述，金融服务产出核算中蕴含着潜在风险。尽管学者试图对参考利率进行风险和期限的调整、编制更符合实际情况的缩减指数，但是否完全剔除了间接测算的金融中介服务中的非服务性、价格波动等风险因素还有待检验。此外，间接测算的金融中介服务仅是 GDP 中金融服务产出的一个部分，其他金融服务如股票、债券等的重复交易、资产证券化、推高资产价格、企业借新债还老债等的中介服务收益也会计入 GDP，由于这些活动本身是有风险的，这样的核算方法无疑是将风险伪装成了产出的形式，用 GDP 表面的增长掩盖了经济中风险积聚的事实。实际上，关于虚拟经济的研究发现，在采用联合国 MPS 与 SNA 逆转换方法、将 SNA 的 GDP 转换为 MPS 的国民收入后，美国 50% 的财富是货币财富或瞬间可以蒸发的财富，由此提前预知了虚拟资产过度膨胀可能导致的风险。

四、存量流量一致模型与金融风险

存量流量一致模型将整个经济系统分成家庭、厂商、银行、政府等多个部门，通过建立资产负债矩阵和资金流量矩阵，利用各部门的行为方程和核算等式来考察部门间资金存量流量的动态关系和相互影响，克服了主流宏观经济模型在货币金融分析方面存在的缺陷，从而构建一个更接近真实世界的分析框架。存量流量的一致主要体现为模型中存量和流量需要保持会计核算上的一致性，即某个部门的资金流入必须对应着其他部门的资金流出，亦即资金运用必须对应着资金来源（柳欣等，2013）[82] 认为，这是从会计账户和国民经济统计账户出发，不依赖任何假设的经济事实。联合国和欧洲中央银行（2018）将存量和流量之间的关系用公式表示为：存量$_t$-存量$_{t-1}$=流量$_t$[1]。虚拟经济理论提出，经济系统中资金流量的一个细微变化往往会引起存量价值的巨大变化。例如，股票、房地产价格的一个小幅波动可能会经由投资者的心理和市场行为引起整个股票市场和房地产市场存量估值的巨变，进而引发系统性金融风险。因此，梳理存量流量一致模型在金融风险方面的相关文献，对于准确及时识别风险具有重要意义。

存量流量一致模型在对金融风险及金融不稳定性的研究上取得的主要进展有以下四个：

第一，在债务和杠杆引发金融风险从而导致金融危机的这一机制上，戈德利（Godley）指出，依靠家庭债务增长来支撑的美国经济是不稳定的，并强调 2010 年之前住房价格下跌引致美国家庭债务增长一个较小程度的放缓都将导致美国经济出现持续衰退（Godley 和 Wray，2000；Godley 和 Zezza，2006）[81-84]。伊特维尔（Eatwell，2008）利用存量流量一致模型分析认为，金融脱媒和资产证券化等金融创新以及回购市场发展推动的金融中介资产负债表扩张（即流动性扩张）等因素是导致次贷金融泡沫的主要动力，同时，一种银行主导型的金融危机发生的条件是银行杠杆的顺周期性和债券价格对银行杠杆具有正效应[85]。蒂莫伊涅（Tymoigne，2006）基于加入现金承担、现金流量杠杆率等的存量流量一致模型发现，当负债相对资产的期限更短时，债务积累会加快，金融风险将上升[86]。

第二，在企业和家庭的资产或收入结构对金融风险的影响上，米切尔（Michell）和托波洛夫斯基（Toporowski）（2012）利用存量流量一致模型分析了企业的过度资本问题，认为企业倾向于持有多余资本。基于金融市场的发展和资本利得的考虑，这些多余资本被投资于股票、债券等金融资产，从而企业可能通过借贷进行金融资产投资而不是实物投资。因此，家庭和企业的不同资产选择行为会导致资产负债表呈现不同的形式，同时导致多余资本具有不同的租金成本，从而可能有不同的金融危机来源[87]。卡达西（Cardaci）和萨拉斯诺（Saraceno）（2015）构建了包含基于代理人的家庭部门的存量流量一致模型，分析了收入不平等加剧对不同制度环境下危机可能性的影响，特别是在不同信贷条件和对收入差距不断扩大的政策反应的情况下，经济危机的形成路径[88]。

第三，在市场信心对于金融危机的作用机制上，柳（Ryoo，2010）利用存量流量一致模型分别建立了由企业债务结构（债务—资本比）、家庭资产组合（股票—存款比）及家庭在资本市场的信心状态这三者构成的长波动态系统，分别验证了明斯基的金融不稳定性假说以及哈罗德不稳定性原理[89]。赫仑（Heron，2011）在戈德利设计的存量流量一致模型中，加入了一个完整的私人银行部门，研究了局部金融危机和全球金融危机之间的关系，以及私人部门的信心危机对金融危机形成的传导机制[90]。

第四，在对金融不稳定性的来源探讨上，卡韦尔扎西（Caverzasi，2015）和戈丁（Godin，2012）以美国次贷危机为背景[91]，进一步研究了米切尔和托波洛夫斯基提出的资产组合问题[92]，构建了包括企业投资组合选择和行业内动态的存量流量一致模型，对明斯基的金融不稳定假设以及托波洛夫斯基的资本市场通胀理论与金融危机爆发的逻辑一致性进行了验证。赫仑（2009）采用存量流量一致模型研究了当独立的中央银行进行货币政策调整时，财政政策对稳定经济金融的作用[93]。拉瓦耶（Lavoie）和马可（Marc）（2008）建立了含大量家庭、产品、银行和政府等的模型，考察了一些模型参数如投资收入比、分红比率、家庭持有股票的边际倾向等对金融发展的影响[94]。囿于数据的可得性，存量流量一致模型在我国的发展较慢，除柳欣等（2013）和张云等（2018）对研究成果及方法进行了较为详细的综述外，真正进行实证分析的研究较少[95-96]。刘元生等（2011）使用最基本的存量流量一致性模型研究了货币流通速度的性质，模拟家户行为、财政政策、货币政策对货币流通速度的影响[97]。吕元祥（2014）纳入实体经济因素和货币金融部门，构建了一个包含居民部门、企业部门、银行部门、政府部门和央行等部门的宏观经济存量流量一致模型，分别考察了投资冲击、收入分配冲击、消费倾向冲击、税收冲击以及利率冲击等外生冲击对我国总需求以及需求结构变动的影响[98]。温博慧等（2015）基于存量流量一致分析框架和未定权益分析法，从兼容宏观审慎中宏微观与时间截面两组维度的角度，研究了资产价格波动冲击下中国银行网络抗毁性[99]。陈达飞等（2018）构建五部门存量—流量一致模型，探讨了货币政策、财政政策和企业微观措施（或组合）对稳增长和不同部门金融杠杆的影响[100]。

总结发现，运用存量流量一致模型分析金融风险存在较大发展空间。在理论研究上，主要体现在以下三个方面：

第一，学者们对于模型恒等式背后逻辑关系的认识仍然存在根本分歧。以凯恩斯国民收入恒等式"储蓄＝投资"为例，究竟是储蓄决定实体经济和虚拟经济部门中的投资，还是实体经济和虚拟经济部门的投资决定储蓄，至今尚无定论。在当前的模型中，类似的恒等式关系仅作为假设存在。但事实上，恒等式中变量因果关系的不同会导向关于金融风险生成和传染机制的不同甚至完全相反的研究结论和政策建议。

第二，存量流量一致模型主要基于既有的存量流量数据，预测冲击对模型内某个或某几个指标的影响趋势，但目前在模型的设定中存在诸多偏离现实的假定，仅将局部风险作为预测的逻辑起点，无法反映经济系统中金融风险具体的传导波及路径。

第三，由于资金存量和流量之间存在"存量$_t$-存量$_{t-1}$=流量$_t$"的转换关系，但在统计实践中，t期资金存量和$t-1$期资金存量的核算间隔一年，虚拟经济理论认为金融风险往往是在存量流量的瞬间转换中生成的，这就使现有的资金流量存量核算存在滞后，无法及时识别金融风险，由此导致存量流量一致模型对风险形成传导机制的判断可能产生偏差。

五、结论与展望

资金流量存量核算与金融风险的关系已受到众多学者关注，但学界对于这一问题尚未进行系统性梳理并得到整体认知。本文在系统性梳理国内外相关文献后发现，资金流量存量核算在考察金融风险时主要存在以下四个问题。

第一，重视实际变量、流量和净值，忽视名义变量、存量和交易量。名义变量仅仅长期重点考察通货膨胀，忽视了资产泡沫，忽视了名义价值膨胀，使得资金流量存量核算难以为测度和防范金融风险提供依据。缺乏以交易量为基本变量的统计核算体系，仅以资产的净获得和负债的净发生进行金融交易的净值核算无法准确刻画金融风险的变化。

第二，金融服务产出中蕴含了大量的金融风险。越来越多的学者质疑金融中介服务费对于整个经济是一种成本，甚至是风险的积聚，而非真实的产出。当下，金融公司从外汇、股票、债券、金融衍生品的重复交易中，从资产证券化等金融技术创造的资产中，从土地、金融资产等的价格上升中，从庞氏债务膨胀产生的财富中收取服务费用，作为其创造的价值。如果这些意在投机的重复交易、资产证券化、资产价格炒作、加杠杆行为等有风险，那么由它们引发的金融中介服务也是有风险的，现行的统计核算却将其作为产出记录为国内生产总值的增长。

第三，忽视了资金流量和存量间的瞬间转换可能带来的金融风险。资金流量的一个细微变化往往会引起存量价值的巨大变化，而这些变化往往是在极短的时间内经由流量存量的瞬间转换迅速实现的。例如，股票、房地产价格的一个小幅波动可能会经由投资者的心理和市场行为立刻引起整个股票市场和房地产市场存量估值的巨变，进而引发系统性金融风险。当下的资金流量存量核算存在时滞，无法及时识别这种巨大的风险，存量流量一致模型仍有改进空间。

第四，目前对于金融风险的考察存在诸多偏离现实的前提假定。在使用流量数据和存量数据分析金融风险传导时，通常假定风险严格按照各部门资金的使用、来源比例传导，或依赖于资金存量的结构。实际上，风险传导可能受到许多其他因素的影响。而在存量流量一致模型中的恒等式中直接假定变量间的因果关系，忽视了变量背后不同的逻辑关系对于金融风险的研究可能导向完全不同甚至相反的结论和建议。未来逐步放松假定，从根本上厘清逻辑关系，有利于更为准确地反映金融风险。

对于未来的研究方向，由于资金流量、存量及其关系对金融风险集聚和爆发有着重要影响，而现有资金流量存量核算在反映金融风险时存在上述不足与缺陷，因此，基于虚拟经济的视角，本文建议在吸收大数据、人工智能等技术的基础上，建立一个重视交易量和名义变量，重视资金流量和存量在瞬间转换中的风险释放，重视风险分布、积聚和爆发的过程而非结果，重视实体企业风险生成的基础行为和底层资产，重视"灰犀牛"和"黑天鹅"等关键性事件，重视各角度、层次、产品、市场等的资金往返流程，在此基础上对国民经济各部门及国外的各种资金来源（负债）与使用（资产债权），包括各部门之间金融交易和非金融交易中的资金变化状况进行全面统计与分析的"动态全相资金流量存量及金融风险实时监测系统"。其中，"动态"是指监测风险生成、分布、积聚和爆发的全过程，而不仅仅依靠事后统计核算报表来判断风险。"全相"是指包括实体经济和虚拟经济，兼顾境内外，穿透基础行为和底层资产，涵盖所有企业、行业、市场的长短期交易量和名义变量。有鉴于此，实时监测系统将是一个基础数据庞大的信息系统，可结合现实经济运行和统计监测手段设计多个子系统，例如，按照行业性质、产权性质、经营规模等划分的子系统，按照资金流量存量相互关联划分的子系统，按照股债汇市场风险管理计量应用划分的子系统，等等。事实上，近年来互联网、大数据和人工智能等技术的迅猛发展，使对资金流量存量海量原始数据的收集和整理不再棘手，构建实时监测系统在技术上已经完全可行。未来还原重复交易的原始数据，准确量化并较为全面地纳入那些可能引起流量存量之间正反馈效应的各类变量指标，确定流量、心理因素、存量价值三者之间互动的监测指标体系，是构建实时监测系统的核心。

参考文献

［1］联合国，欧洲中央银行．国民核算手册：国民账户中的金融生产、金融流量与存量［M］．中国人民银行调查统计司译．北京：中国金融出版社，2018：339．

［2］Dawson J. C. Flow-of-funds Analysis：A Handbook for Practitioners［M］．London：M. E. Sharpe，1996：32-45．

［3］Goldsmith R. W. The Flow of Capital Funds in the Postwar Economy［J］//NBER Books，NBER，2009，21（1）：121-136．

［4］Copeland M. A. Tracing Money Flows through the United States Economy［J］．American Economic Review，1947，37（2）：31-49．

［5］Copeland M. A. A Study of Money Flows in the United States［J］．Econometrica，1952，4（5）：52-68．

［6］Stone R. Input-output and Demographic Accounting：A Tool for Educational Planning［J］．Minerva，1966，4（3）：365-380．

［7］Roe A. R.，Stone R. The Financial Interdependence of the Economy，1957-1966［M］．Department of Applied Economics，University of Cambridge，1971．

［8］胡秋阳．投入产出式资金流量表和资金关联模型［J］．数量经济技术经济研究，2010，27（3）：133-146．

［9］Bobst B. W. An Input-output Approach to the Study of the Flow of Funds to Agricultural Capital Markets［J］．Journal of Agricultural and Applied Economics，1969，2（1）：21-26．

［10］井原哲夫．金融連関表（昭和 29 年—昭和 42 年）の作成：わが国金融構造の変動分析のために［J］．三田商学研究，1969（2）；辻村和佑，溝下雅子．資金循環分析：基礎技法と政策評価［M］．東京：慶応義塾大学出版会，2002：256.

［11］Tsujimura K., Mizoshita M. Compilation and Application of Asset－liability Matrices：A Flow－of－funds Analysis of the Japanese Economy（1954-1999）［J］. KEO Discussion Paper, 2004, 7（2）：12-24.

［12］贝多广．宏观金融论［M］．上海：上海三联书店，1988：67-76.

［13］王洋，柳欣．资金流量核算的新方法［J］．统计与决策，2008（3）：9-12.

［14］李宝瑜，张帅．我国部门间金融资金流量表的编制与分析［J］．统计研究，2009, 26（12）：3-10.

［15］李宝瑜，周南南．国民收入流量矩阵的编制与预测方法研究［J］．统计研究，2012, 29（8）：51-57.

［16］李原，李宝瑜．资金流量表乘数模型功能模块构建与应用［J］．数量经济技术经济研究，2017, 34（6）：119-133.

［17］Leung D., Secrieru O. Real－financial linkages in the Canadian Economy：An Input－output Approach［J］. Economic Systems Research, 2012, 24（2）：195-223.

［18］张南．矩阵式资金流量表与风险波及测算［J］．统计研究，2013, 30（6）：67-77.

［19］李宝瑜，李原．资金流量表模型体系的建立与应用［J］．统计研究，2014, 31（4）：3-12.

［20］李原，李立新，李宝瑜．中国政府债务的金融波及效应研究［J］．经济问题，2014（9）：26-30.

［21］李静萍．中国金融部门融资对实体经济增长的影响研究——基于"从谁到谁"资金流量表［J］．统计研究，2015, 32（10）：21-31.

［22］张云，程远，胡秋阳．政府债务违约对中国宏观资金流转的数量影响分析——基于投入产出式宏观资金流量表方法［J］．财贸研究，2018, 29（3）：1-10.

［23］刘晓欣，张艺鹏．中国经济"脱实向虚"倾向及其与系统性风险关系研究［D］．南开大学博士学位论文，2020.

［24］刘骏民，肖红叶．以虚拟经济稳定性为核心的研究——全象资金流量观测系统设计［J］．经济学动态，2005（3）：84-88.

［25］伍超明，韩学红．宏观资金流量观测模型：新资金流量矩阵［J］．财经问题研究，2006（2）：3-10.

［26］肖红叶，孙森．虚拟经济核算：问题与解决方案——基于统计技术层面的研究大纲［J］．开放导报，2009（2）：5-8.

［27］许圣道，王千．基于全象资金流量观测系统的虚拟经济与实体经济的协调监管思路［J］．中国工业经济，2007（5）：5-13.

［28］刘晓欣．个别风险系统化与金融危机——来自虚拟经济学的解释［J］．政治经济学评论，2011, 2（4）：165-183.

［29］庞皓，黎实等．社会资金总量分析［M］．成都：西南财经大学出版社，2000：299-

345.

［30］李扬，张晓晶，常欣，汤铎铎，李成．中国主权资产负债表及其风险评估（上）［J］．经济研究，2012，47（6）：4-19.

［31］李扬，张晓晶，常欣．中国国家资产负债表（2018）［M］．北京：中国社会科学出版社，2018：198-214.

［32］马骏，张晓蓉，李治国．中国国家资产负债表研究［M］．北京：社会科学文献出版社，2012：141-162.

［33］杜金富．政府资产负债表：基本原理及中国应用［M］．北京：中国金融出版社，2015：198-211.

［34］杜金富，王毅，阮健弘．中国政府资产负债表编制研究［M］．北京：中国金融出版社，2018：248-283.

［35］杜金富．中国政府资产负债表（2008-2016）［M］．北京：中国金融出版社，2019：24-53.

［36］余斌．国家（政府）资产负债表问题研究［M］．北京：中国发展出版社，2015：151-164.

［37］杨志勇，张斌．中国政府资产负债表［M］．北京：社会科学文献出版社，2019：276-329.

［38］殷剑峰．中国资金存量表的统计和分析［J］．中国社会科学，2018（3）：145-164.

［39］Castren O. , Kavonius K. Balance Sheet Interlinkages and Macro-Financial Risk Analysis in the Euro Area［J］. ECB Working Paper, 2009, 23（1）：12-28.

［40］Bezemer D. The Economy as a Complex System：The Balance Sheet Dimension［J］. Advances in Complex Systems, 2012, 15（2）：125-147.

［41］宫小琳，卞江．中国宏观金融中的国民经济部门间传染机制［J］．经济研究，2010（7）：72-84.

［42］宫晓琳．未定权益分析方法与中国宏观金融风险的测度分析［J］．经济研究，2012（3）：134-148.

［43］张培．金融危机传导的理论和实证研究——基于宏观资产负债表的视角［J］．武汉大学学报（哲学社会科学版），2015（3）：46-58.

［44］苟文均，袁鹰，漆鑫．债务杠杆与系统性风险传染机制——基于CCA模型的分析［J］. 金融研究，2016（3）：102-117.

［45］Frecaut O. Systemic Banking Crises：Completing the Enhanced Policy Responses［J］. Journal of Financial Regulation and Compliance, 2017, 25（4）：381-395.

［46］Allen F. , Gale D. Bubbles and Crises［J］. Economic Journal, 2000, 110（460）：236-255.

［47］Gai P. , Kapadia S. Contagion in Financial Networks［J］. Proceedings of the Royal Society A：Mathematical, Physical and Engineering Sciences, 2010, 466（2120）：2401-2423.

［48］Barro D. , Basso A. Credit Contagion in a Network of Firms with Spatial Interaction［J］. European Journal of Operational Research, 2010, 205（2）：459-468.

［49］陈晓莉．本币升值冲击与银行业危机：一个基于不对称信息的分析框架［J］．世界经济，2006（7）：36-45，95．

［50］方意，韩业，荆中博．影子银行系统性风险度量研究——基于中国信托公司逐笔业务的数据视角［J］．国际金融研究，2019（1）：57-66．

［51］刘向耘，牛慕鸿，杨娉．中国居民资产负债表分析［J］．金融研究，2009（10）：107-117．

［52］沈沛龙，樊欢．基于可流动性资产负债表的我国政府债务风险研究［J］．经济研究，2012，47（2）：93-105．

［53］陈梦根．2008SNA 对金融核算的发展及尚存议题分析［J］．财贸经济，2011（11）：74-81，137．

［54］杨缅昆．金融产出核算理论与方法之我见［J］．统计研究，1993（2）：18-21．

［55］Brown H. P. Some Aspects of Social Accounting-Interest and Banks［J］．Economic Record, 1949, 25（1）：73-92．

［56］Rymes T. K. Further Thoughts on the Banking Imputation in the National Accounts［J］．Review of Income & Wealth, 1986, 32（4）：425-441．

［57］Sunga P. S. Conceptual Incongruity in the National Accounts［J］．Review of Income and Wealth, 1988, 34（4）：12-25．

［58］Bannan R. B., Samanta G. P. Measuring Banking Intermediation Services：Issues and Challenges for India［J］．Economic & Political Weekly, 2007, 42（37）：3754-3763．

［59］Fixler D. J., Zieschang K. User Costs, Shadow Prices and the Real Output of Banks［J］．NBER Chapters, 1992, 12（5）：23-46．

［60］Donovan D. J. Modeling the Demand for Liquid Assets：An Application to Canada［J］．IMF Staff Papers, 1978, 25（4）：676-704．

［61］Barnett W. A. The User Cost of Money［J］．Economics Letters, 1978, 1（2）：145-149．

［62］Ahn K. H. Practical Issues on Calculation and Allocation of FISIM in Korea［C］．In IFC's Contribution to the 56th ISISession, Lisbon, August 2007．

［63］Wang J. C., Basu S., Inklaar R. The Value of Risk：Measuring the Service Output of U. S. Commercial Banks［J］．FRBBoston Working Paper, 2008, 5（12）：16-33．

［64］Colangelo M. A., Mink R. Bank Services：Some Reflections on the Treatment of Default Risk and Term Premium［C］．In IFC's Contribution to the 57th ISI Session, Durban, July 2010．

［65］Hagino S., Sonoda K. Treatment of Risk in the Estimation of FISIM［C］．In IFC's Contribution to the 57th ISI Session, Durban, July 2010．

［66］Fixler D. J., Reinsdorf M. B., Smith G. M. How Have the New Measures of Bank Services in the US National Accounts Performed？［C］//IFC's Contribution to the 56th ISI Session. Lisbon, August 2007．

［67］Zieschang K. FISIM Accounting［R］．IMF Working Paper, 2012, 20（1）．

［68］杨灿，曹小艳．非人寿保险核算问题研究［J］．统计研究，2009，26（9）：

48-54.

[69] 李佩瑾，徐蔼婷. 参考利率风险调整思路的比较与重构 [J]. 统计研究，2016，33 (6)：103-112.

[70] 贾小爱，李云发. FISIM 核算之参考利率的比较与选择 [J]. 统计研究，2018，35 (5)：9-18.

[71] 杜金柱，杜治秀. FISIM 的参考利率核算方法及对中国 GDP 影响的实证研究 [J]. 管理世界，2018 (7)：168-169.

[72] 李佩瑾，朱启贵. 参考利率期限调整思路比较与重构 [J]. 统计研究，2019 (7)：103-112.

[73] Inklaar R., Wang Q. Real Output of Bank Services: What Counts Is What Banks Do, Not What They Own [J]. Research Review, 2011, 80 (317)：96-117.

[74] Boer P. D. Choosing a Method for the Deflation of FISIM [C] //Paper Prepared for the 32nd General Conference of the International Association for Research in Income and Wealth [M]. Boston：August, 2012：5-11.

[75] 李文森，李红玲. "金融业增加值" 核算的相关问题 [J]. 统计研究，2008 (2)：30-35.

[76] 蒋萍，贾小爱. FISIM 核算方法的演进与研究进展 [J]. 统计研究，2012，29 (8)：58-64.

[77] 杜治秀. 基于账户参考利率的 FISIM 对 GDP 与收入分配的影响研究 [J]. 统计研究，2019，36 (2)：50-62.

[78] 徐蔼婷，李佩瑾. 2016 版 CSNA 有关 FISIM 系列修订及其影响的定量测度 [J]. 统计研究，2020，37 (1)：4-16.

[79] 霍尔丹，王胜邦，俞靓. 金融体系的贡献：奇迹还是幻觉？（上）[J]. 银行家，2012 (9)：88-92.

[80] 科伊尔. 极简 GDP 史 [M]. 杭州：浙江人民出版社，2017：91-94.

[81] J. Assa. The Financialization of GDP：Implications for Economic Theory and Policy [M]. New York：Routledge, 2017：132-156.

[82] 柳欣，吕元祥，赵雷. 宏观经济学的存量流量一致模型研究述评 [J]. 经济学动态，2013 (12)：15-23.

[83] Godley W., Wray L. R. Is Goldilocks Doomed？ [J]. Journal of Economic Issues, 2000, 34 (1)：201-206.

[84] Godley W., Zezza G. Debt and Lending [J]. Economics Letters, 2006, 18 (7)：42-65.

[85] Eatwell J. Is Capitalism in Crisis？ [J]. Public Policy Review, 2008, 15 (2)：80-83.

[86] E. Tymoigne. The Minskyan System, Part Ⅲ：System Dynamics Modeling of a Stock-flow Consistent Minskyan Model [J]. SSRN Electronic Journal, 2006, 40 (18)：32-58.

[87] J. Michel, J. Toporowski. The Stock-flow Consistent Approach with Active Financial Markets [M] //Contributions in Stock-flow Modeling. UK：Palgrave Macmillan, 2012：290-331.

［88］A. Cardaci, F. Saraceno. Inequality, Financialisation and Economic Crisis：An Agent-based Model ［J］. Documents de Travail de l' OFCE, 2015, 21（4）：67-89.

［89］S. Ryoo. Long Waves and Short Cycles in A Model of Endogenous Financial Fragility ［J］. Journal of Economic Behavior & Organization, 2010, 74（3）：163-186.

［90］E. L. Heron. Confidence and Financial Crisis in A Post-Keynesian Stock-flow Consistent Model ［J］. European Journal of Economics & Economic Policies：Intervention, 2011, 8（7）：23-45.

［91］E. Caverzasi, A. Godin. Post-Keynesian Stock-flow-consistent Modelling：A Survey ［J］. Cambridge Journal of Economics, 2015, 39（1）：157-187.

［92］J. Michel, J. Toporowski. The Stock-flow Consistent Approach with Active Financial Markets ［M］//Contributions in Stock-flow Modeling. UK：Palgrave Macmillan, 2012：80-92.

［93］E. L. Heron. Fiscal and Monetary Policies in a Keynesian Stock-flow Consistent Model ［J］. GEMF Working Papers, 2009, 23（4）：53-76.

［94］P. Lavoie, J. Marc. Financialisation Issues in a Post-Keynesian Stock-flow Consistent Model ［J］. European Journal of Economics & Economic Policies：Intervention, 2008, 5（2）：331-356.

［95］柳欣, 吕元祥, 赵雷. 宏观经济学的存量流量一致模型研究述评 ［J］. 经济学动态, 2013（12）：15-23.

［96］张云, 李宝伟, 苗春, 陈达飞. 后凯恩斯存量流量一致模型：原理与方法——兼与动态随机一般均衡模型的比较研究 ［J］. 政治经济学评论, 2018, 9（1）：154-179.

［97］刘元生, 刘砾, 王有贵. 存量流量一致性模型中的货币流通速度 ［C］. 北京：智能信息技术应用学会, 2011.

［98］吕元祥. 我国经济增长中的需求结构失衡问题研究 ［D］. 南开大学博士学位论文, 2014.

［99］温博慧, 李向前, 袁铭. 存量流量一致框架下中国银行体系网络抗毁性研究——基于资产价格波动冲击 ［J］. 财贸经济, 2015（9）：46-60.

［100］陈达飞, 邵宇, 杨小海. 再平衡：去杠杆与稳增长——基于存量-流量一致模型的分析 ［J］. 财经研究, 2018, 44（10）：4-23.

本文转摘自《政治经济学评论》2021 年第 2 期。

外部金融冲击传导与中国应对之术

——一个基于虚拟经济视角的文献综述

摘要： 后危机时代，美国的经济虚拟化使国际金融市场动荡加剧。主动有效地应对外部金融冲击是国家治理职责和能力现代化的重要体现。本文基于虚拟经济视角，系统梳理了具有代表性的信息冲击、跨境支付系统冲击与汇率波动冲击三种外部金融冲击的传导与应对。研究发现，高度虚拟化的美国金融市场催生出大量信息冲击，通过心理资本化定价实现冲击的跨境传导，建立"双支柱调控框架"是有效监测系统性风险从而应对信息冲击的重要举措；对美元的利润追逐是跨境支付系统冲击的主要驱动力，人民币跨境支付结算系统（CIPS）与数字人民币（DC/EP）两者的结合能够逐渐转变美元主导的支付交易局面，并从根本上抵御跨境支付系统冲击；美元虚拟化是汇率波动冲击产生的重要原因，"有管理的浮动汇率机制"、外汇储备与人民币国际化三者的有效结合是抵御汇率波动冲击的重要手段。

关键词： 外部金融冲击；虚拟经济；金融稳定；经济虚拟化

引 言

历史经验表明，经济虚拟化会蕴藏金融危机。20 世纪 70 年代，在金融深化理论兴起的背景下，西方各主要工业国家和新兴市场国家纷纷进行金融自由化改革，导致这些国家的虚拟资本迅速膨胀，金融资产总额一度远超过其实际 GDP 的两倍以上，正是这种经济虚拟化为当时世界经济埋下了金融危机的种子（刘骏民，1998）[1] 日本 20 世纪 80 年代的经济泡沫、欧洲 90 年代初的货币危机及东南亚 90 年代末的金融危机均与各国当时的经济虚拟化息息相关。时至 21 世纪，美国经济虚拟化情势愈演愈烈，金融体系脆弱性与日剧增，并于 2008 年突然爆发次贷危机，而后迅速蔓延全球，形成"二战"以来经济领域中冲击最大、影响最深且波及最广的金融危机。当前，世界各国处于后危机时代的经济复苏期，经济高度虚拟化的美国仍蕴藏着大量金融风险，并通过国际货币体系传导至其他国家和地区，成为开放经济体外部金融冲击的主要来源。此外，人民币逐渐登上国际货币体系的舞台，在一定程度上威胁了美元的霸权地位，促使中国进一步遭到了美国多方面的冲击，如 2018 年贸易摩擦、2019 年科技制裁等大国金融博弈冲击。当前，中国全力推进金融业对外开放，如何提高应对外部金融冲击的能力、做好应对外部金融冲击的准备是一个重大的理论与现实问题。

习近平总书记多次指示，强调"当今世界正经历百年未有之大变局，我们要深刻认识和准确把握外部环境的深刻变化""要主动防范化解系统性金融风险，早识别、早预警、早发现、早处置，建立金融风险预警与处置机制，完善金融突发事件应急预案，推进金融风险应急响应机制"。如今国际情势瞬息万变，外部金融冲击的产生必然伴随着大量金融突发事件与金融风险，对国内经济运行、金融体系发展造成较大的威胁，此时，如何准确认识与把握外部金融冲击？外部金融冲击如何传导至国内？中国又该如何迎战外部金融冲击？诸如此类问题均亟待解答。因此，本文运用虚拟经济理论，对外部金融冲击传导与应对的主要文献进行综述。试图为中国特色外部金融冲击防御体系的构建提供理论基础。同时，本文的研究对于深刻认识外部环境、维护我国金融系统稳定与推进国家治理体系和治理能力现代化具有重要的现实意义。

实际上，外部冲击问题自 2008 年国际金融危机后一直广受学界关注，已有部分文献针对相关问题进行了综述（鞠国华，2009；刘锡良和刘晓辉，2010；吴炳辉和何建敏，2014）[2-4]。与已有研究相比，本文的创新之处主要体现在独特的研究视角方面，现有文献在阐释货币危机与金融风险的国际传染时，普遍采用的是三代货币危机理论模型和部门（国家）资产负债表模型，而本文主要运用虚拟经济相关理论阐释外部金融冲击，且研究视野不仅仅局限在金融危机与金融风险，而是在国际金融体系加剧动荡的背景下，强调由美国经济虚拟化导致的系列外部金融冲击。在此基础上，文章结合现实背景，着重构建了当代具有代表性的三种外部金融冲击产生、传导与应对的研究框架。因此，本文不仅是对现有理论研究的补充与拓展，也具有重要的现实价值，有助于全面认识与防范外部金融冲击。

一、外部金融冲击的内涵

外部金融冲击是个相对广义的概念，学者们多是通过结合其关联性概念外部冲击与金融冲击来定义外部金融冲击。一方面，大量文献聚焦于外部冲击，认为外部金融冲击是一种从金融层面考虑的典型外部冲击，因此，外部金融冲击理论可追溯到宏观经济冲击理论，凯恩斯（1936）[5] 的需求—投资冲击理论奠定了外部冲击研究的理论依据，Kydland 和 Prescott（1982）[6] 提出真实经济周期理论（RBC），明确指出能够引起经济周期波动的经济体系之外的真实因素，如技术创新冲击等，称为外部冲击。在此基础上，学者们将 RBC 强调的经济体系转换为经济体，认为外部冲击是指在经济全球化背景下，经济体外部的、突发的、不确定的且不受本国政府或经济体控制的因素对该国经济产生的影响（刘树成等，2005）[7]，此定义明确了冲击具有外生性、扩散性、突发性的特点。另一方面，部分文献着眼于金融冲击，认为外部金融冲击是一种从经济体外界考虑的典型金融冲击。已有研究多认同金融冲击指一种源自金融市场或金融部门，不受货币当局及其他部门的影响，且具有完全随机性的冲击（Nolan 和 Thoenissen，2009；Jerman 和 Quadri，2012；Rey，2016；Boz 等，2019）[8-11]，此定义明确了冲击的来源是金融市场或金融部门。结合外部冲击与金融冲击的定义，外部金融冲击被定义为：经济全球化条件下，源自经济体外部金融领域（金融市场或金融部门）的不确定性因素对经济体内部经济产生的影响。

上述定义对初步认识外部金融冲击具有重要意义，但却存在几点不足。首先，外部金融冲击的源头过于宽泛。后危机时代，国际经济秩序和全球经济治理体系不断受到冲击，外部环境错综复杂，引发外部金融冲击的因素种类繁多，如气候变化、政治选举等非传统金融风险，学者们较难准确界定引发外部金融冲击的因素范围，因此，有必要进一步认识外部金融冲击的源头。其次，外部金融冲击的影响主体并不明确。已有定义中的内部经济既包含整个宏观经济部门也包含各个微观经济主体，少有文献能全面概括某一冲击对整个经济内部的影响。因此，需要进一步明确外部金融冲击的影响主体。

实际上，有关外部金融冲击源头，现有文献发现美国基本上没有发生过由外部金融冲击引起的经济危机，但美国金融市场的动荡却对其外围国家造成了重大的冲击。例如，Rey（2016）[10] 实证检验发现美国联邦基金利率上升会导致全球资本市场波动率指数（VIX）上升。Boz 等（2019）[11]、杨子晖和周颖刚（2018）[12] 的研究也进一步证实，美国的货币政策变化与全球各种资产风险溢价及波动有很强的关系，美国资本市场的波动是全球系统性金融风险的主要来源之一。进一步地，学者们考察了上述现象产生的原因，并一致认为美国金融市场的波动之所以牵动各国金融市场，根本原因在于美元主导了现有的国际货币体系。刘骏民和李凌云（2009）[13] 指出，布雷顿森林体系之后，美国利用美元在货币价值尺度、流通手段及支付手段上的权力，将全球经济纳入了自身以虚拟经济运行为核心的价值积累体系，从全球吸纳大量资金，推动本国虚拟经济发展。因此，美国的虚拟经济实际上是由全球的实体经济发展支撑的。虚拟经济行为的主要目的是追求单一货币利润最大化（刘晓欣和刘骏民，2020）[14]，当前高度虚拟化的美国经济意味着会有大量货币资本在国际范围内大幅流动，进而成为外部金融冲击的主要根源。

在金融冲击的影响主体方面，除了来自经济体内部的金融冲击会影响微观企业产出及宏观经济波动（鄢莉莉和王一鸣，2012；王国静和田国强，2014）[15-16]，部分文献进一步将研究视野拓展至经济体外部，考察来自经济体外部的金融冲击对经济体金融稳定的影响，研究一致认为外部金融冲击会对开放经济体的跨境资金流动及资产价格产生影响，从而增加经济体金融市场波动性，最终导致其金融体系脆弱性上升。鄂志寰（2000）[17] 指出，20 世纪 80~90 年代，工业国家的经济虚拟化与金融自由化使国际资本在全球范围内大幅流动。在缺乏足够的金融监管条件下，资本的频繁进出会加大资本流入国金融市场的波动性，威胁其金融稳定。崔建军和王利辉（2014）[18] 利用中国 1999~2011 年的面板数据，实证检验了金融全球化与金融稳定的关系。结果表明，金融全球化条件下，国际热钱大量涌入，金融机构的资本充足率下降、不良资产率上升，意味着金融机构抵御风险能力下降，金融体系脆弱性上升。此外，石建勋和刘宇（2019）[19] 指出，美国经济虚拟化会导致美元汇率不稳定。作为世界主要储备资产，美国汇率波动会引发其他国家资产价格的高涨或下跌。当前，金融全球化的趋势逐渐增强，国际资本流动的范围逐步扩大，而美国经济虚拟化会加速这一进程，对全球金融稳定产生影响，因此，金融稳定可视为外部金融冲击的影响主体。

据此，本文基于虚拟经济视角，将外部金融冲击定义为：金融深度开放下，源自美国经济虚拟化的不确定性因素对全球开放经济体内部金融稳定的影响。此定义明确了外部金融冲击的源头及影响对象，是对现有定义的完善与补充。在美国虚拟经济发展过程中，美元霸权是重要的刺激因素。学者们指出，美国对全球支付清算系统具有控制权，在某些特定时刻使用该系统对目标国进行金融制裁（王朝阳和宋爽，2020）[20]，产生跨境支付系统冲击。此外，美元霸权还包含世界货币政策的制定权，美元货币政策溢出具有负外部性（胡晓和过新伟，2015）[21]，此时，采取浮动汇率的国家则有可能面临剧烈的汇率波动冲击。还应注意到的是，美国虚拟经济长期发展的基础条件是跨境资金的短期流动（胡晓和过新伟，2015）[21]，而在引发跨境资金短期流动的因素中，信息最具代表性。信息与行为的相互作用，是决定社会心理定价的重要基础，两者形成的正反馈机制极易引发羊群效应，在短期内造成资金迅速流动。因此，金融深入开放的国家极易遭到信息冲击。实际上，美国的货币政策能够引发美国金融市场的波动，进而通过投资者心理预期渠道实现信息的溢出效应。因此，金融信息冲击常与汇率波动冲击同时出现，而跨境支付结算系统是跨境资金流动的渠道。金融信息冲击与支付结算冲击也息息相关。可见，在美国经济虚拟化过程中，金融信息冲击、跨境支付系统冲击、汇率波动冲击是密不可分且具有代表性的外部金融冲击。中国作为金融开放不断深入的发展中国家，把握这些冲击的传导与应对机制是维护金融稳定的前提。因此，下面重点分析上述三种外部金融冲击。

二、信息冲击的传导与应对

信息是指能用来消除随机不确定性的东西（Shannon，1960）[22]，具有为决策者提供有效数据的功能。因此，信息是决策者采取行动的基础（Stiglitz 和 Weiss，1981）[23]。虚拟经济理论指出，信息能够形成人们对于资产未来收入的预期，这种心理预期进而决定人们对资产进行资本化定价及买卖（刘晓欣和刘骏民，2020）[14]。在国际金融市场中，一旦出现新的信息，部分市场参与者会迅速做出反应，如投资者会变动资产组合配置，这种行为会变成行为信息，更新着另一部分投资者的心理预期，并采取相同操作行为。由于金融市场自身的信息不对称性及参与者的有限理性，这种信息与行为之间的正反馈机制极易引发羊群效应（Mondria 和 Domenech，2012）[24]，使各国资产价格迅速开始产生相似的波动，加剧各国的金融体系脆弱性，实现信息冲击的国际传导。因此，厘清信息冲击的传导与应对有助于监管部门监测风险、进行金融管控、维护金融体系的稳定运行。

学者们认为，当前美国的虚拟经济很好地发挥了流动性储备池的功能，成为隔在外部流动性冲击和实体经济之间的缓冲器（刘骏民，2010）[25]，但其金融体系脆弱性较强，膨胀的虚拟经济使股市、房地产等部门吸收了大量无实体经济支撑的虚拟资本，使其资产价格时常大幅波动（刘晓欣等，2019）[26]。大量研究也证实，金融全球化背景下，源自美国的金融市场波动会产生跨国信息的溢出效应，尤其以美国股市为代表，其中股市收益率、波动率与极端风险三类信息冲击最易通过投资者心理预期渠道实现跨市场的金融传染。King 和 Wadhwani（1990）[27] 最早构建了一个关于跨市场收益率和波动率溢出的信息获取模型，以捕捉跨市场股市相关性中难以被经济基本面因素解释的部分。研究表明，当一国股市发生负面冲击时，信息会如疾病传染一样在国际市场间扩散，投资者的心理预期促使资产价格出现国际联动而不论经济基本面是否发生了改变。Connolly 和 Wang（2000）[28]进一步证实了上述观点，研究表明股市收益率等信息会调整投资者的心理预期，进而调整他们的投资决策，使得不同股市收益率产生相关性，实现信息的"市场传染"。在此理论基础上，李红权等（2011）[29] 运用信息溢出检验体系方法，检验了除收益率冲击之外的波动率和极端风险冲击对中国股市的信息溢出效应，研究表明，次贷危机期间美国股市收益率的波动性提升了200%，我国A股市场随之提升了68%，且中美股市间的信息传递速度异常迅速，存在显著的"瞬时溢出效应"。全球疫情期间，美股发生四次"熔断"极端风险事件。杨子晖等（2020）[30] 利用网络风险溢出方法和因子增广向量自回归模型（FA-VAR）考察美国极端风险的信息溢出效应。研究结果表明，美国股市的极端风险会通过中国香港市场对内地市场产生重大冲击效应。此外，学者们同样考察了债券市场、外汇市场等金融市场间的跨国信息溢出效应。研究表明，在金融全球化趋势下，投资者心理预期的更新速度随着信息技术的发展不断加快，国际金融市场间的信息传导效应随之显著增强（刘晓欣，2002；袁薇和王培辉，2020）[31-32]。

与收益率信息冲击相比，波动率信息冲击和极端风险信息冲击衡量的是跨国间的金融风险传染（梁琪等，2015）[33]。在国际金融市场关联度日益加深的条件下，金融风险的国际间与市场间的网络传染极易引发资产价格的高涨和破灭，进而导致系统性金融风险（Borio和Lowe，2012）[34]，严重威胁金融体系稳定。因此，学者们提出对金融网络间系统性风险的防范需要关注"太关联而不能倒"的问题（李优树和张敏，2021）[35]。2008年国际金融危机后，各国政府也意识到已有微观监管的共同作用并不能引致最终宏观层面的金融稳定，而宏观审慎监管在机构关联性、风险特征、监管目标以及政策导向等方面更具全局性特点，有效补充了微观审慎监管的不足（Blanchard等，2010）[36]。由此，宏观审慎监管成为防范金融网络系统性风险的重要工具。

当前，为应对信息冲击引发的系统性风险，更好地维护金融稳定，我国政府使用宏观审慎监管政策+货币政策的"双支柱调控框架"。国内学者们纷纷表示，宏观审慎监管能够有效测算金融市场与金融机构间的风险传染，同时与货币政策相辅相成，共同抵御信息冲击，维护金融体系稳定运行。一方面，学者们发展了系统性风险测算方法，进而更有效地捕捉信息冲击的金融传染，谢平和邹传伟（2010）[37]对IMF（2009）提出的网络模型、Co-Risk模型、困境相关矩阵、违约强度模型四种金融机构关联测算方法进行了详细分析，认为未来系统性风险研究应该往结构化和简约化方向迈进，从而更全面快速测算金融风险的跨市场传染。在此基础上，毛建林和张红伟（2015）[38]基于数据来源的差异，将系统性金融风险的相关分析方法具体划分为基于金融机构数据与基于市场数据的两类方法。另一方面，在宏观审慎监管与货币政策的协调与政策实施效果方面，王爱俭和王璟怡（2014）[39]运用带有金融加速器的DSGE模型探究了"双支调控柱框架"之间的关系，认为在市场受到信息冲击时，宏观审慎政策对货币政策具有显著的辅助作用。同样地，马理和范伟（2021）[40]利用包含异质性家庭和异质性企业的DSGE模型，研究表明中国的"双支柱"调控不但可以降低金融风险，还能促进实体经济发展，有效维护金融稳定。

三、跨境支付系统冲击的传导与应对

跨境支付系统是一国涉外支付清算的重要金融基础设施。在当前的全球金融基础设施中，无论是具有垄断地位的纽约清算所的银行同业支付系统（CHIPS），还是支撑CHIPS的环球银行金融电信协会（SWIFT），均由美国绝对主导[41]。虚拟经济理论指出，美国虚拟经济运行的主要目的是追求单一货币利润最大化。美国长期利用美元霸权促进美元的全球环流，在此过程中对一些可能损害美元利润的资金往来进行监测和阻断（刘晓欣和刘骏民，2020）[14]。当美国操纵跨境支付结算系统时，开放经济体的跨境资金无法正常运转，导致经济体内部流动性短缺，金融体系风险上升。可见，作为经济运转的后台和跨境资金流动的"心脏"，跨境支付系统关系到一国乃至全球金融体系的稳定（Kambhu等，2007）[42]。因此，探究跨境支付系统冲击的产生与应对有助于防范美国的金融支付结算制裁，有效维护本国金融稳定。

在认识到利润追逐是冲击背后的根本驱动力之后，学者们对跨境支付系统冲击的具体产生与传导机制进行了全面的研究。首先，在冲击产生影响的条件方面，大量文献指出，美元对 SWIFT 的主导权、SWIFT 的垄断地位及美元在支付结算中的使用量是三个重要的客观因素。石建勋和刘宇（2019）[19] 的研究指出，由于美国是 SWIFT 最早的创始国及执行委员会的核心成员，美国能够通过 SWIFT 获取国际间经济往来的信息资源，对开放经济体的跨境支付清算过程进行冲击。刘东民和宋爽（2020）[43] 进一步解释了 SWIFT 能够获取国际经济往来信息的原因，指出当前 SWIFT 几乎对接了全球所有金融机构，覆盖 200 多个国家或地区，拥有 11561 家会员单位，因此其在金融报文传输领域中具有绝对的垄断势力。陈尧和杨枝煌（2021）[44] 补充说明美元在国际支付市场中的份额占比也是跨境支付系统冲击产生的支撑条件。其次，在冲击的传导机制方面，部分文献表明，冲击能够通过影响贸易状况进而恶化商业银行资产负债表的方式来影响金融体系的稳定。例如，马鑫和许钊颖（2015）[45] 指出，美国在对伊朗的跨境支付系统冲击中，关闭了伊朗通过 SWIFT 和 CHIPS 进行美元转账和贸易支付结算的通道，使得其只能采取以物易物的非现金交易方式，进出口贸易严重受损，宏观经济运行风险上升，金融体系脆弱性上涨。许文鸿（2019）[46] 表示，如果对俄罗斯采取同样的政策，会使俄罗斯 90% 以美元计价的出口业务难以支付结算，出口利润受损，难以偿付银行贷款，商业银行的资产负债表随之恶化，金融体系风险增加。

可见，跨境支付系统冲击由虚拟经济利润追逐驱动，由美元霸权支撑，最终会通过贸易渠道对一国金融稳定产生影响。当前，美国利用美元霸权进行跨境支付系统冲击的事件也层出不穷，因此，各国为抵御跨境支付系统冲击做了大量的努力。学者们指出，西方发达国家纷纷开始建立各自的跨境支付体系，如俄罗斯的金融信息传输系统（SPFS）、德法英等国共同设立的跨境贸易的特殊结算机制（INSTEX）等，以期在跨境支付中完全"去美元化"（Michael，2019）[47]。然而，鉴于 SWIFT 难以撼动的通信地位和美元仍是世界货币的事实，完全绕开美元的成本与难度较大（杨雅婷，2020）[48]。部分学者指出，区块链技术能够解决传统跨境支付中代理行问题，以其为基础，打造去中心化的跨境支付网络，同时以数字资产稳定币，如 Libra 为突破口，弱化美元的霸权地位，不失为直面美国跨境支付结算系统冲击的另一种选择与机会（Guggenheim 等，2020）[49]。

上述观点对探究中国如何应对冲击具有借鉴意义，学者们开始考察人民币跨境支付结算系统（CIPS）及数字人民币（DC/EP）对跨境支付系统冲击的应对机制，研究发现，CIPS 与 DC/EP 能够将现有以美元为主导的支付交易局面逐渐转化为以人民币为主导，从而具有完全抵御跨境支付系统冲击的能力。张远军（2011）[50] 指出，CIPS 的设立进一步促进了人民币在国际上发挥支付媒介的作用，从长远来看，不仅可以减少美元的使用率，实现部分"去美元化"，而且有助于构建一个以人民币为主导货币之一的东亚经济圈，届时中国将不再畏惧跨境支付结算的冲击。同时，部分学者实证验证了上述的"去美元化"效应，提出人民币开始在其他地区存在货币替代的观点。叶亚飞和石建勋（2018）[51] 构建 TVP-VAR 模型，研究人民币在香港地区的货币替代效应，结果表明，人民币在香港地区存在一定的"逆向替代"作用，即人民币开始逐渐代替美元作为香港地区的支付媒介、流通手段。此外，当前中国正大力推进 DC/EP，张纪腾（2019）[52] 指出，DC/EP 优先用于国际贸易结算和跨境支付领域，可以提升人民币的国际影响力和国际储备地位，从而拥有更加全面成熟的应对跨境支付系统冲击的调控手段。王炳楠（2020）[53] 认为，数字货币能够打破美国对全球核心金融基础设施的控制，成为打破美元霸权的重要途径，在源头上遏制跨境支付系统冲击的产生。

四、汇率波动冲击的传导与应对

从虚拟经济视角来看，20世纪70~80年代全球外汇交易额是商品与劳务出口量的3倍，至2000年其已接近70倍，说明当代大量的外汇交易已不是服务于国际贸易结算，而是与实体经济没有关系的纯粹的货币交易。当前，美国的货币已经高度虚拟化，汇率难以准确反映国内实体经济与国际贸易，更多的是投机炒作、追求全球财富，因此常对其他国家产生货币冲击，加之其国内的虚拟经济结构促使就业严重不足，美国便进一步利用美元霸权实行一系列对外货币政策，威胁他国汇率稳定。对于中国而言，美国的货币政策在促进美国经常项目状况改进的同时，也引发了美元与人民币汇率的双重波动，促使中国国际收支状况恶化、国际资金大量流入，进而导致中国金融体系产生波动（Aizenman等，2013）[54]。可见，汇率波动冲击与金融体系的稳定具有强烈关联性，探索汇率波动冲击的产生与应对机制，对维持人民币汇率稳定，促进中国金融体系健康运行具有重要意义。

自2008年以来，为使美国产品获得价格优势，美联储多次实施量化宽松政策（QE）。大量研究表明，外部货币供给变动会通过利率效应对汇率产生影响，进而通过汇率变动作用于本国净出口（Mundell，1963；Fleming，1962）[55-56]。因此，对于中国而言，美国实施的QE会导致美元贬值，使中国出口企业竞争优势下降，净出口下降。进一步地，历史经验表明，长期的经常项目逆差会催生金融危机（Kaminsky和Reinhart，1999）[57]。同时，还有学者注意到，由于汇率波动与股票价格之间存在"流量导向关系"（Dornbusch和Fischer，1980）[58]，美元贬值导致股价上升，使股票市场的不确定性通过投资者预期渠道对其他国家产生信息溢出效应，对其他国家金融稳定产生影响。此外，美国依据国际收支均衡理论，不断要求人民币升值，国际投资者基于中国的经济状况长期对人民币持有升值预期，双重因素共同作用下，大量国际资本涌入中国，尤其是短期国际资本。大量文献指出，这种大规模的短期资本流动极有可能引发中国金融市场的泡沫扩张，同时使银行体系出现过度借贷综合症，促使中国金融体系脆弱性加剧（Reinhart和Reinhart，2008；何国华和李洁，2017）[59-60]。进一步地，部分学者注意到大量涌入的国际资本突然中断或大量外逃的后果，指出如果国际投机者突然对本国货币进行冲击，促使大量国际资本流出，则在一国汇率波动幅度过窄时，极有可能催生货币危机。郑璇和罗明铭（2016）[61]利用26个新兴国家的季度数据，基于Probit模型实证研究表明，金融开放程度越高，国际资本流动的突然中断驱动货币危机的作用越显著。

可见，汇率波动冲击主要通过贸易渠道、心理预期渠道和资本流动渠道对中国金融稳定产生影响。当前，新冠疫情冲击下美国"再工业化"战略举措不断升级，汇率波动冲击也反复上演，为此，关于如何应对汇率波动冲击成为学界高度关注的话题。首先，历史经验表明，汇率制度的选择对冲击应对具有重要作用，如采取固定汇率制度的国家，当面对国际投机者的货币冲击时，不能依靠市场的力量自发地缓和汇率波动，极易引发货币危机（Fridman，1953）[62-63]。中国的汇率制度历经多次国际金融危机，完成了五轮重大改革，最终形成"有管理的浮动汇率机制"。大量学者表示，此种汇率机制能够有效应对汇率波动冲击。梅冬州和龚六堂（2011）[64] 将我国大量美元资产比例纳入新开放宏观条件下的 DSGE 框架（NOEM-DSGE），认为有管理的浮动汇率制度可以有效规避汇率风险。肖卫国等（2015）[65] 将我国利率和汇率市场化改革的管制因素同样纳入上述框架发现，在美国货币政策冲击下，汇率的不完全传递性是中国通货膨胀率波动的重要决定因素，因此，浮动汇率制度更适合我国。陈中飞等（2018）[66] 运用 Reinhart 和 Rogoff 的危机数据库进行实证研究，结果表明市场化的汇率在资本大量外逃时，能够迅速调节以缓解主权货币贬值预期，从而有助于缓解国际资本异常流动。

在上述汇率制度指导下，学者们对政府干预外汇市场的重要手段进行了研究，主要聚焦于外汇储备。一方面，研究指出当国际资本大量流入时，外汇储备会使得本国汇率波动幅度有所降低（Olivier 等，2015；Viziniuc，2021）[67-68]。如 Olivier 等（2015）[67] 采用 35 个发展中国家 1990~2013 年的面板数据，利用特定国家的 VARs 模型进行实证研究，结果表明，外汇储备积累越多，在资本大量流入时汇率升值程度越小，汇率波动幅度越小。因此，中国当前积累的外汇储备也能有效减轻人民币汇率波动幅度。另一方面，研究表明当国际资本流入突然停止及大量资本发生外逃时，预防性外汇储备能有效弥补市场流动性，减小汇率波动范围（Jeanneo，2011；Kato 等，2018）[69-70]。如 Kato 等（2018）[70] 指出，与东南亚国家不同，中国 2016 年出现的大量资本外逃并未发展成货币危机，重要原因是中国央行利用大量预防性外汇储备进行了外汇干预。

除了上述从国际资本流动渠道方面来应对冲击，更多的学者从贸易渠道方面出发，指出如果人民币实现了国际化，则外向型企业再不惧怕汇率风险问题，美国的汇率波动冲击便不再恶化中国的国际收支状况（李婧，2011；张远军，2011）[71-72]。此时，部分学者注意到了外汇储备的战略性管理能够有效推进人民币国际化进程，如刘骏民和宛敏华（2009）[73] 表示中国巨大的官方外汇储备能用来设立调控人民币汇率的平准基金，积极推进人民币国际化。进一步地，学者们注意到，随着人民币国际化进程的推进，人民币最终会成为国际主要储备货币（周光友和罗素梅，2014）[74]。届时人民币作为世界货币，在国际货币体系中占据绝对的话语权，不仅完全不惧美国的汇率波动冲击，且拥有更多调控手段缓解人民币汇率波动，同时也能减轻国际投机者的货币攻击。因此，人民币成为储备资产才是应对汇率波动冲击的根本性措施（刘骏民等，2006）[75]。

五、结论与展望

后危机时代，美国虚拟经济在运行时的不确定性因素是外部金融冲击的主要来源，此时，主动有效地应对外部金融冲击是国家治理职责和能力现代化的重要体现。本文首先对现有外部金融冲击定义进行了完善与补充，在此基础上，系统梳理了相关外部金融冲击的传导与应对，主要得出以下四个结论：

第一，虚拟经济视角下的外部金融冲击定义为：在金融深度开放下，源自美国经济虚拟化的不确定性因素对全球开放经济体内部金融稳定的影响。此时，信息冲击、跨境支付系统冲击与汇率波动冲击是具有代表性的三种外部金融冲击。

第二，信息冲击主要源自美国高度虚拟化的金融市场，由于虚拟经济的心理资本化定价，冲击经由投资者心理预期渠道实现风险的快速跨境传染，导致溢出国的系统性风险集

虚拟经济与实体经济

聚。当前，中国主要采用宏观审慎监管政策+货币政策的"双支柱调控框架"抵御美国金融市场溢出的系统性风险，维护金融市场的稳定运行。

第三，跨境支付系统冲击由虚拟经济利润追逐驱动，由美元霸权支撑，最终会通过贸易渠道对一国金融稳定产生影响。当前，中国一方面建立独立的跨境支付结算系统（CIPS），另一方面大力推进数字人民币（DC/EP），以期逐渐改变现有以美元主导的支付交易局面。

第四，汇率波动冲击主要源自美元的货币虚拟化，美国对外货币政策是汇率波动冲击产生的重要原因，冲击经由心理预期渠道、贸易渠道、资本流动渠道实现传导。当前，中国的汇率制度、外汇储备与人民币国际化三者有效结合，共同抵御汇率波动冲击。

从整体来看，现有研究针对外部金融冲击的传导与应对已取得丰富成果，为进一步探讨相关问题奠定了坚实的基础，但现有研究在以下三个方面需要完善与补充，成为后续的主要发展方向。

第一，信息冲击源头方面需要扩充，宏观审慎监管理论框架仍需优化。主要体现在以下两个方面：①现有研究主要聚焦于国际金融市场间的市场化信息联动，忽略了非市场化的信息冲击，如国际投机者的谣言、美国唱衰中国等舆情冲击。历史事实表明，非市场化信息冲击通过心理资本化定价传导的后果更加严重。②宏观审慎监管测算与防范的是信息冲击跨国传导后的系统性风险，更多地集中于风险发生后对于防止风险进一步加剧的控制和止损，缺乏对信息冲击的事前预防与控制。实际上，虚拟经济的心理资本化定价更易引发"黑天鹅"和"灰犀牛"等金融突发事件。因此，如何有效利用金融应急管理部，事前做好应急预案与响应机制，是未来信息冲击监管与应对的重要方向。

第二，CIPS运行风险的分析与监管有待增进，DC/EP与CIPS的结合方式有待探索。现有研究聚焦于CIPS对人民币支付媒介的促进作用，忽略了其自身运行时的风险，而当前各国建立的跨境支付结算系统实际未能完全脱离SWIFT的支持，风险仍然存在。同时，由于监测CIPS中的资金流量存量能够防止个别风险系统化，近年来我国大力加强对CIPS运行时的资金风险监控，但当前仅仅是依靠事后统计核算报表判断风险，且并未兼顾境内外。因此，基于虚拟经济视角，建立监测风险生成、分布、积累全过程，兼顾实体经济和虚拟经济、穿透境内外基础行为和底层资产的"动态全相资金流量存量及金融风险实时监测系统"，是未来跨境支付系统冲击监测与应对的重要方向。

第三，人民币成为国际储备资产的路径与手段的研究有待丰富。虚拟经济理论指出，一国实体经济的实力是决定其能否成为国际储备资产的重要影响因素。当前中国的实体经济实力越来越强，人民币国际化的进程逐步加快，人民币成为储备货币指日可待，但现有文献在其实现路径与手段方面的研究相对欠缺。因此，丰富人民币国际化的路径，明确人民币储备职能国际化的时机，是未来汇率波动冲击应对需要重点考虑的问题。

参考文献

［1］刘骏民．从虚拟资本到虚拟经济［M］．济南：山东人民出版社，1998：290．

［2］鞠国华．"外部冲击"的国内研究综述［J］．经济学动态，2009（5）：75-78．

［3］刘锡良，刘晓辉．部门（国家）资产负债表与货币危机：文献综述［J］．经济学家，2010（9）：96-102．

［4］吴炳辉，何建敏．开放经济条件下金融风险国际传染的研究综述［J］．经济社会体制比较，2014（2）：87-96.

［5］凯恩斯．就业、利息和货币通论［M］．北京：商务印书馆，1936：179-250.

［6］Kydland F，Prescott E．Time to Build and Aggregate Fluctuation［J］．Econometrica，1982，50（6）：1345-1370.

［7］刘树成，张晓晶，张平．实现经济周期波动在适度高位的平滑化［J］．经济研究，2005（11）：10-21，45.

［8］Nolan C，Thoenissen C．Financial Shocks and the US Business Cycle［J］．Journal of Monetary Economics，2009，56（4）：596-604.

［9］Jerman U，Quadri Niv．Macroeconomic Effects of Financial Shocks［J］．American Economic Review，2012，102（1）：238-271.

［10］Rey H．International Channels of Transmission of Monetary Policy and the Mundell-Fleming Trilemma［J］．IMF Economic Review，2016，64（1）：6-35.

［11］Boz E，Gopinath G，PLAgborg-Moller M．Dollar Invoicing and the Heterogeneity of Exchange Rate Pass-through［J］．Aea Papers and Proceedings，2019（109）：527-532.

［12］杨子晖，周颖刚．全球系统性金融风险溢出与外部冲击［J］．中国社会科学，2018（12）：69-90，200-201.

［13］刘骏民，李凌云．"双本位"国际货币体系与全球金融危机［J］．亚太经济，2009（5）：22-26.

［14］刘晓欣，刘骏民．虚拟经济的运行方式、本质及其理论的政策含义——马克思逻辑的历史延伸［J］．学术月刊，2020，52（12）：42-56.

［15］鄢莉莉，王一鸣．金融发展、金融市场冲击与经济波动——基于动态随机一般均衡模型的分析［J］．金融研究，2012（12）：82-95.

［16］王国静，田国强．金融冲击和中国经济波动［J］．经济研究，2014，49（3）：20-34.

［17］鄂志寰．资本流动与金融稳定相关关系研究［J］．金融研究，2000（7）：80-87.

［18］崔建军，王利辉．金融全球化、金融稳定与经济发展研究［J］．经济学家，2014（2）：92-100.

［19］石建勋，刘宇．货币权力：美元霸权与人民币国际化［J］．西北师范大学学报（社会科学版），2019，56（4）：123-130.

［20］王朝阳，宋爽．一叶知秋：美元体系的挑战从跨境支付开始［J］．国际经济评论，2020（2）：5，36-55.

［21］胡晓，过新伟．美元本位、美国经济虚拟化与国际资本流动：对当今全球经济失衡的新解释［J］．中央财经大学学报，2015（1）：77-86，91.

［22］Shannon C．A Mathematical Theory of Communication［J］．The Bell System Technical Journal，1960，39（4）：1-20.

［23］Stiglitz，Weiss．Creditrationing in Markets with imperfect Information［J］．American Economic Review，1981，71（3）：393-410.

［24］ Mondria，Domenech. Financial Contagion and Attention Allocation ［J］. The Economic Journal，2012，63（2）：25-40.

［25］刘骏民. 利用虚拟经济的功能根治我国流动性膨胀——区别经济泡沫化与经济虚拟化的政策含义［J］. 开放导报，2010（1）：5-11，61.

［26］刘晓欣，宋立义，姚鹏. 实体经济、虚拟经济互动与经济系统稳定的理论模拟［J］. 社会科学战线，2019（10）：56-70.

［27］ King，Wadhwani. Transmission of Volatility between Stock Markets ［J］. Review of Financial Studies，1990，3（1）：5-33.

［28］ Connolly，Wang. On Stock Market Return Comovements：Macroeconomic News，Dispersion of Beliefs，and Contagion ［EB/OL］. ［2000-08-18］. https：//ssrn. com/sol3/papers. cfm？abstract_id=233924.

［29］李红权，洪永淼，汪寿阳. 我国 A 股市场与美股、港股的互动关系研究：基于信息溢出视角［J］. 经济研究，2011，46（8）：15-25，37.

［30］杨子晖，陈雨恬，张平淼. 重大突发公共事件下的宏观经济冲击、金融风险传导与治理应对［J］. 管理世界，2020，36（5）：7，13-35.

［31］刘晓欣. 当代经济全球化的本质——虚拟经济全球化［J］. 南开经济研究，2002（5）：22-26.

［32］袁薇，王培辉. 中美金融市场信息溢出效应检验［J］. 金融论坛，2020，25（7）：43-52.

［33］梁琪，李政，郝项超. 中国股票市场国际化研究：基于信息溢出的视角［J］. 经济研究，2015，50（4）：150-164.

［34］ Borio C，Lowe PW. Asset Prices，Financial and Monetary Stability：Exploring the Nexus ［EB/OL］. ［2012-05-11］. http：//www. bis. org/publ/work114.

［35］李优树，张敏. 中美系统性金融风险及内部传染效应比较研究［J］. 云南财经大学学报，2021，37（5）：50-62.

［36］ Blanchard O，Ariccia G，Mauro P. Re-thinking Macroeconomic Policy ［EB/OL］. ［2010-02-12］. https：//www. imf. org/en/Publications/IMF-Staff-Position-Notes/Issues/2016/12/31/Re-thinking-Macroeconomic-Policy-23513.

［37］谢平，邹传伟. 金融危机后有关金融监管改革的理论综述［J］. 金融研究，2010（2）：1-17.

［38］毛建林，张红伟. 基于 CCA 模型的我国银行系统性金融风险实证研究［J］. 宏观经济研究，2015（3）：94-102.

［39］王爱俭，王璟怡. 宏观审慎政策效应及其与货币政策关系研究［J］. 经济研究，2014，49（4）：17-31.

［40］马理，范伟. 促进"房住不炒"的货币政策与宏观审慎"双支柱"调控研究［J］. 中国工业经济，2021（3）：5-23.

［41］ Bank of Canada，Bank of England，Monetary Authority of Singapore. Cross-Border Interbank Payments and Settlements：Emerging Opportunities for Digital Transformation ［EB/OL］. ［2018-08-15］. https：//www. mas. gov. sg/news/media-releases/2018/assessment-on-emerging-opportunities-for-digital-transformation-in-cross-border-payments.

［42］Kambhu J, Schuermann T, Stiroh K. Hedge Funds, Financial Intermediation, and Systemic Risk［J］. Federal Reserve Bank of New York Economic Policy Review, 2007, 13（3）: 1-18.

［43］刘东民，宋爽. 数字货币、跨境支付与国际货币体系变革［J］. 金融论坛, 2020, 25（11）: 3-10.

［44］陈尧，杨枝煌. SWIFT 系统、美国金融霸权与中国应对［J］. 国际经济合作, 2021（2）: 82-96.

［45］马鑫，许钊颖. 美国对俄罗斯的金融制裁［J］. 美国研究, 2015, 29（5）: 5-6, 35-47.

［46］许文鸿. SWIFT 系统：美俄金融战的博弈点［J］. 俄罗斯东欧中亚研究, 2019（6）: 17-32, 148.

［47］Michael P. Can Europe's New Financial Channel Save the Iran Nuclear Deal?［N/OL］. Financial Times, 2019-02-04［2019-10-18］. https: //www. ft. com/content/bd5a5046-27ad-11e9-88a4-c32129756dd8.

［48］杨雅婷. 美国金融支付结算制裁与我国应对措施［D/OL］. 上海：华东政法大学, 2020.

［49］Guggenheim B, Kraenzlin S P, Meyer C.（In）Efficiencies of Current Financial Market Infrastructures-a Call for DLT［R］. SNB Working Paper, 2020（24）: 1-20.

［50］张远军. 中俄间人民币跨境流通的理论与实证研究［J］. 金融研究, 2011（6）: 194-206.

［51］叶亚飞，石建勋. 人民币国际化进程中的货币替代效应研究——以香港地区离岸人民币为例［J］. 经济问题, 2018（3）: 28-35.

［52］张纪腾. 区块链及超主权数字货币视角下的国际货币体系改革——以 E-SDR 的创新与尝试为例［J］. 国际展望, 2019, 11（6）: 20-45, 151.

［53］王炳楠. 国际战略视角下的数字货币发展研究［J］. 新金融, 2020（7）: 50-55.

［54］Aizenman J, Jinjarak Y, PARK D. Capital Flows and Economic Growth in the Era of Financial Integration and Crisis, 1990-2010［J］. Open Economies Review, 2013, 24（3）: 371-396.

［55］Mundell R A. Capital Mobility and Stabilization Policy under Fixed and Flexible Exchange Rates［J］. Canadian Journal of Economics, 1963, 29（4）: 475-485.

［56］Fleming J M. Domestic Financial Policies under Fixed and Floating Exchange Rates［R］. International Monetary Fund Staff Papers, 1962（9）: 369-380.

［57］Kaminsky L, Reinhart C. The Twin Crises: The Causes of Banking and Balance of Payments Problems［J］. American Economic Review, 1999, 89（3）: 473-500.

［58］Dornbusch R, Fischer S. Exchange Rates and the Current Account［J］. American Economic Review, 1980, 70（5）: 960-971.

［59］Reinhart C M, Reinhart V R. Capital Flow Bonanzas: An Encompassing View of the

Past and Present (September 2008)［R/OL］. NBER Working Paper, 2008, w14321. https：//www. nber. org/papers/w14321.

［60］何国华, 李洁. 跨境资本流动、金融波动与货币政策选择［J］. 国际金融研究, 2017（9）：3-13.

［61］郑璇, 罗明铭. 国际资本流动突然中断与货币危机——基于新兴市场国家的证据［J］. 财经科学, 2016（4）：43-49.

［62］Fridman M. The Case for Flexible Exchange Rates［M］. Chicago：University of Chicago Press, 1953.

［63］Meade J. The Theory of International Economic Policy［M］. Oxford：Oxford University Press, 1951.

［64］梅冬州, 龚六堂. 新兴市场经济国家的汇率制度选择［J］. 经济研究, 2011, 46（11）：73-88.

［65］肖卫国, 陈宇, 张晨冉. 利率和汇率市场化改革协同推进的宏观经济效应［J］. 国际贸易问题, 2015（8）：156-167.

［66］陈中飞, 王曦, 刘宛昆. 人民币汇率制度改革：基于国际规律的视角［J］. 国际金融研究, 2018（12）：74-83.

［67］Olivier B, Adler G, Filho I C. Can Foreign Exchange Intervention Stem Exchange Rate Pressures from Global Capitalflow Shocks?［J］. IMF Working Papers, 2015, 15（159）：1-37.

［68］Viziniuc M. Winners and Losers of Central Bank Foreign Exchange Interventions［J］. Economic Modelling, 2021（94）：748-767.

［69］Jeanneo R, Rancirer. The Optimal Level of International Reserves for Emerging Market Countries：A New Formula and Some Applications［J］. The Economic Journal, 2011, 121（555）：905-930.

［70］Kato M, Christian RP, Semmlerc W. Does International Reserves Targeting Decrease the Vulnerability to Capital Flights?［J］. Research in International Business and Finance, 2018, 44（4）：64-75.

［71］李婧. 从跨境贸易人民币结算看人民币国际化战略［J］. 世界经济研究, 2011（2）：13-19, 87.

［72］张远军. 中俄间人民币跨境流通的理论与实证研究［J］. 金融研究, 2011（6）：194-206.

［73］刘骏民, 宛敏华. 中国外汇储备的最佳用途是支撑人民币国际化［J］. 开放导报, 2009（2）：34-36.

［74］周光友, 罗素梅. 外汇储备资产的多层次优化配置——基于交易性需求的分析框架［J］. 金融研究, 2014（9）：18-33.

［75］刘骏民, 刘惠杰, 王洋. 如何看待人民币国际化中汇率升值与热钱冲击［J］. 开放导报, 2006（5）：80-82, 88.

本文转摘自《现代财经》2021 年第 10 期。

实体经济、虚拟经济互动与经济
系统稳定的理论模拟

摘要：本文将虚拟经济和实体经济纳入统一的分析框架，构建了二元经济系统理论模型，模拟分析实体经济与虚拟经济的互动作用机理及对经济系统稳定状态的影响。研究发现，实体经济与虚拟经济的互动作用增强有助于促进两部门的价值增长，但同时也增大了经济系统的波动性；虚拟经济部门的投机性冲击增强有助于促进两部门价值的增加，但也导致整个经济系统的波动性增大，如果超过一定的临界值，将会引发系统风险及危机；经济虚拟化程度的提高，虽然推动了实体经济的增长，但也降低了整个经济系统的稳定性。本文为保障中国虚拟经济与实体经济良性互动、经济平稳健康发展提供决策依据。

关键词：虚拟经济；实体经济；经济系统波动；经济系统价值；基本面投资者；技术投机者；经济虚拟化

引 言

金本位制终结之后，货币逐渐脱离以金银为代表的实物商品，随后"布雷顿森林体系"的崩溃直接导致纸币与黄金脱钩，货币虚拟化也就不可避免地发生了。货币价值形态的独立化，使财富既可以以实物资产衡量，也可以以债券、股票、房地产和金融衍生品等虚拟资产衡量，这对经济系统的运行方式产生了深刻的影响。由于虚拟资产按照资本化方式来定价，而实物资产则按照成本加成方式来定价，这导致实物资产的使用价值与价值相分离，最终结果是以货币形式衡量的虚拟资产的价值远远超过实物资产的价值，实体经济与虚拟经济出现失衡，经济产出结构呈现"倒金字塔"形态（刘晓欣等，2016）[1]。东南亚金融危机、美国次贷危机和欧洲主权债务危机的根源均在于实体经济与虚拟经济的失衡，实体经济出现衰退，而虚拟经济则过度膨胀。当前，我国经济出现以房地产、金融为主的虚拟经济迅速增长，而以制造业为主的实体经济则出现衰退迹象，"脱实向虚"成为中国经济面临的一个重要问题。习近平总书记在党的十九大后首次调研就指出，"中国这么大，必须始终高度重视发展壮大实体经济，不能走单一发展、脱实向虚的路子"。2018年10月习近平总书记在广东考察时又提出，"从大国到强国，实体经济发展至关重要，任何时候都不能脱实向虚"。所以，处理好虚拟经济与实体经济关系，纠正"脱实向虚"不良倾向，首要是发现两者的互动运行机理及其对经济系统稳定状态的影响机理，进而引导虚拟经济服务于实体经济，保障经济系统稳定，这也是本文力求解决的主要问题。

一、虚拟经济与实体经济互动关系的相关研究

国外学者主要从金融市场和金融资产角度研究虚拟经济与实体经济的互动影响关系。Guttmann（1994）认为，1972~1982年美国虚拟经济的爆炸式增长为经济结构调整提供了

巨大动力；[2] Gregoriou 等（2009）基于美国月度数据运用 ARCH 模型研究了金融部门收益率与经济增长率的关系，发现金融部门与实体经济存在着显著的长期反馈关系，当货币供给出现暂时扰动时，首先影响到通胀，其次才影响到消费，消费在短期和长期内对货币供给的反应都比股市回报等变量更为敏感；[3] Nikolaos 等（2010）研究了英国和美国股票市场与实体经济的短期动态关系，发现实际经济预期收益率变动是导致股票价格变动的主要原因，英国股票市场对实体经济的依赖关系要大于美国；[4] Angyal（2012）利用 ARIMA方法和 Johansen 协整检验，发现股票市场和经济增长之间不存在协整关系，世界范围内流动性的增加会导致虚拟经济与实体经济发生背离。[5]

不同于国外学者，中国学者除了从金融市场和金融资产角度研究虚拟经济与实体经济的互动影响关系，还将虚拟经济与实体经济纳入统一的分析框架，从经济系统层面研究虚拟经济与实体经济的互动影响关系。刘骏民和伍超明（2004）应用货币数量关系修正模型，以 β 值反映虚拟经济与实体经济的背离趋向，认为当虚拟资产收益率大于实物资产收益率时，β 值上升，相反就下降，并且虚拟经济的波动性大于实体经济。[6] 曹源芳（2008）应用时间序列方法研究中国虚拟经济与实体经济的关系，发现虚拟经济与实体经济是背离的，二者之间不存在长期协整关系。[7] 刘刚和刘冠军（2011）构建了"实物经济与虚拟经济互动"的价值流转模型，以价值流转为主线研究实物经济和虚拟经济的互动关系，认为虚拟经济是由实物经济的二级市场派生出来的，不具有独立性。[8] 董俊华（2013）利用中国股市和房地产数据，实证研究发现中国的虚拟经济与实体经济短期会发生偏离，这种偏离状况在长期内会逐渐消失，两者会向长期的均衡状态收敛。[9] 胡晓（2015）认为，虚拟经济对实体经济的影响方式及影响程度与虚拟经济发展水平密切相关，随着虚拟经济的不断发展，其对产业结构的影响会越来越强，对实体经济的促进作用越来越小，超过一定水平后，甚至会抑制实体经济增长。[10] 鲁晓琳等（2016）利用静态和时变 VAR 模型，将虚拟经济纳入货币、经济增长与通货膨胀的分析模型，研究美国从工业化时期到经济虚拟化时期的虚拟经济、货币、经济增长与通货膨胀三者之间的动态演化过程。研究结果表明，经济虚拟化很好地解释了美国经济中货币供应与经济增长、通货膨胀之间的背离现象。[11] 王谦和董艳玲（2018）使用 Dagum 基尼系数分解方法，研究中国实体经济总量和经济实虚结构的地区差异发现，中国实体经济总量和经济实虚结构存在显著空间差异，两者总体差异呈递增趋势，东中西实体经济总量呈多极化变动趋势，东北则呈两极分化，经济实虚结构极化趋势不显著。[12] 刘晓欣和张艺鹏（2018）构建了"虚拟经济—实体经济"三部门投入产出模型，研究了虚拟经济自我循环、虚拟经济与实体经济的关联性以及虚拟经济对就业、税收和投资的影响等问题。研究结论表明，虚拟经济具有脱离实体经济独立化运行的特征，虚拟经济的投资引力和税赋压力优于实体经济，但就业带动效应有限。[13]

国内外学者从不同角度对虚拟经济与实体经济的互动影响关系进行了大量的研究，国外学者更注重研究金融市场和金融资产对实体经济的影响关系，这类研究所考虑的虚拟经济范畴过于狭窄，并不能从总体上揭示虚拟经济与实体经济的互动影响关系。国内部分学者将虚拟经济和实体经济纳入统一的分析框架，试图从经济系统层面研究两者的互动影响关系，但是相关研究多以理论分析为主，缺少实证和数理模型的验证，严谨性存疑。下面我们将虚拟经济和实体经济纳入统一的分析框架，构建二元经济系统理论模型，模拟分析两部门互动作用机理及对经济系统稳定状态的影响机理。试图论证实体经济与虚拟经济的互动作用对促进两部门价值增长以及经济系统波动性的影响；如果虚拟经济部门的投机性冲击增强，对两部门价值增加以及经济系统波动性影响如何；如果虚拟经济有一个临界值，超过一定的临界值，是否会引发系统风险及危机；经济虚拟化程度的提高是否一方面推动了实体经济的增长，另一方面也降低了整个经济系统的稳定性。这部分研究希望能够为保障我国虚拟经济与实体经济良性互动、经济平稳健康发展提供决策依据。

二、理论模型构建

本文借鉴 Westerhoff（2012）[14]、Naimzada 和 Pireddu（2014）[15] 分析实体经济与虚拟经济互动影响的理论模型，认为经济系统由实体经济与虚拟经济两部分构成，虚拟经济部门从事虚拟资产交易活动，实体经济部门从事生产和投资活动，并通过虚拟经济部门进行融资。

（一）实体经济部门

借鉴传统凯恩斯主义分析范式，假设实体经济部门的总产出水平受总需求的影响，且存在一期滞后效应。当总需求超过总产出时，企业会扩大生产规模，引致下一期产出水平的提高；当总需求低于总产出时，企业会选择降低生产规模，引致下一期产出水平的下降。因此，第 $t+1$ 期的总产出 Y_{t+1} 可表述为：

$$Y_{t+1}=Y_t+\gamma(Z_t-Y_t) \tag{1}$$

其中，Y_t 代表第 t 期的总产出；Z_t 代表第 t 期的总需求；参数 $\gamma>0$ 代表总产出的调整速度。不失一般性地，假设 $\gamma=1$，表明第 t 期的社会总产出等于第 $t-1$ 期的总需求。

以封闭经济体为例，总需求可表述为：

$$Z_t=C_t+I_t+G_t \tag{2}$$

一般而言，消费和投资均受到实际利率、产出、虚拟资产等因素的影响。虚拟经济的发展受实体经济的影响，表现为虚拟资产的价值是按照一定利率对其未来收入的现金流进行贴现得到；同时虚拟经济对实体经济也会产生影响，表现为虚拟资产通过财富效应渠道影响消费和投资的支出水平，我们将这种影响表示为 $c\hat{P}_t$。综合考虑上述因素并结合本章的研究目的，我们假设利率水平为常数，暂不考虑其他因素，假设政府支出 G_t 为常数 $\overline{G}$。由此，总需求可表述为：

$$Z_t=C_t+I_t+G_t=a+bY_t+c\hat{P}_t \tag{3}$$

其中，$\hat{P}_t$ 表示经济主体（家庭和企业）对虚拟资产内在价值的估计。假设经济主体认为虚拟资产的价值由其长期基本价值 $\tilde{P}$ 和当期价值 P_t 决定，并且为两者的加权平均，即 $\hat{P}_t=(1-\omega_1)\tilde{P}+\omega_1 P_t$，$\omega_1\in[0,1]$。特别地，当参数 $\omega_1=0$ 时，经济主体预期的虚拟资产价值为常数，虚拟经济对实体经济产生的影响为常数即 $c\tilde{P}$。因此，式（3）可以表示为 $Z_t=a'+bY_t$，该式表明虚拟资产价值的波动并不会影响到实体经济，实体经济的产出水平由其需求决定。当参数 $\omega_1\neq 0$ 时，虚拟资产价值的波动通过财富效应渠道影响实体经济的产出水平，并且随着 ω_1 的增大，虚拟资产价值波动对实体经济的影响越显著。因此，参数 ω_1 的大小在一定程度上能够反映虚拟经济部门通过财富渠道对实体经济的影响。

（二）虚拟经济部门

假设家庭和企业均参与虚拟经济活动，家庭持有虚拟资产并获取投资收益，企业通过虚拟经济部门进行融资。鉴于本文主要关注实体经济与虚拟经济的互动关系，这里不对家庭和企业参与虚拟经济活动做区分，而是按照经济主体的交易者类型做区分，即技术投机者和基本面分析者。根据 Westerhoff（2012）的方法，假设做市商根据市场需求状况调整虚拟资产价值：

$$P_{t+1} = P_t + \beta(D_t^C + D_t^F) \tag{4}$$

其中，参数 β 表示做市商的调整速度，不失一般性地，令参数 $\beta=1$。D_t^C、D_t^F 分别表示技术投资者和基本面分析者对虚拟资产的需求。根据式（4）可知，当 $D_t^C + D_t^F$ 为正（负）时，下一期的虚拟资产价值将提高（下降）。

技术投机者和基本面分析者的投资策略存在显著差异，技术投资者主要根据虚拟资产价值的变动趋势决定是否买入或者卖出资产。根据 Westerhoff（2012）的做法，假设技术投机者对虚拟资产的需求为：

$$D_t^C = e(P_t - F_t^C) \tag{5}$$

其中，参数 $e>0$ 表示技术投机者的反应参数，F_t^C 表示技术投机者预期虚拟经济部门的基本价值。式（5）表明，当虚拟资产的当前价值高于基本面价值时，技术投机者选择买进资产；当虚拟资产的当前价值低于基本面价值时，技术投机者将会卖出资产。

基本面分析者并不盲目跟从市场趋势，而是每时每刻关注实体经济状况，判断虚拟资产价值是否过度偏离其基本面价值 F_t^C，当虚拟资产价值过度高估时，基本面分析者选择卖出资产；当虚拟资产价值低估时，基本面分析者选择买入资产。因此，基本面分析者的需求为①：

$$D_t^F = f(F_t^F - P_t)^3 \tag{6}$$

其中，参数 $f>0$ 表示基本面分析者的反应参数，F_t^F 表示基本面分析者预期的虚拟资产部门的基本面价值。

假设两类交易主体对虚拟资产价值的变动拥有相同的信息，则两者预期的虚拟资产价值完全相同，即 $F_t = F_t^F = F_t^C$。由于虚拟资产按照资本化方式进行定价，其价值为未来收入的贴现流，在实际利率为常数的情形下，虚拟资产的价值是实体经济价值的一定比例②：

$$F_t = F_t^F = F_t^C = d\hat{Y}_t \tag{7}$$

其中，参数 d 表示虚拟经济价值与实体经济价值的比例关系，反映宏观杠杆率；$\hat{Y}_t$ 表示经济主体预期的经济产出水平，为实体经济的长期均衡产出水平 $\bar{Y}$ 和当前实际产出水平 Y_t 的加权平均，即 $\hat{Y}_t = (1-\omega_2)\bar{Y} + \omega_2 Y_t$，$\omega_2 \in [0, 1]$。特别地，当参数 $\omega_2 = 0$ 时，经济主体预期的虚拟资产价值为常数 $d\bar{Y}$，此时实体经济部门的产出水平 Y_t 的波动并不会影响虚拟资产的

---

① 基本面分析者的需求函数设定为非线性的形式，这是由于所构建的模型中假设基本面分析者具有稳定经济系统的作用。具体来说，技术投机者对虚拟资产的需求曲线的斜率为常数 e，而基本面分析者关于虚拟资产的需求曲线的斜率为 $3f(F_t^F - P_t)^2$。当虚拟资产的价值 P_t 过度偏离其基本面价值 F_t^F 时，两类交易者对虚拟资产的需求相反，且基本面分析者的卖出力度更为显著，促使虚拟经济恢复到基本价值。

② 当利率为常数时，根据资产定价方程有：$P_t = E_t\left[\dfrac{Y_t}{(1+r)^0} + \dfrac{Y_{t+1}}{(1+r)^1} + \cdots\right] = E_t\left[\displaystyle\sum_{k=0}^{\infty}\dfrac{Y_{t+k}}{(1+r)^k}\right]$。本文假设经济系统对未来实体经济部门的产出水平的预期为当期产出与长期均衡产出的加权平均。因此，虚拟资产的价值可以表示为 $F_t^F = F_t^C = d\hat{Y}_t$。

价值；而当参数 $\omega_2 \neq 0$ 时，实体经济部门的产出水平 Y_t 通过影响虚拟资产的价值 F_t 而对虚拟资产的需求产生的影响，最终对虚拟资产的价值 P_t 产生影响。注意到，随着参数 ω_2 的增大，实体经济部门产出 Y_t 的波动对虚拟资产价值 P_t 的影响越来越显著。因此，参数 ω_2 的大小在一定程度上能够反映实体经济部门通过资本定价方程对虚拟经济部门的影响程度。

综上分析可见，参数 ω_1 的大小在一定程度上能够反映虚拟经济部门通过资产财富渠道对实体经济的影响程度；参数 ω_2 的大小则在一定程度上能够反映实体经济部门通过资本定价方程对虚拟经济部门产生的影响。为了分析方便，模型不再对参数 ω_1 和参数 ω_2 作区分，统一用参数 ω 表示。

（三）模型的求解

根据已构建的模型可得，实体经济和虚拟经济的动态调整过程可表示为：

$$\begin{cases} P_{t+1} = P_t + e(P_t - d[(1-\omega)\widetilde{Y} + \omega Y_t]) + f\{d[(1-\omega)\widetilde{Y} + \omega Y_t] - P_t\}^3 \\ Y_{t+1} = a + bY_t + c[(1-\omega)\widetilde{P} + \omega P_t] \end{cases} \tag{8}$$

命题 1 为使经济系统达到稳态水平，要求参数 $b + cd\omega^2 < 1$ 且 a 要足够大，此时存在三组正值的稳态水平，分别为：

$$\begin{cases} \overline{Y}_1 = \dfrac{a + c(1-\omega)\widetilde{P} + cd\omega(1-\omega)\widetilde{Y}}{1 - b - cd\omega^2} \\ \overline{P}_1 = d(1-\omega)\widetilde{Y} + d\omega\overline{Y}_1 \end{cases}$$

$$\begin{cases} \overline{Y}_{2,3} = \overline{Y}_1 \pm \dfrac{c\omega}{1 - b - cd\omega^2}\sqrt{e/f} \\ \overline{P}_{2,3} = \overline{P}_1 \pm \dfrac{1-b}{1 - b - cd\omega^2}\sqrt{e/f} \end{cases} \tag{9}$$

命题 2 经济系统达到稳态水平时，当参数 $\omega = 0$ 时，稳态水平 $\overline{Y}_1$ 是全局稳定的，$\overline{P}_1$ 是不稳定的；当参数 $e < 1$ 时，$\overline{P}_{2,3}$ 是局部稳定的；当参数 $\omega \in (0, 1]$ 时，稳态水平 $(\overline{Y}_1, \overline{P}_1)$ 是不稳定的，稳态水平 $(\overline{Y}_{2,3}, \overline{P}_{2,3})$ 在 $e < (1+b)/(1+b+cd\omega^2)$ 时是局部稳定的。当稳态水平 $(\overline{Y}_{2,3}, \overline{P}_{2,3})$ 是局部稳定时，参数 e 的上界随着参数 b 的增大而增大，而随着参数 c、d、w 的增大而减小。特别地，参数 ω 衡量了实体经济部门与虚拟经济部门互动强度，随着 ω 数值从 0 到 1 逐渐增大，参数 e 的上界越来越小，这表明两个部门的互动效应的增强使得稳态的稳定范围缩小。

注意到，经济系统的稳态水平 $(\overline{Y}_1, \overline{P}_1)$ 是不稳定的，也就是说外部扰动使经济系统偏离其稳态水平且无法恢复到初始稳态水平。当参数满足 $e < (1+b)/(1+b+cd\omega^2)$ 时，即技术投机者的反应参数不至于太大时，稳态水平 $(\overline{Y}_{2,3}, \overline{P}_{2,3})$ 是局部稳定的，且稳态水平 $(\overline{Y}_2, \overline{P}_2)$ 高于稳态水平 $(\overline{Y}_3, \overline{P}_3)$。在稳态水平 $(\overline{Y}_2, \overline{P}_2)$ 下，经济系统处于繁荣状态，实体经济部门的产出和虚拟经济部门的价值保持在较高的水平上；当经济系统处于稳态水平 $(\overline{Y}_3, \overline{P}_3)$ 时，实体经济部门的产出和虚拟经济部门的价值则保持在较低的水平上。假设经济系统一开始处于 $(\overline{Y}_1, \overline{P}_1)$，如果受到一个有利的冲击，那么经济系统就会向高水平的稳态 $(\overline{Y}_2, \overline{P}_2)$ 收敛；反之，则向低水平的稳态 $(\overline{Y}_3, \overline{P}_3)$ 收敛。这表明经济系统是处于高水平还是低水平状态，依赖于经济系统的初始条件以及扰动的性质。此外，随着 ω 的增大即实体经济部门与虚拟经济部门互动效应越来越强，实体经济部门的产出和虚拟经济部门的价值均

有增加的趋势，两者的互动能够起到相互促进的作用，使两个部门的增长速度更快。

对实体经济部门来说，当两个部门没有互动效应时，实体经济部门的产出是全局稳定的；当两个部门存在互动效应时，实体经济部门存在三个稳态解，其中之一是不稳定的，另外两个是局部稳定的。对虚拟经济部门来说，两个部门没有互动效应时，所得的三个稳态解，其中之一是不稳定的，另外两个是局部稳定的。当两个部门存在互动效应时，同样在三个稳态解中有一个不稳定的，另外两个是局部稳定的。

综上所述，实体经济部门与虚拟经济部门的互动效应具有积极的影响，也有一定的消极影响，虽然互动效应会使经济处于高位的可能性增加，但同时也增加了整个经济系统的不稳定性。注意到，参数 e 即技术投机者的反应参数，其取值越大表明虚拟经济部门中投机性因素越强，这导致虚拟经济部门的稳定性下降，进而通过两个部门的互动机制传递到实体经济部门，加剧了实体经济部门的不稳定性。因此，要实现两个部门的良性互动，必须抑制虚拟经济部门中的过度投机行为。

三、数值模拟分析

下面应用仿真模拟方法研究虚拟经济与实体经济的互动影响机理，具体的研究过程包括：首先，根据我国宏微观经济数据和相关研究成果，确定参数 b、c、d 的初始值。同时依据模型稳态实现条件确定参数 a、e、f 的取值范围，并结合参数 b、c、d 的取值进行多次模拟分析，最终确定参数 a、e、f 的初始值。其次，在确定模型参数的初始值之后，应用数值分析方法求得模型稳态解，进而确定模型的长期稳态均衡解。最后，在确定模型长期稳态均衡解之后，改变某一个参数的初始值，研究该参数的变动对经济系统稳定状态的影响过程，以及经济系统趋向稳态的过程中虚拟经济与实体经济的互动作用机理。

（一）参数赋值

参数 a 表示自主性消费，该值对第一类均衡状态有影响，对第二类和第三类没有影响，同时为使经济系统达到稳态水平，要求参数 $b+cd\omega^2<1$ 且 a 要足够大，本文结合其他参数的初始值并经多次模拟分析，最终设定参数 a 初始值为 3.2。

参数 b 表示家庭和企业的边际消费倾向和边际投资倾向之和，本文利用 1978~2013 年 GDP 和消费数据，计算得到边际消费倾向的均值为 0.42，同理得到 1978~2013 年边际投资倾向的均值为 0.4。因此，参数 b 的数值为 0.82。

参数 c 表示虚拟资产的财富效应。张大永和曹红（2012）基于我国家庭金融微观调查数据，研究了家庭房屋价值、金融资产及其他财富对消费的影响。研究结果显示，房地产价格对家庭消费的弹性系数为 9.61%，金融资产的弹性系数为 3.32%。[16] 本文采用张大永和曹红的研究结果，将房地产和金融资产对家庭消费弹性系数的和作为 c 的取值，即 $c=0.13$。

参数 d 表示经济虚拟化程度，本文选取 2004~2014 年 A 股市值季度数据和相应年份的 GDP 季度数据，以股票市值除以 GDP 作为 d 的取值，得出平均值为 2.044，近似为 2，即取 $d=2$。

参数 e、f 表示技术投机者和基本面分析者的反应程度，其取值决定了整个经济体在初始状态受到微小冲击后是否能够向稳态迁移。本文结合其他参数的初始值并经多次模拟分析，

最终设定 $e=0.8$、$f=0.2$，该取值保证了经济系统受到微小冲击时能够恢复到稳态水平。

参数 ω 的大小反映了两个部门互动的强度大小，在分析其他参数时，设定 $\omega=1$。

综上所述，本文设定的模型参数为：$a=3.2$，$b=0.82$，$c=0.13$，$d=2$，$e=0.8$，$f=0.2$，$\omega=1$。上述参数确定之后，根据模型就可以求得理论均衡状态，我们继而分析其中部分参数的变动对经济系统均衡状态的影响，以及经济系统趋于均衡状态的变迁过程。

根据模型可得出经济系统的稳态水平：$(\overline{Y}_1, \overline{P}_1)=(20, 40)$，$(\overline{Y}_2, \overline{P}_2)=(19.75, 37.5)$，$(\overline{Y}_3, \overline{P}_3)=(20.25, 42.5)$。我们假定长期均衡为 $(\tilde{Y}_1, \tilde{P}_1)=(20, 40)$。

根据命题 2 可知，整个经济系统能否达到稳态水平取决于技术投机者反应参数 e 的大小，在 $e<(1+b)/(1+b+cd\omega^2)$ 的情形下，经济系统最终将会达到稳态。根据本文模型确定的参数，经济系统最终能够达到稳态的条件为 $e<1$。①

由图 1 可知，上半部分给出了经济系统无法达到稳态时，两个部门价值的动态调整过程。首先，实体经济部门的价值在 20 附近，虚拟经济部门的价值在 40 附近，并均呈现周期性波动；其次，两个部门的价值波动呈现出高度的同步性，当实体经济部门处于繁荣状态时，虚拟经济部门同样处于繁荣状态，当实体经济处于低迷状态时，虚拟经济部门也处于低迷状态；最后，两个部门的波动幅度存在明显差异，实体经济价值波动幅度大致在 $19.7\sim 20.3$，虚拟经济价值波动幅度大致在 $36\sim 44$，实体经济价值波动幅度明显小于虚拟经济价值的波动幅度。图 1 的下半部分给出了经济系统达到稳态时，整个经济系统受到外部扰动后恢复到稳态水平的过程，实体经济部门和虚拟经济部门大约经历 40 个期后逐步恢复到稳态水平。

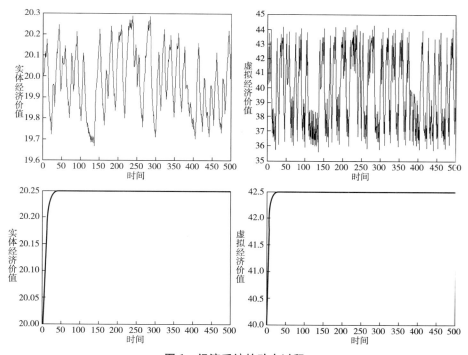

图 1　经济系统的动态过程

① 严格意义上来说，当 $\omega=1$ 时，有 $e<0.9798$；当 $\omega=0$ 时，经济系统能够达到稳态的条件是 $e<1$。由于 ω 取值对经济系统能否达到稳态的影响很小，接近于 1。为分析简便，本文将 $e=1$ 作为经济系统能否达到稳态的条件。

（二）经济系统的价值分析

模型中的四个参数的变动对经济系统达到稳态水平有着显著影响。首先，表示两个部门互动强度的参数 ω，对经济系统向稳态水平的变迁有着显著影响；其次，技术投机者参数 e 的大小决定了经济系统是否能到稳态；最后，经济虚拟化程度 d 和基本面投机者参数 f 的大小都会影响最终的稳态水平。

（1）参数 ω 变动对经济系统的价值影响分析。根据命题 2 可知的稳态水平（$\overline{Y}_1$，$\overline{P}_1$）并不稳定，当受到外部扰动时，经济系统会向高稳态水平（$\overline{Y}_2$，$\overline{P}_2$）或者低稳态水平（$\overline{Y}_3$，$\overline{P}_3$）演变。事实上，实体经济和虚拟经济两个部门受到的冲击性质可能存在显著差异，而这会导致经济最终稳态水平存在明显差异。

由图 2 可知，随着参数 ω 的变化，实体经济部门和虚拟经济部门价值的变化趋势。经济受到冲击时，经济系统向稳态转移的过程中两个部门的价值取值在一开始会不断变化，当经济系统达到稳态后将不再变化，最终表现为处于高稳态或者低稳态。如果经济向高稳态移动，ω 越大，两个部门的稳态值增大；如果经济向低稳态移动，ω 越大，两个部门的稳态值减小。至于初始冲击如何决定经济最终处于高稳态还是低稳态，如表 1 所示。

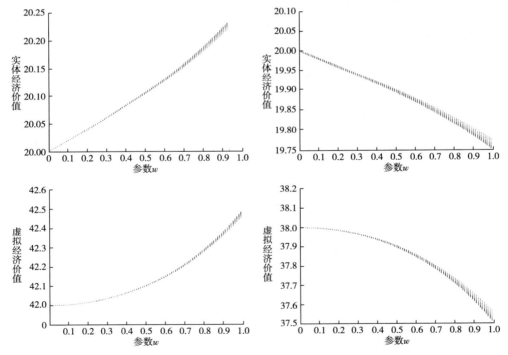

图 2　参数 ω 变动对经济系统的影响

表 1　不同冲击下经济达到的稳态

		虚拟经济		
		正向冲击	负向冲击	无冲击
实体经济	正向冲击	高稳态	低稳态	低稳态
	负向冲击	高稳态	低稳态	高稳态
	无冲击	高稳态	低稳态	—

（2）参数 e 变动对经济系统的价值影响分析。图 3 显示，随着参数 e 的变化，在不同的冲击下，实体经济部门和虚拟经济部门价值的变化趋势。图中横轴表示 e 的取值，纵轴表示两个部门的价值，横轴上的一个值对应了很多个价值，这是因为在经济受到冲击时，经济系统向稳态转移的过程中两个部门的价值取值在一开始会不断变化，当经济系统达到稳态后不再变化，最终表现为处于高稳态或者低稳态。

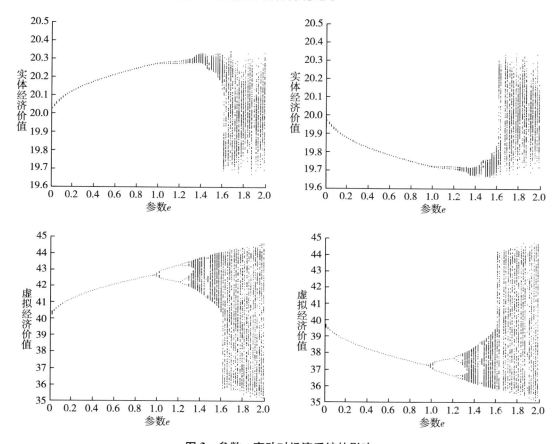

图3 参数 e 变动对经济系统的影响

随着参数 e 取值越来越大即技术投机者的反应参数越大，无论怎样的初始冲击，在经济向稳态移动的过程中，两个部门的价值变化幅度都有增大的趋势，即向稳态移动的过程中经济的波动会越来越大。在此过程中有两个明显的分界点，即 $e=1$ 和 $e=1.6$。参数 e 在 $0\sim1$ 发生变化，两个部门的价值变化幅度不是很明显，但是当 $e>1$ 时，虚拟经济价值开始出现分叉现象，实体经济价值变化幅度加大。在高稳态或低稳态之后都会出现一个周期为 2 的循环，实体经济部门或虚拟经济部门就会在两个值之间来回震荡，且震荡幅度随着 e 的增大而增大。当 e 增加到 1.2 时，又会出现一个周期为 4 的循环，两个部门的价值就会在四个取值之间来回变化。随着 e 的进一步增大，经济系统出现周期循环、混沌现象。当 e 进一步增加到 1.6 时，实体经济价值变化幅度突然增加，虚拟经济价值变动幅度也突然增加，整个经济系统陷入混乱的状态。此外，模型稳态值的大小还受初始条件的影响，如果经济向高稳态移动，e 越大，两个部门的稳态值越大；如果经济向低稳态移动，e 越大，两个部门的稳态值越小。

（3）参数 f 变动对经济系统的价值影响分析。图 4 显示，随着参数 f 的变化，在不同的冲击下，实体经济部门和虚拟经济部门价值的变化趋势。图中横轴表示 f 的取值，纵轴表示两个部门的价值，横轴上的一个值对应了多个价值，这是因为在经济受到冲击时，经济系统向稳态转移的过程中两个部门的价值在一开始会不断变化，当经济系统达到稳态后将不再变化，最终表现为处于高稳态或者低稳态。

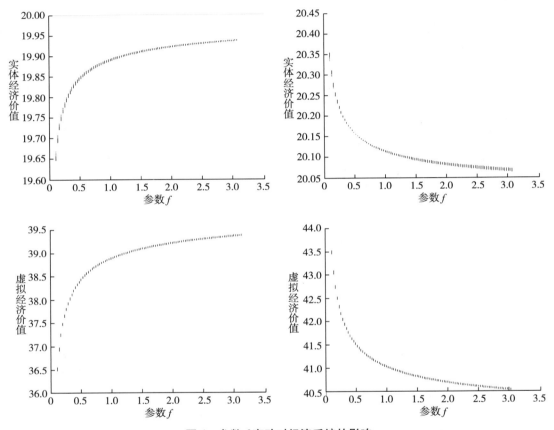

图 4　参数 f 变动对经济系统的影响

随着 f 越来越大即基本面投机者的反应参数越大，无论怎样的初始冲击，经济向稳态移动的过程中，两个部门的价值呈现出增大或者减小的趋势。如果经济向高稳态移动，f 越大，两个部门的稳态值越小；如果经济向低稳态移动，f 越大，两个部门的稳态值越大。

（4）参数 d 变动对经济系统的价值影响分析。图 5 显示，随着参数 d 的变化，在不同的冲击下，实体经济部门和虚拟经济部门价值的变化趋势。图中横轴表示 d 的取值，纵轴表示两个部门的价值，横轴的一个值对应了多个价值，这是因为在经济受到冲击时，经济系统向稳态转移的过程中两个部门的价值在一开始会不断变化，当经济系统达到稳态后不再变化，最终表现为处于高稳态或者低稳态。随着参数 d 取值增大，即初始状态时虚拟经济部门价值与实体经济部门价值比值越大，两部门的价值越来越大。

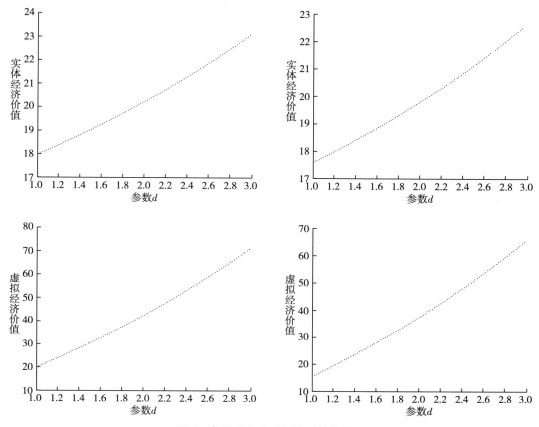

图5　参数 d 变动对经济系统的影响

综上分析，假定经济系统一开始处于不稳定状态，受到微小冲击之后，经济系统会向高稳态或者低稳态移动。对不同冲击类型引起稳态移动方向进行分析，可以看出只要虚拟经济部门受到正向冲击，整个经济体就会向高稳态移动；如果虚拟经济部门受到负向冲击，整个经济体就会向低稳态移动。如果虚拟经济部门没有受到冲击，那么稳态的移动方向受实体经济的冲击方向决定，即实体经济部门受到正向冲击，则经济系统向低稳态移动；实体经济部门受到负向冲击，经济系统向高稳态移动。

（三）经济系统的波动性分析

前文分析了经济系统的价值稳态问题，这里进一步研究经济系统从初始状态移向稳态过程中价值量的波动问题。

（1）参数 ω 变动对经济系统的波动影响分析。图6左边两幅子图显示 $e>1$（此时经济系统无法达到稳态）时，两个部门的价值标准差变化趋势；右边两幅子图展现的是 $e<1$（此时经济系统最终能够达到稳态）时，两个部门的价值标准差变化趋势。

在经济系统能够达到稳态时，随着两个部门的互动越来越强，两个部门的价值标准差都有增大的趋势，说明互动越强两个部门的波动会越来越大。从标准差的变化来看，随着互动的增强，实体经济部门的标准差从接近0增加到0.04，增长的幅度相对较大，而虚拟经济部门的标准差从0.21增加到0.27，增加的幅度相对较小。从两个部门变化的幅度来看，两个部门的互动并没有使虚拟经济部门的波动增加很多，反而使实体经济部门的波动增大。在经济未达到稳态时，随着两个部门的互动越来越强，两个部门的价值标准差表现出不同的趋势。实体经济价值标准差随着互动的加强而增大，虚拟经济价值标准差则呈现出混乱的状况，并没有表现出增大的趋势。但是，实体经济部门的波动仍然显著增加，而虚拟经济部门的波动并没有显著变化。

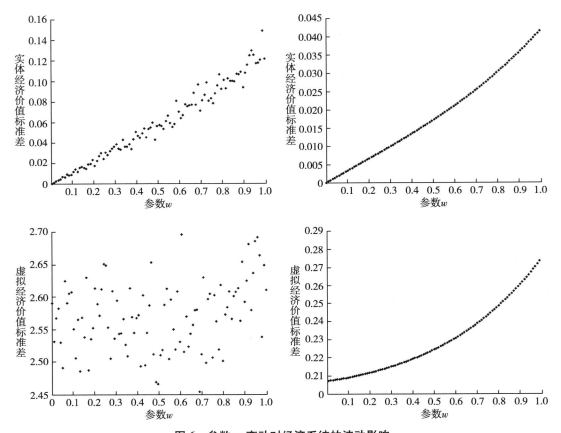

图6　参数 ω 变动对经济系统的波动影响

（2）参数 e 变动对经济系统的波动影响分析。经济系统受到初始冲击之后，在经济系统达到稳定状态时，随着参数 e 的变化，两个部门价值标准差的变化趋势非常相近，只是大小上有些微差别。因为篇幅有限，这里只列示部分分析结果。

图7上半部分显示随着参数 e 的变动，经济系统向稳态移动的过程中实体经济价值标准差的变化趋势，下半部分显示经济系统向稳态移动的过程中，虚拟经济价值标准差的变化趋势。在经济系统受到冲击之后，随着参数 e 的增大，两个部门的价值标准差都有增加的趋势，e 取值在 1.6 时，标准差的变化呈现混乱状况，特别是虚拟经济部门价值标准差突然有较大的增加；e 取值相等情况下，虚拟经济价值的标准差比实体经济价值标准差大了很多，说明了虚拟经济部门的波动大于实体经济部门。

（3）参数 f 变动对经济系统的波动影响分析。在不同的冲击下，随着参数 f 的变化，两个部门价值标准差的变化趋势非常相近，只是大小上有些微差别。

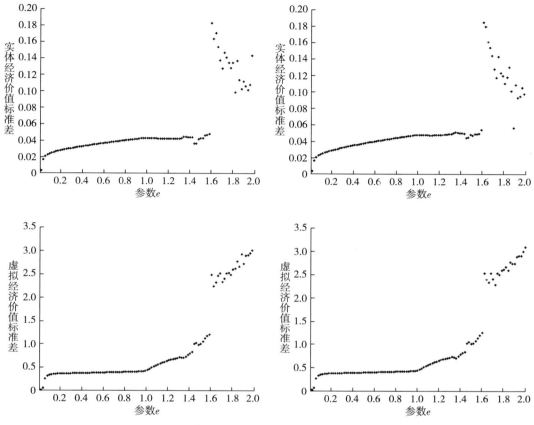

图7 参数 *e* 变动对经济系统的波动影响

图8左边两幅子图显示 $e>1$（此时经济系统无法达到稳态）时，两个部门的价值标准差变化趋势；右边两幅图显示 $e<1$（此时经济系统最终能够达到稳态）时，两个部门的价值标准差变化趋势。随着参数 *f* 的增大，经济系统向稳态移动的过程中，两个部门的价值标准差都有减小的趋势，说明基本面投机者有着减弱经济波动的作用，并且随着参数 *f* 的增大，其抑制经济波动的能力越大。同时，在经济达到稳态的情况下（$e<1$），随着参数 *f* 的增加，两部门的价值标准差逐渐减小，逼近于零；在经济未达到稳态的情况下（$e>1$），随着参数 *f* 的增大，虽然标准差有减小的趋势，但不能趋近于零；*f* 值相同的情况下，虚拟经济价值标准差大于实体经济标准差，这个特征在 $e>1$ 时表现得更为明显。

（4）参数 *d* 变动对经济系统的波动影响分析。在不同的冲击下，随着参数 *d* 的变化，两个部门价值标准差的变化趋势非常相近，只在大小上有些微差别。

图9左边两幅子图显示 $e>1$（此时经济系统无法达到稳态）时，两个部门的价值标准差变化趋势，右边两幅图显示 $e<1$（此时经济系统最终能够达到稳态）时，两个部门的价值标准差变化趋势。

根据图9可知，无论经济系统是否达到稳态，随着 *d* 的增大，两个部门的标准差都呈上升趋势。当 *d* 增加到一定程度时，大概7附近，标准差随着 *d* 增加而快速上升，在经济系统向稳态移动的过程中波动程度快速上升。也就是说，当经济处于高杠杆率的情形时，整个经济系统稳定性将会下降。因此，应合理发展虚拟经济，避免经济过度虚拟化。

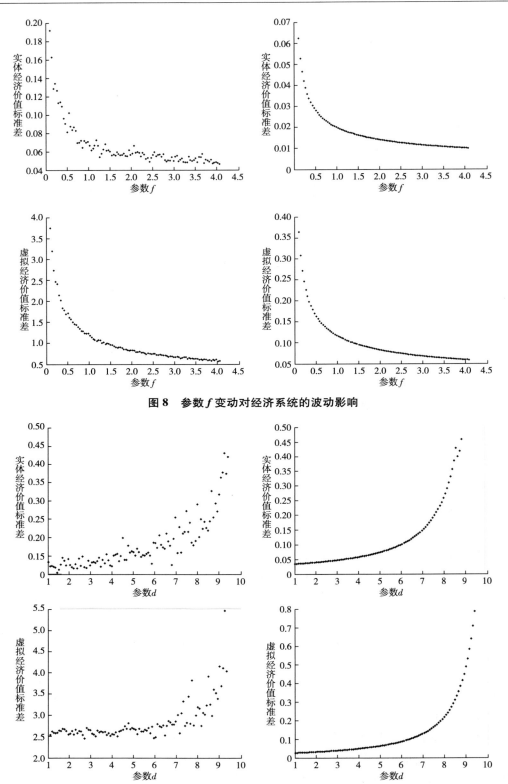

图8 参数 f 变动对经济系统的波动影响

图9 参数 d 变动对经济系统的波动影响

综上分析可以看出，在经济系统最终无法达到稳态的情况下，经济系统的波动程度普遍大于稳态下的波动程度。参数 ω、e、d 的增大都会放大经济系统的波动性，参数 f 的增大则有助于降低经济系统的波动性。

（四）临界值的确定

根据命题 2 可知，经济系统的高稳态或者低稳态都是局部稳定的，当超出一定范围时，经济系统就不能达到稳定状态，要么经过一定周期的波动重新回到稳定状态，要么一直处于波动状态，无法回到稳态，这就涉及临界值的问题。本文通过改变模型初始参数，经过反复试验来确定临界值。如在改变模型初始参数、$e=0.77$、$d=4$ 的情况下，虚拟经济部门单独受到的冲击在（-3.66，3.66）范围内，实体经济部门单独受到冲击在（-0.9，0.9）范围内，经济系统最终都会实现稳定状态。

由图 10 可知，在 e 值确定情况下，即技术投机者的参数给定时，虚拟经济部门单独受到冲击后经济系统能够回到稳态的冲击量（正向冲击和负向冲击是对称的，因此只分析一个方向的冲击）临界值随着 d 的增加而减小，即经济虚拟化程度越高，经济系统的稳定性越弱。在 d 值确定的情况下，临界值的大小随着 e 的增加而增大，这是因为 e 越大表明虚拟经济部门的价值越大，相应冲击量的临界值也会有所增加。

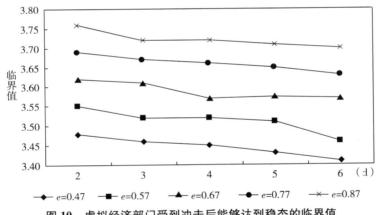

图 10 虚拟经济部门受到冲击后能够达到稳态的临界值

根据图 11 可知，在 e 值确定的情况下，即技术投机者的参数给定时，实体经济部门单独受到冲击后经济系统能够回到稳态的冲击量（正向冲击和负向冲击是对称的，因此只分析一个方向的冲击）的临界值随着 d 的增加而减小，即经济虚拟化程度越高，经济系统的稳定性越弱。冲击量一定的情况下，原本经济系统能够达到稳态，如果经济虚拟化程度过大，经济系统有可能不会向稳态移动，而是呈现剧烈的波动。在相同的 d 值下，临界值的大小随着 e 的增加而增大。

对比实体经济部门和虚拟经济部门的临界值可以看出，随着经济虚拟化程度的增大，虚拟经济部门受到冲击后向稳态移动的临界值虽然有所减小，但是减小的幅度并不是很大，实体经济部门受到冲击后向稳态移动的临界值却随着 d 的增加而大幅减小。随着经济虚拟化程度的提高，虚拟经济部门的不稳定性会传递到实体经济部门，使实体经济部门的稳定性出现较大幅度的下降。

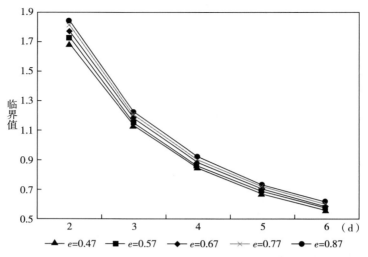

图 11　实体经济部门受到冲击后能够达到稳态的临界值

四、主要研究结论

本文通过建立一个两维的非线性模型来分析实体经济部门与虚拟经济部门的互动机理，数值模拟结果体现在以下六个方面：

第一，在经济系统稳态条件满足的情况下，最终是达到高稳态还是低稳态取决于初始条件。当虚拟经济受到负向冲击时，经济系统会向低稳态移动；虚拟经济受到正向冲击时，经济系统会向高稳态移动。当虚拟经济没有受到冲击时，如果实体经济受到正向冲击，那么经济系统向低稳态移动；实体经济受到负向冲击时，经济系统向高稳态移动。

第二，在经济系统达到高稳态的条件满足的情况下，ω 表示的实体经济和虚拟经济互动增强时，虚拟经济和实体经济部门的价值增大，随着两部门互动强度的增大，经济系统向稳态移动的过程中价值的波动会越来越大。

第三，对于虚拟经济中的技术投机者参数 e 来说，在经济系统达到稳态的条件满足的情况下，如果经济向高稳态移动，参数 e 的取值越大，虚拟经济和实体经济部门的价值越大；如果经济向低稳态移动，参数 e 的取值越大，虚拟经济和实体经济部门的价值越小；随着 e 的增大，经济系统向稳态移动过程中价值的波动会越来越大。经济系统不能达到稳态的情况下，如果 e 不是很大，经济系统将会在一个较小的区间内波动；如果 e 大到一定程度，经济的波动区间将呈几何级数增大，经济系统将会剧烈动荡。

第四，对于虚拟经济的基本面投机者来说，在经济达到稳态的条件满足的情况下，如果经济向高稳态移动，参数 f 取值越大，两个部门的价值越小；如果经济向低稳态移动，参数 f 取值越大，两部门的价值越大；随着 f 的增大，经济系统向稳态移动的过程中价值的波动会越来越小。在经济不能达到稳态的情况下，随着参数 f 的增大，经济系统的波动区间将会越来越小。

第五，经济虚拟化的程度上升，使两个部门的价值增加，但是经济系统向稳态移动的过程中价值的波动会越来越大。这时为实现虚拟经济与实体经济的平衡发展，需要在价值和波动控制之间进行综合考虑。

第六，从临界值大小来看，虚拟经济和实体经济部门受到冲击能够达到稳态的冲击临界值范围会随着经济虚拟化程度的增加而减小，这说明经济系统的稳定性随着虚拟化程度的增加而降低。经济虚拟化程度虽然能够提高两个部门的价值，但也会使经济系统的稳定性降低。

依据模型分析结论，表征虚拟经济发展程度的 d 值较小时，经济虚拟化对经济系统的波动性影响较小，可以将 d 值作为一个虚拟经济发展程度的参考值，以此为标准，应用财税、货币、汇率等经济手段引导虚拟经济合理发展。为保障虚拟经济平稳发展以及防范虚拟经济与实体经济的失衡，应对虚拟经济部门的投机性进行合理约束，可以适当增加基本面投资者在金融市场中的参与力度，如设立平准基金等，在虚拟资产投机性膨胀的时候应进行适当的反向操作。

参考文献

［1］刘晓欣，宋立义，梁志杰．实体经济、虚拟经济及关系研究述评［J］．现代财经（天津财经大学学报），2016，36（7）：3-17.

［2］Guttmann R. How Credit-Money Shapes the Economy：The United States in a Global System［M］. Nova York：ME Sharpe, Armonk, 1994.

［3］Andros Gregoriou, John Hunter, and Feng Wu. An Empirical Investigation of the Relationship between the Real Economy and Stock Returns for the United States［J］. Journal of Policy Modeling, 2009, 31（1）：133-143.

［4］Giannellis Nikolaos, Angelos Kanas, and Athanasios P. Papadopoulos. Asymmetric Volatility Spillovers between Stock Market and Real Activity：Evidence from the UK and the US［J］. Panoeconomicus, 2010, 57（4）：429-445.

［5］Carmen Maria Angyal. The Study of Correlation between Stock Market Dynamics and Real Economy［J］. Euro Economica, 2012, 31（2）：14-22.

［6］刘骏民，伍超明．虚拟经济与实体经济关系模型——对我国当前股市与实体经济关系的一种解释［J］．经济研究，2004（4）：60-69.

［7］曹源芳．我国实体经济与虚拟经济的背离关系——基于1998-2008年数据的实证研究［J］．经济社会体制比较，2008（6）：57-62.

［8］刘刚，刘冠军．实物经济与虚拟经济互动的价值流转模型——基于马克思主义经济学的理论建构［J］．产业经济评论，2011，10（2）：151-161.

［9］董俊华．虚拟经济与实体经济：基于结构视角的分析［J］．南昌大学学报（人文社会科学版），2013，44（3）：70-74.。

［10］胡晓．虚拟经济发展对实体经济的影响：增长抑或结构调整［J］．财经科学，2015（2）：52-62.

［11］鲁晓琳，董志，郭琨．经济虚拟化对经济增长和通货膨胀的影响［J］．上海经济研究，2016（10）：3-11.

［12］王谦，董艳玲．中国实体经济发展的地区差异及分布动态演进［J］．数量经济技术经济研究，2018，35（5）：77-94.

［13］刘晓欣，张艺鹏．虚拟经济的自我循环及其与实体经济的关联的理论分析和实证检验——基于美国 1947—2015 年投入产出数据［J］．政治经济学评论，2018，9（6）：158-180.

［14］Frank Westerhoff. Interactions between the Real Economy and the Stock Market： A Simple Agent-based Approach？［J］. Discrete Dynamics in Nature and Society，2012（1）：504840.

［15］Ahmad Naimzada，and Marina Pireddu. Dynamic Behavior of Product and Stock Markets with A Varying Degree of Interaction［J］. Economic Modelling，2014（41）：191-197.

［16］张大永，曹红．家庭财富与消费：基于微观调查数据的分析［J］．经济研究，2012，47（S1）：53-65.

本文转摘自《社会科学战线》2019 年第 10 期。

农村土地的产权制度及其要素
资源的市场化配置

——虚拟经济视角下土地产权私有化辨析

摘要：本文基于虚拟经济视角提出一个反对土地私有化论的经济学解释，认为在土地集体所有制环境下的农业经济已出现虚拟化萌芽，如果实行土地私有化制度，将引发农业经济的虚拟化浪潮并且冲击和危害农村经济。如何处理好坚持农村土地集体所有制与土地资源市场化配置的关系是中国农业发展面临的重要问题，基于此，本文提出规范集体土地用益物权的权能机制，以防止集体土地产权被过度稀释；强化集体土地所有权人的能力建设，以完善集体建设用地入市机制；优化集体土地入市收益分配制度，以促证征地补偿制度的基本公平。

关键词：农村土地；产权制度；集体所有；土地资源；市场化配置；虚拟经济；土地私有化

引　言

农业是实体经济的重要组成部分，农村经济的健康发展、农民生活的改善是发展壮大工业、推动制造业由低端向高端升级的首要前提和基础保障，强大工业体系的实现，必须以现代化的农业作为支撑。当前我国农业处于由传统农业向现代农业加速转型的关键时期，关于农村土地所有制形式与土地要素资源配置呈现出众多不同的观点与新的发展变化，其中较为典型的观点是主张废除农村土地集体所有制、推行农村土地私有化，试图冲破农村土地现有的所有制形式及其要素配置规律。因此，如何在坚持土地集体所有的基础上，对土地私有化论及其后果进行准确辨析，以及如何有效提高农村土地资源有效供给和市场化配置程度，加强集体经济组织作为土地所有权人的能力建设，化解我国当前面临的农产品供给的结构性矛盾，保障农业转型阶段传统农民的相关权益，是我国农业现代化发展过程中亟须回答的几个问题。关于农村土地所有制形式问题，虽然国家明确坚持将农村土地由农民集体所有作为农业基本经营制度的核心，但是学术界和社会上关于土地私有化的争论从未停止，更未达成共识，仍有学者不断提出土地私有化论。虽然国内以温铁军、贺雪峰和简新华为代表的众多学者从多个方面对土地私有化论进行了批判，但总体来看，尚未有研究从土地私有化与农业经济虚拟化这一视角来探讨私有化论的弊端。同时，虽然新修正的《中华人民共和国土地管理法》（以下简称《土地管理法》）优化了农村土地要素市场化配置机制，但在集体土地的权能机制、入市机制、收益分配机制以及征地制度等方面，仍存在诸多需要进一步探讨的问题。习近平总书记指出：新时代推进农村土地制度改革，要坚持把依法维护农民权益作为出发点和落脚点，坚持农村土地农民集体所有制不动摇，坚持家庭承包经营基础性地位不动摇。要运用农村承包地确权登记颁证成果，扎实推进第二轮土地承包到期后再延长30年工作，保持农村土地承包关系稳定并长久不变[1]。

笔者在虚拟经济的理论框架下，对土地私有化论的谬误和后果进行分析，在此基础上讨论集体土地要素市场化配置的优化机制，以期对中国农业转型发展提供借鉴和参考。

一、反对土地私有化论的一个经济学解释
——基于虚拟经济视角

（一）土地集体所有制环境下的农业经济虚拟化萌芽

在目前土地集体所有的制度环境下，土地不允许买卖，只允许将土地的承包权和经营权在农户之间进行流转。随着土地流转的规模不断扩大，参与人数日益增多，流转对象及其相互之间的利益关系开始从单一向多元化发展。在此过程中，多种形式、带着不同目的的土地流转中介也开始孕育和发展。根据土地流转中介的发起方分类，大体可分为由各级政府主导的土地流转中介、由市场主导的流转中介以及由农民自发组织形成的流转中介。虽然土地流转中介组织能够在一定程度上保证农村土地有序流转，同时有效维护农民土地流转的有关权益，但我国目前还没有关于农村土地流转中介的培育和发展的总体考虑和统一规划，有关土地流转的明细法律法规也未建立，致使农村土地流转中介组织的法律处于空白状态。国家级农村土地流转中介组织主管机构缺失，造成土地流转中介行业混乱的局面，而在自发组织的所谓土地流转中介组织或者被称为土地介绍人的中介群体中，上述现象更为严重，以土地流转中介的名义进行倒卖倒买囤地等涨价的现象时有发生。

《农村土地承包经营权流转管理办法》规定：受让方将承包方以转包、出租方式流转的土地实行再流转，应当取得原承包方的同意。这也就意味着受让方在原承包方同意的情况下，可以将土地以更高的价格再次流转给第三方，并从中赚取差价。一些土地中介利用政策和法律的灰色地带，以极低的成本在农村成立"空心合作社"，从大城市中招揽大量商业资本进驻，将预先流转过户的土地以高于初次流转租金几倍的价格再流转给工商企业，从中获取高额利润，而大批进驻农村的工商企业或者从事农业生产，或者仅仅为了囤聚土地。2020年，全国家庭承包经营耕地流转面积达到5.3亿亩，其中，流入工商企业的耕地面积为5559万亩，较2010年的1508万亩增加了268.63%，占流转总面积的10.44%。不仅如此，随着投机资本进入土地流转市场，再流转产生的地租远高于首次流转的地租，提高了企业的生产成本，导致企业从事粮食作物种植生产的意愿受限，转而种植利润率较高的经济作物，造成了土地流转后的"非粮化"倾向。2018年，全国耕地流转后用于非粮食作物生产的面积为2.5亿亩，较2010年的0.84亿亩增加了197.62%，占耕地总流转面积的46%[2]。

在国家将土地的经营权和承包权从集体剥离出来的过程中，可用于交易部分的商品化程度在不断提高，土地流通的市场化进程和流通速度也在不断加快。随着地租通过土地用益物权的出售转移不断提高，首先，农民由于信息不对称和博弈能力相对薄弱，在土地流转中应得的利润受到严重挤压；其次，工商企业不得不承担由于流转中介抬高了地租所造成的垄断价格，导致了土地流转后的"非粮化"甚至"非农化"的现象。而土地流转中介则在交易中获取了超额利润，这种牟利方式或者说利润的形成机制，不仅扭曲了价格形成机制以及土地供给侧改革的政策含义，而且利润的来源在本质上已经不再是基于农业物

质生产本身，而是单纯地基于地租的上涨，导致了农业领域的价值增殖并且出现了偏离实际生产过程的迹象，即农业经济的虚拟化萌芽。值得注意的是，从 2005 年开始实行土地流转至今，农业经济虚拟化之所以停留在萌芽阶段，没有因大规模爆发导致农业产值凭借着土地交易自我膨胀，也未导致农民和农业被投机资本挤出生产领域，其主要原因在于土地所有权归属集体这一性质对于土地倒卖交易、重复交易的约束，对这种价值增殖脱离物质生产的进程形成了强有力的牵制作用。

（二）土地私有化假设背景下的农业经济虚拟化浪潮

假设放开土地集体所有制这一制度约束，引入土地私有制度假设。如果按照众多提倡土地私有化学者的建议，将土地从集体所有转变为私有来进行完全的市场化交易，那么建立在私有制关系下的土地不再单纯地作为生产资料进行农业生产，而是完全具备了商品属性。不同的是，普通商品可以实物产品的形式在市场上流通，而土地仅能通过所有权凭证等虚拟资产的买卖来实现其交易。相比于当前经营权、承包权的交易价格，土地所有权的交易价格会高于上述两种权利的交易价格数倍。因此，社会资本对于农村土地的潜在需求在私有制环境下被迅速激发，资本大量聚集在农村土地上，土地价格也不再依赖于资本究竟是投机属性还是生产属性，而是在绝对地租和相对地租的基础上，更加依赖于进入农村土地市场上的资本规模。土地所有者出售土地的价格构成包括了地租、对于土地价格的预期以及未来收益的折现等组成部分，因此出售价格会远高于目前的承包权、经营权流转价格。随着购买土地的成本不断提高，购买者必然会通过金融中介将高杠杆引致到土地交易市场中来，不仅推高了土地交易价格，而且将导致大规模的土地兼并，对农业生产造成严重的挤出。

在土地价格不断上涨的过程中，土地购买者对于土地价格的预期逐渐形成且愈加坚定。一旦如此，心理预期就替代了土地所有者对土地价格的最初设定，从而成为新的定价基础。土地的价值不再依赖于地块的改良努力和产值，其价值增殖过程开始逐渐独立于农业生产过程，于是依附于农村土地的资本便与依附于房地产、股票或期货的资本一样，进入了虚拟经济的运行方式。农业用地价值的独立化意味着农业经济的虚拟化，当农村土地交易进入了虚拟经济运行方式后，开始挤出用于农业耕种、土地改良的生产性资本，加剧农村土地的"非农化"问题；农业企业大规模种植高收益的经济作物而放弃粮食作物，进一步导致农业生产的"非粮化"。土地所有权一旦和产业资本结合在一个人手里，便会产生巨大的权力，使产业资本可以把为工资而进行斗争的工人从他们的容身之所地球上实际排除出去[3]。

反观我国当前的农村土地所有制形式，集体所有制的产生，相当于在土地公有制和私有制之间寻求到了一条相对折中的土地所有权制度，既保留了土地公有制当中国家对土地所有权的控制，又赋予了农民可以根据需要相对自由地使用和配置土地的权利。正是集体所有制的顺利推广，为国家稳定、快速完成工业原始资本积累提供了坚实的物质基础和人力资源。虽然在此过程中产生了工业过度抽取农业剩余价值、农民收入依然较低、土地使用权不够充分以及城乡发展仍然严重失衡等一系列问题，但是这些问题的出现并不等于是对现行土地制度的绝对否定，也不能因此就走向脱离现实且带有浓厚浪漫主义色彩的私有化极端。实现农村经济社会的转型需要的是在正视现实的基础上，寻找能进一步完善推进土地集体所有制、优化土地要素市场化配置机制、回答中国当前所面临的农业问题的思路。不能只是从只有私有化、市场化、自由化和西方民主化才是最好的经济政治制度且才能实现经济持续有效发展（简新华和余江，2016）的理论教条出发，也不能仅依据西方发达国家的工业化、城市化和农业现代化都是在土地私有化基础上实现的事实，简单地推论出中国现在实行土地公有制不合理并且也应该实行土地私有化。新中国 70 余年的发展实践证明，坚持土地集体所有制、优化农业供给结构和农业资源的市场化配置机制并且保障农业经营主体的根本利益，是中国农业转型发展道路的必然选择。

二、规范集体土地用益物权的权能机制，防止集体土地产权过度稀释

对于土地集体所有的产权结构而言，根据《土地管理法》第九条规定：农村和城市郊区的土地，除由法律规定属于国家所有的以外，属于农民集体所有；宅基地和自留地、自留山，属于农民集体所有。这意味着集体土地所有权的法律主体是农民集体，但是对于何谓"农民集体"以及这种"集体"具备何种法律地位，法律和实践都缺乏定论。国家为了解决集体土地所有权主体缺位的问题，法律分别安排了乡（镇）、村和村民小组农民集体三级所有权行使主体，但是这样的制度安排导致在同一土地上存在三级主体，必然造成主体之间的关系、权利边界模糊不清（朱军和孙毅，2011）。正是由于立法上对农村集体所有权主体术语使用的尚不明确，导致了在土地承包制度实行过程中产生了集体土地的产权被过度稀释的问题，这种产权的稀释表现在两方面：一方面是农民对农村集体土地承包和经营等用益物权被不断拆分细分，另一方面是国家对于农村土地承包期限的无限延长，最终导致集体经济组织作为土地所有权人的能力被不断削弱。

土地由农民私有制转为集体所有制的过程中，国家政策的调整干预使农民逐步地出让了其对土地的所有权及其他一切权利。初级社的形成使得农民对土地的所有权和使用权开始分离，农民享有土地的所有权，将使用权、收益权和处置权转让给集体，此时集体对土地的使用占有相当的主导权，而农民则没有权利根据实际情况自由安排相应的经营活动。高级社和人民公社时期，农民对土地的所有权彻底被收归集体所有。至此，土地的所有权、使用权、收益权和处置权全部属于集体，集体拥有了对土地绝对的控制权。

家庭联产承包责任制的出现，使集体行使其权利的能力被大大削弱。以 1978 年的小岗村事件为发端，将土地的使用权、收益权和处置权从集体拥有的权利束中分离出来，重新转让给农民。农民获得了对土地自主经营的权利，集体则仅仅保留了其对土地的所有权，前者的权能被扩张，后者的权能则被压缩，形成集体土地产权的第一次被稀释。2014年中共中央办公厅、国务院办公厅印发的《关于引导农村土地经营权有序流转发展农业适度规模经营的意见》指出：坚持农村土地集体所有，实现所有权、承包权、经营权三权分置，引导土地经营权有序流转。在由"两权分离"到"三权分离"的过程中，农民对土地所拥有的用益物权变得更加丰富，在土地经营方式上获得制度空间的弹性也有所扩张。在承包经营权和所有权"两权分离"的情况下，农民拥有相应的使用、收益和处置等权能，而在所有权、承包权与经营权"三权分离"之后，承包权在原有基础上衍生出多种不同形式的用益物权，典型的如继承权、退出权等，相应的经营权更多表现为耕作、经营、

收益以及其他衍生的多重权益，如入股权、抵押权等（张红宇，2014）。农民在承包期内且不改变土地用途的情况下，对土地经营方式的控制权被再次提升，集体保留的所有权对土地的控制能力被进一步弱化，由此形成了集体土地产权的第二次被稀释。农村集体对土地拥有的权利仅体现在作为承担土地的发包方、监督处理土地撂荒、主导平整和改良土地、组织建设农田水利等基础设施以及促进土地集中连片和适度规模经营方面等辅助性作用。从这个意义上来说，农民基本实现了由仅能自主经营向获得土地绝大部分权利的转变，除了在集体经营性建设用地入市过程中，集体经济组织成员享有对转让、出租等活动进行表决等权能，集体经济组织的决定性权利则所剩无几。

三、强化集体土地所有权人的能力建设，完善集体建设用地入市机制

上述对农村集体土地权利结构演变的逻辑推理表明：农民的土地用益物权呈现颠覆性扩增，集体所有权被过度拆分稀释。不仅如此，国家法律以及在改革期间出台的一系列政策又对农村集体行使其土地所有权的范围加以了严格限制，并对农民的土地权益实行了多重保护。如在占有权方面，《中华人民共和国土地承包法》（以下简称《土地承包法》）第二十七条规定：承包期内，发包方不得收回承包地；第二十八条规定：承包期内，发包方不得调整承包地。在使用权方面，《土地承包法》第十五条规定：发包方尊重承包方的生产经营自主权，不得干涉承包方依法进行正常的生产经营活动。在收益权方面，国家取消农业税后，农村集体经济组织不再通过"三提五统"获取其发包土地的经营权权益，这也直接导致了土地所有权和经营权的彻底分离。在处置权方面，《土地承包法》第三十六条规定：承包方可以自主决定依法采取出租（转包）、入股或者其他方式向他人流转土地经营权；第三十八条规定：任何组织和个人不得强迫或者阻碍承包方进行土地承包经营权流转。2013年，《中共中央 国务院关于加快发展现代农业、进一步增强农村发展活力的若干意见》又明确提出全面开展农村土地确权登记颁证工作，在赋予农民绝对权利的基础上又将农户承包地的四至和面积界定得更加清楚，农民与土地间权利关系也变得更加明晰。

农村集体土地权利被不断拆分扩增、农民对土地承包的承包关系长久不变，一方面将权利在农民群体中充分释放，农民能够在承包经营阶段中更加灵活地使用生产资料，通过土地确权、流转等方式直接推动了农业规模化生产的进程，同时也维护了农民阶层利益。另一方面，《土地管理法》第六十三条规定：土地利用总体规划、城乡规划确定为工业、商业等经营性用途，并经依法登记的集体经营性建设用地，土地所有权人可以通过出让、出租等方式交由单位或者个人使用；通过出让等方式取得的集体经营性建设用地使用权可以转让、互换、出资、赠与或者抵押。这意味着集体经营性建设用地无须转为国有建设用地便可直接入市交易，提高了集体组织的财政性收入，也使土地资源能更加有效地提高市场化配置效率。但同时也应该意识到，随着集体土地产权不断被稀释以及集体建设用地与国有建设用地同产同权的实现，一是对农村集体经济组织在现有权利约束的基础上运营管理土地资产的能力提出新的挑战，二是集体建设用地交易市场建立的同时，在入市主体、入市规划衔接、入市交易价格、入市收益分配以及入市风险管理等方面均存在需要进一步整合和统一的空间，以实现既保证集体经济组织治理职能的发挥，又能够有效保障农村居

民的根本利益。因此，在完善集体土地入市机制的过程中，首先要考虑的就是需要建立一个城乡统一的建设用地交易市场和相对公平的价格形成，保证集体建设用地与国有建设用地在同产同权的基础上科学配置城乡资源，实现土地这一重要生产要素的有效转换，这不仅能够提高级差地租较高地块的利用效率、促进粗放和低效利用地块的退出并且优化土地使用结构，而且也符合我国土地供给侧改革的前提和基本思路。在此基础上，以集体土地市场化交易为契机，增强集体经济组织对集体资产的管理能力和经营效率，提高集体经济在资源配置中的决定性作用，强化集体经济组织作为土地所有权人的能力建设。通过土地供给侧改革与相应权利约束的扩张，提高集体组织在"三农"发展中对于经济社会发展规划、国土空间规划以及产业发展布局规划的能力。在提高土地有效供给的同时，推动三次产业的高度融合，增加集体组织的财政收入，保障农民的经济利益与农村发展的经济基础。

四、优化集体土地入市收益分配制度，保证
征地补偿制度的基本公平

在保障农民的耕地利益不受侵害的同时，其在集体建设用地上的公平问题也不容小视，尤其是在集体建设用地入市交易中产生的收益分配问题。原有的征地制度在经济社会发展过程中所表现出的弊端日益凸显，农民在为工业发展作出巨大牺牲后，却不能平等分享经济发展所带来的价值增殖，拥有的土地财产权利仍然受到诸多限制，由此引发的失地农民就业困难、生计无法保障以及政府和农民之间的冲突等社会矛盾，对农业和工业的发展均造成了巨大阻力。

过去的《土地管理法》对征用土地农转非的制度安排和增值收益归属作出规定，即任何单位和个人进行建设，需要使用土地的必须依法申请使用国有土地，国有土地包括国家所有的土地和国家征收的原属于农民集体所有的土地，同时，征收土地的，按照被征收土地的原用途给予补偿。由此可见，农地转为非农用地必须经过国家征用变为国家所有，然后再由政府进行垄断配置。对于补偿标准，不管是征收的耕地还是建设用地，一律按照农地价格，也就是过去三年平均产值的倍数来补偿，一方面农民集体作为土地最初的所有者也不能再分享级差地租带来的收益，另一方面难以保证在失去土地后农民后续的生活质量，其背后的理论依据就是长期主导了中国土地增值收益分配的"土地涨价归公论"。如今市场经济发展的结果虽然早已经突破"涨价归公"的理论束缚，但是目前的征地制度仍较为僵化。社会主义革命时期采取"涨价归公"能够最大限度地满足广大农民群众的利益诉求，减少受到封建贵族土地所有权的压迫，用来剥夺阻碍社会生产力发展的不劳而获的阶级，但是对于如今的农民而言，如以上述理论指导土地征收的权益归属，无异于将这些为工业化、城镇化付出过巨大艰辛努力的劳苦农民视为不劳而获阶级，其没有权利分享土地的增值收益，未免有失公平。

在新《土地管理法》施行后，上述问题得到实质性的解决，优化了按照相应地块过去三年平均产值的倍数来作为土地补偿费和安置补助费的规则，以片区综合地价作为补偿标准，其中第四十八条规定：征收土地应当依法及时足额支付土地补偿费、安置补助费以及农村村民住宅、其他地上附着物和青苗等的补偿费用，并安排被征地农民的社会保障费

用，保障农村居民的生活质量不下降和长久生计问题。同时，集体建设用地的直接入市，由于省去集体土地转为国有土地的流程，集体经济组织对于土地资产交易所得收益因此首先归于产权人，由此直接提高了集体经济组织的市场化交易动机和财政性收入，这不仅有利于推动农业供给侧改革，而且集体组织可支配资金量的提高，也更有利于农业基础设施建设、农业现代化和规模化、农业产业升级、新型农业经营主体的引进培训等与农业供给侧改革的同步进行。然而现有政策在集体土地入市收益的内部分配机制上尚未作出明确说明，由此引发的问题在于，在保留永久基本农田的基础上，征地规模的不断扩大意味着越来越多的农民将从土地中脱离出来。虽然《土地管理法》保障了农民的基本利益，但是相应的补偿款以及社会保障费用的资金来源在国家财政收入和集体经济组织财政收入中的分配结构尚不明晰。由于过去征地存在先转为国有的过程，国家获得了土地入市的相应收益，对于农民的补偿大部分也源于国家和地方财政，然而集体土地入市交易后的收益更多归于集体组织所有，国家通过合理的税收体系对收益分配进行调节，因此在国家和集体组织均获得土地交易收益的情况下，对相应农民的经济补偿额度、国家和集体组织承担的资金比例以及补偿形式等问题还需进一步完善。

关于农村土地征用，还有相当数量的繁杂细致问题亟待解决，但核心问题在于亟须完善集体建设用地入市制度与征地补偿制度，并将两者配套衔接，为形成开放竞争的土地交易市场提供经济基础，并最大限度地保证农民集体对土地的基本权益和土地增值收益，维护社会的基本公平。虽然允许集体建设用地可以直接进入市场进行交易，会在一定程度上减少国家和地方政府财政收入，但土地资源的市场化所带来的收益，将会在很大程度上弥补这一损失，由于农民财产收益的提高、利益冲突的弱化等所产生的社会效益要远远高于财政上的货币损失，但在此过程中要特别注意的是，农村土地制度和农业供给侧改革须在强化集体所有制的同时，提升集体建设用地资源的市场化配置效率，特别要防止大规模城市化过程中该类土地升值收益的流失。

参考文献

［1］习近平对推进农村土地制度改革、做好农村承包地管理工作作出重要指示［EB/OL］．［2020-11-02］．http：//jhsjk. people. cn/article/31915427.

［2］2020 年全国农户家庭承包耕地流转情况［EB/OL］.（2021-10-05）［2022-10-22］. https：//view. inews. qq. com/k/20211005A0BQWE00?web_channel＝wap&open App＝false.

［3］恩格斯．英国工人阶级状况［M］．北京：人民出版社，1956.

［4］简新华，余江．市场经济只能建立在私有制基础上吗？——兼评公有制与市场经济不相容论［J］．经济研究，2016，51（12）：4-18.

［5］朱军，孙毅．论农村土地产权制度的完善［J］．农业经济，2011，4（10）:4-18.

［6］张红宇．从"两权分离"到"三权分离"：我国农业生产关系变化的新趋势［N］．人民日报，2014-01-14（007）.

本文转摘自《武汉科技大学学报》2021 年第 1 期。

中国区域经济增长的空间分布与空间关联

——基于实体经济与虚拟经济的视角

摘要：基于 1978~2016 年的年度增加值数据，本文从空间分布和空间关联两个层面解析对比实体经济、虚拟经济乃至整体经济发展的空间特征。研究发现，中国的实体经济与虚拟经济具有明显的空间异质性。这种异质性在区域差异、空间自相关特性以及区域空间关联上均有所体现。还发现，中国实体经济的空间特征与总体经济空间特征较为相似，而虚拟经济则不然。事实上，改革开放以来中国区域政策的制定与实施多侧重于实体经济层面，而对虚拟经济区域均衡发展的关注相对不足。这在一定程度上导致，相对于实体经济，我国虚拟经济存在区域差异较大、全局空间自相关水平较低以及空间关联结构异化等诸多空间异质性问题。在区域协调发展战略的制定与实施过程中进一步考虑实体经济、虚拟经济的空间异质性，降低两类经济的空间错配程度，有利于促进中国实体经济与虚拟经济的良性互动，从而实现更为稳健的空间布局，也符合"从全局出发全面综合地考虑区域发展的各个层面、各个环节"的区域协调发展总要求以及定向调控、精准调控的新理念。

关键词：实体经济；虚拟经济；空间分布；空间关联

一、引言及文献综述

改革开放以来，中国经济在取得举世瞩目的高增长的同时，空间层面的经济发展省域不平衡现象仍未得到根本上的改善。区域协调发展是中国治国理政的基本发展理念之一，也是经济转型期中央政府制定经济政策的重要决策变量和决策目标。京津冀协同发展、粤港澳大湾区建设、长江经济带发展以及"一带一路"建设的相继提出均在现实层面体现了决策层对创新区域战略的重视程度。从结构上来看，伴随中国经济的高速增长与演进，在中国实体经济效益不断提高的同时，虚拟经济的规模与产出也在不断扩大。在全球经济虚拟化程度不断加深的大背景下，我国实体经济与虚拟经济的分离趋势愈发明显。经济脱实向虚的程度逐步加深，引起社会各界的广泛关注。近年来，由于外部经济环境的不景气、内部比较优势红利的缩减等因素，中国实体经济的发展承受了较大阻力。虚拟经济增加值在 GDP 中的占比不断提高，并在一定程度上吸纳、抵消了政府财政、货币刺激政策的实施效果。与此同时，党的十九大报告中再次提及区域协调发展战略，强调要建立更加有效的区域协调发展新机制。在此节点上，对实体经济、虚拟经济的空间分布与空间关联特性进行较为全面的探索和分析，从细分层面解构中国经济的空间特征，对两类经济的空间异质性进行详细归纳，不仅能够从空间经济学视角更好地把握经济发展趋势，深化我们对中国经济的认识，还能顺应定向调控的政策基调，为未来区域战略的制定提供新思路和全面且精准的实证参考。

将经济系统划分为实体经济、虚拟经济两个子系统，有其理论与现实意义上的必要性和合理性。实体经济与虚拟经济在定价方式、运作逻辑上均存在本质上的不同（成思危，1999，2009；刘晓欣，2003；刘骏民和伍超明，2004）[1][2][3][4]。在定价方式上，实体经济一般采取传统的成本加成式定价。其价格因主要锚定生产成本而较不易出现超出常规预期的暴涨暴跌。相对地，虚拟经济是指以资本化定价行为为基础而形成的相对独立于实体经济的一种现代经济运行模式。资本化定价方式决定了虚拟经济遵循的是资产价格体系的运行规律。其价格的波动更大程度上以人们的观念和信心（即心理预期）为支撑。预期上的群体非理性加之缺少坚实的价格锚定，使虚拟经济的价格更易出现剧烈波动。在运作逻辑上，通过生产性劳动进行价值创造是实体经济的核心运作方式，而生产性劳动与价值创造的紧密结合则是实体经济运行的主要特征。在实体经济和虚拟经济二分法之下，将非资本化定价的服务生产的外延产业并入实体经济，也是绝大多数虚拟经济研究者的一个共识。虚拟经济则是在资本主义生产过程中，由于资本对高回报率和短期回报率的追逐而衍生出的逐渐脱离劳动的价值增殖运作系统。与实体经济的价值创造过程不同，虚拟经济的运作更多地体现了财富的再分配过程。

实体经济与虚拟经济作为当今经济运作的两个车轮，在国民经济运行与世界经济联动中扮演着重要的角色。随着世界经济虚拟化程度的加深以及中国经济脱实向虚现象愈发显著，实体经济与虚拟经济的二元关系逐渐得到国内外经济学者的关注。

一方面，一些研究得出了正面的结论，认为实体经济与虚拟经济相互之间相辅相成，两者的协调发展对经济发展具有重要意义。刘霞辉（2004）[5]通过构建有关资源转移的概率模型来分析实体经济与虚拟经济之间的关系。其结论印证了两者间的相辅相成，也发现无论在长期还是短期，实体经济与虚拟经济发展的失衡都会对宏观经济造成不利影响。刘金全（2004）[6]通过定量分析实体经济与虚拟经济的规模关联性、活性关联性以及两者在价格水平上的传导特点，发现虚拟经济对实体经济有显著的正向溢出，实体经济对虚拟经济也具有显著的反馈影响。该研究最终认为，实体经济与虚拟经济的协调发展不仅是经济政策有效性的基础，也是保持经济长期快速稳定增长的必要条件。Claessens 等（2012）[7]通过研究商业周期与金融周期间的作用关系发现，与金融动荡相关的衰退，尤其是房价崩盘，往往比其他衰退持续的时间更长、程度更深。反之，与信贷和房价快速增长相关的复苏往往更为强劲。这些发现强调了信贷和房地产市场发展对实体经济的重要性。叶祥松和晏宗新（2012）[8]从国际产业转移视角切入，分析了实体经济与虚拟经济的发展趋势和相互影响以及全球范围内两者的非均衡发展对国际产业分工的影响。该研究认为，中国应特别注重实体经济与虚拟经济的协调发展以增强经济发展的可持续性与稳定性。Jokipii 和Monnin（2013）[9]基于多个经合组织国家和地区的数据，采用面板 VAR 方法研究银行业稳定程度与实体经济增长之间的关系。该研究发现，银行业的稳定发展与实体经济产出增长之间存在显著的正相关关系。

另一方面，部分研究聚焦虚拟经济对实体经济的挤出效应，强调虚拟经济对实体经济的抑制性。何其春和邹恒甫（2015）[10]将信用引入生产函数来分析通货膨胀引发的收益分配对经济增长的影响。该研究发现，当通胀收益主要流向银行等虚拟经济部门时，该收益会进一步吸引更多的劳动力资源进入虚拟经济部门，同时拉低企业家创新的回报，继而阻碍经济增长。罗来军等（2016）[11]利用工业企业微观数据实证考察了虚拟经济银行融资问题对实体经济市场扭曲行为的影响以及对企业发展的危害。该研究发现，虚拟经济从实体经济中吸走资金的同时，本应提供给实体经济的一些融资资金也没有进入实体经济，而是仍留在虚拟经济中运转，给实体经济带来了很大的负面影响。苏治等（2017）[12] 使用代表性国家和地区的宏观经济和金融数据，基于 GVAR 模型考察在经济全球化框架下中国实体经济与虚拟经济的关联性发现，无论在规模水平还是周期波动层面，均存在明显的虚实背离特征，虚拟经济对实体经济具有挤出效应。Ductor 和 Grechyna（2015）[13] 基于 101 个国家 40 年的面板数据，探索了金融发展与实体部门产出之间的依赖关系以及两者对经济增长的影响。该研究发现，金融发展对经济增长的影响取决于私人信贷相对于实际产出增长的幅度。如果私人信贷的快速增长没有伴随实际产出的增长，那么金融发展对实体经济会产生抑制作用，从而对经济增长产生负向作用。Ceechetti 和 Kharroubi（2015）[14] 在包含具有熟练工人的金融部门的内生增长模型中，确定了多重均衡的存在。该研究发现，在熟练劳动力从事金融工作的均衡中，金融部门增长更快，而实体经济却受到了损害，因为金融部门会争夺其他实体部门的相关资源。

无论是正向促进，还是反向挤出，绝大多数研究最终都或多或少涉及虚拟经济的规模控制问题。事实上，实体经济与虚拟经济两者相互关联、相互作用，却又存在明显的特征差异。实体经济与虚拟经济关系的稳定论与背离论，说明两者之间有一个均衡的临界点。虚拟经济的过度发展会导致两者关系的不协调，进一步影响经济的稳定发展，诱发风险和危机。实体经济与虚拟经济的协调发展不仅取决于两者的内部结构，也取决于两者规模上的比例关系。近年来，"避实就虚"是中国面临的一个重要经济问题。它被看成是积聚金融风险，抑制实体经济发展，甚至会扭曲中国经济未来发展方向的一个不良趋势。基于此，政府先后实施了一系列实体经济支持措施，并对虚拟经济的过热发展进行了有效抑制，努力从结构层面优化两类经济的规模配比。然而在空间层面，截至目前，所制定的区域发展战略，尚未对实体经济、虚拟经济的区域布局进行全局性的考量。在区域协调发展战略的制定与实施过程中进一步考虑实体经济、虚拟经济的空间异质性，降低两类经济的空间错配程度，有利于促进中国实体经济与虚拟经济的良性互动，从而为经济的高质量增长设计更为稳健的空间布局。这也符合中国特色社会主义新时代"从全局出发全面综合地考虑区域发展的各个层面、各个环节"，建立更加有效的区域协调发展新机制的区域协调发展总要求以及定向调控、精准调控的新理念。而相关政策的制定均需要基于对我国实体经济、虚拟经济空间特征与空间异质性的全面准确把握。这也正是本文研究的价值所在。

目前，已有众多学者尝试从空间经济学视角分析解释中国的区域经济发展特征，提出了众多颇具价值的研究成果（陈秀山和徐瑛，2008；吕冰洋和余丹林，2009；潘文卿，2012；覃成林等，2012；李敬等，2014）[15][16][17][18][19]。然而，在实体经济与虚拟经济的关注度和影响力不断加强的今天，对两者空间特征的细分研究目前仍处于空白阶段。本文借鉴空间经济学研究的主流思路，基于省域数据分别从空间分布与空间关联两个层面，对 1978～2016 年中国实体经济与虚拟经济的空间发展状况进行实证分析与探讨，以期弥补这一空白。

在基础数据的选择上，本文以人均地区生产总值来衡量各省级行政区的总体经济水平。以实体经济与虚拟经济的界定为依据，用剔除金融、房地产业增加值后的地区生产总值人均值衡量各省实体经济水平，以人均金融与房地产业增加值之和衡量各省虚拟经济水平。[①] 样本期为 1978～2016 年，研究省份为除海南（1988 年成立）、香港、澳门、台湾以外的 30 个省级行政区。

为剔除价格波动的干扰，本文以 2010 年为基期分别对各项增加值数据进行平减。鉴于不同区域间的价格波动以及生产总值内部各行业的价格波动皆存在差异，同时考虑数据的可得性问题，为力求准确，在平减过程中，省域地区生产总值数据根据对应各省份的生产总值平减指数进行平减。本文使用各省份第三产业增加值平减指数对金融与房地产业增加值进行平减、求和，得到各省份虚拟经济年度实际增加值。笔者利用各省份第一、二、三产业增加值平减指数，分别对第一、二产业以及剔除金融与房地产业后的第三产业增加值进行平减后求和，得到各省份实体经济年度实际增加值。本文以平减后的年度增加值数据除以各省级行政区对应年份的年末总人口数后，分别得到人均实际地区生产总值、人均实体经济实际增加值和人均虚拟经济实际增加值。经过以上处理过程所得到的数据可较为准确地衡量各省份的总体经济水平、实体经济与虚拟经济水平，并具有较高的年度可比性。各省份的地区生产总值、生产总值平减指数、三个产业增加值及增加值平减指数以及金融和房地产业增加值数据均来自国泰君安（CSMAR）数据库。各省份的年末总人口数来自国家统计局。

二、实体经济、虚拟经济的空间分布特征分析

（一）区域差异分析

本文使用 Dagum（1997）[20] 基尼系数分析实体经济和虚拟经济样本期内的年度整体省域空间差异。基尼系数公式如式（1）所示。其中 x_i（x_j）对应 i（j）省的经济水平指标，n 为本文样本所包含的省级行政区数，μ 为所有省级行政区经济水平指标的平均值。

$$G = \frac{\sum\limits_{i}^{n} \sum\limits_{j}^{n} |x_i - x_j|}{2\mu n^2} \qquad (1)$$

经计算，样本期内省域实体经济与虚拟经济水平以及总体经济水平的省域差异变动趋势如图 1 所示。改革开放以来，我国实体经济、虚拟经济和总体经济发展的省域差异程度总体呈下降趋势。其中，实体经济和虚拟经济水平的省域差异 1978～2016 年分别下降了 26.96% 和 21.33%，总体经济水平的省域差异指标同期下降了 23.77%。值得注意的是，

---

① 房地产业自身兼具虚拟性、实体性双重属性。但鉴于数据的可得性与可操作性，本文将房地产行业视为虚拟经济部门，主要原因有以下三个：a. 房地产行业普遍采用资本化定价方式而非实体经济中的成本加成式定价，具有明显的虚拟资产特征。Tobin 和 Golub（1998）[21] 指出，除货币资金外，人们可选择的资产主要是有价证券和房地产。这部分交易带来了可观的交易性货币需求。这也体现了房地产的投资属性和虚拟资产特性。b. 刘骏民和刘晓欣（2016）[22] 认为，在马克思主义政治经济学视角下，房地产市场中大量的重复交易属于价值再创造过程。其中大部分是不为实体经济服务的牟利性的货币交易，具备显著的虚拟经济特性。c. 观念上，房地产业的部分实体属性可归于国民经济行业分类第二产业中的建筑业，而第三产业里房地产行业的贸易服务等实体经济属性明显弱于其虚拟经济属性。此外，在虚拟经济研究中，当涉及房地产行业时，学者也普遍将其划归为虚拟经济范畴（罗来军等，2016；苏治等，2017；周彬和谢佳松，2018）[11][12][23]。

改革开放以来，我国虚拟经济的省域差异明显高于实体经济和总体经济。这反映了省域虚拟经济水平空间不均衡性较强，也在一定程度上从空间经济学视角佐证了实体经济和虚拟经济发展的异质性。伴随虚拟经济比重的持续提高和对实体经济的"润滑"及"挤出"效应，在实体、虚拟二分法下，两类经济的规模比例应存在一个"健康"区间。远高于实体经济的虚拟经济省域差异，在一定程度上反映了我国经济的空间二元结构失衡问题，长期来看这种失衡不利于我国总体经济的空间均衡发展。[①]

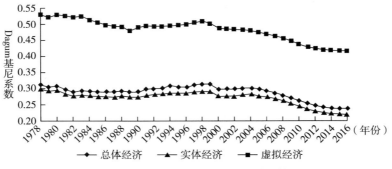

图1　经济水平的省域差异变动趋势

从图1中可以发现，实体经济与虚拟经济乃至总体经济的省域差异变动趋势存在一定的相关性，但各自又具有不同的特点。2000年之前，中国实体经济的省域差异总体呈上升趋势。这段时期虚拟经济水平的省域差异先经历了长达9年的持续下降期后才开始上升，而这一时期正处于我国"拨改贷"改革和银行商业化转型的收尾阶段。2000年之后，实体经济与虚拟经济乃至总体经济水平的省域差异均呈现明显下降的趋势。这说明进入21世纪以后，中国省域经济水平间的差距逐步缩小。这在一定程度上反映出同一时期国家相继实施的西部大开发战略、东北振兴战略和中部崛起战略等区域经济战略取得了切实成效。省域经济水平整体差距的缩小主要发生于改革开放至今的后半期。值得留意的是，2013年之后，三条差异曲线走势似乎有上拐（翘尾）的趋势。近年来实施的京津冀协同发展、长江经济带发展等旨在优化经济优势区域的局部区域经济政策广受关注，西部开发、东北振兴、中部崛起等能够拉动欠发达区域经济增长的新老战略对缩小中国经济的区域差距具有长期的重要意义，同样值得重视。

（二）空间全局、局部自相关分析

本文使用 Moran's I 指数分析省域实体经济、虚拟经济的全局与局部空间自相关性。全局与局部 Moran's I 指数及对应的用于检验是否存在空间自相关关系的标准化统计量表达式分别如式（2）~式（5）所示：

$$I = \frac{\sum\limits_{i=1}^{n} \sum\limits_{j \neq i}^{n} w_{ij}(x_i - \bar{x})(x_j - \bar{x})}{S^2 \sum\limits_{i=1}^{n} \sum\limits_{j \neq i}^{n} w_{ij}} \qquad (2)$$

---

① 这里的二元失衡的表述须排除有金融中心属性的个别地区。具体到中国现实即应排除北京、上海两市。

$$I_i = \frac{(x_i - \bar{x}) \sum_{j=1}^{n} w_{ij}(x_j - \bar{x})}{S^2} \qquad (3)$$

$$Z = \frac{I - E(I)}{\sqrt{VAR(I)}} \qquad (4)$$

$$Z_i = \frac{I_i - E(I_i)}{\sqrt{VAR(I_i)}} \qquad (5)$$

式中，n 为本文样本所包含的省级行政区数，$x_i(x_j)$ 对应 $i(j)$ 省的经济水平指标，$\bar{x}$ 为所有经济行业，导致虚拟经济整体规模不断扩大。本文推测，虚拟经济的快速膨胀可能是导致这一时期省域虚拟经济空间聚集趋势背离实体经济与总体经济的主要省级行政区经济水平指标的平均值，S^2 为省域经济水平指标的方差，w_{ij} 为空间权重矩阵中 i、j 两省份对应的衡量两地空间距离的元素。在全局与局部 Moran's I 指数求出后，需进一步分别通过式（4）、式（5）计算出对应的检验统计量以测度空间自相关关系的显著性。当检验统计量大于 0 且显著时，说明检测样本间存在正的空间自相关关系，即经济水平高（低）的省份存在一定程度上的空间集聚；当检验统计量小于 0 且显著时，说明样本间存在负的空间自相关关系，即经济水平相近的省份倾向于分散分布；当检验统计量为 0 时，则说明样本观测值无自相关关系。空间权重 w_{ij} 的选择通常会对 Moran's I 指数的测度结果产生较大影响。基于稳健性和解释力度两方面的考量，本文使用省会城市间地理距离的倒数（1/D）作为空间权重矩阵的构成元素，用于计算地理距离的经纬度数据取自百度地图。

全局 Moran's I 指数的测度结果如表 1 所示。为便于观察对比，本文对应绘制了样本期内省域实体经济和虚拟经济以及总体经济的全局 Moran's I 指数演变趋势曲线图（见图 2）。本文研究结果显示，所有计算出的全局指数均达到 1% 的显著性水平，具有较高稳健性。莫兰指数的变动趋势显示，样本期内中国实体和虚拟经济乃至总体经济的省域空间自相关性整体呈上升趋势。其中实体经济的空间自相关性明显高于虚拟经济。这反映出相较虚拟经济，中国实体经济的省域空间聚集（收敛）特性要更为明显，而虚拟经济水平相近的省份在空间分布上相对较为分散。值得注意的是，2008 年后的省域实体经济与总体经济的全局自相关性先后明显下降。

表 1　基于省域地理距离权重的省域经济全局 Moran's I 指数

年份	人均实体经济水平	人均虚拟经济水平	人均总体经济水平	年份	人均实体经济水平	人均虚拟经济水平	人均总体经济水平
1978	0.056 ***	0.046 ***	0.050 ***	1988	0.092 ***	0.046 ***	0.074 ***
1979	0.072 ***	0.056 ***	0.057 ***	1989	0.083 ***	0.042 ***	0.069 ***
1980	0.066 ***	0.045 ***	0.057 ***	1990	0.079 ***	0.039 ***	0.066 ***
1981	0.068 ***	0.048 ***	0.057 ***	1991	0.083 ***	0.047 ***	0.067 ***
1982	0.065 ***	0.045 ***	0.055 ***	1992	0.082 ***	0.048 ***	0.068 ***
1983	0.073 ***	0.041 ***	0.059 ***	1993	0.087 ***	0.049 ***	0.072 ***
1984	0.081 ***	0.040 ***	0.069 ***	1994	0.093 ***	0.051 ***	0.078 ***
1985	0.086 ***	0.052 ***	0.069 ***	1995	0.100 ***	0.058 ***	0.087 ***
1986	0.089 ***	0.054 ***	0.072 ***	1996	0.104 ***	0.057 ***	0.090 ***
1987	0.094 ***	0.050 ***	0.076 ***	1997	0.104 ***	0.054 ***	0.092 ***

续表

年份	人均实体 经济水平	人均虚拟 经济水平	人均总体 经济水平	年份	人均实体 经济水平	人均虚拟 经济水平	人均总体 经济水平
1998	0.104***	0.054***	0.093***	2008	0.155***	0.080***	0.147***
1999	0.109***	0.053***	0.098***	2009	0.156***	0.085***	0.150***
2000	0.119***	0.056***	0.108***	2010	0.153***	0.091***	0.150***
2001	0.123***	0.059***	0.112***	2011	0.149***	0.095***	0.150***
2002	0.128***	0.061***	0.117***	2012	0.145***	0.096***	0.148***
2003	0.133***	0.066***	0.123***	2013	0.141***	0.097***	0.145***
2004	0.139***	0.070***	0.129***	2014	0.135***	0.099***	0.141***
2005	0.145***	0.072***	0.135***	2015	0.129***	0.099***	0.137***
2006	0.150***	0.074***	0.140***	2016	0.125***	0.100***	0.134***
2007	0.152***	0.076***	0.143***	—	—	—	—

注：*、**和***分别表示全局 Moran's I 指数在10%、5%和1%水平下显著。

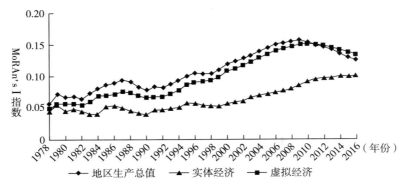

图2　省域经济的全局 Moran's I 指数演变趋势

2008年后，美国次贷危机从结构上由虚拟经济向实体经济传导，从空间上由美国向世界各国扩散，对中国的实体经济继而总体经济产生了负向冲击。这可能是导致中国实体经济、总体经济空间自相关性先后下降的主要原因。相较而言，虚拟经济的空间自相关性不降反升。自2008年底政府推出四万亿计划后，一系列旨在平抑经济冲击、拉动经济增长的刺激政策使大量资本流向回报率更高的虚拟经济行业，导致虚拟经济整体规模不断扩大。本文推测，虚拟经济的快速膨胀可能是导致这一时期省域虚拟经济空间聚集趋势背离实体经济与总体经济的主要原因。

从图2中可以发现，虚拟经济与实体经济空间自相关变动趋势的相关性在样本期后半期有所下降。在样本期的后半期时间内，由于金融与房地产行业规模的快速膨胀以及实体经济和虚拟经济的分离趋势愈发明显，使中国虚拟经济的空间聚集趋势演进的独立性愈发明显。结合前文的分析结果，无论在省域整体差异、经济水平的数值分布演进上，还是在省域空间聚集的变动趋势上，省域虚拟经济均展现出与实体经济、总体经济不同的空间特征。这种样本期内愈发明显的空间异质性需要引起政府与学术界的进一步关注。

依据 Moran's I 局部自相关分析的散点图可将局域空间自相关划分为四种类型。散点图的1象限~4象限依次对应 HH（高高）、LH（低高）、LL（低低）和 HL（高低）四种自相关类型。基于本文选择的地理距离权重，HH 表示象限内的省份经济水平指标较高且与其他经济水平较高的省份存在空间聚集效应；LH 表示象限内的省份经济水平指标较低且与其他经济水平较高的省份存在空间聚集效应；LL 和 HL 类型同理。鉴于文章篇幅同时为保证结论的稳健性，这里仅展示在 1978 年、1997 年（样本期中间年份）和 2016 年三个年度的散点图中提取的达到 10% 显著性水平的局部 Moran's I 指数对应省份的划分，划分结果如表 2 所示。

表 2　局部 Moran's I 指数显著的省份自相关类型划分结果

项目	象限	1978 年	1997 年	2016 年
实体经济	HH	北京、天津、上海	北京、天津、上海、浙江	北京、天津、内蒙古、上海、浙江、山东
	HL	—	—	
	LH	—	—	安徽
	LL	重庆、贵州、云南	四川、贵州、云南、西藏	广西、四川、贵州、云南、西藏
虚拟经济	HH	北京、天津	北京、天津、浙江	北京、天津、上海、江苏、浙江
	HL	—	—	—
	LH	—	—	—
	LL	—	—	—
总体经济	HH	北京、天津	北京、天津、上海、浙江	北京、天津、上海、江苏、浙江、山东
	HL	上海	—	—
	LH	—	—	安徽
	LL	—	贵州	贵州、云南、西藏

对比发现，样本期内，实体经济与虚拟经济乃至总体经济水平上具有显著空间自相关性的省份逐渐增多。这一点与全局 Moran's I 指数的分析结论一致。表 2 内所展示的年份中，除 1978 年总体经济中的上海和 2016 年的安徽两个省级行政区外，实体经济与总体经济显著空间自相关的省份均分属于 HH 和 LL 两种类型。即这些省份的空间自相关关系均为正，与部分经济水平相近的其他省份存在空间上的聚集效应。相比之下，省域虚拟经济的局部自相关考察结果则显示三个年份中空间自相关性显著的省份均为 HH 类型。为求严谨，本文相继测算了样本期内其他年份的虚拟经济局部 Moran's I 指数及散点图。研究进一步发现样本期内省域虚拟经济空间自相关性显著的省份均为 HH 类型。这一结果说明中国省域虚拟经济的空间自相关主要体现为"强强聚集"的态势，而虚拟经济水平较低的省份在空间上的分布则相对较为分散。

2016 年北京、天津、上海、浙江四个省级行政区在实体经济与虚拟经济乃至总体经济的局部 Moran's I 指数分析中均呈现显著的空间自相关性且均属于 HH 类型。这在一定程度上反映出这些地区在区域经济的带动上扮演着重要角色。而基于我国"十三五"规划中到 2020 年全面建成小康社会的目标，对于四川、贵州、云南、西藏这类经济上相对落后且属于 LL 型显著空间自相关的西部省份，进一步加强对应区域的政策扶植力度能够有力地改善我国经济发展的区域不平衡现状。此外，总体与实体经济散点图 LH 象限中显著空间自相关的安徽省引起了笔者的注意。本文进一步测算了安徽省整个样本期内的实体经济与总体经济局部 Moran's I 指数，发现安徽的实体经济与总体经济先后自 2007 年、2009 年后出现 10% 显著性水平的 LH 型空间自相关，随后的年份显著性水平整体呈上升趋势且在 LH 象限中的位置相较其他省更加接近左上角。这说明近年来，相较其他省份，安徽省的实体经济乃至总体经济更加落后于周边省份，我国中部崛起战略的实施过程中应加强对该省的帮扶力度。由于周边省份多为经济强省，在对安徽进行持续有力的帮扶后，可能会引发潜在的"洼池效应"，继而获得长期效益。

为进一步考察各省份改革开放以来的经济虚拟化演变趋势，基于平减后的人均年度增加值数据，以虚拟经济指标除以总体经济指标来衡量各省份的经济虚拟化程度，本文借助热力图（Heatmap）对1978~2016年我国30个省级行政区的经济虚拟化程度三维数据进行可视化表述，如图3所示。

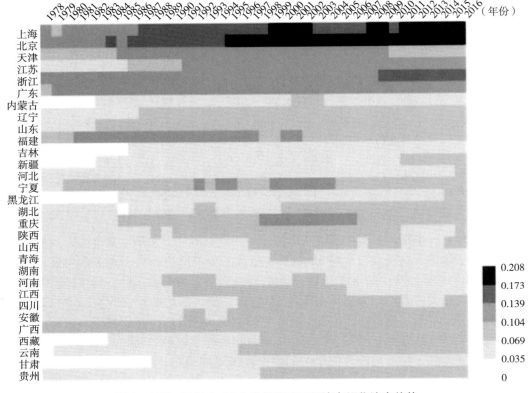

图3   1978~2016年30个省级行政区经济虚拟化演变趋势

注：①图中对从0到样本期内经济虚拟化指标最大值的数据进行六分位断点，相应分配六层色深；②热力图中每一格的色深反映对应省份在对应年份中虚拟经济在总体经济中的占比所处的区间；③根据样本期内各省人均GDP平均值对省份降序排列。

在样本期内，中国各省份的经济虚拟化程度总体呈加深趋势。经济排名靠前的上海、北京、天津、江苏、浙江以及广东6个省级行政区的虚拟经济占比明显高于其他省份。这反映出区域禀赋加之改革开放的政策倾斜使这些省份在整个样本期内一直处于资本充裕的状态，为这些地区的经济增长提供了重要支撑。另外，在排除北京、上海两个具有金融中心属性的区域后，对比其他省份也不难得出，这些省份相对过剩的资本相当比例的存留于虚拟经济范畴空转。这对于其他资本相对不充裕的省份来讲，从发展实体经济、抑制虚拟经济泡沫的角度来看，某种程度上可以说是一种资源的浪费。这些省份的虚拟经济占比相对较低。在样本期前半期，多数省份的经济虚拟化程度位于3.5%~6.9%；在后半期，这些省份中近半数的经济虚拟化程度上升至6.9%~10.4%。而排名前6的省份整个样本期内的虚拟经济占比大都在10%以上。

三、实体经济与虚拟经济的空间关联特征分析

本文借助社会网络分析法分别对样本期内中国省域间实体经济与虚拟经济乃至总体经济增长的空间关联关系进行整体与个体上的探索与分析。与前文的空间分布特征分析不同，本部分基于省域经济指标时间序列，识别省份两两之间是否存在经济上的空间关联，继而展开整体研究，考虑到概念内涵上的针对性与准确性，本部分的表述用经济增长取代经济发展。

社会网络分析方法使用图论工具及数学模型来构建社会关联网络（Scott，2000）[24]。在本文的研究中，实体经济与虚拟经济省域空间关联网络即是省份与省份之间经济增长关联（溢出）关系的集合。各省份是网络中的点（Points），省份间的关联关系则是网络中的线（Lines），由点和线构成的网络便体现了省域经济增长的整体空间关联。

识别经济增长的省域间溢出关系是构建实体经济和虚拟经济的空间关联网络，进行系统性分析的基础和关键。格兰杰因果关系检验（Granger，1969）[25] 作为检验因果性概念的典型方法已被广泛地应用于经济溢出的相关研究。基于此，本文采用格兰杰因果检验方法对经济增长的省域溢出关系进行识别。本文定义两个省份对应的经济水平指标时间序列分别为 $\{x_t\}$ 和 $\{y_t\}$，为检验两个省份经济增长是否存在格兰杰因果关系，构造如下两个时间序列模型：

$$x_t = \alpha_1 + \sum_{i=1}^{m} \beta_{1,i} x_{t-i} + \sum_{i=1}^{n} \gamma_{1,i} y_{t-i} + \varepsilon_{1,t} \tag{6}$$

$$y_t = \alpha_2 + \sum_{i=1}^{p} \beta_{2,i} x_{t-i} + \sum_{i=1}^{q} \gamma_{2,i} y_{t-i} + \varepsilon_{2,t} \tag{7}$$

式中，α_j、β_j、γ_j（j=1，2）为待估参数，$\{\varepsilon_j,t\}$（j=1，2）为残差项，满足$\{\varepsilon_j,t\} \sim N(0，1)$。$m$、$n$、$p$、$q$ 为自回归项的滞后阶数。在 VAR 框架下，通过对自回归项系数的联合显著性检验进而对变量间的格兰杰因果关系进行检验。模型（6）用来检验序列$\{y_t\}$是否是序列$\{x_t\}$的格兰杰原因。如果模型（6）中原假设 H_0：$\gamma_{1,1} = \gamma_{1,2} = \cdots = \gamma_{1,n} = 0$ 被拒绝，则意味着序列$\{y_t\}$是序列$\{x_t\}$的格兰杰原因。在格兰杰意义上，此时$\{y_t\}$的历史值有助于解释$\{x_t\}$，故定义两个省之间的经济增长空间关联关系为"$\{y_t\} \rightarrow \{x_t\}$"。类似地，模型（7）用来检验序列$\{x_t\}$是否是序列$\{y_t\}$的格兰杰原因。

本文基于格兰杰因果关系检验方法分别对 30 个省级行政区的实体经济与虚拟经济乃至总体经济指标时间序列进行两两之间的经济增长空间溢出关系识别，进而根据检验结果，构造中国实体经济与虚拟经济乃至总体经济的三个空间关联网络。当检验结果显示 A 省份的经济增长是 B 省份的因（即 A 省份经济指标波动的历史值可以显著解释 B 省份经济指标的波动）时，确定 A 省份对 B 省份存在显著的经济增长空间溢出关系。在以 30 个省份为节点构造的空间关联网络中，通过在节点间画一条由 A 省份指向 B 省份的有向连线来可视化两个省份之间的经济增长空间溢出关系。重复这一过程直至遍历所有省份的两两之间的空间溢出关系，本文构建出 30 个省（市、区）的经济增长空间关联网络。

笔者将 1978~2016 年以 2010 年为基期的省域实际人均实体经济与虚拟经济以及总体经济年度增加值作为基础分析数据。时间序列数据是否平稳对 Granger 因具检验结果的稳

健性有较大影响。笔者对基础数据进行取对数处理以剔除时间趋势。经 ADF 检验后发现所有变量均不平衡且均为 I（1）。基于此，笔者对所有变量进行一阶差分处理，进行两两之间的 Granger 因果检验。基于因果检验对滞后期的选择十分敏感，而最优滞后期的判定上又存在一定的主观因素，当进行 30 个省份两两之间的大批量因果关系检验时，这种最优滞后期选择上的主观因素可能会使最终的整体结果产生较大偏误。因此，为保证结论的稳健性和绝对客观性，本文将滞后 1~3 期内同时存在且均在 5% 水平上显著的因果关系判定为对应省份在样本期内存在严格意义上的经济增长空间溢出关系。笔者在检验所有省份之后构建省域空间关联网络。

（一）网络整体与个体特征分析

在社会网络分析中，通常使用网络密度（density）、网络关联度（connectivity）、网络效率（efficiency）、网络等级度（hierarchy）四个指标对整体网络特征进行刻画。其中，网络密度揭示了网络中的关系数量和复杂程度，是对网络完备性的一种测度；网络关联度用以表征网络节点间的整体连通性；网络效率用以衡量网络节点间冗余关系的存在程度；网络等级度用以揭示网络节点间整体上的非对称可达程度。① 经计算，实体经济与虚拟经济乃至总体经济空间关联网络的整体网络特征指标如表 3 所示。

表 3 省域空间关联网络的整体网络特征指标

网络	密度	关联度	效率	等级度
实体经济	0.094	0.749	0.820	0.878
虚拟经济	0.120	0.933	0.810	0.069
总体经济	0.093	0.747	0.823	0.738

三个空间关联网络的密度分别为 0.094，0.120 和 0.093。这说明在实体经济与虚拟经济以及总体经济网络中，实际存在的经济增长空间溢出关系分别达到理论上网络可承载最大关系数量的 9.4%，12.0% 和 9.3%。可见在样本期内中国省域间严格意义上存在的经济增长空间溢出关系并不高，省域经济增长的空间联动还有较大的发展空间。实体经济与虚拟经济网络密度值相近反映出我国省域实体经济与虚拟经济不存在空间关联总量层面上的异质性。三个网络的关联度均小于 1，说明三个网络中均存在与其他省份无关联关系的"孤立"发展省份。三个网络的效率值均较高，反映出实体经济与虚拟经济以及总体经济空间关联网络中的链式（有中介省份参与）溢出渠道较为单一，网络结构较为单薄。

在等级度指标上，实体经济的空间关联网络与虚拟经济有较大差异。实体经济较高的等级度反映出网络中非对称可达点的对数较多，即省际实体经济增长单向直接溢出与单向链式溢出的比例较高，空间关联网络存在较为明显的"梯度溢出"特征。虚拟经济空间关联网络等级度明显低于实体经济网络，则说明其空间溢出的梯度特征不明显。改革开放以来我国区域战略的制定与实施多关注于实体经济层面，这在一定程度上导致了虚拟经济空间上的梯度溢出特征不明显，空间联动性较差。

---

① 限于篇幅，四个网络特征指标的数学表达及详细含义具体可参见 Harary（2013）[26]。

根据本文所分析对象网络的属性特点，采用社会网络分析法通常使用的度数中心度（degree centrality）与中介中心度（betweenness centrality）指标对网络个体特征进行分析。对于本文研究标的，如果一个省份（网络节点）的度数中心度越高，那么其与其他省份的直接关联越多，越接近网络的中心位置。而较高的中介中心度说明对应省份处于许多其他省份间链式传导的最短路径上，在一定意义上反映出该省份在网络中扮演着中介桥梁的角色。①

样本期内各省份对应网络中的接近中心度和中介中心度指标值见表4。为便于对比解释，本文以柱状图的形式将由 Granger 因果检验判定的严格意义上的各省份经济增长空间溢出与受益关系总数可视化于图4。

表4　省域空间关联的网络个体（省份）特征指标

省份	实体经济		虚拟经济		总体经济	
	度数中心度	中介中心度	度数中心度	中介中心度	度数中心度	中介中心度
北京	0.000	0.000	34.483	5.105	0.000	0.000
天津	20.690	1.272	13.793	0.754	13.793	1.026
河北	13.793	0.369	6.897	0.000	17.241	0.529
山西	10.345	0.082	27.586	3.167	10.345	0.099
内蒙古	24.138	1.204	37.931	4.748	20.690	0.997
辽宁	13.793	0.097	24.138	1.294	13.793	0.163
吉林	34.483	6.769	31.034	3.243	37.931	6.850
黑龙江	17.241	6.629	51.724	12.722	13.793	6.424
上海	3.448	0.000	0.000	0.000	0.000	0.000
江苏	6.897	0.156	24.138	4.028	6.897	0.149
浙江	13.793	2.499	41.379	10.038	13.793	2.434
安徽	34.483	7.267	20.690	0.919	37.931	7.367
福建	3.448	0.000	20.690	2.236	3.448	0.000
江西	24.138	2.099	17.241	1.036	24.138	2.631
山东	20.690	4.429	24.138	2.064	20.690	4.465
河南	48.276	13.557	17.241	0.802	44.828	12.055
湖北	24.138	1.761	17.241	1.457	24.138	1.954
湖南	20.690	0.523	24.138	1.989	20.690	0.534
广东	3.448	0.000	20.690	3.125	0.000	0.000
广西	17.241	6.119	24.138	3.365	20.690	6.182
重庆	3.448	0.000	13.793	0.460	3.448	0.000
四川	17.241	0.478	17.241	1.228	17.241	0.510
贵州	20.690	2.310	6.897	0.000	20.690	2.271
云南	10.345	0.499	31.034	4.927	10.345	0.436
西藏	10.345	0.664	41.379	11.052	10.345	0.965
陕西	41.379	10.756	34.483	6.685	44.828	14.041
甘肃	27.586	1.804	20.690	1.216	27.586	1.575
青海	34.483	5.334	10.345	0.414	31.034	5.953
宁夏	31.034	4.849	24.138	1.634	27.586	2.903
新疆	0.000	0.000	10.345	0.686	0.000	0.000

---

① 限于篇幅，中心度指标的数学表达及详细含义具体可参见 Freeman（1979）[27]。

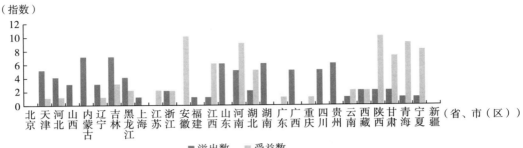

（a）实体经济

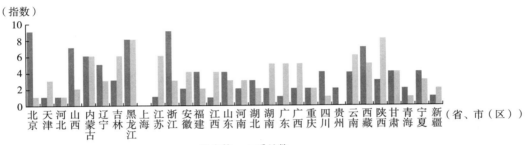

（b）虚拟经济

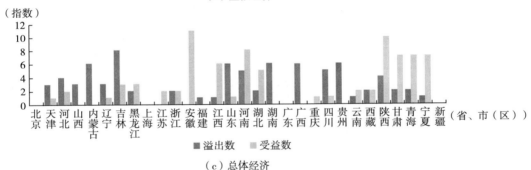

（c）总体经济

图 4　1978~2016 年各省份经济增长的空间溢出与受益关系总数

　　在实体经济网络中，度数中心度排名前 5 的省份依次为河南、陕西、吉林、安徽、青海。这反映出相较其他省份，这 5 个省份与自身以外的省份所产生的空间关联关系更多，更接近实体经济空间关联网络的中心位置。由图 4（a）可以发现，除吉林外的 4 个省份在空间关联网络中的受益关系数均明显高于溢出关系数。其中安徽的实体经济增长无严格意义上的空间溢出效应，为净受益省份。北京和新疆的实体经济网络度数中心度为 0，处于实体经济网络的边缘位置。结合图 4（a）发现，北京和新疆与其他省份之间不存在严格意义上的空间关联关系，为实体经济"孤立"发展的省份。实体经济网络中介中心度排名前 5 的省份依次为河南、陕西、安徽、吉林、黑龙江。这反映出改革开放以来，这 5 个省级行政区在实体经济空间溢出的链式传导关系中扮演着中介桥梁的角色。

　　在虚拟经济网络中，度数中心度排名前 5 的省份依次为黑龙江、浙江、西藏、内蒙古、陕西、北京（陕西和北京并列第 5 位）。相较其他省份，这 5 个省份更加接近虚拟经济增长空间关联网络的中心位置。如图 4（b）所示，在 5 个省份中，黑龙江和内蒙古的虚拟经济空间溢出关系数与受益关系数相等，在网络中处于中立角色；浙江、西藏和北京的虚拟经济增长空间关联关系更倾向于对外溢出发展动能；陕西则相反。度数中心度排名后 5 的省份依次为上海、河北、贵州、新疆、青海。这 5 个省份位于虚拟经济网络的边缘位置。这里值得注意的是，上海作为中国乃至世界的金融中心城市，其虚拟经济的规模与产值在省份排名中均名列前茅，但因果检验结果显示样本期内上海的虚拟经济增长与其他省份之间并不存在严格意义上的空间关联关系。这说明在以虚拟经济增长水平指标年度波动值的因果关系所解释的空间关联属性上，上海的计量结果显示其样本期内的虚拟经济增长具有明显的"自主性"。中介中心度排名靠前的 5 个省份依次为黑龙江、西藏、浙江、陕西、北京。这 5 个省份在虚拟经济空间溢出的链式传导关系中扮演着中介桥梁的角色。

在总体经济网络的度数中心度排名前 5 的省份依次为河南、陕西、吉林、安徽、青海。图 4（c）显示的 5 个省份中，除吉林的空间关联倾向于对外溢出外，其他 4 省份的总体经济增长在空间关联上更倾向于接收其他省份的发展动能。其中，安徽为经济增长的净受益省份。在实体经济空间关联网络中，安徽同样作为净受益省份名列度数中心度前 5。这反映出在实体经济乃至总体经济层面上，改革开放以来安徽的总体和实体经济增长接收了大量外部省份的发展动能。局部 Moran's I 指数分析显示，安徽的空间局部自相关分析结果在总体和实体经济层面，同样异质于其他具有较高显著性结果的省份。本部分的空间关联分析结果进一步显示，安徽邻近的多个省份均存在对安徽总体和实体经济上的溢出效应。前文提到的"洼池效应"在一定程度上已然存在。在总体经济和实体经济层面，安徽这种空间自相关和空间关联上的异质性产生的根源值得被进一步研究。

（二）基于溢出—受益关系的省域经济空间属性分析

结合各省份实体经济与虚拟经济水平观察整体 Granger 因果检验结果，笔者发现仅从溢出和受益角度解释各省份的空间关联属性较为笼统，有必要进一步对省域间经济增长空间溢出—受益关系属性进行划分。这样能够从更深层次解析样本期内各省份实体经济与虚拟经济以及总体经济增长的空间关联属性。

具体划分过程有以下两步：第一步，笔者分别对样本期内以 2010 年为基期平减后的各省份人均实际实体经济增加值、人均实际虚拟经济增加值以及人均实际地区生产总值取平均数，得到各省份以 2010 年为基期的 1978～2016 年实体经济与虚拟经济以及总体经济的实际人均增加值平均值。分别计算实体经济与虚拟经济以及总体经济 30 个省份样本期内平均值的中位数，以中位数为界。分别在实体经济与虚拟经济以及总体经济三个层面将 30 个省份对半划分为经济强省和经济弱省。第二步，笔者用实体经济与虚拟经济以及总体经济网络中各省份的溢出关系数减去受益关系数。如果得数为正，那么判定该省份的空间关联属性为主溢出，即该省份的空间关联关系总体以对外溢出为主；如果得数为负，那么判定该省份的空间关联属性为主受益，即该省份的空间关联关系总体以接收外部省份溢出为主；如果得数为 0，那么判定省份的空间关联属性为均衡。将主溢出、主受益和均衡定义为省域空间关联的第一层属性。

经以上两步后，本文得到经济水平和空间关联两个维度的省域刻画指标，综合两个维度的刻画指标，可以得出各省份空间关联的第二层属性。当 A 省份为经济强省且第一层属性为主溢出时，可以认为 A 省份的经济增长更倾向于带动其他省份，将其空间关联的第二层属性命名为主带动。当 A 省份为经济强省且第一层属性为主受益时，可以认为 A 省份的经济增长更倾向于从外部省份吸引发展动能，将其第二层属性命名主吸引。当 A 省份为经济弱省且第一层属性为主溢出时，认为该省份经济增长的空间关联上更倾向于对外流出其自身的发展动能，将其命名为主流出省。当 A 省份为经济弱省且第一层属性为主受益时，反映出该省份的经济增长更倾向于接收外部省份的发展动能，将其命名为主获益省。当 A 省份的溢出总数等于受益总数时，将其第二层属性命名为平衡发展。由此，可以得到主带动、主吸引、主流出、主获益以及平衡发展 5 种空间关联的第二层属性分类。图 5 较为直观地展示了第二层属性的划分方式。

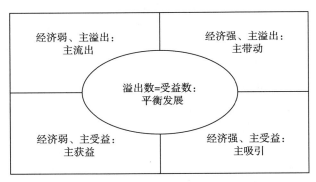

图 5　省域空间关联的第二层属性划分

依据省域经济增长空间关联的属性定义，对 30 个省级行政区进行实体经济与虚拟经济以及总体经济的空间关联属性划分，划分结果如表 5 所示。

表 5　省域经济增长空间关联属性的划分

类别	第一层属性	第二层属性	省份成员
实体经济	主溢出	强省-主带动	上海、天津、辽宁、内蒙古、山东、福建、吉林、河北、黑龙江
		弱省-主流出	湖南、贵州、广西、四川、山西
	主受益	强省-主吸引	江苏、广东、湖北
		弱省-主获益	云南、宁夏、河南、江西、甘肃、安徽、青海、陕西、重庆
	均衡	强省-平衡发展	北京、浙江、新疆
		弱省-平衡发展	西藏
虚拟经济	主溢出	强省-主带动	北京、浙江、福建、辽宁、山东、宁夏、湖北、山西
		弱省-主流出	四川、西藏、贵州、青海
	主受益	强省-主吸引	天津、广东、江苏、陕西
		弱省-主获益	河南、新疆、吉林、云南、江西、湖南、安徽、广西
	均衡	强省-平衡发展	上海、内蒙古、重庆
		弱省-平衡发展	黑龙江、河北、甘肃
总体经济	主溢出	强省-主带动	天津、河北、山东、辽宁、福建、吉林、内蒙古
		弱省-主流出	贵州、湖南、广西、四川、山西
	主受益	强省-主吸引	江苏、黑龙江、宁夏
		弱省-主获益	云南、重庆、河南、湖北、甘肃、江西、青海、山西、安徽
	均衡	强省-平衡发展	北京、上海、新疆、广东、浙江
		弱省-平衡发展	西藏

注：①表 5 中省份按从左至右实际人均经济增加值从高到低排序；②实体经济中的新疆、虚拟经济中的上海以及总体经济中的北京和新疆由于 Granger 因果检验显示与其他省份之间无严格意义上的空间关联关系，在表 5 中剔除。

改革开放以来具有主流出属性的经济弱省应被重点关注。其中，山西、湖南、四川、广西、贵州 5 省份均为实体经济与总体经济范畴的主流出省。这些省份自身的实体经济乃至总体经济水平较低，但在样本期内其空间关联关系却以对外溢出为主。观察图 4（a）和 4（c）发现，在 5 个省份中多数为净溢出省，在样本期内实体经济并未在严格意义上受益于其他省份的经济增长。这类省份在经济增长空间上的受益关联不显著。一方面，这可能反映出其内在的政策以及经济资源的对外吸引力不强，故而未与其他省份在长期产生稳定的受益关系。另一方面，具有主吸引属性的经济强省一定程度上体现了省域经济增长上的马太效应。这些省份相对其他省份往往具有更高的经济效率和更为健全的经济结构，使这些省份在经济关联上更倾向于吸引其他省份的发展动能。马太效应有其经济规律上的合理性，然而在现实中却与我国长期的区域协调发展战略相悖。这就需要政府以有形之手弥补市场自然规律的不足，逐步推进先富带动后富。先富带动后富是邓小平两个大局思想的重要组成部分。培育与挖掘空间上的洼池效应会更加有利于中国经济的全面发展。

（三）实体经济、虚拟经济与总体经济空间关联网络的拟合

本部分以总体经济增长的空间关联网络为因变量，以实体经济与虚拟经济空间关联网络为自变量进行 QAP（Quadratic Assignment Procedure）回归分析。QAP 回归分析用于研究特定因变量矩阵与多个自变量矩阵间的回归关系。其运算过程有如下两步：第一步，对自变量矩阵及因变量矩阵的对应长向量进行一般的多元回归分析；第二步，同时随机置换因变量矩阵的各行各列，置换完成后对新矩阵再次进行回归，记录所有系数数值及判定系数 R^2 的数值；重复上述步骤，以估计统计量的标准误差，再通过重复抽样比对矩阵每一个格值相似性的方式进行系数估计及检验从而生成最终结果。

本文选择通过 50000 次随机置换来进行 QAP 回归检验以减小结果的随机性误差。结果显示，经调整后的判定系数 R^2 为 0.857，反映回归检验中实体经济、虚拟经济的空间关联网络可以解释总体经济网络中空间关联关系变异的 85.7%，且达到了小于 1% 即达到了 1% 的显著性水平。总体经济、实体经济和虚拟经济三个空间关联网络的 QAP 回归结果如表 6 所示。

表 6　总体经济、实体经济、虚拟经济空间关联网络的 QAP 回归结果

R^2	调整后的 R^2	显著性水平	样本体积		
0.857	0.857	0.000	870		
变量	非标准化回归系数	标准化回归系数	显著性水平	概率 A	概率 B
截距	0.004	0.000	—	—	—
实体经济网络	0.919	0.924	0.000	0.000	1.000
虚拟经济网络	0.018	0.020	0.061	0.061	0.939

表 6 中概率 A 表示随机置换时产生的回归系数大于等于最终得到的回归系数的概率；概率 B 表示随机置换时产生的回归系数小于等于最终得到的回归系数的概率。总体-实体、总体-虚拟网络的概率 A 分别为 0.000 和 0.061，而概率 B 分别为 1.000 和 0.939。这说明总体经济的省域空间关联结构与实体、虚拟经济空间关联结构存在一定的相似性。经随机置换矩阵的各行与各列后得到的多元回归系数基本上小于原始矩阵的回归系数值。QAP 回归结果显示，实体经济空间关联网络的标准化回归系数为 0.919，且检验结具在 1% 的水平上显著。这说明实体经济的空间关联关系对总体经济空间关联关系的形成具有重要影响。

而虚拟经济空间关联网络的标准化回归系数仅为0.018且同样具有较高的显著性水平。这反映出中国的虚拟经济空间关联关系对总体经济空间关联关系的形成存在影响，但样本期内的影响力度远不及实体经济。这也从空间关联视角进一步证实了我国实体经济与虚拟经济空间异质性的显著存在。

四、结论与政策建议

本文从空间整体差异、省域经济指标值分布动态演进、空间全局和局部自相关三个层面，使用空间经济学常用的基尼系数、Moran's I 指数分析工具，对中国1978~2016年的省域实体经济与虚拟经济乃至总体经济发展的空间分布特征进行了综合分析。本文借助近年来兴起的社会网络分析方法进一步探索了实体经济、虚拟经济和总体经济的空间关联特征和各省份的空间关联属性。

（一）主要研究结论

1. 空间分布层面

（1）在样本期内，实体经济与虚拟经济乃至总体经济发展的省域差异整体呈下降趋势。实体经济与虚拟经济以及总体经济的省域差异年度变动趋势具有一定的相关性。中国虚拟经济的省域空间差异明显高于实体经济和总体经济。

（2）在整个样本期内，中国实体经济与虚拟经济乃至总体经济均存在省域上的两极分化特征。在空间层面上实体经济与总体经济水平的整体提高主要发生在改革开放至今的后半段时期。样本期内中国虚拟经济水平的省域整体提高相对不明显，且存在北京和上海两个虚拟经济水平远高于其他省份的"超级"省级行政区。

（3）在空间聚集层面上，2008年前，中国实体经济在虚拟经济乃至总体经济的空间自相关水平整体呈上升趋势且三者的整体空间聚集变动趋势存在一定的相关性；在2008年后的样本期内，实体经济与总体经济的全局自相关水平先后呈下降趋势；在整个样本期内，虚拟经济的空间聚集程度均明显低于实体经济。在局部自相关分析中，实体经济与总体经济显著呈现"强强聚集"与"弱弱聚集"的省份在样本期内随时间的推移均有所增加。这反映出实体经济和总体经济空间分布上的马太效应愈发明显。虚拟经济样本期内局部自相关性显著的省份有所增加且均分布于HH象限，在空间分布上仅呈现出"强强聚集"的态势，而虚拟经济弱省的空间分布则相对分散。

（4）在整个样本期内，沿海经济强省的经济虚拟化程度均明显高于其他省份，且演进过程相对其他省份更为一致。

2. 空间关联层面

（1）省域实体经济与虚拟经济以及总体经济中所存在的严格意义上的空间关联关系总规模相差不大且均存在经济"孤立"发展的省份。省域间空间溢出的路径均较为单一。

（2）实体经济和总体经济空间关联上均存在较为明显的梯度溢出特征；而虚拟经济相关测算结果则反映其存在空间关联关系的省份间的"互动性"较高，梯度溢出特征不明显。

（3）实体经济与虚拟经济以及总体经济的省域空间关联中体现"强帮弱"（洼池效

应）的省份数量均多于体现"弱供强"（马太效应）的省份数。但一些省份在两个经济范畴中的空间属性相反。如浙江在实体经济中倾向于吸引外部省份的经济溢出，而在虚拟经济中则更倾向于对外溢出发展动能。

（4）实体经济与虚拟经济的空间关联均与总体经济空间关联存在结构上的相似性，且两者可以显著解释总体经济空间关联的结构变异。实体经济对总体经济空间关联关系的形成具有重要影响。

本文首次对中国实体经济与虚拟经济的空间分布和空间关联特征进行了全面探索，从经济类型的细分层面得出以往整体经济研究未能揭示的丰富结论。从整体上来看，改革开放至今，中国的实体经济与虚拟经济在空间分布和空间关联两个层面都存在显著的差异。实体经济与虚拟经济的规模应存在一个大致合理的比例。如果虚拟经济的规模占比相对过大，那么会导致经济增长的扭曲，进而有可能诱发危机。这是虚拟经济研究者的一个基本共识。因此，在排除具有金融中心属性的地区后，稳健经济体内部的实体经济与虚拟经济在规模上的空间分布不应出现显著的异质性。局部区域的虚拟经济占比相对过高往往意味着这些区域相对过剩的资本有相当的比例存留于虚拟经济领域空转。对于其他资本相对不充裕的区域来讲，从发展实体经济、抑制虚拟经济泡沫的角度看，某种程度上可以说是一种资源的浪费。结合我国实际，在排除北京和上海两个金融中心后，笔者认为降低我国实体经济与虚拟经济的空间异质性，稳步解决两类经济的空间错配问题是未来区域政策制定与实施过程中需要考虑的重要决策变量。事实上，从全局层面削弱实体经济与虚拟经济的空间异质性，降低两类经济的空间错配程度既能够促进中国实体经济与虚拟经济的良性互动，从而设计更为稳健的空间布局，又能进一步激发落后区域的经济发展潜力和可持续性，为区域政策的长效性提供有力保障。此外，伴随当今经济虚拟化程度的不断加深以及实体经济、虚拟经济分离趋势的愈发明显，揭示实体经济与虚拟经济的空间分布特征和空间关联属性也将有助于深化我们对中国区域经济发展的认识，进而能够为评价区域经济动态提供更为全面且精准的参考。

（二）提出政策建议

1. 降低实体经济、虚拟经济的空间错配程度

实体经济与虚拟经济之间有着"肉"与"血"的关系，而两者作为当今经济运作的两个车轮，在国民经济运行中均扮演着重要的角色。从长远计，中国实体经济与虚拟经济较高的空间错配程度不利于中国经济的发展。具体到实际，当前，中国沿海经济强省的经济虚拟化程度明显高于内陆省份，冗余的虚拟资本会不断催生虚拟化程度较高省份的经济泡沫，导致金融风险的积聚。而内陆一些省份的实体经济相对却难以获得充足的资本支持，在一定程度上限制了当地经济的长远发展。2020年政府工作报告中提及"金融等领域风险有所积聚"，强调"继续推动西部大开发、东北全面振兴、中部地区崛起、东部率先发展"的区域发展战略。结合来看，笔者建议在区域战略的制定与实施中，进一步引导沿海经济强省的冗余资本支持内陆省份的实体经济建设。这样既能舒缓虚拟化程度较高省份的泡沫压力又有益于内陆省份的经济建设，在整体提高中国经济健康度的同时，进一步缓解区域发展不均衡问题，可谓"一石二鸟"。

2. 合理引导经济上具有虹吸效应的强省支持经济弱省发展

无形之手并非万能，这一点同样适用于区域发展规律。强者愈强、弱者愈弱的马太效应会进一步加深区域发展不均衡问题，不利于中国区域发展战略的推进。本文研究证明，我国实体经济、虚拟经济的省际空间关联中均存在以受益为主的经济强省，如江苏、广东等，也均存在以溢出为主的经济弱省，如四川、贵州等。笔者建议合理引导具有虹吸效应的经济强省支持弱省发展，并帮扶发展相对落后且具有经济"溢出效应"的内陆省份。这符合先富带动后富的思想，也顺应了国内产业转移继而优化产业链布局的大趋势。

3. 在制定与实施过程中纳入实体经济、虚拟经济

近年来，全球经济的虚拟化程度不断加深。我国实体经济与虚拟经济的分离趋势也愈发明显。区域战略更加精细化的制定与实施，有助于从空间层面进一步引导虚拟经济支持实体经济，继而优化经济结构，降低经济风险。这也符合中央"从全局出发全面综合地考虑区域发展的各个层面、各个环节"的区域协调发展总要求和定向调控、精准调控的执政新理念。

参考文献

［1］成思危. 虚拟经济与金融危机［J］. 管理科学学报，1999（1）：4-9.

［2］成思危. 虚拟经济的基本理论及研究方法［J］. 管理评论，2009，21（1）：3-18.

［3］刘晓欣. 虚拟经济运行的行为基础——资本化定价［J］. 南开经济研究，2003（4）：42-45.

［4］刘骏民，伍超明. 虚拟经济与实体经济关系模型——对我国当前股市与实体经济关系的一种解释［J］. 经济研究，2004（4）：60-69.

［5］刘霞辉. 论实体经济与虚拟经济的关系［J］. 世界经济，2004（1）：37-43.

［6］刘金全. 虚拟经济与实体经济之间关联性的计量检验［J］. 中国社会科学，2004（4）：80-90，207.

［7］Claessens, S., M. A. Kose, and M. E. Terrones. How Do Business and Financial Cycles Interact［J］. Journal of Iternational Economics, 2012, 87（1）：178-190.

［8］叶祥松，晏宗新. 当代虚拟经济与实体经济的互动——基于国际产业转移的视角［J］. 中国社会科学，2012（9）：63-81，207.

［9］Jokipii, T., and P. Monnin. The impact of Banking Sector Stability on the Real Economy［J］. Journal of International Money and Finance, 2013, 32（2）：1-16.

［10］何其春，邹恒甫. 信用膨胀、虚拟经济、资源配置与经济增长［J］. 经济研究，2015，50（4）：36-49.

［11］罗来军，蒋承，王亚章. 融资歧视、市场扭曲与利润迷失——兼议虚拟经济对实体经济的影响［J］. 经济研究，2016，51（4）：74-88.

［12］苏治，方彤，尹力博. 中国虚拟经济与实体经济的关联性——基于规模和周期视角的实证研究［J］. 中国社会科学，2017（8）：87-109，205-206.

［13］Ductor, l., and D. Grechyna. Financial Development, Real Sector, and Fconomic Growth［J］. Inernational Review of Economics & Finance, 2015, 37（4）：393-405.

［14］Ceechetti, S. G. , and E. Kharroubi. Why Does Financial Sector Growth Crowd out Real Fconomie Growth ［R］. BIS Working Papers, 2015.

［15］陈秀山，徐瑛．中国制造业空间结构变动及其对区域分工的影响［J］．经济研究，2008，43（10）：104-116.

［16］吕冰洋，余丹林．中国梯度发展模式下经济效率的增进——基于空间视角的分析［J］．中国社会科学，2009（6）：60-72，205-206.

［17］潘文卿．中国的区域关联与经济增长的空间溢出效应［J］．经济研究，2012，47（1）：54-65.

［18］覃成林，刘迎霞，李超．空间外溢与区域经济增长趋同——基于长江三角洲的案例分析［J］．中国社会科学，2012（5）：76-94，206.

［19］李敬，陈澍，万广华，等．中国区域经济增长的空间关联及其解释——基于网络分析方法［J］．经济研究，2014，49（11）：4-16.

［20］Dagum, C. A New Approach to the Decomposition of the Gini lncome lnequality Ratio, Empirical Economics, 1997, 22（4）：515-531.

［21］Tobin, J. , and S. S. Golub. Money, Credit and Capital ［M］. New York：MeGraw-Hill/lrwin, 1998.

［22］刘骏民，刘晓欣．经济增长理论创新及其对中国经济的实践意义——兼论如何重开中国经济高增长之门［J］．政治经济学评论，2016，7（6）：74-112.

［23］周彬，谢佳松．虚拟经济的发展抑制了实体经济吗？——来自中国上市公司的微观证据［J］．财经研究，2018，44（11）：74-89.

［24］Scott, J. Social Network Analysis：A Handbook 2nd edition ［M］. Newbury Park：Sage, 2000.

［25］Granger, C. W. Investigating Causal Relations by Fconometric Models and Crossspectral Methods ［J］. Economet-rica, 1969, 37（3）：424-438.

［26］Harary, F. 1969 Graph Theory, Boston：Addison-Wesley. Jokipi, T. , and P. Monnin, The lmpact of Banking Sector Stability on the Real Economy ［J］. Journal of International Money and Finance, 2013, 32（2）：1-16.

［27］Freeman, l. C. Centrality in Social Networks Conceptual Clarification ［J］. Social Networks, 1979, 1（3）：215-239.

本文转摘自《经济理论与经济管理》2020 年第 6 期。

中国实体经济"账期"问题及对策

摘要：近年来"账期"问题成为阻碍实体经济发展的重要因素之一。本文通过不同组数据实证分析实体经济的账期规模、账期延长的状况以及账期对实体经济利润侵蚀程度等问题，并得出在"账期"问题上民营企业比国有企业严重、制造业行业比其他行业严重的结论。本文进一步分析"账期"问题存在的原因及危害，提出加大民营企业、制造业行业的政策扶持力度等措施解决"账期"问题，以促进实体经济发展。

关键词：账期；民营企业；制造业；实体经济

一、引言与文献综述

当前中国的经济结构仍然是以实体经济为主，实体经济占国内生产总值（GDP）的比重在70%以上，这与美国以虚拟经济为主的经济结构有很大的区别。在实体经济中，工业是其基础，同时也是其主要的组成部分，工业增加值占GDP的比重为36%。以工业发展为基础，大力推动实体经济发展的战略使中国经济迅速发展，经济总量跃居世界第二位，工业增加值超越美国成为名副其实的制造业大国。实体经济发展的好坏直接关乎整个国民经济能否健康发展和亿万人民的就业问题，因此，对于那些阻碍实体经济发展的有害因素，政府要采取有效的措施予以消除，确保实体经济的健康发展。在众多阻碍实体经济发展的因素中，"账期"问题就是一个重要的因素。国家统计局最新数据显示，2014年中国规模以上工业企业应收账款净额为107436.99亿元，占当年GDP的17%，为当年销售收入的9.7%。与2008年相比，规模以上工业企业应收账款净额增长了2.44倍，而销售收入同一时期增长了2.21倍。可见，目前企业的"账期"问题相比于2008年更为严重。特别需要注意的是，目前企业"账期"问题与20世纪90年代中国出现的"三角债"有很大的不同。金碚（2015）发现，20世纪90年代发生的"三角债"主要在于国有企业基建投资中的借贷行为与中央银行的货币政策相互作用产生的债务问题[1]。而中国企业当前的"账期"问题是在中央银行货币政策并未发生实质性变化的条件下发生的，受影响的主体由90年代初的"国有企业"变成"民营经济的中小企业"，由"固定资产投资项目拖欠"变为以"制造业为主行业"的欠款，账期的存在间接地提高了企业的融资成本，蚕食企业的利润，扭曲了市场价格体系，破坏了市场配置资源的作用。中国正处于全面深化改革的重要阶段，Ayyagari等（2010）认为，改革的目的就是实现制度的更低交易成本和更高运作效率[2]，让市场在资源配置中起到决定性的作用，而日益严重的"账期"问题已经影响到市场配置资源的作用，作为市场经济主要载体的民营经济特别是其中的中小企业受影响最大。在经济增速放缓、中小企业融资困难的背景下，对"账期"问题的严重性及其解决的紧迫性要给予高度的重视。

Biais和Chirstian（1997）、王彦超（2014）认为，账期从本质上讲是一种商业信用，是供应商向购买者供货后，直到购买者付款的这段时间。企业间的这种商业信用是正规金融机构配置资源以外的一种重要补充[3][4]，特别是在中国存在金融抑制的情况下，Petersen 和 Rajan（1997）认为，商业信用起到二次配置资金的功能[5]。Nilsen（2002）、Love 等（2007）认为，那些容易获得外部融资的企业通常会采取商业信用的方式为其他不容易获得外部融资的企业提供商业信用[6][7]。胡泽等（2013）认为，如果发生金融危机导致出现资金紧缩的情况，企业提供的商业信用也会随之减少[8]，所以，商业信用提供量与市场资金的流动性具有密切的关系。同时，商业信用的提供也与企业自身资金的流动性有关，Ge 和 Qiu（2007）认为，企业资产的流动性与地区的金融发展水平对金融危机时期商业信用的下降具有缓冲作用[9]。陆正飞和杨德明（2011）认为，商业信用的存在被认为是供需共同作用的结果[10]，因此产生了两种理论：替代性融资理论和买方市场理论。实证检验表明，这两种理论与货币政策的宽松有直接的关系，如张杰和刘东（2006）认为，在货币政策宽松时期，商业信用的存在符合买方市场理论，而在紧缩时期符合替代性融资理论[11]。从商业信用的相关理论可以看出，商业信用具有两种功能：一个是大企业为那些难以获得外部资金的中小企业提供融资；另一个是企业一种促销手段。徐晓萍和李猛（2009）、中国人民银行孝感市中心支行课题组（2014）认为，中小企业融资难、融资成本高等问题制约着中小企业的发展，商业信用的使用可以成为解决中小企业融资难的一个有效手段，但事实是由于中小企业处于市场的弱势方，不得不向大企业提供商业信用，成为商业信用的净提供方，企业规模越小，提供的商业信用越多[12][13]。同时，金碚和龚健健（2014）认为，目前更为严峻的是小微企业应收账款在急剧上升，账期在不断延长，应收账款占据了新增贷款的一半以上，这不但增加了企业的融资成本，而且账期的延长也增加了收回的不确定性，直接导致小微企业资金周转困难，面临巨大的生存压力[14]。张杰（2013）认为，稳定的增长预期可以为企业提供较为有利的经营环境，降低企业对于可能的不利变化带来的风险成本，从而提高企业的经营绩效[15]，现阶段中国经济进入"新常态"，经济增速下降，企业的经营环境恶化，企业利润下滑，而账期延长进一步降低了企业的利润。

现阶段民营经济已经成为国民经济的重要组成部分，所创造的增加值已经占到 GDP 的 60% 以上。与国有企业需要承担一定的国家调控职能相比，民营企业是真正遵照市场规律运行的企业组织，其生存和发展与完善中国市场经济体制息息相关。民营经济中的中小企业更是民营经济的基础，只有中小企业生存状况得到改善，中国的民营经济才能得到进一步的发展和壮大，社会主义市场经济体制才可能得到完善和发展。而当前困扰民营中小企业发展的突出问题就是融资难、融资成本高，而其为了增加企业竞争优势所提供的商业信用——账期的延长无形中提高了企业的融资成本，成为拖垮企业资金链的重要因素，造成了中小企业出现大量的倒闭潮。众多民营企业的存在是市场配置资源的必要前提和基础，大量民营企业的倒闭是对市场配置资源的巨大威胁，市场在资源配置中的决定作用将被削弱。因此，政府必须对账期的延长问题给予高度的重视，采取有效措施根除这个实体经济中的"毒瘤"，改善民营企业的生存条件，只有这样才能发挥市场在资源配置中的决定性作用。

二、中国实体经济企业账期现状分析

（一）账期指标的衡量与样本企业的选取

1. 账期衡量指标

本文选取三个指标来衡量账期情形：一是应收账款增长率与销售收入增长率的差值，差值为正说明应收账款增长速度比销售收入增长速度快，差值为负说明应收账款增长速度比销售收入增长速度慢，以此来说明行业账期引起的应收账款规模的变化。如果一个行业的应收账款增长率大于销售收入的增长率，说明该行业应收账款占销售收入的比重越来越大，反之，比重越来越小。二是应收账款周转率，即报告期内应收账款转为现金的平均次数。应收账款周转率越高，平均收现期越短，说明应收账款的收回越快。该指标的高低是一个企业营运能力的反映，公司的应收账款如能及时收回，公司的资金使用效率便能大幅提高。三是应收账款占营业总收入的比值，一个企业的营业总收入是其各种形式收入的总和，应收账款占营业总收入比值可衡量一个企业应收账款的规模大小。

2. 样本企业的选取

本文在账期状况分析中选用 2000~2014 年中国上市公司数据，选取实体经济（除去金融、房地产、租赁和职业服务业之外的行业）企业共 2608 家，其中国有企业 949 家，民营企业 1659 家，国有经济占比 36.4%，民营企业占比 63.6%。民营企业占比高于国有企业 27 个百分点，如表 1 所示。

表 1　上市企业行业分布量及国有和民营企业比重

行业	企业总数	国企数	民企数	民企占比（%）
农林牧渔业	44	18	26	59.1
采矿业	76	45	31	40.8
装备制造业	925	253	672	72.6
装备制造业中的计算机、通信及其他电子设备制造业	246	70	176	72.0
非装备制业的制造业	913	296	617	67.6
建筑业	74	33	41	55.4
电力、热力、燃气及水生产和供应业	94	79	15	16.0
服务业	482	225	257	53.3
总计	2608	949	1659	63.6

资料来源：根据万得（Wind）数据库的行业经济效益指标（IEPI）整理计算所得。

（二）账期现状分析

1. 2007~2014 年近 90% 的企业账期不断延长

由表 2 可知，2007~2017 年，延长账期的企业数量从 2007 年 54.1% 增加到 2014 年 89.60%，提高了 35.5 个百分点，说明自金融危机后越来越多的企业延长账期，普遍使用赊销方式经营。2007~2014 年账期延长的天数越来越多，账期 90 天的比例由 15.5% 增加到 23.1%，提高了 1.5 倍；账期 120 天的比例由 2.4% 增加到 3.4%，提高了 1.4 倍；账期大于 120 天的比例由 1% 增加到 4.1%，增幅最大，提高约 4 倍。2007~2014 年平均逾期账款天数也增长较快,逾期天数在 60~90 天的比例由 15.3% 上升为 20.9%,提高 36.6%;在 90~120 天的比例由 3.3% 上升为 9.2%,提高约 179%;在 120~150 天的比例由 2.4% 上升为 4.6%,提高 91.7%;超过 150 天的比例由 2.9% 上升为 5.8%,提高 100%。可以看出,最近这些年制造业企业遭遇的应收账款逾期归还的期限越来越长。再加上 90% 制造业企业主动采取账期作为经营手段,这种趋势愈演愈烈,使账期给制造业企业带来的风险也越来越大。

表 2　2007~2014 年企业账期不断延长情况　　　　　　　　　　单位:%

项目 ＼ 年份	2007	2008	2009	2010	2011	2012	2013	2014
样本企业存在赊销状况比例（%）	54.1	64.9	79.9	87.6	89.6	86.5	91.8	89.6
平均赊销期限天数占比（%）								
90 天	15.5	14.4	21.8	20.5	19	18.4	20.3	23.1
120 天	2.4	4.2	3.6	3.8	3	1.8	3.9	3.4
大于 120 天	1	1.1	5.4	4.8	3.4	2.4	7.5	4.1
平均逾期账款天数占比（%）								
60~90 天	15.3	15.2	25.2	21.9	21.9	18.4	20.4	20.9
90~120 天	3.3	7.7	7.9	8	5.6	5.2	5.9	9.2
120~150 天	2.4	2.8	3	2.2	2.6	2.8	5.5	4.6
150 天以上	2.9	4.1	10.2	4	3	4.8	6.4	5.8

资料来源:根据历年科法斯《中国企业信用管理风险调查报告》整理所得。其中 70% 多为制造业企业,20% 为贸易类企业;50% 多为民营企业,20%~30% 为国有企业。

2. 中国制造业企业"账期"变化趋势

表 3 计算的是制造业部分行业应收账款增长率与销售收入增长率的差值。从制造业整体来看,可以分两个阶段:第一个阶段是 2000~2006 年,应收账款增速都低于销售收入增速;第二个阶段是经历了金融危机之后的 2012~2014 年,应收账款增速都高于销售收入增速,说明这三年中国制造业由于账期引起的应收账款的规模越来越大,占销售收入的比重呈上升趋势。制造业细分行业情况也是如此,2000~2006 年制造业细分行业中 94% 的企业是销售收入增长速度较快,账期适度,并促进企业发展;而 2012~2014 年则是 71% 的企业应收账款增长速度较快,特别是农副食品加工业,石油加工、炼焦及核燃料加工业,化学纤维制造业,计算机、通信和其他电子设备制造业,仪器仪表制造业,废弃资源综合利用业,黑色金属冶炼及压延加工业,以及文教、工美、体育和娱乐用品制造业等行业,账期不断延长,问题更加突出。

表 3　2000~2014 年制造业部分行业应收账款增长率与产品销售收入增长率之差　单位:%

行业 ＼ 年份	2000	2003	2006	2012	2013	2014
农副食品加工业	−7.21	−13.99	−2.98	9.89	2.03	10.95
食品制造业	−3.31	−1.64	−12.26	2.59	−5.06	3.24
酒、饮料和精制茶制造业	−6.64	−15.16	−19.11	2.87	9.86	1.91
纺织业	−16.05	−5.83	−1.95	2.84	−3.22	2.47
木材加工及木、竹、藤、棕、草制品业	−17.97	−7.27	−10.86	4.89	0.80	2.51
家具制造业	5.80	2.79	−12.45	0.48	5.10	6.95
文教、工美、体育和娱乐用品制造业	−1.84	−3.06	−4.04	−38.34	13.20	14.92
石油加工、炼焦及核燃料加工业	−53.73	−30.43	−24.19	25.56	6.05	14.87

续表

年份 行业	2000	2003	2006	2012	2013	2014
化学原料及化学制品制造业	−11.87	−19.43	−1.31	9.34	3.16	1.40
医药制造业	−10.24	−10.97	8.60	3.17	1.56	2.31
化学纤维制造业	−26.31	−17.69	−7.15	19.46	15.67	16.01
橡胶和塑料制品业					0.35	0.89
非金属矿物制品业	−4.18	−16.51	−15.38	19.66	6.24	4.67
黑色金属冶炼及压延加工业	−37.09	−56.45	−0.35	19.93	8.40	9.84
有色金属冶炼及压延加工业	−14.91	−19.20	−23.45	13.30	3.18	4.59
计算机、通信和其他电子设备制造业	−5.27	0.17	−7.59	5.36	−5.39	9.97
仪器仪表制造业	−5.34	−10.56	0.25	7.51	−2.29	4.78
废弃资源综合利用业			−35.48	16.63	2.30	11.47
装备制造业	−8.18	−4.53	−7.61	14.09	0.09	2.16
制造业	−12.76	−9.94	−7.70	8.25	3.05	3.02

资料来源：根据万得（Wind）数据库的行业经济效益指标（IEPI）整理计算所得。国家统计局公布的工业企业主要经济效益指标数据。表中"制造业"为制造业总体、"装备制造业"为装备制造业总体。装备制造业包括金属制品业，通用设备制造业，专用设备制造业，铁路、船舶、航空航天等运输设备，电气机械和器材制造业，计算机、通信和其他电子设备制造业，仪器仪表制造业七个行业。空格处为原始数据缺失。

3. 民营企业与国有企业"账期"问题比较

近年来实体经济总体应收账款周转率趋于下降，2008年后应收账款占营业收入比值逐年提高，账期延长情况严重。其中国有企业与民营企业相比，民营企业情况更甚。

由图1可知，2001~2007年国有企业应收账款周转率由11.97%上升到24.59%，上升幅度达105.43%，但民营企业的上升幅度只有32.66%，民营企业较之国有企业周转慢。2001~2008年应收账款占营业总收入的比值均呈现出下降趋势，国有企业和民营企业下降幅度分别为39.1%和40.7%，民营企业应收账款规模较国有企业大。2008年后国有企业和民营企业的应收账款周转率均不断下降，但民营企业的应收账款周转速度明显低于国有企业，其中2014年国有企业应收账款周转率是民营企业的1.8倍，两者差距很大。2008年后应收账款占营业收入比值则不断上涨，上升的幅度分别为45.8%和62.5%，民营企业的上升速度明显快于国有企业。2014年，民营企业比值为0.176，国有企业该比值为0.092，民营企业的比值是国有企业比值的1.91倍，说明民营企业的应收账款相对规模明显大于国有企业。

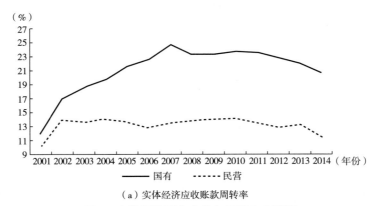

（a）实体经济应收账款周转率

图1 实体经济国有企业与民营企业账期

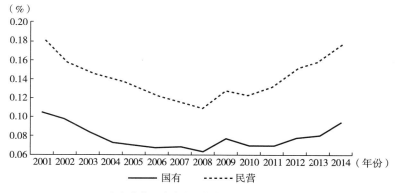

（b）实体经济应收账款占营业总收入比值

图 1 实体经济国有企业与民营企业账期（续）

资料来源：根据 Wind 数据库整理绘制。

图 2 反映了实体经济中的装配制造业的国有与民营企业的账期情况。装备制造业包括金属制品业、通用设备制造业，专用设备制造业，汽车制造业，铁路、船舶、航空航天等运输设备，电气机械和器材制造业，计算机、通信和其他电子设备制造业，仪器仪表制造业。2017 年，中国装备制造业占整个制造业的比重不到 30%，比发达国家的平均水平低

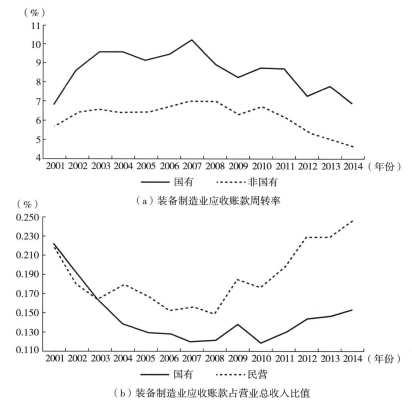

（a）装备制造业应收账款周转率

（b）装备制造业应收账款占营业总收入比值

图 2 装备制造业国有企业与民营企业账期

资料来源：根据 Wind 数据库整理绘制。

5%以上，远低于美国的 41.9%、日本的 43.6% 和德国的 46.6%。装备制造业是为国民经济和国防建设提供生产技术装备的制造业，是制造业的核心组成部分，是国民经济发展特别是工业发展的基础。建立起强大的装备制造业，是提高中国综合国力、实现工业化的根本保证。国家特别重视装配制造业的发展，专门成立了装配制造业发展领导小组。但是，中国装备制造业的"账期"问题相当严重。例如，2014 年底装备制造业应收账款余额占销售收入的比重为 0.164，而整个制造业的相应比值只有 0.099。截至 2014 年底（见图 3），在上市企业中装备制造业中民营企业占比达 73%，其"账期"问题比国有企业更加严重。

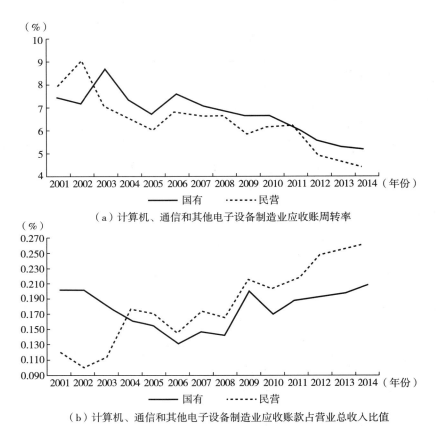

（a）计算机、通信和其他电子设备制造业应收账周转率

（b）计算机、通信和其他电子设备制造业应收账款占营业总收入比值

图 3　计算机、通信和其他电子设备制造业国有企业与民营企业账期

资料来源：根据 Wind 数据库整理绘制。

　　装备制造业中的计算机、通信和其他电子设备制造业是国家目前倡导的"互联网+"发展战略模式的基础，但其"账期"问题非常严重，且这部分制造业企业中民营企业及中小企业占了绝大的比重。2017 年，因为账款难以收回，资金周转困难，不少企业濒临破产倒闭。在计算机、通信和其他电子设备制造业中，国有企业周转率为民营企业的 1.17 倍；民营企业的应收账款占营业总收入的比值是国有企业的 1.61 倍。其中计算机、通信和其他电子设备民营企业增幅达 80.4%。

三、账期对企业利润侵蚀作用的实证检验

（一）模型的选取和数据来源

（1）模型的选取。为研究账期对企业利润的侵蚀作用，本文计量模型设立为如下形式：

$$yylrzc_{i,t} = c_i + \alpha \times zzl_{i,t} + \beta \times srzc_{i,t} + \gamma \times cbzc_{i,t} + \theta \times pjzc_{i,t} + \delta \times m2gdp_{it} + \varepsilon_{it} \tag{1}$$

参照张杰和刘东（2006）[11]、刘小鲁（2012）[16]做法，用 yylrzc 表示营业利润除以资产，代表行业企业的盈利状况；zzl 表示应收账款占营业收入的比值，代表行业企业账期的状况。为了保证模型中企业账期对利润影响的稳健性，加入四个控制变量：srzc 表示销售收入；cbzc 表示销售成本；pjzc 表示行业的平均资产，考察行业的规模对于利润的影响；m2gdp 表示广义货币供应量与 GDP 的比值，用以衡量货币政策的松紧对于行业企业利润的影响。

（2）数据来源。在研究账期对于实体经济企业利润的侵蚀作用中，本文采用国家统计局 2000～2014 年统计年鉴提供的规模以上工业企业行业数据，目的是在更大的范围内表明账期对企业利润侵蚀具有普遍性。对于某些变量的数据缺失和异常值，为不影响回归，做删除处理。经过处理之后，民营工业企业和国有控股工业企业行业数据各有 560 个样本，相关数据描述性统计如表 4 所示。

表 4 描述性统计

统计范围	变量名	均值	标准差	最小值	中位数	最大值
民营	yylrzc	0.100	0.060	−0.010	0.090	0.340
	zzl	0.090	0.040	0	0.080	0.320
	srzc	1.570	0.530	0.280	1.580	3.720
	cbzc	1.340	0.480	0.220	1.330	3.200
	m2gdp	1.650	0.170	1.350	1.610	1.930
	pjzc	0.520	0.600	0.050	0.320	6.960
国有控股	yylrzc	0.040	0.040	−0.070	0.030	0.200
	zzl	0.150	0.100	0	0.130	0.530
	srzc	0.750	0.370	0.160	0.700	2.330
	cbzc	0.610	0.350	0.130	0.530	2.250
	m2gdp	1.650	0.170	1.350	1.610	1.930
	pjzc	8.060	13.680	0.070	2.950	90.8800

注：根据国家统计局网站工业企业数据整理计算所得。后同。

（二）回归结果分析

根据 Hausman 检验的结果，本文采用面板固定效应模型进行估计，同时为了方便比较也将随机效应模型和最小二乘法的估计结果列出，_r 表示在稳健标准误下进行回归（见表 5 和表 6）。

从表 5 和表 6 可以看出，在控制了企业的销售收入、销售成本、规模以及货币政策影响因素后，民营和国有控股工业企业账期对企业利润的影响均为负值，并且在不同模型的

估计下多数通过了 1% 的显著性水平的检验，这说明账期对于不同所有制形式的企业利润都具有侵蚀作用。与此同时，不同所有制下账期对于企业利润的切实作用也是不同的，民营企业账期对企业利润的影响系数平均值为 -0.18，而国有控股企业此数值的平均值仅为 -0.07，这说明账期对于企业利润的侵蚀作用民营企业较之国有企业更为严重。

表 5　民营工业企业回归结果

变量	（1）fe_r1	（2）fe_r2	（3）fe_r3	（4）fe	（5）fe_r	（6）re	（7）OLS
zzl	-0.212 *** (0.0546)	-0.200 *** (0.0670)	-0.174 *** (0.0537)	-0.175 *** (0.0362)	-0.175 *** (0.0574)	-0.137 *** (0.0309)	-0.107 *** (0.0286)
srzc	0.586 *** (0.0763)	0.583 *** (0.0765)	0.591 *** (0.0809)	0.589 *** (0.0186)	0.589 *** (0.0819)	0.553 *** (0.0155)	0.496 *** (0.0269)
cbzc	-0.581 *** (0.0913)	-0.578 *** (0.0913)	-0.589 *** (0.0977)	-0.587 *** (0.0219)	-0.587 *** (0.0990)	-0.547 *** (0.0179)	-0.488 *** (0.0296)
pjzc		0.0053 ** (0.0025)		0.0021 (0.0021)	0.0021 (0.0029)	0.0045 ** (0.0019)	0.0066 ** (0.0032)
m2gdp			0.0250 *** (0.0074)	0.00214 (0.0071)	0.0214 * (0.0110)	0.0261 *** (0.0065)	0.0375 *** (0.0091)
常数项	-0.0237 (0.0179)	-0.0267 (0.0201)	-0.0661 *** (0.0148)	-0.0611 *** (0.0138)	-0.0611 *** (0.0146)	-0.0712 *** (0.0120)	-0.0818 *** (0.0129)
N	560	560	560	560	560	560	560
$\overline{R}^2$	0.827	0.830	0.833	0.798	0.833		0.844

注：括号内为标准误。*、** 和 *** 分别表示在 10%、5% 和 1% 的置信度下显著。

表 6　国有控股工业企业回归结果

变量	（1）fe_r1	（2）fe_r2	（3）fe_r3	（4）fe	（5）fe_r	（6）re	（7）OLS
zzl	-0.0667 *** (0.0253)	-0.0817 *** (0.0266)	-0.0427 * (0.0255)	-0.0586 *** (0.0155)	-0.0586 *** (0.0252)	-0.0680 *** (0.0136)	-0.0771 *** (0.0108)
srzc	0.341 *** (0.0685)	0.356 *** (0.0608)	0.329 *** (0.0665)	0.348 *** (0.0155)	0.348 *** (0.0560)	0.323 *** (0.0134)	0.278 *** (0.0168)
cbzc	-0.321 *** (0.0720)	-0.335 *** (0.0657)	-0.315 *** (0.0692)	-0.332 *** (0.0163)	-0.332 *** (0.0596)	-0.313 ** (0.0139)	-0.278 *** (0.0181)
pjzc		-0.0005 (0.0004)		-0.0007 * (0.0001)	-0.0007 * (0.0004)	-0.0008 * (0.0001)	-0.0007 *** (0, 0001)
m2gdp			0.00459 *** (0.0091)	0.0537 *** (0.0075)	0.0537 *** (0.0098)	0.0557 *** (0.0069)	0.0537 *** (0.0068)
常数项	-0.0123 (0.0179)	-0.0089 (0.0175)	-0.0868 *** (0.0231)	-0.0949 *** (0.0131)	-0.0949 *** (0.0206)	-0.0906 *** (0.0126)	-0.0729 *** (0.0112)
N	560	560	560	560	560	560	560
$\overline{R}^2$	0.606	0.617	0.633	0.599	0.654		0.616

注：括号内为标准误。*、** 和 *** 分别表示在 10%、5% 和 1% 的置信度下显著。

（三）稳健性检验

由于本文的行业平均资产在不同行业中差别较大，而且国有控股企业的平均规模显著大于私营企业，考虑到这样的差异可能会对回归结果有影响，本文对行业平均资产取自然对数进行回归，进行稳健性检验。张杰和刘东（2006）认为，中国人民银行通过存款准备金率、基准利率、再贴现率、货币发行等手段来执行货币政策，仅仅把货币供应量（M2）

与 GDP 的比值作为货币政策紧缩与否的做法不太可靠[11]。因此，本文使用 MP（M2 增长率-GDP 增长率-CPI 增长率）来估算货币政策，估计结果如表 7 所示。

表 7　稳健性检验

变量	私营工业企业				国有控股工业企业			
	fe	fe_r	fe1	fe_r1	fe	fe_r	fe1	fe_r1
zzl	−0.131***	−0.131**	−0.190***	−0.190***	−0.0342**	−0.0342	−0.0817***	−0.0817***
	(0.0353)	(0.0648)	(0.0353)	(0.0677)	(0.0163)	(0.0316)	(0.0159)	(0.0266)
srzc	0.555***	0.555***	0.587***	0.587***	0.321***	0.321***	0.356***	0.356***
	(0.0186)	(0.0817)	(0.0186)	(0.0743)	(0.0162)	(0.0666)	(0.0163)	(0.0608)
cbzc	−0.548***	−0.548***	−0.583***	−0.583***	−0.308***	−0.308***	−0.335***	0.335***
	(0.0219)	(0.0983)	(0.0218)	(0.0887)	(0.0168)	(0.0712)	(0.0171)	(0.0657)
lnpjzc	0.0129***	0.0129***			0.0025*	0.0025		
	(0.0020)	(0.0025)			(0.0014)	(0.0037)		
m2gdp	−0.0102	−0.0102			0.0412***	0.0412***		
	(0.0080)	(0.0121)			(0.0080)	(0.0116)		
pjzc			0.0055***	0.0055**			−0.0005***	−0.0005
			(0.0018)	(0.0027)			(0.0001)	(0.0004)
mp			0.0004***	0.0004***			−0.0000	−0.0000
			(0.0001)	(0.0001)			(0.0002)	(0.0001)
常数项	0.00202	0.00202	−0.0304***	−0.0304	−0.0812***	−0.0812***	−0.0089	−0.0089
	(0.0163)	(0.0223)	(0.0078)	(0.0197)	(0.0137)	(0.0212)	(0.0057)	(0.0176)
N	560	560	560	560	560	560	560	560
$\overline{R}^2$	0.815	0.846	0.799	0.833	0.577	0.635	0.556	0.617

注：括号内为标准误。*、**和***分别表示在 10%、5%和 1%的置信度下显著。限于篇幅，只列出最为重要的几个。

将表 7 结果与表 5 和表 6 进行对比可以发现，将行业企业规模取自然对数后进行回归以及对货币政策变量进行替代后能够得出相似的结论：账期对于企业的利润具有侵蚀作用，并且对民营企业的侵蚀作用大于国有企业，只是系数的大小上发生了一些细微的变化，这表明表 5 和表 6 估计的结果具有较好的稳健性。

四、账期形成的原因

上文通过实证检验得出结论：账期对实体经济企业的利润侵蚀作用是明显的，并且在国有和民营企业中呈现出不同的特征。账期的这种对企业利润的侵蚀作用导致实体经济企业资金链紧张，甚至出现企业因资金链断裂倒闭的现象，严重阻碍了中国实体经济企业健康的发展。因此，有必要进一步分析账期形成的原因，从而有的放矢更好地解决阻碍实体经济发展的"毒瘤"。

（一）供求关系的变化

2001～2014 年中国实体经济中企业的应收账款可以分为两个阶段：2001～2007 年为第一个阶段，这个阶段企业的应收账款总体呈现一种下降趋势，并在 2007 年达到最低点；2008～2014 年为第二个阶段，企业的应收账款总体呈现一种上升趋势。而应收账款周转率在 2010 年之前保持一种较为平稳的走势，而在 2010 年以后开始逐渐下滑，特别是在 2013

年以后下滑的速度开始加大。那么是什么原因造成了上述现象呢？探究其原因有助于更好地解决应收账款不断增加、账期不断延长以致阻碍实体经济发展的问题。

商业信用的存在从根本上说是供求共同作用的结果，替代性融资理论和买方市场理论可以用来解释商业信用的发生。

第一种理论为替代性融资，该理论认为，商业信用的提供与货币政策有关，宽松的货币政策会促进商业信用的使用。代表宽松货币政策的一个指标是近些年中国广义货币 M2 的增幅并无显著的变化，除了 2008 年金融危机发生时当年的 M2 增长率为 27.58%，显著高于其他年份，这可以解释 2008 年时企业的账期出现了一个大幅度的升高，其他年份增幅基本保持在 16%，而对于之后的继续升高缺乏解释力，更无法解释 2001～2007 年的下降趋势。代表宽松货币政策的另一个指标是法定存款准备金率，法定存款准备金率上调意味着货币政策开始紧缩。根据相关数据统计，从 2003 年开始央行多次对法定存款准备金率进行上调，从 2003 年的 6% 调整到 2014 年的 20%，基本趋势是向上的，替代性融资理论无法解释 2001～2014 年实体经济账期的 U 型走势。同时，根据替代性融资理论，能够容易获得银行贷款并且具有预算软约束的国有企业应该比民营企业提供更多的商业信用，但事实相反，民营企业特别是中小企业提供的商业信用多于国有企业。因此，替代性融资理论对中国实体经济账期发生原因的实际解释力不足。

第二种理论为买方市场理论，该理论认为，供应商为了尽快把产品销售出去为买方提供商业信用，是一种促销手段。根据这种理论，账期的发生不仅与整体的经济形势、所处产业的竞争激烈程度有关，还与企业自身的资金流动性有关。首先，看中国的经济发展整体情况，如图 4 所示 GDP 的增幅从 2001 年的 8.3% 逐年上升，在 2007 年达到 14.16% 的高点，随着金融危机的发生开始逐渐下降，从 2008 年的 9.63% 下降至 2014 年的 7.4%，这个走势正好与这一期间账期的走势相反。能很好地解释这一时期账期形成的原因，那就是在经济形势好的情况下，企业产品的需求增加，买方和卖方的势力均衡或者买方势力更强大一些，所以不需要通过账期的方式进行促销，企业的应收账款下降，而在经济增速下降时，供给大于需求，企业为了增加竞争优势，就需要通过账期的方式来促销产品，账期就开始上升。其次，生产价格指数 PPI 的走势也可以很好地解释账期的成因。PPI 的走势代表了买方和买方的力量对比，2001～2007 年 PPI 指数整体处于一种上升的趋势，说明是卖方主导市场，而 2008 年以后出现一个大幅度的下跌，在 2009 年反弹之后再度下跌，2010年以后跌幅加大，这时买方开始主导市场，PPI 的走势也与账期的走势相反，对于账期的形成具有较好的解释作用。最后，从企业自身的流动性来看，利率从 2001 年开始上升，到 2008 年增长到 4.14% 的最高水平，之后由于金融危机的爆发开始下降，到 2014 年达到 3% 的水平。利率上升导致企业的流动性紧缩，融资成本提高，提供的商业信用也相应减少，这也可以对账期的成因也具有一定的解释作用。

近年来，中国企业账期形成的原因可以大体用买方市场理论来解释，也就是供给大于需求导致企业间竞争激烈，出现了竞相采取商业信用的方式来促销产品局面。尤其是处于竞争弱势方的民营中小企业提供的商业信用比国有企业更多，但由于中国法律的不健全和中小企业的弱势地位导致账期的大面积延长，甚至延长账期成为某些行业的潜规则，在经济形势下滑的背景下，账期的延长成为压死中小企业资金链的最后一根稻草，大批民营中小企业纷纷破产。现阶段的"账期"问题从本质上说是供给问题，也就是产能过剩导致买方市场过于强势，产品生产方处于一种弱势的地位。所以，要从根本上解决"账期"问题，要从供给侧出发，鼓励企业进行创新，通过产品创新也就是在供给侧进行改革，通过供给创造需求，逐渐由买方市场向卖方市场转变。

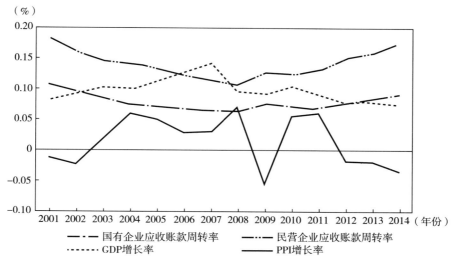

图4 企业账期与宏观经济变化状况

资料来源：根据国家统计局网站数据整理绘制。

（二）市场势力的存在以及产生的恶性循环

商业信用的提供一方面是由于企业为了增加其市场竞争力主动提供的，而另一方面也可能是由于强大的市场势力原因被迫提供的（刘尧飞，2013）[17]，这种被迫出于两方面的原因：一是由于买方企业势力的强大，中小企业不得不向其提供商业信用；二是由于中小企业自身账期被延长后，其为了缓解自身资金的压力不得不通过扩大应付账款的办法增加企业的流动性，这无形中也就增加了其他企业的应收账款，使社会的应收账款总额增加。在经济繁荣时期，大企业对于中小企业不存在恶意拖欠账款的情况，中小企业也没必要通过增加应收账款的方式提高自身的流动性，所以2001~2007年企业的账期是下降的趋势。但是，在经济变坏的情况下，这种循环就变成了恶性循环。大企业迫使中小企业向其提供商业信用，而中小企业因受账款的增加提高了自身财务风险，减少了企业资金的流动性，为了维持企业运营，这些企业采取增加应付账款的方法，使与之有交易往来的企业应收账款增加，这种循环会不断地扩展下去，使企业的账期迅速上升，这就是2008年以后实体经济账期快速上升以及民营企业的账期要显著高于国有企业的原因。由于装备制造和计算机、通信、电子行业聚集了大量的民营企业，这些行业的企业账期在经济下滑时会迅速上升，导致应收账款迅速增加。

（三）法律缺失导致的市场不规范

另外，法律、法规的不健全导致的市场不规范也是账期不断延长的一个重要的原因。虽然商务部、国家发展和改革委员会等部门出台了《零售商供应商公平交易管理办法》，这个管理办法对于大型供应商的"账期"问题起到一定的作用，但对于中小供应商的作用就不是十分显著了。同时，由于法律、法规的不完善和监管的漏洞导致市场秩序混乱，很多行业把延长账期看作行业的潜规则，造成了本不规范的市场秩序更加混乱，这种市场的不规范化导致了很多民营中小企业的利益受到损害。小供应商面对大零售商或者中小中间产品生产商面对下游大的最终产品生产商始终处于一种弱势的地位，在法律缺失的情况下难免利益受到损害。

五、 政策建议

"账期"问题已经成为阻碍中国实体经济发展、蚕食企业利润导致大量民营中小企业纷纷破产倒闭的重要原因。从本文的数据分析可以看出，中国企业的"账期"问题还有加重的趋势，如果这个问题不能得到有效的解决，将会产生一种多米诺骨牌效应，导致整个经济受损。基于本文分析，提出以下三个政策建议：

（一） 鼓励企业进行创新，扭转供需结构性失衡的矛盾

"账期"问题产生的根本原因还在于产品供给和需求结构性失衡的矛盾，也就是产能过剩问题。大量企业生产的产品积压销售困难导致市场的买方强势，所以企业采取了商业信用作为促销手段用以销售产品，卖方竞争越激烈导致的账期就越长，企业的资金链就面临极大的风险。因此，要缩短账期从根本上说就要鼓励企业进行创新，用新产品的供给创造出新的需求，生产产销对路的产品，只有这样才能从根本上解决企业的"账期"问题。同时，政府也要加快经济结构转变，通过供给侧改革实现经济快速发展，国民经济的快速发展对于企业"账期"问题的缓解也有一定的促进作用。企业在进行产品创新的同时还要进行营销模式和商业模式的创新，利用现代先进的通信和互联网技术减少中间流通环节，特别是要对B2C的模式进行继续探索和创新，通过企业和用户的直接对接会大幅度减少企业"账期"问题。

（二） 健全和完善相关的法律法规，提高执法监督的力度

首先，对于"账期"问题，政府要给予高度的重视，要把"账期"问题提升到法律层面来解决。目前，对于"账期"问题仅有以商务部为首的几个部委发布的《零售商和供应商公平交易管理办法》，这个办法并不是一部法律，对买方企业的约束力有限，不能有效地维护卖方企业的权益特别是民营中小企业。因此，面对企业"账期"问题的严重性以及大量中小企业因此纷纷破产的状况，政府有必要出台相应的法律来保护卖方企业的利益。其次，要加大执法监督的力度，切实维护中小企业的权益。相比国有企业，中小民营企业在市场竞争中属于弱势群体，同时，民营企业的"账期"问题要比国有企业严重得多。因此，政府要真正维护中小民营企业的切身利益就必须要简化诉讼程序、缩短诉讼时间，压低企业的诉讼成本，并且要加大执法力度，成立专门的执法部门进行执法，以维护卖方企业的权益。最后，要建立健全征信监管机制（刘尧飞，2013）[17]，对于那些无故延长账期或者赖账的企业要计入诚信档案，定期向社会公布，对这些企业给予一定的惩罚。对那些诚信缺失的企业在融资、投资、企业合作等方面给予限制，实现依靠法律手段规范

市场，约束企业行为的目的。

（三）加大民营企业政策扶持力度，推动金融服务业发展

政府要通过减税和财政补贴等措施帮助民营中小企业免于因账期延长导致的资金链断裂，进而最终破产的悲剧。国有企业具有预算软约束，可以较为容易地实现外部融资的优势，而民营企业特别是中小企业具有很强的预算硬约束，只能通过内部融资的方式来解决自身资金短缺的问题，一旦出现资金链断裂的情况就会导致破产的结局。这些情况在中国南方地区中小企业的倒闭潮中得到验证。因此，政府必须通过减税或者财政补贴的方式缓解民营中小企业因"账期"问题导致的流动资金短缺问题，帮助企业渡过难关。另外，地区金融服务业的发展能够有效地缓解民营中小企业的融资约束问题，对中小企业的资金流动性短缺起到很好的缓冲作用，所以，政府要大力推动地区金融的发展与创新，利用金融发展服务于民营中小企业。金融企业还要积极进行各种金融模式的探索，特别是消费金融模式，为消费者提供各种金融服务，这也可以直接缓解供货商账期上升的压力。各类金融机构还要在监管部门政策允许的条件下积极探索各种金融创新模式，积极参与各类制造业企业"账期"问题的解决，从而既扩大自身业务范围，又实现一种双赢的局面。

参考文献

［1］金碚．关于改革机理逻辑一致性的若干问题［J］．南京社会科学，2015（9）：1-6，22.

［2］Ayyagari M，Demirguc-kunt A，Maksimovic V. Formal Versus Informal Finance：Evidence from China［J］. The Review of Financial Studies，2010，23（8）：3048-3097.

［3］Biais B，Christian C. Trade Credit and Credit Rationing［J］. The Review of Financial Studies，1997，10（4）：903-937.

［4］王彦超．金融抑制与商业信用的二次配置功能［J］．经济研究，2014（6）：86-99.

［5］Petersen M A，Rajan R G. Trade Credit：Theories and Evidence［J］. The Review of Financial Studies，1997，10（3）：661-691.

［6］Nilsen J H. Trade Credit and the Bank Lending Channel［J］. Journal of Money，Credit and Banking，2002，34（1）：226-253.

［7］Love I，Preve L A，Sarria-allende V. Trade Credit and Bank Credit：Evidence from Recent Financial Crises［J］. Journal of Financial Economics，2007，83（2）：453-469.

［8］胡泽，夏新平，余明桂．金融发展、流动性与商业信用：基于全球金融危机的实证［J］．南开管理评论，2013（3）：4-15.

［9］Ge Y，Qiu J. Financial Developments［M］// RODGERS W M. Handbook on the Economics of Discrimination［M］. Cheltenham：Edward-Elgar Publishing，2007.

［10］陆正飞，杨德明．商业信用：替代性融资还是买方市场［J］．管理世界，2011（4）：6-14.

［11］张杰，刘东．商业信贷、融资约束与中国中小企业的融资行为——基于江苏省制造业企业的问卷观测和实证分析［J］．金融论坛，2006（10）：3-9.

［12］徐晓萍，李猛．商业信用的提供：来自上海市中小企业的证据［J］．金融研究，2009（6）：161-174.

［13］中国人民银行孝感市中心支行课题组．应收账款积累加剧融资难［J］．中国金融，2014（24）：88.

［14］金碚，龚健健．经济走势、政策调控及其对企业竞争力的影响——基于中国行业面板数据的实证分析［J］．中国工业经济，2014（3）：5-17.

［15］张杰．银行歧视、商业信用与企业发展［J］．世界经济，2013（9）：94-126.

［16］刘小鲁．中国商业信用的资源再配置效应与强制性特征——基于工业企业数据的实证检验［J］．中国人民大学学报，2012（1）：68-77.

［17］刘尧飞．小微企业征信体系的构建与完善［J］．南京财经大学学报，2013（6）：65-70.

本文转摘自《经济与管理研究》2017 年第 1 期。

社会保障体系的根基在实体经济

——高价值化积累率重创美国养老基金体系的思考

摘要： 美国独特的社会保障体系存在"高价值化积累率"与"低储蓄率"的悖论。美国社会保障体系过度依赖于虚拟经济，导致其与金融体系一样存在着严重的脆弱性，其风险随着金融系统性风险一同增长。社会保障体系的经济基础源于实体经济，应建立以实体经济为基础的中国社会保障模式，规划好社保基金中政府保障部分和市场化增殖部分的比例，从而更好地发挥社会保障功能和作用。

关键词： 价值化积累率；虚拟经济；养老基金；社会保障

美国社会保障体系及运行机制一直被认为与"极左"型的福利国家模式相比，显得更有效率；与"极右"型的个人账户模式（完全积累制）相比，又显得更为公平。这一模式的重要组成部分之一，美国社会保险信托基金（以下简称"美国社保基金"）的管理体制与投资模式，使社保基金安全高效，从而成为许多国家学习的典范。但金融危机来临后，社保体系特别是美国人赖以生存的个人养老金体系遭到袭击，养老基金遭受惨重损失，普通公众的"救命钱"和"养老钱"化为乌有。那么，这种高度依赖于金融体系的社会保障体系到底出了什么问题？价值化积累的巨额虚拟资产真的能跨期为人们安排未来的生活？社会保障的基础究竟是虚拟经济的价值增殖，还是实体经济的价值创造？

一、美国社会保障体系的"外部循环"模式

美国经济的核心是虚拟经济，其虚拟经济运行方式是一种独特的"外部循环"模式。这一模式得以维系的条件有三个：一是拥有国际货币的发行权；二是赖以生存和发展的货币利润可以由货币发行来创造，不增发货币虚拟经济的利润就难以为继；三是保持与外界正常交换其他生活必需品和必要的资源，实体经济与金融交易的链条不可中断。美国社会保障体系是建立在"外部循环"这一基础之上，那么依赖于虚拟经济的社保基金到底在积累什么？

（一）美国的低储蓄率

由于文化、社会结构、家庭观念等各方面原因，中国等东亚国家的储蓄率一直比较高。中国的储蓄率 1992 年为 36%，1998 年为 37.5%，2002 年后，储蓄率开始显著上升，且以居民储蓄平稳增长，企业储蓄明显上升为突出特点。2008 年中国储蓄率已达 51.3%，较 1992 年上升了 15 个百分点。而数据显示，美国 1990~2008 年官方公布的储蓄率在12.6%~18.%，2008 年官方公布的储蓄率仅为 12.6%，而且这是美国自 1990 年起 19 年来最低的储蓄率（见表 1）。美国的个人储蓄率更低，19 年间维持在 3% 左右，最低的 2005年和 2007 年分别只有 1.38% 与 1.72%，与亚洲和产油国相比，美国是个低储蓄率国家。

表1　1990~2008 年美国储蓄率与价值化积累率　　　　　单位：10 亿美元

年份	总国民收入	总储蓄[a]	总储蓄率[b]（%）	金融资产净增额[c]	价值化积累率[d]（%）	GDP	金融资产总额[e]	金融资产总额/GDP
1990	5750.8	917.6	16.0	1593.1	27.7	5800.5	35920.1	6.2
1991	5942.3	951.3	16.0	1547.5	26.0	5992.1	39048.2	6.5
1992	6261.5	932.3	14.9	1769.3	28.3	6342.3	41322.9	6.5
1993	6562.7	958.4	14.6	2428.1	37.0	6667.4	44995.9	6.8
1994	7000.4	1094.7	15.6	2178.8	31.1	7085.2	47391.1	6.7
1995	7391.8	1219.0	16.5	2853.5	38.6	7414.7	53513.5	7.2
1996	7844.2	1344.4	17.1	3084.1	39.3	7838.5	59446.6	7.6
1997	8369.8	1525.7	18.2	3505.1	41.9	8332.4	67198.7	8.1
1998	8896.1	1654.4	18.6	4420.2	49.7	8793.5	75601.4	8.6
1999	9452.4	1708.0	18.1	4912.0	52.0	9353.5	86376.5	9.2
2000	10123.2	1800.1	17.8	4966.8	49.1	9951.5	89528.2	9.0
2001	10441.4	1695.7	16.2	4473.4	42.8	10286.2	90605.4	8.8
2002	10713.5	1560.9	14.6	3714.3	34.7	10642.3	89565.9	8.4
2003	11194.2	1552.8	13.9	4713.1	42.1	11142.1	102137.1	9.2
2004	11966.8	1724.2	14.4	6694.4	55.9	11867.8	113282.6	9.6
2005	12815.2	1903.4	14.9	6650.5	51.9	12638.4	124037.9	9.8
2006	13691.9	2174.4	15.9	8055.5	58.8	13398.9	138702.0	10.4
2007	14208.2	2040.2	14.4	9209.0	64.7	14077.6	150862.5	10.7
2008	14482.3	1824.1	12.6	6912.9	47.7	14441.4	140399.3	9.7

注：a. 总储蓄：总国民收入中除去税收、消费后的余额（包括折旧）。

b. 总储蓄率＝总储蓄/总国民收入，本文采用美国经济分析局（BEA）公布的总储蓄在总国民收入中的比例（Grosssaving as a percentage of gross national income）。

c. 金融资产净增额：根据美联储公布的资金流量账户（Flow of Funds Accounts of the United States），将当年各部门净增金融资产（Net Acquisition of Financial Assets）（不含因市场价格变动引起的金融资产价值变动），即净金融投资加总，得到当年美国金融资产净增额。

d. 价值化积累率＝金融资产净增量/总国民收入。

e. 金融资产总额：根据美联储公布的资金流量账户（Flow of Funds Accounts of the United States），将当年各部门金融资产总额（Total financial assets）加总，得到当年美国金融资产总额。

资料来源：美国经济分析局（BEA），美联储网站。

　　许多学者认为此次金融危机爆发是美国低储蓄、高消费的经济增长模式难以持续所导致的结果，积累和消费的关系没有处理好。这有一定的道理。美联储主席伯南克甚至创造一新理论，责难亚洲和产油国储蓄率过高，以低利率借钱给美国，为美国人的消费提供经济支持，从而导致全球经济失衡和金融危机。实际上，美国虚拟经济与实体经济的失衡，过高的价值化积累率才是此次金融危机的根源。

（二）"低储蓄率"与"高价值化积累率"的悖论

1. 储蓄率与价值化积累率

宏观经济学告诉人们，储蓄是收入减去消费之后的部分，任何人的收入，只要不消费就是储蓄，不管他是以存款形式储蓄，还是买债券或是买股票实际都是储蓄的某种形式。这样，美国长期低储蓄率下累积的金融资产就不应太大。而实际上储蓄率逐渐走低的美国，1990~2008 年累积的未到期金融资产存量价值竟高达 140.40 万亿美元。如果提高储蓄率，将储蓄率扩大 2.5 倍，按每年储蓄率 30% 计算，假定美国 19 年的 GDP 均值是 10 万亿美元，那么 19 年累积的金融资产也只有 10 万亿×30%×19＝57 万亿美元，与低储蓄率对应的 140.40 万亿金融资产相比反差太大。美国以金融资产表现的"高储蓄率"是中国等国望尘莫及的。

在宏观经济分析中，储蓄—投资是恒等的，传统积累理论是在"固定资本形成"判断标准下来考察投资，考察储蓄与投资的关系以及长期积累过程中对人们生活水平造成的不同影响。储蓄转化为投资，形成固定资本积累，这就是积累。虚拟经济理论认为，以价值形式表现的股票、债券及金融衍生品等虚拟资产的积聚与增长是价值化积累，每年新增金融资产的价值量与当年总国民收入之比为价值化积累率。从虚拟经济视角来看，美国是一个高价值化积累率的国家，统计资料显示：1990~2008 年有 8 年美国价值化积累率在50%，最高年份 2007 年价值化积累率达到 65%；其他 11 个年份在 26%~43%。总体而言，19 年价值化积累率均大大高于储蓄率，1993 年起一般保持在 2~5 倍，2007 年价值化积累率高出储蓄率近 5 倍。可见，美国是低储蓄率、高价值化积累率的国家（见表 1）。

2. "悖论"产生与存在的条件

悖论的产生：美国是高价值化积累率国家，且价值化积累率大大高于储蓄率，高价值化积累率与低储蓄率之间存在着悖论。悖论在于如果收入中不消费的部分就是储蓄，而储蓄的形式可以是存款、购买债券和股票等金融资产，那么，价值化积累的金融资产数量就大致等于每年储蓄的累积额加上利息滚存的收入总额，金融资产不能过多超过累计的储蓄额。实际上，美国价值化积累的金融资产数量与累计储蓄额差额相距甚大，说明美国金融资产的积累不完全是依靠 GDP 中一部分储蓄创造的。据统计，1990~2008 年美国金融资产超过 GDP 达到 6~11 倍（见表 1）。金融资产超过 GDP 的多倍，与传统储蓄与投资相等基础上形成的经济总量相差甚远，与储蓄被用于投资之后的回报累积完全不相等。

悖论的关键：超出 GDP 多倍金融资产是如何创造出来的？巨额的金融资产是虚拟经济系统相对独立脱离实际生产过程价值增殖创造的，与实体经济无密切关系。正如外汇交易额是国际贸易额的 70 倍，一次贸易并不需要 70 次外汇兑换服务或避险服务，显然外汇交易已经成为相对独立的赚钱方式。实际上美国的核心经济是虚拟经济，其虚拟经济不再主要是为实体经济服务，也相对独立地创造货币收入，创造 GDP。这就是储蓄率很低，累积的金融资产却高得惊人的原因。

换句话说，美国累计的金融资产不依赖人们的收入和 GDP，反映实体经济规模的GDP 中没有全部体现资产价格上涨所带来的收入。在金融、房地产、期货交易中，只有总交易量的一个很小比例被计入 GDP，例如在债券交易中大约只有交易额的 1‰的比例被计入 GDP，而其创造的货币收入则是其创造 GDP 的几十倍甚至上百倍。累计的金融资产是增长收入中一定的比例，与收入增长是同步的，是高于经济增长率的。金融市场不断发展，资产在不断增加，交易量巨大，同时不断产生出不计入 GDP 却可以用来购买任何产品和服务的货币收入。据统计，2008 年美国 GDP 只有 14.44 万亿美元，而同期可以量化的金融资产 140.40 万亿美元。这些房地产交易、股票的交易，以及发行债券、股票，及其他金融创新产生出巨量货币收入，并支撑着美国的高消费。据统计，美国 2003 年消费达到 10.13 万亿美元，虚拟经济巨大的货币收入支撑着美国的高消费，从而支撑着美国的经济运行。

二、美国社会保障基金的投资结构及损失

美国的社会保障体系由联邦社会保障及州和地方政府社会保障、私有退休金和个人储蓄三部分构成。广义的社会保障基金包括联邦政府举办的老年、遗属、幸存者和残疾保险制度（OASDI）和住院保险（HI）下的社会保障金以及美国州和地方政府的社保基金，还有各种私有退休基金。狭义的社会保障基金主要是指老年、遗属、幸存者和残疾保险制度OASDI和住院保险HI。社保基金投资结构的特点是证券投资占绝大比重，实体经济投资比重极小。

（一）联邦政府、州和地方政府社保基金投资结构

自2005年起，联邦政府举办的社保基金一般投资于财政部特别发行债券。特别债券分为短期债务凭证与长期特别债券两大类型，社保基金一般投资长期债券。美国联邦社保基金十分重视基金的安全性，持有特别债券与持有现金和其他实体资产相比，在安全性方面几乎相同，并且还可以获得一定的收益，在最大程度上对联邦社保基金的安全性给予了保障。

美国州和地方政府社保基金投资领域十分宽泛，各种短期投资、证券投资、实体投资等都是其投资的领域。从结构上来看，总额的85%用于证券投资，而在这其中又有约85%以上的份额是以非政府发行证券（如公司股票、公司债券、抵押贷款、信托基金、国外证券）的形式持有。与此相对应的是，其投资于政府发行证券（包括联邦政府和州政府）的比例仅为10%，而用于实体投资的比例仅有2%（见表2）。

表2 美国州和地方社保基金投资结构 单位：%

年份	现金及短期投资	证券投资	政府证券	非政府证券	其他投资	实体资产	杂项投资
2000	5.59	86.41	12.52	73.88	8.01	2.18	5.83
2001	5.44	86.54	11.44	75.11	8.02	2.02	5.99
2002	5.09	86.90	10.45	76.45	8.01	1.99	6.02
2003	4.60	87.11	10.25	76.86	8.30	2.15	6.14
2004	3.40	88.71	8.95	79.75	7.89	1.75	6.14
2005	3.41	88.65	8.75	79.90	7.95	1.57	6.38
2006	3.19	88.04	8.41	79.64	8.77	2.29	6.47
2007	3.49	86.20	7.85	78.36	10.30	2.94	7.37

资料来源：美国普查局网站。

（二）私有退休金投资结构

美国退休基金市场主要有确定收益型基金DB、个人退休账户IRAs和确定缴费型基金DC三种类型。私有退休金中DB计划所占资金比例越来越少，增长速度越来越缓慢。IRAs和DC所占规模最大，增长最快。以下分析IRAs和DC这两种私有退休金的投资情况。

2000~2009年第二季度美国个人退休账户IRAs的投资分布情况如表3所示。从表中可以看出，个人储蓄账户中约41%~49%的资产投向了美国的共同基金，近38%投向了各种有价证券。而在这些共同基金中，大部分是从事国内和国外证券投资的股票型基金，只

是在此次金融危机中，这一比例有所下降，与之相对，对于相对稳健的债券型和货币市场型基金的投资在 2008 年前仅占有 10%~20% 的份额，金融危机以后比例有所上升，目前保持在 30%（见表 3、表 4）。

表 3　美国 IRA 投资结构　　　　　　　　　　　　　　　单位：%

时间	共同基金	银行和节俭存款	人寿保险公司	经纪商账户持有证券
2000 年	47.55	9.51	7.72	35.26
2001 年	44.94	9.74	8.06	37.30
2002 年	41.26	10.38	10.58	37.78
2003 年	44.34	8.95	9.52	37.19
2004 年	46.10	8.15	8.55	37.16
2005 年	46.58	7.61	8.43	37.38
2006 年	48.08	7.42	7.54	36.99
2007：Q1	48.27	7.36	7.34	37.02
2007：Q2	48.57	7.13	7.06	37.27
2007：Q3	48.76	7.00	6.87	37.39
2007：Q4	48.67	7.18	6.86	37.29
2008：Q1	47.98	7.78	7.12	37.10
2008：Q2	47.85	7.97	7.11	37.05
2008：Q3	46.77	8.99	7.83	36.39
2008：Q4	44.57	10.95	8.68	35.81
2009：Q1	43.73	11.98	9.03	35.22
2009：Q2	45.04	11.34	8.24	35.38

资料来源：美国投资公司学会（Investment Company Institute），2009 年第二季度美国退休基金市场报告（The U. S. Retirement Market，Second Quarter 2009）。

表 4　美国 IRA 共同基金投资领域　　　　　　　　　　单位：%

时间	国内证券	国外证券	混合型	债券	货币市场
2000 年	63.84	10.08	7.60	7.76	10.64
2001 年	60.07	8.75	8.41	9.94	12.83
2002 年	52.34	8.13	9.38	14.64	15.41
2003 年	56.44	8.97	10.55	12.81	11.23
2004 年	56.74	10.32	12.16	11.83	9.01
2005 年	55.14	12.17	13.29	10.93	8.47
2006 年	52.93	14.24	13.90	10.15	8.77
2007：Q1	51.86	14.68	14.35	10.25	8.87
2007：Q2	51.63	15.30	14.41	9.93	8.77
2007：Q3	50.75	15.77	14.52	9.87	9.09
2007：Q4	49.33	16.01	14.71	10.28	9.76
2008：Q1	46.90	15.39	14.93	11.32	11.46
2008：Q2	46.89	15.32	15.18	11.51	11.10
2008：Q3	45.43	13.41	15.23	12.58	13.36
2008：Q4	41.39	11.93	15.14	14.38	17.09
2009：Q1	39.17	10.96	14.84	16.31	18.78
2009：Q2	40.86	12.17	15.32	16.09	15.56

资料来源：美国投资公司学会（Investment Company Institute），2009 年第二季度美国退休基金市场报告（The U. S. Retirement Market，Second Quarter 2009）。

与个人退休账户 IRA 一样，2000~2009 年二季度 DC 将基金 50% 的比例投资于共同基金，而在这些共同基金中，大部分是从事国内和国外证券投资的股票型基金，而相对稳健的债权型和货币市场型基金占的比重很小，为10%～20%的份额（见表5、表6）。

表 5　美国 DC 投资结构　　　　　　　　　　　　　　单位：%

时间	共同基金	其他投资
2000 年	43.06	56.94
2001 年	45.57	54.43
2002 年	43.79	56.21
2003 年	45.81	54.19
2004 年	48.42	51.58
2005 年	50.23	49.77
2006 年	51.62	48.38
2007：Q3	52.79	47.21
2007：Q4	51.58	48.42
2008：Q1	49.17	50.83
2008：Q2	46.15	53.85
2008：Q3	45.21	54.79
2008：Q4	48.01	51.99
2009：Q1	43.06	56.94
2009：Q2	45.57	54.43

资料来源：美国投资公司学会（Investment Company Institute），2009 年第二季度美国退休基金市场报告（The U. S. Retirement Market，Second Quarter 2009）。

表 6　美国 DC 共同基金投资领域　　　　　　　　单位：%

时间	国内证券	国外证券	混合型	债券	货币市场
2000 年	70.68	8.60	8.37	5.24	7.11
2001 年	65.93	7.57	9.71	7.57	9.14
2002 年	58.87	7.49	10.63	11.65	11.37
2003 年	62.58	8.46	10.90	9.96	8.03
2004 年	62.94	9.88	11.74	9.14	6.30
2005 年	60.55	11.76	13.08	8.79	5.77
2006 年	57.99	14.53	14.07	8.13	5.33
2007：Q1	56.90	14.93	14.70	8.14	5.34
2007：Q2	56.66	15.54	14.86	7.79	5.15
2007：Q3	55.76	15.91	15.12	7.83	5.39
2007：Q4	54.25	16.25	15.61	8.12	5.77
2008：Q1	51.63	15.69	16.27	9.49	6.92
2008：Q2	51.27	15.48	16.56	9.64	7.01
2008：Q3	50.15	13.65	17.02	10.79	8.33
2008：Q4	46.21	12.48	17.58	12.55	11.24
2009：Q1	70.68	8.60	8.37	5.24	7.11
2009：Q2	65.93	7.57	9.71	7.57	9.14

资料来源：美国投资公司学会（Investment Company Institute），2009 年第二季度美国退休基金市场报告（The U. S. Retirement Market，Second Quarter 2009）。

（三）社保基金在金融危机中的惨重损失

美国各类社保基金投资领域，从联邦社保基金到州和地方社保基金，再到私人养老基金，其投资领域逐渐宽泛，投资和运作逐渐灵活。美国社会保障体系过度依赖于虚拟经济，将使其同金融体系一样存在着严重的脆弱性，从而使社会保障体系的风险随着金融系统性风险的增长一同增长。当金融危机来临，人们赖以生存的个人养老金体系遭到袭击，养老基金便遭受惨重损失。

1. 联邦政府社保基金的损失

美国联邦社会保障基金很重视基金的安全性，但金融危机中由于利率水平的下降，导致特别债券的加权利率由 2007 年的 5.12%下降到 2008 年的 4.9%，特别债券收益减少：基金规模的增长率由 2007 年的 9.3%下降到 2008 年的 8.05%，使基金收益比往年减少许多。

2. 私有养老金的损失

广泛投资于各种虚拟资产和共同基金的州和地方社保基金以及私人养老基金损失较大。州和地方社保基金的年收入有大约 75%来自投资收益，而这些投资中有 75%投资于非政府证券，因此当资本市场发生动荡后，州和地方社保基金规模迅速缩水，截至 2009 年第二季度，州和地方养老基金规模为 2.49 万亿美元，与最高时期相比已缩水 8960 亿美元。而私人养老基金投资于资本市场，与最高时期相比，IRA 规模缩水 1.02 万亿美元，DC 规模缩水 9000 亿美元，分别缩水 21.4%和 19.8%。

美国货币市场共同基金中包含将近 50%的美国养老金计划，美国家庭的退休金资产占所有家庭资产的比例约为 40%，如果以 2008 年 10 月 27 日美国道琼斯指数从最高点跌去 40%计算，约有 18000 亿美元的投向共有基金的个人养老金在这次金融危机中化为灰烬。

另据统计，美国企业养老金规模为世界之最，占世界 60%，金融危机损失最为惨重，截至 2008 年底，大约损失 3.3 万亿美元；美国超过 80%的家庭参加了 401K 计划，金融危机爆发后，超过 53%的 401K 个人养老金账户持有人将资金从股票市场转移到非股票领域，19%比例的持有人通过该账户向银行金融机构申请困难贷款。

3. 养老基金在私募股权投资中的损失

美国各大养老基金在私募股权公司中的投资总额创下历史新高。截至 2008 年底，加利福尼亚州公务员退休基金、华盛顿州投资委员会和俄勒冈州公务员退休基金从 2000 年以来创办的私募股权公司的 1.2 万亿美元中仅收回了 221 亿美元的现金，相当于亏损 59%。

与金融危机中损失相对应，图 1、图 2 和图 3 显示美国州和地方养老基金及私人养老基金总额、主要养老基金季度总收入和投资收益及养老基金总额和收益率近年不断下降，直到 2009 年随着经济形势的好转才出现一定转机。

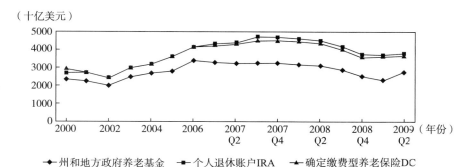

图 1　美国州和地方养老基金及私人养老基金总额

资料来源：美国投资公司学会（Investment Company Institute），2009 年第二季度美国退休基金市场报告（The U. S. Retirement Market, Second Quarter 2009）。

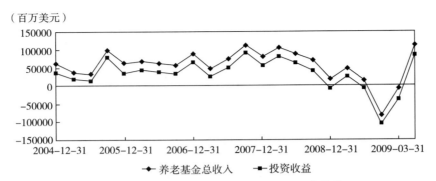

图 2　美国主要养老基金季度总收入和投资收益

资料来源：美国普查局网站。

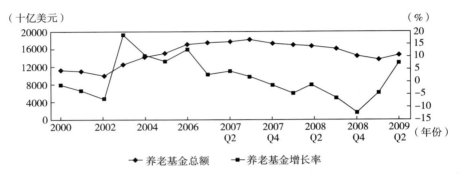

图 3　美国养老基金总额和增长率

注：2000~2006 年为年增长率，2007 年第一季度至 2009 年第二季度为季度增长率。

资料来源：美国投资公司学会（Investment Company Institute），2009 年第二季度美国退休基金市场报告（The U.S, Retirement Market，Second Quarter 2009）。

三、社会保障体系的经济基础源于实体经济

社会保障是对社会成员特别是生活有特殊困难的人们的基本生活权利给予保障的社会安全制度，由社会保险、社会救济、社会福利、优抚安置等组成。社会保险是社会保障的核心内容，它使劳动者因年老、失业、患病、工伤、生育而减少或丧失劳动收入时，能从社会获得经济补偿和物质帮助，保障基本生活。但此次金融危机西方社会及其广大民众并不是社会保障制度的受益者，而是受害者，这引发我们对西方社会保障制度的思考。

（一）跨期消费的实质——金融能跨期安排未来的生活吗？

以莫迪里安尼（Modigliani）和弗里德曼（Friedman）为代表的前瞻（forward-looking）消费理论认为，社会保障制度对居民消费行为具有财富替代效应（wealth substitution effect）。社会保障的功能是保证社会各收入阶层在生命周期的不同阶段具有稳定的消费水平，社会保障制度引入将增强人们对未来的乐观预期，在一定程度上代替个人实现金融跨期消费规划所要进行的储蓄，社会保障的财富效应为人们建立了一个"安全网"。

金融体系一方面便利了这种跨期消费，另一方面却使社会保障的实质被掩盖起来。社

会保险是否靠个人年轻时的积蓄来养老及其他社会保障，青年人可以消费其壮年以后的劳动成果，老年人自己在养活自己。实际上，永远是年轻人养活老年人，健康人来保障需要救助的人，任何社会的老人和孩子以及失去劳动能力的人都需要社会供养，供养他们生活的任何消费品都是当代人生产提供的，人们不可能消费自己 10 年以后的劳动成果，或将 20 年前的劳动成果一直留到现在消费，这种保障是以社会生产力提高，社会物质产品丰富，基本生存为主的生活水平提高作为前提的，这就是金融跨期消费的本质。金融的出现使得这种保障通过货币资金来实现，而金融又不直接生产物质产品和提供劳务，凭借一种制度，一种分配方式将生产出来的产品和劳务在人们之间进行分配，体现了一种再分配关系。

当养老基金过度依赖金融体系之后，由虚拟经济产生的风险就会暴露无遗。人们总是消费当代有劳动能力的人生产的产品和服务这一事实就会充分显现出来。这就是为什么在金融危机时失业率不断走高，养老保险等保障也越来越困难的原因。人们在最需要保障时，它却给不了你基本保障。所以，社会保障依赖金融市场是难以有保证的，因为金融市场还要依靠政府的力量。在这次危机中，如果不是政府干预救市，花旗银行、AIG、房利美、房地美会倒闭，投行都会倒掉，整个银行体系将面临崩溃。例如，如果美国政府不接管 AIG 集团，整个美国养老险体系就要崩溃。AIG 危机将会扩散到美国数百万人持有的货币市场共同基金中，AIG 的破产会让美国政府背上远超过 850 亿美元的巨额养老金债务。这时，怎么可能指望养老基金独善其身呢？这与老年人年轻时做什么毫无关系。金融危机中美国养老保险的困境，充分证明过度依赖虚拟经济的跨期消费制度，难以实现社会保障功能的事实。

（二）价值化积累方式创造财富也制造风险

20 世纪 80 年代后期，西方经济学中的交叠世代模型分析了社会保险与资本积累的关系，提倡完全基金式积累。随着发达国家人口老龄化严重，社会养老负担越来越重，这种基金积累模式出现了问题，所以，各国进行了改革。通常被人们认为是社会统筹与个人账户相结合原型的德国模式，在人口老龄化的压力下也进行了改革，鼓励和重视个人账户的积累。并且保险基金信托机构热衷于从事结构性产品的投机操作，希望通过资本市场达到价值增殖的目的。社保基金投资股票和债券的比例很高，例如，股票/债券比例法国为 64.5%/33.5%，爱尔兰为 72.1%/16.9%，瑞典为 57.1%/38.5%，新西兰为 59.9%/17.3%。与 2001 年金融危机时相比，一些国家社保基金持有股票的比重大幅提高，例如，加拿大从 2001 年的 15.6% 提高到 2007 年的 57.9%，挪威从 14.7% 提高到 59.6%。这种"以钱生钱"的脱离实际生产过程的价值增殖方式，目前已演变为一种新的积累方式，即价值化积累，它在积累和创造财富的同时，也积累和制造了风险。尤其是金融杠杆通过放大各类收入流加速了价值化积累速度，加速了虚拟资产财富与风险的积累。储蓄的资金依赖于金融市场的保值增殖，导致这次金融危机中有 5.5 万亿养老保险化为灰烬，养老保险和医疗保险甚至被称为最大的"庞氏骗局"。

随着经济虚拟化和金融市场全球化，价值积累与实物积累是非对称的。没有实物作基础的"财富倒金字塔"，孕育着巨大金融风险，一有风吹草动，将轰然倒塌，财富化为乌有，社会保障的功能难以实现，社会保障的作用难以发挥。

（三）建立以实体经济为基础的中国社会保障模式

社会保障具有"社会安全网"和"社会稳定器"的功能，但此次金融危机中，美国的社会保障模式受到严重挑战。美国的虚拟经济是建立在"外部循环"基础之上的，其社保基金正是在"外部循环"经济模式的基础上运行和获取价值增殖的。美国社保基金的"外部循环"是美国的产业结构所决定的。资料显示，美国的经济重心逐步从以实体经济为主转移为以虚拟经济为主，据统计，代表实体经济的制造业产值占 GDP 比例从 1950 年 27%下降到 2008 年 11.5%，农业、采矿业和交通运输业、批发和零售业的产值比例也在下降。而金融、保险、房地产服务业及职业服务等则从 11.4%上升到 20%，如果加上商业服务类，2008 年底两者占美国 GDP 比例已经达到 1/3。所以靠炒作各类资产和为其咨询服务的投资顾问、信用评级以及其他数据、信息服务的行业越来越成为主要的经济活动，而制造业和与其紧密联系的行业则日益被边缘化。同时，美国 GDP 占世界 GDP 的比重已经由 20 世纪 50~70 年代的 50%下降到 2008 年的 24%。由于美元的国际地位，全球经济也由此呈现出虚拟经济发展迅速，实体经济下降这一特征。

美国社保基金的运作方式，在积累财富的同时积累了风险。实际上，美国社会保障机制与运行特征体现的是用金融资产来养活老年人，依赖金融资产权益分享全球物质财富来履行社会保障义务，社会保障制度是建立在美元本位之上的不依据于美国生产物质产品生产的一种新型的财富积累关系，一种价值分配关系。美国巨大的虚拟财富，并不对应美国生产的真实产品和服务，而是美国虚拟经济增殖出来的美元名义购买力。它们没有美国的产品相对应，它们能否与世界其他国家的产品和资源相对应则要取决于其他国家是否接受美元。如果其他国家不愿意接受美元，只是美国自己买卖虚拟资产，金融体系积聚的风险会越来越大。所以，随着实体经济比例的减少，社会保障体系的基础越来越脆弱。

人类和社会的发展进步是以物质丰富为前提条件的，而不是以金融市场的发达，虚拟资产的膨胀为目的的，社会保障体系建立在"外部循环"的基础上是很危险的。中国要以实体经济为基础建立社会保障体系，一方面，不能照搬美国独特的社会保障基金运行模式，走高价值化积累之路；另一方面，也不能因噎废食，要充分利用资本市场获取价值增殖，中国社保基金运作模式，特别要规划好政府保障部分和市场化增殖部分的比例，从而更好地强化社会保障的功能，发挥社会保障的作用。

参考文献

［1］邓大松．美国社会保障制度研究［M］．武汉：武汉大学出版社，1999．

［2］刘骏民．虚拟经济的经济学［J］．开放导报，2008（6）：5-11．

［3］刘晓欣．虚拟经济与价值化积累——经济虚拟化的历史与逻辑［M］．天津：南开大学出版社，2005．

［4］王洪春，卢海元．美国社会保障基金投资管理与借鉴［M］．北京：中国社会科学出版社，2006．

［5］郑秉文．金融危机使世界养老金损失 5.5 万亿美元［N］．中国证券报，2009-5-14．

［6］数据显示美国养老基金在私募股权公司中投资蒙受巨亏［EB/OL］．［2009-08-21］．

https：//www. techweb. com. cn/finance/2009-08-21/430038. shtml.

［7］ Investment Company Institute. The U. S. Retirement Market，2007 ［R］. July，2008.

［8］ Investment Company Institute. Americans Can Count on Retirement System ［R］. October 21，2008.

本文转摘自《开放导报》2010 年第 1 期。

房地产业价格变动对物价的影响

——国际比较及启示

摘要：基于中、美、德、俄 1995~2011 年投入产出数据，利用非进口竞争型价格影响模型测算房价变动对各行业价格以及一般物价水平的影响。结果表明：房地产业价格变动对虚拟经济类产业影响大于对实体经济类产业，对消费者价格指数的影响大于对其他价格指数的影响；房地产业价格变动对物价水平的影响程度与经济发展程度、经济虚拟化程度正相关。相比较而言，中国政府和金融业对房地产业的依赖太大。建议缩短金融杠杆、减少政府对土地财政的依赖并注重实体经济的发展。

关键词：房地产业；物价；实体经济；产品价格影响模型

中国房地产市场化十几年来，房价"只涨不跌"似乎成为了中国房地产业的神话。统计数据显示：2000~2013 年中国平均房价指数变动 193%，而北京、上海等一线城市更是涨势迅猛，上涨幅度达到 339% 和 359%①。房地产业曾为经济的增长做出了较大的贡献。然而，房价的快速上涨将社会的资金大量吸引到房地产市场，严重阻碍了实体经济的发展。从产业链的角度来看，房地产业价格的变动会引起其他产业价格的变动。鉴于以上事实，研究和测度房地产业价格变动对物价及经济的影响是非常有意义的。那么，如何测度房地产业价格变动对其他产业以及整个物价水平的影响？中国房地产市场化前后房地产业价格变动对物价影响有何不同？经济结构和经济发展程度能否影响房地产业价格变动对物价的影响程度？世界主要国家房地产价格变动的影响及给我们的启示是什么？

一、文献评述

目前国内外研究房地产价格变动对经济及物价的影响主要有以下几个方面：

房地产价格对宏观经济影响，主要基于房地产价格和各宏观经济变量的关系。关于房地产价格与经济增长的关系，赵昕东（2010）通过计量分析发现正向的房地产价格冲击最终导致通货膨胀率和国内生产总值增长率上升到一个新的高度[1]。对房地产价格变动的财富效应，Case 等（2005）、Alexander 和 Torsten（2004）研究发现，发达国家的房地产财富效应不明显，但这种效应显著存在并且大于股票的财富效应[2][3]。对于中国房地产财富效应的研究，王子龙和许箫迪（2011）发现，中国房价与消费的关系为负，这说明中国房地产的财富效应小于房价上升对消费的挤出[4]。杨俊杰（2012）研究了房地产价格波动对宏观经济波动的微观机制，发现当期宏观经济波动不仅取决于滞后一期的宏观经济波动，还取决于当期与滞后两期的房地产价格[5]。赵西亮等（2014）考察了房价上涨对城镇居民储蓄率的影响，发现房价上涨仅会显著降低拥有多套房家庭的储蓄率，但不能解释中国城

---

① 资料来源：根据国家统计局公布的 35 个大中城市房地产价格指数整理计算得到。

镇居民整体储蓄率的上升[6]。胡国和宋建江（2005）的研究则认为，房地产价格上涨使得区域金融的风险上升，稳定性下降[7]。张晓晶和孙涛（2006）认为，本轮房地产周期对金融稳定的影响，归根到底都将最先体现为银行风险，也将最集中地体现为银行风险[8]。刘丹和张中铭（2010）建立了基于宏观经济运行的房价波动风险的分析框架，度量超出实体经济支撑的风险和市场局部失衡的风险[9]。

针对房地产价格对物价的影响，部分学者进行了描述性分析。毛丰付（2008）从劳动力成本的角度分析了房地产价格上升一方面会提高劳动者的生活成本，另一方面会降低劳动报酬，由此会引发持续性通货膨胀[10]。缪仕国（2011）则从货币政策的角度研究了房价和物价的关系，发现房价是物价上涨的主要原因[11]。也有学者从国民经济角度研究房地产业价格变动对一般物价的影响。何俊芳等（2008）基于2002年中国投入产出表，利用投入产出价格影响模型研究了房地产业价格波动对中国物价的影响，发现中国房地产业和金融业联系紧密，并且房价的剧烈波动会对国民经济协调发展造成损害[12]。原鹏飞和魏巍贤（2010）基于可计算一般均衡模型分析了房地产业价格波动对宏观经济的影响，研究发现房价的上涨会带来国民经济各产业产出的增长，但是房价的下跌将会造成其他产业更大幅度的下跌[13]。

本文应用非进口竞争型投入产出价格影响模型，首先分析1995~2011年中国房地产业价格上涨对各产业价格以及整体物价水平的影响程度。其次对不同发展程度和不同经济结构国家的房地产业价格对物价影响程度进行动态分析，了解房地产价格对不同类型产业和不同测算范围的价格指数的影响。目的是为中国如何应对目前房价上涨积累的风险提供参考。

二、数据来源、说明和处理

世界投入产出数据库（WIOD）2013年10月公布了42个国家1995~2011年35个部门以美元计价产业对产业的非进口竞争型投入产出表。表的基本结构如表1所示。

表1 WIOD公布的投入产出表基本结构

投入、产出		1	…	35	家庭消费	政府消费	固定资产投资	出口	总产出
国内中间投入	1	$z_{1,1}^{d}$	…	$z_{1,35}^{d}$	c_{1}^{d}	g_{1}^{d}	f_{1}^{d}	e_{1}^{d}	x^{1}
	⋮	⋮		⋮	⋮	⋮	⋮	⋮	⋮
	35	$z_{35,1}^{d}$		$z_{35,35}^{d}$	c_{35}^{d}	g_{35}^{d}	f_{35}^{d}	e_{35}^{d}	x_{35}
进口中间投入	1	$z_{1,1}^{m}$	…	$z_{1,35}^{m}$	c_{1}^{m}	g_{1}^{m}	f_{1}^{m}	—	—
	⋮	⋮		⋮	⋮	⋮	⋮		
	35	$z_{35,1}^{m}$		$z_{35,35}^{m}$	c_{35}^{m}	g_{35}^{m}	f_{35}^{m}	—	—
总中间投入		z_{1}	…	z_{35}	—	—	—	—	—
增加值		v_{1}	…	v_{35}	—	—	—	—	—
总投入		x_{1}	…	x_{35}	—	—	—	—	—

房地产作为一种客观存在的物质形态，是房产与地产的总称，包括土地和地上永久建筑物及其所衍生的权利。房地产业则是指围绕房地产进行的经济活动。中国国民经济行业

分类标准（GB/T4754-2011）是在联合国《所有经济活动的国际标准行业分类》（ISIC，Rev4）基础上制定的。根据国际标准行业分类，"房地产业包括用自有或租赁财产进行的房地产活动，以及在收费或合同基础上进行的房地产活动，其中用自有或租赁财产进行的房地产活动不包括建筑项目的开发、土地细分与改良、住宿等"。可见，这里围绕房地产进行的经济活动实际是房地产的买卖、租赁、估价和契约管理服务等活动。建筑业则是指普通和专用建筑工程及土木工程的建造。在所有的国民经济产业分类标准中，"建筑业"与"房地产业"分属两个不同的产业门类①。投入产出核算和分析中的行业分类与国民经济行业分类是一致的，因此，可以利用投入产出数据来测算和分析房地产业与其他产业的关联性以及房地产业价格变动对其他产业和物价的影响。在对房地产业统计范围规定的基础上，通过以下三个步骤进行测算：

第一，结合国际行业分类标准，参考中国工业和信息化部的产业分类标准，并根据与房地产业的关联性，将上述 35 个部门的投入产出表归并为农业、原材料工业、消费品工业、装备制造业、电气水供应业、建筑业、批发零售业、住宿餐饮业、运输和仓储业、金融业、房地产业、租赁和商业服务业、公共服务业、其他服务业② 14 个产业。

第二，在科学选择产业分类标志的基础上，刘晓欣（2012）借鉴 MPS 理念定义实体经济，并与 SNA 核算体系相结合，提出了将全部经济活动划分为"实体经济、虚拟经济（或高端服务业）和一般服务业"三大类部门的理论[14]。上述 14 个产业中的农业、原材料工业、消费品工业、装备制造业、电气水供应业、建筑业、批发零售业、住宿餐饮业、运输和仓储业属于实体经济部门，其他产业均为服务业。其中服务业中的金融业、房地产业、租赁和商业服务业被定义为虚拟经济（或高端服务业），公共服务业和其他服务业则划归为一般服务业。

第三，由于房屋的不可移动性，房地产业与进出口的关系似乎并不强，但投入产出的产业关联分析，可以反映两者间的直接和间接联系。例如，2011 年我国房地产业直接进口系数（房地产业进口量与本产业总产值的比）仅为 0.01③，但是与房地产业相关联的原材料工业、建筑业、金融业和装备制造业的进口品比率是很高的，尤其是装备制造业的直接进口系数达到 0.1。由于非进口竞争型投入产出表区分了国产品和进口品。基于非进口竞争型投入产出表能够更加精确的反映各行业间、各行业进出口间的直接和间接关联，从而能够更加准确地测算房地产业价格变动对物价及经济的影响。

在国家选择上，本文选取中国、美国、德国和俄罗斯四个国家。为了分析不同经济发展程度下房地产业价格对物价的影响，本文着重分析中国 2000 年前后房地产业价格变动对物价影响的差异，并选取美国和德国作为发达国家的代表，同时选取与中国经济发展程度相当并同为金砖五国之一的俄罗斯来进行对比分析。就经济结构而言，美国自 20 世纪 60~70 年代开始去工业化，经济虚拟化程度逐渐上升，并于 2008 年爆发了由次贷危机引发的金融危机，并危及全球；德国是高度发达的工业国，主要经济支柱是工业，德国是典型的以实体经济为主的国家，1993 年德国经历了战后最严重的衰退，1994 年经济开始回

---

① 联合国《所有经济活动的国际标准行业分类》2009 版中建筑业分属门类 F，房地产活动分属门类 L。

② 其他服务业为服务业中除金融、房地产、租赁和商业服务业、公共服务业之外的产业，主要包括教育、卫生和社会工作、其他社区社会及个人服务业以及家庭服务业。

③ 资料来源：根据 WIOD 公布的中国 2011 年投入产出表计算得到。

升，在之后经济虽有小幅波动但保持相对平稳的增长趋势；1992~2000 年俄罗斯经历了"休克疗法"，期间出现了恶性通货膨胀，经济发生了严重的衰退，2000 年之后经济增长强势，但 2008 年金融危机导致俄罗斯经济出现负增长。因此，通过动态分析和国际比较可以看清房地产业价格对物价影响程度与经济发展程度和经济结构的关系以及在危机来临前的表现，从而为中国应对房地产业潜在的危机和风险提供参考。

三、中国房价变动对物价的影响

（一）非进口竞争型产品价格影响模型

1. 投入产出价格影响模型的基本假设

投入产出价格影响模型主要基于以下四个假设：①价格变动为成本推动型的，不考虑由于价格变动引起的工资和利润率的改变；②当某产业产品价格发生变动时，其他产业没有采取节约成本的措施，即投入系数不变；③不考虑价格变动引起的供求变化和由供求引起的价格变化；④折旧率不变。

2. 非竞争型产品价格影响模型

研究某一产业部门产品价格变动对其他产业部门产品价格的影响需要用到产品价格影响模型。产品价格影响模型研究的是在其他部门价格不变的情况下，某一个或者某几个部门产品价格发生变动对其他部门价格水平的影响。下面将推导非进口竞争型产品价格影响模型。

非进口竞争型投入产出表列平衡关系为：

$$\sum_{i=1}^{n} z_{ij}^{d} + \sum_{i=1}^{n} z_{ij}^{m} + v_{j} = x_{j} \tag{1}$$

其中，z_{ij}^{d} 为国内 i 部门对 j 部门的中间投入；z_{ij}^{m} 为国外 i 部门对 j 部门的中间投入；v_{j} 为 j 部门的增加值，又叫初始投入；x_{j} 为 j 部门的总投入，等于 j 部门的总产出。

本文要分析的是国内一个部门（房地产业）价格变动对其他部门产品价格变动的影响，假设主动调价部门为部门 i，价格变动为 Δp_{i}，其他部门为从动部门，增加值不变，进口品价格不变。从而有：

$$\sum_{i=1}^{n} (1 + \Delta p_{i}) z_{ij}^{d} + \sum_{i=1}^{n} z_{ij}^{m} + v_{j} = (1 + \Delta p_{j}^{d}) x_{j} \tag{2}$$

式（2）减式（1）有：

$$\sum_{i=1}^{n} \Delta p_{i}^{d} z_{ij}^{d} = \Delta p_{j}^{d} x_{j}$$

两边同时除以 x_{j} 有：

$$\Delta p_{j}^{d} = \sum_{i=1}^{n} \Delta p_{i}^{d} a_{ij}^{d} \tag{3}$$

其中，$a_{ij}^{d} = z_{ij}^{d} / x_{j}$ 为直接投入系数。

令 $\Delta p^{d} = (\Delta p_{1}^{d}, \Delta p_{2}^{d}, \cdots, \Delta p_{n}^{d})^{T}$，则 $\overline{A_{n}^{d}} \Delta p^{d} = \Delta p^{d}$，即 $(1 - \overline{A_{n}^{d}}) \Delta p^{d} = 0$。

$$\overline{A_n^d} = \begin{bmatrix} a_{11}^d & \cdots & a_{i1}^d & \cdots & a_{n1}^d \\ \vdots & & \vdots & & \vdots \\ 0 & 0 & 1 & 0 & 0 \\ \vdots & & \vdots & & \vdots \\ a_{n1}^d & \cdots & a_{ni}^d & \cdots & a_n^d \end{bmatrix}$$

即

$$\begin{bmatrix} 1-a_{11}^d & \cdots & -a_{i1}^d & \cdots & -a_{n1}^d \\ \vdots & & \vdots & & \vdots \\ 0 & 0 & 0 & 0 & 0 \\ \vdots & & \vdots & & \vdots \\ -a_{n1}^d & \cdots & -a_{ni}^d & \cdots & -a_n^d \end{bmatrix} \begin{bmatrix} \Delta p_1^d \\ \vdots \\ \Delta p_i^d \\ \vdots \\ \Delta p_n^d \end{bmatrix} = 0$$

运算后第 i 项移到等号右边，则有：

$$(I-\overline{A_{n-1}^d})\ \Delta p_{n-1}^d = \Delta p_i^d \overline{A_i^d}$$

其中，$\overline{A_{n-1}^d}$ 为 $\overline{A_n^d}$ 剔除第 i 行和第 i 列的 $n-1$ 阶方阵，$\overline{A_i^d}$ 则为 $\overline{A_n^d}$ 中第 i 列元素剔除第 i 个元素后的 $n-1$ 阶列矩阵，Δp_{n-1}^d 为价格向量剔除第 i 个元素后的 $n-1$ 阶列向量。最终得到：

$$\Delta p_{n-1}^d = \Delta p_i^d (I-\overline{A_{n-1}^d})^{-1} \overline{A_i^d} \tag{4}$$

式（4）为非进口竞争投入产出产品价格影响模型的最终表达式。

3. 在产品价格影响模型基础上计算各类物价指数

目前，中国国家统计局统计计算的物价指数主要有六个：①居民消费价格指数（CPI）；②商品零售价格指数（RPI）；③农业生产资料价格指数（AMPI）；④农产品生产价格指数（MTPI）；⑤固定资产投资价格指数（FAIP）；⑥工业生产者出厂价格指数（PPI）[1]。

各类价格指数统计范围与产业分类的对照如表2所示。各物价指数的测算内容不同，其中 CPI 反映居民家庭购买消费商品及服务的价格水平的变动情况，RPI 只反映社会消费商品的价格水平的变动情况，PPI 反映工业企业产品出厂价格变动趋势和变动程度，FAIP 反映固定资产投资价格变动趋势和程度，MTPI 则反映农产品生产者出售农产品价格水平变动趋势及幅度。因此，通过对比各物价指数受房地产业价格变动影响的大小可以发现物价变动的来源，本文选取这几个指标作为测算物价水平的指标。

自 2001 年我国采用国际通行的链式拉氏贝尔公式计算物价指数以来，对于每类物价指数先分别编制每一部分的价格指数，然后采用加权算术平均法求出价格总指数。在产品价格影响模型的基础上根据不同的权重可以计算各类物价指数，这与国家统计局统计的价格指数在内涵上是一致的。基本公式为：

$$\Delta PI^m = \sum_{i=1}^{n} \frac{\pi_i^m}{\pi^m} \Delta p_i \tag{5}$$

---

① 中华人民共和国国家统计局编. 中国统计年鉴 2013 ［M］. 中国统计出版社，2013.

其中，ΔPI^m 表示价格指数 m，π_i^m/π^m 表示第 i 个产业在该物价指数中所占的权重。表2 各价格指数后括号中的内容表示的是与投入产出表对应的权重。

表 2　各类物价指数测算范围与行业对照

经济类型	产业	价格指数		
实体经济	农业	MTPI（农产品产出权重）	RPI（居民消费商品权重）	CPI（居民消费权重）FAIP（固定资本形成权重）
	原材料工业	PPI（工业产业总产出权重）		
	消费品工业			
	装备制造业			
	电气水供应业			
	建筑业	—		
	批发零售业	—		
	住宿餐饮业	—		
一般服务业	运输和仓储业	—		
虚拟经济（或高端服务业）	金融业	—	—	
	房地产业	—	—	
	租赁和商业服务业	—	—	
一般服务业	公共服务业	—	—	
	其他服务业	—	—	

（二）对其他产业的影响

图 1 为在不考虑传导时滞和传导阻滞的情况下，根据式（4）计算的中国房地产业价格变动 10% 的情况下各产业价格变动百分比。

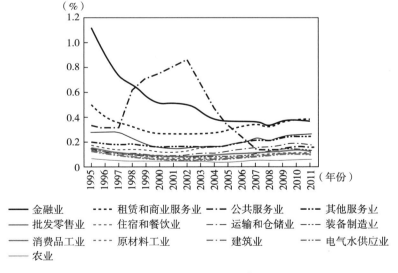

图 1　中国房价对其他产业变动影响

资料来源：根据 WIOD 公布的投入产出表计算得到。

（1）房地产业价格变动对服务类产业影响幅度大于实体经济类产业。如表 3 所示，当中国房地产部门产品价格变动 10% 时，从横向来看，价格变动幅度最大的六个产业分别为金融业、公共服务业、批发零售业、租赁和商业服务业、其他服务业、住宿和餐饮业。在服务类行业中虚拟经济类行业（或高端服务业）总体受影响的程度大于其他产业，特别是制造业。在房地产业价格变动相同幅度下，金融业价格变动幅度是装备制造业价格变动幅度的 4.9 倍①，是消费品工业的 5.3 倍，是原材料工业的 5.7 倍。虽然金融业和租赁服务业受房地产产业价格影响的程度有所波动，但仍高于大多实体经济类产业。

表3　中国房地产业产品价格变动 10%时各类物价指数的变动百分比　　　　单位：%

指数 ＼ 年份	1995	1997	2000	2002	2005	2007	2008	2009	2010	2011
居民消费物价指数（CPI）	0.74	0.74	0.84	0.94	0.92	1.05	0.93	1.02	1.08	1.09
固定资产投资价格指数（FAIP）	0.33	0.32	0.30	0.32	0.47	0.50	0.47	0.56	0.56	0.53
农产品价格指数（MTPI）	0.18	0.12	0.10	0.10	0.09	0.12	0.11	0.13	0.13	0.13
零售商品价格指数（RPI）	0.14	0.09	0.07	0.07	0.08	0.11	0.11	0.13	0.13	0.13
工业生产者出厂价格（PPI）	0.15	0.10	0.07	0.08	0.08	0.11	0.11	0.13	0.13	0.12

注：根据 WIOD 公布的投入产出表计算得到。在此仅展示各国公布大表的年份，这不影响变动趋势，并方便与其他国家的比较。

（2）房地产业价格变动对金融业的影响程度较大，但是从历史的角度来看，受影响的程度在 1995~2011 年一直在下降。房地产业价格变动 10%时，金融业价格变动幅度从 1995 年的 1.12%下降到 2002 年的 0.5%。这是因为在住房实物配给阶段，房屋是由各单位建设分配给员工居住，所需资金大多来自金融支持，个人无须出资。但是在市场条件下，无论是开发商的开发阶段还是个人购买住房阶段，在向金融机构融资的同时会有一部分自有资金的投入，因此在房地产业由住房实物配给阶段向市场化阶段过渡的时期金融业价格受房地产价格影响的幅度会出现一定幅度的下降。2002 年之后完成了房地产市场化阶段过渡，金融业价格受房地产业价格影响的幅度处于相对稳定的水平。

（3）经济发展程度和房地产市场化程度不同，房地产业价格变动对其他产业价格变动的影响程度呈不同状态。2000 年是中国房地产市场化的分水岭，从纵向来看，房地产业价格幅度变动 10%的情况下，对大部分产业价格的影响幅度都是先减小，到 2000 年房地产市场化完成，随着经济发展程度的提高各产业受房地产业价格变动影响的程度逐渐增大，呈"U 型"。以批发零售业和住宿餐饮业为例，批发零售业价格变动幅度从 1995 年的 0.49%，下降到 2000 年的 0.26%，但是又慢慢上升到 2011 年的 0.36%。同样住宿和餐饮业价格变动幅度从 1995 年的 0.17%下降到 2000 年的 0.12%，又升到 2011 年的 0.25%。但是公共服务业与其他产业呈现相反的趋势，呈"倒 U 型"。公共服务业在 2002 年之前受房地产业价格变动影响的幅度越来越大，而在 2002 年之后逐渐减小，在 1999~2004 年高于所有产业的价格变动幅度。这主要由于以下两个原因：首先，由于 1993 年房地产泡沫严重，政府实行紧缩性调控政策，停止银行贷款，政府直接干预房地产市场。1998 年底政府出台了一系列刺激房地产业发展的政策，2000 年中国房地产业开始复苏，并进入房地产的商品化时代。其次，1994~2000 年是中国住房市场由实物配给到市场化的过渡时期，政府对房地产业的干预越来越多，而 2000 年后市场化程度提高，政府对房地产业的干预程度相对降低。

---

① 结果为 2017 年的平均值比较。

（三）对物价水平的影响

在不考虑传导时滞和传导阻滞的情况下，根据投入产出产品价格模型得到房地产业价格变动对各类物价指数的影响是最大程度的影响或者潜在影响。表 3 是根据式（5）计算的在房地产部门产品价格变动 10% 的情况下，各类物价指数的变动幅度。

（1）各类物价指数受房地产业价格变动影响幅度由大到小分别是：居民消费价格指数（CPI）>固定资产投资价格指数（FAIP）>农产品价格指数（MTPI）>零售商品价格指数（RPI）>工业生产者出厂价格指数（PPI）。相比其他价格指数，居民消费价格指数（CPI）涨幅最大，因为 CPI 中服务类产业占的比重是最大的，而上述分析也显示受房地产业价格变动影响最大的前六个产业大部分是服务类产业。1995～2011 年，房地产业价格平均每年变动 10% 的情况下，RPI、PPI、MTPI 和 FAIP 的平均变动幅度分别为 0.09%、0.1%、0.11% 和 0.41%，都小于 CPI 平均变动幅度 0.9%。与其他物价指数相比，CPI 的测算范围不仅包含实体经济产业产品，还包含各项服务，服务类产业尤其是虚拟经济类产业权重高。因此，房地产业价格变动对 CPI 的影响程度大于对其他物价指数的影响程度。

（2）房地产部门价格变动对 CPI 影响的程度越来越大。如果房地产业价格平均每年变动 10%，受此影响，1995～2011 年 CPI 的变动幅度由 0.74% 上升到 1.09%。房地产业对 CPI 影响程度越来越大的一个重要原因是在居民的消费篮子中，服务类消费占比越来越高，1995 年服务类消费只占 28.5%，到 2011 年服务类消费占居民消费的比例为 50.4%，2009 年、2010 年则达到 54%①。

（3）房地产业价格变动对固定资产投资价格指数（FAIP）受影响较大。统计数据显示，中国资本形成总额最高的四个产业分别是建筑业、装备制造业、房地产业和批发零售业，其中房地产业和批发零售业资本形成额占资本形成总额的 10% 左右。对于中国而言，房地产业价格变动对 FAIP 影响的幅度大于 RPI、PPI、MTPI，但是小于 CPI。这是因为 FAIP 的测算范围与 CPI 一样包含所有行业，但是其服务业的占比远小于 CPI。

（4）各类物价指数受房地产业价格变动的影响程度与房地产业的市场化程度和经济发展程度相关。如表 3 所示，从历史的角度来看，FAIP、MTPI、RPI 和 PPI 受房地产业价格变动影响的程度都在 1995～2000 年逐渐下降，但是到 2000 年前后开始逐渐上升。这是由于 1994～2000 年为房地产市场由计划配给制向市场化的过渡时期，而 2000 年之后我国房地产实现市场化并且经济发展程度逐步提高。所以，中国的经济发展程度越高、房地产业市场化程度越高，各类物价指数受房地产业价格变动影响的幅度越大。

四、房地产业价格变动对物价影响的国际比较

上文分析了中国 1995～2011 年房地产业价格变动对其他产业价格水平和一般价格水平的影响。那么与中国相比，世界上其他国家房地产业价格对一般价格水平的影响是怎样

---

① 资料来源：根据国家统计局各年全国统计年鉴计算得到。

的？经济发展程度和经济结构的差异是否会导致这种影响的不同？下面将对比中国分析美国、德国、俄罗斯三个国家房地产部门产品价格变动对各产业价格和一般物价水平的影响。

（一）对其他产业的影响

图 2 为根据式（4）计算的美国、德国、俄罗斯在房地产业价格变动 10% 的情况下各产业价格的变动幅度并与中国的对比。在相同刻度下各产业的曲线高说明此产业价格受房地产业价格影响大。通过对比发现，不同发展程度、不同经济结构的国家各产业受房地产业价格影响的程度既有共同点又存在差异性。

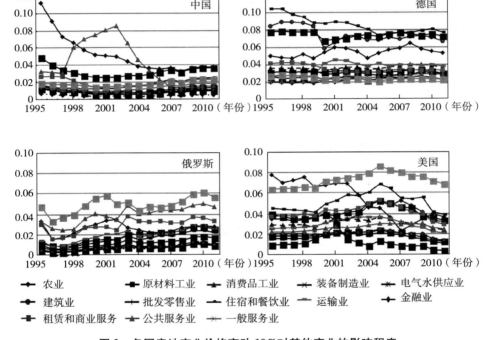

图 2　各国房地产业价格变动 10% 对其他产业的影响程度

（1）对于每个国家来说，虽然发展程度和经济结构不同，但房地产业价格变动影响程度最大的大部分都是服务类产业。尤其是金融业与租赁和商业服务业受房地产业价格影响的程度在各国均排在前列，这与中国的情况是相同的。这说明房地产业自身特征使其与虚拟经济（或高端服务业）联系紧密，而这恰恰也说明房地产业的运行方式与实体经济的运行方式不同，更加接近于服务类产业，尤其是以金融与租赁和商业服务业为代表的虚拟经济类产业（或高端服务业）。

（2）房地产业价格变动对各国金融业的影响大，但随着金融危机的爆发而下降。首先与其他产业部门比较，美国、俄罗斯和德国金融业受房地产业价格影响的程度都较高。但是，在 2008 年底金融危机发生前的 2005 年、2006 年、2007 年和 2008 年美国金融业受房价的影响程度高于其他年份，但是金融危机之后呈现逐年下降的趋势。1996~1999 年俄罗斯遭受金融危机的冲击，房地产业价格变动对金融业价格的影响程度也出现了下降。德国经济以实体经济为主，1995～2011 年经济体内没有破坏性的金融危机，房地产业价格在每年变动 10% 的情况下，对金融业价格影响程度虽有波动但幅度较小。

（3）经济虚拟化程度越高，房地产业价格变动对实体经济的影响越小。一个国家虚拟经济类产业占经济的比重越高则虚拟化程度越高，世界上美国和英国为典型的经济虚拟化国家，而德国和日本则为典型的实体经济为主的国家（刘骏民，2008）[15]。美国与德国相比较，美国房地产业价格对实体经济的影响小于德国。美国装备制造业受房地产业价格影响的程度仅是德国的 60%，而原材料工业则为德国的 50%。

（4）发达国家房地产业价格变动对其他产业价格影响的幅度大于发展中国家。从图 2 中四幅图上下两两对比可以发现，在相同刻度下，以中国和俄罗斯为代表的发展中国家的曲线整体而言低于以德国和美国为代表的发达国家。由于发达国家经济发展程度高、产业链成熟，房地产业与其他产业的关联度较高。因此，房地产业价格变动对发达国家物价影响程度大于发展中国家。

（5）发展中国家政府对房地产市场的干预程度略大于发达国家。各国政府均在一定程度上参与了房地产市场的干预，中国和俄罗斯房地产业价格变动 10% 对公共服务业的影响程度与其他产业比较排名相对靠前，分别平均为 0.41% 和 0.39%，美国和德国的分别平均为 0.26% 和 0.25%，小于大部分产业。相对而言，中国和俄罗斯政府直接干预的程度高一些，而美国和德国则主要通过提供保障房等方式干预市场。

（二）对物价水平的影响

图 3 是根据式（5）计算的美国、德国和俄罗斯各类物价指数在房地产业价格变动 10% 时的变动百分比。对比中国的情况，主要有以下四个异同点。

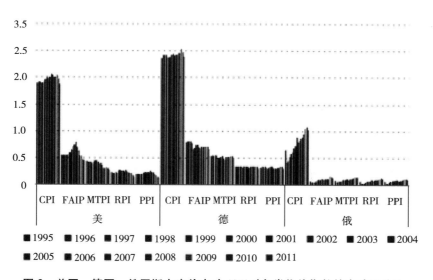

图 3　美国、德国、俄罗斯在房价变动 10% 时各类物价指数的变动百分比

（1）服务类产业比重高的价格指数受房地产业价格变动影响程度大。在所有价格指数中，CPI 是每个国家受房地产业价格变动影响程度最大的，PPI 和 RPI 则是每个国家受房地产业价格变动影响程度最小的。这是与中国的情况相同的，因为 CPI 中包含服务类产业价格变动，而零售商品价格指数和工业生产者出厂价格指数则只包含实体经济类产业价格的变动。

（2）发达国家物价对房价比较敏感。整体而言，房地产业价格变动相同幅度，美国和德国的物价变动幅度大于中国和俄罗斯。以 CPI 为例，房地产业价格变动 10%，美国和德国 CPI 分别平均变动 1.96% 和 2.42%，中国和俄罗斯则分别平均变动 0.9% 和 0.76%。房地产业变动对以实体经济占主体的 PPI 影响也是如此，房地产业价格变动 10%，美国和德国 PPI 分别变动 0.2%、0.32%，而中国和俄罗斯只变动 0.1% 和 0.07%。这在一定程度上说明发达国家虽然市场化程度高、经济水平高，但抵抗房价波动的能力反而比发展中国家弱。

当然，不可忽视的一个现象是中国和俄罗斯近十几年的房价变动速度比美国和德国快得多。这会掩盖发达国家物价对房地产业价格敏感的事实。比如，假设中国房地产业价格平均每年变动 10%，而德国每年变动 1%，那么中国和德国 CPI 会因此分别变动 0.9%、0.24%。

（3）德国实体经济类产业受房地产业价格影响的程度大于其他国家。相对于其发达国家，德国是实体经济占比较高的国家，尤其是德国的制造业，2011 年德国制造业创造的增加值占 GDP 的 22.6%。中国制造业创造的增加值占 GDP 的比例也是很高的，在 2011 年达到 36.8%。但是中国实体经济价格受房地产业价格影响的幅度较小，这主要是因为德国的制造业主要是高端制造业，附加值相对较高。德国制造业的增加值率为 30%，而中国的只有 21%。

（4）美国、德国两国固定资产价格指数对房地产业价格变动的敏感度远大于俄罗斯。房地产业价格变动 10%，美国固定资产投资价格指数平均变动 0.59%，德国平均变动 0.72%，分别是俄罗斯的 5.9 倍和 7.2 倍。但是，同为发展中国家，中国的固定资产投资价格指数对房地产业价格变动的敏感程度远高于俄罗斯，几乎达到发达国家的水平。

五、结　论

本文采用非进口竞争型投入产出价格影响模型，基于 1995~2011 年四个不同经济发展程度和不同经济结构国家的数据测算了房地产业价格变动对各产业价格水平和总体物价水平的影响。结果表明：①由于服务类产业在 CPI 中的比重较大，房地产业价格变动对服务类产业尤其是虚拟经济类产业价格的影响最大，因此 CPI 对房地产价格波动比其他物价指数敏感。②经济发展程度越高物价对房价波动越敏感。这是由于整体来说经济发展程度越高各产业的价格对房地产业价格波动的反应都更为迅速。③虚拟经济占比越高的国家，房地产业价格变动对 PPI 和 RPI 的影响越小。④金融危机发生前后物价对房地产业价格变动的敏感度有所不同，危机后明显低于危机前。

本文的创新之处在于：首先，将房地产业对不同物价指数影响程度出现差异的原因追溯到产业的层面，并发现是房地产业价格变动对虚拟经济和实体经济产业影响程度的不同导致了上述差异；其次，比较了不同经济结构和不同发展程度国家之间房地产业对物价影响的差异；最后，研究时间跨度较长，比较了同一经济体在遭受到外部冲击和经历转型阶段前后房地产业对物价影响的差异。房地产业对不同产业的支撑作用不同，会导致不同产业对房地产业价格波动的反应出现差别，而房地产业对不同产业支撑作用（关联度）的不同体现为经济结构和经济发展程度的不同，因此归根到底是经济结构和经济发展程度的不同导致了不同国家不同时期房地产价格波动对物价影响的差异。

当前中国房地产价格居于高位，而中国房地产业与金融业的紧密关联使两者相互影响程度很高，美国次级贷款引起的金融危机是我们的前车之鉴，房地产对金融的支撑作用越大，说明房地产业需要的外部融资越高，房地产业自有资金比例越低，一旦出现房价大幅下降，会对金融体系造成较大的冲击，进而影响实体经济和全社会。此外，中国政府与房地产业的高依存关系，使当前的房地产市场风险与地方债务风险交织在一起。因此，我国在经济改革和优化产业结构的过程中应该妥善处理房地产与金融和地方政府的关系，一方面推动金融去杠杆化，疏导资金撤出房地产业，流向实体经济；另一方面降低政府对土地财政的依赖，这样才有可能降低房价波动对我国经济的影响。

参考文献

［1］赵昕东．中国房地产价格波动与宏观经济——基于 SVAR 模型的研究［J］．经济评论，2010（1）：65-71.

［2］Case, K. E., Quigley, J. M., Shiller, R. J. Comparing Wealth Efects: The Stock Market Versus the Housing Market［J］. Topics in Macroeconomics, 2005, 5（1）: 20121001.

［3］Alexander, L., Torsten, S. The Relationship between Stock Prices, House Prices and Consumption in OECD Countries［J］. The BE Journal of Macroeconomics, 2004, 4（1）: 1-28.

［4］王子龙，许箫迪．房地产市场广义虚拟财富效应测度研究［J］．中国工业经济，2011（3）：15-25.

［5］杨俊杰．房地产价格波动对宏观经济波动的微观作用机制探究［J］．经济研究，2012，47（S1）：117-127.

［6］赵西亮，梁文泉，李实．房价上涨能够解释中国城镇居民高储蓄率吗？——基于 CHIP 微观数据的实证分析［J］．经济学（季刊），2014，13（1）：81-102.

［7］胡国，宋建江．房地产价格波动与区域金融稳定［J］．上海金融，2005（5）：51-53.

［8］张晓晶，孙涛．中国房地产周期与金融稳定［J］．经济研究，2006（1）：23-33.

［9］刘丹，张中铭．房价宏观风险度量方法研究［J］．金融理论与实践，2010（10）：13-16.

［10］毛丰付．房价波动影响物价水平的传导机制——基于劳动力成本的视角［J］．价格理论与实践，2008（7）：42-43.

［11］缪仕国．物价稳定与房价：货币政策视角［J］．当代经济科学，2011，33（4）：16-24，124.

［12］何俊芳，董超，孙丹．房地产价格波动影响研究——基于投入产出分析［J］．价格理论与实践，2008（8）：57-58.

［13］原鹏飞，魏巍贤．房地产价格波动的宏观经济及部门经济影响——基于可计算一般均衡模型的定量分析［J］．数量经济技术经济研究，2010（5）：88-103.

［14］刘晓欣．美国经济虚拟化与投入产出关联系数的重大变化——美国投入产出表（1947-2010）数据的经验研究［D］．第七届全国虚拟经济研讨会主题报告，2012-10.

［15］刘骏民．虚拟经济的经济学［J］．开放导报，2008（6）：5-11.

本文转摘自《现代财经》2014 年第 8 期。

虚拟经济与价值化积累

——从虚拟经济角度认识当代资本积累

摘要：随着金融全球化，一种新的、与传统资本积累相对应的价值化积累方式正在形成，其积累内容为价值形式表现的虚拟资本，资本积聚与增殖的形式特征是"以钱生钱"。在我国资本市场日益开放的条件下，重新认识当代资本积累具有重要的理论和实践意义。

关键词：价值化积累；虚拟经济；财富结构；经济增长

一、问题的提出及相关研究

（一）问题的提出

20世纪80年代以来，随着金融全球化和网络技术的发展，经济中出现了大量的虚拟资产，它们的增长量数十倍于实际资产和物质产品的增长量，据统计，世界每天金融交易总额中与实物产品贸易有关的不超过1%~2%。正如Drucker（1989）所言，"90%或90%以上跨国经济的金融交易不是服务于经济家所说的经济功能"[1]，而是为了追求价值增殖。为什么会有大量虚拟资产的存在？虚拟资产的大量出现对整个经济运行会产生什么样的影响？一些学者提出了"虚拟经济"（Fictitious Economy）、"符号经济"（Symbol Economy）、"非真实经济"（Unreal Economy）等概念，采用了一些有别于传统的新理论分析思路。正是受这样一些观点启发，本文从虚拟经济角度来认识当代资本积累，探讨虚拟资产大量存在与积累方式变化的内在联系，描述资本积累的"价值化"趋势及对经济的影响。

（二）价值化积累的含义及相关研究

虚拟经济理论认为，信用发达条件下，储蓄已不再是储存黄金，大量的信用货币从开始媒介实物资本的积累，发展成为脱离实物资本、投资于虚拟资本以完成自身的纯价值形态的资本积累。所谓价值化积累是指以价值表现的广义的储蓄，包括股票、债券及地产等虚拟资产表现的财富的集聚与增长。它与传统的以固定资本形成为标准的实物资本的积累不同，实物资本是指长期存在的（通常为一年以上）生产物质形式，如机器设备、厂房及各种原材料，加工过程中的货物、存货、交通运输设施等。所以，"价值化积累"实际上是对当代经济发展趋势的一种理论概括，强调资本积累的内容是以货币形式表现的"价值财富"，而非以物质形式表现的"实物财富"。资本积累的内容为价值形式表现的虚拟资本，资本积聚与增殖的形式特征是"以钱生钱"。

价值化积累相关研究有：杨国昌（2000）在谈到经济全球化时指出，"原始资本积累是通过战争来掠夺贵金属，初级资本积累是通过商品和服务贸易来收敛货币资本，现阶段是资本积累的金融化，逐利者在摆脱金本位之后，已经直接追逐货币经济的膨胀了"。[2]在国外经济学家中，法国经济学家弗朗索瓦·沙奈（2001）认为，当代资本主义扩张是一种"金融占主导地位积累制度",这一制度的特点是资本"重大转移有利于货币资本增殖和取得剩余价值"。[3] 英国经济学家罗纳德·多尔（2002）认为，日德"生产资本主义"积累模式正让位于英美"股票资本主义"积累模式，英美"股票资本主义"积累模式正在全球普及。[4] 德国社会伦理学教授乌尔里希·杜赫罗（Ulrich Duchrow）认为，当代经济是"货币积累型经济"，其特征为金融市场（货币方面）与具体经济分离，公司投资从生产领域转移到纯粹的货币领域，资本的价值增殖已转向金融市场，"生产性"和"金融性"增殖形式已经混淆了。另外，一些经济学家从经济危机的角度来认识当代资本积累，像美国经济学家卢森堡·罗莎（1962）认为，资本主义扩张的主要特征是积累的金融化[5]，这一扩张过程是一个时常会爆炸的资本积累过程；日本经济学家伊藤·诚和希腊经济学家考斯达斯·拉帕维查斯（2001）则揭示货币金融不稳定性根源于资本积累过程中货币、金融同实际积累之间联系的逐步脱离。[6]

二、价值化积累的非对称性及影响

（一）价值化积累是资本积累的发展阶段

虚拟经济理论认为，积累发展过程的逻辑大致为：在市场经济初期，资本积累的含义主要是物质生产能力的提高，因此，虽然积累的价值形式表示为货币积累形式的储蓄，但最重要的价值增殖形式依然是产业资本的生产活动。因此，积累的主要目的与其形式的背离并不大，人们也容易十分清楚地看到积累的实质性内容是固定资本形成。当积累被分成固定资本形成和货币形式的积累（储蓄）时，这个时期积累的实现则必须通过货币储蓄来完成，没有货币形式的积累或储蓄，就无法形成固定资本，可以说储蓄制约着资本的形成规模。

随着市场经济的发展，股份制企业与股票发展起来了，股票的一级市场为企业提供资金，企业为其提供收入，股票的股息收入显示出股票收入与生产企业的密切关系，股票的收入是生产资本利润的一部分。二级市场的发展在融资与生产之外又增加了一个新的虚拟价值增殖的形式，即通过股票价格波动而获得收入。虽然这个价值增殖形式与生产资本有关，但是同股息收入相比则是一个新的形式，其来源也与股票代表的企业关系更小。此时，股票本身的独立意义已经存在，只要持有股票就等于持有企业，不仅可以分得企业利润还可以获得股票增值的收入。股票就是资本，就是带来剩余价值的价值，积累股票就意味着积累财富。

在股市发展的同时，债市、金融衍生物及房地产市场也迅速成为经济中的重要组成部分。于是，价值增殖的形式多样化了，不再仅仅依靠物质生产过程。服务业的发展导致GDP中的成分开始包括服务业，体育、娱乐业、金融业的服务收入也被计入GDP，还有中介机构，包括理财咨询、房地产中介机构的服务等。这些GDP的内容与传统的对生产的理解不同。它们变得更不确定，其收入大小与经济环境的关系更大，而与企业成本关系相对于制造业更小。这些变化为积累增加了新的内涵，一些相对脱离于实际生产过程的价值增殖成为积累的一个重要组成部分，尤其以资本化定价为特征的虚拟资产近20年来逐渐成为人们财富的主要代表之一。

虽然市场初期积累被分为两部分，但基本上还是两个不可分割的组成部分。但是，当人们发现价值增殖的新的形式之后，作为私人财富的积累就包含着大量的虚拟资产的积累了。它们的价值不是逐渐消失或缩小的，而是随着市场经济的发展而增长。显然，这个积累开始相对独立于固定资产及其生产能力的增长。所以，人类进入市场经济以后，积累内容逐渐发生变化，"财富"基本上越来越与物质财富相脱离，越来越具有虚拟性。当然，物质财富的积累仍然是人类社会赖以生存和发展的基础，也是虚拟财富的物质基础。

（二）价值化积累的非对称性

非对称性是价值化积累的一个重要特征（刘晓欣，2005）。[7] 虚拟经济理论认为，在信用制度发达条件下，累计的虚拟资产与累计的实物资产具有不对应的特点。这是因为实物资产会由于折旧等因素而损失，价值减少；虚拟资产却会因为时间的长久而不断地增殖，如各种利息、红利等。因此，从长期来看，实物资产会越来越少，虚拟资产却越来越多，而通常意义上的储蓄与投资相等是从当年统计平衡的角度来考虑的。在早期社会中，人们收获1万斤粮食，拿出1000斤做储蓄，粮食可以保存，假如可以积存3年的话，那么3年累计的储蓄就是3000斤粮食。但是，当人们储蓄货币时，情况就逐渐发生了变化，当年的储蓄必须与当年的投资相对应，但是累计的储蓄就不会与累计的投资相对应。

我们用非居民固定资产年末存量作为实物资产的衡量指标，它反映每年固定资产投资的形成额、每年的投资总量；用金融资产、地产、储蓄和未偿还贷款的总量作为虚拟资产的衡量指标。利用美国1946~2002年资料，分别对虚拟资产的累计总量与实物资产的累计总量（见图1），金融资产、地产累计总量与固定资本投资额累计总量（见图2）以及金融资产累计总量与固定资本投资额累计总量（见图3）进行分析对比，可以看出积累的趋势：价值化积累财富总量大于实物积累财富，价值化积累速度快于实物积累速度，并且，价值化积累财富呈现不断增长的趋势，价值化财富积累与实物财富积累呈非对称性。

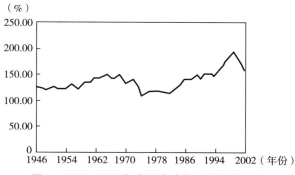

图1　1946~2002年虚拟资产与实物资产之比

资料来源：根据 Flow of Funds Accounts of the United States （1946~2002）各年资料整理计算。

同样，假定通常情况下储蓄等虚拟资产以5%~10%的收益率增长，而实物资产则以10%~20%的比例折旧。表1为美国1925~2004年非居民住宅固定资产情况。在1925~2004年，固定资产年均增长速度为29.75%，生产性固定资产占固定资产总量的比重为60%~

图 2　1946~2002 年金融资产、地产与固定资产投资额之比

资料来源：根据 Flow of Funds Accounts of the United States（1946~2002）各年资料整理计算。

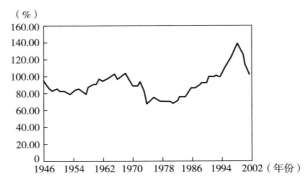

图 3　1946~2002 年金融资产与固定资产投资额之比

资料来源：根据 Flow of Funds Accounts of the United States（1946~2002）各年资料整理计算。

65%。表 2 显示的是 1945~2004 年，金融资产累计量是实物资产累计量的 1 倍以上，金融资产与实物资产相比却有较快的增长。所以从长期来看，价值化积累与实物积累在一定程度上是相脱离的，价值化积累的非对称性更为突出。

表 1　1925~2004 年非居民住宅固定资产　　　　　　　单位：10 亿美元

年份 项目	1925	1935	1945	1955	1965	1975	1985	1995	2004
非居民住宅固定资产总量	164.5	160.8	367.9	373.2	1204.1	3321.9	7732.3	1246.8	1885.0
占固定资产总量的比（%）	62.08	62.69	65.52	61.33	62.61	64.29	62.16	61	60.89
总量递增长速度（%）		2.25	2.29	1.44	222.64	175.88	132.76	−83.87	34.22

资料来源：根据 Flow of Funds Accounts of the Unit States（1945~2004）各年资料整理计算。

表 2　1945~2004 年固定资产与金融资产的累计对比　　　　　单位：10 亿美元

年份 项目	1945	1955	1965	1975	1985	1995	2000	2002	2004
总固定资产	561.5	1202.1	1923.2	5167.3	12439.8	20441.5	26973.9	28192.2	29896.8
总金融资产	562.8	1020.2	1968.4	3724.8	10033.1	21595.6	33711	32259	32464
固定资产累计额		1651.3	3244.2	7762.7	18649.9	36515.5	56186.3	73141.2	82031.4
金融资产累计额		1639.3	3771.6	7873.6	18694	42159	80085.9	120353.5	164756.9

资料来源：根据 Flow of Funds Accounts of the Unit States（1945~2004）各年资料整理计算。

（三）价值化积累导致财富构成变化

价值化积累的非对称性导致大量虚拟资产的存在，导致财富构成发生变化。从人们持有的财富构成来看，近年来，"财富"基本上越来越与物质财富相脱离，虚拟财富所占比重越来越大。表3显示，1981~2003年主要工业国家金融资产占家庭净财富的比重中，美国人有88%以上是金融资产，英国人有近72%为金融资产，加拿大金融资产所占比重为72%，日本和法国占60%以上。可见，虚拟资产在发达国家的财富中占有重要地位，收入越高，其财富构成中的虚拟资产就越大。实际上，自改革开放以来中国也经历了和正在经历着个人财富从简单的自行车、手表、缝纫机到股票、存款、债券、房地产等占主要地位的变化。表4显示，2002年在全国居民财富的七个子项目中，金融资产、房产和土地占居民财产总量的89.02%。其中，房产和金融资产两项最为突出，占居民财产总量的79.67%；而耐用消费品则只有6.89%。

表3　1981~2003年主要工业国家金融资产占家庭净财富的百分比　　　　单位：%

时间	美国	日本	法国	英国	加拿大
1981~1985年	69.7	42.5	37.8	51.9	58.6
1986~1990年	71.7	41.5	49.6	52.7	63.9
1991~1995年	76.9	50.1	55.2	64.1	67.3
1996~1999年	82.2	58.2	58.8	68.8	70.2
2000~2003年	88.4	64.1	62.5	71.6	72.1

资料来源：根据BIS各年资料整理。

表4　2002年中国人均财产的水平和构成

财产及其构成项目	平均值（元）	比例（%）
财产总额（净值）	25897.03	100
其中：		
土地价值	2420.767	9.35
金融资产	5642.684	21.79
房产净值	14989.26	57.88
生产性固定资产	1037.309	4.01
耐用消费品价值	1784.31	6.89
其他资产的估计现值	241.6361	0.93
非住房负债	−218.9326	−0.84

资料来源：赵人伟，李实，丁赛．中国居民财产分布研究［J］．新华文摘，2005（15）．

从美国总资产及其主要构成情况（见表5）也可见财富构成的变化，美国在1945~1980年，虚拟资产只增长44.69%，而在1980~2004年，虚拟资产却增长了401.00%，这24年的增长量是前35年的10倍。其中，金融和地产的比重占绝大部分，在90%以上。可见，在社会财富中，虚拟资产的比重非常大，而固定资产所表现的物质财富却非常小。

表5　1945~2004年美国总资产及其主要构成　　　　单位：10亿美元

年份	总资产	房地产	金融资产	金融资产和房地产/总资产（%）	房地产总值/总资产价值（%）	金融资产总值/总资产价值（%）
1945	761.7	150.6	562.8	93.7	19.77	76.95
1980	11011.2	3421	6633.3	91.3	31.07	69.40
1982	12678.6	3997.5	7615.6	91.6	31.53	68.98

年份	总资产	房地产	金融资产	金融资产和房地产/总资产（%）	房地产总值/总资产价值（%）	金融资产总值/总资产价值（%）
1984	14834	4725.7	8900.1	91.86	31.86	69.44
1986	18359.1	5776.2	11153.7	92.2	31.46	70.93
1988	21426.8	6747.3	13012.6	92.2	31.49	71.16
1990	24094.2	7382.5	14839.2	92.2	30.64	72.83
1992	27011	7850	17180.4	92.67	29.06	75.12
1994	29451.8	8276.3	19004.8	92.6	28.10	76.88
1996	35502.2	9152.8	24010.1	93.4	25.78	79.88
1998	43547.2	10578.1	30444.5	94.2	24.29	81.75
2000	49177.2	12648.9	33711	94.3	25.72	80.81
2002	48100.5	14916.6	30064.1	93.5	31.01	76.43
2003	53673.9	16458.3	33648.3	93.35	30.66	62.69
2004	59031.2	18751.4	36499.9	93.60	31.77	61.83

资料来源：根据 Flow of Funds Accounts of the United States（1945~2004）各年资料整理计算。

三、基本启示

（一）虚拟经济发达与否是国际贫富差距的重要标志

虚拟经济的发展实际上是一个国家和地区经济社会化的标志。在落后经济中，绝大部分财富以粮食、牲畜、耐用消费品等物质形式存在；而在发达经济中，财富的大多数是股票、债券和其他金融工具构成的虚拟资产。在当代，制造业将逐渐变为"贫穷"的代名词，因为它靠的是低成本来维持优势。当一个国家逐渐富起来时，收入会提高，优势会丧失。在发达国家以制造业为主的 20 世纪 60~70 年代，贫富的差距是由"初级产品"和"高技术产品"的差别造成的。这种差别随着发展中国家提高初级产品价格（如石油）、提高本国技术水平而逐渐缩小。但是，随着经济的虚拟化，一方面发达国家正在将虚拟经济活动作为其主要的经济活动，另一方面通过虚拟经济的全球化，谁的货币（在黄金非货币化以后也完全是虚拟资产）被作为世界货币谁就有支配其他货币的权利，并通过金融交易直接获得利益。因此，发展中国家在经济虚拟化程度不断提高的同时，除发展以观念支撑价格的经济活动外，应积极推进本币的国际化。因为虚拟经济理论认为，整个经济是一套以货币维系的价值系统，货币是国家之间发生经济联系最基本的连接点。一国经济实力越强，金融系统就越稳定，其货币就越坚挺。稳定的金融系统将使一国成为经济的"中心"，而不是被排斥在"边缘"；使其成为各国经济的主导，而不是别国的附庸；国家将越来越"富有"，而不是越来越"贫穷"。所以，虚拟经济发达与否是国际贫富差距产生的重要原因。

（二）价值化积累导致经济增长方式的转变

在当代发达经济中，经济增长的源泉不再仅仅是自然资源，在一定的自然资源的基础上，许多经济活动可以独立于实体经济而存在，即虚拟经济活动正在成为经济增长、就业增加和利润增加的源泉。因为信息全球化和虚拟资本全球流动能有效地配置"价值"资源，刺激储蓄与投资，从而促进经济的增长，创造更多的"价值"财富。随着金融在人们生活中的地位越来越重要，经济增长不再过度依赖于自然资源这类有形资源，而更多地依赖知识信息这类无形资源；财富创造的方式正在从依赖于制造业的不断扩张向纵向的不断升级转化，即财富的创造更加依赖于货币和资金的支持。当虚拟资产大量流入时，这些国家和地区的经济就会快速发展；而当虚拟资产大量流出时，这些国家和地区的经济就会衰落，甚至突然崩溃。一个需要颠倒过来的观念是，资金的流动不再主要是为了在国际范围内配置自然资源，而是在国际间支持高增长地区的发展和分享其高收益。资源流动是哪里稀缺哪里价格高，而价格高是反映这个地区需要这种资源，于是自然资源便流向那些自然资源稀缺的地区。而规模巨大的短期资金几乎不是以利息率之差来调动的，它们往往与当地的虚拟资产价格波动有关。所以，用稀缺性原理不能令人信服地解释大规模资金的国际流动，特别是短期资金的流动。实际上，20 世纪 90 年代以来频繁发生的金融危机，与这种大规模的资金流动有密切的关系。汇率的变动、经济的兴衰都与此有密切的关系。可见，自然资源对经济的影响在衰落，而金融对经济的影响在上升。一个国家的经济越是现代化就越依赖于虚拟经济活动，而与实物资本积累相对应的价值化积累，其"以钱生钱"（成思危和刘骏民，2003）[8] 的增殖将导致经济增长方式发生变化。

（三）在资本市场开放条件下防范金融风险

虚拟经济活动自开始以来就具有国际性，价值化积累的非对称性容易积累风险，引发金融危机。而当代金融风险的联动性使传染机制更复杂，传染途径更多样，危机的频率更高、危害更大；导致少数国家的危机长期化、深层化和复杂化，长期走不出困境（张作荣，2001）。[9] 在我国，由于经济体制改革过程中存在的问题和金融体系不完善，累积的金融风险逐年加大。有资料显示，我国金融风险指数已从 1991 年的 44.6 上升到 2003 年的 75.3。这说明，防范和控制金融风险，是一个世界性课题。要保持宏观经济的稳定性，就必须处理好货币、虚拟经济与实体经济的关系。因为虚拟经济理论认为，货币将在虚拟经济和实体经济之间分配使用，在货币量一定的情况下，货币在虚拟经济与实体经济两者之间的分配量是此消彼长的关系（Green 和 Murinde，2003）[10]，如果货币流入虚拟经济超过一定的量，虚拟资产过度膨胀，将导致经济崩溃。所以，只有制定合理的货币政策，控制货币量的投放，处理好货币在虚拟经济与实体经济之间的比例关系，才能保持虚拟经济与实体经济之间的稳定性和虚拟经济自身的稳定性，从而防范金融风险，保障国家安全。

参考文献

[1] Drucker, P. The New Realities [M]. London：Heinemann Notel18，1989.

[2] 杨国昌. 资本浪潮——金融资本全球化论纲题跋 [M]. 北京：中国财政金融出版社，2000.

[3] [法] 弗朗索瓦·沙奈. 金融全球化 [M]. 齐建华，胡振良，译. 北京：中央编译出版社，2001.

[4] [英] 罗纳德·多尔. 股票资本主义：福利资本主义 [M]. 李岩等，译. 北京：社会科学文献出版社，2002.

[5] [英] 卢森堡·罗莎. 资本积累论 [M]. 北京：商务印书馆，1962.

［6］［日］伊藤·诚，［希］考斯达斯·拉帕维查斯．货币金融政治经济学［M］．孙刚，戴淑艳，译．北京：经济科学出版社，2001.

［7］刘晓欣．虚拟经济与价值化积累——虚拟经济的历史与逻辑［M］．天津：南开大学出版社，2005.

［8］成思危，刘骏民．虚拟经济理论与实践［M］．天津：南开大学出版社，2003.

［9］张作荣．基于国家倒金字塔结构扭曲下的虚拟经济过度增长及其后果［J］．改革，2001（2）：5-10.

［10］ Green, Christopher J., and Victor Murinde. Flow of Funds: Implications for Research on Financial Sector Development and the Real Economy［J］. Journal of International Development, 2003, 15（8）: 1015-1036.

本文转摘自《当代财经》2005 年第 12 期。

基于虚拟经济视角的资本积累与金融监管

摘要：从虚拟经济视角认识当代资本积累，价值化积累已成为一种新的积累制度。这种制度一方面鼓励财富创造，另一方面资本的逐利本性导致投机活动在各类资产之间和各金融市场之间迅速转换，系统性风险增大，实体经济与虚拟经济严重失衡，金融危机频繁爆发。中国资本市场对外开放进入新阶段，从虚拟经济理念出发强调金融监管的整体性、全局性和动态性，有利于防范金融风险，保障国家安全。

关键词：虚拟经济；价值化积累；系统性风险；金融监管；投入产出

随着金融自由化和金融市场全球化发展，以股票、债券、房地产、金融衍生品等为代表的虚拟资本积累成为积累的主要内容和重要方式。近20年来这种积累制度导致金融危机频繁爆发，这一现象引发了人们对20世纪70年代金本位制崩溃以来的国际金融体系、金融风险和金融监管等问题的深刻反思。而从虚拟经济视角出发，全局、整体、动态地监测虚拟资产流动，创新金融监管理念和金融监管方法，保障中国金融安全具有重要意义。

一、虚拟经济视角的资本积累
——财富与风险的积累

虚拟经济理论认为以价值表现的股票、债券及地产等虚拟资本集聚与增长的价值化积累，与传统的以固定资本形成为标准的实物资本的积累不同。实物资本是指长期存在的（通常为一年以上）的生产物质形式，如机器设备、厂房及各种原材料，加工过程中的货物、存货、交通运输设施等。而价值化积累强调资本积累内容是货币表现的"价值财富"，而非物质表示的"实物财富"。虚拟经济视角的资本积累是一把"双刃剑"。

（一）价值化积累和创造货币收入

价值化积累是指资本聚集与增长的形式是"以钱生钱"，虚拟资本通过金融市场资产价格波动获得货币收入。当代虚拟经济成为创造财富的重要方式，随着市场经济的发展，通过投机炒作所获得收入被计入GDP的绝对量和相对量呈现不断上升的趋势。具体来说，当虚拟资产交易活跃，价格和交易量大幅上升时，相关的印花税、经纪人提供服务所得的各种收入也将大幅度增加。这些税费和收入是具有支付能力的货币收入，可购买各种产品和服务，并被计入当年的GDP。以中国为例，2007年在股票市场的牛市中，最大日交易额近4700亿元，当日仅征收的印花税一项就达28.2亿元。再加上按1%~3%收取的大约9.4亿元的佣金，股市一天就创造了可以直接计入GDP的财富37亿多元。即使是在2008年12月日均交易额仅1026亿元，每天股市也可贡献2.05亿元的印花税和大约2亿元的佣金。

美国经济学家弗里德曼（Friedman M）强调目前大企业集团主要资本的价值增值已转向金融市场，"生产性"和"金融性"增殖形式已经混淆了。实际上虚拟经济发达国家的企业其金融性增殖远远超过生产性增殖。例如，美国福特汽车制造和销售创造的利润远不如其从事金融等虚拟经济活动所获得的利润，福特公司 2004 年全年税前利润 58 亿美元，其中，有 50 亿美元的税前利润是福特公司经营信贷和租赁业务所得。近期福特公司下调了 2009 年的利润预期，这除了与需求低迷、不断减产有关，主要原因是金融危机下金融性增殖无法顺利进行。

价值化积累在通过虚拟资产交易直接创造 GDP 的同时，也通过其他途径间接地创造出实际财富和收入。虽然虚拟资产价格波动带来的收入没有直接增加实体经济的产品和服务，但这些资产变现后所带来的货币收入是真实的收入，可以增加对各种产品和服务的需求；即使这些资产暂时不变现，其价格的上涨会提高对未来收入的预期，从而增加本期对各种产品和服务的需求，提高国民收入，产生"财富效应"。

（二）价值化积累积聚和传播、扩散风险

价值化积累的对象是股票、债券、房地产和金融衍生品等虚拟资产，它们自身几乎没有价值，或者其自身价值与其"市值"相比很低，这些资产的交易价格或市值在很大程度上是由人们的心理预期决定和支撑的，从而造成了资产市值的强波动性，这种市值的强波动性就表现为虚拟经济和价值化积累的高风险性。牛市时根据市场价格价计算的财富价值巨大，一旦熊市来临，转化为资产价格的下跌，财富也在短时间内迅速蒸发，即使仅仅在货币价值形态上也从未存在过。例如，此次金融危机，美国纽约道琼斯指数从最高点跌去 40% 时，以此计算，仅投向共有基金的个人养老金在这次金融危机中就损失了约有 2 万亿美元。美国股票市场从 2007 年的 14000 点跌到 2008 年 2 月的 7100 点，跌至 11 年来的最低点，市值大幅度缩水 8 万亿美元。

价值化积累在迅速集聚财富同时，也聚集着大量的风险，并放大和扩散风险。尤其是金融创新带来的杠杆活动的泛化，杠杆活动泛化一方面导致货币收入和风险的放大机制也泛化了。例如，金融危机中倒闭的美国贝尔斯登投资银行为了赚取暴利，采用 30 倍杠杆操作，假设其自身资产为 30 亿美元，30 倍杠杆就是其能动用 900 亿美元，如果投资盈利 5%，那么贝尔斯登就获得 45 亿美元的盈利，相对于贝尔斯登自身资产而言，这是 150% 的暴利；但如果投资亏损 5%，那么贝尔斯登赔光了自己的全部资产还欠 15 亿美元。另一方面金融杠杆的推广导致风险传染链条深入到了整个经济的各个方面，金融机构之间的资产负债表都相互联系，一荣俱荣，一损俱损，这就将金融业的脆弱性带给了整个经济。此次美国次贷危机就是起源于房地产按揭市场，以各种衍生品为媒介，将其中积聚的风险瞬间爆发释放，造成了整个虚拟经济乃至实体经济的波动，引发了席卷全球的金融危机。

二、虚拟经济与实体经济失衡是金融危机产生的根本原因

价值化积累的特点是积聚的货币资本在寻求增殖的同时，总是尽力通过持有证券及其他形式的金融资产来保持其货币形式，并且小心翼翼地避免使自己拴在生产上。现阶段的资本积累逐利者在摆脱金本位之后已经直接追逐货币经济的膨胀了，导致虚拟经济迅速膨胀，实体经济缓慢增长，甚至萎缩。

（一）虚拟经济与实体经济严重失衡

此次由美国次贷危机引发的全球金融危机，其根本原因是美国虚拟经济与实体经济失衡，金融风险通过美元资产传播全球。美国的虚拟经济发展大大快于实体经济的发展，据统计，2007 年美国仅家庭持有的金融资产就达到 45.33 万亿美元，是美国 GDP 的 3.28 倍；全部金融资产规模达到了 141.92 万亿美元，是 GDP 的 10.25 倍。美国的经济重心逐步从以实体经济为主转移为以虚拟经济为主，从美国产值的产业构成变化可见一斑。美国代表实体经济的制造业产值占 CDP 比例从 1950 年 27% 下降到 2007 年 11.7%，农业、采矿业和交通运输业，批发和零售业的产值比例也在下降。而金融、保险、房地产服务业及职业服务等则从 11.4% 上升到 20.70%，如果加上商业服务类，2007 年底两者占美国 GDP 比例已经达到 1/3。所以靠炒作各类资产，和为其咨询服务的投资顾问、信用评级以及其他数据、信息服务的行业越来越成为主要的经济活动，而制造业和与其紧密联系的行业则日益被边缘化（见表 1）。同时，美国 GDP 占世界 GDP 的比重已经由 20 世纪 50～70 年代的 50% 下降到 2007 年的 25%。由于美元的国际地位，全球经济也由此呈现出虚拟经济发展迅速，实体经济下降这一特征，目前每天全球跨国的金融交易量为 18000 亿美元，而实物交易量不过 200 亿美元，希望通过金融市场价值增殖的虚拟资本是传统产业资本的 90 倍之多。

表 1　美国各产业产值占 GDP 的比重　　　　　　单位：%

年份 类别	1950	1960	1970	1980	1990	2000	2002	2004	2006	2007
农林牧副渔业	6.77	3.78	2.63	2.22	1.67	1.00	0.91	1.22	0.95	1.17
采矿业	2.59	1.90	1.43	3.27	1.46	1.24	1.02	1.47	1.99	1.99
公用事业	1.60	2.19	2.02	2.15	2.46	1.93	1.98	2.06	2.07	2.14
建筑业	4.39	4.45	4.83	4.67	4.28	4.44	4.61	4.61	4.77	4.06
制造业	27.03	25.35	22.67	19.95	16.33	14.53	12.92	12.22	11.74	11.67
批发业	6.33	6.63	6.55	6.77	5.99	6.03	5.88	5.88	5.77	5.77
零售业	8.78	7.85	7.97	7.20	6.87	6.75	6.87	6.65	6.42	6.40
交通运输与仓储业	5.89	4.45	3.86	3.67	2.92	3.07	2.91	2.95	2.92	2.91
信息产业	2.72	3.04	3.37	3.55	3.88	4.67	4.61	4.54	4.53	4.66
金融、保险、房地产与租赁业	11.40	14.14	14.63	15.86	17.96	19.67	20.46	20.36	20.87	20.66
职业服务与商业服务业	3.91	4.69	5.41	6.68	9.82	11.62	11.36	11.45	11.82	12.16
教育、医疗保健与社会救助	2.04	2.74	3.94	5.01	6.66	6.91	7.64	7.84	7.74	7.88
艺术、娱乐、休闲、住宿与餐饮业	2.96	2.76	2.83	2.99	3.36	3.57	3.64	3.66	3.63	3.65
除政府以外的其他服务	2.83	2.87	2.60	2.24	2.46	2.33	2.41	2.34	2.28	2.29
政府	10.76	13.17	15.25	13.76	13.88	12.25	12.78	12.76	12.49	12.58

资料来源：根据美国经济分析局（BEA）公布的有关数据按现价计算整理而得。转引自刘骏民、刘晓欣等《2008 年深圳国内外经济环境和自身经济形势分析报告——建立深圳金融风险试验区的建议》。

（二）金融风险通过美元资产扩散、传播

如果将目前的国际货币与主权货币区分开来，也许各国金融危机可以较好地防范和控制，减弱风险传播效应，但这一猜想是难以实现的。布雷顿森林体系崩溃后，美元成为国际货币，美国以虚拟经济为核心的经济模式及循环特点，通过对外发行美元而换取其他国

家的产品和劳务，致使美元的发行量不断增加，并远远超过了国内及国际贸易所需的数量，导致美国虚拟经济与实体经济的非均衡发展。据统计，1982~2008 年，美国经常项目有 26 年是逆差，通过经常项目逆差对外输出美元的规模从 1982 年的最高 55.36 亿美元增长到 2006 年的 8114.77 亿美元，虽然在 2007 年和 2008 年美国的经常项目赤字有所减少，但仍分别达到了 7312.14 亿美元和 6733 亿美元。如果以经常项目赤字计算，1982~2008 年美国共向世界各国输出了近 75000 亿美元的流动性。

同时，美元成为世界主要的储备资产，在 1999 年欧元出现后，虽然其地位受到了一定的冲击，但世界美元储备资产总额仍持续增加，其在全球储备资产总额中的比重一直保持在 2/3（见表 2）。

表 2　1999~2007 年世界官方外汇总储备、主要国际按币种划分的官方外汇总储备

单位：百万美元

年份	世界总储备	已经确定货币币种的储备	美元	已知币种中美元占比（%）
1999	1781449	1378620	978562	71.0
2000	1936532	1516325	1078041	71.1
2001	2049762	1566946	1119975	71.5
2002	2408419	1793793	1202600	67.0
2003	3025187	2220568	1463332	65.9
2004	3748369	2641619	1738331	65.8
2005	4174449	2822357	1883809	66.7
2006	5036751	3331486	2151067	64.6
2007	6390611	4064806	2598526	63.9

注：截至 2007 年 12 月末。

资料来源：International Financial Statistics。

与美元的大量对外输出相对应，1990~2007 年，每年境外净购买的美国债券和股票等虚拟资产从 187 亿美元增长到 2006 年最高的 1143.2 亿美元，增长了 60.13%（见图 1）。美国发达虚拟经济系统为其源源不断地从全球带来虚拟资产的收益，享受世界范围内高增长地区的经济利益，并以全球实体经济的实力来支撑自身的虚拟经济。

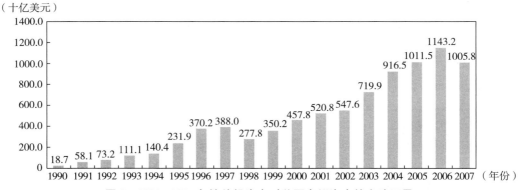

（十亿美元）

图 1　1990~2007 年境外投资者对美国虚拟资产的净购买量

资料来源：Statistical Abstract of the United States，2009.

大量美元和相关虚拟资产不断对外发行在形成了美国独特的经济循环和运行模式的同时，引起了近些年全球范围内流动性的膨胀，同时以虚拟资产为载体将国内虚拟经济集聚

的大量风险转移和传播到世界其他国家，尤其是广大发展中国家，埋下了全球金融危机的祸根。

三、虚拟经济视角下金融监管理念和监管方法

价值化积累这一新的"积累制度的第一个特征是把整个世界作为一个体系"，并强化了系统性风险效应。为了监控风险和防范危机传播，保障资本市场开放条件下中国经济安全，应从虚拟经济视角出发，创新金融监管理念和监管方法，将股票市场、债券市场、金融衍生品市场等投机活动作为一个整体来研究，观测风险形成过程，特别是外部风险的传播和传染。

（一）金融监管模式的特点与不足

近年来，许多国家都将原有的分业监管模式转变为统一监管模式。如英国建立了统一的金融监管机构——金融服务监管局，德国合并了原银监局、证监局和保监局三个机构，成立新的金融监管局，日本在改革和调整之后，银行、保险公司和证券公司等商业性金融机构均由金融厅独立监管或与相关专业部门共管。一直实行分业监管的美国，不同的金融业务由不同的机构进行监管，但最近提出的"现代化监管架构蓝图"也是统一监管的思路。尽管如此，目前的金融监管模式仍存在着许多缺陷。例如，许多国家在形式上实行了统一监管模式，但在具体监管的过程中，仍更多地针对某一部门或某一机构，对其他相关部门和机构缺乏关注和有效监管，以致出现顾此失彼等问题，监管的整体性仍存在缺陷。在具体监管方式或工具上，除现场监督以外，大部分监管是通过对报表的分析、监测来进行，如对资本充足性、流动性、大额风险和外汇风险的监管，虽然这些方法可以通过对不同时点上的指标进行比较以获取监管信息，但对于短时间内资金的流动以及各个指标的波动却无法有效观察，并且无法观测指标的具体变动过程，使得监管缺乏动态性。从根本上说，目前的金融监管体系和理念仍停留在局部、个体和静态监管的层面。

（二）树立全局性、整体性和动态性的监管理念

目前的金融监管理念以及与之相适应的监管体系和具体方法大多是将金融业划分为诸如银行业、保险业和证券业等多个部门，并分别对这些部门进行监管，缺乏各监管部门之间的联系与协作，更缺少对各金融部门之间以及金融部门与实体经济部门两者联系的观察，监管理念仍停留在局部、个体和静态监管的层面。而目前金融市场全球化，资金凭借发达的国际结算系统在世界范围内迅速流动，在各种虚拟资产和虚拟经济部门间迅速低成本地转换，在虚拟经济和实体经济两者之间流入流出，虚拟经济各个市场之间以及虚拟经济与实体经济之间的联系越来越密切，某一市场上某一种资产价格的波动很可能会引起连锁反应，对整个经济甚至世界其他地区的金融和经济运行产生影响。因此，目前局部性的监管理念已经无法适应当今虚拟经济发展的要求，需要对金融监管从理念上进行重新审视，建立全局性、整体性和动态性的金融监管体系，以防止外部冲击。

虚拟经济研究是把股票市场、债券市场、外汇市场和房地产市场以及石油等大宗商品期货市场等看作一个有机的整体部门，着眼于市场中资金流动的密切联系。在这一基本理

念和框架的基础上，考察虚拟经济各部门之间的相互依存和影响关系，而不仅仅是局限在单个部门和市场，或"地产与股市""债市与外汇"等双边关系监测和研究，同时将各类金融市场及房地产等市场所有具有投机特点的领域（即虚拟经济）看作一个整体，分析其结构和稳定性，并监测其与实体经济的关系，以及其对整个经济运行的影响。这就是虚拟经济下的全局性、整体性、动态性的监管理念和监管体系。

在这一理念和体系下，虚拟经济被认作是一个整体，重视对经济过程的观测，动态地监测资金流动，监测系统性风险的形成、传导、蔓延及爆发过程，及时判断引发危机的节点及关联点。特别是外部资金流入流出对经济影响的关联监测。同时，为了能够对市场变化或异动做出迅速的反应，提高决策效率，建立银监会、证监会和保监会等不同监管部门之间的协调和信息共享机制，加强金融监管部门与货币当局之间的协调和协作，保持国际金融监管与货币政策方面的长期配合及协调，也显得尤为重要。

（三）投入产出技术的监管方法

在目前的监管手段中，虽然可以通过对各种指标和数据的观察对比来获取监管信息，但在资金大规模迅速流动的条件下，这些指标和数据无法及时反映虚拟经济和各金融机构的变化，更无法反映变化的过程和深层原因。即使是在引入资金流量核算这一工具后，虽然可以对资金在各部门之间的流动和循环进行一定的描述，但其采用的是净值核算，反映的是结果而不是过程，监测效果仍很有限。此外，在资金流动不断趋于国际化的形势下，大量资金迅速流入流出及其具体投向的部门仍缺乏有效的监测，更无法对大规模资金冲击的效果进行预测。无论是在亚洲金融危机，还是在2008年国际金融危机中，在国际金融监管协作机制仍不健全的条件下，对外来资金流入流出缺乏有效监测都是许多国家虚拟经济产生动荡的原因之一。

因此，有必要运用一种新的技术、方法和工具以适应全局性、整体性和动态性的监管理念，尤其是对资金的流动进行有效监测。我们认为，引入投入产出技术，将其作为一项重要的监管技术、方法和工具是十分适合，也是十分必要的。投入产出技术反映的正是各个部门间的联系和相互影响，并且使用的是流量指标，将投入产出技术与虚拟经济相结合，用以分析虚拟经济各部门之间，以及虚拟经济与实体经济之间的关联，监测资金流动方向和规模，并分析资金流动和经济政策对经济运行的影响，正是虚拟经济下新的监管理念的具体体现。

在建立了实体经济×虚拟经济投入产出表和投入产出模型后，可以根据虚拟经济各部门及实体经济在不同时点上交易量数据的变化，发现资金在各部门之间的流量和流向，并对短时间内资金的大规模流动（包括资金在国内流动和资金的国际流动）进行重点关注和跟踪，并根据资金流动情况对虚拟资产交易及其价格的异常变化及时发现和预判，采取相应措施进行调节和控制，防止风险大量积累，减缓虚拟经济和实体经济波动。同时，根据投入产出模型，利用虚拟经济及整个经济系统的投入产出表，计算虚拟经济和整个经济系统的直接消耗系数、完全消耗系数、感应度系数和影响力系数等，并利用这些系数分析外来冲击（如大规模资金流动、监管政策等）对虚拟经济各部门以及虚拟经济、实体经济和国民经济运行的影响，分析虚拟经济的稳定性以及虚拟经济波动对实体经济的影响，并为监管部门制定应急预案、短期决策及长期发展战略提供依据。

参考文献

［1］高峰．当代资本主义的资本积累［J］．经济学动态，2007（2）：7．

［2］Foster J B. The Financialization of Capitalism［J］. Monthly Review，2007，58（11）：1–12．

［3］［法］弗朗索瓦·沙奈．金融全球化［M］．齐建华，胡振良译．北京：中央编译出版社，2000．

［4］杨国昌．资本浪潮——金融资本全球化论纲题跋［M］．北京：中国财政经济出版社，2000．

［5］刘骏民，孙时联，张云．美国金融危机深层次思考与对策［N］．国际金融报，2008–10–31．

［6］刘晓欣．虚拟经济与价值化积累——虚拟经济的历史与逻辑［M］．天津：南开大学出版社，2005．

［7］John Bellamy Foster. Monopoly Finance Capital［J］. Month Review，2006，58（7）：1–14．

［8］张云，刘骏民．全球流动性膨胀的原因及其后果——兼论美元与国际货币体系的危机［J］．社会科学战线，2008（8）：54–64．

［9］Cerald A. Epstein. Financialization and the World Economy［M］. Cheltenham：Edward Elgar Publishing，2005．

［10］段彦飞．美国债务经济的国际循环［J］．美国研究，2008（4）：3–4，53–64．

本文转摘自《经济与管理研究》2009 年第 6 期。

解析当代经济"倒金字塔"之谜

——对 20 世纪 80 年代以来虚拟资产日益膨胀现象的思考

摘要：经济"金字塔"现象是金融全球化条件下虚拟经济加速发展的体现，是当代财富积累"价值化"趋势的反映。但 20 世纪 80 年代以来，"倒金字塔"头重脚轻趋势日趋明显，过度膨胀的虚拟资产容易引发经济危机，所以，应适度发展虚拟经济，趋利避害，保持宏观经济稳定，保障国家金融安全。

关键词："倒金字塔"；虚拟经济；经济稳定

一、问题的提出

经济"倒金字塔"是德国经济学家乔纳森·特南鲍姆（Jonathan Tenenbaum）最早提出的一个重要概念，特南鲍姆认为，在现代市场经济条件下，任何一个国家或地区全部经济金融化的价值都可以构成倒置的金字塔结构，该结构分成四个层面：第一层是金字塔底部，以实物形态存在的物质产品；第二层是商品和真实的服务贸易；第三层是股票、债券、商品期货等；第四层是完全虚拟的金融衍生品。"倒金字塔"结构有其严密的构成规则和运行规律。总体而言，"倒金字塔"结构上层部分的增长要远高于底层部分的增长，整个"倒金字塔"结构增长呈非线性特征，保持着稳定的增长比例。但 20 世纪 80 年代以来，随着金融全球化和网络技术的发展，倒置的金字塔越来越头重脚轻，"倒金字塔"的层次越高，增长速度越快，并超出了常态。据统计，世界每天金融交易总额中与实物物品贸易有关的不超过 1%~2%。正如彼得·德鲁克（Peter F. Drucker）所言，"90%或 90%以上跨国经济的金融交易不是服务于经济家所说的经济功能"（Drucker，1989）[1]，而是为了追求价值增殖。国内一些学者由此提出了"虚拟经济"（fictitious economy）的概念，国外学者则以"符号经济"（symbol economy）、"非真实经济"（unreal economy）等提出了一些新的理论，其中提出了许多新的命题。例如，当代财富的实质内容是金字塔顶部价值形态的虚拟资产，还是金字塔底部实物形态的物质产品和真实的服务贸易？当外汇交易量是对外贸易总额的 70 倍，而正常的比率为 2~3 倍时，货币资本是否在一定程度上独立于实际生产过程创造了利润？全球虚拟经济规模是实体经济的 5 倍，虚拟资产大大超过了实际资产，虚拟资产与实物资产是否需要一一对应？诸如此类的问题都因经济"倒金字塔"现象被凸显出来。本文将从虚拟经济视角来认识当代"倒金字塔"现象，解释"倒金字塔"加剧发展的原因，分析"倒金字塔"对经济的影响及启示。

二、"倒金字塔"加剧发展的原因

（一）金融全球化是"倒金字塔"加剧发展的重要原因

金融全球化使不同职能和不同类型金融市场之间解除了内部分割，各国内部货币和金融市场外部的相互渗透以及与全球化市场接轨，使"以钱生钱"的增值方式泛化，加剧了"倒金字塔"趋势。

1. 金融全球化使主要资本市场利率趋同

古典金本位时期资本净流量与 GDP 相比占较大比重，但这个净流量基本上是为了使贸易便利的需要，产生了与资本总流量方向的一致，即从资本净输出国——欧美发达国家向其他落后国家的资本输入。这表明当时在发达国家和落后国家之间存在着持续的回报率差异。而 20 世纪 80 年代以来，随着金融全球化，资本总流量空前庞大，并且资本流向没有明确的方向，资金在更多国家之间频繁流动。特别是规模巨大的短期资金，它们的流动往往与当地的虚拟资产价格波动有关，用稀缺性原理已经不能令人信服地解释大规模资金的国际流动。这一切促成了全球金融资本收益的趋同。它表明：金融市场的地位从原来服务于贸易和生产转变为相对独立且作用巨大，经济主体以追求货币经济膨胀为目的的获取货币利润，金融市场与实际经济关联越来越远。

2. 金融全球化使"生产性"与"金融性"增殖方式混淆

20 世纪 80 年代以来，在金融全球化的推动下，大企业集团的金融活动与工业活动之间的区别越来越不严格，纯金融盈利机会大大增加。大企业集团利用所有权和债权资本通过国际金融市场追求快速的货币收入成为增殖的主要方式。例如，股票、债券和外汇等金融市场带来快速高回报的利润，资产并购改善了资本收益率和金融效益。其中，近年来的企业并购风潮成为"金融性"增殖的主要途径，因为尽管生产资本的合理配置和企业业务范围的扩大也是企业并购的目的，但并购主要目的是金融资产名义价值被低估，有望在将来股市景气时价值上扬，并购主体可以通过转卖或继续持有其资产获得自身利润的增长。据统计，在 1984~2003 年，1/3 被收购的企业在同期被转卖，并购行为作为资本重组的形式，在很大程度上改善了开发资本的收益率和金融效益。所以，"金融性"增殖方式的泛化是虚拟资产大量膨胀的原因之一。

3. 金融全球化加速金融证券化进程

在金融证券化的作用下，大量公司直接进入国际资本市场融资，各种机构投资者在全球范围内选择金融工具来配置其资产组合，国际资本流动更加便利。同时，金融证券化导致了各种流动性强的可交易的金融工具不断地被开发出来并推向市场，各类票据、互换、远期、期货、期权等带来了收益和风险的不同组合，在金融工程和计算机技术的支持下还可以对各种传统工具进行捆绑和分解，使其对公众更具吸引力。20 世纪 90 年代广泛兴起的资产证券化，大大推动了金融证券化的进程。以大企业集团为代表的各个经济实体在资产证券化这一工具支持下，将缺乏流动性、但具有某种可预测现金收入属性的资产进行组合，在资本市场上出售变现，这一融资手段使国际资本流动更为便利，金融资产规模日益增大，加快了虚拟经济的发展。

（二）财富积累内容变化是"倒金字塔"加剧发展的根本原因

虚拟经济理论认为，人类进入市场经济以后，积累内容逐渐发生变化，"财富"基本上越来越与物质财富相脱离，越来越具有虚拟性。积累发展过程的逻辑大致为：在市场经济初期，资本积累的含义主要是物质生产能力的提高，因此，积累的价值形式虽然表示为货币积累形式的储蓄，但最重要的价值增殖形式依然是产业资本的生产活动。因此，积累的主要目的与其形式的背离并不大，人们可以十分清楚地看到积累的实质性内容是固定资本形成。当积累被分成固定资本形成和货币形式的积累（储蓄）时，这个时期积累的内涵虽然偏重于其物质内容，但其实现则必须通过货币储蓄来完成。可以说积累的形式已经在制约着实际固定资本的形成。没有货币形式的积累或储蓄，就无法形成固定资本。

随着市场经济的进一步发展，股份制企业与股票发展起来了。股票的一级市场实际与银行业的融资一样，为企业提供资金，企业为其提供收入。股票的股息收入显示出股票收入与生产企业的密切关系，股票的收入不过是生产资本利润的一部分。二级市场的发展在融资与生产之外又增加了一个新的虚拟价值增殖的形式，即通过股票价格的波动而获得收入（至少在股票成长的长时期内，股票价格是呈现上涨的）。这就是说，二级市场提供了一个新的价值增殖形式。而这个价值增殖形式虽然与生产资本有关，但是同股息收入相比则是一个新的形式，其来源也与股票代表的企业关系更小。因为股票所代表的企业以外的各种因素都会影响其股票价格，导致股息收入之外的收入变动。这个时候，股票本身的独立意义已经存在，即它本身作为财富的性质被市场所推崇，只要持有股票就等于持有企业，不仅可以分得企业利润还可以获得股票增殖的收入。股票就是资本，就是带来剩余价值的价值，积累股票就意味着积累财富。显然，这个积累开始相对独立于固定资产及其生产能力的增长。一些暴富的人不是靠生产活动而是靠股票的炒作。当人们发现价值增殖的新的形式之后，作为私人财富的积累就包含着大量的虚拟资产的积累了。它们的价值不是逐渐消失或缩小的，而是随着市场经济的发展而增长。虚拟财富的积累与实际改造自然、利用自然能力和知识的积累同时发生，而且虚拟财富的积累与实际积累是相对独立的，并呈现"价值化"积累的趋势。

随着股市的发展，债市和金融衍生品市场发展起来了，房地产市场也迅速成为经济中一个举足轻重的组成部分。于是价值增殖的形式多样化了，不再是仅仅依靠物质生产过程。服务业的发展导致 GDP 中的成分开始包括服务业。体育、娱乐业、金融业的服务收入也被计入 GDP，还有中介机构，包括理财咨询、房地产中介机构的服务等，它们的收入也计入 GDP。这些 GDP 的内容与传统的对生产的理解不同，它们变得更不确定，其收入大小与经济环境的关系更大，而与企业成本关系相对于制造业更小。这些变化为积累增加了新的内涵，一些相对脱离于实际生产过程的价值增殖成为积累的一个重要组成部分，尤其以资本化定价为特征的虚拟资产近 20 年来逐渐成为人们财富的主要代表之一，所以，以货币、金融等形式表现的虚拟资产的积聚与增长就成为积累的新形式和新内容。"当股票等有价证券出现以后，社会财富越来越多地以证券形式出现，即出现财富的证券化趋势。在这种情况下，人们的财富概念，不再是看得见摸得着的物质财富，而是以货币符号和各种'剩余索取权的纸制复本'代表的虚拟财富随着信用制度和财富证券化的发展，一切财富都符号化、虚拟化了"（高德步，2002）。[2]

三、"倒金字塔"结构是经济虚拟化的反映

（一）虚拟资产成为当代财富构成中的重要组成部分

虚拟资产与实物资产一样是财富不可分割的组成部分，随着市场经济的发展，虚拟资产在财富中所占比重不断提高。在表1中可以看到，1981~2003年主要工业国家金融资产占家庭净财富的比重：美国人88%以上是金融资产，英国人的财富中近72%为金融资产，加拿大所占比重为72%，日本和法国占60%以上。可见，虚拟资产在发达国家财富中占有重要地位，收入越高，其财富构成中的虚拟资产就越大。实际上，中国自改革开放以来也经历了和正在经历着个人财富从简单的自行车、手表、缝纫机到股票、存款、债券、房地产等占主要地位的变化。据统计，2002年在全国居民财富的七个子项目中，金融资产、房产和土地占居民财产总量的89.02%，其中房产和金融资产两项最为突出，占居民财产总量的79.67%，而耐用消费品则只有6.89%（见表2）（赵人伟等，2005）[3]。

表1　1981~2003年主要工业国家金融资产占家庭净财富的百分比　　　　单位：%

时间	美国	日本	法国	英国	加拿大
1981~1985年	69.7	42.5	37.8	51.9	58.6
1986~1990年	71.7	41.5	49.6	52.7	63.9
1991~1995年	76.9	50.1	55.2	64.1	67.3
1996~1999年	82.2	58.2	58.8	68.8	70.2
2000~2003年	88.4	64.1	62.5	71.6	72.1

资料来源：根据BIS各年资料整理。

表2　2002年中国人均财产的水平和构成

财产及其构成项目	平均值（元）	比例（%）
财产总额（净值）	25897.03	100
其中：		
土地价值	2420.767	9.35
金融资产	5642.684	21.79
房产净值	1989.26	57.88
生产性固定资产	1037.309	4.01
耐用消费品价值	1784.31	6.89
其他资产的估计现值	241.6361	0.93
非住房负债	-218.9326	-0.84

资料来源：赵人伟，李实，丁赛. 中国居民财产分布研究［J］. 新华文摘，2005（15）.

从美国总资产及其主要构成情况也可见财富构成的变化，美国在1945~1980年的35年中，虚拟资产只增长44.69%，而在1980~2004年，虚拟资产却增长了401.00%，这24年的增长量是前35年的10倍，其中，金融和地产所占比重占绝大部分，在90%以上（见表3）。可见，在社会财富中，虚拟资产的比重非常大，而固定资产所表现的物质财富却非常小。

从图1中可以看到，美国个人收入构成的巨大变化反映财富构成的变化，制造业收入占个人收入的比重从1945年的22.06开始逐步下降，到2004年已降到9.35%，同期服务

表3 1945~2004 年美国总资产及其主要构成   单位：10 亿美元

年份	总资产	房地产	金融资产	金融资产和房地产/总资产	房地产总值/总资产价值（％）	金融资产总值/总资产价值（％）
1945	761.7	150.6	562.8	93.7	19.77	76.95
1980	11011.2	3421	6633.3	91.3	31.07	69.40
1982	12678.6	3997.5	7615.6	91.6	31.53	68.98
1984	14834	4725.7	8900.1	91.86	31.86	69.44
1986	18359.1	5776.2	11153.7	92.2	31.46	70.93
1988	21426.8	6747.3	13012.6	92.2	31.49	71.16
1990	24094.2	7382.5	14839.2	92.2	30.64	72.83
1992	27011	7850	17180.4	92.67	29.06	75.12
1994	29451.8	8276.3	19004.8	92.6	28.10	76.88
1996	35502.2	9152.8	24010.1	93.4	25.78	79.88
1998	43547.2	10578.1	30444.5	94.2	24.29	81.75
2000	49177.2	12648.9	33711	94.3	25.72	80.81
2002	48100.5	14916.6	30064.1	93.5	31.01	76.43
2003	53673.9	16458.3	33648.3	93.35	30.66	62.69
2004	59031.2	18751.4	36499.9	93.60	31.77	61.83

资料来源：根据 Flow of Funds Accounts of the United States（1945~2004）各年资料整理计算。

业个人收入占个人收入的比重却由 9.85％ 上升到 33.38％，股息红利收入占个人收入的比重由 3.20％ 上升到 5.05％。

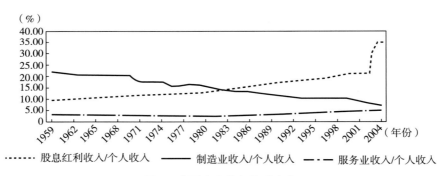

图1 美国个人收入构成变化

资料来源：根据 Flow of Funds Accounts of the United States（1945-2004）各年资料整理计算。

（二）虚拟经济与实体经济发展的非对称性

1. 从跨国金融交易量来看

我们用跨国金融交易量与国际贸易和直接投资总量分别占 GDP 比重及增长速度的比较，从宏观总量上来分析虚拟经济与实体经济的非对称性。据统计，1995~2004 年跨国金融交易量占世界实际 GDP 比重远远高出国际贸易和直接投资占世界实际 GDP 比重，最高的年份是 1998 年，比重在 1315.93％，同期国际贸易和投资占世界实际 GDP 比重是 41.62％。其他年份跨国金融交易量占世界实际 GDP 比重均在 1000％，而同期实际经济占世界 GDP 比重只为 40％。在国际经济关系中，虚拟经济与实体经济严重脱节。

外汇交易额与商品劳务出口之比也反映了虚拟经济与实体经济的背离。据统计，1977 年外汇交易额只是商品与劳务出口量的 3.5 倍，而 1992~2004 年外汇交易额已大大超过商品劳务出口量，并且一直保持在 60 倍，1998 年接近 70 倍。虽然国际贸易一直是外汇交易需求的重要来源，但从 1977 年前者是后者的 3.5 倍到今天的 60~70 倍，其增长速度可谓让人瞠目结舌，流通中的货币量是实体经济所需货币量数十倍，大量的外汇已经不是服务于国际贸易结算，而是与实体经济无关的纯粹货币交易。

同样，金融衍生品与世界贸易出口的对比也反映了虚拟经济与实体经济的非对称性。据统计，1986~2003 年，部分场内金融衍生工具名义本金余额年均增长逐度 65.14%；同期，国际贸易年均增长速度只有 8.60%。而场内衍生品交易量只是场外衍生品交易量的 1/8。如果加上场外衍生品交易，衍生品交易量还要扩大将近 8 倍。可见，衍生品相对于实体经济来说简直就是天文数字。

2. 从信贷资金的用途来看

一般来说，金融机构的主要业务是在金融市场吸收资金并在其他金融市场上再贷出，媒介商品和劳务交易。在图 2 中所显示的金融部门与非金融部门的信贷借款量比例说明，20 世纪 80 年代以来，金融部门信贷市场借款的增长速度远远高于非金融部门借款增长。这说明大量资金不再是直接由贷款人调节到借款人，而是金融机构借入资金后，先改变资金的性质，然后再将这些资金贷给非金融机构或其他金融机构。因此，大量资金在金融机构之间和金融机构与非金融机构之间转移，而不是直接用于商品、劳务交易起媒介作用。可见，信贷资金在金融机构间流动与非金融部门（实体经济）投资无关。

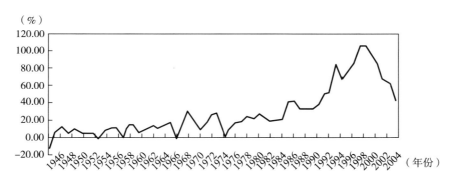

图 2　金融部门与非金融部门的信贷借款量之比

资料来源：Flow of Funds Accounts of the United States（1945-2004）各年资料整理。

由以上分析可见，虚拟经济与实体经济发展是不对称的，如果虚拟经济过度发展容易引发金融危机。像金融衍生品，它是一种与实际生产过程几乎没有任何联系的价值增殖运动。这种衍生物既不代表企业所有权，也不代表企业债权；投资者既不持有任何一种实际的证券，也不持有这些证券的代表物。但金融衍生品作为一种避险的工具，却把风险带到整个金融活动中来，使它在世界范围内扩张、渗透，成为引发金融危机的隐患。

四、基 本 启 示

（一）虚拟经济发达与否是国际贫富差距的重要标志

虚拟经济的发展实际上是一个国家和地区经济社会化的标志，在落后经济中，绝大部分财富是以粮食、牲畜、耐用消费品等物质形式存在的；而在发达经济中，财富的大多数是股票、债券和其他金融工具构成的虚拟资产。在当代，制造业将逐渐变为"贫穷"的代名词，因为它靠的是低成本来维持优势。当一个国家逐渐富起来的时候，收入会提高，优势会丧失。在发达国家以制造业为主的 20 世纪 60~70 年代，贫富差距是由"初级产品"和"高技术产品"的差别造成的。这种差别随着发展中国家提高初级产品价格（如石油）、提高本国技术水平而逐渐缩小。但是，随着经济的虚拟化，一方面发达国家正在将虚拟经济活动作为其主要的经济活动；另一方面通过虚拟经济的全球化，谁的货币（在黄金非货币化以后完全是虚拟资产）被作为世界货币谁就有支配其他货币的权利，并通过金融交易直接获得利益。在发达国家中，众多的投资公司、投机基金、套利基金等都从虚拟经济的循环运动中攫取了大量的财富（宾斯维杰，2003）。[4] 一般情况下，在虚拟经济活动中存在着"零和博弈"规则（此处仅仅指利益分配），那么交易的一方所得即为另一方所失，所以在参加交易的经济主体之间存在着财富再分配机制。这种分配可以在一个国家的微观经济主体之间进行，在经济全球化、金融全球化条件下还可以在各国之间进行。由于各国的虚拟经济发展程度不一样，各国的金融深化程度不一样，各国的货币在国际市场上的地位不同，参与整个虚拟经济循环的优势和劣势也不一样，从而通过虚拟经济活动获得财富的能力和规模也不一样。一个不可否认的事实是，发达国家通过虚拟经济活动从发展中国家攫取了大量的财富，成为当代贫富差距产生的原因之一。因此，发展中国家在经济虚拟化程度不断提高的同时，除发展以观念支撑价格的经济活动外，应积极推进本币的国际化。因为，虚拟经济理论认为，整个经济是一套以货币维系的价值系统，国家之间发生经济联系，货币是最基本的连接点。一国经济实力越强，金融系统就越稳定，其货币就愈加坚挺。稳定的金融系统将使一国成为经济的"中心"，而不是被排斥在"边缘"；使其成为各国经济的主导，而不是别国的附庸；国家将越来越"富有"，而不是越来越"贫穷"。所以，虚拟经济发达与否成为国际贫富差距的重要标志。

（二）保持金字塔结构的合理性，防范风险

迄今为止，人们尽管尚未测定出保持经济"倒金字塔"结构稳定增长公认的准确性比例，但就目前研究"倒金字塔"结构比例是否合理而言，大体上可以用发展金融学家戈德史密斯首次使用的金融相关比率（全部金融资产价值与同期物质资产总值和对外收支净值之和的比率）作出框架性的度量。一般地，该比率越大，表示经济运行中储蓄与投资分离程度越高，虚拟资产价值流导向实物资产流增长的带动力也就越大。可见，适度的虚拟经济增长对物质经济的增长将产生积极的牵动作用。但过度的虚拟经济增长现象的出现，巨大偏差的存在，一定会诱使过高的虚拟资产价值在某一时点上以突发的形式向物质资产价值回落，继而对经济增长带来严重冲击。因此，巨大偏差之下，信用体系的临界值毕竟要遭到破坏，受制于虚拟经济严重侵蚀和掠夺的物质经济自然不能继续向虚拟经济"输血"，反而向萎缩状态发展，并导致"倒金字塔"结构的扭曲乃至倒塌。

虚拟经济活动自开始以来就具有国际性，"倒金字塔"结构的负面影响也以乘数效应被放大。金融风险或危机的联动互动、传导感染也更加以迅雷不及掩耳之势蔓延，加之金融风险或危机本身所具有的"逐渐累积的特殊隐蔽性和突然爆发的极大破坏性"特点，所有这一切都极大地改变了金融危机的运行态势，呈现出若干全新的特点，即从由"经济危

机→金融危机"到由"金融危机→经济危机"的转变；危机的频率更高、危害性更大；危机的发源国和传导路线方向逆转；危机传导机制复杂化；少数国家的危机长期化、深层化和复杂化，长期走不出困境。

在我国，由于经济体制改革过程中存在的问题和金融体系不完善，累积的金融风险逐年加大。有资料显示，我国金融风险指数已从 1991 年的 44.6% 上升到 2003 年的 75.3%。这说明，防范和控制金融风险，是一个世界性课题，并已成为很多国家调整优化"倒金字塔"结构的重要任务。维持"倒金字塔"结构的相对均衡（张作荣，2001），[5] 保持宏观经济的稳定性有许多措施，但根据虚拟经济的理论，处理好货币、虚拟经济与实体经济的关系是一项非常重要的措施。因为，货币将在虚拟经济和实体经济之间分配使用，在货币量一定的情况下，货币在虚拟经济与实体经济两者之间的分配量是此消彼长的关系，如果货币流入虚拟经济超过一定的量，虚拟资产过度膨胀将导致经济崩溃。所以，制定合理的货币政策（Green 和 Murinde，2003）、[6] 控制货币量的投放、处理好货币在虚拟经济与实体经济之间的比例关系，才能保持虚拟经济与实体经济之间的稳定性和虚拟经济自身的稳定性，从而防范金融危机。

参考文献

［1］Drucker，P. The New Realities［M］. London：Heinemann，1989（18）：121.

［2］高德步. 虚拟经济的起源［J］. 南开经济研究，2002（4）：55－61.

［3］赵人伟，李实，丁赛. 中国居民财产分布研究［C］//中国西部农村经济与地区可持续发展国际研讨会暨第二届中国西部开发研究联合体年会. 2005.

［4］M. 宾斯维杰. 股票市场、投机泡沫与经济增长［M］. 上海：上海三联书店，2003.

［5］张作荣. 基于国家倒金字塔结构扭曲下的虚拟经济过度增长及其后果［J］. 改革，2001（2）：5－10.

［6］Green C J，Murinde V. Flow of Funds：Implications for Research on Financial Sector Development and the Real Economy［J］. Journal of International Development，2003，15（8）：1015－1036.

本文转摘自《经济理论与经济管理》2005 年第 11 期。

从虚拟经济角度看国际贫富差距的原因

摘要：20世纪90年代以来，随着经济虚拟化进程的加快，发达国家和发展中国家的贫富差距较之过去愈加明显。造成这一差距的主要原因是发达国家"价值化"的财富积累方式、攻击性的金融投机以及信息资源优势。在这样的国际背景下，我国应稳定价值体系，提高人民币的国际地位；适度开放金融市场，保证货币政策的独立性；确立利用信息和知识促进发展的国家战略。

关键词：虚拟经济；价值系统；贫富差距

20世纪90年代以来，发达国家和发展中国家贫富差距日益扩大。这首先反映在经济发展水平上，据统计，发达国家与发展中国家人均国内生产总值的差距已从1983年的43倍扩大到目前的60多倍。占世界人口20%的发达国家拥有世界总产值的86%；而占世界人口75%以上的发展中国家所占比例仅为14%。近几年来，发达国家的增长速度超过发展中国家，使原来已有的差距又进一步扩大了。其次是收入水平的差距，据联合国统计，1990~2000年，发达国家中前15名和发展中国家后15名的人均收入比率已从60：1扩大到74：1[1]。占世界人口1/5的10亿发展中国家人民，每天的生活费不到1美元，这一生活标准西欧和美国在200年前就达到了。经济发展的不平衡使发达国家和发展中国家收入差距极为悬殊，并且这一趋势愈演愈烈。

形成当代国际贫富差距的原因有许多，但发达国家"价值化"的财富积累方式和攻击性的金融投机及信息资源优势是导致发达国家越来越富、发展中国家越来越穷的主要原因。

一、发达国家利用"价值化"积累方式掠夺别国的财富

发达国家利用本币和价值系统在国际经济体系中的特殊地位掠夺发展中国家的财富，是造成当代国际贫富差距拉大的主要原因之一，也是当代发达国家财富积累的主要方式。资本主义的原始积累是通过战争和掠夺，初级财富的积累是依靠国际贸易，这两种积累都是"物质化"的；当代货币资本相对于其他形式的资本已取得了支配权，使资本主义原有的积累方式发生了深刻的变化，即资本的积累迅速趋于货币化，形成一种以价值系统占主导地位的积累方式，使资本积累更具"价值化"。

虚拟经济认为，经济体系是一套价值系统，而货币是这一体系中的关键。将这一理论延伸扩展到国际经济体系，即在国际经济关系中，价值系统是通过资金流反映出来的各国货币之间的关系——汇率关系。既然各国国内的经济系统是一套以货币和金融为轴心的价值系统，那么国际间的核心经济关系就是各国货币与金融系统之间的关系。所以，本币、价值体系国际地位的高低就成为决定各国财富多寡的重要原因，国际贫富差距也由此而拉大。在当代国际经济关系中，按照普雷维什的"中心—外围"思想，发达国家的价值系统

处于国际价值系统的中心，而发展中国家则处于边缘。中心国和边缘国的关系是主宰与依附、主导与顺应的关系。发展中国家的依附性积累决定了它的不发达，也决定了发达国家对发展中国家财富的掠夺方式。在国际价值系统中，两者是掠夺和被掠夺的不平等关系。全球经济的虚拟化，使发达国家对发展中国家的掠夺较之以往任何一种积累方式更为冠冕堂皇、行为更为恶劣、数量更为巨大。发达国家主要利用具有特殊地位的、彻底虚拟化了的国际货币掠夺财富。

历史学家波罗代尔谈到货币时指出，"货币是在本国和国外剥削他人的一种手段，是加剧剥削的一种方式"[2]，是通过操纵一个社会的价值系统来牟利的一种特别工具。价值系统占主导地位的积累方式，是指以彻底虚拟化的货币即纯粹信用货币充当国际货币，利用价值系统的特殊地位，通过资金的流动直接追求价值增殖，它可以是无成本或极少的成本，而不需要考虑实际经济如何。虚拟的货币更优于金本位充当国际货币，因为它根本不必考虑国内黄金储备减少的问题。目前是美元等别国货币直接充当国际货币，金融自由化导致发达国家纷纷通过资金的流动追求国际铸币税利益，使国际价值体系中的资金由中心向外围输出和实物资本由外围向中心流入，利益分配机制比较明显地有利于发达国家，其结果是发展中国家实物资本的流失和贫困化发展以及发达国家大规模的国际资金流动裹挟和带回大量的利润。在金本位时期，西班牙和英国的强势货币表现为搜刮和开采黄金和白银；而当代则是通过完全虚拟化的货币来搜刮别国的财富，其掠夺手段的恶劣、财富数量的规模是有过之而无不及。

以美国为例，据国际货币基金组织统计，1989年在境外流通的美元纸币大致有7000亿美元，境外金融资本大致有22.4万亿美元；目前美国输出境外的美元纸币已经突破1万亿美元，而金融资本输出则可能高达30万亿美元以上，相比之下，美国真实GDP到20世纪90年代中后期不过是5万亿~6万亿美元的规模。因此美国自纯粹信用货币体系建立之后（即黄金非货币化之后）的30年里，借助美元的特殊地位，使其每年大概获益150亿美元，占美国GDP的0.2%[3]。在金本位制下，关键通货国不可能长期推行货币资本的无节制输出，因为伴生的国际收支长期逆差将出现黄金挤兑的灾难性后果，而这种限制因完全信用货币体系的建立已不复存在，故发达国家有能力长期执行赤字财政或贸易入超的政策。相对而言美国可以不受限制地向全世界举债，而且可以通过美元的贬值，既减轻外债负担，又刺激出口，以改善国际收支状况。仅在1985~1986年，美元贬值就减少了美国1/3的债务。目前美国作为世界上的头号债务大国（见表1），经历了几十年的巨额赤字却安然无恙，而且没有发生类似于20世纪80年代初期拉美式的债务危机，是因为通过价值体系它已将通货膨胀转嫁给其他国家，并分享其他国家特别是发展中国家经济成长的成果。所以，"价值化"的积累方式是发达国家与发展中国家贫富差距拉大的根本原因。

表1　美国对外账户的变动情况　　　　　　　　　　　　单位：10亿美元

时间	美国在国外净资产	在美国的外国资产	经常账户余额
1963~1969年	-88	59	33
1970~1974年	-188	209	8
1975~1979年	-506	433	-15
1980~1984年	-842	904	-294

时间	美国在国外净资产	在美国的外国资产	经常账户余额
1985~1989 年	-976	2191	-1355
1990~1994 年	-1736	2850	-937
1995~1999 年	-2372	3842	-1633

资料来源：根据国际货币基金组织的《国际资本市场》整理。

二、发达国家通过金融投机肆意掠夺别国财富

目前，资金的全球流动是由发达国家的利益集团所控制和推动的。而开放金融市场，实现金融自由化是实现资金全球流动的必要条件。打开别国金融市场的手段主要有两种：一是通过某些发达国家特殊的地位，强迫发展中国家开放其资本市场；二是利用国际金融组织变相推行金融自由化。

促进国际资本自由流动一直是国际金融体系的主要目标之一，因为发达国家是金融自由化的主要受益者。在国际货币基金组织成立时，章程中没有"资本账户自由化"的条款，而且基金协定还赋予各国"资本控制"的权力。而自 20 世纪 70 年代以来，发达国家利用国际金融组织极力推行金融自由化，强迫发展中国家开放金融市场。金融自由化加速了国际资本的流动，也导致国际资本特别是国际投机资本流动的速度和规模超出了经济运行和调整的需要。它使发展中国家金融政策趋同，倾向于通过外向型战略促进经济增长，普遍采取了外资流入激励政策，并进行金融自由化的体制改革，其对美元等国际货币的需求迅速增加，为发行国征收国际铸币税提供了便利。而在发达国家对发展中国家注入大量资本时，发展中国家的金融自由化和金融监管体制改革往往未能同步，这使大多数发展中国家缺乏足够的能力去抵御金融风险。发展中国家的金融监管各自割裂，货币协调机制有限，货币金融领域发言权的缺失，使发展中国家不仅难以在金融自由化中获取应得的利益，而且常常是利益的损失者，而发达国家则总是受益者。

国际金融组织制定的代表发达国家的利益政策，特别是金融自由化政策，不仅加速国际资本的流动，而且也导致国际资本流动的无序化，从而给发达国家利用资产价格的波动掠夺发展中国家的财富提供了机会。在当代国际价值体系中，发达国家是资金的输出国，而发展中国家则是资金的输入国。据统计，1990~1996 年流入新兴市场国家的国际资本总额达 11705 亿美元，这虽然在一定程度上推动了这些国家的经济增长，但同时也带来了风险和被掠夺的可能性。20 世纪 50~60 年代，发达国家是依靠出口资本密集型产品，进口劳动密集型产品来牟利的。而 90 年代以后，大规模的国际资金流入发展中国家的股市、汇市等短期资本市场，吹起一个个经济泡沫，制造出虚假繁荣，而一旦时机成熟，便通过金融衍生物的买卖等各种手段，携带着丰厚的利润将资本回收，留下一片萧条。这种恶意的冲击，仅 1997 年一年，美国以各种形式流入的资本就约有 7000 亿美元，其中由东亚地区流向美国的外资就超过 3000 亿美元。这些资本简单的一进一出，给发达国家带来的是财富的增长，而给发展中国家带来的却是巨大的经济损失。国际投机资本中的对冲基金和共同基金近年来发展非常快，并且危害最大。目前，美国就有 1 万多只共同基金拥有近 4 万亿美元资产，3000 只对冲基金拥有 4000 亿美元资产。到目前为止，几乎所有的略有

"油水"的新兴市场国家都已经被对冲基金和共同基金冲击过，这些国家也无一例外地陷入严重的金融危机（见表2）。所以，攻击性的金融投机是发达国家对发展中国家的财富掠夺方式，是当代贫富差距扩大的主要原因之一。

表2　20世纪80~90年代中期金融危机的频繁和危机损失

危机类别	危机国家	危机次数	危机平均时间（年）	危机直接损失（10亿美元）	危机间接损失（10亿美元）
货币危机	工业化国家	42	1.9	2	6
	新兴市场国家	116	1.5	5	8
货币崩溃	工业化国家	13	2.1	5	8
	新兴市场国家	42	1.9	8	11
银行危机	工业化国家	12	4.1	10	15
	新兴市场国家	42	2.8	12	14
货币与银行危机	工业化国家	6	5.8	16	18
	新兴市场国家	16	2.6	14	19

注：危机平均时间是指发生危机后GDP增长恢复为危机前水平的时间；危机直接损失是指危机平均时间内实际GDP增长与原先无危机时预测的GDP增长之差额；危机间接损失是指危机直接损失加上可预见的其他损失。

资料来源：根据IMF《世界经济展望》1998年5月和11月整理而成。

另外，发达国家的信息优势是其财富增长的新源泉，也是当代贫富差距扩大的重要原因。当代经济的发展更多地依赖信息等知识资源，而发达国家早已进入信息化时代，拥有信息资源优势，占领了世界经济的制高点。发展中国家的信息资源在很大程度上依赖并受制于发达国家，信息成为发达国家新的权力源。由于虚拟经济是以观念定价为行为基础的经济运行方式，这种定价有别于成本的加成定价，它依赖于人们的心理预期、政策等因素。以信息为代表的知识资本采用的正是观念定价方式。信息产品的开发成本极高，而其复制品的成本则极低。观念定价的信息产品正在成为价值增殖的新方式及财富增长的新源泉。所以，信息技术一方面加速了国际资本的流动，另一方面已成为财富增长的源泉。正如Greenspan（1999）所说：知识资本使"GDP的成分正朝着以主观意志为基础的价值增殖的方向迅速变化"[4]。例如，"美国微软2002年底结算报告显示：该公司的主力产品利润率高达85%多，从销售额中除去产品开发、销售和市场营销等所需成本，也即'营业收入'达到了销售额的70%~80%以上，销售额的大部分均为利润"[5]。可见，信息技术带给人们的利润是惊人的，它导致了全球新的贫富差距的"数字鸿沟"。全球收入最高的国家中1/5人口拥有全球生产总值的86%和国际互联网用户的93%；而收入最低的国家中1/5人口拥有全球生产总值的1%和国际互联网用户的0.2%（胡鞍钢和周绍杰，2002）[6]。一方面，少数发达国家和地区迅速地信息化和网络化；另一方面，大多数发展中国家和地区则被边缘化和隔离化。"数字鸿沟"从本质上反映的是发达国家和发展中国家的"经济鸿沟"和"收入鸿沟"。我们需要警惕的是，发达国家利用信息、互联网技术助力虚拟经济投机炒作，过度追求货币利润，引发全球危机，并拉大贫富差距。

<h2 style="text-align:center">三、政策启示</h2>

由上述分析可见，价值体系的国际地位和投机攻击的掠夺方式及信息资源优势，是造成国际贫富差距的主要原因，这给我们如下启示：

1. 稳定的价值体系有利于提高人民币的国际地位

发达国家利用价值体系的特殊地位对发展中国家进行掠夺，在相当长的时期内，这种情况难以得到根本的解决，我们真正的抉择是强化自己。一个健康的人民币和稳定的金融体系可以减弱强势货币替代的压力；一个国际化的人民币可以冲销部分强势货币所带来的损失。近来，南美的阿根廷、巴西、乌拉圭等国家相继发生金融危机，当然，金融危机的深层次原因十分复杂，不过，可以肯定的是，如果在这些国家流通和使用的不是弱势的本币，而是另一种强势的本币，那么，危机的程度将会大大减小。强势货币逐渐挤压直至取代某些弱势货币是世界各国经济互利选择的自然结果。人民币有与欧元、美元并驾齐驱的潜力，其关键是中国金融的稳定性能否在金融开放后继续保持。人民币适时地进入国际化程序，提高人民币的国际地位，将给我国经济带来巨大的利益，同时这也是缩小与发达国家贫富差距的一条重要途径。

2. 适度开放金融市场，以保证货币政策的独立性

由于发展中国家外汇储备有限，无法对抗巨额的国际投机资本冲击，国际金融投机对发展中国家的冲击就像"大象跳入游泳池"一样，无论做多还是做空，都足以掀起惊涛骇浪，带来经济的无序，并需要长时间才能恢复。我国应适度地开放金融市场，积极有效地利用外资，但不要过度依赖国外短期资本，并要加强对短期资本流入的监测和管理。自1994年以来，我国在保持人民币名义汇率稳定的同时，始终保持经常账户的盈余，使我国宏观经济有一个良好的基本面，这是我国有能力对抗国际资本冲击的基本保证。目前，我国是世界上引进外资最多的国家，一方面，我们要加强用汇率来调节国际收支；另一方面，要保证货币政策的有效性和独立性，以防范金融危机。

3. 确立利用信息和知识促进发展的国家战略

信息时代新的贫富差距是"数字鸿沟"，"数字鸿沟"的出现说明发达国家已登上网络信息革命的头班车，利用自己的信息优势和知识优势创造竞争优势，而发展中国家仍然处于"信息社会"的贫困阶段，落后于发达国家。所以，21世纪我国实行可持续发展、提高国家竞争力的重要条件，就是要确立利用知识和信息促进发展的模式，这是后进国家追赶先进国家的重要途径。必须充分认识"数字鸿沟"是形成当代和今后国际贫富差距的重要原因，"信息化是我国加快实现工业化和现代化的必然选择。坚持以信息化带动工业化，以工业化促进信息化，走出一条科技含量高、经济效益好、资源消耗低、环境污染少、人力资源优势得到充分发挥的新型工业化路子"（江泽民，2002）[7]。确立加速向"信息社会"和"知识社会"转型，提高我国国际竞争力，缩小与发达国家贫富差距的国家战略。

参考文献

［1］蒙特雷会议寻求国际合作消除贫困［EB/OL］. http：//rose. eastday. com/epublish/gb/paper92/20020318/class009200002/hwz620167. htm.

［2］金融霸权与发展中国家的利益［EB/OL］. http：//www. dfminfo. com. cn，2002-10-28.

［3］21世纪金融全球化对我国的机遇与挑战［EB/OL］. http：//www. e521. com，2002-01-21.

［4］Greenspan A. New Challenges for Monetary Policy ［J］. Vital Speeches of the Day, 1999, 65（23）：706.

［5］Windows 和 Office：惊人的高利润是合理的吗？［N］. 日经 BP 社报道, 2002-11-27.

［6］胡鞍钢，周绍杰. 新的全球贫富差距：日益扩大的"数字鸿沟"［J］. 中国社会科学, 2002（3）：34-48, 205.

［7］江泽民. 全面建设小康社会，开创中国特色社会主义事业新局面 ［M］. 北京：人民出版社, 2002.

本文转摘自《南开学报》2003 年第 2 期。

当代经济全球化的本质

——虚拟经济全球化

摘要：随着信息和金融的全球化，虚拟经济迅速发展，规模日益巨大，使世界范围内的国际经济活动正在迅速的虚拟化。浮动汇率制度与金融自由化创造了大量的虚拟资产，而信息技术的发展为金融全球化创造了条件，当代国际经济关系正在从以贸易和实际投资为主导，迅速地向以虚拟资产为导向、大规模资金的国际迅速流动为主要内容的方向发展。20世纪八九十年代以来的经济全球化本质上是虚拟经济的全球化，它的意义不仅是资源配置的国际再分配，也是收入的国际再分配，其媒介则是虚拟资产导向的大规模资金的国际流动。它使各市场经济国家的经济增长方式正在发生着深刻的变化，并对全球化经济的未来产生着深远的影响。

关键词：经济全球化；虚拟经济全球化；虚拟资产

一、当代经济全球化的本质是虚拟经济全球化

布雷顿森林体系的崩溃使国际货币体系发生了深刻的变化，国际经济活动的主体正从以实际资产为主的跨国公司向以虚拟资产为主体的跨国银行、各种基金、金融机构转化。而且，经营传统行业的企业也将目光逐渐从实体经济转向资本市场和服务业。传统的金融服务论正在经受严重的挑战，资金流动不再是跨国贸易和投资的附属物，金融活动相对的独立性大大增强，资金的流动不仅不受国际贸易和投资的约束，而且成为汇率变动、贸易和投资流向的指示器。金融活动直接为经营者带来高额利润，而不必一定要通过贸易和实际投资等与制造业直接相关的活动。"90%或90%以上跨国经济的金融交易不是服务于经济家所说的经济功能"①，而是为了追求价值增殖。一方面，跨国虚拟资产的交易量的增长大大超过实际经济的增长，虚拟资产的利润来源越来越多地从货币流通中创造出来，而不依赖于实际经济的增长。另一方面，信息技术的发展使全球经济产生了新的运行方式，它加速虚拟资产的流动，是虚拟资产急剧膨胀的推动器。虚拟资产借助信息技术以"光的速度"全球流动，并不受传统的空间和时间的限制；虚拟资产的国际运动不再受到实际资产和贸易流动的严格制约，这就是信息技术条件下的虚拟经济全球化。

（一）国际金融活动已经成为当代经济全球化的核心内容

我们用跨国金融交易量与国际贸易和直接投资总量分别占 GDP 的比重及增长速度的比较来看当代经济全球化的本质特征。这一类指标是从宏观总量上来衡量虚拟经济与实际经济的不同发展情况，跨国金融交易量占世界实际 GDP 的比重越高，说明经济全球化的虚拟程度越高；跨国金融交易发展速度越快，预示虚拟经济与实际经济背离越远，虚拟经

---

① Drucker, P. The New Realities [M]. London: Heinemann, 1989 (18): 121.

济全球化趋势越明显。跨国金融交易量包括国际债券、股票交易和发行总额，实际经济的指标选择了国际贸易和对外直接投资。从表1可见，1995～2000年跨国金融交易量占世界实际GDP的比重远远高出国际贸易和直接投资占世界实际GDP的比重，最高的年份是1998年，比重在1315.93%，同期国际贸易和投资占世界实际GDP的比重是41.62%。其他年份跨国金融交易量占世界实际GDP的比重均在1000%，而同期实际经济占世界GDP的比重为40%。1995～2000年国际贸易和投资与跨国金融交易量两者之比分别为1：28、1：30、1：31、1：32、1：26、1：21，在国际经济关系中，虚拟经济与实际经济严重脱节。从两者的增长速度对比来看，我们指选择了国际债券和国际贷款两项，实际经济指标仍然采用世界的国际贸易和直接投资额。从表2可以看出，1990～2000年国际金融交易量的递增速度除少数年份外，均明显地快于国际贸易和直接投资的递增速度；2000年与1990年相比，前者增长了623.27%，而后者只增长90.52%。10年的平均增长速度前者为21.88%，而后者是5.66%，前者是后者的4倍，即使是部分国际金融交易量也明显快于实际经济总量的增长。

表1　跨国金融交易量、国际贸易和直接投资占GDP的比重　　单位：10亿美元

年份 占GDP的比重	1995	1996	1997	1998	1999	2000
跨国金融交易量（1）	307663.54	340714.39	378755.50	388088.90	33588545	255796.84
国际贸易和直接投资（2）	10997.00	11519.00	12094.00	12276.00	13057.00	12823.00
GDP总量（3）	29023.40	29816.50	29697.80	29491.70	30628.70	32109.70
（1）／（3）（%）	1060.05	1142.70	1275.37	1315.93	1096.64	827.78
（2）／（3）（%）	37.89	38.63	40.72	41.62	42.63	39.93

资料来源：跨国金融交易量：http://www.fibv.com，http://www.bea.gov，http://www.worldbank.com。国际贸易：IMF International Financial Statistics Yearbook，2001。直接投资："世界直接投资"，Financial Market，No.79，June 2001.

表2　部分国际金融量增长速度与实际经济增长速度的对比　　单位：10亿美元

年份 项目	1990	1991	1992	1993	1994	1995	1996	1997	1998	1999	2000
国际债券和贷款总额	361.40	432.50	458.30	625.8	669.70	832.20	1328.10	1628.50	1582.30	2189.80	2613.90
年增长率（%）		19.66	5.95	36.57	7.01	24.27	59.59	22.62	-2.84	38.39	19.37
国际债券	229.90	308.70	333.70	481	428.60	460.70	488.80	547.90	676.80	1163.90	1148.20
国际贷款	131.50	123.80	124.60	144.8	241.10	371.50	839.30	1080.60	905.30	1025.90	1465.70
国际版易和投资总额	7397.10	7542.50	8.001.70	8021.6	9083.00	10997.30	11519.10	12093.70	12275.60	13057.00	12823.00
年增长率（%）		1.97	6.09	0.25	13.23	20.37	5.36	4.99	1.50	6.37	7.93
国际贸易	6970.80	7173.90	7630.50	7588.30	8.627.30	10310.00	10780.30	11154.20	10982.80	11391.60	12822.90
直接投资	426.30	368.60	371.20	433.3	455.70	623.30	738.80	939.50	1292.80	1665.40	1270.00

资料来源：国际债券，国际贷款：1990～1995年数据见OECD Fund Raised on the International Markets；1996～2000年数据见IMF International Capital Markets，2001。国际贸易：IMF International Financial Statistics Yearbook，2001。直接投资："世界直接投资"，Financial Market，No.79，June 2001.

虚拟经济与实际经济的严重背离是经济国际化进入经济全球化的重要标志之一。20世纪六七十年代的经济国际化浪潮中，其标志是以生产性跨国公司为主体的实际经济的国际化，金融资产的国际流动是伴随着实际资本流动的。而在当代经济全球化浪潮中，其标志是跨国银行、跨国金融机构为主体的伴随大量资金和虚拟资产流动的虚拟经济全球化。早期在经济国际化过程中，虚拟资产不仅在性质上是为实际经济服务的，而且其数量也受

到实际经济活动的严格限制。而在当代经济全球化中，虚拟资产及其相关活动是实际经济的主导。它在直接谋取资产差价利益的驱动下，直接为当事人创造货币收入和高额盈利。

金融服务于实际经济的传统理念受到挑战还表现在商品劳务出口与外汇交易额的对比上。在早期经济国际化条件下，货币还主要是作为商品劳务出口的媒介，货币交易还不至于超过实际贸易和投资需要数倍和数十倍。那时，货币交易是为生产资本和商品资本服务的，充当交换的媒介，是生产资本和商品资本流动的附庸。在当代经济全球化条件下，货币资本相对于其他形式的资本已取得了支配权，并表现为君临社会过程的统一力量。虚拟的货币资本直接可以在流通领域中创造价值，这取决于它的食利本性及价值增殖的虚拟化，与商品资本和生产资本无关。资料显示，1977 年外汇交易额只是商品与劳务出口量的 3.5 倍，1979 年世界商品劳务出口额与外汇交易额的比是 1∶12。[①] 从表 3 可见，1986 年外汇交易额已超过商品劳务出口量的 23 倍，而 1992~1999 年外汇交易额已大大超过商品劳务出口量，并且一直保持在 60 倍，1998 年接近 70 倍。虽然国际贸易一直是外汇交易需求的重要来源，但从 1977 年前者是后者的 3.5 倍到今天的 60~70 倍，其增长的速度可谓让人瞠目结舌，所有国家的官方外汇储备总和只相当于这个市场上的月交易量。流通中的货币量是实际经济所需货币量数十倍，大量的外汇已经不是服务于国际贸易结算，而是与实际经济没有关系的纯粹的货币交易。

表 3　商品劳务出口与外汇交易额之比　　　　　　　单位：10 亿美元

项目＼年份	1986	1987	1988	1989	1990	1991	1992	1993
商品劳务出口	2058.10	2431.20	2779.50	3024.10	3438.60	3530.30	3757.00	3765.80
外汇交易额	47000.00	80500.00	114000.00	147500.00	163170.00	181118.70	205000.00	227550.00
商品劳务出口与外汇交易额之比	1∶23	1∶33	1∶41	1∶49	1∶47	1∶51	1∶55	1∶60

项目＼年份	1994	1995	1996	1997	1998	1999	2000	2001
商品劳务出口	4281.40	5120.20	533950.00	5529.00	5440.90	5623.70	6310.10	6146.88
外汇交易额	252580.50	297550.00	330225.00	366549.80	375000.00	322500.00	250000.00	293250.00
商品劳务出口与外汇交易额之比	1∶39	1∶58	1∶62	1∶66	1∶69	1∶57	1∶40	1∶46

资料来源：商品劳务出口：1986~2000 年数据见 IMF International Financial Statistic Yearbook 2001。2001 年数据见 IMF International Merchandise Trade 2002。各年外汇交易额数据根据 BIS 各年报告的日均外汇交易额数据估算整理而成。

金融衍生品交易的迅猛发展也是一个典型的例证。20 世纪 80 年代中期以来金融衍生品迅速崛起，其发展无论是交易量、交易额还是增长速度，都快于实际经济的发展。金融衍生品是建立在高度杠杆基础之上的，它无节制地繁殖，并完全摆脱了实际经济的束缚飞速发展。从图 1 可见，部分场内金融衍生工具名义本金余额 1986 年为 6183 亿美元，2000 年为 140352 亿美元，2000 年比 1986 年增长 2070.00%，14 年的年均增长速度 62.14%；国际贸易 1986 年为 42025 亿美元，2000 年为 128229 亿美元，2000 年比 1986 年增长 105%，14 年的年均增长速度只有 8.29%。部分场内衍生品的发展速度是国际贸易发展速度的 11 倍，年均增长速度是国际贸易的 7 倍多。而场内衍生品交易量只是场外衍生品交易量的 1/8 左右，如果加上场外衍生品交易，衍生品交易量还要扩大将近 7 倍。衍生品相对于实际经济来说简直就是天文数字，衍生金融工具的交易量，与实际经济的联系也不像

---

① 戴维·赫尔德. 全球大变革 [M]. 北京：社会科学文献出版社，2001.

人们最初设计的那样，被限制在避免风险的功能之内，它的投机性已经是公认的事实，以至于一些经济学家正在讨论如何限制其过度投机的措施。如果跨国股票和债券作为虚拟资产与实际生产过程还有某些联系，不能算作价值增殖过程地彻底虚拟化，那么金融衍生品已经是一种完全的虚拟价值增殖运动。因为这种衍生物既不代表企业所有权，也不代表对企业的债权；投资者既不持有任何一种实际的证券，也不持有这些证券的代表物。金融衍生品是一种避险的工具，但却把风险带到整个金融活动中来，使它在世界范围内扩张、渗透。

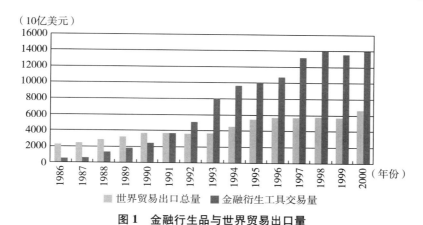

图1 金融行生品与世界贸易出口量

跨国金融交易量、外汇、金融衍生品这些虚拟资产的国际流动越来越脱离它们所代表的实际资产的价值而独立运行，特别是20世纪90年代以来虚拟资产摆脱实际经济的束缚，全球化自由流动的趋势更为明显，这反映了当代经济全球化的本质：虚拟经济的全球化。

（二）信息全球化支撑下的经济全球化必然是虚拟经济的全球化

信息技术革命和信息传播全球化的发展，特别是国际互联网的普及是当代经济全球化的技术支撑。一方面它支撑了虚拟资产的国际流动，从而支撑着虚拟经济的全球化；另一方面也表明只有摆脱实际生产过程，才能真正实现不受空间和时间限制的经济全球化。虚拟资产（包括各种证券和失去了价值基础的货币）借助国际互联网飞速地从地球一方移到另一方，以追逐最高的回报。国际金融市场成为一个巨大的、统一的货币市场，远东、欧洲和北美的金融市场相互链接，全球24小时金融开放，交易不间断，其特质表现在地域和时间的双重统一上。现代科学技术的发展，特别是通信技术和信息技术的进步和发展，促进了金融手段的网络化和电子化，从而为虚拟经济全球化提供了技术上的条件和保证。一方面，信息技术和电子网络技术的发展，为各国金融机构和各个国际金融中心进行全球操作和传递输送信息提供了极大便利，全球的资金调拨可以在瞬间完成，在各个终端都能实现巨额资金的国际间流动，大大节约了交易费用和成本。另一方面，世界各国的金融市场和金融机构通过一个复杂的通讯系统保持着24小时的联系，全天候运营的全球金融市场已经形成。这样，全世界的金融市场承担着共同的金融风险，从而提高它们的关联性和相互依存度。同时，网络化金融还大大削弱一些国家设置的壁垒，促使这些国家积极进行金融自由化改革，不断完善金融市场，从而大大推动了虚拟经济全球化。

信息技术革命和信息传播全球化的发展，使虚拟资产的流动与实际经济、社会实际日益分离，并且不受传统的空间和时间的限制。正是这种"分离"才使世界经济在全球体系内的经济联系不断深化，正是这种不受传统空间和时间限制的虚拟资产的流动，才使世界各国经济相互交织渗透、融合、纳入世界经济一体化的运行体系。这是"实际经济全球化"不可能做到的。这就是说，没有经济的虚拟化，就没有经济的全球化，当代经济全球化的本质并不是实际经济的全球化，而是虚拟经济的全球化。

二、虚拟经济全球化对世界经济的影响

虚拟经济全球化对全球经济产生的重大影响是建立在发达市场经济正在虚拟化的基础上的。当代经济活动中，人们的行为受到其所占有财富变动的制约。在发达市场经济中，人们占有的财富多数是虚拟财富，即股票、债券、其他储蓄凭证以及土地等，在美国仅金融资产已经占到人们总财富的 80% 以上，如果加上土地、其他无形资产等，这个比例还要高。这样，虚拟财富的变动就直接引导着人们的行为。而虚拟财富的价值量变动与普通产品不同，普通产品的价格往往与其成本相关，而虚拟财富则与人们对未来的预期有直接关系。这就是说，虚拟财富对人们的普遍心理因素具有极强的依赖性。当投机行为在国际上引起汇率波动时，资产价格和人们的心理会受到重大影响，从而导致强烈的行为反应，造成资金在国际间的大规模流动，对某些货币或其他资产构成冲击，也可能对某些国家和地区形成冲击，导致全球经济的动荡。这就是指出经济全球化的本质是虚拟经济全球化的重要意义所在。

（一）心理因素对全球化经济的影响日益增强

在落后经济中，绝大部分财富是以土地、粮食、牲畜、耐用消费品等物质形式存在的；而在发达经济中，财富的大多数是股票、债券和其他金融工具构成的虚拟资产。人们占有财富的多寡与其物质形态无关而与其价值量或价格总额直接相关。虚拟资产为人们提供一个资产保值和增殖的方式，资产用实物的形式保存时会因为折旧等因素而贬值，从而带来损失。而以价值形式存在的虚拟资产则不会因其物理内容产生上述问题。在发达国家，大多数人都参与金融投资活动，如储蓄、持有各类证券、地产、各种外汇等，并自己或委托他人经营。作为个人，其基本行为不再仅仅是消费和工作，更重要的是理财。而消费与理财的最大区别就是，前者重视消费的内容，而后者重视价格。例如，100 斤小麦，人们在消费时不管其价格是 1 元还是 100 元，人们消费的是 100 斤小麦的效用；而资产，如某种股票，持有者关心的是它的价格，即使重视其内容也仅仅是因为其内容将影响到其价格。个人占有的财富越多，其行为中，消费性行为的影响就越小，理财性行为的影响就越大。人们的行为越是偏重理财，其行为就越是受到心理因素的影响。

美国 1945 年股票收入占家庭财富的比重为 16%，到 1999 年这一比例达到 38% 左右。[①] 1981～1985 年金融资产占家庭净财富的比重为 69.7%，1996～1999 年提高到 82.2%。[②] 当金融市场虚拟资产价格上涨时，意味着财富的增加，当价格下跌时，则反映财富的缩水。人们对资产价格非常敏感，因此对影响资产价格的各种因素也都十分敏感，

① 张宇燕．"奇迹"还是"常规"——评持续增长七年的美国经济 [J]．国际经济评论，1998（Z5）：1-6．
② IMF. World Economic Outlook［R］. October 2001：65．

如对利率、政策及制度等不确定因素非常敏感。美国"9·11"事件产生的影响是世界性的，其基本影响方式是对人们信心的打击，从而影响人们的预期，影响人们的行为。假设同样的事件发生在非市场国家，或者发生在落后国家和地区，就不可能产生如此巨大的影响。

虚拟经济活动自开始以来就具有国际性，在发达市场经济虚拟化的过程中，就必然导致全球经济对人们信心的依赖性越来越强。越是发达的市场经济，越是金融中心城市和地区，心理因素就越是作用巨大，其对周边国家和地区的影响也就越大。

（二）虚拟经济全球化导致经济增长方式的变革

在当代发达经济中，经济增长的源泉不再仅仅是自然资源，在一定的自然资源的基础上，许多经济活动可以独立于实体经济而存在，即虚拟经济活动正在成为经济增长、就业增加和利润增加的源泉。因为信息全球化和虚拟资本全球流动能有效地配置"价值"资源，刺激储蓄与投资，从而促进经济的增长，创造更多的"价值"财富。随着金融在人们生活中的地位越来越重要，货币的虚拟化和货币价值增殖的虚拟化程度的提高，经济增长不再过度依赖于自然资源这类有形资源，而更多地依赖知识信息这类无形资源；财富创造的方式正在从依赖于制造业的不断扩张向纵向的不断升级转化，即财富的创造更加依赖于货币和资金的支持。财富本身是"价值的"而不在于其内容，金融资产就更是如此。当虚拟资产流入一些国家和地区时，这些国家经济会快速发展；而当大量流出时，这些国家的经济就会衰落，甚至突然崩溃。显然，资源在国际间的流动不是当代经济全球化的主流，大规模的资金流动才是当代经济全球化的主流。一个需要颠倒过来的观念是，资金的流动不再主要是为了在国际范围内配置自然资源，而是在国际间支持高增长地区的发展和分享其高收益。资源流动是哪里稀缺哪里价格高，而价格高就反映这个地区需要这种资源，于是自然资源便流向那些自然资源稀缺的地区和国家。虚拟经济全球化是以资金大规模流动为特征的，而对于规模巨大的短期资金几乎不是与利息率之差来调动的，它们往往与当地的虚拟资产价格波动有关。用稀缺性原理不能令人信服地解释大规模资金的国际流动，特别是短期资金地流动。20世纪90年代以来频繁发生的金融危机，与这种大规模的资金流动有密切的关系。汇率的变动、经济的兴衰都与此有密切的关系。

一方面资源对经济的影响在衰落，另一方面金融对经济的影响在上升。一个国家的经济越是现代化就越是依赖于虚拟经济活动。在20世纪最后十年，我们可以明显地看到：自然资源的重要地位逐步让位于信息资源，有形资源的重要地位逐步让位于无形资源，客观因素的重要地位逐步让位于主观因素。信息技术、知识资本已成为世界经济增长的引擎。2000年西方八国首脑在日本冲绳会议上通过了《关于全球化信息社会的冲绳宪章》（以下简称《宪章》），《宪章》将信息技术定位为"世界经济增长不可缺乏的引擎"。美国经济从1991年开始在信息技术革命的推动下持续扩张，到2000年底，经济连续120个月年均增长率4%以上，失业率4%，消费物价指数只有1.9%，创历史最好成绩。这种以高增长、低通货、低失业为特征的"新经济"已使美国进入一个刚刚开始的"新财富"时代。

（三）虚拟经济全球化导致产业重新划分和收入再分配的不断调整

传统的制造业正在向欠发达国家转移，其表面原因是制造业寻求低成本，但其本质却来源于发达国家的经济虚拟化。因为虚拟经济的产品是资本化定价方式，其价格是靠观念和信心支撑的。而传统制造业是成本定价，其价格是靠成本支撑的，成本随技术进步而不断下降，但劳动力成本的下降是有限的，制造业终究会遇到技术进步与高劳动成本的矛盾，而寻求新的出路。转移到低劳动成本国家和地区就是一个必然的趋势。剩下的将是那些靠观念支撑其价格的经济活动。在当代贫富差距的原因不再是穷国生产初级产品，富国生产高技术产品，而是富国经济主要是靠观念和资金支撑其价格的经济活动来发展，而穷国则靠成本支撑其价格的经济活动来支撑。

当我们将虚拟经济看作一种特定的经济运行方式的时候，它就不再局限于证券等金融业。因为虚拟经济的行为基础就是资本化定价方式，其运行特征是价格具有更大的波动性或弹性。例如，服装业，在其是工业化生产的时候，其价格的基础是成本，当服装业出现一批服装大师，并形成"量身定做服装的行业"的时候，其价格就是靠观念支持。虽然这种定价不是严格的资本化定价，但是，靠观念来支撑其价格则是与资本化定价相一致的。显然，发达国家的经济活动越来越朝着观念支撑其价格的经济增长方式演化，这才使原来的穷国有机会将几乎全部制造业接收过来。但是，两者相比，前者将是高收入的，后者相对来说仍是低收入的。

虚拟经济的发展实际上是一个国家和地区经济社会化的标志，在当代，制造业将逐渐变为"贫穷"的代名词，因为它靠的是低成本来维持优势。当一个国家逐渐富起来时，收入会提高，优势会丧失。在发达国家以制造业为主的 20 世纪 60~70 年代，贫富的差距是由"初级产品"和"高技术产品"的差别造成的。这种差别随着发展中国家提高初级产品价格，如石油，提高本国技术水平，而逐渐缩小。但是，随着经济的虚拟化，一方面发达国家正在将观念支撑其价格的经济活动作为其主要的经济活动，另一方面通过虚拟经济的全球化，谁的货币（在黄金非货币化以后也完全是虚拟资产）被作为世界货币谁就有支配其他货币的权利，并通过金融交易直接获得利益。因此，当代贫富差距不再主要是"初级产品"和"高技术产品"差别引起的，而是虚拟经济的发达与否，其货币的国际化程度引起的。

参考文献

[1]（美）弗朗索瓦·沙奈. 资本全球化［M］. 齐建华译. 北京：中央编译出版社，2001.

[2]（英）戴维·赫尔德. 全球大变革——全球化时代的政治、经济与文化［M］. 杨雪冬等译. 北京：社会科学文献出版社，2001.

[3] 刘骏民. 从虚拟资本到虚拟经济［M］. 济南：山东人民出版社，1998.

本文转摘自《南开经济研究》2002 年第 5 期。

虚拟经济运行的行为基础

——资本化定价

摘要：虚拟经济活动中的资本化定价方式使虚拟经济的波动性要远远大于实体经济。这种强调预期的定价方式与传统意义上的实物产品定价有着本质的区别。道着经济虚拟化的加速，资本化定价方式迅速地深入到各个领域，这就是资本化定价方式的泛化，是价值增殖的虚拟化及其泛化。虚拟价值增殖的泛化是市场经济发展的必然趋势，我们应发展虚拟经济，趋利避害。

关键词：资本化定价；预期；虚拟价值增殖；波动性

一、资本化定价的含义和范围

（一）资本化定价的含义

在西方经济学的主流观点中，资本有两种形态：一种是物质形态的资本，即资本物，其价格（资本物的使用价格）是租金；另一种是货币形态的资本，其价格（也是使用价格）则是利息率。对于资本物的销售价格，同一般的产品一样是在利润最大化行为的基础上，以边际成本为基础确定的。但是，当人们对整个资本进行评价的时候，是根据其生产能力，或是对产生收入能力的定价。也就是根据收入流来确定其价格。而资本化定价是指将对生产资本的定价方式应用到其他非生产资本的"资本"的定价上，如对土地、股票、其他无形资产等的定价。当这种本来是实体经济中生产资本的定价方式被应用于其他资产定价时，就成为资本化定价。资本定价和资本化定价，它们主要是根据预期收入流与利息率的基本关系来定价。由于虚拟资产大多没有成本，或其成本基本可以被忽略，预期在它们的定价中就更加占有绝对重要的地位。这是区别资本化定价与资本定价的重要分水岭。

（二）资本化定价的范围

虚拟经济是以资本化定价方式为基础的一套特定的价格体系。资本化定价方式不同于实体经济的成本加成定价方式。任何有形与无形的，有价值（只劳动价值）或无价值的物品或权利凭证，只要进入这样一种特定的价格关系体系，它就呈现出虚拟资产的特性，其运行特征更具波动性和不确定性。从这一角度来看，虚拟资产应当包括以下四类：

（1）股票、债券等金融产品及地产。这类产品在虚拟经济中最具典型意义，股票、债券和地产等是经济泡沫的主要载体，金融市场和房地产市场是虚拟经济的重要领域。股票、债券等金融产品是一种产权的凭证物，本身没有价值，它可能是一张普遍的纸或银行账户上的一个数据，通过人们对市场未来的预期，将其资本化而确定其价格。像股票、债券价格的上涨似乎没有上限；外汇交易中的各类衍生品，杠杆作用是其成本的几倍甚至几十倍，它们几乎可以撬动整个世界经济兴盛或衰退。

虽然土地是一种物质资源，但是它没有价值（根据劳动价值论），没有或基本没有生产成本，它的定价与生产性的资本物和一般商品不同，却与金融产品的定价方式类似。在房地产中，建筑物是一般的商品，而土地则是虚拟资产，它的定价方式使得其价格具有非常大的波动性，而它具有的实物形态又使它被看作是更具抵押价值的资产。一般地说，土地价格的波动与金融资产相比要缓慢得多，其波动的周期（从波谷到波峰再到波谷）往往要经历比较长一些的时间。因此，地产的物质形态与其虚拟资产运行方式结合在一起，加上往往经历长时间的较缓慢的涨落，它的虚拟性就很容易被人忽视，从而更容易引起泡沫经济。

（2）"知识产品"。知识产品主要是人类认识自然、认识社会的一种精神产物。知识产品的人性化特点使其以人为载体，与主体不可分割，强调产品的个性化和创造力的非继承性。知识产品实行资本化定价。资本化定价使知识产品价格往往会"价值连城"，而它们的成本却经常是微乎其微，意义很小。从会计核算的角度来看，"知识产品"成本核算具有非完整性和弱对应性。一方面，知识产品的生产有大量的前期培训费用，这些基础开发或相关试验费用等往往无法计入该知识产品的成本，因为这些成本不是唯一对应于该知识产品的，它们往往是技术进步和教育累积的结果，而且几乎所有这些成本对于所有知识产品都具有交叉性。另一方面，与这些成果有关的先行研究的研发费也不会逐一对应归算，这些成本可以被归为社会承担的成本而非知识产品在计算其成本时可以计入的成本。正因为如此，知识产品的会计成本有时几乎可以忽略不计。

（3）无形资产。无形资产是指企业为生产商品、提供劳务，出租给他人，或者为管理目的而持有的没有实物形态的非货币性长期资产。包括专利权、非专利权、商标权、著作权、特许权和商誉等。无形资产与有形资产是相对应的，它的重要特点是不具实物形态。知识产品具有无形资产的特点，在一定条件下，会计核算将知识产品作为无形资产的组成部分。例如，同样是知识产品的计算机软件，若它是计算机控制的机车不可缺少部分，应作有形的固定资产核算，如果不成为相关硬件不可缺少的部分，那么作为无形资产确认。无形资产是以资本化方式定价。例如，商标权，一个著名的商标，它代表企业的商誉，商标的内涵标示商品内在质量信誉，这种资产实际上包括该商品使用的特种技术、配方和多年的经验积累，它带来的收入往往是持久的。高于其他同类产品的收入部分的资本化，就是这种无形资产的定价的基本原则。但从会计角度来看，其成本核算只是商标设计费用、登记注册费等。

（4）各类艺术品以及其他收藏品。这类产品的资本化定价特征很明显。例如，一件艺术品在拍卖时卖出高价，是由于买主主观认为它会在将来卖出更高的价格。其实艺术品带来的感官享受通常可以从复制品或博物馆中获得，它们带来的直接享受不足以成为其拍卖价格的基础，只是由于这些资产是不可再生的，供给永远固定，所以其价格也就与生产成本无关。这些资产除了人们对其在未来市场将要获得的市场价格预期外，在当前的市场上没有什么价值来源。

二、资本化定价揭示了虚拟经济的运行特征

（一）资本化定价造成了虚拟经济对心理因素的依赖

以资本化方式定价的资产，主要受人们的预期、利息率、宏观政策等不确定因素影响，其独特的定价方式是指它主要靠预期收益和贴现率来确定价格。虚拟资产价格 P 的定价方式一般为：$P=R/r$（r 表示贴现率，R 表示预期收入流）。从定价公式可以看出，虚拟资产的价格中蕴涵着极强的心理因素。虚拟经济中人们预期虚拟资产在未来能给他们带来收益，只要人们的预期是看涨的，该虚拟资产的需求就必然增加，并引起价格上涨；如果人们预期不乐观，那么虚拟资产价格将一路下跌。这就是心理预期中的正反馈，心理预期在虚拟资产定价中起决定性作用。

实体经济的定价方式是成本加成定价的方式。例如，工业化产品，其实物产品价格是由成本加利润组成。成本是指生产过程中的各种投入，包括有形和无形的投入。成本在价格中占相当的比例，成为价格的重要组成部分。利润是其价格扣除成本的剩余。实物产品的价格变化主要受其成本的影响，越是从长期看就越是如此。所以马歇尔指出，在完全竞争条件下，长期的均衡价格总是与最低的平均成本相等。对未来的预期不是左右实体经济中价格的主要因素。

（二）价值增殖过程与实际生产过程相分离

随着经济的虚拟化，价值增殖也在一定程度上开始脱离实际生产过程，这就是价值增殖的虚拟化。资本化定价的各种虚拟资产与实际资产相分离，其所获利润也有相当一部分与实际生产和商品流通过程相分离。所谓虚拟的价值增殖，即纯粹的"用钱生钱"[①]。虚拟资产的买卖并不是零和交易，其中，如地产的价格是持续上涨的，这与整个经济的走势和发展有关，证券业也是一样，从短期来看，一旦出现牛市，盈利将大于亏损，而在熊市时则完全相反。从长期来看，资本市场的盈利与其发展同步。这些价值增殖同传统的认识是有区别的，它们的"创造"与货币数量有关，而这种创造是否仅仅是实体经济创造的收入的再分配是需要进一步深入讨论的。

一般来说，只有在整个经济系统出现问题时，如金融危机或者严重的通货膨胀时，虚拟资产才有兑换成实际资产的必要，这不是常态，在当代市场经济的常态中，虚拟资产、包括股票、债券、地产和各种无形资产是不必要一定有相应的实际产品和劳务相对应的。而人们所获得的收入中消费只是其中的一部分，而且随着收入提高其占总收入的比例是不断递减的。另外，随着收入提高，人们所持有的存款、债券、股票、地产等虚拟资产的数量则是不断递增的。当出现经济波动时，如果是某一种资产出了问题，人们可以选择其他资产（如地产和股票）来避免风险；如果危机进一步加剧，在资本市场全球化的今天，人们也可以选择外国的较稳定的金融资产。如果危机是全面的，已经导致整个虚拟经济系统的失效，虚拟资产就会被放弃，人们会转而购买耐用品甚至一般生活必需品。到这种时

---

① 成思危. 虚拟经济探微 [J]. 南开学报，2003（2）：23-28.

候，原来高收入的繁荣经济就已经退化到市场经济之初的完全的实体经济了。经济越是倒退，各种虚拟资产就越是需要实物相对应，甚至人们会放弃货币而用最原始的有价值的某种商品来代替它。严重的通货膨胀时期人们曾用"小米"来代替货币执行价值尺度的职能就是一例。

因此，价值增殖与实际生产过程的分离是以市场经济的高度发达为基础的。而在高度发达的市场经济中，在常态下，虚拟价值增殖并不需要等价和等量的实际资产或产品和服务相对应，这一方面为市场经济的高效提供了保证，另一方面也为金融危机埋下了种子。

（三）资本化定价方式是边际收益递增规律的行为基础

实体经济受边际投资率递减规律的制约，在运行上具有负反馈和边际收益递减的特点，在没有外部冲击情况下是一种收敛的价格波动体系。一般来说，当经济高涨时，人们预期投资能在未来带来丰厚的收益，于是投资迅速增加，经济表现出一片繁荣，这反过来进一步刺激投资。投资的增加导致市场供给的增加，产品价格的下降；另外，投资的增加必然引起对相应的生产要素需求的增加，从而使投入品价格的上升和资本边际效率的递减，这样产品收益减少和成本增加两个因素的作用，使参与者利润降低，此种调整一般持续到产业内的经济利润消失为止，所以，实体经济中遵循着边际收益递减的规律。

但是，在虚拟经济中，人们的心理预期在没有成本做参照系时，价格就会随着人们心理预期的波动而波动。经验研究表明，在几乎各类资产市场上几乎都存在着边际收益递增的现象。在一定条件下，当人们对未来预期看好时，随着资产价格的上升，人们会预期其将进一步上升，也就是股市上常见的"买涨不买落"，于是价格上升的信息不是造成对未来价格会下降的预期，而是相反，人们往往会预期它进一步上升。这就是正反馈现象。只要人们的预期乐观，价格就会上涨；人们预期悲观，价格必定暴跌。由于投资者的预期抉择常常受到市场现期总体状态和突发信息的较大影响，从而表现出高度的一致性——如同物理学上的共振一样的反应。这也就是虚拟经济的波动性一般要大于实体经济的原因。

三、资本化定价是市场经济发展的一种必然趋势

（一）资本化定价方式的泛化导致积累方式的转变

随着市场经济发展和经济虚拟化，资本化定价方式逐步在各个领域里扩散和延伸，资本化定价越来越成为经济中最重要的定价方式。在资本主义发展过程中，原始的资本积累是依靠战争和掠夺，初级的资本积累是依赖国际贸易，而当代的资本积累是以追求虚拟资产的价值增殖为主导的积累方式。在当代资本主义的积累过程中，一切可能产生收入的地方都会打上资本的烙印，企业的收入流通过资本化形成了股票，银行的收入流，包括应收款项被资本化为各种形式的债券，甚至政府的财政收入也可以被转化为一定的收入流而形成某些资产的价格。资本化定价方式由于能带来巨大的利益而被泛化了。那些看似没有价值或较少价值的东西，通过资本化定价方式，被市场经济承认为巨大的价值。资本化定价方式的泛化导致了积累方式的重大变化。发达市场经济正在从"实物积累"型的积累方式向"价值积累"型的积累方式转化。据统计，近20年来，世界总产出的年均增长率大约

在 3.2%~3.3%，而金融资产的年增速则持续在 10%以上，以欧盟、美国和日本三国经济的情况来看，1998 年其 GDP 分别为 84270 亿美元、72530 亿美元和 51340 亿美元，而其金融资产额则为 272780 亿美元、228650 亿美元和 163750 亿美元，前者不足后者的 1/3[①]；金融活动的大规模扩张，使它不再仅仅是为贸易和实体经济的生产服务，它正在与它过去服务的实体经济相脱离。许多金融产品的交易不再与实际贸易和生产有任何直接的关系，追求虚拟的价值增殖，导致了积累方式的重大变化。财富的积累中实际财富的比例越来越小，而虚拟资产的积累却越来越大。

（二）资本化定价是市场经济发展的必然

我们从马克思的资本运动公式 G-W-G′中发现，资本运动改变了商品流通中货币和商品（实物）的顺序，即是说，资本的运动再不是为了使用价值，而是为了价值，更重要的是为了增殖了的价值。随着市场经济的发展，资本成为占统治地位的生产方式，使社会经济目的产生变化。即从"为了使用价值，为了人的福利的增加"改变成"为了价值以及价值增殖"。经济活动正在由"实"向"虚"的演化。[②] 由此，社会经济主体的人也发生变化，主要体现在以下两个方面：一是人们由追求使用价值的满足到追求价值的满足，但人们的欲望将会无限扩张、没有止境；二是当人们追求价值的欲望得不到满足时，可能改变传统的发展实体经济追求价值的手段和方法，而通过发展虚拟经济追求价值增殖。资本追求价值增殖的内在需求是虚拟经济产生和发展的社会动机，资本化定价方式正好符合资本的这一内在需求的冲动，资本化定价的心理预期也正好迎合了人们追求价值增殖同时又想摆脱物质生产过程限制的欲望。

（三）政策启示

（1）在市场经济中要学会利用资本化可能带来的巨大好处。资产证券化是以可预见的现金流为支撑在金融市场上发行证券的过程。证券化实际上是各种收入流被资本化的过程。证券化反映的是市场经济对财富的认可方式，只要有相对稳定的收入流，就可以根据这种收入流创造出资产，即获得给收入流的凭证。这种收入流就预示着财富，产生这个收入流的原因就可以被看作资产。这是资产证券化的本质和精髓，也是资本化定价方式的本质所在。这是市场经济中的一条基本定理。充分地利用它来为发展经济服务也是我们从中得到的一个重要启示。例如，某县可支配的财政收入每年仅有 20 亿元，如果用这 20 亿元来支持该县的发展可能远远不够。如果拿出一半，10 亿元作为收入流，并按照资本化定价的方式来考虑对某个项目的估价，如果利息率是 5%，这 10 亿元的收入流作为杠杆资金就可以撬动大约 200 亿元的投资。一些开发区利用有限的财政收入作为杠杆曾经成功地吸引了大量的外资，其基本原理就是巧妙地运用了市场经济认可的资本化定价方式。但杠杆过高，证券化资产过度发展会导致金融危机，要引起警惕。

（2）加快企业债券市场的发展。没有债券市场的发展，资本化定价方式的扩张就会遇到障碍。因为，首先，利息率是资本化定价方式中的重要因素，而利息率的确定必须建立

---

① 中国香港《经济与法律》1999 年。

② 梅子惠．虚拟经济与市场经济 ［J］．中南财经政法大学学报，2002（2）：93-98．

在广泛的债务关系的基础上，否则利息率的市场化就没有意义。其次，企业债券是债券市场中的最重要的成分，没有适当比例的企业债券，资本市场从而金融市场就不完全，虚拟经济的运行就会被扭曲，往往得不到多少资本化定价方式的好处，反而容易受到其大幅度波动的损害。企业债券是企业融资的主体部分。在发达市场经济国家，企业债券的融资比重占绝对优势。而我国截至 2002 年底，国债和金融债券余额合计达 2.7 万多亿元，在国债、股票和企业债券三大品种中企业债券只占总额的 1.6%。① 可见，我国企业债券市场发展严重滞后。我们要加快企业债券市场的发展，特别是中长期债券市场的发展。一方面，企业中长期债券在国际上被作为准资本对待。企业的财务风险主要是由流动负债造成的，发行中长期企业债券，就意味着准资本增加了，流动负债率降低了，这本身就增强了企业实力。另一方面，巨额居民储蓄和企业资金短缺是一对矛盾。改变人们只关注股票而忽略债券的状况，使企业债券逐渐在三大品种中占主体地位，调整中国资本市场的品种结构，将有利于解决这一矛盾。

（3）积极推动房地产市场的发展。房地产业是第三产业中相关性最强、最具推动作用的产业。在我国制造业已经初具规模时，发展房地产业是走向新一轮经济高增长的必由之路。另外，房地产业在我国的发展具有特殊重要的意义。因为，人们一直担心巨额储蓄蕴藏着通货膨胀的危险。化解这个风险除去发展债券市场和股市，更重要的是发展房地产市场。在计划经济中，土地不是资产，房产才是一种实际资产，它的意义也仅在于住房消费。但是在市场经济中，房地产的特殊意义在于它是一种资产，同股票、债券等一样是可供选择的资产。它的虚拟性特征使它可以吸收大量的货币，它的有形特征和价格波动相对时间较长的特征使它更具抵押资产的"价值"。只要房地产市场发展起来，使虚拟资产在品种上更加丰富，我国巨大的储蓄压力就不会转换成通货膨胀。地产的价格上涨需要巨额资金的流入，它同时又与储蓄有密切的替代关系。因此，房地产市场的发展对我国有稳定金融环境、化解金融风险的特殊意义。这个意义仅仅在转型国家才有，而且是对市场经济开始向后工业化经济发展的具有初步工业化基础的转型国家才意义。

参考文献

［1］［美］克鲁格曼．预期消退的年代［M］．北京：中国经济出版社，2000.

［2］成思危．虚拟经济论丛［M］．北京：民主与建设出版社，2003.

［3］刘骏民．从虚拟资本到虚拟经济［M］．济南：山东人民出版社，1998.

［4］柳欣．资本理论争论：给定的技术，还是技术变动（上）［J］．经济学动态，1996（12）：42-47.

［5］柳欣．资本理论争论：给定的技术，还是技术变动（下）［J］．经济学动态，1997（1）：57-61，69.

［6］Hicks，J. R. Value and Capital［M］．Oxford：Oxford University Press，1993.

本文转摘自《南开经济研究》2003 年第 4 期。

---

① 黎霆．政策开始解冻　债券融资渐入佳境［N］．中国经济时报，2003-3-26.

五

认识房地产虚拟特性　　有效防范系统性风险

摘要： 防范房地产业引发系统性风险，是经济持续高质量增长的保障。从虚拟经济视角探讨房地产的虚拟资产属性及其引发系统性风险的基本逻辑和现实。统计核算角度的房地产业（服务业）与建筑业分属不同产业类别，房地产的虚拟资产特性源于土地采用虚拟资本的定价机制，投机的心理预期等可以诱发房地产价格上下波动。现实中，房地产投机抵押债务膨胀的违约风险，与金融风险和地方债风险交织。房地产是市场经济的"稳定器"，防范化解房地产风险，既要坚持"房住不炒"抑制投机需求，又要满足合理住房需求维护市场企稳发展。

关键词： 虚拟经济；房地产；虚拟资产；债务；系统性风险

党的二十大报告强调，"强化金融稳定保障体系""守住不发生系统性风险底线"。牢牢守住不发生系统性风险底线，主要采取以下三项措施：一是防范房地产业引发系统性风险，确保房地产市场平稳发展；二是防范化解金融风险，防止形成区域性、系统性金融风险；三是防范化解地方政府债务风险，坚决遏制增量、化解存量。系统性风险的极致爆发状态是金融危机。21 世纪以来，世界上 130 多次金融危机中与房地产有关的高达 100 多次。要防范化解房地产"灰犀牛"风险，尤其避免其和金融风险、地方债风险交织，发生系统性风险。防范化解房地产领域投机炒作，守住不发生系统性风险，是我国未来一定时期内必须关注的问题。

一、统计核算视角的房地产行业

与房地产有关的行业有两个：一是负责房屋建设的建筑业，二是房地产服务业。国家统计局数据显示：建筑业 2022 年增加值占 GDP 的 6.9%，房地产业 2022 年增加值占 GDP 的 6.1%，两个支柱合起来占 13%。稳定建筑业和房地产业两个支柱产业，对稳定经济大盘有重要意义。在传统经济理论中，房地产被视为实体经济的子部门，强调房地产作为不动产的物理特性和物质价值。同时不少学者也提出，房地产业是实体经济和虚拟经济的"交叉部门"。实际上，这混淆了"建筑业"和"房地产业"的经济含义。从统计分类角度来看，在 ISIC Rev.4（国际标准行业分类，修订本第 4 版）的产业分类中，房地产业是"门类 L"，建筑业是"门类 F"，分属不同门类。我国行业分类体系和 NAICS（北美产业分类体系）也将房地产业与建筑业进行了单独划分，其中在 2022 年 NAICS 中被区分为"Real Estate Rental and Leasing"（房地产租赁）和"Construction"（建筑）；在我国 2017 年国民经济行业分类中，房地产业和建筑业分属"门类 K"和"门类 E"。房地产业包括房地产开发经营、物业管理、房地产中介服务、房地产租赁经营以及其他房地产业，建筑业包括房屋建筑业、土木工程建筑业、建筑安装业以及建筑装饰、装修和其他建筑业。可以发现，房地产业与建筑业在行业划分上存在严格界限。所以，房地产业与建筑业并不是

"包含"或"交叉"关系，而是分属不同的产业类别。

从国民经济核算角度来看，房地产业增加值衡量的是社会住房（包括出租和自住）提供的住房服务，以及房地产开发经营企业、物业管理和房地产中介公司等在建房、房屋使用与交易环节提供商业性服务活动所创造的增加价值；而建筑业增加值是指建筑业企业在报告期内以货币形式表现的建筑业生产经营活动的最终成果。换言之，房地产业增加值是商业性服务活动创造的价值，建筑业增加值是生产经营活动创造的价值，两个行业的价值来源不同。另外，建筑业的收入基本是以建筑成本为基础，与制造业大致相同。房地产服务业包括房地产开发、销售、租赁服务等一系列房地产服务业活动，这些活动的收入与房地产价格直接相关。房地产价格越高，相应的房地产服务业收入就越多。因此，无论是从产业类别、增加值核算还是从收入来源来看，房地产业与建筑业都存在显著区别，建筑业是实体经济研究范畴，而房地产业属于虚拟经济研究范畴。

二、马克思资本化定价视角下的房地产虚拟资产特性

房地产是房产与地产的总称，包括土地和土地上永久建筑物及其所衍生的权利。相应地，房地产价格由房价和地价两部分组成。房价由房屋成本决定，新增房产、原有房产的价格取决于建筑成本、重置成本。而土地由于几乎没有生产成本，其价格调节的基本力量是利率和预期收益，即地价是"资本化的地租"或是"地租的资本化"：$C = R/r$，其中，C 表示地价，R 表示预期收益即地租，r 表示利率。例如，假设利息率为 5%，一块土地每年提供 200 镑地租，那这块土地的价格就是 4000 镑。由建筑成本决定的房价一般波动幅度不大，土地资本化定价方式受心理预期影响较大，一般地价波动明显。土地及其价格是房地产及其价格的主要构成，导致房地产实际上也拥有与土地资产一样的资本化定价方式，房地产价格可以脱离房产建筑成本不断攀升。因此，深入探究土地虚拟资产特性是理解房地产虚拟资产特性的理论基石。

根据马克思的劳动价值论，土地不是劳动产品，因而不具有价值。土地价格的高低也没有客观标准，土地价格是地租的资本化，表现为市场价值，但事实上没有价值，而是社会总价值的一种转移。马克思在剩余价值理论和平均利润率理论的基础之上考察了资本主义地租，地租是土地所有权在经济上的实现，即土地所有者将土地承包给租地者，获得一份与土地所有权相对应的预期报酬，这种由土地所有权产生的预期报酬，与有价证券、借贷资本产生的预期报酬在本质上是相同的。马克思将租地农场主向土地所有者缴纳的地租视为"和货币资本的借入者要支付一定利息完全一样"，[1] 这其中蕴藏了将土地看作虚拟资本的形式。马克思主义学者大卫·哈维构建了"阶级—垄断地租"城市地租理论，他认为土地与股票、政府债券等一样是"纯粹的金融资产"，是虚拟资本的一种形式（Harvey，1985）。[2] 人们购买出售土地本质上是交易以土地为载体的获取租金的权利，土地市场卷入了生息资本的一般流通体系。土地作为虚拟资本的一种形式，其资本化定价是房地产具有虚拟资产属性的根本原因。

土地资本化视角下房地产具有虚拟资产特性，但是，作为虚拟资产的房地产与金融资产有着重要区别。金融资产尤其金融衍生工具价格由于各种原因可能会暴涨暴跌，甚至价值归为零，但是房地产由于其至少可以作为实物资产用于生产或消费，则会存在一个最低

价格，房地产的价格不可能长期低于这一最低值，也就是说，现代的房地产兼具虚拟资产与实物资产特性，其虚拟性介于实物资产与金融资产之间。因此，房地产（不包括建筑业）与金融一样成为虚拟经济研究范畴，事实上，国际上比较权威的产业分类体系 GICS（全球行业分类标准）在 2016 年 8 月之前均将房地产纳入金融行业范畴。

三、经济运行中房地产抵押功能及其潜在风险

房地产在国民经济中具有重要功能和作用，但同时也是系统风险的重要来源。一方面，房地产的价值创造与就业对国民经济影响较大，从就业和价值创造 GDP 看，房地产开发涉及众多产业和吸纳较多就业，房地产作为主要抵押资产也为地方政府的基建筹资作出过突出贡献，它对整个经济的增长有不可忽视的带动作用，房地产牵一发动全身。[①] 另一方面，须警惕房地产风险引发系统性风险，虚拟经济理论认为房地产风险的核心是房地产抵押债务风险，房地产就像中国"杆秤"的秤砣，它以自身的名义价值托起秤杆另一头的巨额债务，而债务又通过金融杠杆托起全部经济。一旦房地产价格暴跌，就像秤砣突然失重坠落一样，不是引起金融杠杆断裂，就是引起整个债务链断裂，爆发违约，债务挤兑，从而流动性短缺，银行紧缩，引爆金融危机。因此，虽然"房地产对经济增长、就业、财税收入、居民财富、金融稳定都具有重大影响"，但同时也要"防范房地产业引发系统性风险"。[3]

当代房地产业的运行涉及地方政府、商业银行、地产开发商与购房者。房地产抵押功能是房地产业运行和各主体间关联的重要基础。一方面，地方政府出售给开发商土地，开发商以土地和未建成的房屋做抵押从商业银行获取房地产开发贷款，并支付给地方政府土地出让金，土地出让金是地方政府的重要财政收入来源；另一方面，开发商吸纳购房者预收款，并通过偿还银行贷款来赎回土地和房屋所有权，购房者在支付预收款后获取土地和房屋的所有权，并以此为抵押资产再从商业银行获取按揭贷款。在整个运行过程中，土地和房屋所有权的转让可能存在时间差异。在房地产市场交易运行中，商业银行以债权人的身份既为供给端的开发商提供开发贷款，又为需求侧的购房者提供按揭贷款；地方政府财政收入依赖房地产和土地价格上涨，增加土地出让金收入，房地产与金融信贷、地方财政密切关联。

房地产作为抵押资产支撑巨额债务运行，房价暴跌会使房地产市值缩水从而难以支撑债务运转，其潜在债务风险不可避免地会关联金融风险和地方债风险。一方面，房地产风险可诱发金融风险。房地产市场对银行体系的依赖程度较大，房地产按揭贷款，本质上购房者并非唯一的支付者，其中最大的支付者是商业银行。房地产价格下降和市值萎缩使房地产抵押债务失去价值掩体，房地产行业投资无法正常回收，增加金融机构的呆坏账，而大量不良资产会威胁金融系统正常运行，降低其资产流动性与安全性。也就是说，房地产作为抵押资产带来的债务违约风险，不可避免地要在金融系统发酵生成不良资产并引发金融风险。另一方面，房地产风险也可诱发地方债务风险。土地出让金是地方政府的重要财政收入来源，在房价高位运行、房地产市场火热时期，土地交易热火朝天，地方政府过度

---

① 房地产的相关贷款占银行信贷的 40%，房地产的相关收入占地方综合财力的 50%，居民财富的 60% 在住房上。

依赖通过出售土地获取财政收入来弥补债务缺口。一旦房价大幅下行、房地产行情遭遇"寒冬"，就会导致土地价格下降和地方政府税收收入下降，土地财政模式不可持续，从而增加地方政府债务风险。因此，要防范房地产业引发系统性风险，尤其要避免房地产风险与金融风险、地方债风险交织从而发生系统性风险。

四、防范房地产投机下债务膨胀引发的系统性风险

房地产是虚拟经济的重要组成部分，过度依赖房地产发展经济，会增加整个经济的不稳定性。一方面，房地产作为虚拟资产是资本投机炒作的主要领域之一，任由其过度发展会使 GDP 财富创造中的货币因素增多，虚拟性增大，例如，房地产交易的中介服务费用计入 GDP，尤其房价越高，交易费用越高，计入 GDP 虚拟部分越多，积累的无实物生产对应的虚拟财富越多；另一方面，房地产以其高收入引诱实体经济资金流入虚拟经济，增加低端制造业的实际成本和机会成本，会导致经济"脱实向虚"，长此以往会导致去工业化和经济虚拟化，表现为实体经济大幅萎缩，房地产虚拟经济日益盛行，"投机炒作"赚取溢价成为财富积累的主流，经济高质量增长难以为继。

房地产领域投机炒作促使房价不断攀升。由于大规模虚拟经济活动的主要资金来源不是自己的现金收入，而是债务，因此，持续扩张的房地产虚拟经济活动最终必然导致债务膨胀。从房地产需求端来看，对于无房者，房价上涨使其购买住房的总支出增加，在首付比例既定前提下按揭贷款产生的债务大幅增加；对于有房者，房价上涨会增加房地产抵押品价值，已有房产居民通过抵押获得更多投资资金，在房价持续上涨预期激励下可能又会加大房产投资，导致房地产债务增加。从房地产供给端来看，房地产价格膨胀会提高房地产开发商的贷款能力，增加流入房地产开发的贷款资金。房地产需求和供给两端的债务资金持续流入房地产领域，又会推动房地产重复交易额膨胀和资产价格上升等纯粹的货币现象。于是房地产价格和债务相互促进、共同膨胀。

随着债务增加，无论是房地产开发商还是买房者，还债能力越来越依赖于房地产价格的持续上涨，直到借新债还老债成为唯一的生存途径。一般来说，庞氏债务膨胀的最后希望寄托于某种可能的巨额货币收入，最容易在短期内创造巨额货币收入的都属于虚拟经济，庞氏债务膨胀从来不会将还债的希望寄托在低端制造业上。靠借新债还老债的企业往往也寻求高科技的投资机会，但高科技只是作为噱头推动相关资产价格上升，从而可以在短期得到巨额收入以维持债务运转。一旦现金流中断，房地产价值缩水难以掩盖巨额债务便会发生债务违约的"爆雷"事件，会引发违约的多米诺骨牌效应，爆发金融危机。

五、坚持"房住不炒"，促进房地产市场企稳发展

2016 年底中央经济工作会议提出"房子是用来住的、不是用来炒的"，并于 2017 年10 月写入党的十九大报告中，党的二十大报告再次提出"房子是用来住的、不是用来炒的"。按照马克思的理论，房地产与其他商品一样有使用价值和价值二重属性，其使用价值就是居住，这是房地产的物质属性。而价值属性是承载的社会功能，房地产在市场经济中主要社会功能是各类债务的抵押资产。居住需求使房地产使用价值与价值之间融合统

一，投机炒作使房地产使用价值与价值之间呈现背离趋势。"房住不炒"本质上是要求房地产回归居住功能，抑制房地产投机炒作。房地产泡沫是威胁金融安全的最大"灰犀牛"，在"房住不炒"这一原则下，房地产泡沫化金融化势头得到根本性扭转（中国银保监会党委，2020）。[4] 目前，为防止房地产泡沫再起，在政策上坚决"不让投机炒房重新入市""原则上不支持三套以上购房的要求"。房地产领域资金过度投机炒作是金融稳定、经济稳定的风险隐患，坚持"房住不炒"原则，利于抑制房地产虚拟经济活动膨胀，利于防范化解房地产债务风险与系统性风险。

对于房地产市场，既要驱逐投机需求防止资产价格泡沫，又要支持刚性和改善性住房需求维护市场企稳发展。2023 年两会政府工作报告提到，"加强住房保障体系建设，支持刚性和改善性住房需求，解决好新市民、青年人等住房问题""有效防范化解优质头部房企风险，改善资产负债状况，防止无序扩张，促进房地产业平稳发展"。促进房地产业平稳发展首先需要认识到房价暴涨暴跌的危害，认识房价暴涨暴跌的危害则必须从房地产社会属性入手，从这个角度来看，房地产是托起整个市场经济债务链的秤砣，是金融杠杆的支点。市场经济失去秤砣，金融杠杆失去支点，后果是灾难性的，绝非少数低收入者买不起房子所能比拟。换言之，房地产独特的社会属性令其成为关系整个经济兴衰的关键点，作为金融杠杆支点和债务平衡秤砣的房价，其暴涨暴跌关乎整个经济安危，稳定房价自然是整个经济稳定中极其重要的指标。

房价普遍下跌不一定能够改变低收入者买不起房的状况，因为这会导致债务链断裂，不良资产激增恶化各项经济指标，反而可能加剧由两极分化造成的收入差距过大。从房地产的实用价值来看，居住问题只涉及少数无房者的居住权利，政府解决低收入者"居者有其屋"问题，可建造廉租房、调整收入分配政策等，而非单纯依靠房地产市场机制。另外，按照马克思的观点，土地没有价值，但有价格，因此房地产价格就是货币现象。这意味着促进房地产业平稳发展的最有效约束就是进入房地产资金的多寡。总之，为稳定经济增长和拉动就业，需要稳定房价和稳定房地产服务业的发展，构建适时的政策调控和长效的监管机制。

未来，要完善"市场+保障"住房供应体系，探索构建房地产发展新模式。

参考文献

［1］马克思恩格斯文集（第七卷）［M］. 北京：人民出版社，2009：698.

［2］David Harvey. The Urbanization of Capital ［J］. Oxford：Basil Blackwell，1985（65）：92-93.

［3］习近平. 当前经济工作的几个重大问题［J］. 求是，2023（4）：4-9.

［4］中国银行保险监督管理委员会党委. 持之以恒防范化解重大金融风险［J］. 求是，2022（10）：30-35.

［5］刘晓欣. 中国特色不良资产处置的理论创新与实践［M］. 北京：知识产权出版社，2022：68.

本文转摘自《中国社会科学网》2023 年 4 月 12 日。

中国为什么能创造没有爆发过金融危机的奇迹

摘要： 不良资产是金融危机的"釜底之薪"，抑制债务过度膨胀和控制好不良资产率是防范金融系统性风险的根本。中国在没有金融危机情况下保持 40 年经济持续增长，事实背后蕴藏着与西方"市场经济规则"不同的中国特色不良资产处置与风险化解能力。以国有金融机构为主的金融体系制度定位是中国免于金融危机的重要保障。建立不良资产"随生随治"机制，无论是有效需求不足引发的经济危机，还是债务过度膨胀引起的金融危机，均能够被有效化解。

关键词： 不良资产；金融危机；中国特色；风险处置

如果把金融危机比喻成火山爆发，不良资产就是火山下的岩浆，它会不断将经济中的负面因素聚集、积累起来，形成巨大的能量，一旦喷发就会无情地"涂炭"一切与之相关的"生灵"。火山爆发与金融危机的区别在于，一个是自然产生的，另一个是人为造成的。后者的危害有时甚至要远大于前者，而且会波及整个经济，殃及众多无辜者。因此，无论是从金融制度层面，还是从行为监管角度，采取措施避免金融危机是各国的共同愿望。不良资产为金融危机的釜底之薪，如果我们能建立一种机制，使不良资产维持在一个不会引爆金融危机的水平，就意味着建立一个没有金融危机的市场经济，一个既不发生金融危机，又能保障高效资源配置的市场经济。《中国特色不良资产处置的理论创新与实践》一书正是始终贯穿这一核心底色和命题，从中国金融不良资产处置意义与中国经济特色关联的高度，探讨构建中国特色不良资产处置的长效机制，防范并化解风险，避免中国金融危机爆发。

金融危机是系统性风险爆发的极致状态，其引爆的主要因素有两个：一是债务膨胀过程中不良资产持续积累和短期内大幅度飙升；二是债务违约，资产价格暴跌等对流动性需求的突然暴涨而产生的流动性短缺。债务过度膨胀过程中不良资产的积累是系统性风险生成的基础，特别是潜在的不良资产，它们往往在某些条件下，如负面信息引起的群体行为，外部金融冲击等，迅速造成不良资产爆发性膨胀。当包括潜在不良资产的债务不断膨胀的时候，意味着系统性风险的基础在加厚，系统性风险全面爆发的概率在提高。所以，抑制债务过度膨胀和控制好不良资产率才是防范金融系统性风险的根本。西方学者通常将金融危机定义为绝大多数金融指标恶化引起的成批银行和金融机构倒闭。以不良资产率为核心的加速指标恶化是因，银行和金融机构倒闭是果。

中国早期不良资产与经济体制改革的各项措施密切相关，改革初期，"利改税"和"拨改贷"，以及乡镇企业在农村信用社和农业银行贷款的支持下成为中国工业化的重要推动力大规模崛起，导致国有银行不良资产不断积累，到 1999 年，国有银行不良资产率高达 35%~42%。银行的主要资产是存款，35% 以上的不良资产率意味着资不抵债。但在中国却没有引起金融危机，中国经济增长也没有被金融危机打断，经济依然持续增长。当时的中国高不良资产率与高增长并存事实有两个重要启示：①当时的中国金融系统市场化程度低，管理水平差，需要深化金融系统改革；②中国以国有银行为主体的金融系统对不良资产的承受能力强，其背后蕴藏着建立没有金融危机的金融系统的可能性，即中国金融具有自己的特色。

20世纪90年代末这一波严重的不良资产怎样处理，关系到中国要建立何种金融系统的根本问题。国家出资400亿元组建四大资产管理公司，向各自负责的国有银行发行与该银行不良资产等额的债券，然后用这些银行购买债券的资金将这些银行的不良资产全部买断，于是各银行的不良资产被新的四大资产管理公司的债券所替代，长期积累的不良资产被基本清零，从而将不良资产与银行系统隔开，整个金融系统轻装上阵，继续通过配置资金的功能推动中国经济增长，而那些不良资产由当时还是非营利的资产管理公司进行处理。虽然，这些不良资产回收率不到20%，但只要不发生金融危机，经济得以持续增长，不良资产终究可以在长期持续的经济增长过程中被消化。中国特色不良资产处置的终极力量和重要意义在于：中国第一次全面化解了市场经济建立之初极其严重的系统性金融风险，第一次将资金配置功能与化解系统性风险的功能分开，并分别由银行和专业资产管理公司执行。虽然最初成立资产管理公司借鉴了发达国家的经验，但实际上却经历了一段将不良资产从资金配置系统中分离出来单独处置的特殊时期。当四大资产管理公司改制为营利性金融机构时，便开始大规模参与银行系统的资金配置，参与资源配置。随着金融改革的深化，它们强调风险意识，强调风险管控和企业财务及银行等金融机构的管理制度的制定和完善。

这一过程背后蕴藏着重要"市场经济新规则"给理论经济和传统宏观政策带来了冲击。西方资产管理公司和秃鹫基金等在危机特殊时期也与政府合作化解系统性风险，但它们不是资本主义制度中不良资产的终极清理者。纵观经济金融史，金融危机是市场经济的"清道夫"，是最终消除不良资产和不良金融机构的一种自动机制，通过定期清洁经济体，重启经济的生态系统。

在市场经济中，新企业诞生和老旧企业倒闭是十分正常的事情，如同人类细胞的新陈代谢。问题在于细胞的新陈代谢是随时发生的，而企业的新陈代谢往往是呈周期性的。不良资产作为系统性风险的最基本因素，如果在空间上聚集，在时间上积累，就必然为金融危机爆发奠定基础。如果不良资产随时被消除，就可以确保系统性风险不会酿成金融危机。不良资产"随生随治"机制，会使无论是有效需求不足引发的经济危机，还是债务过度膨胀引起的金融危机，均能够被化解。

当代全球经济形势动荡不安，受政治、社会等多重因素影响，发达国家与发展中国家经济都面临新的挑战，这些挑战对全球经济治理提出了新要求，亟须找出导致经济发展迟缓的"病根"，找到改善经济的"良方"。中国是世界经济增长的重要动力，中国金融国际化发展将对促进世界经济增长、防控金融危机、完善全球金融体系贡献自己的力量。《中国特色不良资产处置的理论创新与实践》是在中国实践基础上对不良资产与系统性金融风险生成、演化、处置和化解等一系列问题的理论探讨，尝试建立既有高效的资源配置市场机制，又无金融危机的特色社会主义市场制度。我们希望更多的同道与我们一起发掘中国经济实践中那些潜在的规律和因果逻辑，它们将有利于新理论新方法的出现，有利于理论与实践的结合，成为中国特色社会主义经济理论的重要部分，并为国际社会提供可借鉴的中国方案和宝贵经验。

参考文献

［1］周兆生．中国国有商业银行不良资产的处置问题研究［J］.世界经济，2004，（7）：17-23.

［2］刘晓欣．中国特色不良资产处置的理论创新与实践［M］.北京：知识产权出版社，2022：70.

［3］马克思恩格斯文集（第七卷）［M］.北京：人民出版社，2009：698.

［4］成思危．虚拟经济与金融危机［J］.经济界，1999（3）：4-9.

本文转摘自《人民论坛网》2022年10月10日。

虚拟经济自我循环的理论逻辑与测度方法

摘要： 本文依据马克思虚拟资本理论阐述虚拟经济以及虚拟经济自我循环的内涵，并突破三次产业分类，将国民经济活动分为虚拟经济、实体经济Ⅰ和实体经济Ⅱ。基于"虚拟经济—实体经济"投入产出法，测度虚拟经济自我循环规模以及关联度。分析表明：虚拟经济自我循环规模规律在全球具有普遍性，我国要严格管控虚拟经济自我循环规模盲目扩张，坚持把发展经济的着力点放在实体经济，并增强金融服务实体经济能力。

关键词： 虚拟经济；自我循环；产业分类；测度方法

引 言

当代，"以钱生钱"的虚拟经济活动隐藏了生产过程，且其盈利能力比依赖实际生产获利的实体经济更强，这导致资本不再选择进入实体经济发挥生产职能作用，而是进入虚拟经济内部自我循环和自我膨胀追逐利润。虚拟经济的不断自我循环及膨胀，导致一国经济结构的虚拟化程度不断加深，这不仅损害实体经济发展，还易于引发金融危机，2008 年美国爆发的金融危机就是例证。近年来，中国也出现了"脱实向虚"不良倾向，导致系统性金融风险积聚阻碍实体经济高质量发展。所以，有效剥离虚拟经济中的实体经济和实体经济中的虚拟经济，进而测算出虚拟经济自我循环总量及关联度，对于防范系统风险积聚，促进经济稳定增长具有重要意义。本文基于马克思政治经济学理论，应用投入产出"纯产品"经济学理论测度虚拟经济自我循环总量及其关联度，为政策制定提供依据。

一、从马克思的虚拟资本到虚拟经济的自我循环

虚拟经济源自马克思的虚拟资本理论。虚拟资本运动是"代表已积累的对于未来生产的索取权或权利证书"[1] 的连续倒卖，本身不创造任何价值。虚拟资本按资本化定价，"一个幻想资本按现有利息率计算可得的收益"[2]，在资本化定价方式下，虚拟资本的价格与投机的心理因素密切相关，通过对股票、债券等资本索取权的投机，其可以凭借价值的社会形态实现自身增殖，"取得了一个完全表面的和现实运动相分离的形态"[3]。马克思笔下的虚拟资本包括汇票（债权）、国债（已耗费的资本）和股票（对未来收益的支取凭证）以及没有黄金保证的银行券、纸币等；自 20 世纪 80 年代金融自由化以来，又出现了证券化资产等各种新的形态，其过度发展导致金融危机频繁爆发。所以，近年来，人们对经济发展趋势认识有明显转变，普遍认识到虚拟经济带来的不良影响，并希望能够纠正不良倾向。

马克思认为虚拟资本有两种增殖方式：参与产业资本循环和自行增殖。由此资本在虚拟经济与实体经济领域运行可分为三类：一是虚拟经济服务实体经济。资本通过金融体系进入实体经济领域，参与产业资本循环。虚拟经济发挥资源配置、价值实现和风险管理等

功能，服务于实体经济发展。二是实体经济"脱实向虚"。资本绕过产业资本的形式，转向虚拟经济领域进行投机。面对资本积累的内在矛盾，大量资本从生产领域和流通领域游离出来，投向金融资产和房地产市场"低进高出"。三是虚拟经济自我循环。资本以自我增殖为目的，不进入实际生产过程，仅在虚拟经济领域空转。例如，在高杠杆叠加等金融创新下，衍生出大量金融资产。虽然单纯的金融交易可能降低独立经济个体风险，但虚拟资本的无序扩张，加剧了经济系统存量及个体风险传染，终将导致金融危机。第一类是虚拟经济服务实体经济，第二、三类是虚拟经济自我循环及脱离实体经济。

马克思对虚拟资本自行增殖 G–G′ 的分析构成了虚拟经济自我循环的理论基础，因此虚拟经济自我循环的本质就是虚拟资本相对脱离实际生产过程自行增殖的独立化运行，其外在表现形式是虚拟经济各部门之间相互服务费用的自我补偿。例如，期货公司与商业银行的相互服务、房地产与证券公司的相关服务等。虚拟经济自我循环可通过重复交易扩张、金融技术创新、资产价格上涨和庞氏债务膨胀等途径获得收入，但自我循环和自我服务背离实体经济的过度发展是引发金融风险的根源。

二、虚拟经济与实体经济统计分类理论依据

如何测度虚拟经济自我循环的规模及其关联性具有重要意义，首先要突破三次产业分类的标准，对国民经济活动进行重新分类。本文依据马克思生产劳动理论和国际标准产业分类（ISIC，Rev. 4）标准，将国民经济活动创新性地分为虚拟经济、实体经济 I（制造业为核心）和实体经济 II（服务业为核心）三大类。虚拟经济再分为金融保险和房地产。实体经济 I 再分为农林牧渔、采矿业、制造业、电气蒸气等、供水与废物管理等、建筑业、批发零售与修理等、运输仓储。实体经济 II 再分为餐饮住宿、信息通信、科学技术、行政服务、公共管理与国防、教育、社会工作活动、文娱活动、其他服务活动、家庭作为雇主活动、国际组织活动。

从马克思虚拟资本基础上延伸的"虚拟经济"主要活动包括"金融业、房地产业"服务业（不包括建筑业），是虚拟经济研究的一个"共识"。因为金融和房地产领域投机和炒作盛行，"用钱生钱"脱离实际生产价值增殖独立化最具典型特征，是常态化的。虽然像投机炒作大蒜等农产品在实体经济中也会发生，但属偶然性非常态化；企业商誉和品牌等在正常估值状态下也不存在非理性行为。

实体经济细分为实体经济 I 与实体经济 II，其划分依据在于：马克思认为就人类的物质生产和物质生活而言，"生产本身又有两种。一方面是生活资料即食物、衣服、住房以及为此所必需的工具的生产；另一方面是人自身的生产"[4]。由于"食物、衣服、住房和所必需的工具"涉及农业、建筑业和工业等生产行业，且由此衍生出的现代仓储货运和批发零售业等行业本质上仅属于直接生产过程在流通中的延伸，因此将这些与生活资料生产流通相关的经济活动纳入实体经济 I。与此同时，科教文卫、政府、国防等经济活动是维持人自身再生产的公共秩序的安全保障，这些经济活动提供外部条件和基础环境，促进人类自身再生产，因此将这些与人自身再生产相关的经济活动纳入实体经济 II。

三、投入产出"纯产品"原则测度虚拟经济自我循环

投入产出法的基础是投入产出表，投入产出表从生产消耗和分配使用两个方面同时反映产品在部门之间的运动过程，而且投入产出流量表均满足投入产出的"纯部门"（或称产品部门）核算原则。根据纯产品原理，投入产出中的各部门只统计主产品，副产品的产出则被划归到将其作为主要产品来生产的相应部门。所以，投入产出中的每一个"部门"只对应同一种类的产品，即部门可被理解成同类产品的整体。例如，美国通用公司主要生产制造业产品，次要产品是金融服务；而花旗集团的主产品是金融服务，次要产品是制造业产品，那么在"纯产品"统计原则下，"金融部门"应包含花旗集团主要产品和通用公司的次要产品，"制造业"应包含通用公司的主要产品和花旗集团的次要产品。

投入产出的纯产品原理，为测度虚拟经济自我循环提供了理论依据。由于投入产出流量表满足投入产出的"纯部门"核算原则，因此按照"纯部门"原则，利用"U—V推导法"编制的"虚拟经济—实体经济"（3×3）投入产出纯表中，虚拟经济中涉及实体经济的产品已经被剥离，实体经济中虚拟经济部门的产品也被相应剔除，只留下纯粹的虚拟经济部门和实体经济部门。"虚拟经济—实体经济"投入产出表中第一象限为中间投入（或使用）流量矩阵 $N = [x_{ij}]_{3 \times 3}$，其中 i 和 j 为投入产出表的部门，i、$j=1$、2、3 分别表示虚拟经济、实体经济 I 和实体经济 II，则 x_{11} 为虚拟经济对自身产品（或服务）的中间使用量或中间投入量，即虚拟经济自我循环的总规模。同理，x_{12} 和 x_{13} 分别为虚拟经济服务实体经济 I 和实体经济 II 的规模。

除测度虚拟经济自我循环规模外，投入产出模型还可以在此基础上运用后向关联度和前向关联度系数衡量虚拟经济与自身关联性的强弱。后向关联是从投入角度考察虚拟经济发展对自身的拉动作用。后向关联指标包括直接消耗系数和完全消耗系数，该系数越大，虚拟经济对自身的拉动作用越大；反之，则越小。直接消耗系数计算公式：$A = [x_{ij}]_{3 \times 3} \times X^{-1}$，$A$ 为直接消耗系数矩阵，$[x_{ij}]_{3 \times 3}$ 为中间投入流量矩阵，X^{-1} 为各部门总投入对角矩阵的逆矩阵。矩阵 A 的元素 a_{11} 表示虚拟经济每生产一单位的产品（或服务）对虚拟经济自身产品（或服务）的直接消耗量。完全消耗系数矩阵计算公式：$B = (I-A)^{-1} - I$。矩阵 B 的元素 b_{11} 表示虚拟经济每生产一单位产品（或服务）对虚拟经济自身产品（或服务）的完全消耗量。

前向关联是从产出分配的角度分析虚拟经济对自身的支撑作用。前向关联指标包括直接分配系数和完全分配系数。该系数越大，虚拟经济对自身的支撑作用越大；反之，则越小。直接分配系数计算公式为：$H = \bar{X}^{-1}[x_{ij}]_{3 \times 3}$，$H$ 为直接分配系数矩阵，$[x_{ij}]_{3 \times 3}$ 为中间产品流量矩阵，$\bar{X}^{-1}$ 表示各部门总产出对角矩阵的逆矩阵。矩阵 H 的元素 h_{11} 表示虚拟经济每生产一单位的产品（或服务）对虚拟经济部门自身产品（或服务）的直接分配量。完全分配系数计算公式为：$W = (I-H)^{-1} - I$。矩阵 W 的元素 w_{11} 表示虚拟经济每生产一单位的产品（或服务）对虚拟经济部门自身（或服务）的完全分配量。

当 $i=j=1$ 时，$a_{11}=h_{11}$ 表明虚拟经济自身直接关联度的一致性，但 $b_{11} \neq w_{11}$ 表明虚拟

经济自身完全关联度的不同。另外，运用投入产出法可测度虚拟经济对实体经济的拉动作用和支撑作用。

四、启示

　　本文遵循马克思的逻辑，突破传统的三次产业分类，将国民经济活动创新性地分为实体经济和虚拟经济，其目的不是区分"真、假"经济，而是区别两种不同的经济运行方式以及区别人类赖以生存的经济活动（实体经济）与其附属活动（虚拟经济）之间的主从关系。一国经济由实体经济还是虚拟经济支撑，决定了经济增长的质量及可持续性。经济增长一味追求以金融房地产为主的虚拟财富及表面价值，忽视背后经济活动是否创造真实价值的不同性质，往往会掩盖经济的本质，诸如美国此类国家的衰退轨迹，停留于表面繁荣。中国是以实体经济为主的国家，但是近年来也反映出"脱实向虚"的不良倾向。未来我国要严格管控虚拟经济自我循环规模盲目扩张，坚持把发展经济的着力点放在实体经济，并增强金融服务实体经济能力，只有牢牢夯实实体经济根基，科学把握虚拟经济与实体经济的辩证关系，才能推动经济社会可持续高质量发展。

参考文献

　［1］马克思．资本论（第3卷）［M］．北京：人民出版社，2004：531.
　［2］马克思．资本论（第3卷）［M］．北京：人民出版社，2004：530.
　［3］马克思．资本论（第3卷）［M］．北京：人民出版社，2004：390.
　［4］马克思恩格斯选集（第四卷）［M］．北京：人民出版社，2012：13.

本文转摘自《中国统计》2022年第5期。

数字人民币的主要特征及影响分析

摘要：数字人民币有助于提升中国居民日常支付的便捷性，降低央行对人民币的管理成本，协助政府打击洗钱、逃税等违法犯罪行为，实现对资金流量存量的实时监控，增强金融稳定性，降低中小企业的融资成本，提升货币和财政政策的有效性，推动数字经济加快发展，促进社会技术进步等。同时，数字人民币作为一种新的货币形式，其有望通过成本低、效率高等优势抗衡 Libra，重塑人民币结算体系，促进国际互联网经济新秩序形成，提高 SDR 中人民币权重，强化人民币国际储备货币的功能，推进"一带一路"建设高质量发展，加速人民币国际化进程。

关键词：数字人民币；中国央行；百姓生活；社会经济；人民币国际化

引 言

2020 年 8 月 14 日，商务部印发《全面深化服务贸易创新发展试点总体方案》，在"全面深化服务贸易创新发展试点任务、具体举措及责任分工"部分第九十三条提到，在京津冀、长三角、粤港澳大湾区及中西部具备条件的试点地区开展数字人民币试点。人民银行制定政策保障措施；先由深圳、成都、苏州、雄安新区等地及未来冬奥场景相关部门协助推进，后续视形势扩大到其他地区。至此，历经 7 年漫长探索的数字人民币终于站上时代的浪尖，中国成为全球首个推出主权数字货币的大国，引领人类货币体系迈入新纪元。

一、数字人民币的主要特征

央行即将推出的数字人民币的核心体系构成如何？由央行还是商业银行发放？推广过程中使用何种技术？能否有效保护用户隐私？是否支付利息？有无投资价值？账户额度有无限制？对此，笔者总结有以下六个：

（1）数字人民币系统的主要构成为"一币、两库、三中心"。其中，"一币"是指央行数字人民币，是整个系统的核心和目的。"两库"是指"数字货币发行库"和"数字货币商业银行库"，分别为央行和商业银行存储数字货币数据的数据库。"三中心"为认证中心、登记中心和大数据分析中心，分别负责认证用户身份、登记数字货币发行、转移、回笼等流程和管理系统风险。

（2）采用双层投放体系。央行先把数字货币兑换给商业银行或其他运营机构，再由这些机构兑换给公众，不改变现有的货币投放体系和二元账户结构。采取这一运营方式的主要原因：一是降低投资成本。充分利用商业银行等机构现有的人才、技术、设施、资源等优势，避免央行直接面向公众发行数字人民币的高昂成本。二是有效控制风险。由商业银行充当央行和公众之间的缓冲区，可以避免风险过度集中于央行，有利于分散化解风险。

（3）坚持技术中性原则。在商业银行等机构换取数字人民币后，央行不对其技术路线进行限制，反而鼓励它们使用自己的技术进行推广。但技术好的机构无疑将获得更大的市场份额，这有利于调动商业银行的积极性，激发市场活力。

（4）可实现有限匿名。运营机构只能掌握数字人民币的收付金额变化，只有央行才能监控交易双方的姓名、金额等完整信息。因此，数字人民币实现了强化货币监管与保护居民隐私之间的平衡。

（5）现阶段仅用于替代现金。现阶段数字人民币不会支付利息，不具备投资价值，不会替代银行存贷款，因此，商业银行预计不会受太大影响，整个金融体系不会产生较大震荡。虽然前期仅替代M0，但是长期来看，随着数字人民币的推进，将会衍生到M1、M2。届时，居民可将持有的数字人民币从电子现金转变为存款、理财资金等。

（6）钱包账户存在额度限制。央行会根据持有人的身份确认等级对账户进行分级，给予不同的交易额度。身份认证级别越高，账户可开放的交易额度也会越高。

同样是电子支付，数字人民币与我国现有的微信、支付宝等的区别在哪里？笔者对比两者的法律效力、信用水平、支付条件和账户要求，得出以下四个结论：

（1）数字人民币的法律效力更高。央行数字人民币是国家法定货币。在用其收付款时，任何机构或个人必须接受，不得拒绝。相比之下，使用微信和支付宝收付款时，交易中的任何一方都有权拒绝。

（2）数字人民币的信用等级更高。数字人民币的背后是国家信用，直接以央行人民币进行结算；而微信、支付宝等的背后是企业信用，以商业银行存款进行结算，存在破产风险。因此，数字人民币的安全性更高。

（3）数字人民币可双离线支付。这意味着，在没有网络信号等通信中断的极端情况下，仅借助智能手机自带的近场通讯功能，收支双方仍然可以使用数字人民币实现转账支付。而微信、支付宝等只有在双方手机联网、信号良好的情况下才能完成交易。

（4）数字人民币无须绑定任何银行账户。微信、支付宝都需要绑定银行卡才能支付，这就使目前外国人难以使用微信、支付宝进行支付。预计数字人民币的落地将使得来参加2022年北京冬奥会的外国运动员和游客无须携带现金。因此，与微信、支付宝相比，数字人民币无疑是一种更权威、更可靠、更先进、更便捷的支付技术。

二、数字人民币的国内影响

央行推出数字人民币后，会对国内居民的日常生活产生什么影响？能否降低纸币在印制、流通等环节的成本？能够减少洗钱、逃税、恐怖融资等违法犯罪行为吗？能否维护金融稳定，强化风险监控？可以加强货币政策的有效性吗？能否降低企业和政府的融资成本？有助于提升金融服务实体经济的能力吗？能否在数字经济时代充分激发数据要素的生产力？笔者结合目前中国社会中居民、政府、企业等部门以及金融、经济等领域的实际情况，将数字人民币可能产生的影响有以下七个方面：

第一，提升居民支付的便捷性和私密性。一方面，与纸币和硬币相比，居民在日常生活中使用数字人民币进行支付时，更易携带和储存，不易破损、丢失、被盗，还能避免收到假钞造成的损失，交易速度快，无须计算和找零，支付的便利性和安全性都得到提高。

另一方面，与微信、支付宝等相比，数字人民币支持双离线支付，不依赖网络信号，即便在地震、台风等通信中断的极端情况下，居民也可顺利完成交易。同时，数字人民币在支付过程中不必绑定银行账户，可在一定程度上满足公众匿名支付的需求，更好地保护居民隐私。未来，数字人民币可能进一步向存贷款、理财产品等转变，届时将为百姓提供全新的财富管理渠道。

第二，减少纸币和硬币在印制、发行、运输、储存、安保等环节中的管理成本。由图1可知，近年来，我国流通中的现金持续增加，截至2020年3月，我国流通中的M0为8.3万亿，同比增长10.8%，与2019年3月相比提高了逾7个百分点。伴随快速增长的M0而来的是庞大的货币管理成本。以印制成本为例，2019年版第五套人民币纸币的雕刻凹版印刷、胶印对印图案等防伪手段需要高科技技术、特殊油墨和印刷工艺等支持，而硬币铸造则需要铝镁合金、不锈钢、钢芯镀镍、钢芯镀铜等材料，因此成本居高不下。此外，商业银行等机构运送、储存实物现金的成本也颇高，对经济造成了负担。美联储官网显示，2020年美国货币业务预算高达8.8亿美元，其中，固定印刷费用的拟议预算约为5亿美元。因此，与实物现金相比，数字人民币免除了高昂的防伪、印刷、回笼、运输、库存和安保成本，提高了交易效率，减轻了社会的经济负担。

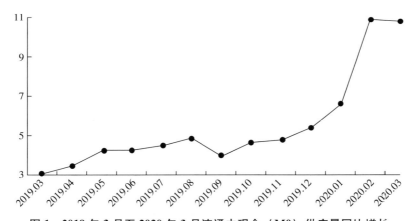

图1　2019年3月至2020年3月流通中现金（M0）供应量同比增长

资料来源：国家统计局。

第三，有助于政府打击滥用货币的违法犯罪行为，维护社会治安稳定。由于实物现金可被伪造且完全匿名，政府无法落实每笔资金的流向，因此往往被用于诸如洗钱、逃税、恐怖融资和贪污腐败等非法行为，极大地危害了社会秩序，滋生了不稳定因素，败坏了社会风气和诚信体系建设。根据央行反洗钱报告，2018年，中国打击职务犯罪案件追回赃款35.4亿元，查处传销案件涉及金额87.2亿元，破获走私案件涉案案值近70亿元。这些非法行为给社会治安和经济发展造成了恶劣的影响。相比之下，由于数字人民币具有可控匿名特征，央行可在后台获取每笔交易的具体金额和交易双方的实名信息，锁定真实身份，实时追踪资金流向，有利于协助政府迅速高效地打击贩毒、走私、诈骗等犯罪行为；整顿贪污腐败，打造清正廉洁的干部队伍；降低逃税造成的财政损失；提前遏制恐怖分子的行动，保障人民的生命财产安全；等等。

第四，有利于增强金融稳定性，防范系统性金融风险。数字人民币的普及弥补了过去的监管短板，意味着社会上任何个人或机构的资金流量与存量都处在央行的监管系统之下，所有的资金交易行为都实时在线，现金流和信息流实时纳入央行数据库，每笔资金的去向都清晰可见。在此背景下，监管部门能够持续监测到个人，制造业等实体企业，银行、证券等金融机构，股市、汇市等金融市场中的资金流量与存量的实时动态关系，且能够穿透底层资产并掌握资金的最终流向。这推动了监管部门对金融风险的管理由事后补救转向事前和事中的实时监测，有助于决策者及时采取措施对冲市场主体的心理预期，将金融风险提前扼杀于摇篮之中，降低金融危机发生的概率，确保国民经济稳健运行。

第五，提高货币政策和财政政策的有效性。一方面，数字人民币的落地将推动中国率先完成对传统货币政策体系的升级改造，释放货币政策工具的创新红利。传统的货币政策在出台后，通常需要经过若干资金流转环节才能到达政策目标，存在一定时滞，直接影响了货币政策的实施效果。借助数字人民币，央行可向目标机构提前发放备用额度，但设置为未生效模式，等到金融机构需要使用这一额度时，央行再对其请求进行审核，将其额度设为有效，从而精准地完成货币投放。数字人民币的独特优势有助于央行实时把握宏观经济和金融市场的运行情况，并制定和实施更为精准有效的货币政策，解决了政策传导过程中的时滞问题，提高了货币政策的时效性和准确性。另一方面，数字人民币有助于提高财政资金的使用效率。当下，财政资金被挪用的案件频频发生。对此，利用数字人民币的可追踪性，可对政府公共支出进行追踪，保障财政资金的专款专用，增强财政政策执行的有效性。

第六，降低中小企业的融资门槛和融资成本，支持实体经济加快发展。数据显示，我国中小企业贡献了50%以上的税收、60%以上的GDP、80%以上的城镇就业和90%以上的企业数量，是推动国民经济增长、维护社会稳定的中坚力量。然而，融资难的问题却始终困扰着中小企业。目前，由于我国股票市场等直接融资渠道尚不完善，中小企业主要依赖银行等的间接融资。而受制于信息不对称、社会信用体系不健全等因素，银行更倾向于为大型企业或国有企业提供贷款。资金的欠缺极大地制约了中小企业的发展，也阻碍了实体经济的增长。但在数字人民币落地以后，由于其具有可追溯性，经由企业授权，银行等金融机构能以较低的成本迅速获取企业真实的经营状况和流水信息，评价企业的信用等级和偿还能力，甚至能实时观测企业的风险变化情况，从而提高其向中小企业发放贷款的意愿，扶持国内小微企业和民营企业健康发展，增强金融服务实体经济的能力。

第七，推动数字经济成为经济增长的新引擎。中国信息通信研究院数据显示，2014年以来，中国数字经济持续较快增长。截至2018年，我国数字经济总量达到31.3万亿元，占GDP比重为34.8%，名义增长20.9%，高于同期GDP名义增速约11.2个百分点，对GDP增长贡献率达到67.9%，同比提升12.9个百分点。与2014年相比，数字经济总体规模扩大近一倍，占GDP比重提高了8.7个百分点（见图2）。数字人民币既是数字经济发展的必然产物，也是推动数字经济发展的重要因素。2020年4月，《中共中央　国务院关于构建更加完善的要素市场化配置体制机制的意见》发布，首次将数据与土地、劳动力、资本、技术并列为五大要素。在数字经济时代，数据作为生产要素，可将实体资产和虚拟资产整合成为数字资产，再把数字资产无限分割和重新组合创造出丰富多彩的数字产品和服务，推动社会分工进一步细化和专业化，带来更大的技术进步和市场规模，此时，经由数字人民币对其量化定价和销售，产生新消费，助力经济高质量发展。

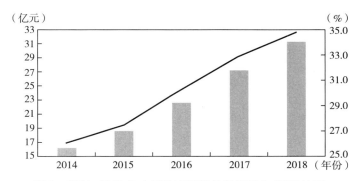

图2　2014~2018年中国数字经济总量及其占GDP比重

资料来源：中国信息通信研究院。

　　但是，数字人民币在国内的推广也可能存在潜在的问题与挑战。主要体现在以下三个方面：①新的技术往往伴随着新的风险、漏洞与骗术。加密电子货币的核心是密码，倘若犯罪分子使用技术破解密码，那么极有可能复制、伪造、篡改和窃取数字人民币。更有甚者，利用恶意软件、木马病毒等恶意攻击数字人民币系统，风险可能迅速扩散到整个货币体系，带来意想不到的灾难性后果。此外，百姓需要警惕假借数字人民币名义实施的新型炒作和诈骗，避免经济损失。②数字人民币可能会挑战商业银行的传统业务。当越来越多的百姓倾向于持有电子现金而非纸币时，未来ATM机的数量可能会逐步减少直至消失。同时，由于数字人民币背后是国家信用，而商业银行背后是企业信用，一旦经济出现波动或银行经营困难，客户会迅速将银行存款转换为数字人民币，加剧了商业银行的挤兑风险。尽管目前数字人民币仅替代M0，不付利息，倘若未来进一步向M1和M2演变，届时银行传统的存贷款业务将会直接受到影响，盈利模式面临巨大的转型挑战。③数字人民币相关的法律尚不完善。在数字人民币的使用过程中，百姓数据的隐私保护、银行等金融机构的数据权限、各级监管部门的职责与权限都需要在实践中进一步明晰，继而形成正式的法律法规予以保障。

三、数字人民币的国际影响

　　数字人民币仍然是人民币，只是用于交易的货币形态有所不同。人民币成为主要储备货币取决于经济实力及制度建设等一系列安排，中国经济有望在未来成为世界最大经济体，人民币最有潜力与美元抗衡（亨利·保尔森，2020）。虽然目前数字货币不一定会改变人民币的基本性质，削弱美元的霸主地位，但它肯定会促进人民币的国际化。数字货币新的形式在客观上降低了人民币的使用成本，提高了使用效率，有助于通过抵御Libra的冲击、重塑现有的贸易结算体系和提高SDR中人民币权重、促进"一带一路"实体经济与虚拟经济共同发展等途径扩大人民币的使用范围，进而加速人民币国际化进程。

　　第一，中国主动有序扩大金融对外开放的重要步骤和发展方向。数字人民币遵循"先境内后境外"的原则开启境内和跨境的推广，这是中国主动有序扩大金融对外开放的重要步骤。未来，数字货币必然对跨境支付、人民币国际化带来重大影响。19世纪，英国经由工业革命成为当时世界头号资本主义强国，英镑也率先成为主导世界的货币。第二次世界大战后，英法等老牌帝国主义强国遭受重创，美国一跃成为全球第一大经济体，美元相应地取代英镑成为国际主导货币。自此，国家经济实力成为支撑货币国际地位的坚强后盾。然而，布雷顿森林体系形成后黄金非货币化逐步展开，美国经济也开始"去工业化"和经济虚拟化。数据显示，1947~2017年，美国金融和房地产等虚拟经济的GDP占比从13.8%上升到了34.2%，提高了20.4个百分点，与此同时，制造业的GDP占比却由25.6%下降到了11.6%，创下了自1947年以来的最低值。一方面，美国制造业不断萎缩，依靠进口大量物资满足自身需求；另一方面，输出大量的金融产品和出口少量的科技，最终形成了巨额的贸易逆差，美元丧失了币值坚挺的基础。美元国内购买力持续下滑，当下主要依靠其在国际贸易和金融交易中的使用量来维持国际购买力。而当美国经济不再能激发全球信誉和信心时，美元称霸全球的基础随之产生了根本性的裂痕。但是，近年来美国不断挑起与中国、俄罗斯等国家的贸易争端，迫使这些国家不断降低美元在对外贸易过程中的使用。此外，美国频繁发生的金融危机以及挑起事端令国际投资者望而却步，美元金融资产呈现国际交易国内化的趋势。由此可见，在国际贸易和金融交易中，美元的价值尺度、流通手段、贮藏手段和支付手段等货币基本职能也正在逐步退化。美国国内经济的虚拟化在根本上侵蚀着美元的价值基础，美元在国际贸易和金融交易中的示威正在削弱其国际霸主地位。尽管在短期内，美元作为全球储备货币的霸主地位暂时还难以被撼动，但长期来看美元颓势已现。

目前，中国已成为世界上最大外汇储备国、债权国和工业化制造业大国，中国经济实力需要与之相匹配的货币及金融体系，未来我国的发展战略是"主动有序扩大金融业对外开放，稳步推进人民币国际化和人民币资本项目可兑换"。此时，数字人民币推出及跨境使用，以新的货币形式在客观上降低了人民币的使用成本，提高了使用效率，扩大人民币的使用范围，进而加速人民币国际化进程。

第二，保护我国货币主权，警惕外部金融冲击的风险。美国硅谷、华尔街及华盛顿一直期望出台最好、最安全的数字货币，特别为金融市场较弱、货币波动较大的发展中国家中的约20亿人服务。2019年6月，Facebook向全球发布其数字货币Libra的1.0版本，在此版本中Facebook提出让Libra与包括美元在内的一篮子货币挂钩，其中，美元占50%，欧元占18%，日元占14%，英镑占11%，新加坡元占7%。中国作为世界第二大经济体，却被排除在外。倘若Libra如期落地，或将成为美元霸权向全球版图扩张的重要一环，可能直接侵蚀其他国家的货币主权，并造成该国境内的金融风险。目前，虽然美元是信用评级最高的货币，但并未取代经济落后国家的主权货币。然而，如果通过数字化和篮子化包装成Libra的形式后，流通和使用成本大大降低，极有可能终结弱小国家的货币主权。因为一些小国本身金融基础设施和货币信用水平就低，一旦遭遇重大经济困难，居民势必更愿持有信用水平高、使用成本低的Libra。长此以往，小国的主权货币将被Libra吞噬殆尽。而货币是金融的载体，Libra一旦进化成超主权数字货币，就可以从该国的支付清算入手，逐步扩张至银行、保险、信托、证券、基金等金融领域，继而渗透居民消费、储蓄、投资等经济生活的方方面面，触及全球任一角落的金融基础设施，全面危害该国国内的金融行业。因此，Libra的出现给其他国家的货币主权敲响了警钟。2019年9月，法德两国发表声明联合抵制 Libra。考虑到货币效率是捍卫货币主权的基石，低效的货币体系终将被高效的数字货币所取代，因此，中国率先推出数字人民币，积极提高人民币的使用效率，抢占先机，彰显了我国坚决维护国家货币主权、国际地位和国内金融秩序的坚定决心。

第三，有效隔离人民币业务清算风险，促进互联网经济新秩序形成。中国金融深度放开意味着发生外部金融冲击风险的概率更高，如何在清算体系内阻隔风险是一个重要课题。对于跨国清算体系而言，原有的人民币跨境清算模式包括清算行模式和代理行模式，清算行或代理行所有人民币交易业务均通过美国 SWIFT（环球同业银行金融电讯协会）传递跨境支付信息，完成跨境及离岸人民币结算服务。SWIFT 国际支付网络可向全球 200 多个国家和地区 1.1 万个金融机构发送和接受有关金融交易的信息。在 2015 年 10 月 CIPS（人民币跨境支付系统）运行一期上线之前，人民币的跨境清结算高度依赖 SWIFT 系统和 CHIPS（纽约清算所银行同业支付系统）。CIPS 系统上线后，与清算行模式和代理行模式相比，缩短了清算时间，提高了清算效率，但仍未摆脱对 SWIFT 系统的依赖。对于 SWIFT 我们应特别关注：首先，当前 CIPS 虽然与 SWIFT 实现了兼容，并完成了与国际主流清算系统的对接，但因为没有摆脱对 SWIFT 系统的依赖，仍然存在着潜在的金融风险问题，根据《欧美融资跟踪项目协议》的约定，SWIFT 规定需向美国财政部提交其金融支付报文，而这威胁到成员国跨境支付清算业务处理和数据安全。可以看出，如果没有自己独立的报文传输系统，仅依赖 SWIFT，对主权国家而言，那么仍然存在巨大的经济金融风险隐患。其次，中美贸易博弈的背后实际是金融的博弈，而支付结算系统的博弈是我国深度开放下外部金融冲击应急系统组成部分，切不可忽略。由于清算行模式和代理行模式依然存在，仍需要警惕跨境清算风险对国内的感染和传递，时刻关注外部金融冲击对人民币跨境支付系统产生的风险问题。在相当长时期内，CIPS 应保持与 SWIFT 的兼容及与国际机构的协调，同时注意克服 CIPS 对成员流动性占用和成本高等弊端，逐步发展成高效且相对独立的结算体系，以隔离金融风险的冲击。可喜的是目前 CIPS 与 SPFS（金融信息传播系统，俄罗斯对 SWIFT 的替代）共同拥有全球大约 10% 的金融机构使用者。数字人民币的落地不仅能极大地提高跨境支付、清算的效率，降低结算成本，在一定程度上还能保护贸易双方不受到美国基于 SWIFT 系统的经济监控，提升结算的安全性。同时，有助于中国挑战 SWIFT 在跨境支付领域的主导地位，提升人民币在全球的地位，进而逐步发展成全球化的支付和结算基础设施，促进全新的国际贸易数字结算体系和互联网经济新秩序的形成。

第四，提高 SDR 中人民币权重，增强人民币国际储备货币功能。特别提款权 SDR 在国际清算、商品与资产标价、储备资产等各方面发挥作用。2016 年 10 月人民币成为 SDR 的篮子货币，SDR 是国际金融市场的主要资产，人民币自然成为国际金融市场的主要币种之一。中国加入 SDR 提高了人民币在国际上的话语权，进而提高了人民币被接受的程度。SDR 货币篮子构成的主要依据是该成员国或货币联盟的商品与服务的出口值，以及该经济体货币作为国际储备货币被其他经济体所持有的数量。这两个指标中贸易比重大约为75%，前者大大高于后者。所以，人民币在 SDR 中的权重在一定程度上取决于我国的对外贸易规模及比重，而数字人民币有望提升跨境结算效率，扩大我国对外贸易规模，进一步提高人民币资产在全球金融市场的吸引力，推动人民币国际化。另外，IMF 每 5 年会对各种货币在 SDR 中的权重进行一次调整，以反映世界经济发展的变化。1980~2020 年各种货币的构成如表 1 所示，从 1981~2020 年的发展历程来看，美元在 SDR 中的比例一直保持强势，随着 2016 年人民币与欧元、日元和英镑成为世界外汇储备中的重要组成部分，SDR 比重的增长对人民币国际化具有战略意义。未来 SDR 还存在诸多需要完善的地方，2020 年数字人民币落地之年恰逢 SDR 权重即将调整之年，数字货币通过强化贸易支付、官方储备等重要的国际货币职能，将有望在 SDR 定值货币构成、分配、使用范围等获得更高的比重，从而提升新兴市场国家在国际金融领域的话语权，推动国际货币体系改革。

表 1　1981~2020 年 SDR 货币篮子中各种货币的权重

	1981~1985	1986~1990	1991~1995	1996~2000	2001~2005	2006~2010	2011~2015	2016~2020
美元	42	42	40	39	45	44	41.9	41.73
欧元	—	—	—	—	—	—	37.4	30.93
马克	19	19	21	21	—	—	—	—
法郎	13	12	11	11	—	—	—	—
日元	13	15	17	18	15	11	9.4	8.33
英镑	13	12	11	11	11	11	11.3	8.09
人民币	—	—	—	—	—	—	—	10.92

　　第五，推进"一带一路"建设高质量发展，加速人民币国际化进程。中国是世界第二大经济体，但人民币在国际上的使用比例还非常低。截至 2019 年，人民币在国际贸易结算中的份额占比是 2.15%，在各国外汇储备中的份额占比 1.97%。相比之下，美元、欧元、日元在国际结算中占了 80%，外汇储备占到近 90%。数字人民币有助于通过"一带一路"倡议促进人民币"走出去"。一方面，数字人民币的推广有助于加快"一带一路"沿线国家的实体经济增长，增强人民币国际化的经济基础。近年来，"一带一路"沿线新兴市场成为推动我国实体企业走出去、加快实体经济发展的重要力量。数据显示，2019 年中国企业在"一带一路"沿线的 62 个国家新签署了 6944 份工程项目合同，涉及金额为 1548.9 亿美元，占中国对外工程新签合同总额的近 60%。此时，数字人民币通过提高我国企业在"一带一路"沿线国家结算、投资和交易的便利性，有利于提高企业的生产经营效率、扩大企业的业务规模和利润，增强我国的实体经济水平，提升综合国力，为人民币国际化提供强有力的后盾。另一方面，在"一带一路"沿线各经济体发展金融等虚拟经济，有利于提高人民币资产在新兴金融市场的份额。近年来，我国积极参与国际金融体系的改革，先后牵头成立了金砖国家开发银行和亚洲基础设施投资银行以减轻对美元、欧元的依赖，缓解成员国币值的过大波动，支持"一带一路"沿线国家等的基础设施融资缺口。数字人民币有望以其使用成本低、交易效率高等特征吸引"一带一路"沿线国家采用人民币结算贸易交易，方便发行人民币债券，使人民币资产成为国际上稳定可靠的避险资产、主要的国际储备资产。同时，作为人民币国际化努力的一部分，在"一带一路"沿线国家和地区逐步尝试和扩展石油和其他主要大宗商品等领域的人民币计价。"一带一路"倡议引领未来的数字人民币获得市场份额，这有助于提高人民币的全球地位，并成为中国向海外投射经济和政治影响力的更广泛战略的一部分。

参考文献

　　[1] J. Fernandez-Villaverde, D. Sanches. Can currency competition work？[J]. Journal of

Monetary Economics，2019（106）：1-15.

　　［2］孟刚．法定数字货币与人民币国际化［J］．中国金融，2019（24）：31-33.

　　［3］潘英丽．作为"拐杖"的数字货币——货币的内在矛盾与国际货币竞争［J］．探索与争鸣，2019（11）：23-26.

　　［4］盛松成，蒋一乐．货币当局为何要发行央行数字货币［J］．清华金融评论，2016（12）：61-64.

　　［5］徐文彬．央行数字货币（DCEP）重塑银行体系的前景展望［J］．税务与经济，2020（5）：29-36.

　　［6］许金叶，许玉琴．区块链"数字货币"的价值之谜——基于劳动价值论的价值分析［J］．会计之友，2019（3）：149-153.

本文转摘自《人民论坛》2020 年第 26 期。

全球法定数字货币现状、发展趋势及监管政策

摘要：近年来，随着数字加密货币在全球范围内快速发展，越来越多国家央行开始积极研究央行数字货币（CBDC）的发行，部分国家甚至已开始搭建 CBDC 底层基础设施，启动 CBDC 技术试点等工作，CBDC 将是未来大势所趋。CBDC 是真正意义上的货币，其推广伴随着一些可能存在的风险，对此，需要我国监管部门着重防范 CBDC 发行风险对整个金融系统性风险的冲击；与国外相关机构展开合作，建立涵盖 CIPS 和第三方支付系统等在内的针对跨境资金流动的全相动态实时监测系统，防范跨境资金流动风险；加强对支付系统信息安全的监管，确保用户隐私不被泄露，维护国家金融安全；在数字人民币（DC/EP）进入试点阶段时期，应及时制定对应的监管措施，防范对金融市场稳定性的冲击。

关键词：数字货币；监管；货币政策

引 言

国际清算银行（BIS）在 2020 年第三次全球央行数字货币（CBDC）调查表明，在全球 66 家央行中，有 86% 在研究央行数字货币问题，其中 10% 即将发行本国 CBDC。CBDC 也称法定数字货币，由一国货币当局（中央银行）基于国家信用发行，是法定货币在数字经济时代的延伸，具有法偿性，与之相对的是一系列以数字货币命名的加密资产或数字资产，后者由私人机构发行，无稳定货币锚，更不具有法偿性。CBDC 的推出是在加密资产推出之后，作为各国应对加密资产对法定货币的威胁、并在未来国际货币领域占据主动地位的重要举措，其对整个金融业及其监管领域都带来了较为深远的影响。笔者对国内外 CBDC 的现状、发展趋势及监管政策进行了梳理，以便监管当局厘清全球数字货币的发展态势，识别数字货币发展的潜在风险，稳步有效推进数字人民币（DC/EP）的发展，从而在国际货币体系变革中占据强有力的地位。

一、全球法定数字货币的发展现状

近年来，随着数字货币在全球范围内快速发展，越来越多国家央行开始积极研究 CBDC 的发行，部分国家甚至已开始搭建 CBDC 底层基础设施，启动 CBDC 技术试点等工作。中国作为世界上第一个推出主权数字货币的国家，2020 年 4 月起，DC/EP 陆续在国内部分城市、商业银行及跨境支付等场景进行了试点，并于 2020 年 12 月完成全国首张数字人民币保单，DC/EP 发行计划已迫在眉睫。2020 年第一季度，法国央行计划开展数字货币试点项目。2020 年 7 月，新加坡央行宣布已开发出跨境支付网络系统，可实现更便捷高效、更低成本国际结算系统；欧美国家也不甘落后，加拿大、瑞典、英国等多国央行联合 BIS 组建 CBDC 小组，且即将推出试点项目；美国也加快研究进度，2020 年 5 月，美国

发布数字美元项目（DDP）的白皮书，详细介绍了美国 CBDC 的基本架构、发行目的和潜在应用场景等。当前，CBDC 引发了各界高度关注，毋庸置疑，CBDC 将是未来大势所趋，因此，各国当前均在积极应对，以求抢占先机。结合国际清算银行的调查，笔者对当前主要国家 CBDC 研究现状进行了梳理（见表1）。

表1　主要国家央行数字货币（CBDC）的研究现状

国家	研究现状
中国	2014 年，法定数字货币研究小组成立，论证央行发行法定数字货币的可行性
	2015 年，中国人民银行发布发行数字货币的系列研究报告
	2016 年 1 月，中国人民银行召开数字货币研讨会，进一步明确了发行 DC/EP 的战略目标
	2016 年 11 月，中国人民银行启动数字票据交易平台的封闭开发工作，确定使用数字交易平台作为 DC/EP 的试点应用场景
	2017 年，中国人民银行数字货币研究所挂牌成立，开展 DC/EP 的研发
	2018 年 6 月，深圳金融科技有限公司成立，由中国人民银行数字货币研究所全额控股
	2019 年 11 月，中国人民银行官员表示，DC/EP 已基本完成顶层设计、标准制定
	2020 年 4 月，法定数字货币开始进行试点测试
	2020 年 9 月，石家庄海关所属雄安海关完成首票以数字货币形式缴纳风险保证金业务
	2020 年 11 月，深圳市人民政府联合中国人民银行开展 DC/EP 红包试点
	2020 年 12 月，苏州市联合中国人民银行开展数字红包试点；DC/EP 在北京地铁大兴机场线正式启动；众安保险完成全国首 DC/EP 保单
	2021 年 1 月，DC/EP 应用试点在上海交大同仁医院落地；中国央行数字货币研究所联合跨境银行间支付清算有限责任公司（CIPS）、中国支付清算协会与 SWIFT 成立了金融网关信息服务有限公司
	2021 年 2 月，中国央行数字货币研究所联合香港金融管理局、泰国中央银行、阿拉伯联合酋长国中央银行发起多边央行数字货币桥研究项目（m-CBDC Bridge），旨在探索 CBDC 在跨境支付中的应用
美国	2020 年 1 月，数字美元基金会成立，旨在将美元转化为"基于区块链的全电子货币"，推进数字美元的发展
	2020 年 2 月，美联储表示美国尚未决定是否推出 CBDC，但仍在对 CBDC 进行研究
	2020 年 5 月，美国发布数字美元项目（DDP）的白皮书，详细介绍了美国 CBDC 的基本架构、发行目的和潜在应用场景等
英国	2015 年 3 月，英国央行宣布规划发行一种数字货币
	2016 年，英国伦敦大学开始研发法定数字货币的原型——RSCoin，为英国 CBDC 提供技术参照框架
	2020 年 1 月，英国央行发表 CBDC 报告，并与加拿大、瑞士等国合作，组建数字货币探寻小组
加拿大	2016 年 6 月，区块链联盟 R3 与加拿大银行共同发起 CBDC 的项目——Jasper
	2019 年，加拿大银行和新加坡金融管理局共同完成了 CBDC 跨境货币支付的试验
	2020 年 1 月，与瑞士、瑞典、日本以及欧洲央行和 BIS 组建数字货币探寻小组
新加坡	2016 年 11 月，新加坡金融管理局和区块链联盟 R3 合作推出 Ubin 项目，探寻在数字货币领域中 DLT 的应用
	2019 年，新加坡金融管理局和加拿大银行共同完成了 CBDC 跨境货币支付的试验
	2020 年 7 月，新加坡央行宣布已开发出基于区块链的跨境支付网络系统，可实现更便捷高效、更低运行成本的国际结算系统
俄罗斯	2017 年 10 月，俄罗斯总统表示，将发布官方数字货币——加密卢布
瑞典	2017 年 9 月，瑞典央行启动 E-Krona 计划，探索 CBDC 在零售支付方面的可行性
	2018 年 4 月，瑞典央行宣布将与 IOTA 区块链公司合作，研发推出瑞典 CBDC
	2020 年，与瑞士、加拿大、日本以及欧洲央行和 BIS 组建数字货币探寻小组
泰国	2019 年 7 月，泰国央行表示，其与中国香港金融管理局共同合作研发的数字货币项目正式进入第三阶段
	2020 年 1 月，泰国央行与中国香港金融管理局共同公布数字货币联合研究计划——Inthanon-LionRoc 项目的成果，并发表研究报告
菲律宾	2020 年 7 月，菲律宾央表示已经成立一个委员会，研究发行 CBDC 的可行性以及相关政策影响
立陶宛	2018 年，立陶宛启动了区块链平台项目——LBChain，积极研究区块链和数字货币
	2019 年 12 月，立陶宛央行批准数字货币 LBCoin 的实物样本，代币将于 2020 年春季发行
	2020 年 1 月，立陶宛央行表示正继续努力加强数字货币工作

国家	研究现状
柬埔寨	2020 年 1 月，柬埔寨中央银行宣布，其正在研发柬埔寨国家支付门户，并已开发出准 CBDC，预计将于 2020 年内正式上线

整体而言，当前全球 CBDC 的发展呈现以下四个特点：

第一，全球 CBDC 研发驶入快车道。BIS 近期发布报告，称 CBDC 在 2020 年迅速崛起，截至 2020 年 7 月，全球至少有 36 家央行发布了 CBDC 计划。其中，厄瓜多尔、乌拉圭等拉美国家率先完成了零售型 CBDC 试点。其他国家也陆续展开 CBDC 的研发和测试，由安圭拉、圣卢西亚等 8 个经济体组成的东加勒比货币联盟央行表示，正在进行基于区块链的法定数字货币的测试；巴西央行也表示，巴西有望于 2022 年正式采用 CBDC。在亚洲，韩国央行计划在 2021 年进行法定数字货币的试点，目前已审核完成第一阶段的研发工作；日本央行也宣布，计划在 2021 财年实验测试法定数字货币的基础核心功能；作为较先推出 CBDC 的国家之一，中国 DC/EP 目前已在深圳、苏州、北京、上海等地进行试点，现阶段的试点测试对人民币的发行与流通，以及我国的宏观经济金融稳定都不会产生影响。

第二，发达经济体推进 CBDC 的进程相对谨慎。与拉美发展中国家相比，欧美发达国家的 CBDC 研发进程明显较缓。2020 年，美联储发布了一系列研究报告，探讨了 CBDC 的潜在效用，但并没有涉及具体的技术内容，也并未对数字美元的发展阶段及进程进行规划。2019 年底，欧洲央行宣布设立 CBDC 专门委员会，并推出名为"欧洲链"的新概念验证项目，探索欧元 CBDC 的实践问题。但在首份数字欧元报告中，欧洲央行并未对是否引入数字欧元给出明确答案。英格兰银行行长表示，各国引入 CBDC 要审慎评估，一些重要问题需要深入思考，包括 CBDC 是否会造成银行业金融"脱媒"、如何影响信贷成本和可获得性、央行如何确保个人隐私和数据保护等问题。当前英国央行也在探索 CBDC 的各种用例，但尚未对其引进及测试作出任何决定。可见，发达经济体推进 CBDC 发展的进程与其货币在国际货币体系中的地位并非一致。

第三，主要经济体之间 CBDC 的竞合态势日趋明显。一方面，主要经济体纷纷启动 CBDC 议程，旨在参与货币竞争，如中国启动 DC/EP 试点、欧洲央行推出首份数字欧元报告等。当前，全球范围内主导支付体系的竞争激烈，CBDC 在促进交易的同时，更是主权的象征。推进 CBDC 对全球支付体系的主导竞争作用具有重要意义。另一方面，发达经济体之间成立研究小组，旨在加强相关国家之间的技术、政策评估和测试以及国际政策框架协调。2020 年 1 月，加拿大、瑞典、瑞士、日本、英国联合欧洲央行及 BIS 成立工作组，旨在研究 CBDC 的潜在应用场景。2020 年 5 月，数字美元基金会与全球咨询公司埃森哲联合发布了数字美元项目的白皮书，表示该项目与加拿大央行、新加坡金融管理局、欧洲央行和瑞典国家银行进行合作。

第四，全球法定货币电子化的过程是渐进而非激进的。当前各国 CBDC 仍处于研发阶段，研发过程中无论是来自市场方面，还是来自监管政策方面，法定货币电子化仍存在风险。美国当前推行 CBDC 的路径之一是将所谓"美元稳定币"Libra（Facebook 发起的加密货币项目）提升为数字美元，因为 Libra 锚定美元，且价格波动控制在一个有效的区间。

但 Libra 本质上并不稳定，其兑换价的波动使得计价功能及支付功能弱化。因此，借道数字资产实现美元数字化并不是有效路径，Libra 未来只能谋求在跨境支付领域中发挥中介作用。真正稳定的数字美元，需要实现数字美元与银行美元 1∶1 的兑换比例，在美国银行机构体系并非全境覆盖的条件下，商业银行运营数字货币，极可能出现银行头寸敞口供应风险，相关各方不会很快形成乃至宣示其各自的美元数字化立场。自 2020 年 2 月开始，瑞典进行为期一年的"电子克朗"测试，主要在隔离环境中模拟人们日常使用数字货币，如利用数字钱包进行支付、存取款等。但瑞典商业银行因此可能会陷入缺乏资金并承担更多债务的困境，瑞典央行在管理资金方面也存在主观性的监管缺失问题，这些均是央行发行 CBDC 前必须解决的问题。

二、全球法定数字货币的发展趋势

央行推出 CBDC 后，在当前金融科技创新及全球金融一体化背景下，其对现有的货币体系有何影响？监管机构该如何进行监管？未来将何去何从？笔者结合 CBDC 的特征、优势、全球 CBDC 的发展状况，将 CBDC 的发展趋势总结为以下五点：

第一，CBDC 将逐渐取代加密资产，全面提升货币政策有效性。首先，加密资产具有去中心架构特征，会削弱货币政策有效性，进而可能影响金融稳定。CBDC 采用的分布式分类账本技术（DLT），能促进 CBDC 交易中介的扁平化，有利于央行增强对货币供应量的控制，更有效地进行流动性管理，减少货币政策时滞，从而提高货币政策传导的有效性。其次，与现行法定货币相比，CBDC 的运行体系将蕴含大量的货币政策创新，如"条件触发机制"等，会限制信贷主体和使用场景，实现精准投放贷款，避免资金空转的目的。CBDC 的发行可以使支付工具和投资工具相分离，疏通货币政策传导渠道，实现社会经济效率的提升。因此，在未来较长时间内，为促进本国货币政策的有效实施，维护本国金融系统稳定，各国央行推行 CBDC 的速度将愈发加快。

第二，CBDC 将促进多边合作，推动数字货币底层技术发展。各国央行提出 CBDC 战略的重要原因之一，是加密资产和 DLT 的出现。从加密资产比特币到数字稳定资产 Libra，其去中心化及匿名化特点，对法定货币的地位造成巨大威胁。而 DLT 的出现，不仅促进了加密资产的演进，也使央行建立更大规模的清算系统、发行法定数字货币的可能性大大增强，CBDC 因此应运而生。可见，数字货币底层技术的发展，是各国央行未来积极推进 CBDC 的重要保障。多边跨国、跨区域合作有利于拓宽技术架构，有利于央行审慎评估技术的优劣，从而选择最优的技术路径，对数字货币产生深远长久的影响。因此，在数字经济背景下，在未来较长时间内，各国会积极整合大型高科技公司的技术研发成果，推进本国金融科技创新，并加强多边跨国、跨区域合作，互惠互利，共同推进数字货币底层技术发展。

第三，CBDC 将完善跨境支付系统，改变国际支付体系大格局。目前全球的跨境支付多采用代理行模式，其中涉及众多的中介机构，且跨境的监管标准有所差异，增加了各种隐性成本。此外，支付状态的不可观察性、支付处理延迟性及支付服务时长有限性等问题，使跨境支付效率大大降低。CBDC 有针对性地解决了传统跨境支付系统的上述问题，是降低跨境支付成本、提升跨境支付效率的优先选择。值得注意的是，近些年美元的跨境支付结算网络被政治化和武器化，美国的清算所银行统一支付系统（CHIPS）和环球同业银行金融电讯协会系统（SWIFT）在跨境清算领域具有主导权，两大系统成为其行使霸权的重要工具。因此，为突破美国主导的现有格局，在未来较长时间内，各国会积极推进CBDC在跨境支付结算领域的应用，逐步改变国际支付体系的现有格局。

第四，CBDC将平衡隐私及监管问题，促进各国法律法规的完善。CBDC的设计须建立在现有及未来的国家政策之上，需要考虑现有法定货币的需求、交易记录、法律、监管政策及国家安全等一系列问题。如果CBDC完全匿名，那么便无法追踪，助长非法经济行为，如此既违反了现有的反洗钱等法律，又削弱了法定货币自身的价值。如果CBDC完全透明，便可全面监控，虽然有利于监管，但交易信息泄露概率上升，不利于社会经济稳定。因此，CBDC必须实现强化货币监管与保护居民隐私之间的平衡。当前DC/EP可实现有限匿名，只有央行才能监控交易双方的姓名、金额等完整信息，而运营机构只能掌握DC/EP的收付金额变化。而针对美元CBDC，美国可能会借鉴当前现金处理系统，设计一个小额支付匿名，但超过1万美元时需要向国家税务局报告的类似的系统。此外，CBDC也要逐渐建立"相同行为、相同监管"的原则，减少监管套利的空间。因此，为应对CBDC可能引发的监管挑战，未来在很长时间内，各国会积极完善本国法律法规。

第五，CBDC将考虑货币计息问题，逐步完善其现有功能。如果CBDC不计息，那么其与现金纸币具有相同功能，即持有实物时不计息，但存入账户中可计息，相当于货币体系中的M0。如果CBDC计息，那么其与银行账户更接近，具有投资功能，无论自身是正利率还是负利率，均会增加各国货币政策的传导性，对金融系统与国家体系产生更复杂的影响。现阶段，DC/EP仅用于替代现金，不会支付利息，不具备投资价值，不会替代银行存贷款，因此，商业银行预计不会受太大影响，整个金融体系不会产生较大震荡。数字美元白皮书虽然没有明确数字美元是否计息，但结合其他国家的现实情况，在数字货币运行初期，多数不计息，以避免其对经济体产生的复杂影响。但随着各国CBDC的推进，CBDC将会衍生到M1、M2。届时，居民可将持有的CBDC从电子现金转变为存款、理财资金等。因此，为逐步完善CBDC的现有功能，拓宽其应用场景，未来在很长时间内，各国会积极考虑CBDC的计息问题，缓解现有加密资产对经济系统稳定性的冲击。

三、全球法定数字货币的监管政策

CBDC与加密资产最大的差异在于，CBDC是真正意义上的货币。货币是交换媒介、计量单位以及价值存储的工具，能够履行其价值尺度、支付手段与贮藏手段的主要职能。随着经济社会的发展，货币的三大职能逐渐衍生出三大系统：价值系统、支付系统及储藏系统。CBDC的推广伴随着一些潜在的问题与挑战，笔者从三大系统出发，考虑可能存在的风险，便于监管机构完善现有的监管政策。

第一，在价值系统方面，会计核算系统、统计系统、估测系统、债券评估系统等共同构成法定货币的价值系统。在市场经济下，无论商品交易与否，均需要计价，因为个体预期会对商品价格尤其是非交易商品的价格产生重大影响。因此，法定货币仍具有价值尺度，但商品价格难以准确反映商品的价值。此时，需要对商品价值进行全方位评估与监测，包括对无形资产的估价等。此时可能出现估价失真等问题，如在评估资产价格过程中，受品牌、消费心理、垄断势力等因素影响，导致虚拟价值在价格评估中占比过多，估价过高。而公司资产价格虚高一方面会影响其在股票市场上的估值，加剧股价波动和资产价格暴涨暴跌的风险；另一方面，当估值虚高的资产作为抵押品时，还可能会将风险传导至银行等相关部门，甚至引发实体经济衰退。因此，需要加强对于评级公司、资产价格评估公司以及垄断企业等的监管，防止资产泡沫破裂的风险。而 CBDC 的发行在很大程度上依赖于大数据的识别与搜集，当前央行搜集的基本是近期形成的大数据，不能全面掌握经济和机构的基本面信息，但央行发行 CBDC 要考虑经济周期，依赖更长周期的数据、更具代表性的基本面信息进行决策，两者矛盾极易使决策部门陷入数据决策风险，进而引发 CBDC 与现金面值不一致的风险。此外，个体基于社会的法定货币量调整预期，使无形资产等非交易商品估价产生波动，进而影响价值系统的稳定，冲击整个金融系统，因此，需要着重防范 CBDC 发行风险对整个金融系统性风险的冲击。

第二，在支付系统方面，银行间大额支付系统和底层支付系统共同构成法定货币的支付系统。在整个支付系统中，存在两大支付体系：一是实物现金支付体系；二是电子信息支付体系，主要包括以汇票、支票、银行卡为载体的支付形式和以互联网为载体的第三方支付系统平台。国内诞生的微信、支付宝、银行钱包等第三方支付体系是底层支付系统的主力，其实现了实物支付网络化，提高了用户的支付效率和使用体验。需要注意的是，目前人民币已成为第五大国际支付货币，未来第三方支付体系的国际推广是促进人民币国际化的重要步骤，预计其在"一带一路"等国际贸易中的支付占比还将上升。虽然我国在2015 年已推出人民币跨境支付系统（CIPS），但与第三方支付系统的对接有待完善。考虑到今后一段时期内国际贸易环境更为复杂，走私、洗钱、贩毒、跨境赌博、贩卖军火等非法渠道及恶意做空资本市场的资金经由支付系统流入的风险上升，对此，监管部门可以与国外相关机构展开合作，建立涵盖 CIPS 和第三方支付系统等在内的针对跨境资金流动的全相动态实时监测系统，防范跨境资金流动风险。此外，还需加强对支付系统信息安全的监管，确保用户隐私不被泄露，维护国家金融安全。

第三，在储藏系统方面，储蓄系统及金融资产系统共同构成法定货币的价值储藏系统。在整个储藏系统中，存在两类储蓄形式：一类是不同形式的储蓄和金融资产，另一类是类金融资产，后者比较宽泛，包括房地产抵押、股票质押、大宗商品抵押等，两类形式的储蓄均应该纳入金融监管当中。国际上较多国家将典型加密资产如比特币、Libra 合法化，并发展成为金融资产供投资者进行储蓄或投资。当前，多数国家针对加密资产已开展立法规范的监管，如美国、日本、俄罗斯等。中国禁止加密资产的发行与流通，且 DC/EP 只能替代 M0 但随着人民币国际化进程的加快，DC/EP 可能会替代 M1、M2，承担着金融资产的抵押功能，并在交易过程中衍生出数字金融产品，如数字债券、票据、ETF 等类金融产品，影响交易和资产管理等核心金融领域。当前，中国现有法律法规体系缺乏对于法定数字货币界定、金融制度和监管体系的设定，且法定数字货币金融监管政策缺失，因此，在 DC/EP 进入试点阶段时期，建议及时制定对应的监管措施，防范对金融市场稳定性的冲击。

此外，CBDC 在经济生活中也可能存在一定的风险，监管部门需对应进行政策安排。一是 CBDC 采用新的技术往往伴随新的风险、漏洞与骗术。CBDC 的技术核心是密码，倘若犯罪分子破解密码，那么极有可能复制、伪造、篡改和窃取 CBDC。更有甚者，利用恶意软件、木马病毒等恶意攻击 CBDC 系统，风险可能迅速扩散到整个货币体系，带来难以估计的灾难性后果。此外，用户需要警惕假借 CBDC 名义实施的新型炒作和诈骗，避免经济损失。二是 CBDC 可能会使商业银行产生挤兑风险。如果人们把存款账户里的钱转移到 CBDC，那么银行可能会缺乏资金，不得不依赖批发市场获取流动性，这将使银行承担更多债务，并可能变得缺少利润，从而危及金融稳定。同时，CBDC 背后是国家信用，而商业银行背后是企业信用，一旦经济出现波动或银行经营困难，客户会迅速将银行存款转换为 CBDC，加剧了商业银行的挤兑风险。

参考文献

［1］陈燕红，于建忠，李真．央行数字货币的经济效应与审慎管理进路［J］．东岳论丛，2020，41（12）：121-128.

［2］冯永琦，刘韧．货币职能、货币权力与数字货币的未来［J］．经济学家，2020（4）：99-109.

［3］姚前，汤莹玮．关于央行法定数字货币的若干思考［J］．金融研究，2017（7）：78-85.

本文转摘自《人民论坛》2021 年第 24 期。

NFT（异质代币）的发展逻辑、风险挑战与监管

摘要： NFT（异质代币）是区块链技术一项创新应用，对丰富数字经济模式，促进文化创意等产业发展具有潜在价值。但随着各类交易平台的出现，以艺术作品、游戏、数字版权等为载体的NFT引发了购买投资热潮，并出现炒作、洗钱、非法金融活动等风险隐患。所以，在NFT市场快速发展的同时，我们要警惕和防范其可能带来的金融风险，引导其走上良性稳健的发展轨道。首先，本文从NFT的特质、应用场景、国内外发展现状及路径、可能风险等维度梳理分析其发展逻辑和带来的风险挑战。其次，本文从监管体系、交易平台规范和国际合作等层面提出了监管应对方案，防范NFT无序发展引发系统金融风险。

关键词： NFT；区块链；异质代币；虚拟经济

引 言

当前，数字经济作为重要的生产要素参与经济活动，与实体经济交融为产业结构转型升级和高质量发展注入了动力。数字经济发展离不开技术的创新，而区块链等新技术的出现为数字资产的发展提供了重要机遇。同时，区块链技术在金融领域的应用，于区块链底层技术基础上催生了与实物资产相关联的异质代币（NFT），逐渐成为数字经济市场中又一新领域。NFT是区块链技术一项创新应用，对丰富数字经济模式，促进文化创意等产业发展具有潜在价值。但随着各类交易平台的出现，以艺术作品、游戏、数字版权等为载体的NFT引发了购买投资热潮，并出现炒作、洗钱、非法金融活动等风险隐患。所以，在NFT市场快速发展的同时，我们要警惕和防范其可能带来的金融风险，引导其走上良性稳健的发展轨道。首先，本文从NFT的特质、应用场景、国内外发展现状及路径、可能风险等维度梳理分析其发展逻辑和带来的风险挑战。其次，本文从监管体系、交易平台规范和国际合作等层面提出了监管应对方案，防范NFT无序发展引发系统金融风险。

一、NFT 的价值属性与应用场景

（一）NFT 的含义、特性和发展历程

异质代币（Non-Fungible Token，NFT）是与同质化代币（Fungible Token，FT）相对应的概念，也被称为异质代币、不可互换型代币、非同质权益凭证、非同质通证与不可替换通证等，两者均依靠区块链技术作为底层支撑技术。同质化代币（FT）是以比特币、以太币为代表的虚拟货币，FT缺乏实际价值锚定物，其价值取决于人们的共识度。而NFT不是虚拟货币，具有实际价值的文化产品、权利等客体，故其有内在价值稳定性。

NFT 为借助区块链技术对数字资产进行确权的一种资产凭证，以智能合约的形式实现数字资产所有权在线转移；同时能够通过区块链技术记录交易过程，成为数字资产真实性的有效证明。所以，NFT 的定义有两层含义：一是 NFT 是具备一定特征的数字资产，二是 NFT 是权益凭证或通证。由此便衍生出了 NFT 的两种类型，资产型 NFT 与权利型 NFT，资产型 NFT 是指各种实物或数字化资产的 NFT；权利型 NFT 是指持有人拥有股权、债券等权利或者享有使用特定商品或服务的权利。

（二）NFT 本身特性与区块链技术特征是密不可分的

（1）唯一性。NFT 与比特币不同，比特币的每个货币等价且可互相替代，而 NFT 则具有独一无二且不可代替的资产特性。NFT 的独特性来源于区块链的技术特征，NFT 代码中蕴含了其数字资产的属性信息，即区别于其他资产独一无二的专属数字 ID，且随着数字资产交易流通是不可变更的。这种对价值物品进行数字确权的特性，为在数字交易平台上智能合约形式的代币交易提供了权力基础。

（2）流通性。由于 NFT 所依赖的区块链有着标准化接口和技术规范，这为异质代币在交易市场实现所有权转移奠定了技术基础。同时，异质代币市场具有充分的流动性，其通过多元的、实时的、不间断的产品交易体系，可以满足多种受众需求。正是异质代币应用领域不断扩展，一方面完善了 NFT 总体市场框架，使 NFT 市场参与者有更优的交易选择和合理的收益分配；另一方面为数字资产开拓了新的市场空间，使数字资产在 NFT 市场内外部实现价值的正向流通。

（3）可追溯性。由于 NFT 采用分布式账本方式储存，并且其数字资产数据和所有权在交易市场是公开的，随着交易完成和所有权流转，可通过追溯数字资产在储存系统中的元数据是否被修改来验证交易数据的真实性和可靠性，这也为 NFT 市场发展构筑了安全、便捷的底层链。

（4）不可分割性。普通的加密货币可分割成多个小单元，而 NFT 作品的计量单位则是以整体存在形式在交易平台上流通和交易，也为数字资产提供了可交易的价值物品。比如一幅画作，在 NFT 市场中需要按照整幅画进行交易，不能将其分切成几个部分分别进行出售交易。

（三）NFT 的发展经历了萌芽阶段、发展阶段与爆发阶段

（1）萌芽阶段。该阶段开始于 1993 年 Hal Finney 提出了 Crypto Trading Cards 概念，使数字签名保证其稀缺性与不可分性，为 NFT 奠定理论模型。2012 年建立在比特币发行与交易协议改进基础上的 Colored Coin 出现，这种 P2P 网络协议是由比特币最小面值 1 聪来表示，并以去中心化的方式代表了股票、债券等资产，实现现实资产上链，成为了 NFT 的雏形。2014 年以收集 Pepetheforg 悲伤蛙表情的用户通过交换代币获得图片，每张图片成为一个 IP，实现点对点开放式交易，NFT 逐步成型。

（2）发展阶段。2017 年以来 Dieter Shirley 等统一异质代币多种标准，一款（Crypto Kitties）宠物豢养类游戏，通过 NFT 唯一性特点，提升了 NFT 的交易效率，减少了 NFT 的交易成本，促进了 NFT 的发展。同期，NFT 在艺术品市场，凭借其可唯一性及可追溯性的特点解决了艺术品知识产权保护、成本收益失衡等问题，促进艺术品市场发展，NFT 市

场交易量在 2020 年达到 2.5 亿美元。同时 Open Sea、Super Rare 等 NFT 交易平台逐步上线，NFT 项目得以进一步规范交易、扩张用户、丰富产品、捂热市场。

（3）爆发阶段。国外方面，2021 年一幅 NFT 形式的数字艺术作品《每一天：前 5000 天》经过多轮竞价，最终以 6934 万美元价格成交，2021 年交易量较 2020 年暴增近百倍，瞬间引爆市场，吸引了社会各界目光。国内方面，截至 2022 年 5 月约有 20 家上市公司推出数字藏品交易平台，NFT 市场迎来了爆发式增长。

（四）NFT 的价值与应用场景

（1）NFT 与游戏娱乐项目。NFT 在游戏领域最早应用实践是加密猫（Crypto Kitties）的出现，将游戏资产和数字资产融合模式能够在游戏社区中带来更佳的沉浸式体验，这种模式吸引了大量的游戏爱好者和投资者。娱乐领域 NFT 应用较为典型的是音乐唱片，音乐家可以将音乐作品的音频片段标记化为代币化的数字音乐收藏品，音乐 NFT 在交易市场中的评估价值与粉丝社区有着密切关联。另外，NFT 在体育赛事行业中有着广泛的商业应用新范式。

（2）NFT 与艺术品。由于传统艺术品市场交易存在信息不对称、交易成本高等问题，使得艺术品投资交易缺乏流通性。NFT 对艺术的资产确权、交易透明有着正向促进作用，其唯一性和分布式账本技术天然适合与数字艺术紧密绑定，使得艺术品的创作、交易迈入了数字化时代。创作家可采用编程技术进行艺术创作，还可以将传统艺术品以图片视频、编码等形式展现。即使艺术作品被毁损，依然可以在线上售卖原作 NFT 版权所有权，因而 NFT 艺术品经济价值更高。此外，随着 NFT 在艺术领域的不断探索，数字艺术逐渐向元宇宙领域迈进，在构建的虚拟世界中进行艺术创作，将虚拟世界的作品延伸到现实世界并 NFT 化，这种特殊价值转化通道为 NFT 提供了新的发展方向。

（3）非物质文化遗产开发。NFT 可有效解决非遗文化资源开发主体积极性低的问题。一方面，在 NFT 交易机制中，NFT 二级市场每次交易，都需要基于交易价格，向 NFT 铸造者交付一定比例版税，这有利于激励 NFT 铸造者的积极性，激发社会资本的开发热情。同时，NFT 新潮的创作形式与内容可吸引大量人员的参与，为非遗文化市场引流。另一方面，NFT 交易信息公开透明、交易过程可追溯有效解决了非遗文化资源开发后的版权归属争议问题。

（4）NFT 与金融产品。NFT 不是"币"，但又与交易相关联，且价值可能随时间的推移发生巨大变化。贷款市场中，将 NFT 作为抵押品来融资，借贷功能可满足资金需求，国外 NFTfi 贷款抵押平台出现成为值得关注的 NFT 金融产品应用案例；区块链技术下的 NFT 有助于金融票据业务流程改进，在一定程度上降低了金融票据审核成本，实现金融票据的实时追溯；在证券发行和交易市场中，NFT 相关复杂交易很容易在成为证券产品，并具有二级市场的交易性和流动性，实现所有权的多次变更，创作者有权获得与艺术品相关的股利流，由此 NFT 或可被视为证券。如果被不恰当地应用到金融领域，NFT 容易成为类似股权"非标产品"。NFT 艺术品的经济价值体现在其金融价值上，收藏者对 NFT 艺术品的收藏也是看重金融价值而非艺术文化。NFT 金融化底层逻辑的合理、合规性应进一步讨论，针对金融风险应保持高度警惕。

随着 NFT 在现实生活中的应用场景不断扩展，NFT 还可在身份识别认证、社交代币、数据库、不动产等领域有着广阔的应用前景。多行业的 NFT 的出现和延伸，为现实资产不断向数字资产转化和数字经济提质增效提供了切实可行的解决方案和可能性。

二、国内外 NFT 发展路径的分化及差异原图

（一）国外 NFT 发展现状

国外 NFT 发展起步较早，2017 年加密猫和加密朋克的出现使 NFT 项目进入公众视野，2021 年经历一段爆发性增长期之后，NFT 交易处于降温期。综合来说，海外 NFT 发展有以下四个特点：

（1）交易规模迅速增长。国外加密猫上线后，交易额由当年三季度约为 11 万美元迅速增长至四季度 1800 美元；随着以 Opensea 等为代表的 NFT 交易平台出现，其参与人数和交易额呈现跳跃式增长态势，VMR 市场研究报告显示，预计 2030 年 NFT 市场规模高达2300 亿美元。

（2）交易市场中头部效应逐步显现。一方面，NFT 交易平台头部效应凸显，占据主要NFT 市场交易份额，如 Opensea 近几年占据国外 90%以上的市场份额。另一方面，头部效应还体现在交易类别上，海外 NFT 产品的交易主要集中在艺术品、文化收藏品等类别。

（3）应用场景较为广泛。国外 NFT 最早应用在游戏场景中，目前成熟的应用领域有艺术品、收藏品、音乐与体育赛事等，有向身份认证、不动产和金融领域深度拓展的趋势。在美国，NFT 还被用于竞选筹款。此外，市场上还流通 NFT 指数基金，这是首个由NFT 收藏品支持的代币平台，可以实现 NFT 艺术品和以太币的相互转化。

（4）NFT 监管体系日渐形成。例如，美国监管当局重点关注 NFT 能否划分为证券进行监管，欧盟的《加密资产市场条例》草案可能将 NFT 纳入监管。

（二）国内 NFT 发展现状

相较于国外 NFT 产品发展，国内 NFT 市场处于初期发展阶段，2021 年为国内 NFT 市场发展元年。整体而言，国 NFT 市场发展呈现以下三个特点：

（1）NFT 应用场景较为单一。国内 NFT 应用场景主要是在艺术品领域，而在游戏、音乐、版权等领域处于探索阶段，国内 NFT 更多被称为数字藏品。

（2）头部互联网企业参与交易平台建设。国内 NFT 交易平台多是由头部互联网企业主导，互联网企业背景的国内 NFT 交易平台占据着主要市场份额。

（3）面临较为严格的监管环境。国内监管机构一直对虚拟货币有着严格的监管政策，与虚拟货币同样采用区块链技术的 NFT 也在监管层面重点关注范围之内。2022 年 4 月三大协会提出《关于防范 NFT 相关金融风险的倡议》，也是未来加强规范 NFT 市场发展的缩影。此外，各大交易平台将合规性作为 NFT 交易的首要目标，严防炒作并禁止二次转让。明确否定了证券、保险、信贷、贵金属等金融资产作为其权益价值映射的底层资产，要求"去金融化"，遏制 NFT 金融化、证券化的倾向。

国内外 NFT 发展阶段和发展现状各有不同，引致国内外发展路径有所分化，主要有以下三个方面：

第一，国内外 NFT 底层技术架构不同。国外 NFT 技术是建立在去中心化后公链之上，国内主要交易平台则是未完全去中心化的联盟链，二者核心技术的底层逻辑差异会导致发展路径不尽相同。国外 NFT 交易可在平台上多次转让，其二级市场较为活跃，暗藏被过度炒作的风险；而国内基于联盟链的技术特质使得 NFT 的交易半径受到限制，无法使 NFT 产品在二级市场自由交易，在一定程度上能降低其监管难度。国外公链是向公众开放，参与活动、读取数据和发送交易等，其核心特点是不受管理，不受控制；国内联盟链只对特定成员开放，且有较高的准入门槛以及安全性要求。

第二，国内外 NFT 产品发行定价方式有所不同。NFT 产品的定价不同也会影响其后续交易模式和发展路径，国外 NFT 是把数字藏品等进行代币化，进入资本化定价方式的炒作，在交易平台发布初始定价之后，后续价格紧随市场供需关系波动而变化，会导致 NFT 成交价格与初始定价差距较大，有着巨大的投机套利空间；国内平台多采用统一定价机制发行数字藏品，交易价格波动空间有限。国内数字藏品利用区块链技术，锚定作品生成链上唯一的所有权或使用权的数字凭证，不可篡改、不可拆分、限量发行，目的是实现作品真实可信的数字化发行、收藏、使用和流转，传递的是数字文化要素的价值。

第三，面临的监管环境不同。国内对 NFT 发展保持谨慎防范的态度，而国外监管环境则相对宽松，所以国外 NFT 发展路径和品类更具多元化，应用场景生态活跃。国内 NFT 产品在版权、保护和弘扬传统文化方面有着积极作用。例如，对于发行藏品内容，国外 NFT 不必经过版权审核，国内规范的数字藏品必须经过相关审核才可上链发布。

（三）国内外 NFT 差异的主要原因

NFT 具有较强的金融产品化模式，国外的 NFT 平台出现 NFT 金融化趋势。NFT 作为新生事物，其自身唯一性、可追溯性等特征契合文娱产业的需求，NFT 的价值本应源自具有某种价值的有形标的物，但 NFT 金融化趋势采用的是虚拟经济资本化定价方式，NFT 价值背离数字藏品等商品实际价值，成为与比特币等虚拟货币一样没有基础支撑的共识价值。例如，在平台内交易过程类似于公司的 IPO，NFT 发行时铸造者会预先设定智能合约限制发行数量、发行价格与转售版税，购买者在特定时间抢购，"链圈"称之为"抢新"，类似于股票，NFT 价格波动与人们心理预期等有关，NFT 项目参与者的盈利模式与股票买卖一致，低买高卖，同时还要求参与 NFT 交易用虚拟货币以太币进行变现；ERC-998 标准应用使 NFT 都可分割，符合金融的众筹属性，基于 NFT 初始所有权拆分，以众筹方式售卖 NFT 部分所有权，容易引发非法集资，影响金融稳定性。

（四）西方国家鼓励各类投机活动

在美国 NFT 的发行市场与流通市场能够快速发展与目前美国的经济大环境有关。首先，美国 2020 年大规模量化宽松政策，M1 增加 3.4 倍，通过 NFT 项目炒作滞留大量美元现金，减少了货币的流通量与流通速度，从而降低了美国的通货膨胀率。其次 NFT 交易不影响生产经营活动。NFT 不像石油，可以作为生产要素，NFT 在美国是民间大量交易的资产，其价格高低不会影响厂商的生产成本。最后 NFT 不会影响居民消费水平。NFT 不是生活必需品，其价格高低也不会影响居民生活水平。另外，受新冠疫情影响，西方国家采取量化宽松政策，在传统产业受疫情冲击一蹶不振时，NFT 成为投资蓝海，引发关注。同时，还有名人效应，NBA 顶级球星库里、特斯拉总裁马斯克等名人纷纷参与到 NFT 项目中，吸引大量粉丝参与。

发展实体经济是我国之战略，防范金融风险、纠正经济脱实向虚趋势是当前的重要任务，所以，中国抑制 NFT 的炒作行为。我国仅允许 NFT 交易存在发行市场，不允许存在流通市场。但目前地下的二级市场依旧活跃。二级市场主要是利用平台漏洞，多数 NFT 交易平台具有转赠功能，通过"场外转账付款+场内转赠交货"形式完成 NFT 的地下交易。虽然各大平台纷纷设置禁止转赠期，而禁止转赠期的存在正好为卖方炒作造势提供了时间，拉高了 NFT 价格，目前我国各大 NFT 发行价格普遍在几十元左右，但一经炒作，地下二级市场价格便不可估计。

三、NFT 的风险和挑战

（一）技术风险和挑战

区块链技术本身的风险源自区块链技术不成熟和区块链机制设计，区块链的风险点与 NFT 交易安全性也密不可分。一方面，作为 NFT 关键技术基础的智能合约本身存在程序结构不完善等安全漏洞；另一方面，NFT 的加密技术和储存密钥也存在被病毒入侵的可能。这些区块链固有的技术漏洞也为 NFT 交易活动埋下了隐患。例如，作为全球知名的 NFT 众筹项目 DAO，因其智能合约的漏洞遭受黑客攻击，造成数千万美元的损失，使得 NFT 交易安全性备受关注。此外，在整个 NFT 竞价交易过程中，各种身份信息、交易信息等隐私数据泄露风险逐渐增加，一旦在 NFT 流通过程中发生泄露行为，会危害参与者的资产安全，给 NFT 生态系统的良性循环带来诸多不便。

（二）法律风险和挑战

对 NFT 项目而言，目前区块链技术是采用"去中心化"理念，加密后数字资产所有权归属问题也成为不容忽视的法律风险点。一方面，在线上竞价过程中，将 NFT 项目进行竞价售卖之人不易区分，如果不享有实物所有权第三人将艺术品转变为数字资产进行发行售卖，会带来侵权风险。另一方面，NFT 的信息披露不规范，使参与者难以了解 NFT 产品的真实情况，可能会引致侵害消费者权益、非法融资等风险。在当前缺乏市场法律法规监管和行业规范约束的情况下，对 NFT 交易活动可能带来的相关法律风险要持续关注。

（三）交易风险和挑战

与国外公链发行的模式不同，国内主流 NFT 平台主要是以私链或联盟链的形式发行 NFT 数字艺术品。同时，区块链的匿名交易机制在现有的发行交易模式下，难以甄别参与者的身份信息，在一定程度上增加了对 NFT 交易活动穿透式监管的难度。此外，NFT 交易流主要是在各类交易平台上完成，交易平台运营涉及交易数据处理、NFT 产品发售和商业宣传等环节的合规性，可能会带来转售和炒作 NFT 产品的风险。另外，运用 NFT 诈骗手段引诱早期投资者，在项目有些成效之后，吸纳的资金增加，卷走所有项目资金，卖掉预先开采的代币，榨干投资者的所有资金，如著名的 EvolvedApes 案例。

（四）洗钱风险和挑战

NFT 产品容易被用于洗钱活动，通过非法资金与自己进行虚假交易在交易环节达到洗钱目的。NFT 存在洗钱风险的原因有两个：一是 NFT 一般需要虚拟货币或数字代币购买，在 NFT 交易过程中便涉及了虚拟货币交易，虚拟货币因其完全去中介化与匿名性特点易成为非法交易与洗黑钱的工具。二是在以太坊 2.0 中具有资产质押功能，一些非法资产往往利用监管漏洞。交易对手身份不明，易成为非法洗钱渠道，NFT 价格存炒作，易掩饰非法资金来源；NFT 交易具有可转换性，变现迅速难以追查，通过 NFT 洗白，其背后的赃款却也更加隐蔽，牵涉的利益也更加巨大。"虚拟货币洗钱像是阴谋，而 NFT 和艺术品洗钱更像是阳谋。"

（五）金融风险和挑战

NFT 产品在市场炒作行为带动下的价格有时会脱离其正常估值水平出现大幅下跌现象。例如，推特第一条推文以 NFT 形式出售，其转售价格约 4800 万元标价，而竞价最低报价约在 6 美元，这种现象折射出 NFT 市场价格风险。另外，由于 NFT 的稀缺性和投资空间大等优势，在 NFT 发行交易过程中易出现金融化、证券化倾向等风险隐患。有的将证券、信贷等金融产品嵌入 NFT 底层商品中，打着 NFT 旗号规避监管并从事金融交易活动，例如，把 NFT 包装成金融产品，鼓励或诱导大家去投机炒作买卖；通过非持牌的交易所或网站进行类似股票的交易；代为融资投资，进行杠杆操作等，这类现象给监管当局带来挑战的同时也会进一步放大 NFT 的金融风险。随着 NFT 逐渐成为投资热门，大量资金涌入 NFT 项目，导致 NFT 产生泡沫，一旦 NFT 热度退去，泡沫破裂又将冲击一国的金融安全。

四、NFT 未来应注重哪些监管

赋能实体经济和防范金融风险。辩证地看待 NFT，采取管禁结合的方式，引导 NFT 项目为我国发展作出有益贡献。一方面，赋能实体经济，发挥 NFT 在推动产业数字化、数字产业化方面的正面作用。确保 NFT 产品价值有充分支撑，引导消费者理性消费，防止价格虚高背离基本价值。保护底层商品的知识产权，支持正版数字文创作品。真实、准确、完整披露 NFT 产品信息，保障消费者的知情权、选择权、公平交易权。同时，NFT 是存在现实标的物，NFT 模式可为各类艺术品快速变现提供有效渠道，提升各大品牌的名度和销量，NFT 对于弘扬传统文化、建设文化强国具有积极的促进意义。另一方面，NFT 的快速发展使其成为投资蓝海，大量资金涌入形成了价格泡沫，容易引发金融风险。所以，既要肯定 NFT 作用和价值，又要遏制 NFT 金融化证券化倾向，防范"脱实向虚"引发金融风险：不通过 NFT 底层商品变相发行交易金融产品，从事类似证券、保险、信贷、贵金属等金融资产活动；不分割 NFT 所有权或者批量来开展代币发行融资（ICO）；不为 NFT 交易提供集中竞价、电子撮合、匿名交易、做市商等集中交易；不采用比特币等虚拟货币作为 NFT 发行交易的计价和结算工具；不为投资 NFT 提供融资支持；同时，消费者应切实维护自身财产安全，自觉抵制 NFT 投机炒作行为，警惕 NFT 等非法金融活动，并积极配合反洗钱工作。

（1）构建完善的 NFT 监管体系。NFT 行业的运转完善的宏观监管体系应在以下三个方面发力：一是尽快构建完善的政策法规，健全 NFT 制度保障。应及早出台 NFT 等数字代币监管规范，着力点放在 NFT 资产属性厘定、交易操作流程、技术稳定性等方面；界定出 NFT 资产类别后，二是要建立标准化的 NFT 市场准入规则。尽快制定 NFT 行业发展规范，要严格把关参与者的准入和建立动态的退出机制，谨防借助 NFT 活动的监管盲点从事恶意炒作、洗钱、非法融资等活动。三是要建立专门的监管部门和机构。将 NFT 纳入金融监管框架，在 NFT 产品铸造、发行、流通等环节实施细化监管要求，建立分层监管结构并重点关注交易行为的合规性。

（2）强化 NFT 交易平台管理，提高行业自律意识。交易平台的规范和管理是 NFT 良性循环发展的重要组成部分，也是监管当局重点防范的风险点。首先，要健全 NFT 交易平台的设立、运营和退出机制，加强交易平台及其控股企业的资质、注册地等审核，严防交易资金脱离监管范围；其次，完善交易平台区块链技术规范，不断提高平台交易网络的安全性，以便从技术上更好支撑 NFT 的顺畅流通；最后，规范交易平台信息披露，建立起监管机构与交易平台的风险预警共享机制，在资金交易过程中及时向监管机构反馈异常交易等风险预警信息，避免 NFT 风险向其他金融市场传递蔓延。

（3）加强国际协同监管合作。目前国外对 NFT 监管日益加强。欧美反洗钱机构指出：NFT 不可互换，只用作收藏品，不作为支付手段或投资工具；如果 NFT 被用于"投资目的"将会受到严格监管；并要求"NFT 发行人必须是法人"要向当局注册并遵守法律规定以保护消费者。俄罗斯将 NFT 纳入立法的法案，将 NFT 一词引入俄罗斯联邦民法典，使"那些拥有异质代币的人的权利需要得到保护"。NFT 市场较为活跃的韩国于 2022 年 2 月宣布加强对包括 NFT 在内的新交易资产监控，加强对 NFT 和元宇宙等新兴市场企业 IPO 核查，并对数字资产市场对消费者造成损害的因素制定对策。日本政策文件显示，将开始监管 NFT 代币以及初始交易所发行（IEO）领域，为 NFT 建立监管框架的这些事项已经在其议程上。美国也发布了针对加密货币行业的定制指南，强调制裁非合规的要求。所以，在资本全球化趋势下，我国 NFT 监管体系需要建立与国外 NFT 监管部门的联动机制，厘清 NFT 交易的管辖范围，共同维护 NFT 市场稳定。此外，健全与各国监管部门的 NFT 交易信息共享机制，共同打击假借 NFT 交易从事非法金融活动。

（4）依据中国现实设立 NFT 应用场景边界。随着国内外 NFT 市场蓬勃发展，市场中出现"万物皆可 NFT"的倾向，NFT 应用场景边界界定和规范迫切性日益凸显。NFT 应用场景搭建应在法律和监管的约束下，合理向现实世界中的各类资产延伸，不能任其无序延伸，合规创新的 NFT 产品，要界定 NFT 场景的禁区和绿灯区，引导 NFT 市场成为促进文化产业变革、丰富数字经济形态的重要推动力。中国拥有全球最大的区块链基础设施，应构建一个立场中立、成本低廉、融合多方技术、永久存放，并且可监管的 NFT 基础设施，一方面可以规避 NFT 与虚拟货币牵扯太深的风险，另一方面将 NFT 更名 DDC（分布式数字），在 DDC 网络平台方使用人民币进行相关服务，利于人民币国际化。

参考文献

［1］解学芳，徐丹红 . NFT 艺术生态链拓展与数字治理：基于参与式艺术视角［J］. 南京社会科学，2022（6）：154-163.

［2］魏丽婷，郭艳，贺梦蛟．非同质化代币（NFT）：逻辑、应用与趋势展望［J］.经济研究参考，2022（4）：130-140.

［3］祁明，肖林．虚拟货币：运行机制、交易体系与治理策略［J］.中国工业经济，2014（4）：110-122.

本文转摘自《人民论坛》2022 年第 22 期。

从数字大国走向数字强国的关键

摘要： 继农业革命、工业革命之后，通信技术的高速发展与应用掀起的数字革命，使数字经济成为当下与未来经济发展的核心动力。数字经济在我国的高速发展全世界有目共睹，我国已经成为世界公认的数字大国。紧跟数字经济的发展浪潮，从数字大国走向数字强国，将是我国社会主义现代化建设道路中的重要历史选择。

关键词： 数字经济；数字大国；数字强国

引 言

近年来，大数据、云计算、互联网+、区块链等概念频繁出现在政府文件中，数字经济在政府工作报告中被屡次提及，数字经济在当今时代的重要地位被提升至一个新的高度。在 2021 年 10 月 18 日的中共中央政治局第三十四次集体学习上，习近平总书记进一步强调了数字经济的重要地位与时代意义，并指出数字经济事关国家发展大局，发展数字经济是把握新一轮科技革命与产业变革新机遇的战略选择。党的十九届六中全会审议通过的《中共中央关于党的百年奋斗重大成就和历史经验的决议》提出"壮大实体经济，发展数字经济"。2020 年，我国数字经济产值达到了 39.2 万亿元的规模，位居世界第二，我国已经成为名副其实的数字大国。国家统计局数据显示，进入 2022 年数字经济相关领域发展优于传统行业，数字化、信息化、智能化转型后劲十足。据中国信息通信研究院预测，"十四五"期间，我国数字经济有望维持年均约 9% 的增速，预计 2025 年规模超过 60 万亿元。然而，我国从数字大国走向数字强国还有着很长距离，德国、英国、美国等国家数字经济产值占 GDP 的比重均超过了 60%，相比之下，我国数字经济的产值占 GDP 比重不足四成，与这些国家有着较大的差距。

一、数字经济的发展现状与建设成果彰显数字大国风采

（一）数字经济助力人民美好生活

在数字经济时代，一部手机即可解决衣食住行问题，极大地便利了人们的日常生活。线下服务与线上支付相结合是数字生活最大的特征，外卖、网络购物、共享单车等服务的出现提升了社会的运行效率，优化了人民的日常生活体验。中国互联网络信息中心（CNNIC）发布的第 52 次《中国互联网络发展状况统计报告》显示，截至 2023 年 6 月，我国各类互联网应用持续发展，多类应用用户规模获得一定程度的增长。主要体现在以下两个方面：一是即时通信、网络视频、短视频的用户规模仍稳居前三。截至 2023 年 6 月，即时通信、网络视频、短视频用户规模分别达 10.47 亿人、10.44 亿人和 10.26 亿人，用户使用率分别为 97.1%、96.8% 和 95.2%。二是网约车、在线旅行预订、网络文学等用户规模实现较快增长。

截至 2023 年 6 月，网约车、在线旅行预订、网络文学的用户规模较 2022 年 12 月分别增长 3492 万人、3091 万人、3592 万人，增长率分别为 8.0%、7.3% 和 7.3%，成为用户规模增长最快的三类应用。此外，数字经济的最大特征就是包含海量的数据，人们可以任意地获取被储存在云端的若干知识，这拓宽了人们可学习的范围，改变了原有的教育方式。

（二）数字经济为实体经济注入活力

数字经济改变了我国农业的生产形态。我国不断推行智慧农业、数字乡村等战略的实施，将数字技术的成果充分应用于农业当中。在农地管理上，我国不断推动农垦数字化建设，在 2019 年底实现了全国 28 个垦区 2.16 亿亩农地的数字化入库。在农业生产上，我国加速了农机的数字化更新，实施了农机辅助驾驶导航监控终端等农业智能终端的推广战略。在农产品的贸易流通上，我国建设了油料、糖料、棉花、生猪等农产品全产业链数据平台，推动农产品市场的供需平衡。数字经济激发工业增长潜力。一方面，根据中华人民共和国工业和信息化部近日公布的《2021 年电子信息制造业运行情况》，2021 年，我国手机产量达 17.6 亿台，同比增长 7%，其中智能手机产量 12.7 亿台，同比增长 9%；微型计算机设备产量 4.7 亿台，同比增长 22.3%；集成电路产量 3594 亿块，同比增长 33.3%。另一方面，数字技术推动了传统工业转型升级，截至 2021 年底，我国的国家工业互联网大数据中心的服务覆盖企业数量超过了 700 万家，连接设备超过 7600 万台，有效地支撑了传统工业的数字化发展。数字经济推动非金融服务业高速发展。在数字技术得到普及的背景下，在社会分工的细化与消费结构的升级下诞生了大量的新生服务业，其中，互联网相关服务业与软件信息服务业的发展突飞猛进，成为除金融业外进入国内企业市值 500 强的最多类型的企业。Wind 最新发布 2023 年上半年"中国上市企业市值 500 强"榜单显示，截至 2023 年 6 月，腾讯与阿里巴巴分别以 29344 亿元与 15857 亿元位居国内企业市值排行榜第一和第四，美团、拼多多、京东、百度等互联网企业也名列前茅。以互联网企业为代表的非金融服务业顺应着历史潮流，在数字经济时代得到了飞速发展。

（三）数字经济构建金融新生态

我国数字金融的发展走在了世界前列。安永《2019 年全球金融科技采纳率指数》报告显示，中国的消费者金融科技采纳率为 87%，远高于全球 64% 的平均水平。其中，移动支付服务的发展最为突出，中国互联网络信息中心（CNNIC）发布第 49 次《中国互联网络发展状况统计报告》显示，截至 2021 年 12 月，我国网络支付用户规模达 9.04 亿，较 2020 年 12 月增长 4929 万，占网民整体的 87.6%，各项数据再创新高。除移动支付以外，原本服务于线下的保险、投资、借贷等金融服务机构也纷纷走向线上，中小微金融服务机构更如雨后春笋般涌现。数据显示，我国互联网理财用户自 2015 年以来持续增加，从 2.4 亿人增加至 2021 年的 6.3 亿人，增长超 1.6 倍，互联网人身保险业务累计实现规模保费 2916.7 亿元，一系列指标数据的突破，展现了数字金融如火如荼的发展态势。数字经济的发展还为金融的监管提供了便利。金融监管机构通过运用大数据分析、人工智能等技术，实现了风险识别、风险处置等流程自动化与精确化，在预防系统性金融风险、打击非法金融活动等方面被广泛应用。中国银联建立的反洗钱可疑交易智能化监测分析报送体系，中国人民银行建设的反洗钱监测分析二代系统大数据综合分析平台等，均极大地提高了我国反洗钱工作的效率。央行数字货币是数字技术对货币概念的历史性革新。目前，我国已经完成数字人民币体系（DC/EP）的顶层研发设计，制定出了"一币、两库、三中心"的运行框架，并在深圳、苏州、雄安新区等地进行了先行试点的工作。数字人民币的推出顺应了历史的潮流：数字人民币不仅会替代传统纸币，还会替代移动支付，全方位提高货币的流通速度；数字人民币还将提高货币政策传导性，提升人民币的国际地位；数字人民币的高安全性能够保护公民私有财产不受侵犯，同时还让逃税、洗钱等违法行为无处遁形。

（四）数字经济推动治理能力现代化

在数字技术下，我国社会治理呈现出全新的发展态势。城市数字基础设施的与配套体制的完善，提升了城市的运行效率，在城市交通、土地管理、生态保护、灾害预警等领域发挥了重要作用。数字政府使政府结构趋于扁平化，提高了政府的行政效率；大数据监测与分析成为政策制定的重要参考，在提高政策有效性与科学性上发挥了重要作用；数字政府建设提高了公民的政务参与度，"零跑腿""零距离""无纸化"等名词成为了政府工作的全新评价准绳。数字社区的建设充分发挥了基层群众的力量，社区信息平台的使用能够更好地发挥社区民主制度，推动居民社区自治；数字技术加持下的"社区养老"模式将逐渐取代居家养老与机构养老，成为应对我国人口老龄化的重要模式创新。

二、数字经济体制机制建设存在的问题凸显数字强国建设任重道远

（一）数据信息管理标准不完善

不同于传统的生产要素，数据天然具有非竞争性的性质，个人产生的数据可以被多个平台或企业使用，其边际成本几乎为零。尽管数据的重复使用在经济上是高效的，但由此引发的隐私安全问题却日益凸显。作为数据的生产者，个人不仅无法获得数据的所有权，还会面临着数据泄露与被滥用的风险。而作为数据的收集者，大平台公司通常会囤积数据，以此提高行业准入的门槛，限制行业竞争。数据的确权、定价与流通需要以市场为主导，但也离不开政府对其发展进行的规范监督。个人的隐私需要保护，同时也需要允许个人自愿让渡隐私的行为。因此，首先要明确个人数据的所有权，让个人有权力决定自己的隐私被用到何处。其次，在数据的垄断问题上，大平台在数据方面的垄断抑制了竞争，提高了消费者的转换成本，甚至还会通过降低产品质量与出售隐私来获取不法收益。然而，当前法律规则在应对数据竞争行为方面缺乏坚实的理论基础与实践经验。数据垄断对市场竞争的限制程度相对隐蔽，难以衡量其所造成的市场效率的降低与消费者福利的损失。

（二）数字化转型模式不健全

数字化转型是一个复杂的系统工程，政策实施与制定有可能会忽视经济主体数字化的真实痛点，从而落入某个"盲区"。数字化转型依赖数字基础设施建设，数字技术的研发投入是数字化的基础，但数字技术的大量投入并不一定能确保经济主体数字化的成功。一味地重视技术与资金的硬投入，不仅可能造成资源的浪费，还可能起到反作用。数字技术

只是起点，要实现企业数字化转型需要从企业数字化转型的需求出发，分析业务转型过程中的难点和痛点。企业的数字化转型需要在管理和运营上下功夫，数字化的管理和运营可以大大提高生产和销售的效率。政府需要重视提供相关服务的重要性，为经济主体提供更多的支持。此外，数字化转型过程中还应注意数字鸿沟的弥合。不同地区和群体之间因对数字技术的接触和使用程度不同，部分地区和群体在数字经济发展过程中处于弱势地位，收获的经济收益较低。数字鸿沟的弥合不仅有利于社会公平的实现，也会拓展整个经济体数字化转型的广度和深度，从而更好地增强数字经济发展的稳健性。

（三）数字金融发展路径不明晰

国家及地方出台有关数字经济的政策大多聚焦于数字基础设施和数字产业，数字金融及科技金融在数字经济中的发展路径需要进一步明晰。数字金融具有普惠性，能够改善落后地区的居民收入状况，促进经济包容性增长。同时，我们也可以看到数字金融给数字经济的发展带来了一些不利的影响，金融诈骗、无证执业和金融科技公司野蛮生长的现象屡见不鲜。金融的本质是服务实体经济，在数字经济时代，数字金融需要以更高质量的金融服务回馈实体产业，将稀缺的金融资源用到促进数字技术发展和产业数字化转型的实处去。数字金融的发展需要鼓励，正确的创新可以提高其运行的效率；数字金融的发展也需要规范，政府监管能够纠正数字金融单纯逐利的不良倾向。政府应重视数字金融在数字经济发展中的地位，并且对数字金融的发展路径进行一定的规划与指导。

（四）传统统计核算体系不适用

为了更好地促进数字经济的发展，需要对数字经济进行核算。许多国家与国际组织已经对数字经济核算进行了大量探索，但是关于数字经济的范围、分类与核算方法并没有取得一致的标准，各个机构得出的核算结果有着显著的差异。未来，随着数字经济对传统经济的进一步渗透，所有生产生活都将包含数字化成分，如何对数字经济进行精确的统计核算将是我国面临的一个重大课题。我国数字经济的核算体系目前重点放在了产业视角，容易落入"唯产值论"的盲区中。数字技术在生活中的普惠运用、数字生态环境的建设、数字技术的创新与突破，在当前核算体系下被准确地衡量有较大困难。除此之外，在对数字产业进行核算时，由于需要从传统的经济活动中分离数字化成分，因此相比于数字产业化部分，产业数字化部分的核算难度较高。总的来说，数字经济核算体系对满足数字经济发展要求还有较大距离，亟须构建具有中国实践特色并适用于国际比较的核算体系。

三、未来如何建设好数字经济体制机制是从数字大国走向数字强国的关键

（一）统合数字经济行政规划

设立数字经济发展的专职组织机构，推进各个部门的协同联动。数字经济作为我国发展的重点，尚未形成一个国家层面的专职组织机构来负责全局的统领与协调。一些地方政府在数字经济行政管理形态上率先作出了创新，浙江省于经济与信息化厅下设了数字经济

处，以实现省内数字经济发展的统筹领导。数字经济涵盖了科技、产业、民生等多个领域，数字经济行政管理形态的优化与创新，将能更好地整合多方面行政力量，提高政策制定与政策实施的效率，充分发挥行政力量对数字经济的培育与支持作用。将数字经济在多个领域的发展规划融为一体，实现数字经济规划制定的"多规合一"。数字经济在多个领域的发展规划，如经济建设规划、城乡发展规划、土地利用、产业布局规划等，应在一个发展蓝图下得到集中体现。近年来，我国多数省级行政区纷纷制定了数字经济的发展规划，但其侧重点均有所不同。规划制定的分散，难以体现政府的集中意志，因此，国家应率先做好数字经济规划制定统合的领头工作，推动数字经济规划统合制定的有序进行。

（二）维护公民数字经济权益

我国于 2021 年 6 月 10 日通过了《中华人民共和国数据安全法》，并于 2021 年 8 月 20 日通过了《中华人民共和国个人信息保护法》，从法律层面对数字经济的公民权益侵害行为作出了约束。然而，数字经济的发展日新月异，在资本的逐利性与盲目性的影响下，数字产业侵害消费者权益的行为会日益严重，算法操纵、数据杀熟、隐私交易等侵害公民权利的行为更加隐蔽。因此，对于新生事物层出不穷的数字经济，相比法律法规的完善，更重要的是监管手段与监管理念的更新与适配。把握监管的力度，要坚持管放并重，以培育数字经济成长的肥沃土壤为前提，适度进行干预与调控，防止数字经济对公民权益的损害。

（三）防范数字金融系统性风险

数字金融的发展是把双刃剑。一方面，数字金融在实体经济的发展、人民生活的改善方面起到了积极的作用；另一方面，由于其广泛覆盖性，其风险传染的速度和规模远超传统金融，给国家金融监管带来了新挑战。数字金融降低了金融市场的准入门槛，刺激了各类互联网金融企业的无序扩张，吸引了大量的企业和个人进行投机活动，这增加了金融市场的系统性风险。从事数字金融获取的利润应建立在实体经济发展基础上，其利润率应是正常的，过高的利润率不利于实体经济的成长，也是不可持续的。我国对数字金融和科技金融的监管，充分体现出其对新兴事物监管正在走向成熟，中央及有关部门都做到了及时调整政策，鼓励创新，先行、先试。监管部门在网络经济初期的宽松监管环境也起到了关键作用。一方面鼓励创新，加大对技术创新和产业创新的支持；另一方面在制度、法规和监管方面实行初期宽松、中期适度、成熟期从严的循序渐进的政策调整，既促进了网络支付的发展，也使中国的网络金融活动逐渐进入稳定有序的发展轨道。未来，监管部门需要对金融活动进行全覆盖监管，统合监管各数字金融公司。同时，监管部门也可以运用科技来提升监管能力，实施对金融风险的精准监测和把控。总之，监管部门在保证金融安全的前提下，仍要鼓励金融创新，支持数字金融的发展。

（四）参与全球数字治理

从全球范围来看，数字治理已经成为世界各国政府转型的主要方向，建立一个以公民参与为核心的数字政府是数字经济时代发展的内在要求，而囿于各国数字治理诉求和共识的差异，有效、统一的全球数字治理体系难以建立。全球数字治理规则体系的建立应是各国合作、多边协商的结果，不应单由发达国家制定，应该结合发展中国家的实际要求。我国作为最大的发展中国家，有责任和义务参与到全球数字治理体系的共建过程中，向世界贡献数字治理的中国方案，如制定数字经济与网络空间国际规则、数字货币及金融体系的重新构建等。中国积极参与全球数字治理是推动互利共赢国际体系构建的必要途径，有效、统一的全球数字治理是以人类命运共同体为核心理念，兼顾世界各国的利益。所以，我国应发挥数字经济在人类命运共同体建设上的积极作用，为促进全人类社会的共同进步作出贡献。

参考文献

［1］荆文君，孙宝文. 数字经济促进经济高质量发展：一个理论分析框架［J］. 经济学家，2019（2）：66-73.

［2］张勋，万广华，张佳佳等. 数字经济、普惠金融与包容性增长［J］. 经济研究，2019，54（8）：71-86.

［3］黄建伟，陈玲玲. 国内数字治理研究进展与未来展望［J］. 理论与改革，2019（1）：86-95.

本文转摘自《人民论坛》2023年第17期。

人民币国际化"破冰"

2009 年 4 月 8 日，时任国务院总理温家宝主持召开国务院常务会议，决定在上海和广东省广州、深圳、珠海、东莞 4 城市开展跨境贸易人民币结算试点，人民币国际化迈出了重要一步。那么，开展跨境贸易人民币结算试点是否意味着，人民币不仅用于国内交易结算，同时也可以在国际担当计价和交易货币？跨境贸易人民币结算是否可以规避国内企业的汇率风险？就此类问题，记者与南开大学经济学院教授、博士生导师刘晓欣进行了对话。

问：中国作为外汇储备第一大国，截至 2009 年 7 月底外汇储备已达 19537.41 亿美元。中国已是世界第三大经济体，2008 年国内生产总值达 30.067 万亿元。中国正在迅速成长为经济大国，有观点认为，在今天的经济大国如果其货币不是国际储备货币，这个国家就会在货币、金融领域被边缘化。那么，实现人民币的国际化，使之成为国际货币，我们面临什么样的问题？

答：一国货币走向国际，可供选择的路径有两条：一是通过经常项目逆差，对外输出货币，在一部分货币沉淀为其他国家的外汇储备后，剩下的通过资本项目顺差流回国内；二是通过资本项目逆差，对外输出货币，而通过经常项目顺差回流货币。

通过开展跨境贸易人民币结算试点，逐步扩大人民币在国外的流通规模，人民币国际化前进了一大步，但通过经常项目逆差实现人民币国际化，存在一定问题。目前，美元在国际货币结算中仍占据主导地位，贸易货币的选择是交易双方的选择，选择人民币结算的规模仍是未知之数。依靠强劲内需拉动经济增长，是人民币通过贸易逆差实现国际化的重要条件，而当前中国经济正面临内需不足这一经济问题，依靠内需拉动经济增长这一条件尚不具备。此外，中国是一个高度依赖进出口贸易的发展中国家，进出口贸易直接影响着中国经济发展。近年来，中国对外一直保持着贸易顺差，通过贸易逆差这一路径输出人民币，将直接影响中国经济增长。

日本在 20 世纪 60~70 年代经济迅速增长，经常项目持续顺差，日本官方外汇储备增长迅速，而民间则因出口积累着更多的美元。日本政府害怕完全放开资本市场会损害日本出口经济，一直到 1980 年才完全放开资本账户。在 1980 年以前的这段时期内，随着经常项目持续顺差，一方面日本开始不断涌入美元，构成了国内流动性持续上升的压力，为 80 年代形成的泡沫经济积蓄着力量；另一方面日元也进入持续升值的时期。但是，日本采取的是鼓励民间走出去购买美国资产的政策，通过到美国购买美国的企业，减少日元升值压力。结果，由于日元在国际上的供应量太少，日元升值压力越来越大，对减少境内美元存量毫无影响。日本是依赖出口的国家，持续存在着贸易顺差，在资本项目逆差没有大幅度增加的情况下，美元持续流入就会导致境内资金充斥。1970~1980 年日本 CPI 年均增长高达 9%，为日后泡沫经济埋下祸根。

而德国经济高速增长是在 20 世纪 60~70 年代，原西德马克开始成为硬通货，与日元一样进入持续升值通道，从 1972 年的 3.22 马克兑 1 美元升值到 1980 年的 1.79 马克兑 1

美元。但是西德采取的不是鼓励西德企业和公民用美元去买境外资产的政策，而是鼓励通过资本项目逆差直接输出马克。增加国际货币市场上的马克供给，既可以缓解境内基金充斥的状况，又可以缓解马克升值的压力。这是真正的资金"疏导"政策，西德这个时期对外输出累计达680多亿美元的马克，同期日本不过输出30亿美元的日元。这也大幅度缓解了因持续经常项目顺差导致的国内资金充斥的情况。在美国滞胀、日本国内资金充斥的整个20世纪70年代，前西德的CPI维持在5%的水平。西德马克也从1970年占世界官方外汇总储备的2.1%上升到90年代中后期的15%，为马克成为世界第二大储备货币，后来形成欧元打下坚实的基础。

日本和德国货币国际化的历史事实也告诉我们这一点，通过资本项目逆差输出货币，进而实现一国货币国际化才是正确的选择。通过资本项目逆差输出的货币，可以对本国商品形成直接的购买力，促进了本国实体经济的迅速发展。而实体经济的发展，一国经济总体实力的增强，使一国货币币值更加稳定，这又增加了外国对本国货币的需求，这一良性循环可以使一国货币顺利实现国际化。

问：有观点认为，一国资本市场的发展壮大，必须以发达的金融市场为依托，以不断创新的金融产品吸引境内外投资者。现阶段中国应继续从两个方面入手，发展壮大中国的资本市场。

答：一方面，要大力发展金融市场，统筹考虑资本市场合理布局，推进创业板市场建设，完善风险投资机制；鼓励符合条件的企业通过发行债券筹集资金，丰富债券市场品种；规范发展期货市场，逐步推出大宗商品的期货交易。同时，要积极发展信用评级、资产评估等金融市场的中介服务机构，健全金融市场体系。另一方面，鼓励金融产品创新，为投资者提供更多的金融产品。开发以股票和债券为标的衍生和再衍生证券，推进资产证券化。在加强监管和风险控制的前提下，鼓励企业和个人投资者参与期货、期权、互换、掉期等金融产品和衍生品的交易，逐步形成以市场为主导的金融产品创新机制。此外，还应进一步加快推进上海国际金融中心的建设，给予更多的资金与政策支持。随着中国资本市场的逐渐成熟，将会吸引越来越多的境外投资者，人民币逐步走向国际。在上述良性循环的作用下，人民币输出规模逐渐扩大，并最终成为世界货币。

问：人民币国际化意味着资本市场的完全开放，资本市场一旦开放必须面对日益动荡的国际金融市场，如何有效进行风险防范与控制？

答：人民币国际化后的主要风险有以下三个：一是国内金融系统的脆弱。人民币一旦放开，境外大规模资金的流入流出，必将引起资产价格大幅度波动，造成国内金融市场的动荡和经济波动。市场并不是人们想象的那么有效，并不能自动平抑金融市场上的价格波动。金融市场的剧烈波动，将会给我国金融机构带来生存危机。二是市场干预和监管经验的缺乏。资本市场开放后，对金融监管提出更高的要求，国内监管当局需具有更高的监管手段和市场干预措施。此外，国际金融监管的协调互助也是金融监管的重要方面，而目前我国缺乏相关方面的经验积累。三是人民币汇率波动的风险。当前国际金融市场孕育着大规模的投机冲击资金，他们常常利用金融杠杆和从众效应对一国货币发动攻击，造成汇率的大幅波动。

因此，必须建立我国金融系统风险控制体系。一方面，推进国内金融机构改革，增强其抵御风险的能力。国内金融机构的风险管理和控制水平与发达国家相比，还有很大差距，必须增强风险管理水平和风险管理意识，加强自身风险控制能力。另一方面，接受美国的教训，加强金融机构监管，健全金融市场的准入和退出机制；进一步扩大监管范围，尤其关注大笔资金的流入流出。

与此同时，要着手建立防范系统风险（或宏观风险）的官方金融风险防范体系。继续做好银行和其他金融机构的风险管理体系及监管；控制好人民币进出境的几个重要"接口"，特别是在人民币国际化初期，资金进出口规模的监督和控制是第一道防线，包括境外人民币离岸中心和境内资金进出规模的监控；发展债券市场与股票市场，完善二级市场的交易机制，使它们的数量足够形成隔在外部资金冲击与我国实体经济之间的缓冲器。

另外，以中国大规模的外汇储备为依托，建立外汇市场平准基金，准许基金管理者在汇率有较大波动时入市干预，保证汇率市场的稳定。通过一套法律法规规范基金运作，包括基金的规模、日常的管理、入市条件等。

问：与此同时，呆坏账处理是人民币国际化风险控制的最后一道防线。您如何看待这个问题？

答：呆坏账是金融危机发生扩大的重要原因之一。正是因为出现了大量的呆坏账，金融机构不得不紧缩信用，进而出现流动性短缺，并最终引起了金融危机乃至经济危机。

中国曾长期存在高达两位数的呆坏账率，却没有发生金融危机，原因在于中国特有的呆坏账剥离，这成为中国资本市场开放的最后一道防线。呆坏账剥离可以控制我国金融系统的风险。

总之，在人民币国际化初期，控制好人民币进出境的几个重要"接口"，尤其是对人民币国际化风险控制的最后一道防线尺度的把握更为重要。人民币国际化已势在必行，只要把握当前的历史与机遇，找准合适的路径，加强金融监管和风险控制，人民币国际化会顺利实现。这必将大大推进中国经济增长，实现中国经济新的腾飞。

本文转摘自《中国金融家》2009年第7期。

为何虚拟经济的收益高于实体经济

近年来，我国将"守住不发生系统性金融风险"作为宏观调控目标，治理各种金融问题，抑制房地产投机行为，经济"脱实向虚"的不良倾向得以扭转。"脱实向虚"反映的不仅是简单的社会资金总量流向的问题，其本质也是虚拟经济与实体经济两者收益的悬殊差异，前者收益远远高于后者，由此成为"脱实向虚"的核心机制。虚拟经济与实体经济是两种不同性质的经济活动，并具有各自截然不同的运行方式。揭示两者不同的运行特性，利于货币政策加强对虚拟经济的干预，引导货币资金支持实体经济，壮大我国实体经济之根本。

一、虚拟经济与实体经济的核心区别在于定价机制不同

实体经济是成本加成的定价方式，以生产成本为基础；虚拟经济是资本化定价，以"心理预期"为基础的定价方式。资本化定价是预期收入定价的资产，买股票、房地产和某些可交易收藏品等资产是为了获得收入流或在未来卖了赚钱，它是根据未来收入的预期来决定是否买卖。"心理预期"在虚拟经济的价格决定中处于核心的地位，其不仅包括交易双方的心理预期，还包括宏观经济环境、政治等其他因素的社会心理预期例如，预期某一股票将大涨，形成群体的抢购行为，它就会真的涨起来。比特币炒家们曾总结出一个"炒币"真理——"共识价值"，只要持币和潜在持币"傻瓜"们都认为某一虚拟货币具有价值，愿意用真实货币去购买，它就真有价值了。可见心理可以直接创造财富，其唯一条件是买者是否有足够多的资金来实现被炒标的物的"价值"。"心理预期"还折射了"赚钱欲望及其无尽贪欲"，金融产品、房地产等虚拟资本的价格完全取决于人们"炒作"欲望及贪欲的高低，市场上某个利好消息，就能迅速抬高资产价格。当越来越多人的贪欲心理被唤醒时就会形成大规模投机行为，预期的上升或下跌通过群体行为，成为事实上的上升或下跌，而事实又加剧了人们预期继续上升或下跌。而"羊群效应"和"正反馈"会不断强化这种价格继续上涨的预期，投机行为泛滥使虚拟经济在名义价格下的收益率不断地被人为放大，虚拟资本的交易额、资产价格和资产数量就会进一步膨胀。随着货币源源不断地流入，贪欲的社会心理就会越加放大，虚拟经济在名义价格下的收益率也随之不断被放大。与实体经济相比，虚拟经济的行为并非追求效用最大化，而是追求单一货币利润的最大化，这既是资本的本性，也是虚拟经济运行的特性。

二、虚拟经济与实体经济运行的约束条件不同

决定实体经济的兴衰是要素投入和技术进步，货币在实体经济中仅仅是交易媒介，是中性的，货币需要将其"媒介"于原材料等生产要素的购买，经过生产过程和交换过程才可取得剩余价值。所以，发展实体经济需要通过技术创新、产业转型升级的路径等获取收

益。虚拟经济的核心是在货币数量推动下的资产价格波动及其相关经济活动兴衰的过程。虚拟经济唯一的"原材料"就是货币，就像炼钢厂进行钢铁冶炼需要投入铁矿石、炼钢锅炉和劳动力一样。所以，虚拟经济基本上不受物质投入和技术变动的约束，货币数量及其使用效率决定着虚拟经济的兴衰和转折点。

2020年新冠疫情发生以来，美国无限量化宽松政策，使美联储资产规模从当年3月的4.2万亿美元迅速上升至5月末的7万亿美元，短短两个多月上涨66.7%。美国虽然实业企业停工停摆、工人失业飙升、暴乱频发，实体经济明显下滑，但美联储印出来的钞票涌入虚拟经济，在金融和房地产等虚拟经济中，不仅巴菲特指标创下历史新高，而且美国房价也以前所未有的速度飙升，2020年第四季度同比上涨10.8%，为2010年以来的最高涨幅。虽然美国虚拟经济火爆，但对美国经济复苏仅是饮鸩止渴。近年来，我国以货币信贷投放及债务为支撑的房地产价格炒作时有发生，例如，假定房地产市场上有一套原价为500万元的普通住宅，经投机者的哄抬炒作后价格膨胀至700万元，如果各类中介服务费率之和为8%。房屋以原价和抬价在市场上出售时中介服务收益分别为40万元和56万，在这笔交易中，投机者通过哄抬房价就多创造出来了16万元的收益。假设某企业拥有100万套相同的房屋出售，那么，仅仅通过推高房地产价格就能凭空获得1600亿元的收入。这也是当下实体企业希望"脱实向虚"，利用银行信贷资金赚快钱的原因。

三、虚拟经济与实体经济运行的创新驱动不同

以制造业为核心的实体经济依靠"科技创新"驱动来获得生产利润，而以金融、房地产为核心的虚拟经济则依靠"金融创新"的驱动来增加货币利润。所谓金融创新，就是创造使用"金融杠杆"的新技术以便创造更多的金融资产和相应的货币收入。例如，通过多种金融创新工具层层打包，将贷款继续创新为MBS、CDO、CDS等金融产品；迅速创新的金融技术，还衍生出了期货合同、期权合同等金融衍生工具。无论是借钱去虚拟经济领域炒房地产和金融资产，还是将收入流证券化，都可以撬动巨大的资产和现金流。因此，虚拟经济可以通过金融创新使金融杠杆的延长创造货币利润，而不必像实体经济一样将"储蓄转化为投资"。由于虚拟经济可以放大实体经济内对应的实物资产和收入流，并且其内部的收入流也可以被金融杠杆的叠加应用来资本化，这就注定了虚拟经济创造财富的能力要比实体经济大。因此，即使流入虚拟经济的货币量不变，金融杠杆率越高或被叠加应用的金融杠杆链条越长，虚拟经济的利润也越多。金融创新在虚拟经济的大量使用，使得其获得货币收入比实体经济要容易得多。

金融技术的一大代表是资产证券化。假设将一个年净收入3000万元的收入流证券化，假定利息率为3%，则3000万元的收入流可以证券化为10亿元的金融资产。参与证券化的所有机构按资产价格的1‰收取费用，其收入就为100万元。由此可见，企业3000万元的收入流保持不变，且不需要经过实际生产过程，资产证券化就创造出了100万元的收益。虚拟经济比实体经济更容易获利，且收益远远高于实体经济。统计数据显示：2008年金融危机后，我国在总量刺激政策和信贷宽松的经济环境下，2009~2015年金融业收益率约为工业行业收益率的2倍，房地产业收益率高于工业行业5个百分点左右；2009~2018年金融、房地产业的平均净资产收益率分别为15.21%和12.72%，均高于同时期工业的平

均净资产收益率 8.57%。可见，虚拟经济的收益始终高于实体经济。

四、虚拟经济与实体经济生产周期及货币交易速度的不同

虚拟经济的资金周转不受物质生产周期约束，理论上可以无限提高交易速度，从而提高盈利率，并吸引更多资金进入。马克思认为实体经济是物质生产过程和价值增殖过程的统一。简单的生产过程也需要使用货币购买原材料、生产设备并投入劳动力进行实际生产，最后经过"惊险的一跳"获得货币收入。如果再加上技术研发、运输、库存周转等因素，产业资本从投入到获取利润的周期会进一步被延长。而虚拟经济则不受任何物质生产过程的影响，价值增殖呈现相对独立化的过程，只要有货币注入，就可以在短时间内进行多次交易和炒作，获取由资产价格上涨和重复交易等带来的货币收入。虚拟经济应以实体经济为基础，但如果虚拟经济活动是建立在实体经济股权、债券基础上的，企业的业绩自然构成与其相关活动的约束，就如同推动虚拟经济活动的货币资金来自农民的收入，那么农业收成就成了股市能有多少资金流入的关键。但当代流入虚拟经济活动的资金有很大部分来自债务，而不是实体经济的收入。虚拟经济内货币具有较强的内生性，通过房地产和证券等资产价格的上涨、股票和债券等信用票据重复交易规模的扩张，或纯粹炒作资产的差价等，以及货币数量与资产价格之间存在某种相互加强的机制，会加剧虚拟经济脱离实体经济的程度，实体经济将不存在像供求自动均衡类似的机制来约束虚拟经济规模和交易频率。

具体来说，房地产及股权和汽车相比较，房价不断上涨，无论是抵押房产获得贷款，还是卖掉房子得到全额现金，都可以按照市场正常的运作规则还掉到期的债务并盈利，但汽车或其他消费贷款则不可能通过二手车涨价和消费一般商品的过程创造出货币收入；同样，股权等一些金融资产不但有价格上升盈利的机制，还有提高交易频率增加收入的机会，但汽车等实际产品的二手交易速度会受消费周期限制，缺乏自我膨胀的机制。即便在虚拟经济使用同一笔数额资金的收益率可能低于实体经济，但虚拟经济可以在一定时期内将货币资金进行多次交易，如"高频交易"可以利用发达的计算机系统和复杂的编程语言，在以毫秒级别的时间单位里进行金融资产的买卖，赚取投机利润。只要交易速度够快、交易次数够多，货币收益可以大规模膨胀。

本文转摘自《中国统计》2021 年第 5 期。

为实体经济服务：金融效率评价的核心标准

当代货币金融体系包括银行、证券、保险以及一切定价、价值评估、风险评测、资产处置等活动，不仅执行着货币职能，还不断发展和深化通过资金配置资源和配置风险的新功能。习近平总书记指出，金融是国家重要的核心竞争力，金融安全是国家安全的重要组成部分，金融制度是经济社会发展中重要的基础性制度。金融作为一种标准与原则存在两个基本要求：一是在配置资源过程中应为公共利益服务，二是坚持金融政策的正确取向。金融源于实体经济的融资需求，金融体系配置资金的基本目的是服务及支持实体经济发展。所以，服务实体经济是金融作为价值标准的本质属性所决定的重要功能和基本准则。

一、金融背离实体经济仅创造虚拟财富

关于虚拟经济一词有多种翻译：①Fictitious Economy，是指"虚拟资本"以金融平台为主要依托的证券、期货、期权等各种活动；②Virtual Economy，是指以"信息技术"为工具所进行的经济活动；③Visual Economy，是指用"计算机模拟"的可视化经济活动。其中，Fictitious Economy 的内涵，与马克思《资本论》中的虚拟资本（Fictitious Capital）概念一脉相承，揭示了虚拟经济的内涵和本质。Virtual Economy 和 Visual Economy 是指以"信息技术"为代表的数字经济和网络经济等新兴经济活动，反映社会分工深入、产业分类细化、生产要素和生产技术变化下的实际商品与服务呈现的不同形式，这些新兴经济活动被视为实体经济的范畴，有助于形成新质生产力。

马克思和哈耶克都使用"虚拟资本"的概念来概括股票的性质，用以区别实际生产产品的资本与其股权代表的不同，也都认可股权定价是收入流的资本化。西方主流经济学也特别强调真实投资与金融投资的区别，认为只有当储蓄转化为投资时，促使固定资本形成才能成为实际投资，而购买债券、股票等的金融投资，依然属于储蓄的范畴。这里西方经济学家将股票、金融投资与实际经济活动进行区分是必要的，而对应"实际"的"虚拟"一词应是最恰当的表述。依据马克思虚拟资本理论，凡是能容纳泡沫、容纳投机的领域均属于虚拟经济需要研究的范畴，而金融是常态化的投机活动领域，由此成为虚拟经济研究的主要领域。虽然金融活动不都是虚拟经济，但通常具有较多虚拟经济的成分。

社会心理因素是虚拟经济运行最具影响力的特征。虽然股票和债券等资产价值受多种因素影响，但预期等心理因素容易形成社会心理和从众心理，从而形成货币数量支撑的群体行为。心理预期能够直接创造收益，而其唯一条件是购买者是否有足够多的资金来实现被炒标的物的"价值"。因此，金融可以通过创新技术、重复交易、货币增发、资产价格膨胀、庞氏债务等手段创造货币收入，但这种背离实体经济的自行增殖仅仅是表面价值增殖，其空转行为获得的财富是虚拟的。另外，由于在定价机制、运行约束条件、创新驱动、生产周期和货币交易速度的不同，虚拟经济可以快速获利，且收益远远高于实体经济。如果金融创新同科技创新一样，成为经济增长的直接动力，其中包含的诸多中介、空

转的经济活动，资产价格泡沫膨胀得来的中间收益，相互交易产生的中介费都会计入个人收入进而计入国内生产总值（GDP），导致GDP无法真实体现物质生产水平和经济状况，且存在金融风险隐患。

二、在守正创新中实现金融高质量发展

推动金融高质量发展，在于倡导金融服务实体经济的守正创新。金融体系包括银行系统、货币市场、资本市场和外汇市场等，资金通过这些市场流入实体经济和虚拟经济两个领域。资金流入实体经济，通过货币资本循环、生产资本循环、商品资本循环，形成产业资本的价值增殖，就是实体经济循环的整体过程。实体经济是一国经济的立身之本，是财富创造的根本源泉。作为生产力水平提高的重要内容与主要表现，实体经济发展是保证社会财富长期高质量可持续发展的实际基础，是实现人的自由而全面发展的坚实保障。所以，实体经济是金融的运行基础，金融服务实体经济需不断创新金融产品，提高金融服务质量，满足实体经济多样化、个性化的金融需求。

由于具有脱离实体经济自行增殖的内在逻辑，金融脱离实体经济的过度膨胀使大量社会资金滞留于金融市场自我循环（空转），而不进入以实际生产活动为主的实体经济领域，导致社会再生产中的生产、分配、交换、消费整体循环不畅，阻碍实体经济发展；当资金流入虚拟经济领域时，虚拟经济增殖的逻辑是不需要投入生产过程，只需停留在资本市场或外汇市场、货币市场实现自行循环、自行增殖，进而获得收入、差价，由此获得表面的价值增殖，其收益则是对产业资本利润的瓜分。可见，虚拟经济可以通过资本自行增殖更快获得收益，而实体经济的收益要经过整个生产环节，所以资本更倾向于流入虚拟经济领域。同时，大量资本绕过产业资本采取虚拟资本的形式从事杠杆交易和投机活动，促使金融资产盲目扩张、债务规模高企，不断积聚金融风险，最终引发系统性金融危机。

因此，走中国特色金融发展之路就在于倡导金融为实体经济服务，而非推动"以钱生钱"的经济虚拟化，旨在构建既可以高效配置市场资源，又能有效管控金融风险的中国特色现代金融体系。

三、切实提升服务实体经济能力和水平

随着金融职能从投融资为主转变为风险管理为主，盈利最大化不应是金融效率评价的唯一标准。金融为股票、债券及衍生品的投机炒作融资只是追求货币收入，而为以芯片、操作系统为代表的高科技实业投融资，才能真正体现其融资效率。实体经济是一国经济的国之根本，比金融活动盈利更为重要的是支撑和带动实体经济发展，否则经济活动创造的价值不过是虚拟价值，由此带来的系统性风险只会加速积累，直至引爆经济金融危机。国际经验已深刻表明，"脱实向虚"会导致国家实体经济过度空心化，进而削弱其抗风险能力。党的十八大以来，我国着力防范化解金融风险，克服经济脱实向虚倾向，重点解决不良资产风险、泡沫风险等问题。党的二十大报告进一步指出，要"坚持把发展经济的着力点放在实体经济上，推进新型工业化"。加快建设以实体经济为支撑的现代化产业体系，是厚植现代化国家物质技术基础的紧迫需要，对推动高质量发展、推进中国式现代化建设

意义重大，但其前提是必须正确处理好虚拟经济与实体经济的关系。在加快建设制造强国的过程中，我们既要坚决遏制"脱实向虚"，又要遵循金融规律，这是金融更好服务实体经济的基本要求，也是金融效率评价的核心标准。

为此，我们应重新考量金融效率的评价标准，既兼顾金融机构盈利能力保障其自身发展，又引导金融有力有效支持实体经济发展。以科学有效的评价标准监管金融机构行为，维护金融市场稳健运行，切实提升服务实体经济的能力和水平。一方面，深化金融供给侧结构性改革，把服务实体经济放在首要位置，构建金融有效支持实体经济的长效机制，实现现代金融与实体经济相互促进的良性循环。另一方面，加快构建完备有效的现代金融监管体系，完善金融风险防范、预警和处置机制，依法将各类金融活动全部纳入监管，牢牢守住不发生系统性金融风险的底线，为加快建设金融强国夯实安全基础。

本文转摘自《中国社会科学报》2024年2月5日。